最新

围棋新型

21世纪新定式和布局

(韩)金成来 编著
黄焰 译

山西出版传媒集团
书海出版社

图书在版编目(CIP)数据

围棋新型:21 世纪新定式和布局/(韩)金成来编著;黄焰译.—太原:书海出版社,2010.4(2015.8 重印)

ISBN 978-7-80550-827-6

Ⅰ.①围… Ⅱ.①金…②黄… Ⅲ.①定式(围棋)②围棋—布局(棋类运动) Ⅳ.G891.3

中国版本图书馆 CIP 数据核字(2010)第 064224 号

围棋新型:21 世纪新定式和布局

编　　著:金成来
译　　者:黄　焰
责任编辑:阎卫斌
装帧设计:谢　成

出 版 者:山西人民出版社·书海出版社
地　　址:太原市建设南路 21 号
邮　　编:030012
发行营销:0351—4922220　4955996　4956039
天猫官网:http://sxrmcbs.tmall.com
电　　话:0351-4922151
E—mail:sxskcb@163.com　发行部
sxskcb@126.com　总编室
网　　址:www.sxskcb.com

经 销 者:山西出版传媒集团·书海出版社
承 印 者:太原市隆盛达印业有限公司

开　　本:890mm×1240mm　1/32
印　　张:23.5
字　　数:400 千字
印　　数:10001-14000 册
版　　次:2010 年 4 月　第 1 版
印　　次:2015 年 8 月　第 3 次印刷
书　　号:ISBN 978-7-80550-827-6
定　　价:50.00 元

目　录

图　示

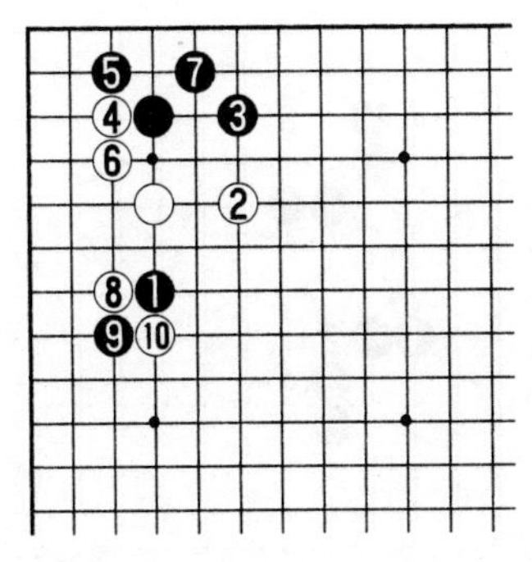

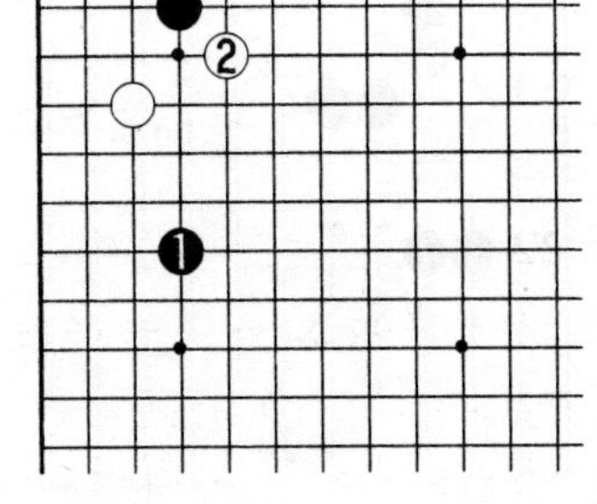

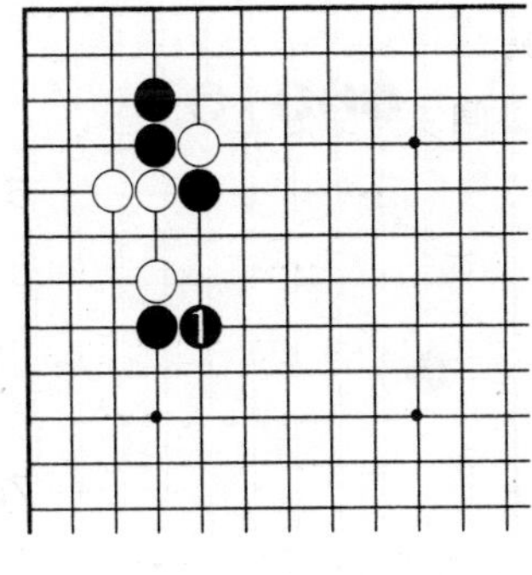

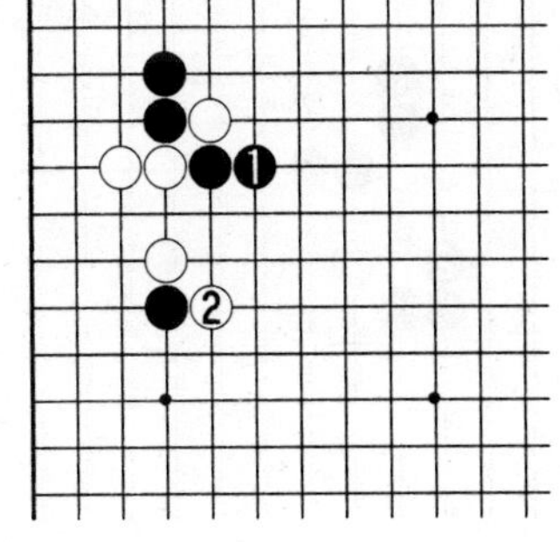

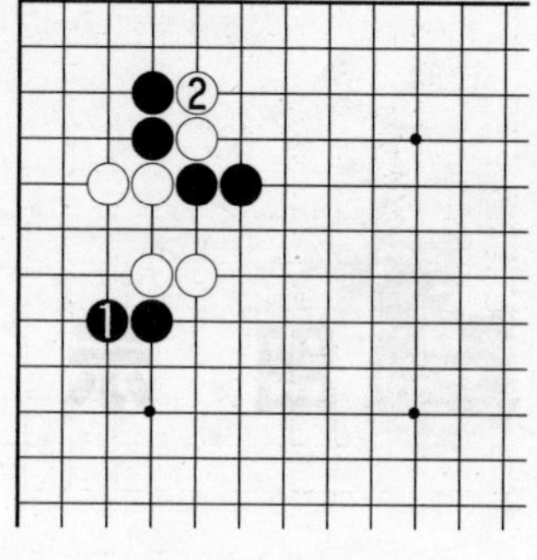

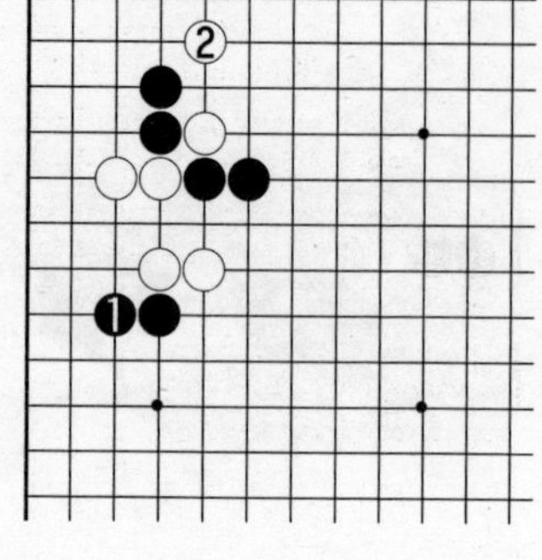

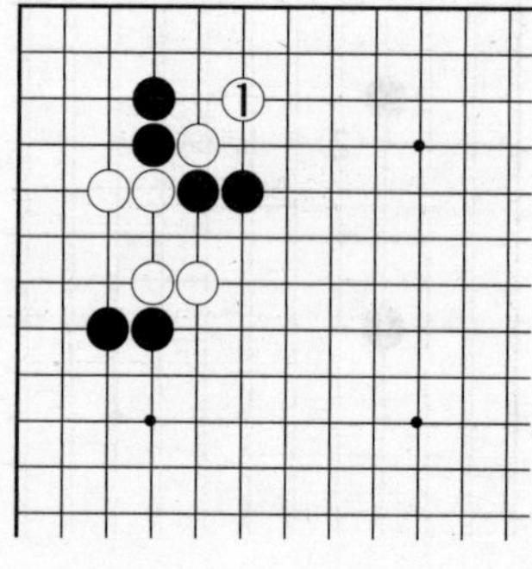

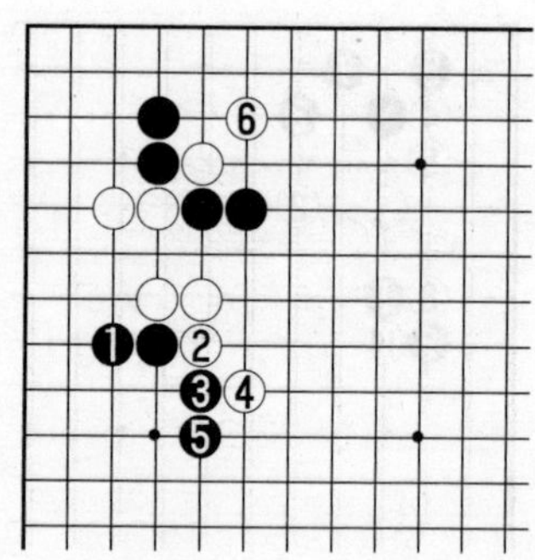

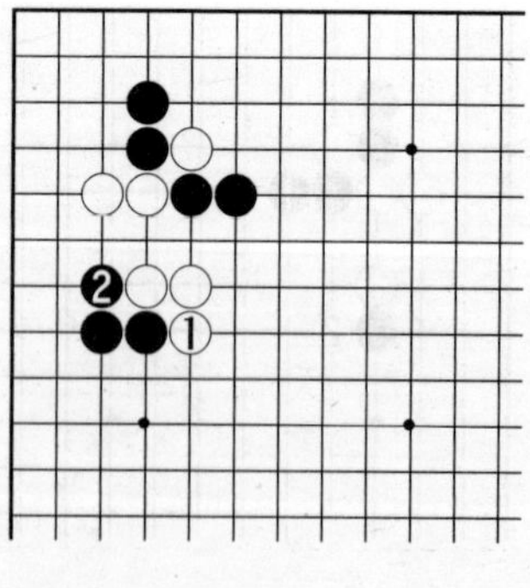

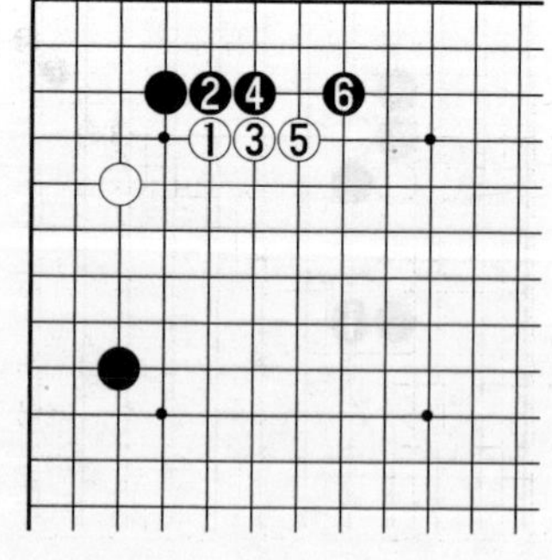

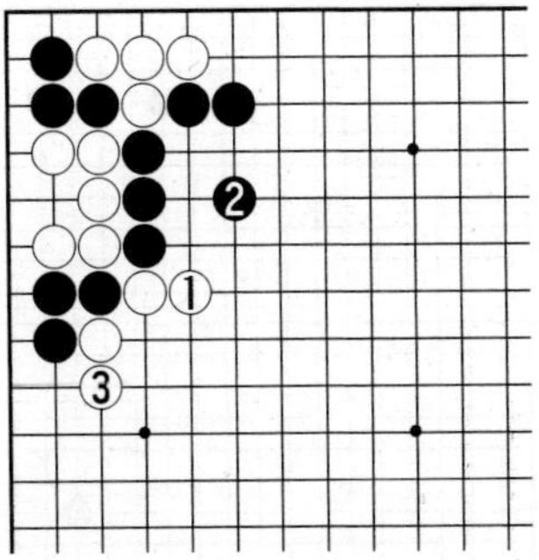

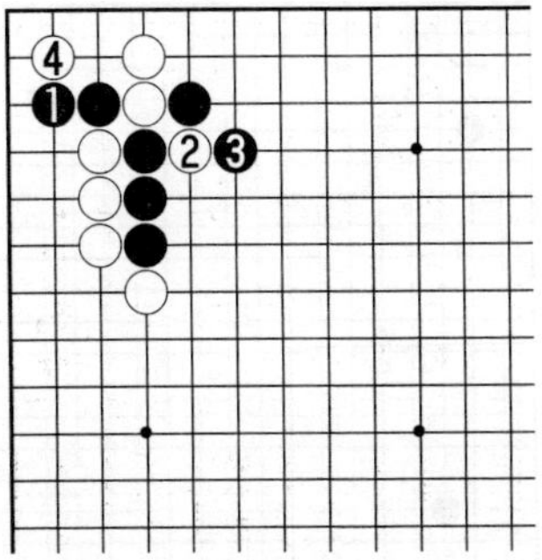

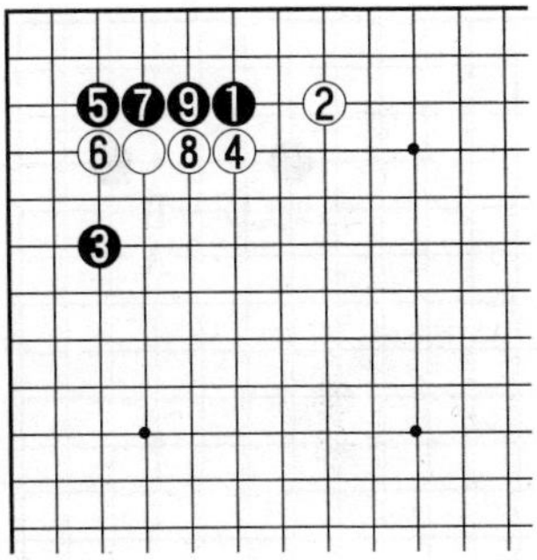

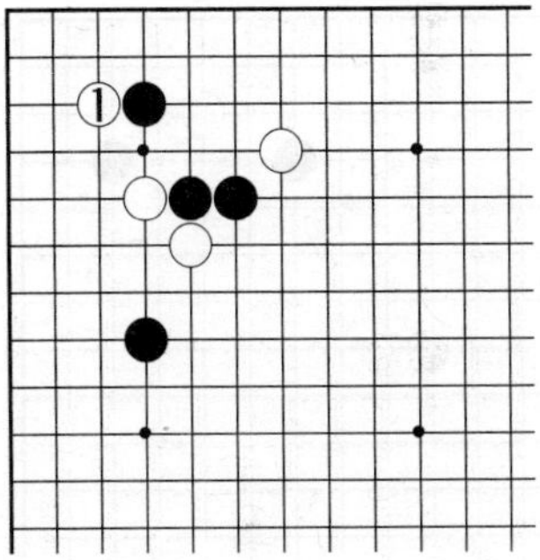

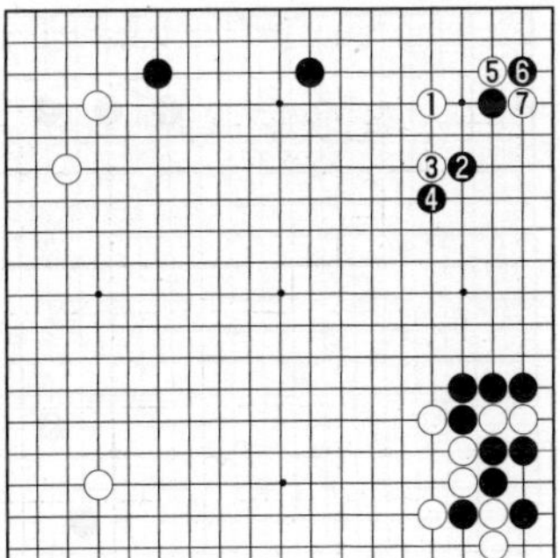

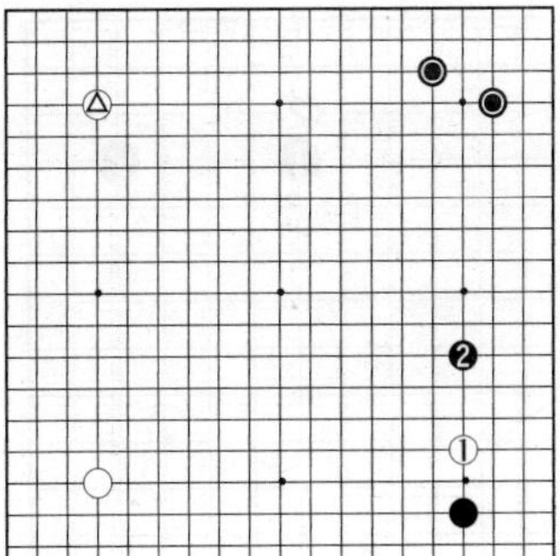

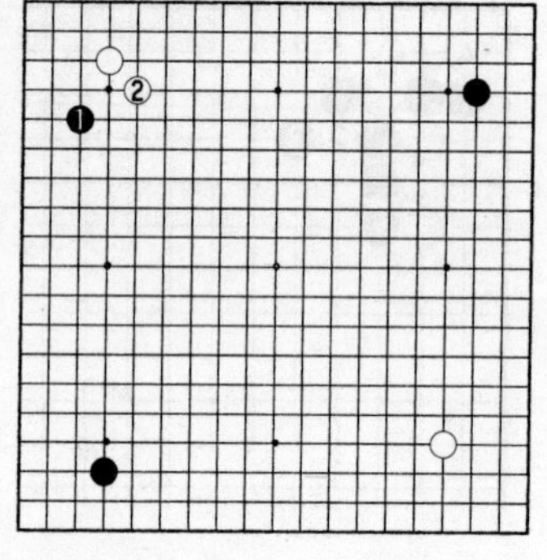

❶
②

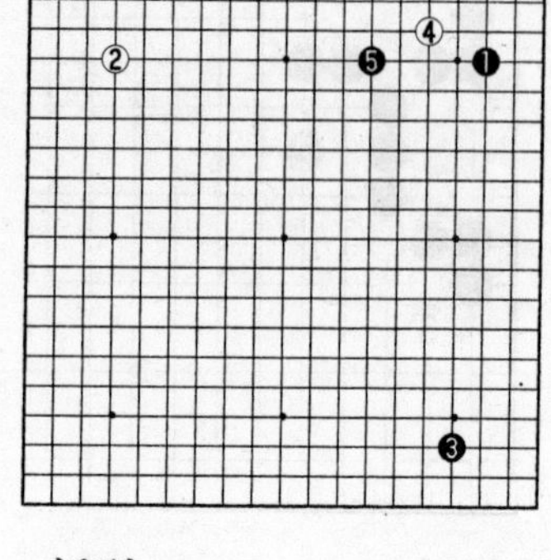

❶
②
❸
④
❺

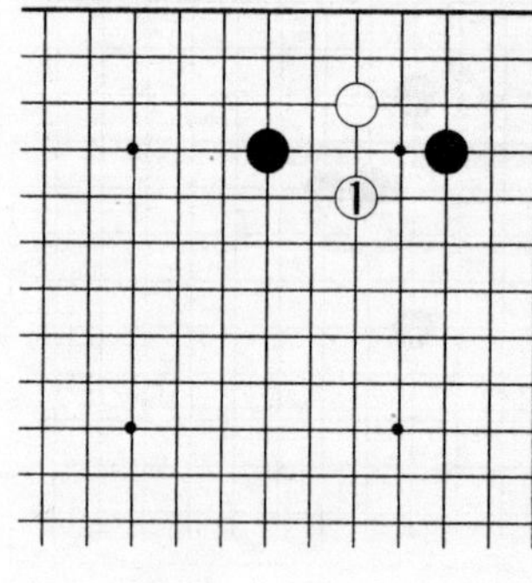

①

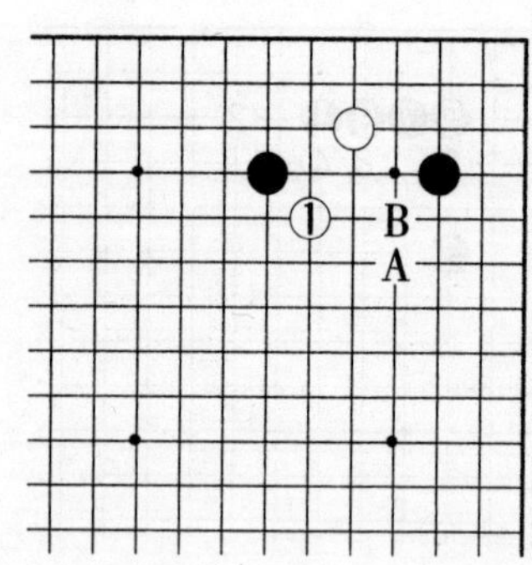

①
B
A

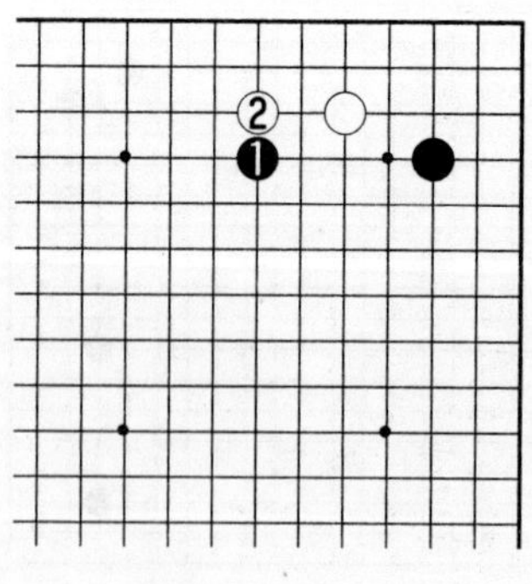

②
❶

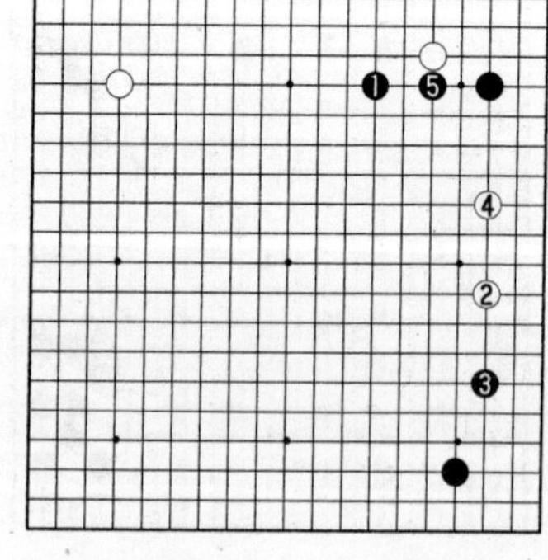

❶
②
❸
④
❺

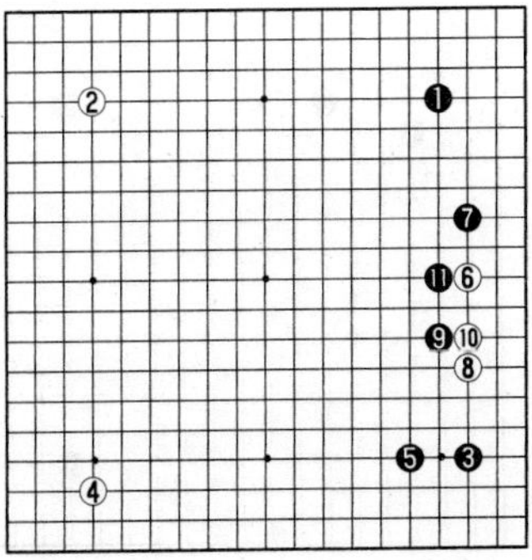

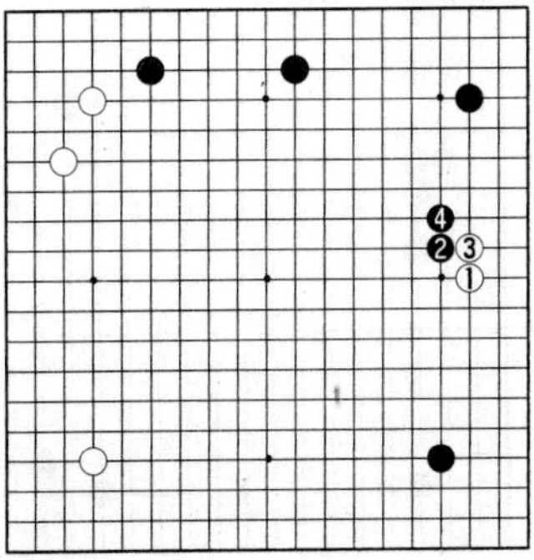

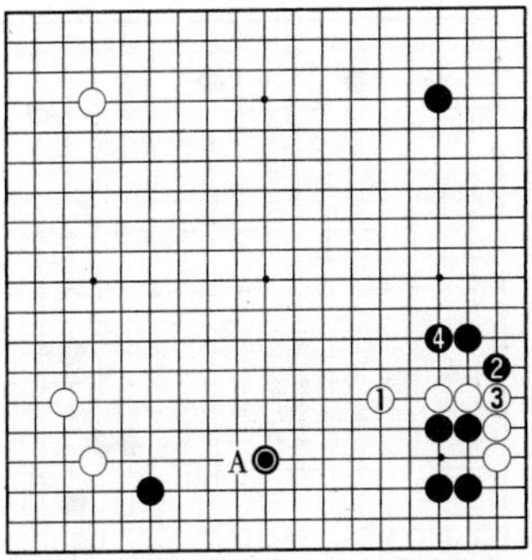
A

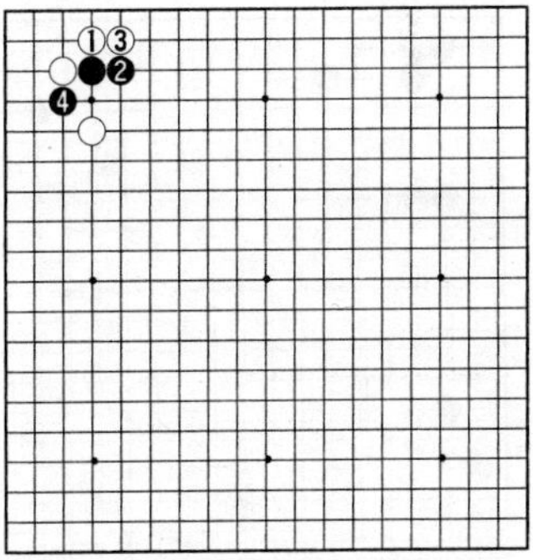

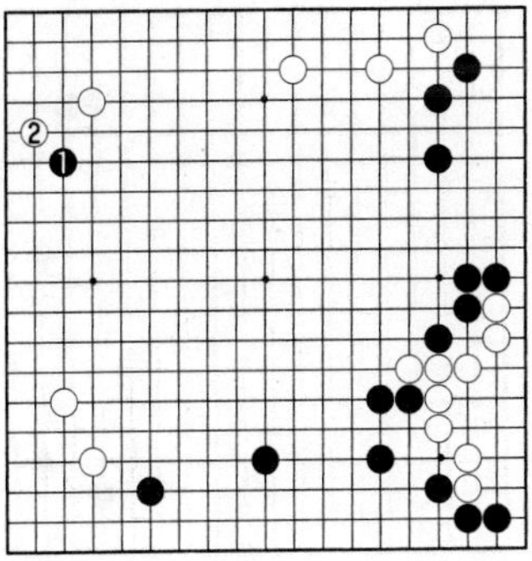

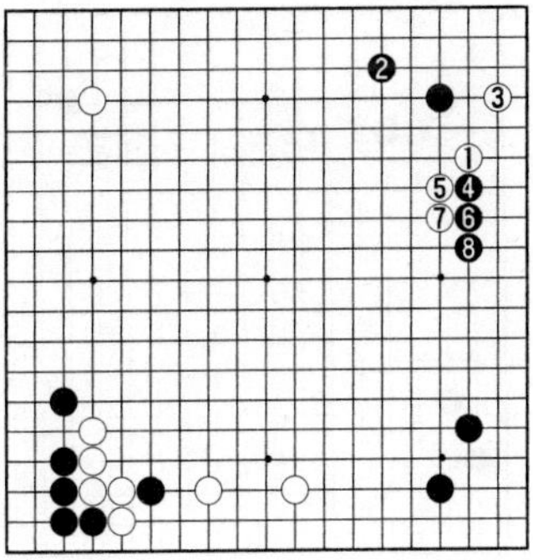

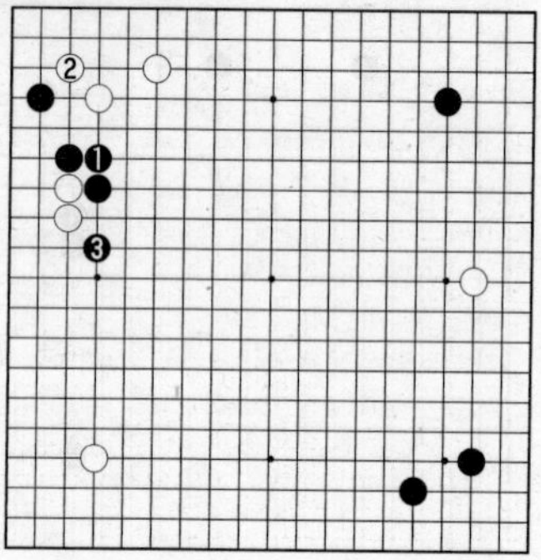

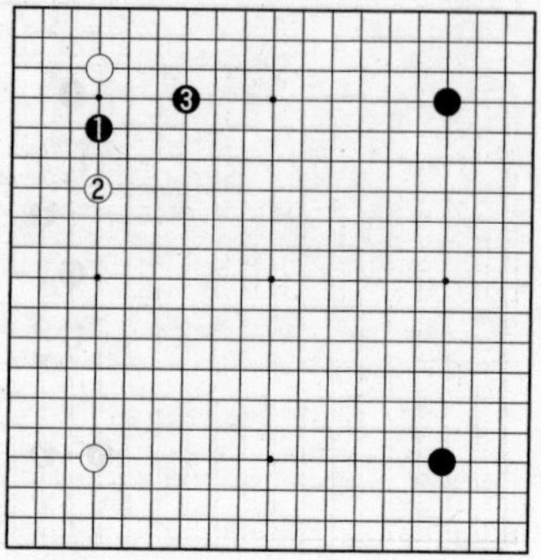

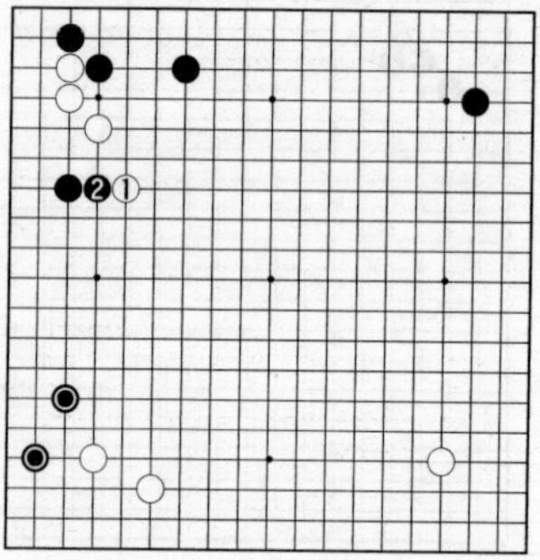

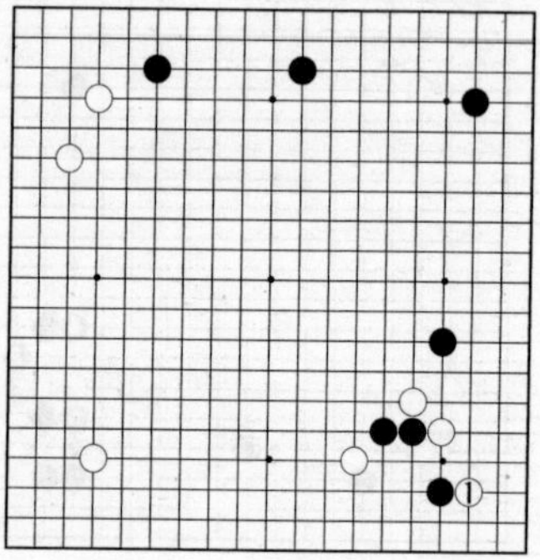

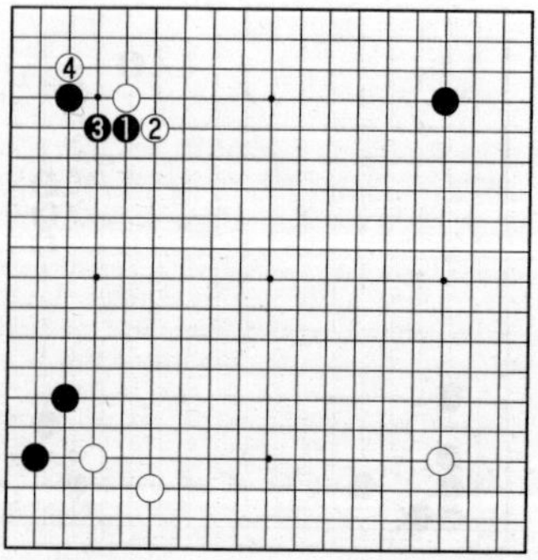

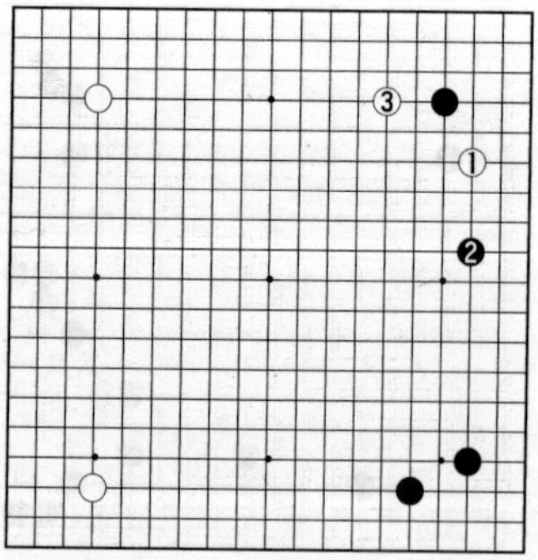

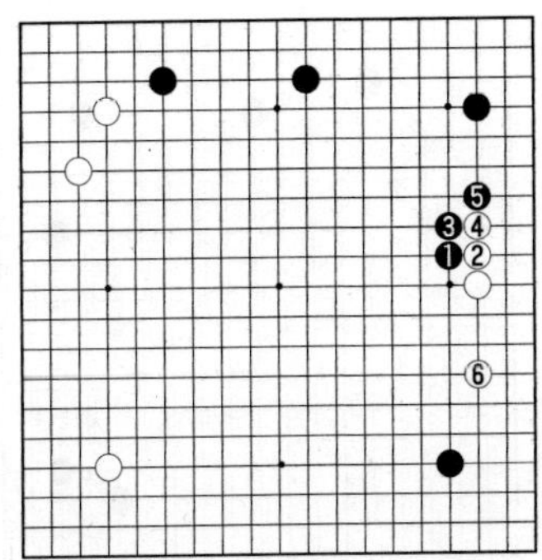

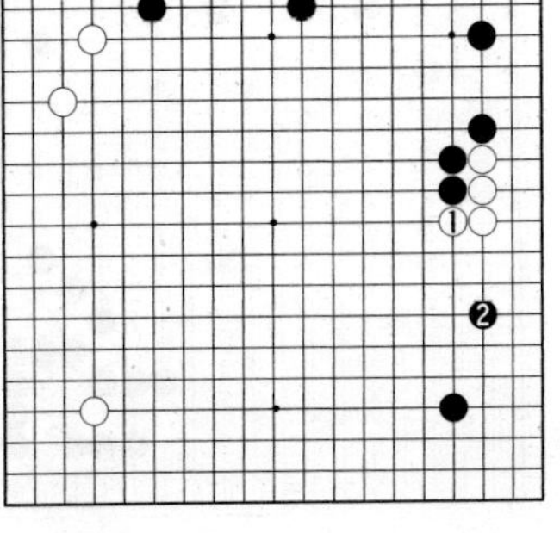

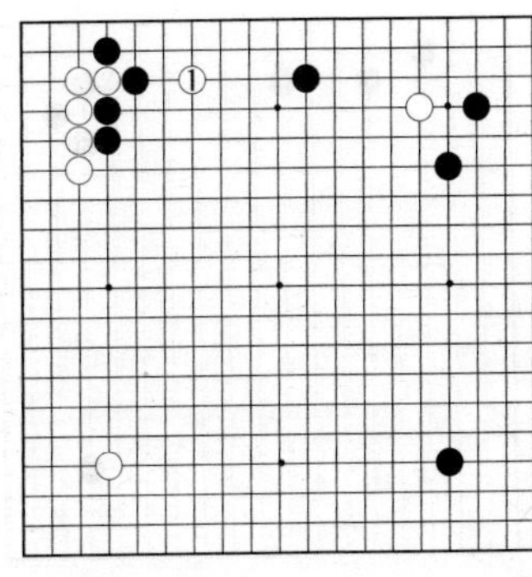

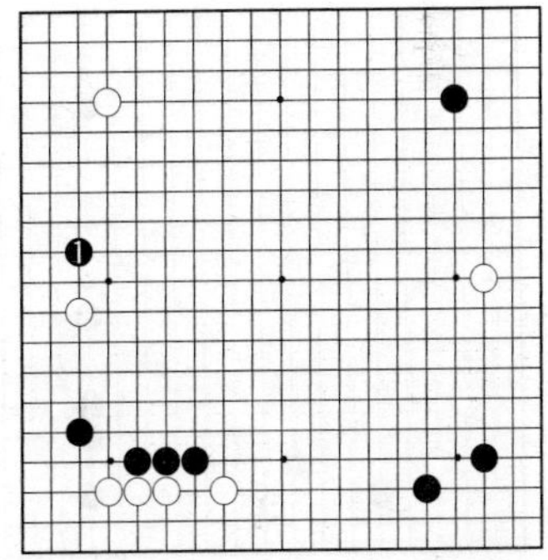

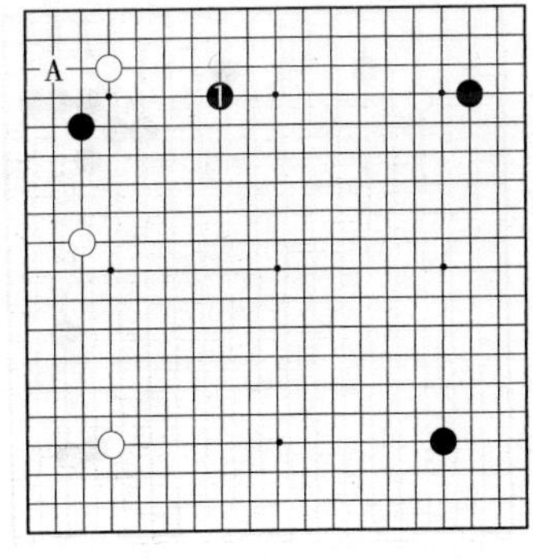

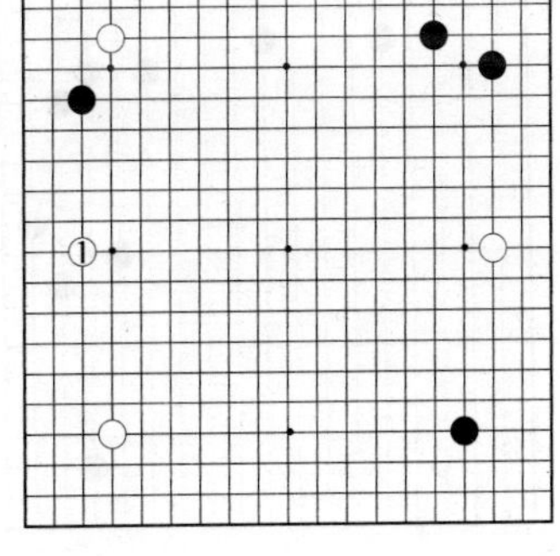

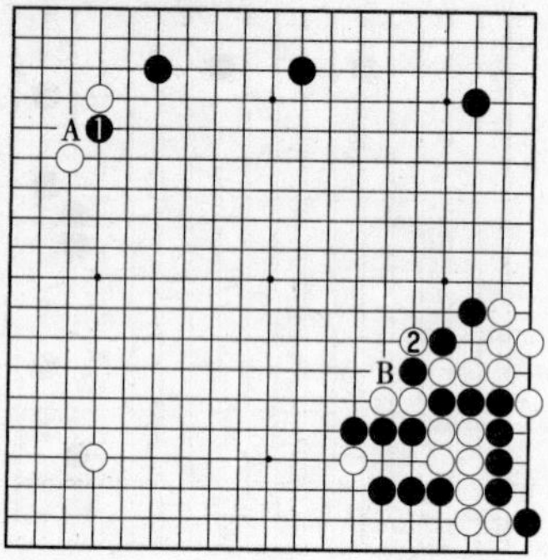
A
1
2
B

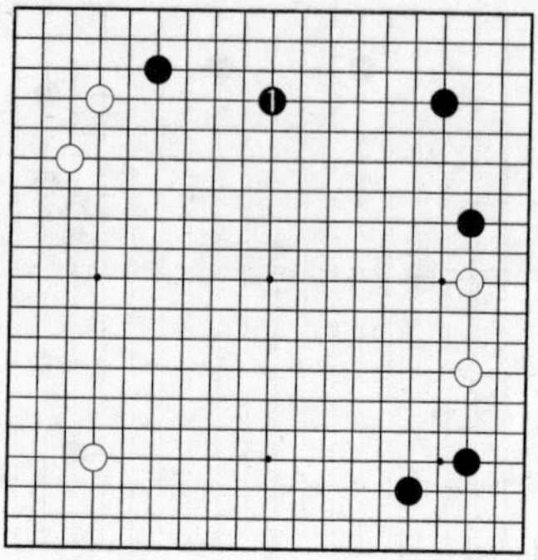
1

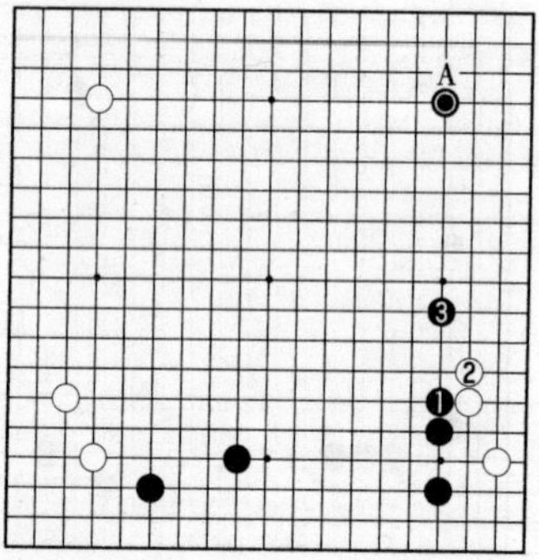
A
3
2
1

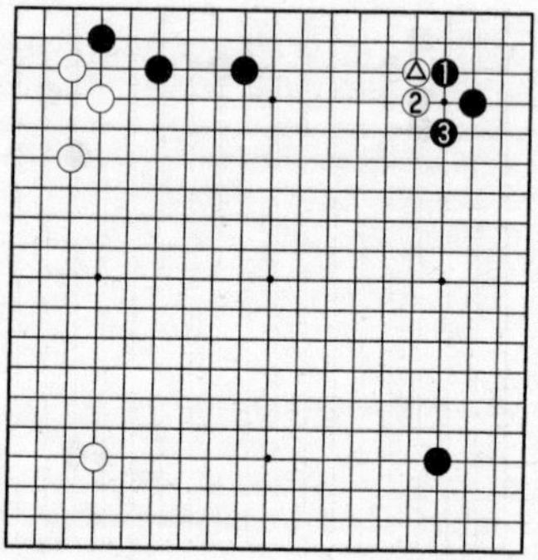
△
1
2
3

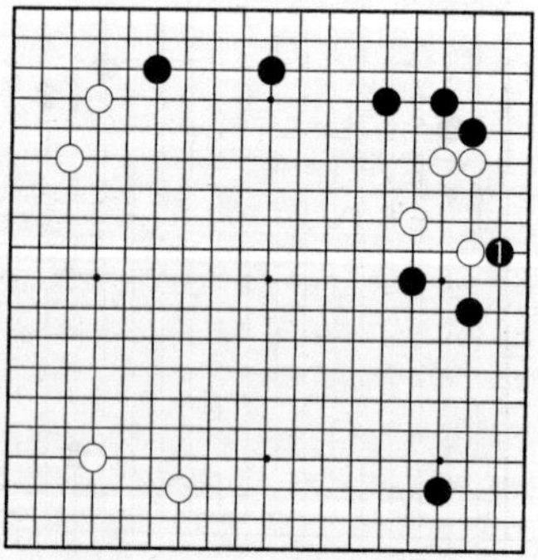
1

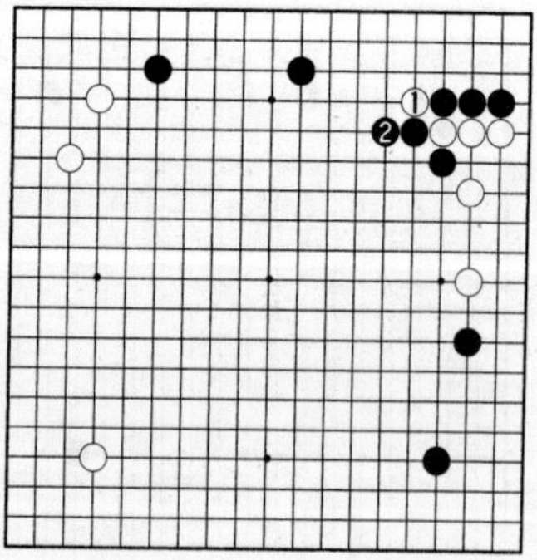
1
2

新型 1　小目一间高夹攻的单纯化

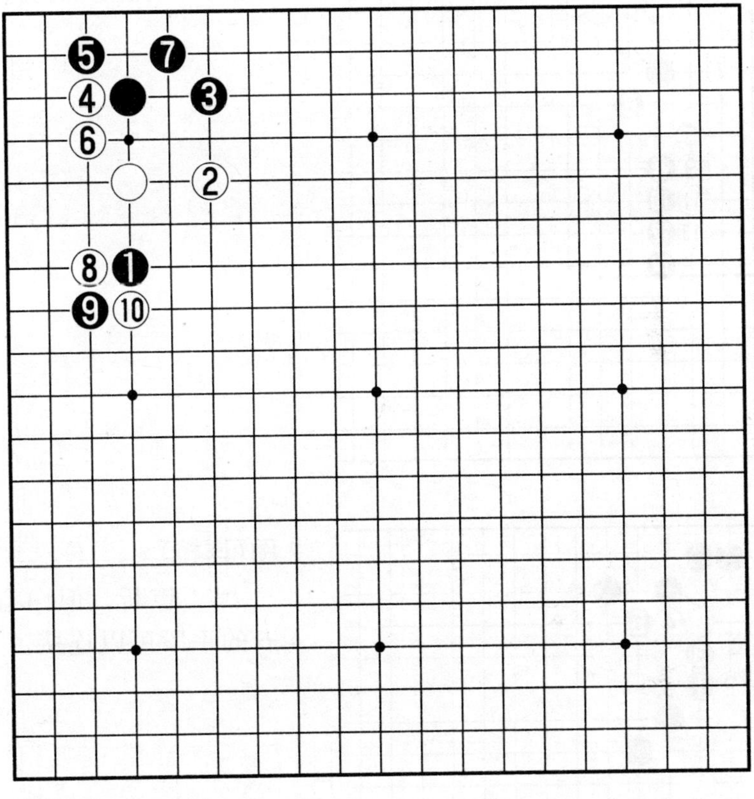

从黑 1 的一间高路夹攻到白 6 是普通的进行。此后，黑 7 至白 8、10 的形是新的下法。

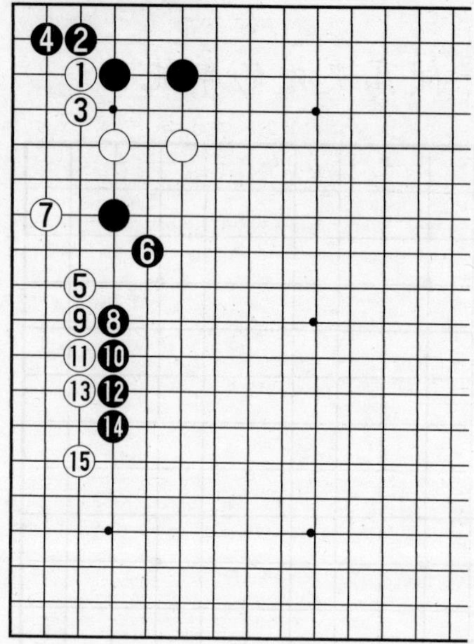

1 图(过去定式)

过去常下在黑 4，因此白 7 的连接成立。

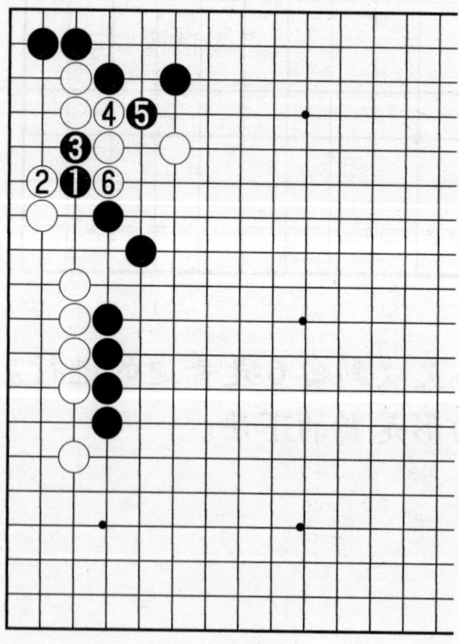

2 图(连接)

黑 1 想断，但白有 4、6 的手段可以连接。

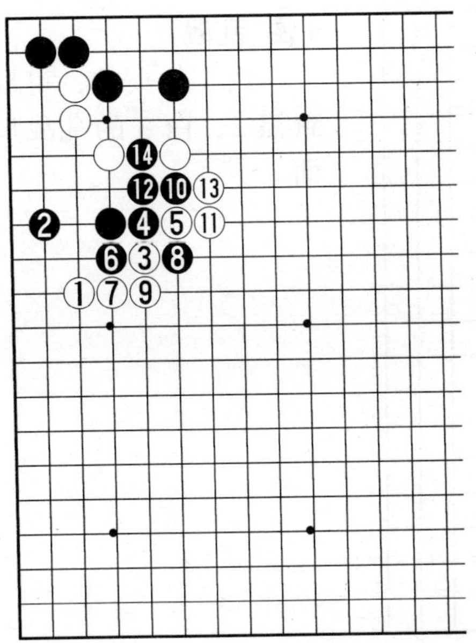

3 图(黑优势)

最近，出现的白 1 时黑 2 切断的强烈下法。至黑 14 的进行黑的实利较大。

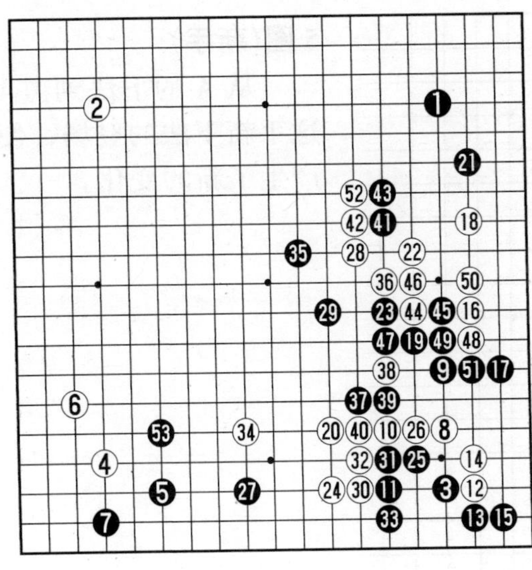

实战棋谱

黑　依田纪基
白　金成龙

黑中盘胜。
(2005－08－16)

黑 17、19 后黑好调。

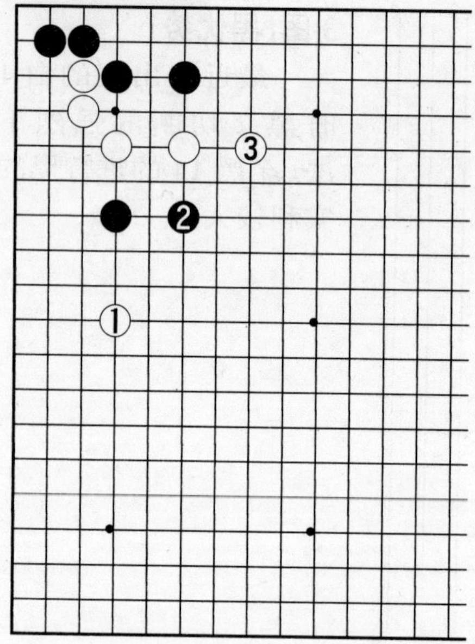

4 图(乱战)

白 1 的夹攻，可导致黑 2、白 3 的乱战局面。

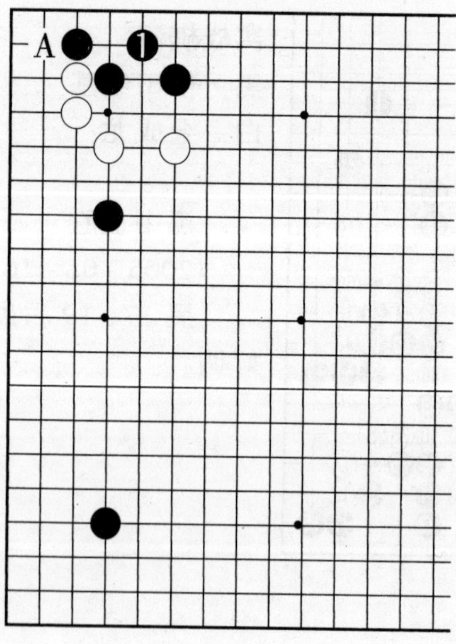

5 图(新手)

从 A 的下法到黑 1 这手新下法的登场，便产生了新的变化。

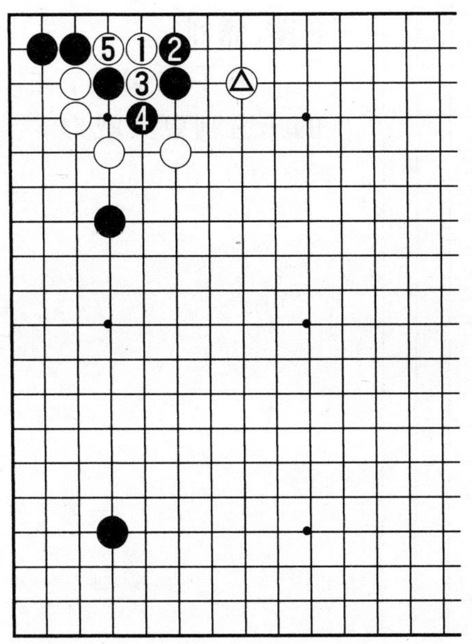

6 图(**弱点**)

过去定式的黑形在白△逼近时就会产生白1的侵入。

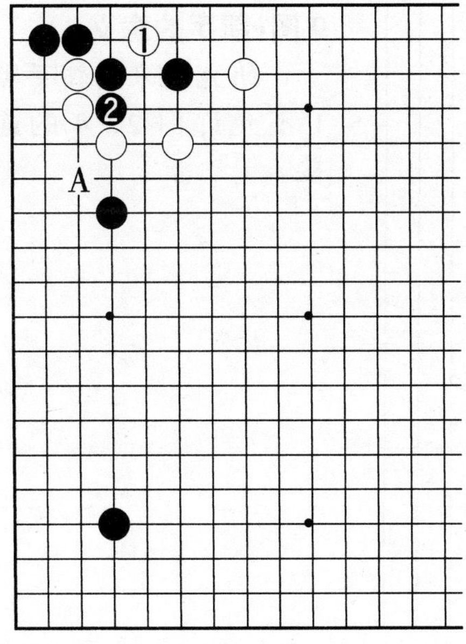

7 图(**黑的对策**)

对于白1虽有黑2的对策，白A补强或周围有变化时，白1会变成强有力的手段。

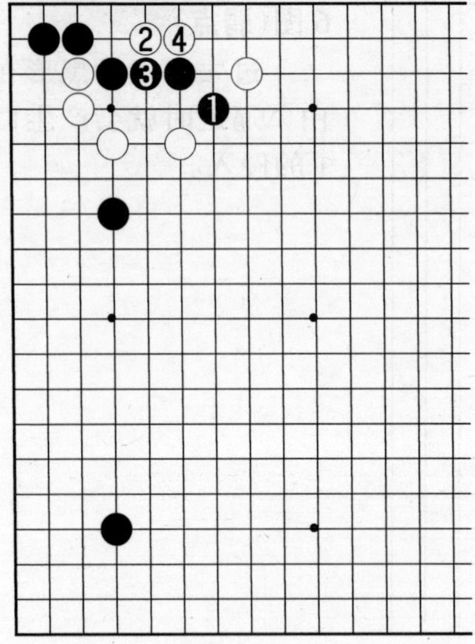

8 图(痛烈)

黑 1 如尖出，白 2 的味道则更具威力。

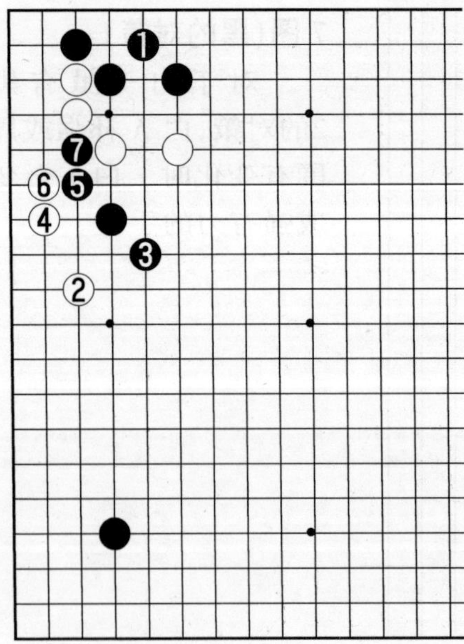

9 图(新手的意义 1)

研究出来的新手黑 1 不允许白 2、4 的连接。

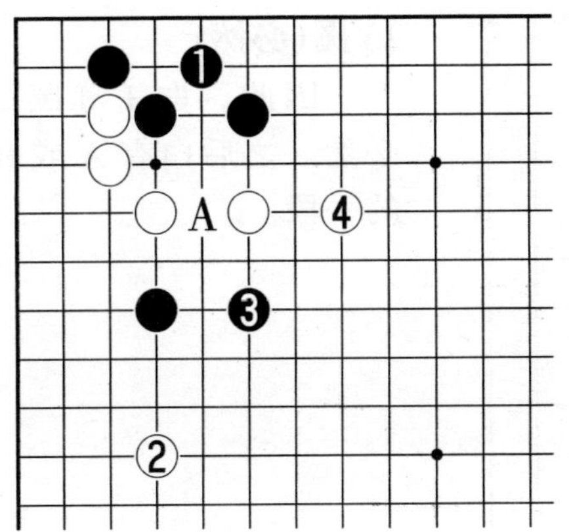

10 图(新手的意义 2)

还有，白 2、4 之后，黑有 A 挤断的狙击手段。

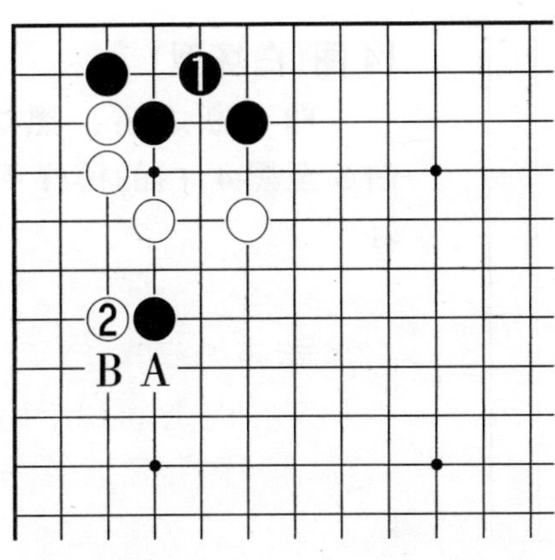

11 图(白的研究)

因此，白研究了新的手段，白 2 的托。黑可选择 A 或 B 的应对。

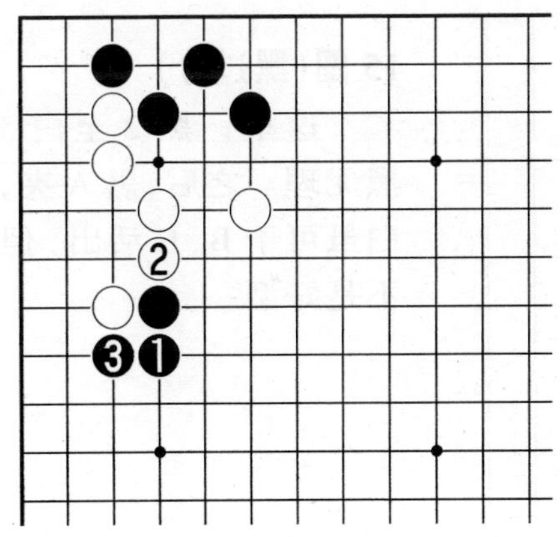

12 图(白不满)

黑 1 时白 2，被黑 3 挡下，白不好。

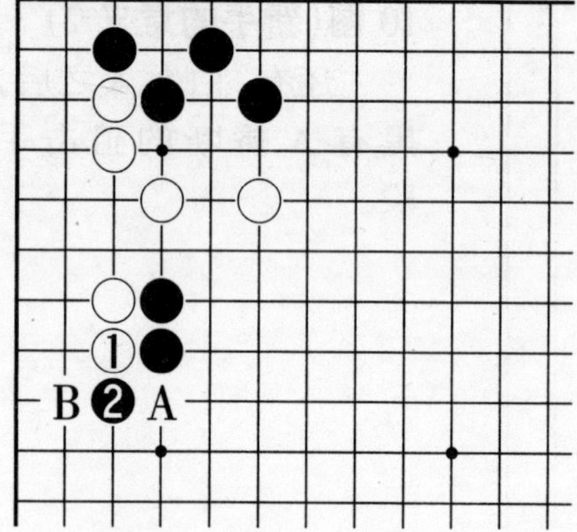

13 图(必然)

因此，白 1 和黑 2 必然。之后白有 A 或 B 的手段。

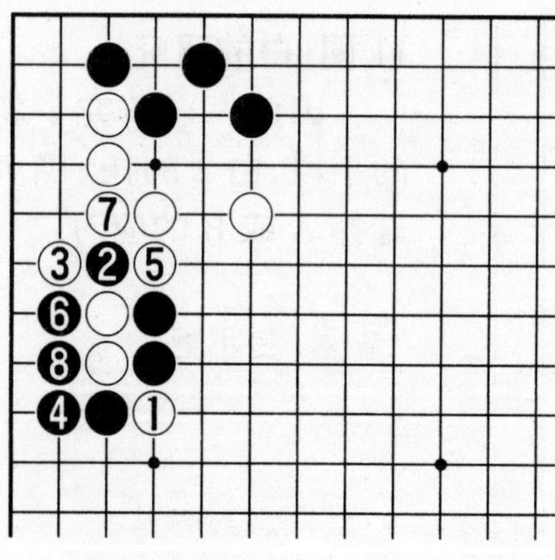

14 图(白坏型)

白 1 断之后，黑 2 白 3 至黑 4,白的模样不好。

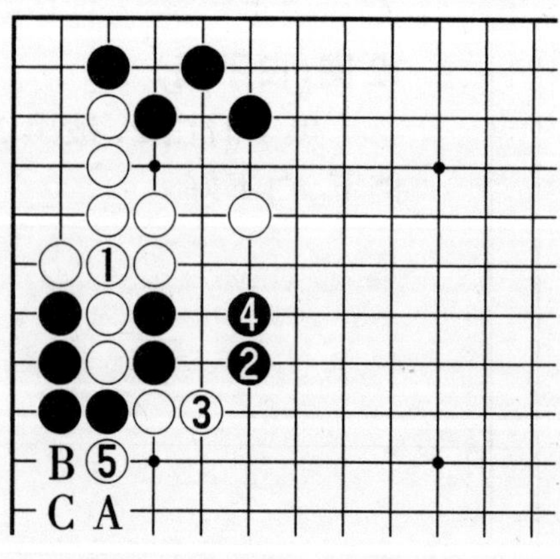

15 图(黑过分)

这里，黑 2 至白 5 黑无理。之后,黑 A 夹,白虽可于 B、C 活出,但不是好型。

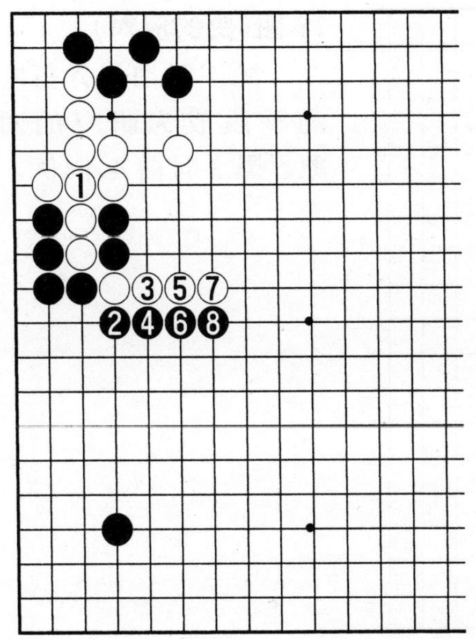

16 图(黑势厚)

这里，黑从 2 可筑成厚势,可下。

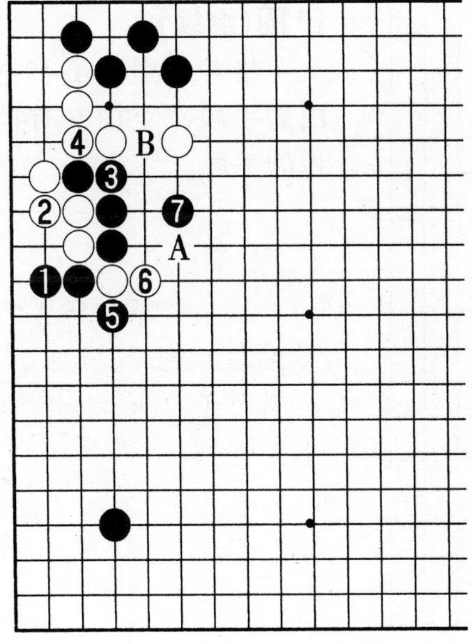

17 图(白不好)

黑 1 时白 2 也不能期待有好的结果。黑 7 以后进入中腹战，之后 A 如被黑下到，于 B 处断的手段也成立。

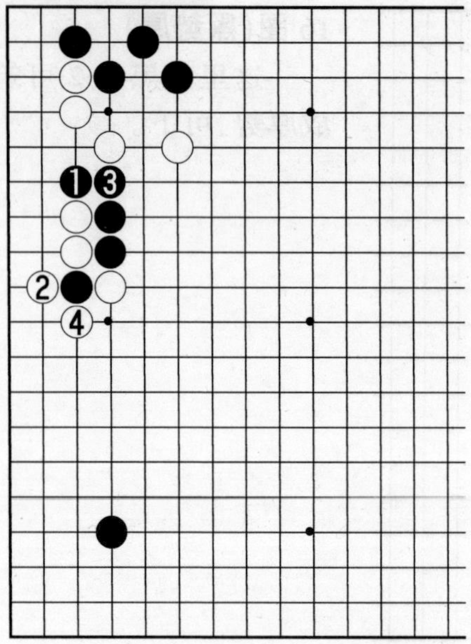

18 图(白的应对)

黑 1 时白 2 先打吃的手段成为研究的对象。黑 3 时白 4,白优。

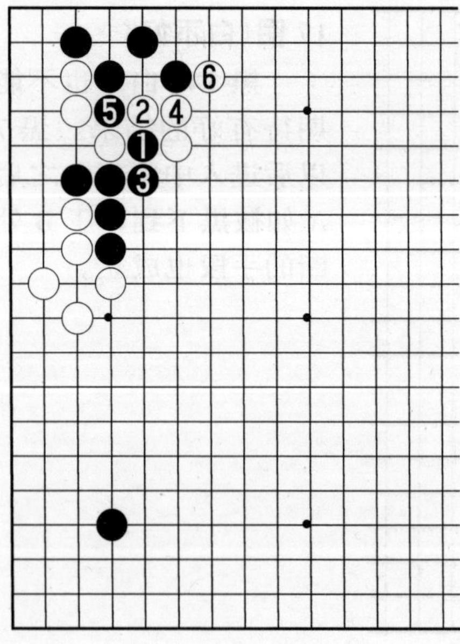

19 图(继续)

接着，黑 1 虽有吃白的手段，至白 6 有挡封的手段。

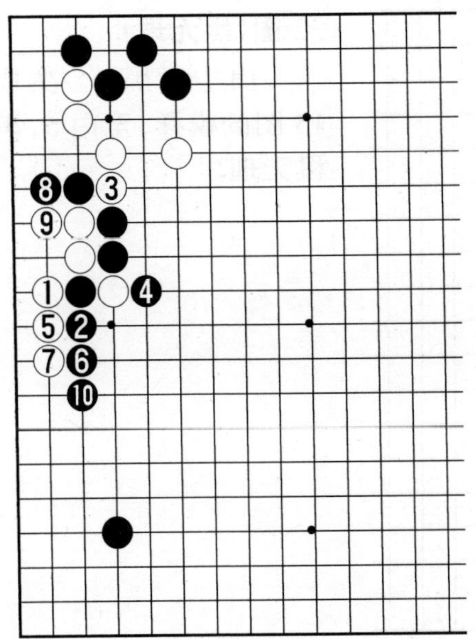

20 图(白不满)

白 1 黑 2 必然，至黑 10，由于白得先手，不坏。

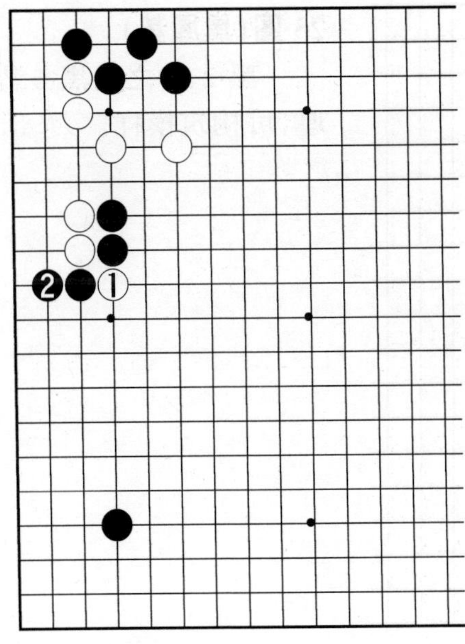

21 图(黑的研究)

对于白 1 的断,黑 2 的手段成为研究的问题。

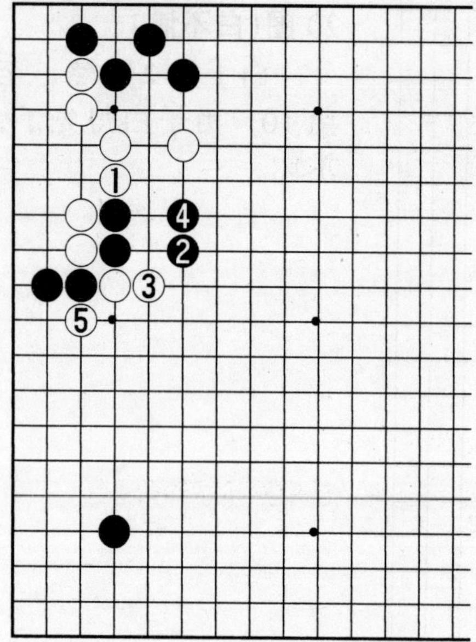

22 图(黑无理)

白 1 时黑 2，变成 15 图的模样，至白 5，黑棋无理。

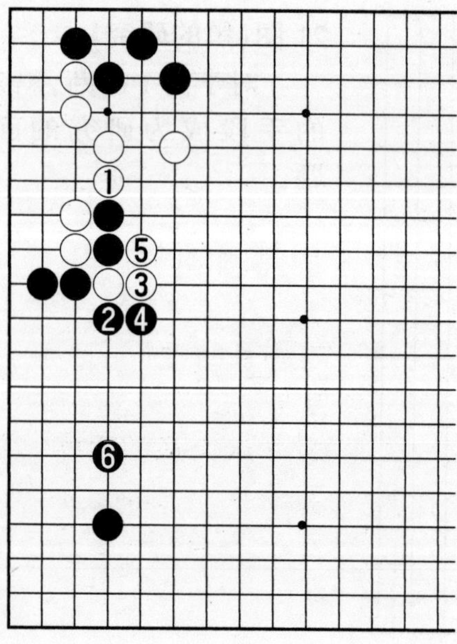

23 图(黑厚势)

黑 2、4 之后黑 6 势厚，可构筑模样。

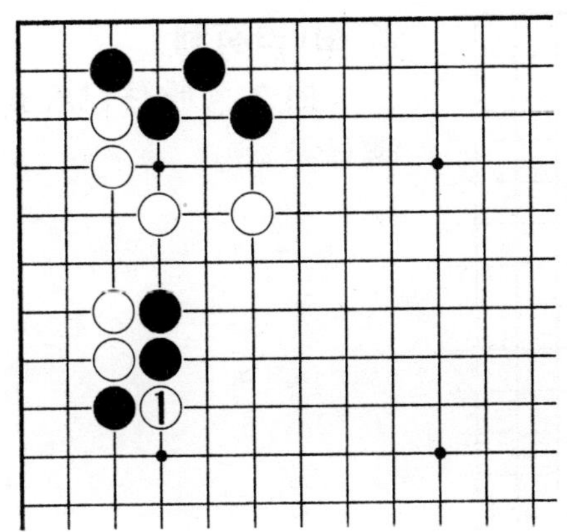

24 图(结论)

白 1 断，可以预想会演变成 20 图或 23 图的进行。

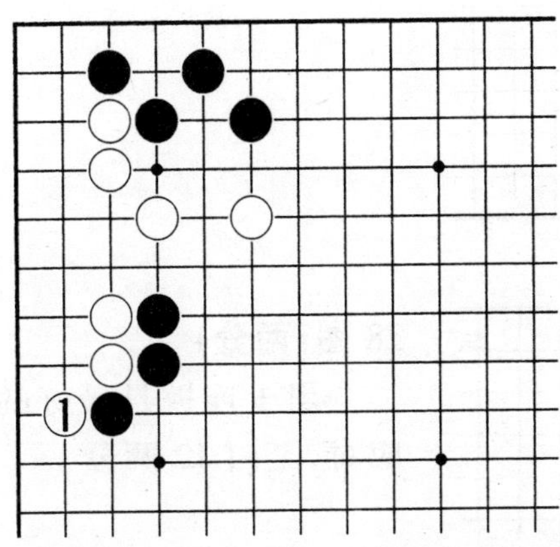

25 图(白的研究)

白 1 的扳是容易想到的。

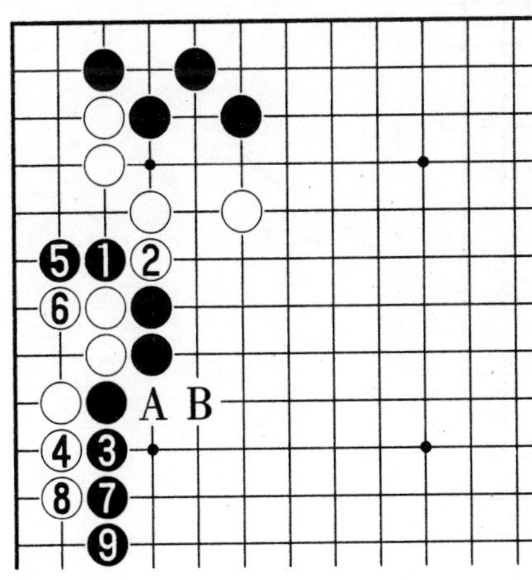

26 图(白有利)

黑 1，白 2，白好。至黑 9 的进行，于 20 图比较，白棋至少好白 A、黑 B 未交换的程度，另外——

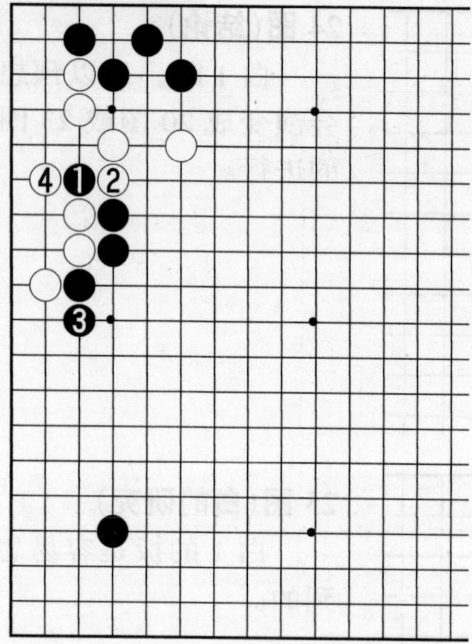

27 图(白有利)

白 2、4 吃住已经很满意。

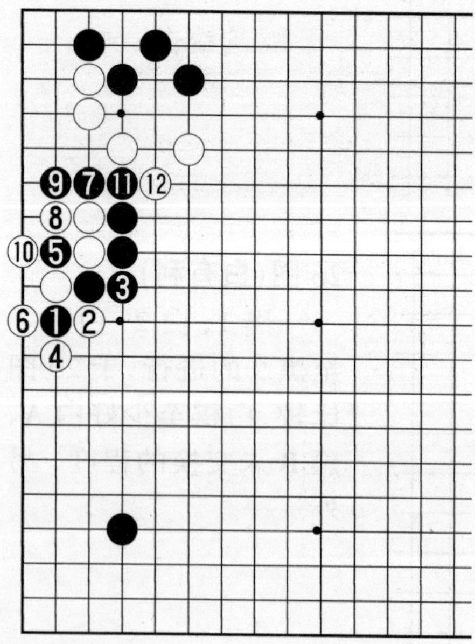

28 图(两分)

黑 1 连扳是最好的应对,至白 12 两分。

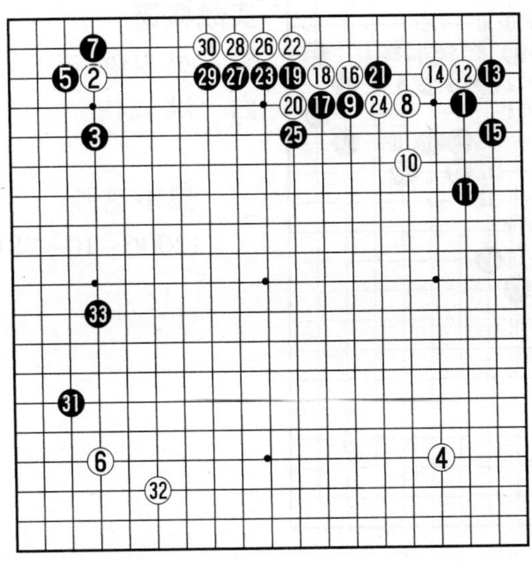

实战棋谱

黑　张　栩

白　胡耀宇

白中盘胜。

(2004－06－08)

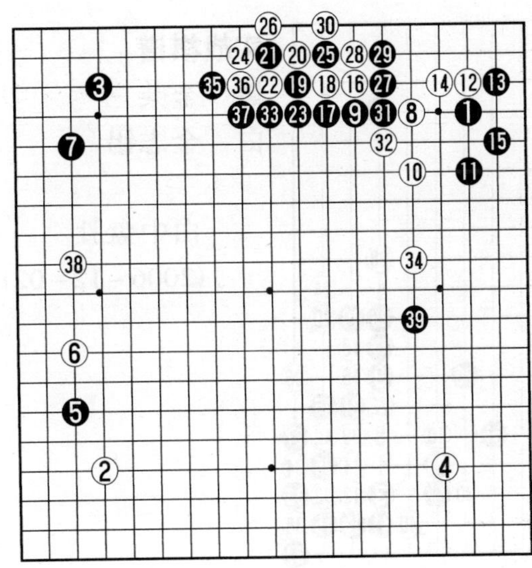

实战棋谱

黑　李世石

白　徐奉洙

黑中盘胜。

(2005－05－10)

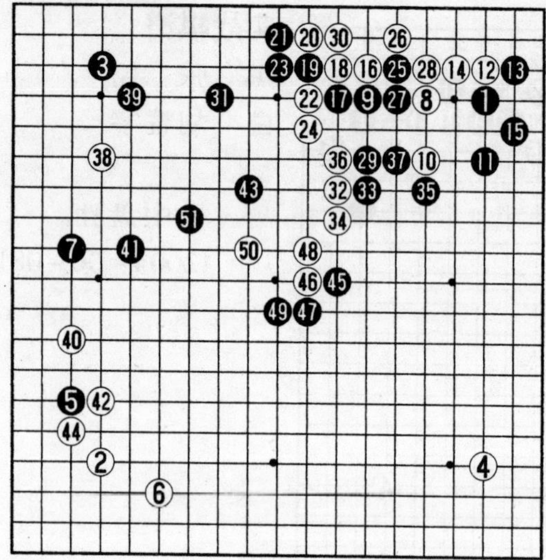

实战棋谱

黑　吴圭哲

白　洪旼杓

黑中盘胜。

(2006－10－28)

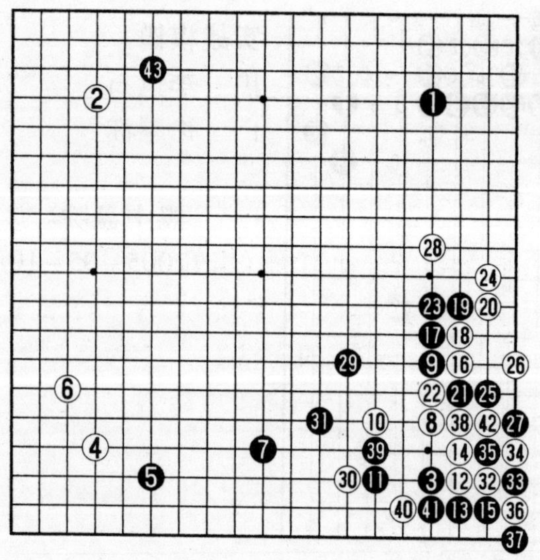

实战棋谱

黑　金荣三

白　金志锡

白中盘胜。

(2006－12－02)

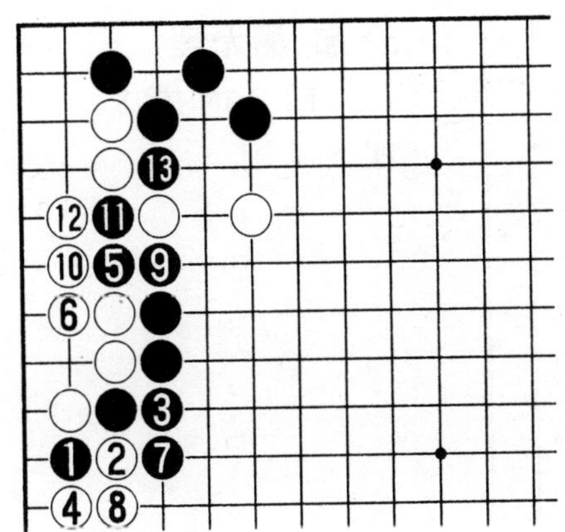

29 图(白可下)

即使黑 5，白也不坏。

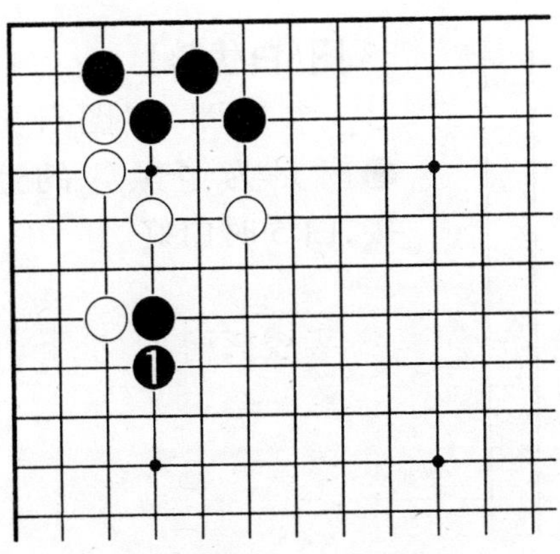

30 图(结论)

黑 1 以后的变化有多种，此型白也可充分的应对。

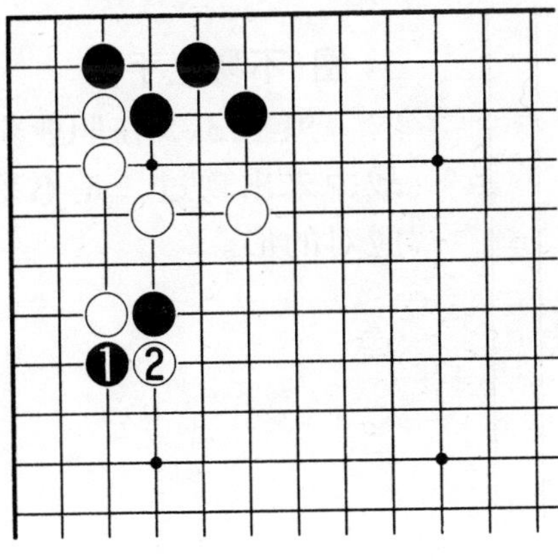

31 图(黑的变化)

因此，黑 1 是常见的下法，白 2 断之后产生新的变化。

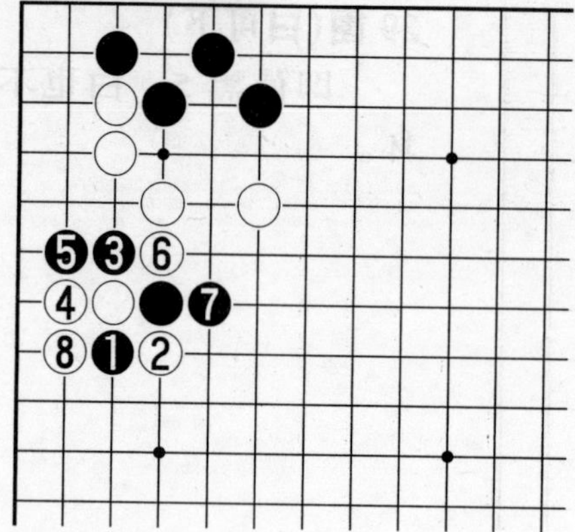

32 图(黑无理)

白 2 时黑 3、5 无理。

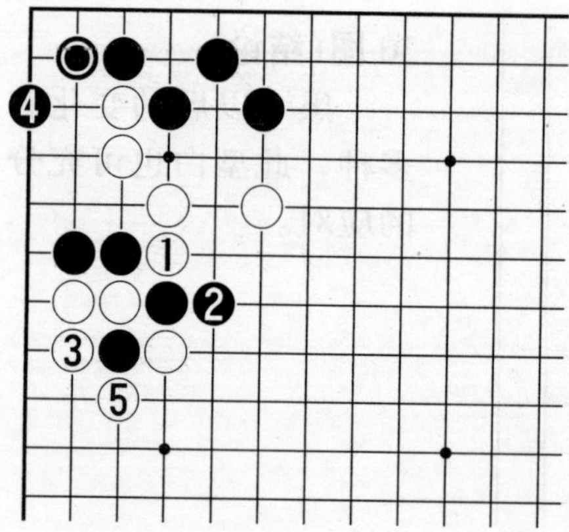

33 图(白优势)

参考图 32 图有黑◉时是为了黑 4 的连接,白 5 时白好。

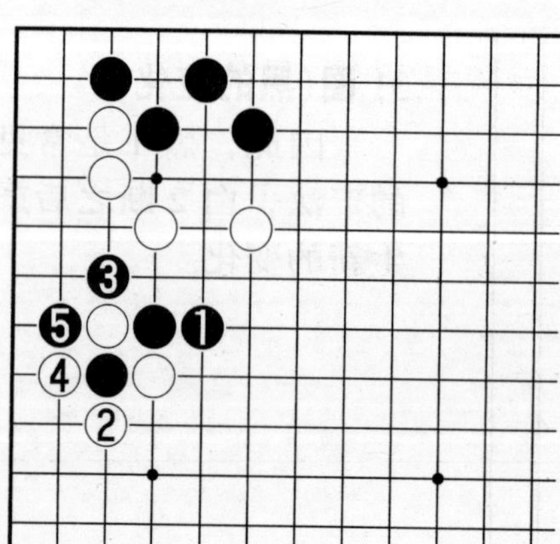

34 图(不易之手)

黑 1、3、5 在职业棋战中未出现过，是不易应对的形。

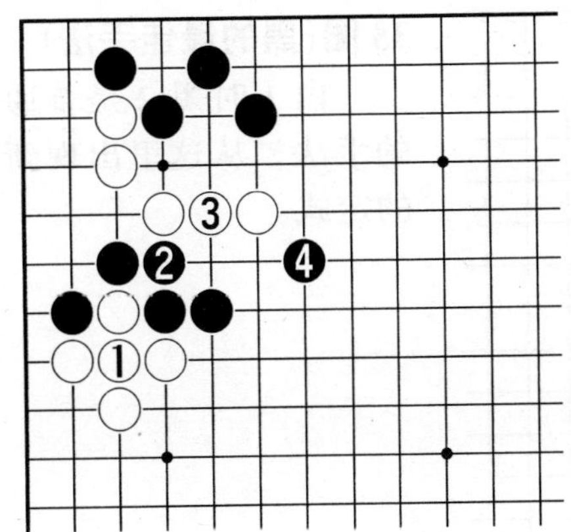

35 图(白苦战)

白如果没有劫材就要于 1 位连，黑 2，白 3，至黑 4，白大龙危险。

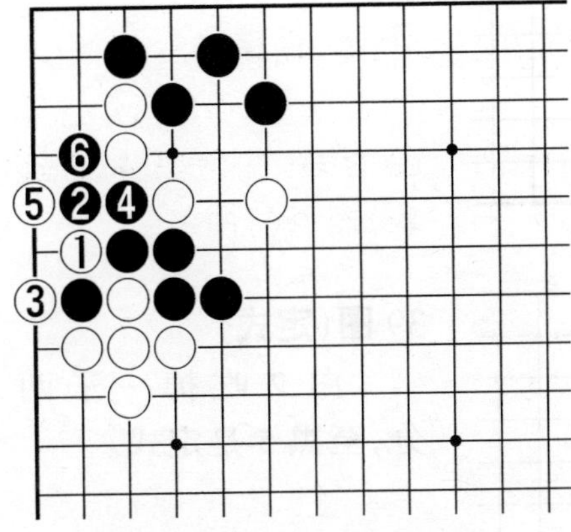

36 图(收官)

在此，要知道白 1 之后至 5 是先手，白即使弃子，黑棋也不如预想的大。

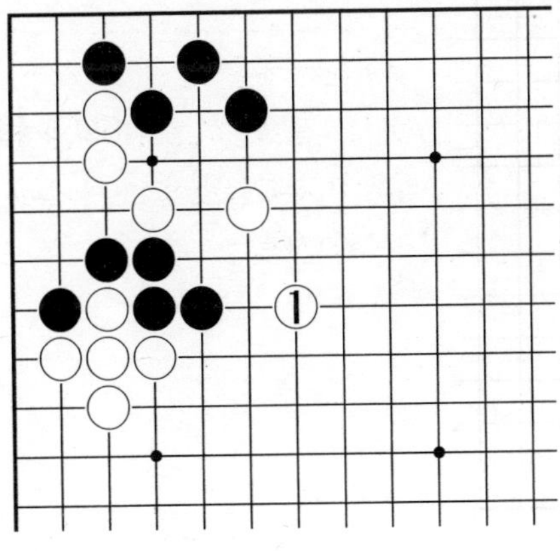

37 图(简单的处理)

因此，白 1 在中腹看轻简单处理，是好的作战。

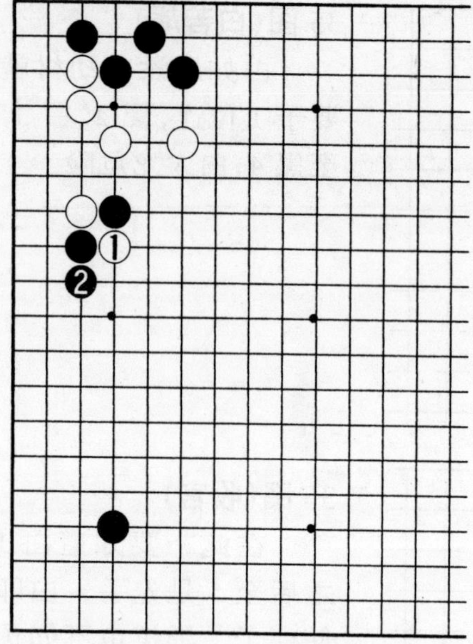

38 图(黑的最佳手法)

白 1 时黑 2 是普通的手法，从这里出现新的定式。

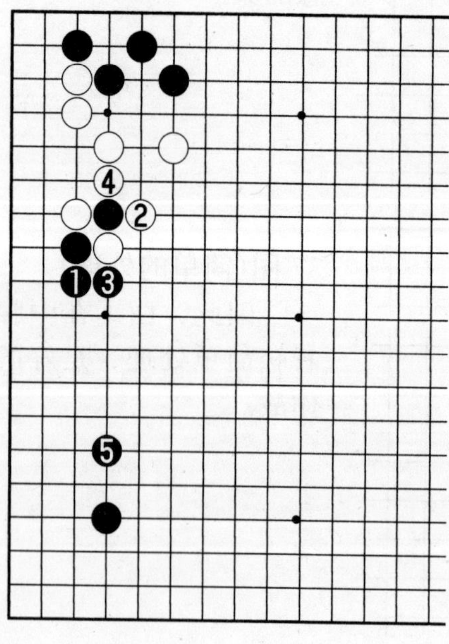

39 图(定式)

白 2 吃掉一子两分，至黑 5 是定式。

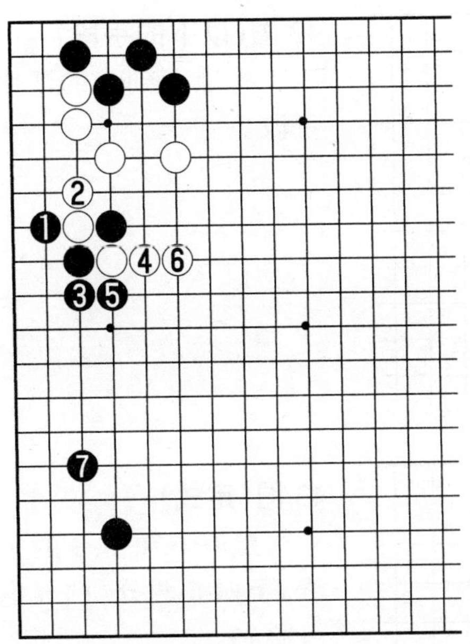

40 图(两分)

黑 1、3，至黑 7 为两分。

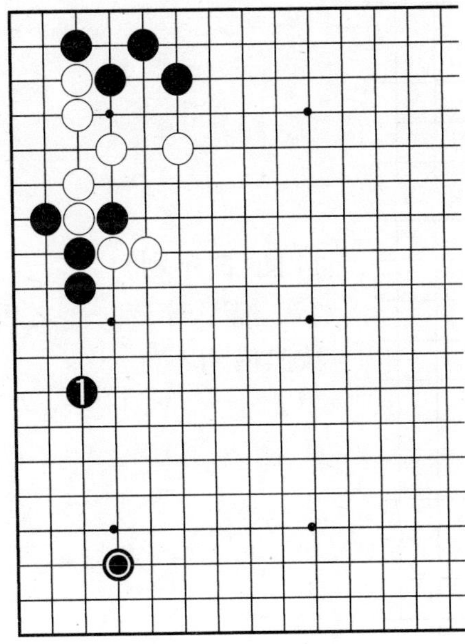

41 图(周边的形势)

根据周围的布子情况(黑◎)，可下黑 1。

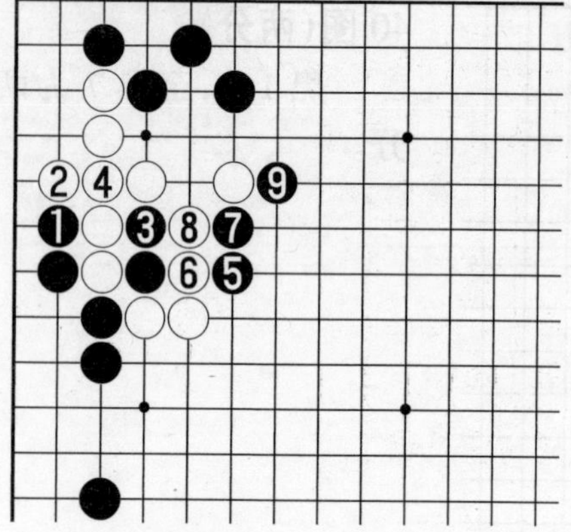

42 图(以下的手段)

有黑 1 到 9 的活用手段。

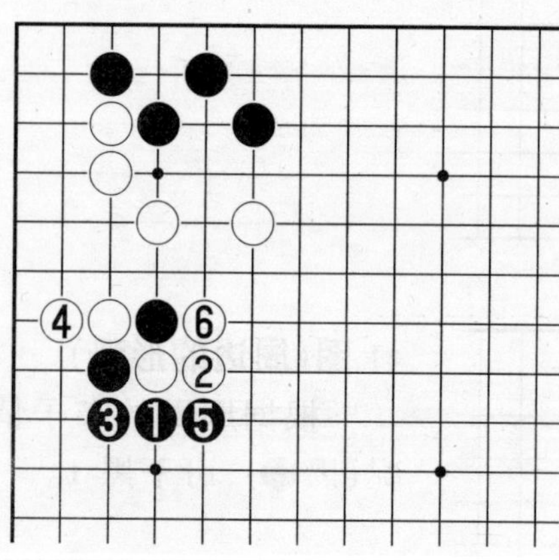

43 图(定式)

黑有下在 1、3 的手法。至白 6 两分。白 6 也可脱先。

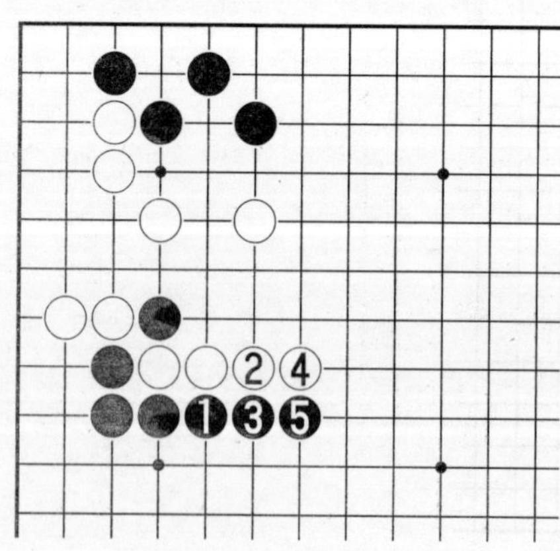

44 图(白不利)

黑 1 时，白 2 之后被黑借用不好。

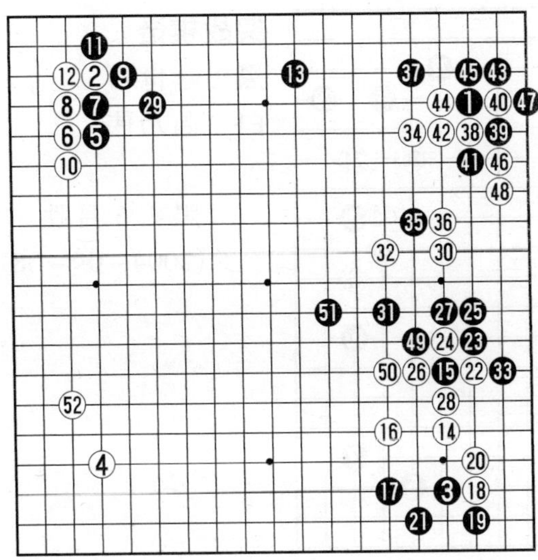

实战棋谱

黑　朴永训

白　李世石

白 1. 5 目胜。

(2006 – 08 – 16)

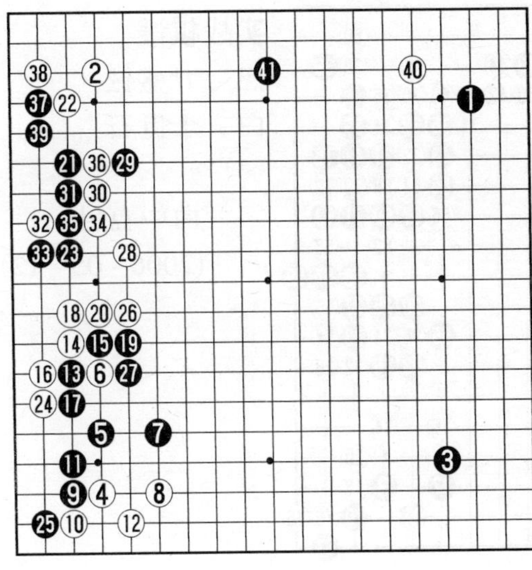

实战棋谱

黑　李世石

白　元晟溱

黑 8. 5 目胜。

(2006 – 03 – 31)

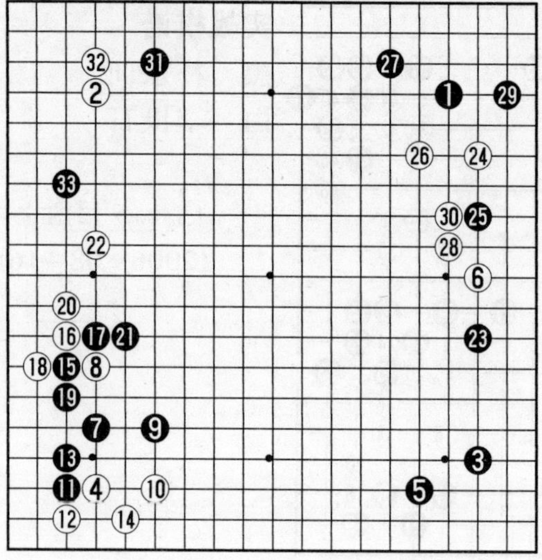

实战棋谱

黑　李世石

白　芮乃伟

黑 2.5 目胜。

(2004－09－08)

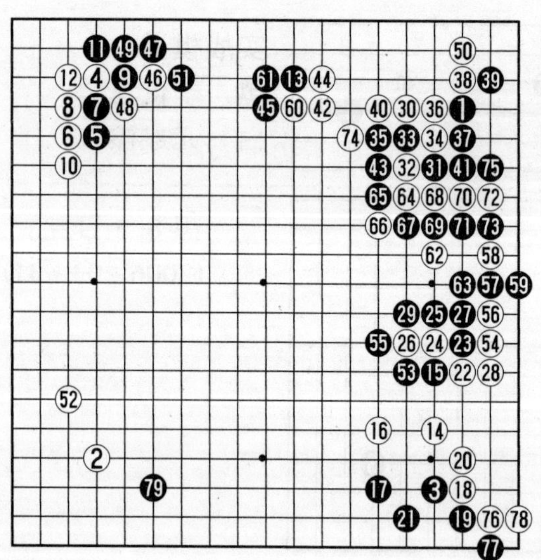

实战棋谱

黑　尹盛铉

白　李世石

白中盘胜。

(2006－05－12)

新型2　两间高夹攻击的大手术

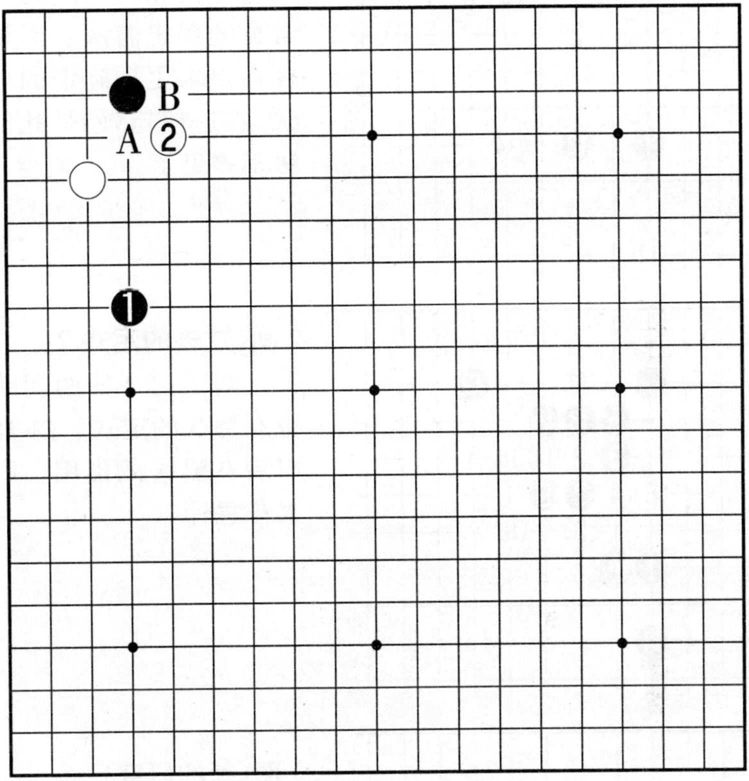

为简化黑1两间高夹而下的白2之手是现代的流行趋势。黑有A和B的应对。

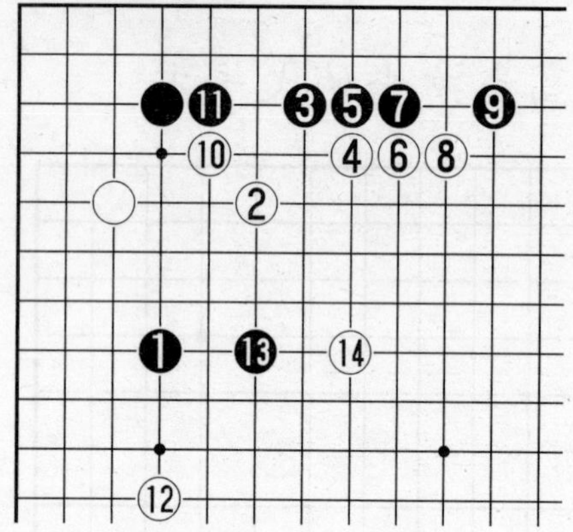

1图(过去的定式1)

过去对于黑1的两间夹攻白2的两间跳是常见的预想着法。但是现在追求更加确定的形状，在这种趋势下，此下法不多见了。

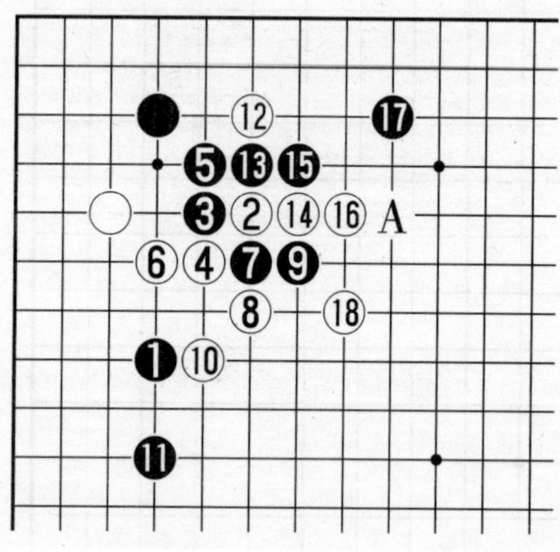

2图(过去的定式2)

对于白2的两间跳也有黑3的定式，白18以后有黑A的借用，白大都忌讳。

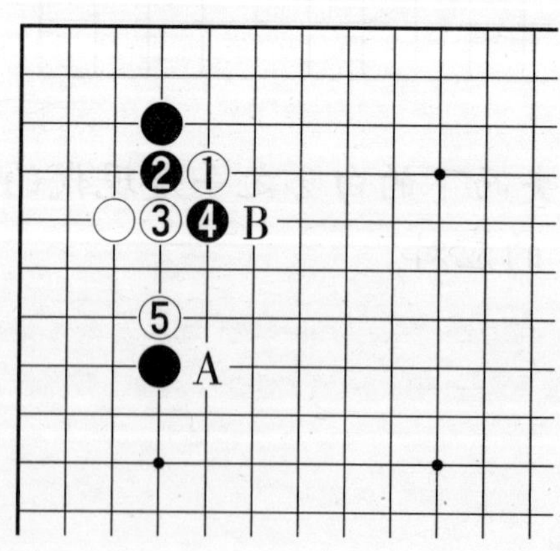

3图(新的研究)

白1是追求确定性的现代围棋的新的趋势，黑2、4切断至白5必然，之后有黑A和B的变化。

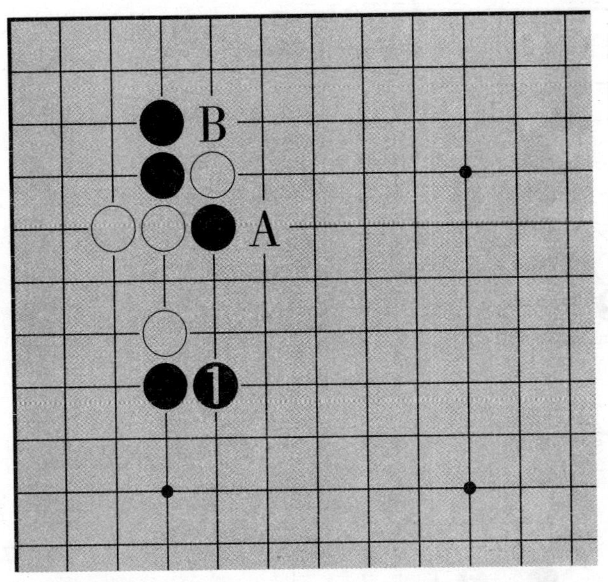

2－A 型

黑 1 是新的下法。白可选择 A 或 B 的应对。

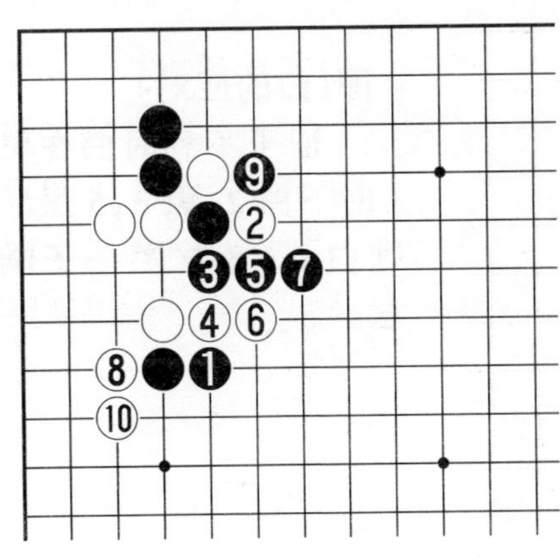

1 图(不同的评价)

黑 1 时，白 2 打吃白 4 动出是局部的行棋法，过去至白 10 认为是两分，但现在认为黑稍好。

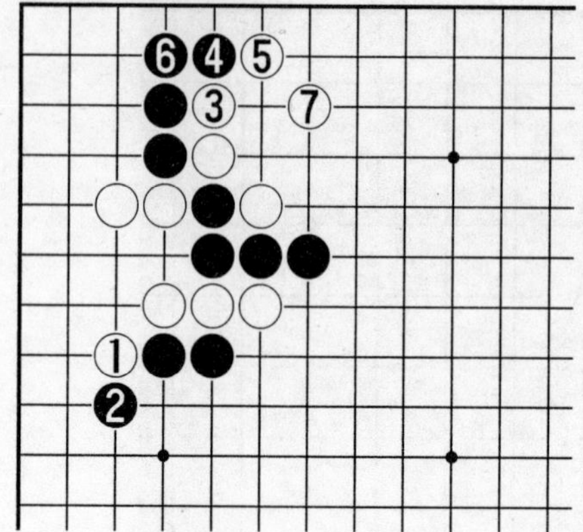

2 图(乱战)

白 1 黑 2 时被白 3 封住形成乱战。

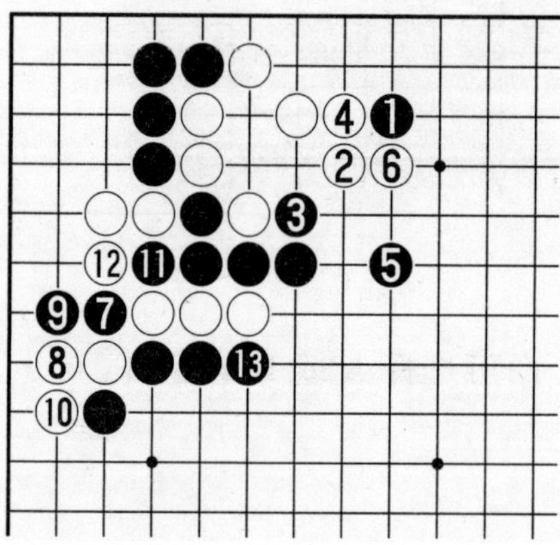

3 图(征子关系)

或者，黑 1、3、5 可得先手。之后黑 7 断，黑 13 的征子得成立。

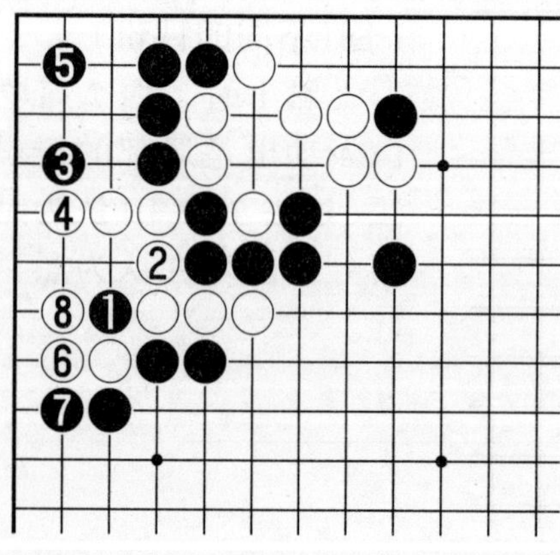

4 图(白的应对)

征子不利时白在黑 1 时下白 2，黑 3、5 做活则白 6、8 吃黑一子满意。

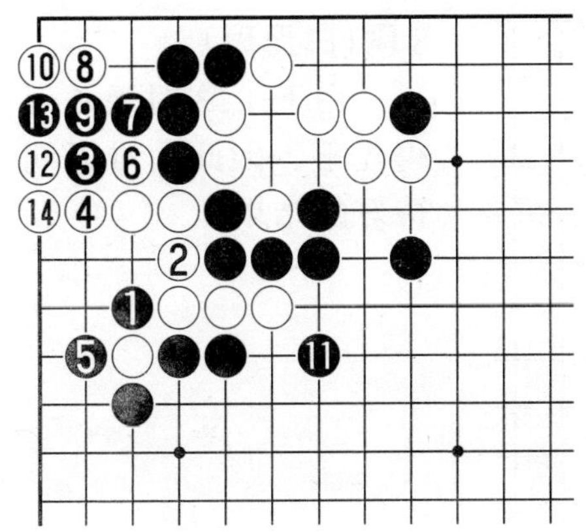

5 图(黑的强手)

黑在白 2 时有黑 3、5 强烈的支撑手段。白若于 6、8 杀黑棋，则至白 14 是预想的情形。是黑取势，白得实地的岔路口。

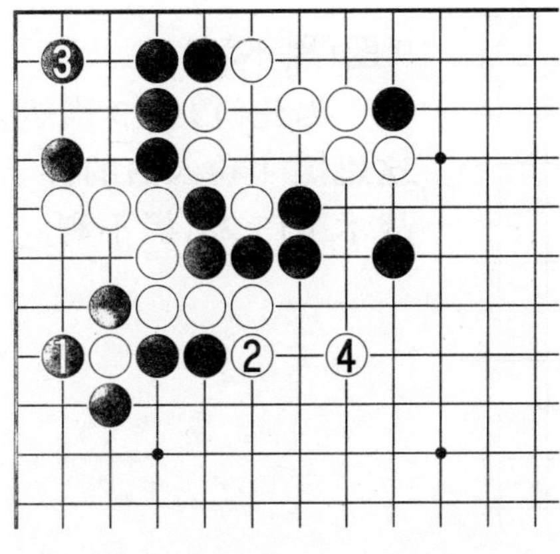

6 图(向中腹发展)

如果不想被封锁，黑 1 时白可 2、4 动出。

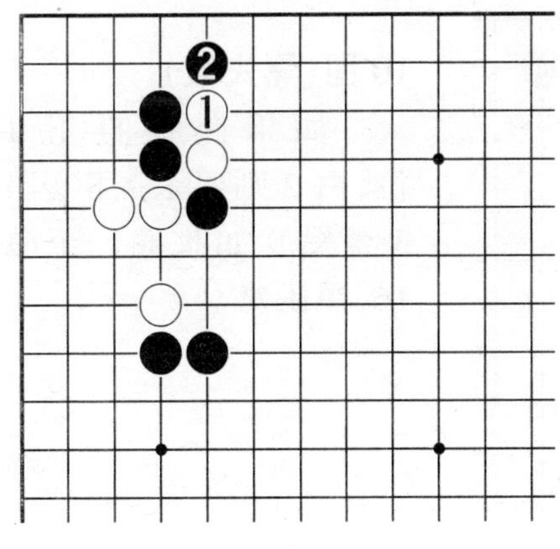

7 图(白的变化)

白 1 的挡下也可研究。黑 2 的扳是当然的一手。

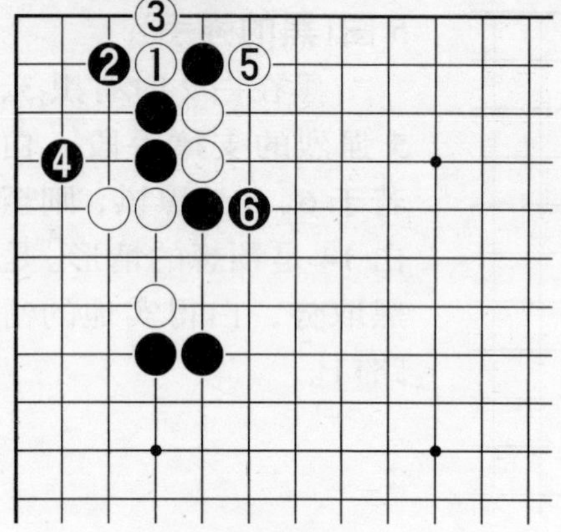

8 图(白无理)

白下 1、3 时黑 6 可得先手，因此白难以期待好的结果。

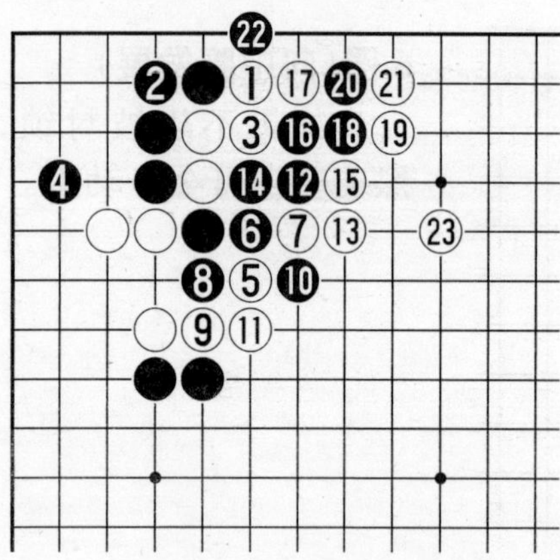

9 图(黑不利)

因此,白 1、3 当然,这里黑 4 卷入白的弃子战术至白 23,黑不利。

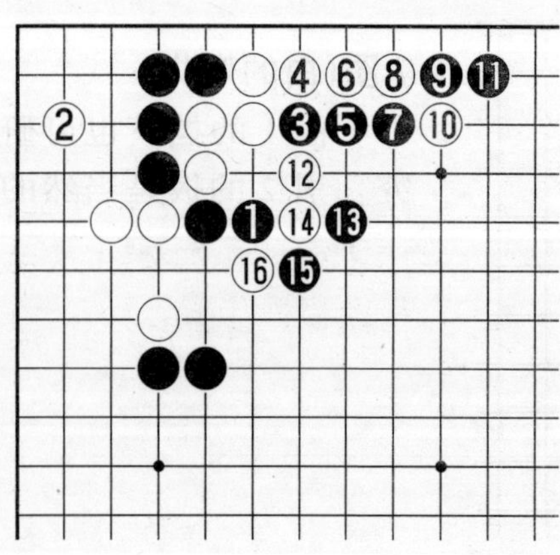

10 图(黑失败)

如果黑径直下 1 位,白 2 则要杀黑棋。黑 3 至黑 9 如收气，至白 16,黑困难。

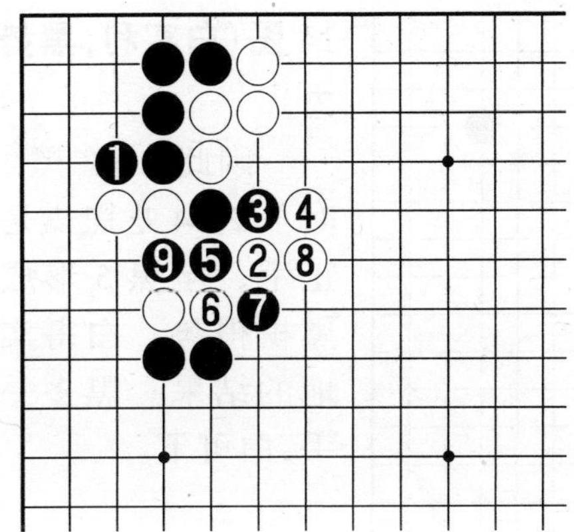

11 图(黑的应对)

黑下 1 位较好。白 2 不成立。黑 1 是留下 13 图余味的一手。

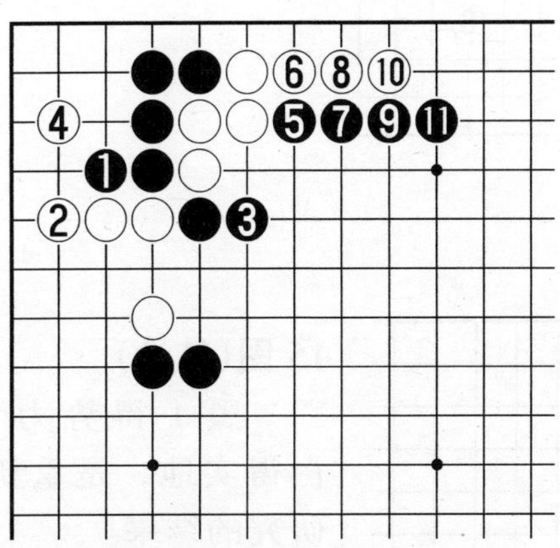

12 图(黑的意图)

黑 1 时白 2 是好的应对，黑 3 则白 4 去吃棋。黑从 5 至 11 构筑势力。这里如果白脱先则产生余味。

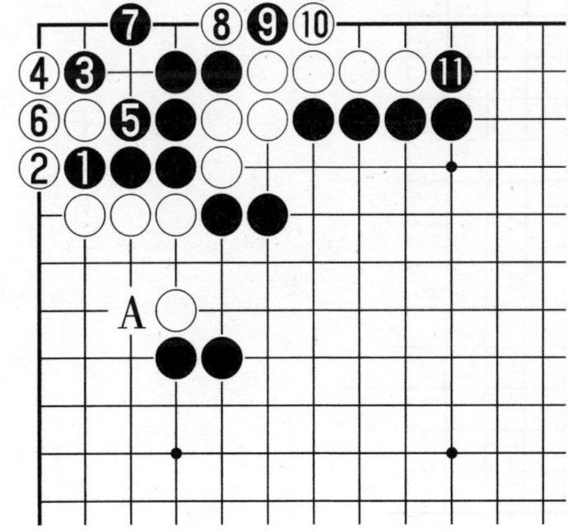

13 图(余味)

黑 1 至黑 7 至少能作成劫。在手顺中白 10,黑 11 与黑 A 在这里与白棋产生劫。

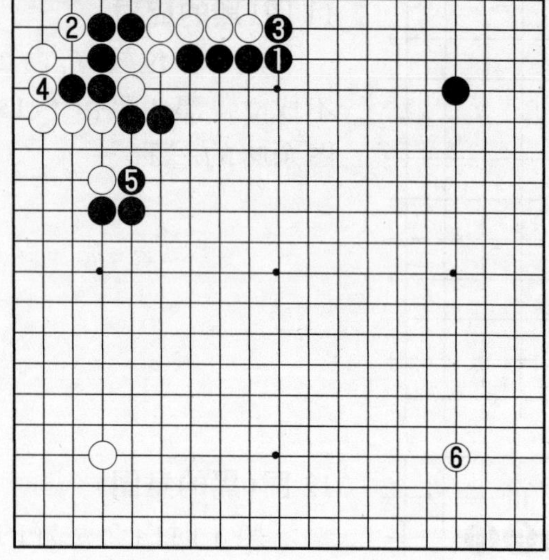

14 图(白实利,黑势力)

因此,白在黑 1 时下 2、4 吃黑棋是正手, 至黑 5 形成黑棋得势, 白得实地的结果。黑多一手,白可下。

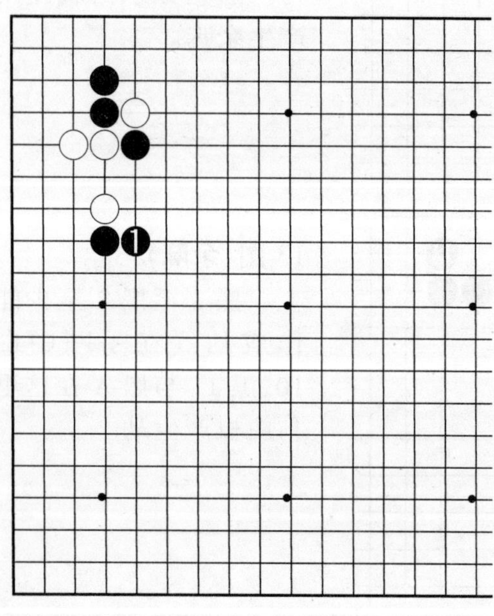

15 图(结论)

黑 1 得势力, 白得实地, 是重新研究的结果。

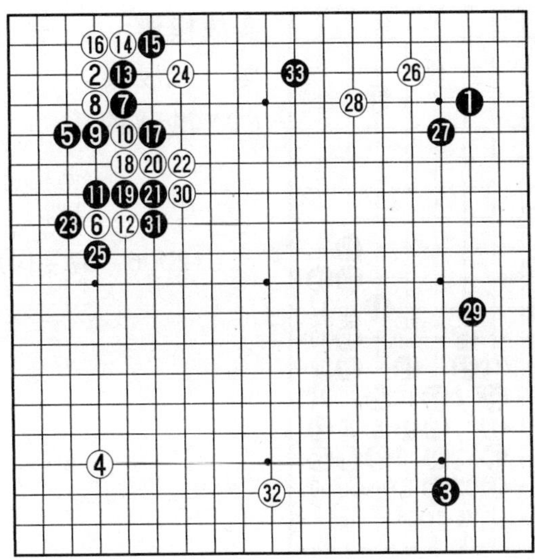

实战棋谱

黑　安达勋

白　李载雄

白中盘胜。

(2006－09－24)

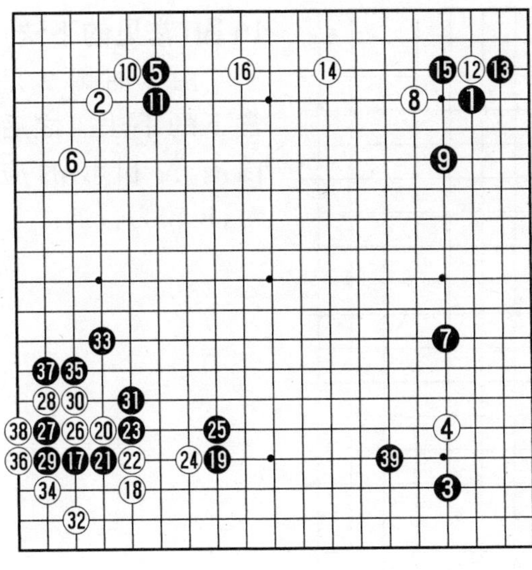

实战棋谱

黑　李载雄

白　赵汉乘

白中盘胜。

(2006－07－11)

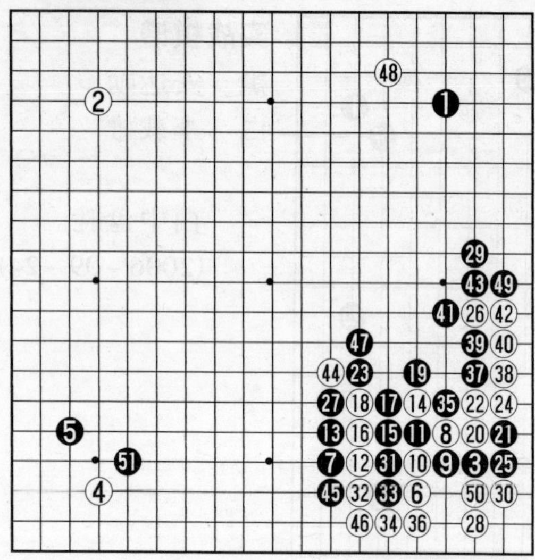

实战棋谱

黑　元晟臻

白　洪旼杓

黑 1.5 目胜。

(2006－07－14)

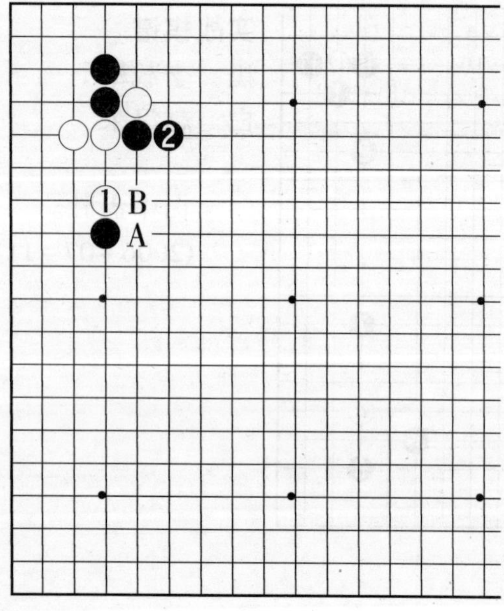

16 图(常见的下法)

白 1 时黑 2 是常下的手法。之后白有 A 和 B 的应对，B 较为普通。

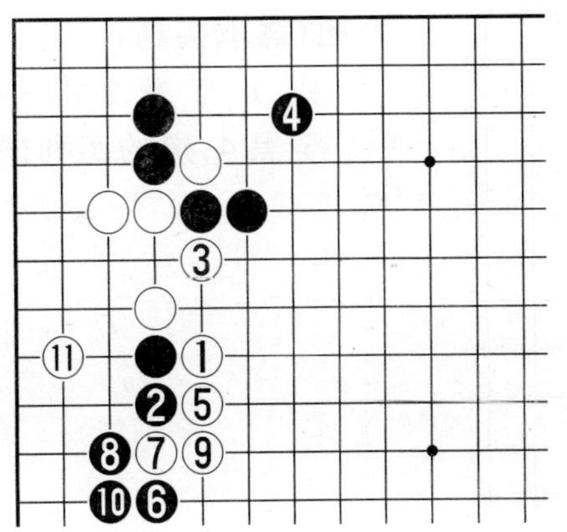

17 图(双方可下)

白 1 黑 2,白 5 以下至白 11 是预想的进行。

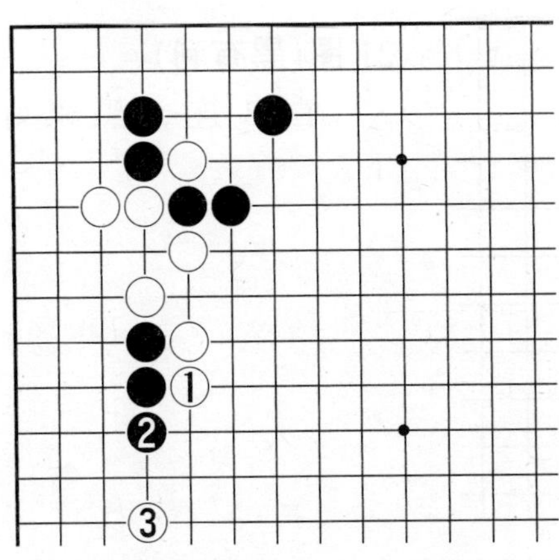

18 图(白先攻)

白 1 压时，黑 2 长白 3 攻击，呈白先攻的局面。

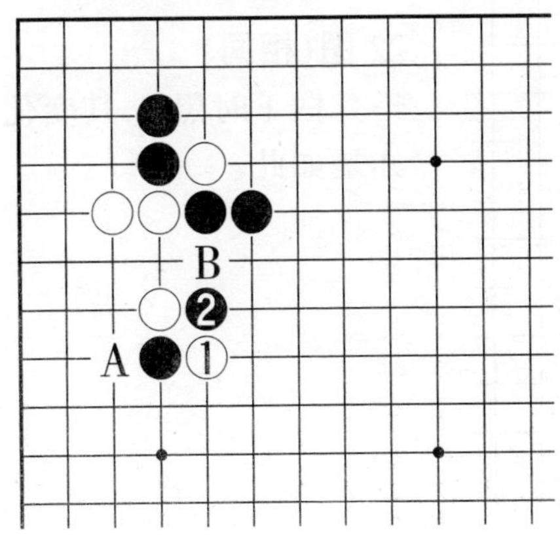

19 图(黑的正手)

因此，白 1 时黑 2 的断普通。之后白 A 不常见,白 B 多见。

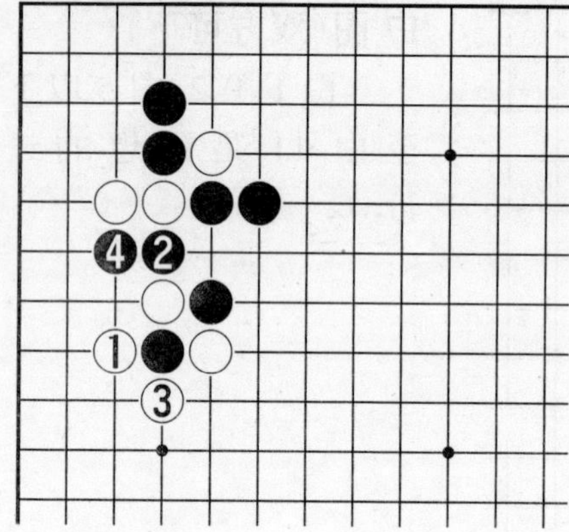

20 图(黑取实利)

白 1 有黑 2 的一手。至黑 4,黑的实利很大。

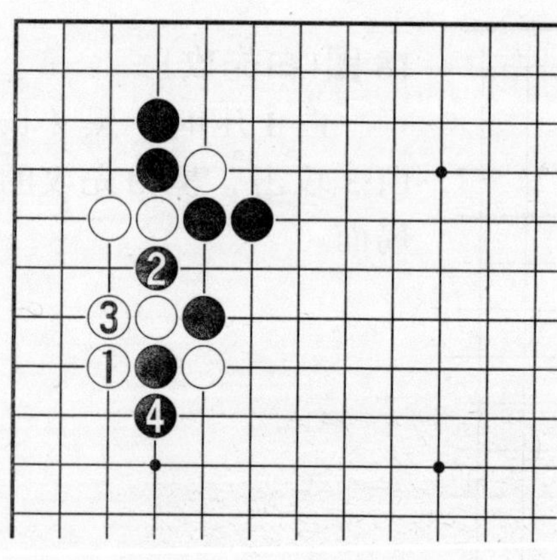

21 图(黑有利)

白 3 连，黑棋好下。

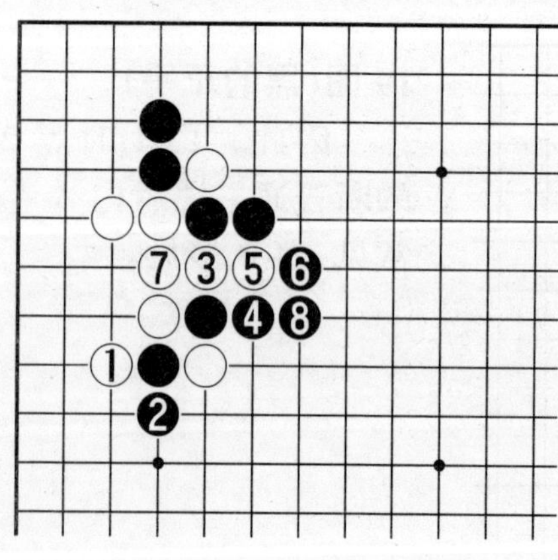

22 图(相同)

白 1 时黑 2,其变化亦是如此。

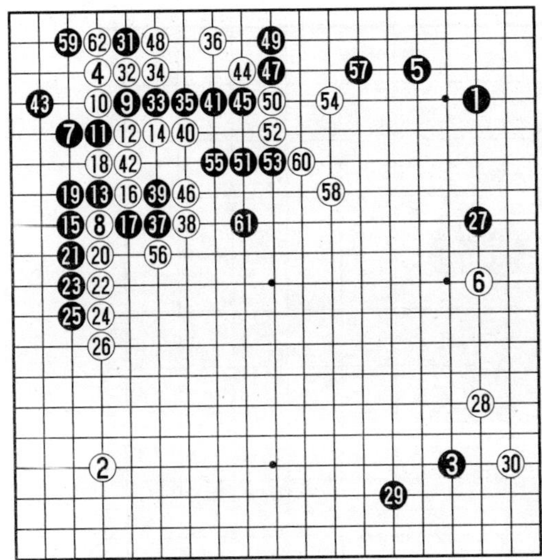

实战棋谱

黑　李世石

白　梁宰豪

黑中盘胜。

(2005－02－24)

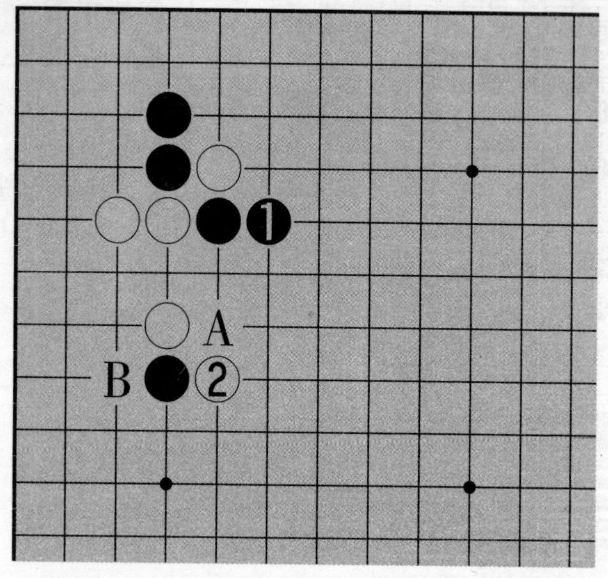

2 - B 型

黑 1 是最近最为流行的型，白棋有 2 的应对之外还有 A 和 B 的手段。最常下的是 A，B 则几乎没有人下。

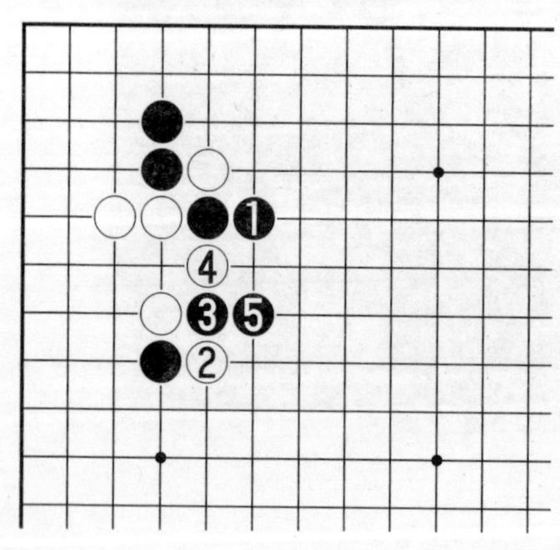

图 1（变化的开始）

黑 1 时白 2 扳则黑 3 断，从白 4 开始形成难解的变化。

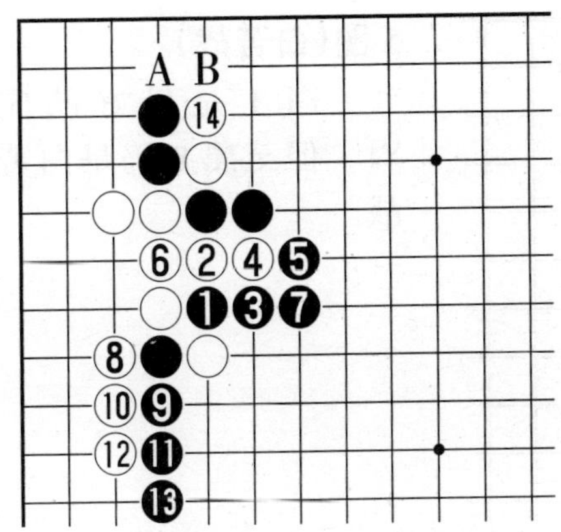

2 图（必然的顺序）

黑 1 时白 2 至黑 13 是必然的顺序，从白 14 开始产生变化。有黑 A 和 B 的变化。

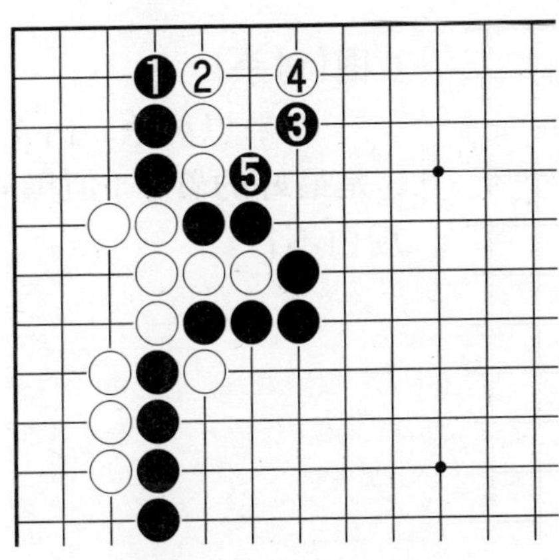

3 图（白不利）

黑 1 时白 2、4 形成复杂的变化，黑 5 不能期待好的结果。

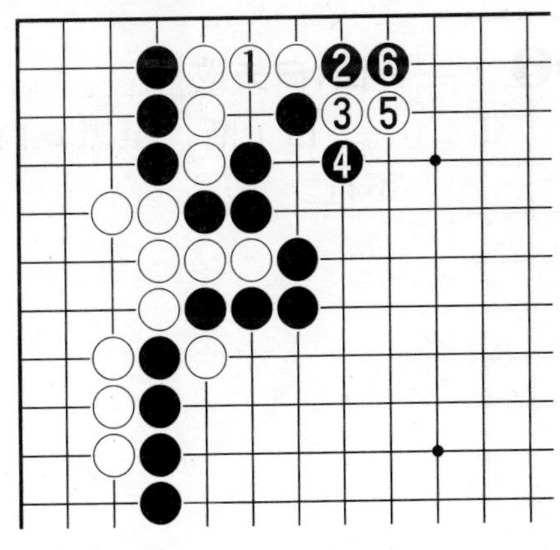

4 图（白棋失败）

白 1 时至黑 6，白失败。

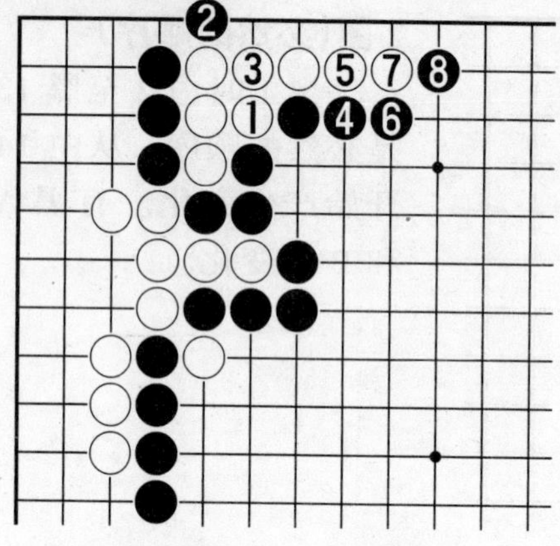

5图(白苦战)

白1是最好的应对，但至黑8仍是白苦战。

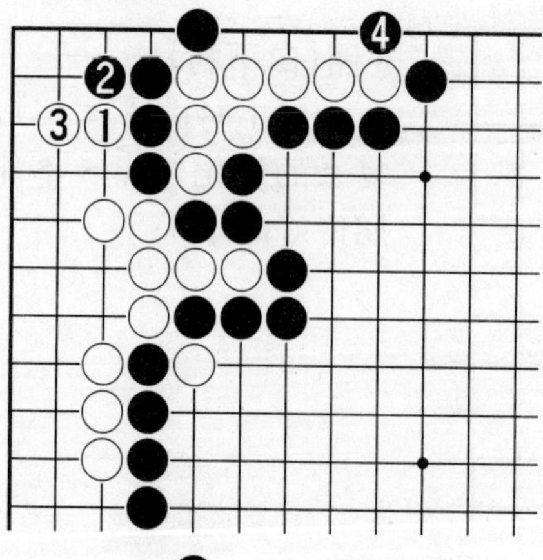

6图(对杀)

如果想对杀，白1、3是最好的着手，但黑4后白不行。

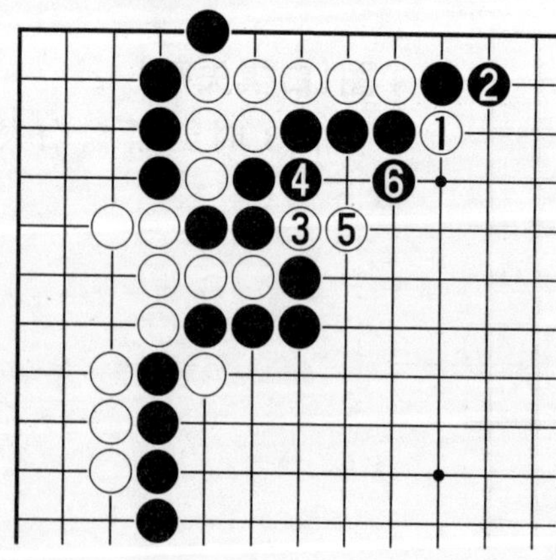

7图(白失败)

白1断，至黑6白不行。

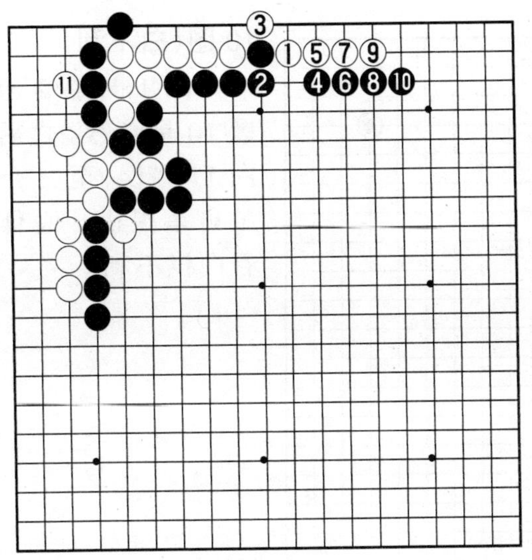

8图(黑优势)

白棋作为最后的手段白1夹于二线爬可吃住左上角黑棋，但从整体看黑棋优势。

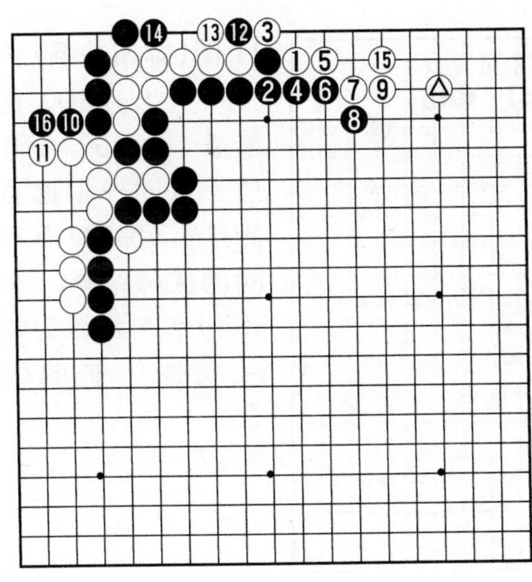

9图(排布关系)

根据右上角的白◎的排布，黑可至16救活角上的黑棋。依然是黑好。

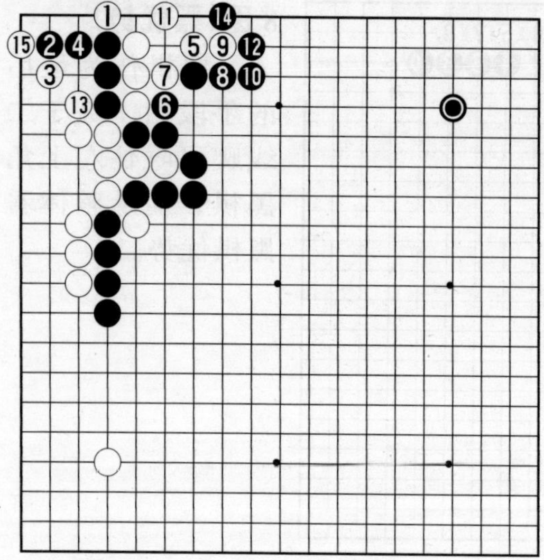

10图(白不利)

白1时黑2至黑10是必然。之后白11错误,至白15虽可杀黑棋,总体看白棋不利。

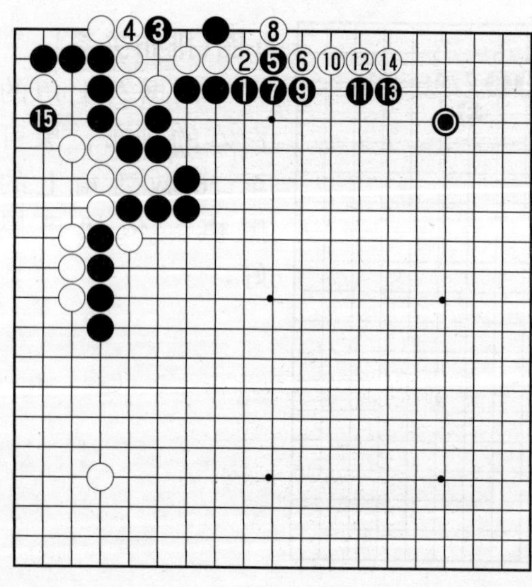

11图(排布关系)

黑1时白2是最善,白6、8渡过。这同样根据右侧排布(黑◎)有不同的优劣结果。黑15做活则白二线爬形成被压制的形态。

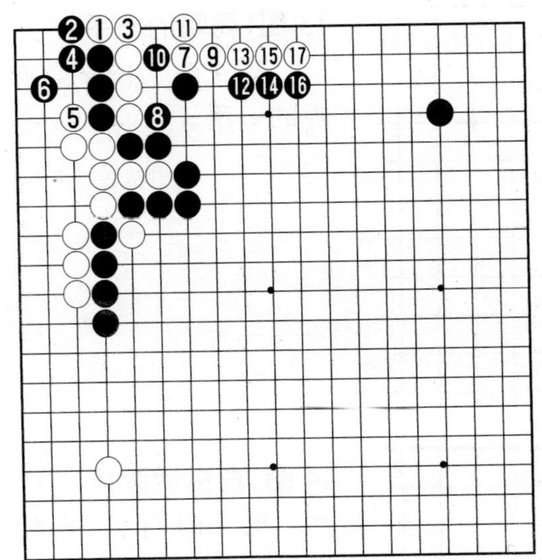

12 图(黑不利)

黑 2、4 至白 17,白可下。

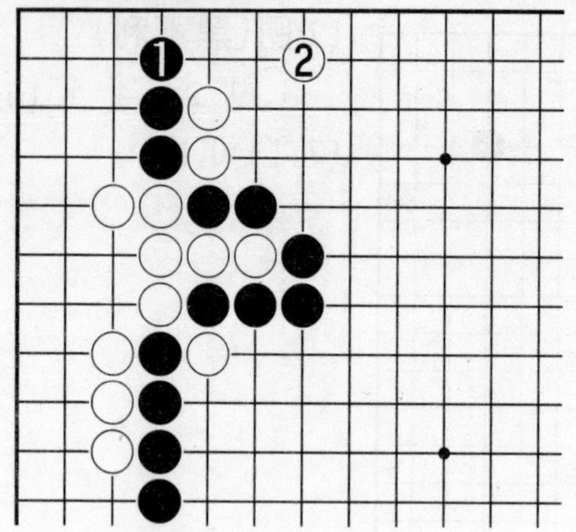

13 图(简明的一手)

黑 1 时，白 2 是有趣的一手。

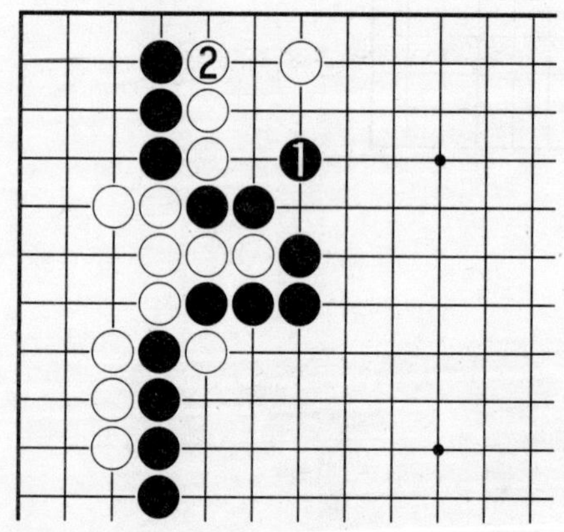

14 图(白棋活泼)

黑 1 时白 2，白的模样活泼。

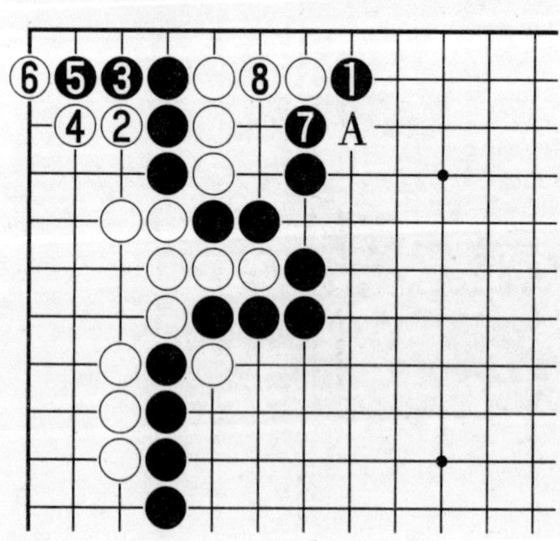

15 图(黑不利)

继续，黑 1 至白 8 黑棋被擒，由于 A 的弱点，黑不利。

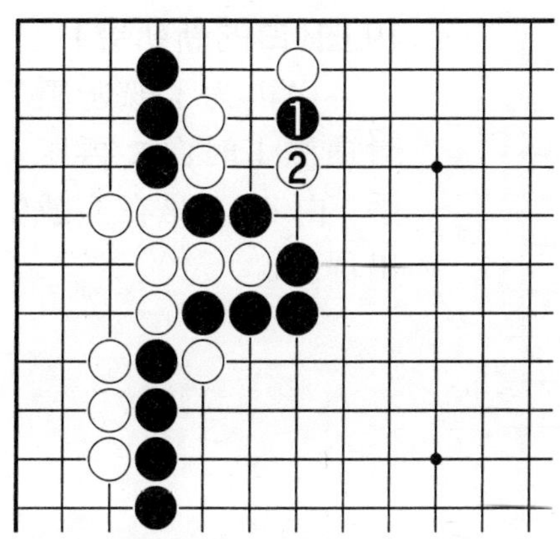

16 图（黑困难）

黑 1 时白 2，黑缺乏下一手。

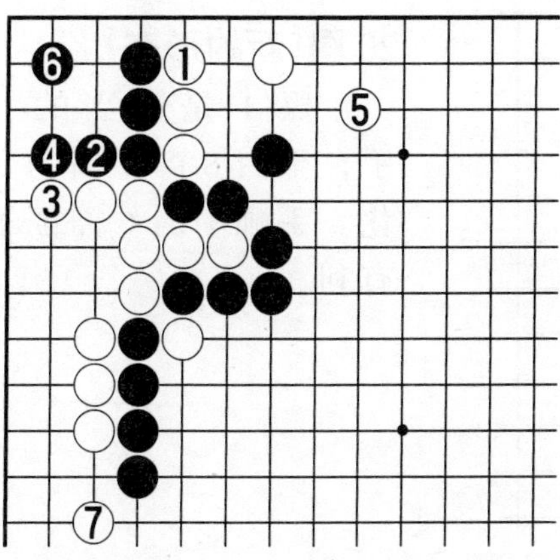

17 图（黑棋的最佳应对）

白 1 时黑 2、4 活棋是最佳应对，这里黑 6 时白 7 跳活泼。

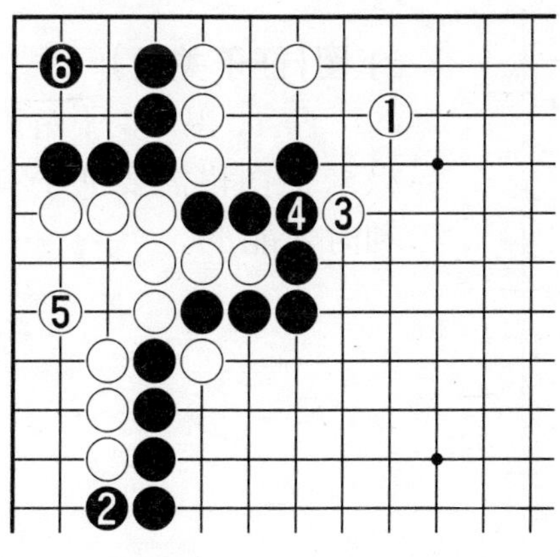

18 图（妥协）

白 1 时黑虽不活，但黑 2 挡住白也难吃黑棋。之后白 5，黑 6 双方活棋寻求妥协。

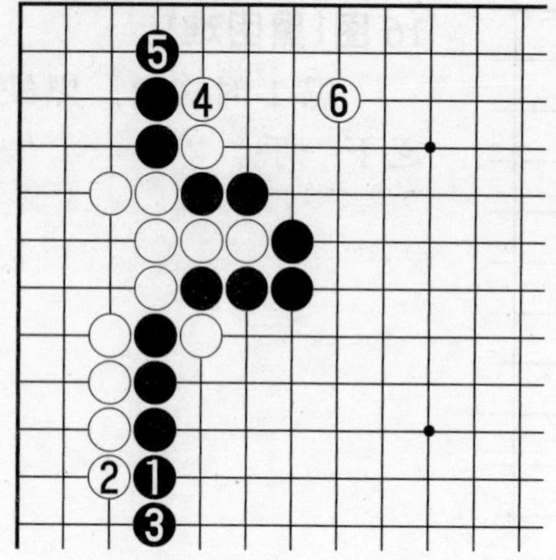

19 图（白的新研究）

白棋为了躲避黑的封锁黑 1 时白 2 再压一手，白 4、6 是在实战中出现的。

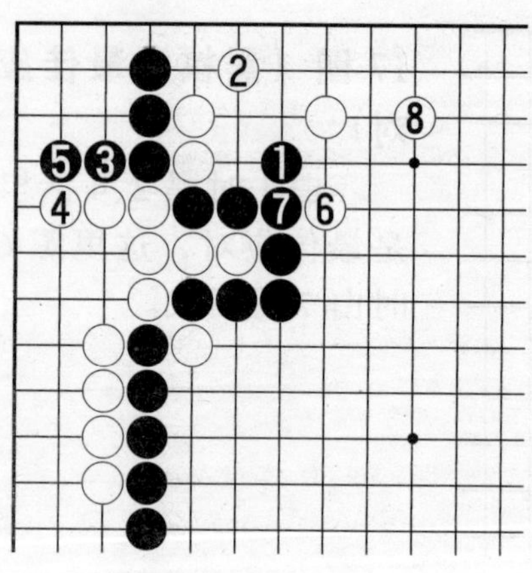

20 图（新的形态）

黑 1 是适当的一手，至白 8 产生新的变化。手顺中白 6 需征子有利。

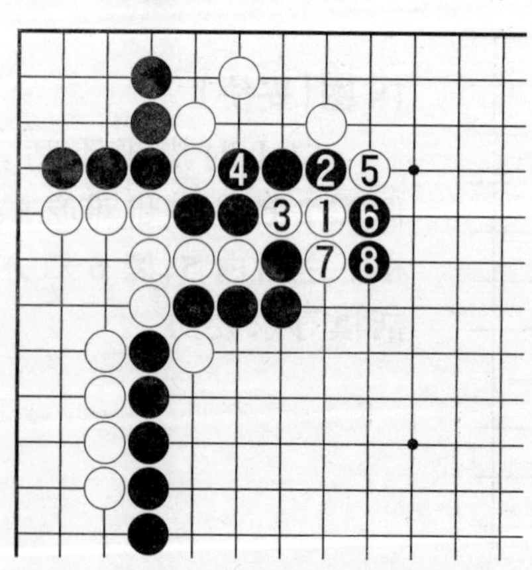

21 图（征子关系）

白 1，黑 2 时，白需 3、5，但白棋需要征子有利时才能下。

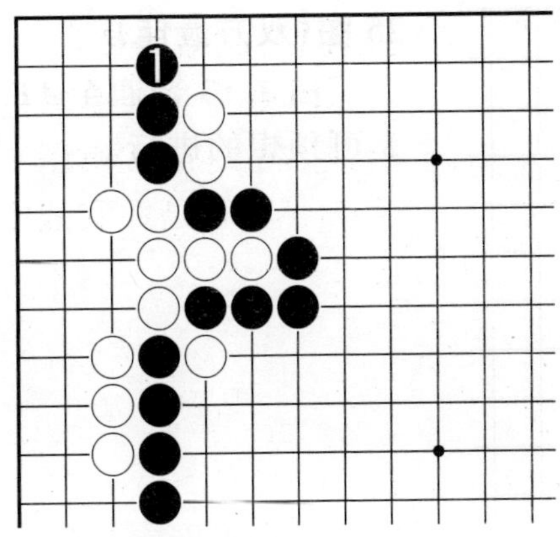

22 图(结论)

对于黑 1，右边的子的配置很重要，可以预想黑形成势力白形成实利。

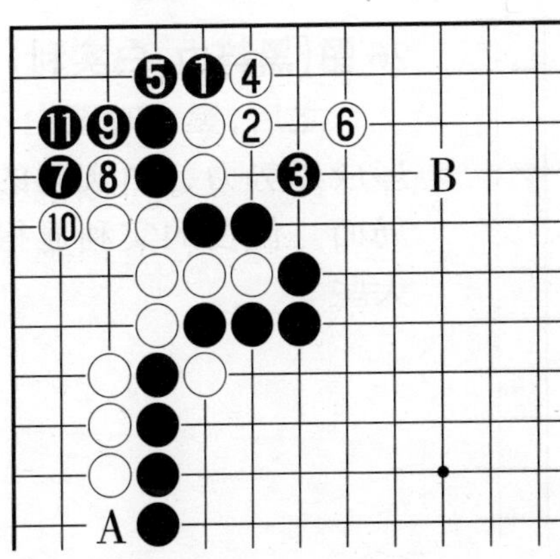

23 图(黑的变化)

黑 1 的扳是常下的一手，白 2 是黑 11 以后 A 和 B 见合，白不利。

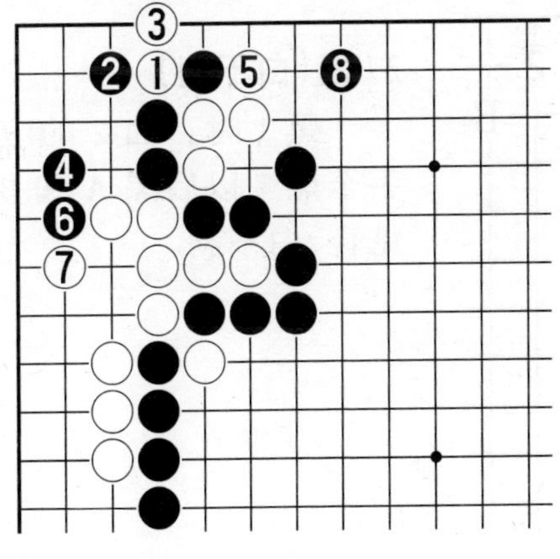

24 图(白无理)

白 1、3 无理，黑 8 时黑的势力极为厚实。

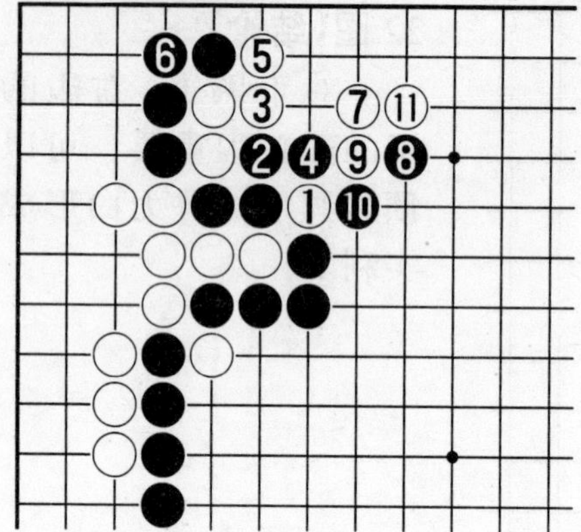

25 图(双方最佳)

白 1、3 普通至 11，是可预想的进行。

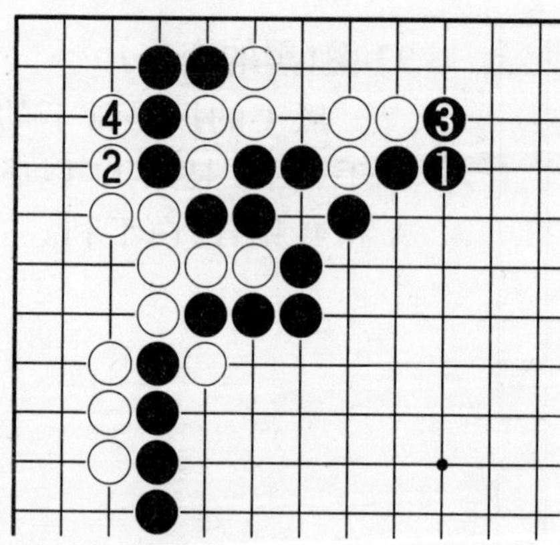

26 图(黑势力,白实利)

之后,黑 1 时至白 4 形成黑势力，白实利的局面。但白的实利显得大些。

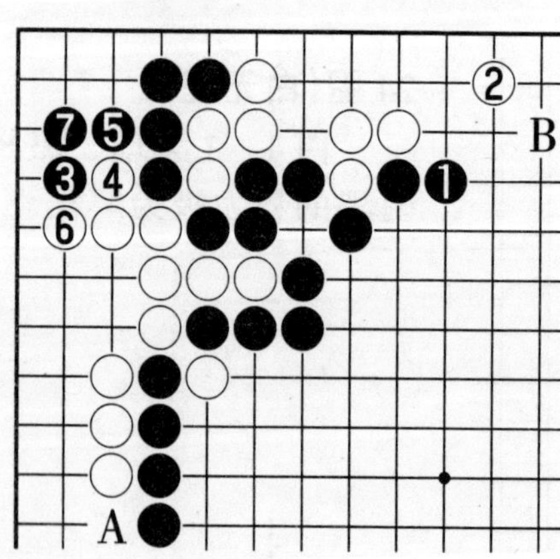

27 图(白不利)

黑 1 时，白 2 的应手至黑 7 以后黑 A 和 B 见合,白不利。

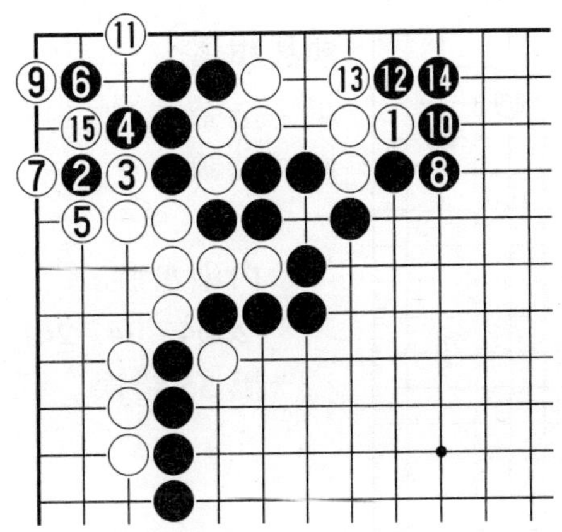

28 图（黑优势）

白 1 时黑 2 是正手，白 3、5 时黑 12、14 是先手，黑优势。

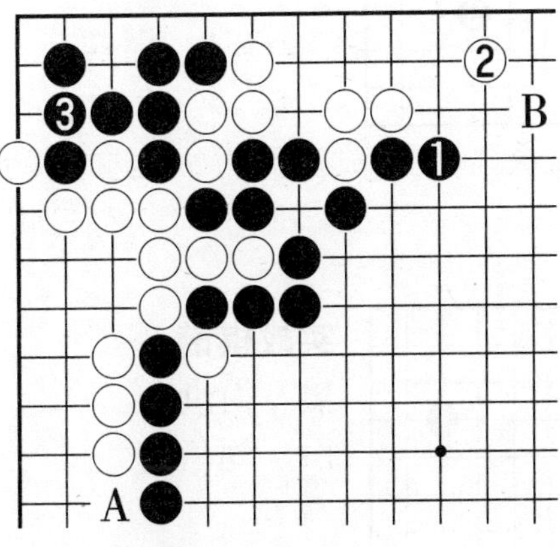

29 图（白困难）

黑 1（29 图黑 8）时白 2，黑 3 连。这个进行同样黑 A 和 B 见合，白困难。

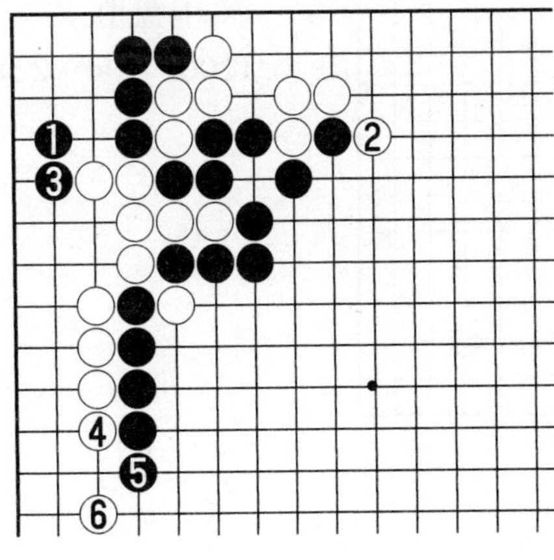

30 图（双方可下）

黑 1 时白 2 是最佳应对，至白 6 双方可下。这个型可看做是至今为止的结论。

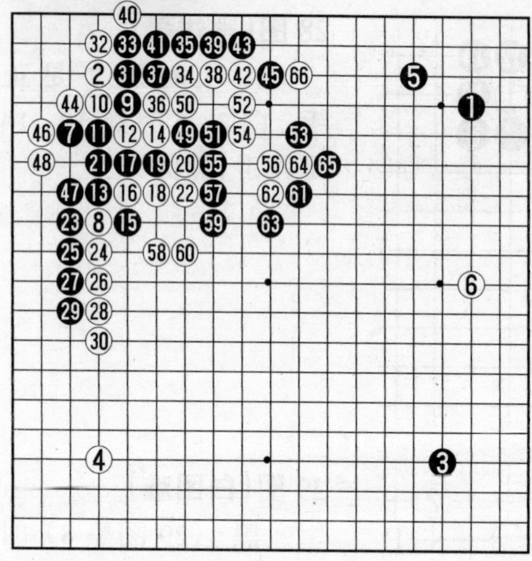

实战棋谱

黑　金荣三

白　睦镇硕

白中盘胜。

(2004-04-26)

黑35错误。

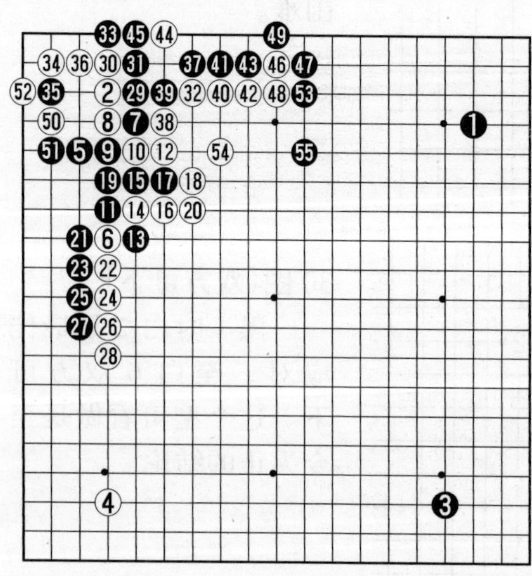

实战棋谱

黑　白洪淅

白　刘昌赫

黑中盘胜。

(2005-04-22)

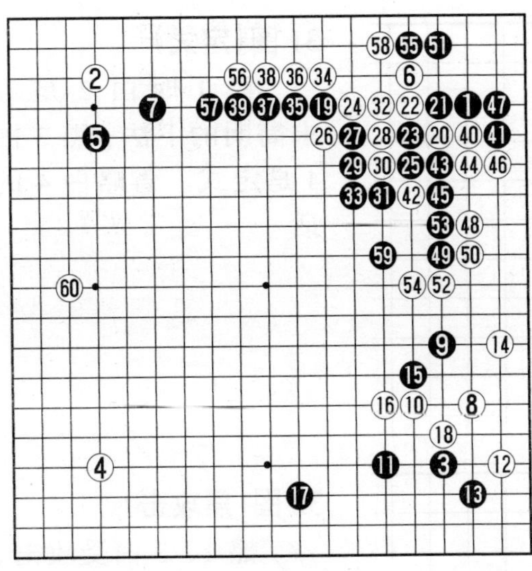

实战棋谱

黑　白洪淅

白　金起用

黑 1.5 目胜。

(2006－04－18)

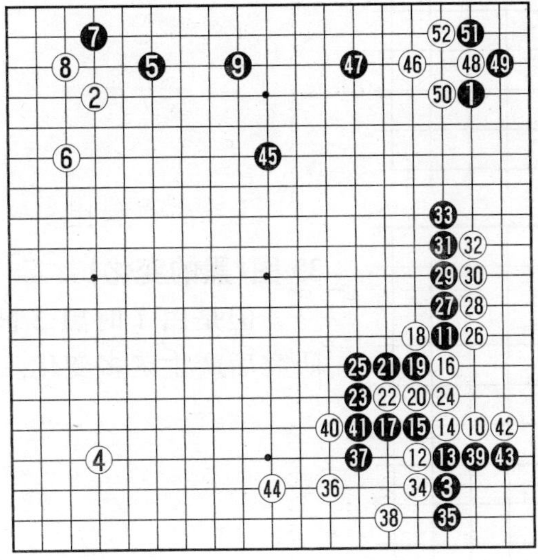

实战棋谱

黑　金炯佑

白　徐健佑

黑 1.5 目胜。

(2006－11－12)

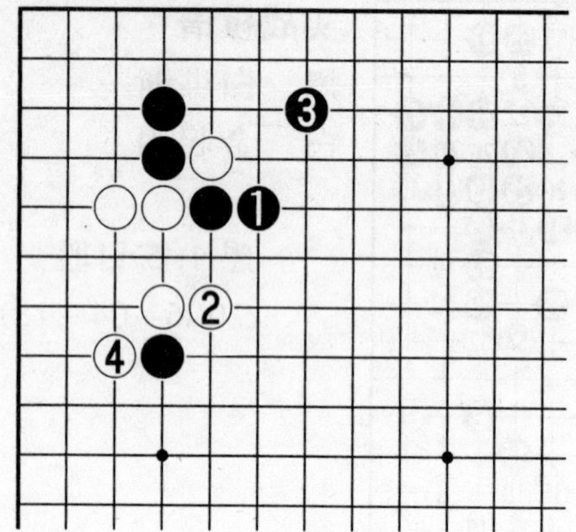

31 图（定式）

黑 1 时白 2 是寻求简明的下法，黑 3 白 4 是定式。省略白 4 的话——

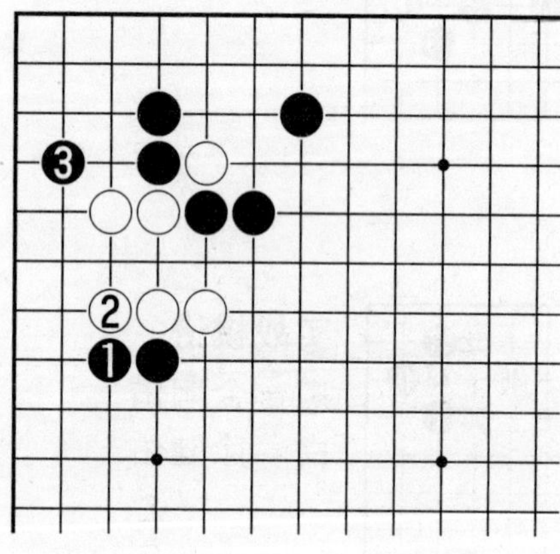

32 图（黑攻击）

黑 1、3 白受攻击，白不利。

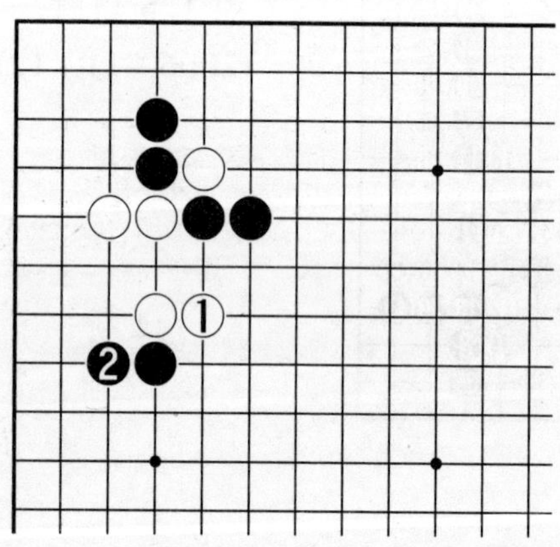

33 图（黑的变化）

但是白 1 时黑 2 被研究后产生诸多变化。

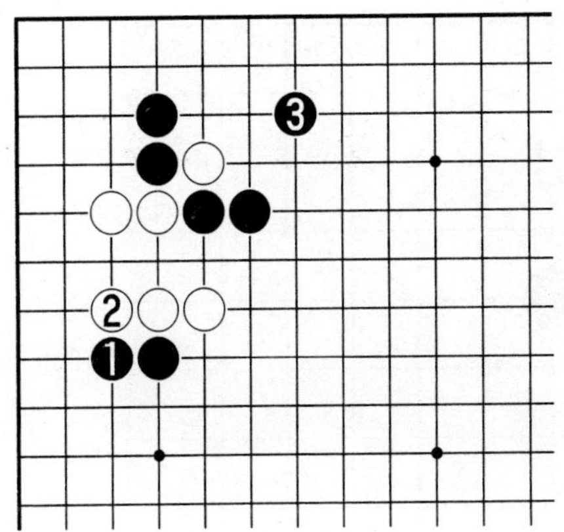

34 图(活用)

黑 1 白 2 时则黑 3,是活用。

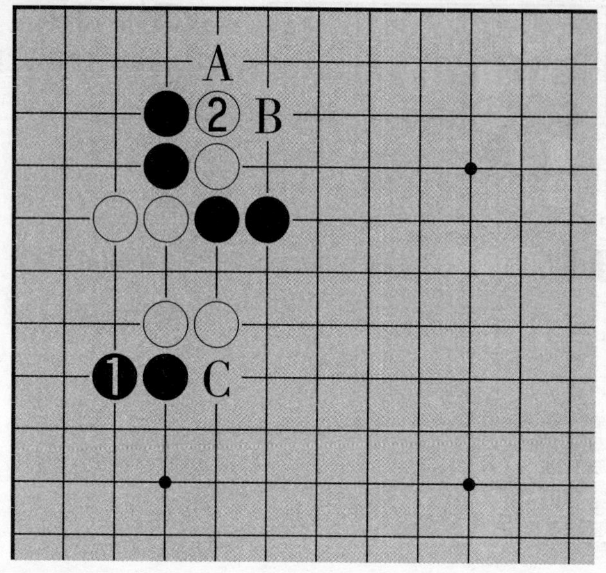

2－C 型

黑 1 包含着复杂的变化。白有 2 的应手之外，还有 A，B，C 的应对。

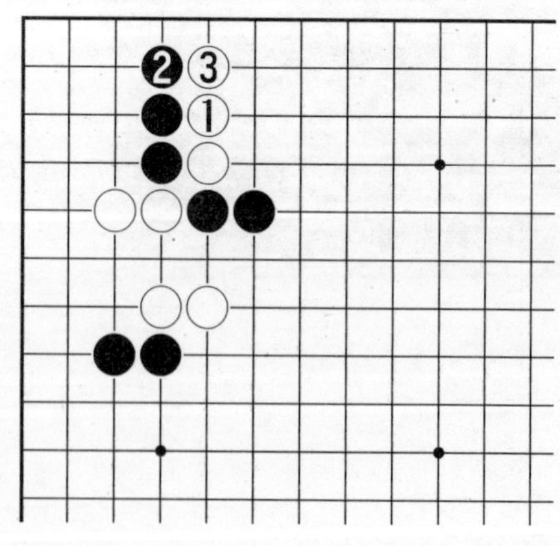

1 图（黑应对）

白 1，黑 2 时白 3 挡形成变化。

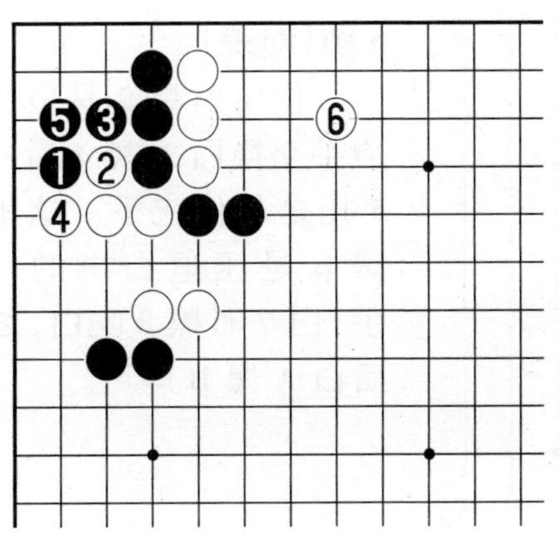

2 图（黑不好）

黑 1 要活至白 6，黑不好。

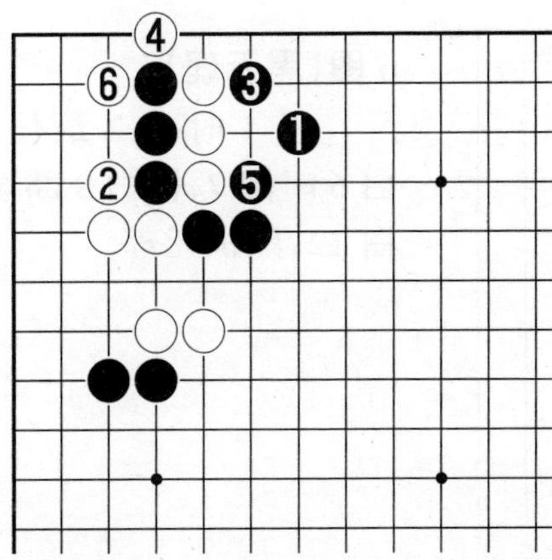

3 图（白实利）

黑 1 是适当的一手，白首先要紧气。至白 6 如能吃住黑棋，白好。

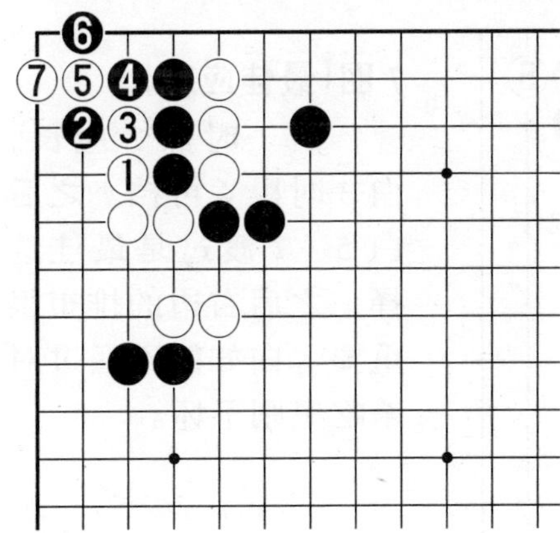

4 图（角三手）

白 1 时黑 2 错误，白 3、5 成角三手，黑不好。

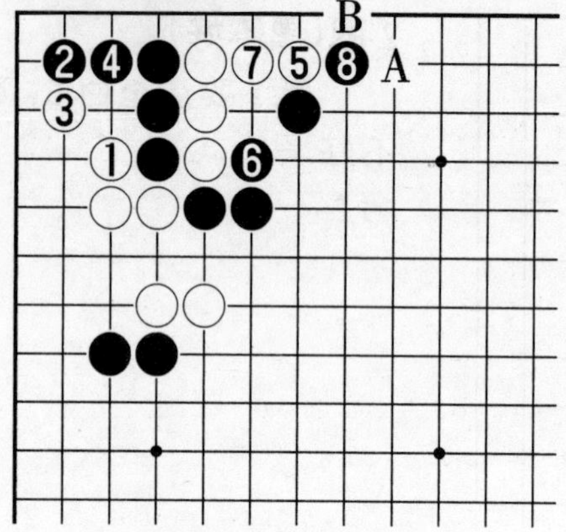

5图(对杀)

白1时黑2是最佳应手交换白3,黑4后白5托是最佳应手。这里黑6是压迫白棋的一手,白7时黑8吃白,之后白A黑B即可。

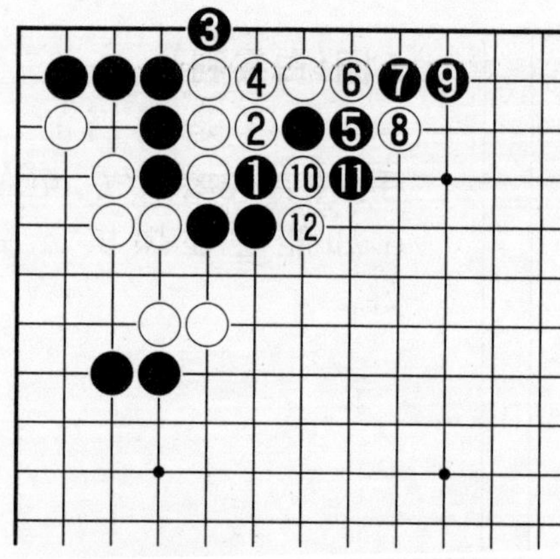

6图(黑无理)

黑1时白2最佳,白6时黑7,被白8断至白12,黑棋无理。

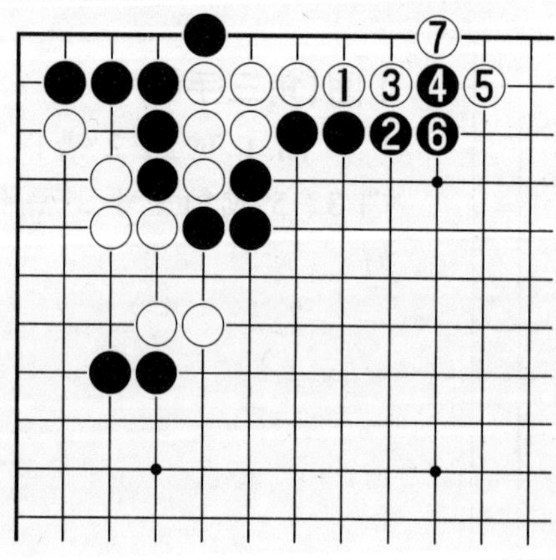

7图(最佳应对)

白1时黑2应长,白3时黑4可挡。之后白5、7渡过是最佳选择,之后右边的排布很重要。白如能不通过对杀吃黑则不坏。

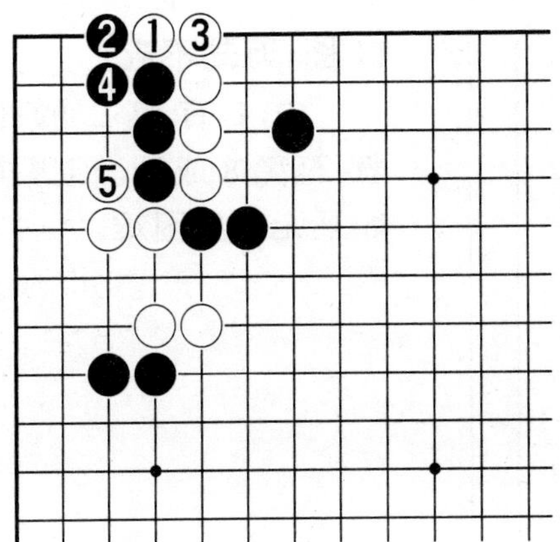

8 图(白的变化)

可以想白 1 的下法。黑 2、4 则白 5,黑气不够。

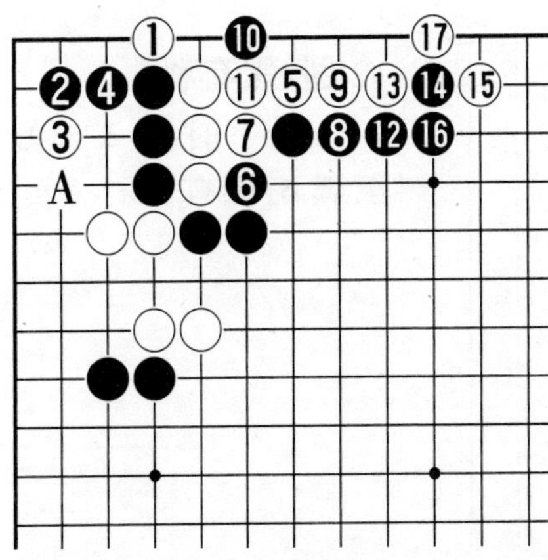

9 图(白不好)

白 1 时黑 2 好。白至 17 是最佳应对，与 7 图比黑有 A 的后续手段,白苦。

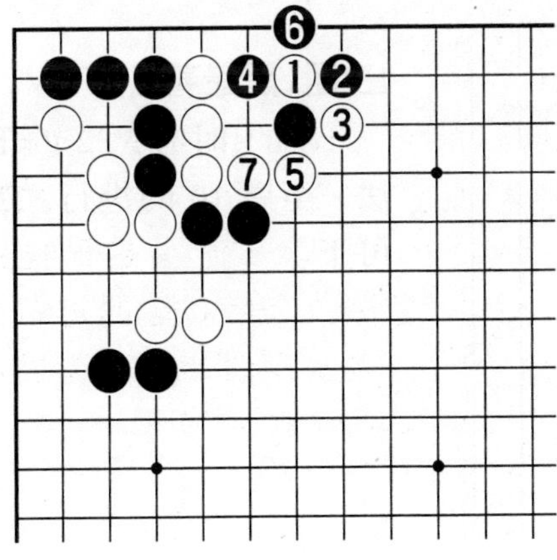

10 图(白有利)

白 1 时黑 2 扳白 3 断。黑 4 时白 5、7 逃脱，白有利。

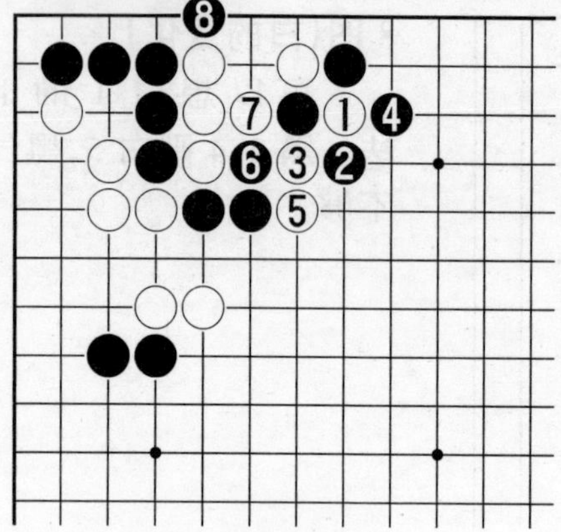

11 图(万劫不应)

白 1 有黑 2 的手段,至黑 8 成劫。但黑棋如果无劫材困难。

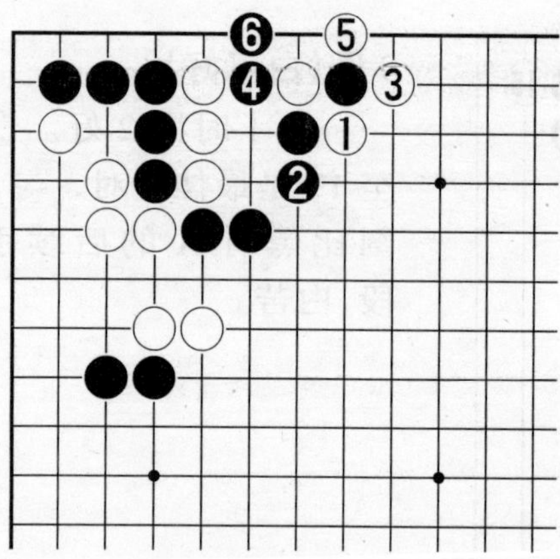

12 图(黑有利)

白 1 时黑 2 长好,至黑 6,黑有利。

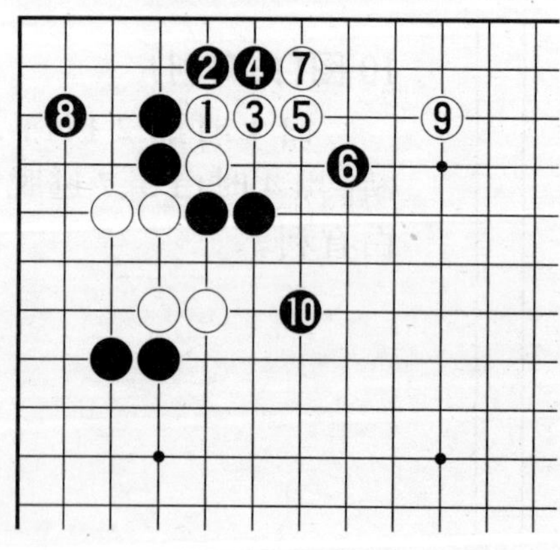

13 图(黑最善)

白 1 时有黑 2 的下法，至黑 10 的进行，黑可下。

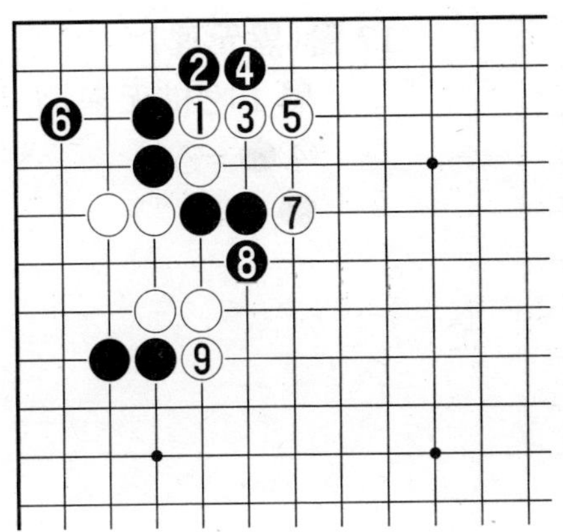

14 图(激战)

白 5 时径直下黑 6 白 7 形成激战。

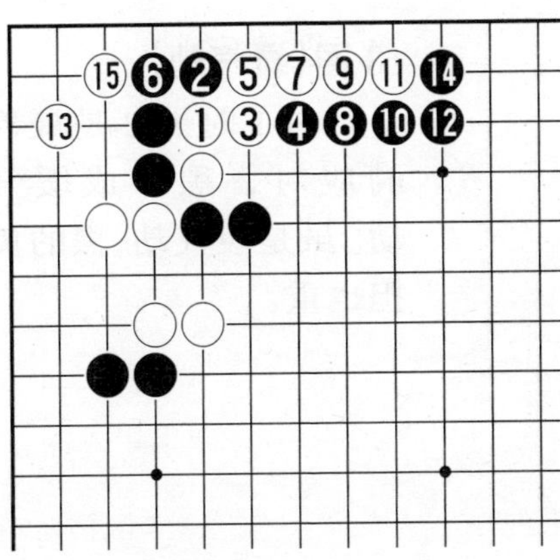

15 图(白取实利)

白 1 有黑 2、4 的强手，但至白 15，白的实利大。

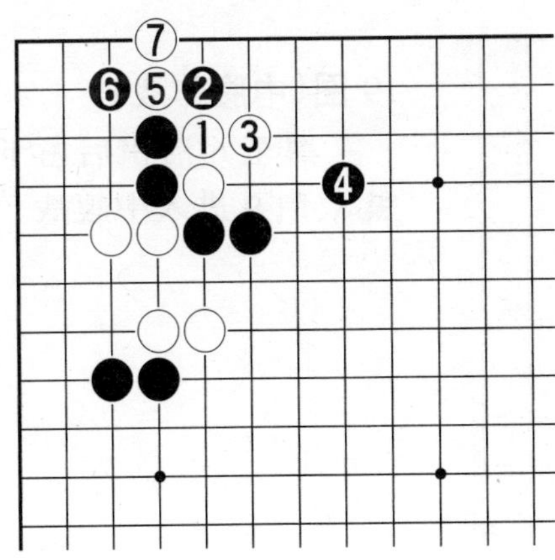

16 图(黑的变化)

白 3 时黑 4 是包含各种变化的着手。白 5、7,然后——

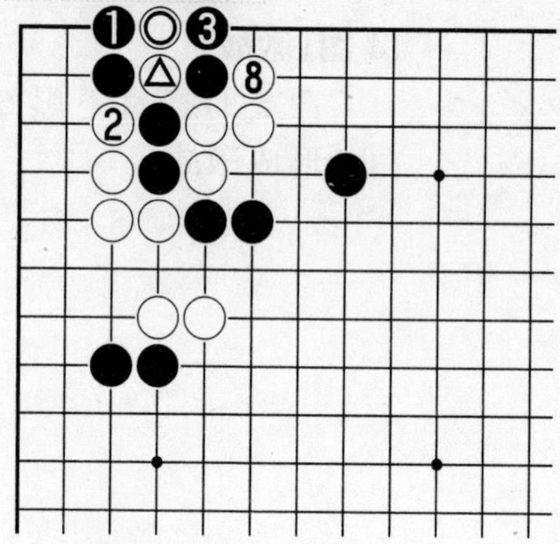

17 图(黑无理)

黑 1 吃棋无理。

④❼=△

❺=◎

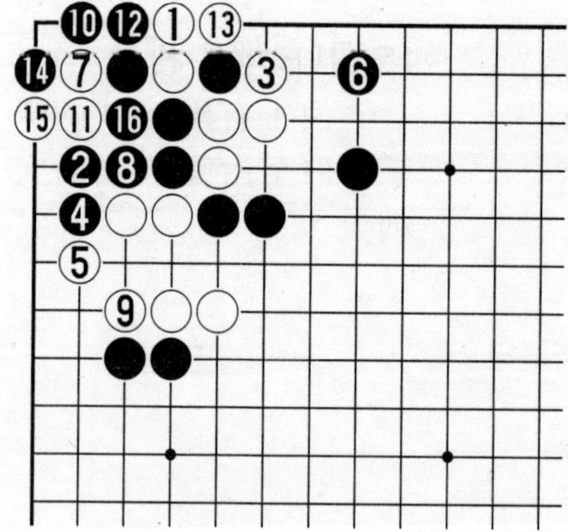

18 图(缓气劫)

白 1 时黑 2 是最善的应对，黑 6 成缓气劫。虽是缓气劫,黑的负担也重。

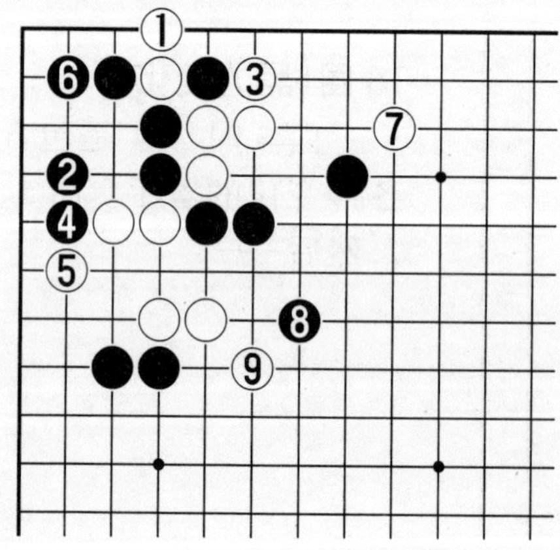

19 图(中腹作战)

黑至 6 活棋后可下黑 8,白 9 进入中腹战。

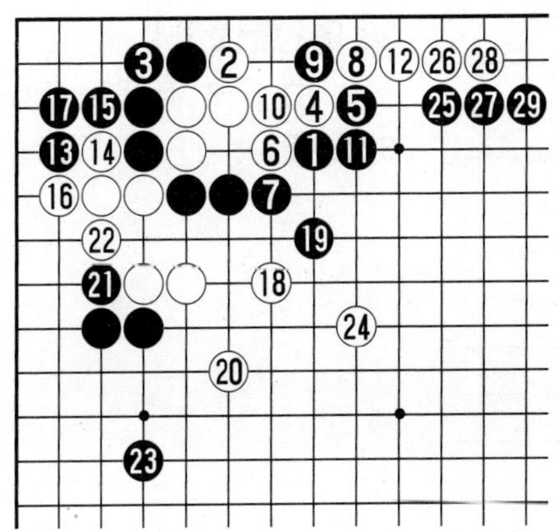

20 图(黑优)

黑 1 时白 2 不好，至黑 29,黑棋厚实。

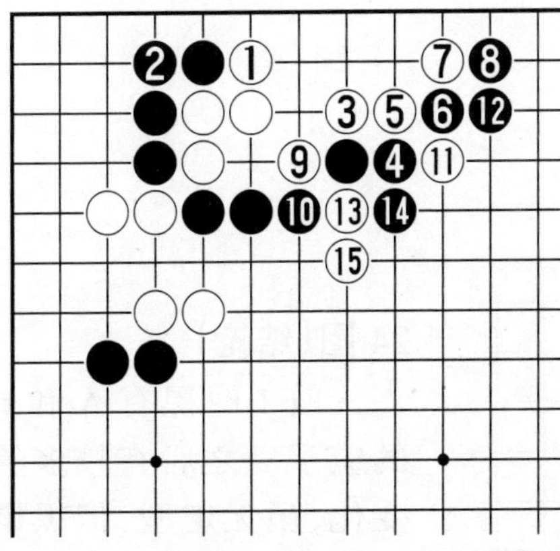

21 图(黑无理)

白 1、3 时黑 4 开始至 8,至白 15,黑困难。

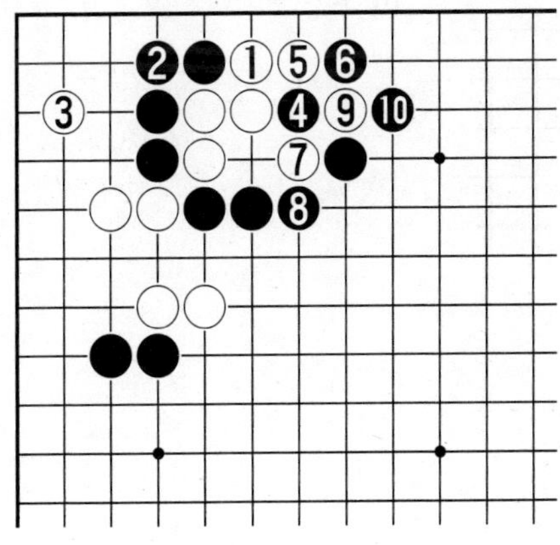

22 图(白无理)

白 1、3 至黑 10 由于形成劫,白难受。

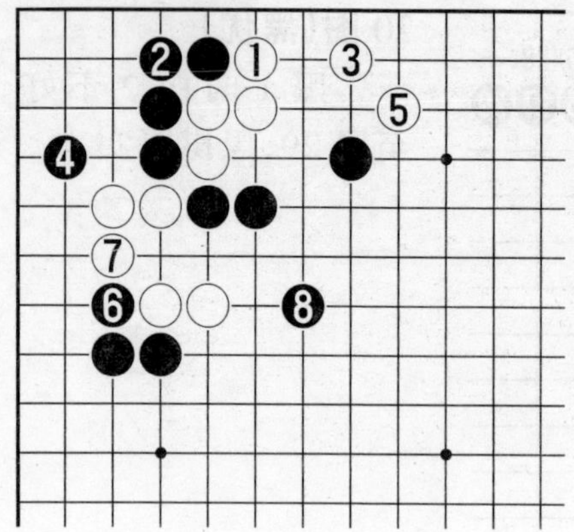

23图(黑优势)

白1、3于低位至黑8,黑优。

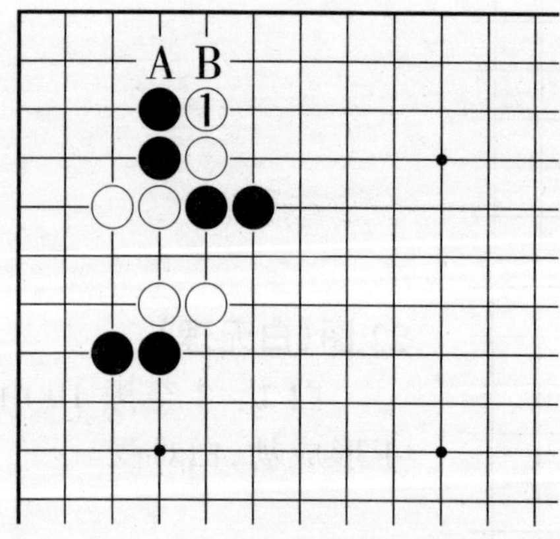

24图(结论)

白1时黑有A和B的应手。之后有较多的变化,虽无定型,但黑棋可下。

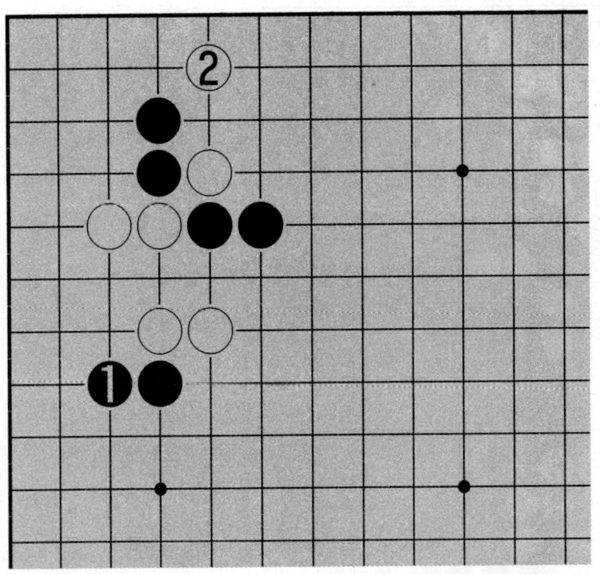

2－D 型

黑 1 时白 2 是要点，但黑棋也较易于应对。

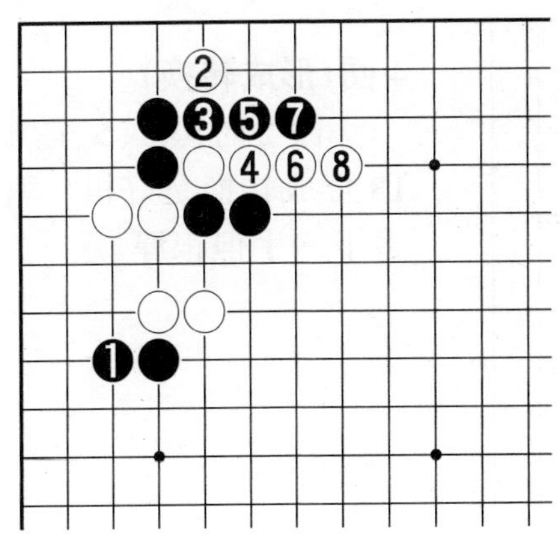

1 图（黑不满）

白 2 时黑 3 当然，继续于黑 7 推进，黑不好。

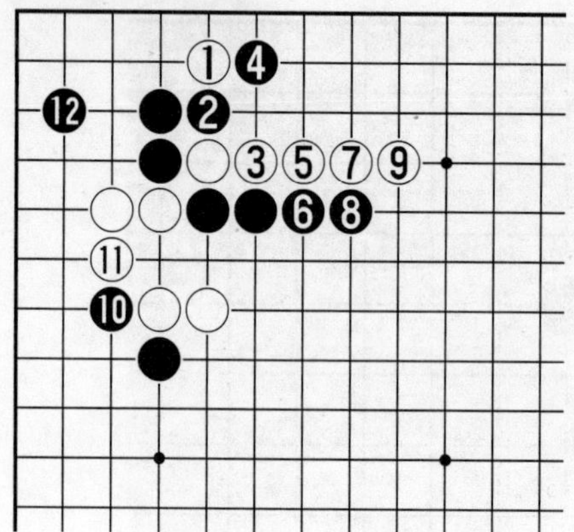

2 图（双方可下）

白 1 时黑 2、4 是正手，黑 10 时白 11 应，黑 12 做活，然后在中腹较劲。

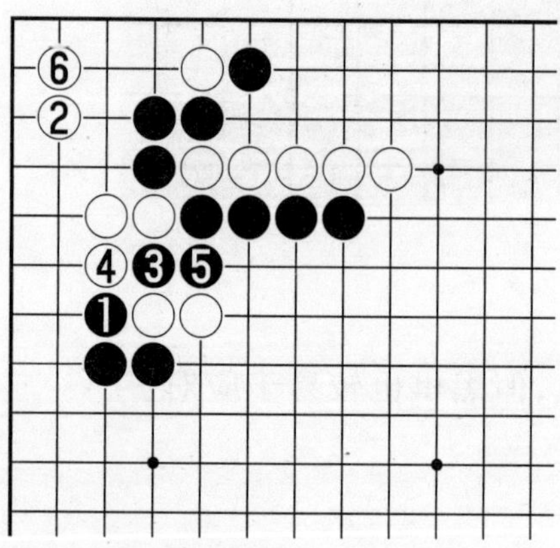

3 图（白有利）

黑 1 时白 2 是反抗的一手，黑 3 至白 6 黑被擒，白棋有利。

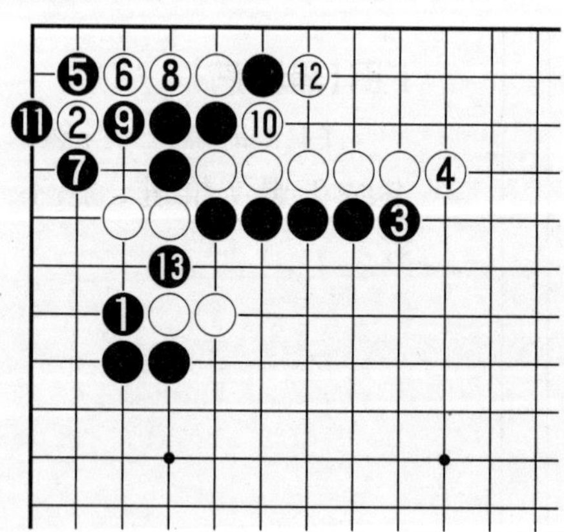

4 图（形成转换）

白 2 时黑 3、5 至黑 13 形成转换是好棋，黑多下一手但很厚。

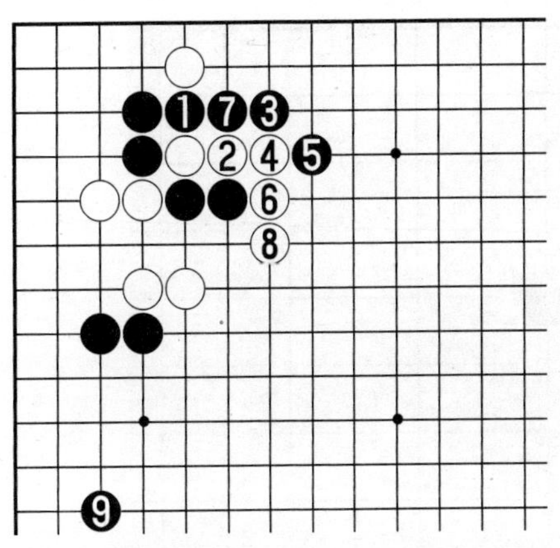

5 图（征子关系）

黑征子有利时有黑 3、5 的手段。至黑 9 双方可下，但也有白更轻松的见解。

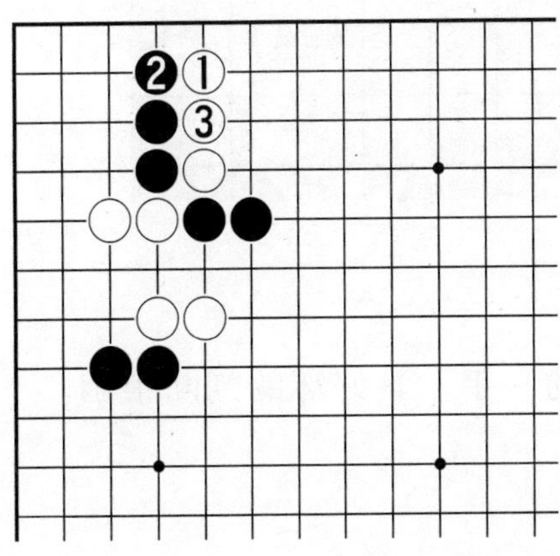

6 图（还原）

白 1，黑 2，白 3 时形成白 1 直接于 3 位挡的模样。

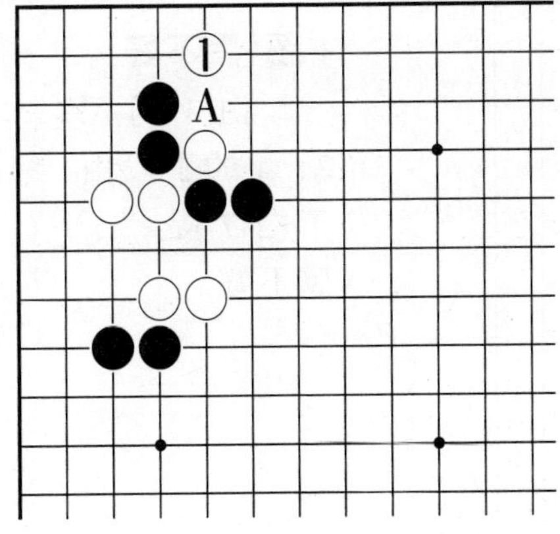

7 图（结论）

白 1 时黑于 A 处动出黑充分可下，变化也不复杂。

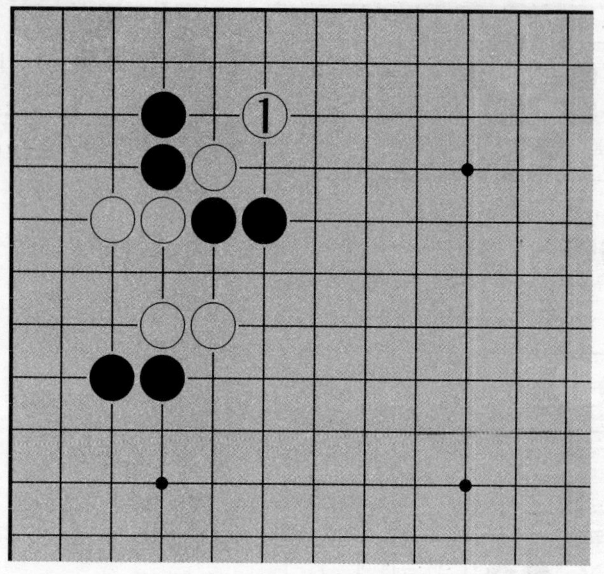

2－E 型

白 1 是下得最多的一手。其好坏的判断很困难。

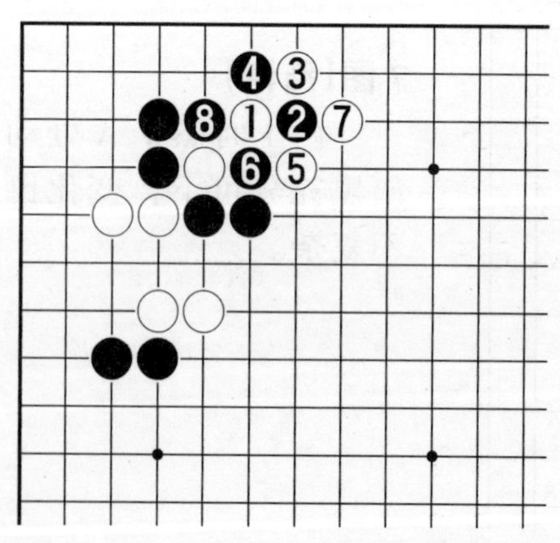

1 图（黑不好）

白 1 时黑 2、4 的手段由于白 7 提一子黑不好。

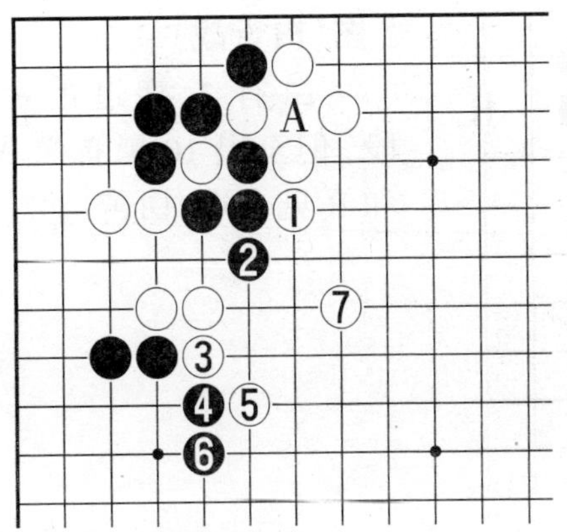

2 图（继续）

继续前图，白 7 止封锁之后，黑有 A 处继续打劫的负担。

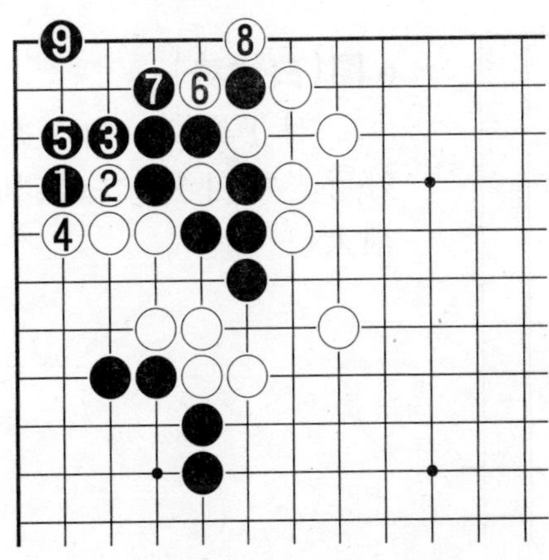

3 图（黑屈服）

如受不了劫争，只能黑 9 委屈地活棋。

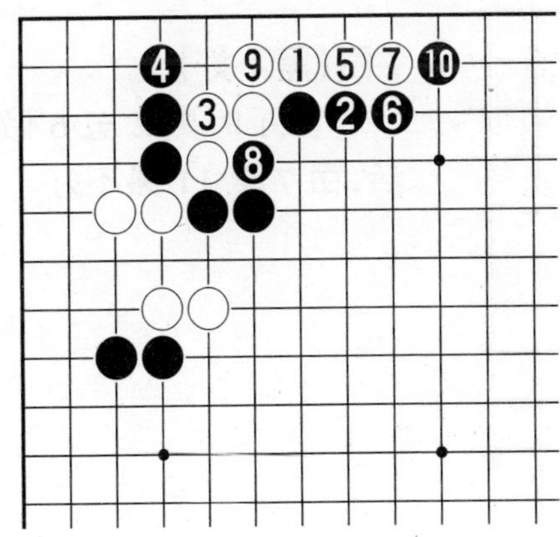

4 图（白困难）

白 1 时黑 2 也可考虑，但结果不好。这里白 3 不成立，至黑 10 白困难。

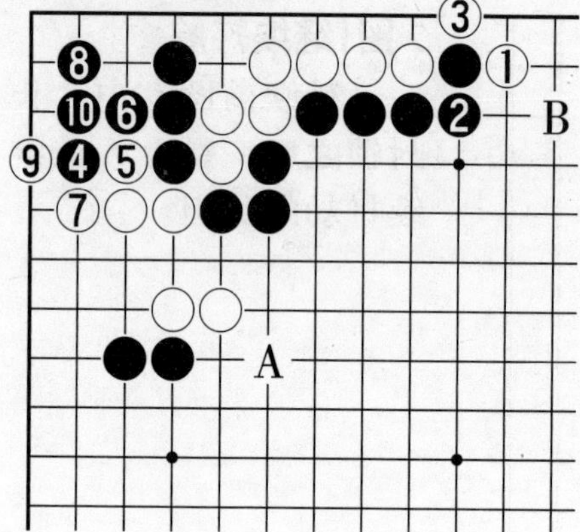

5 图(白苦战)

白有 1 渡过的手段，但至黑 10 黑有黑 A 和 B 见合点，白苦。

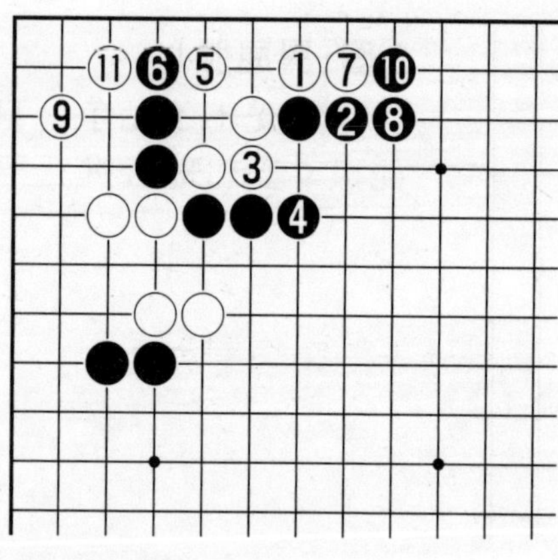

6 图(白优势)

对于黑 2，白 3 是好手，至白 11，白实利很大。

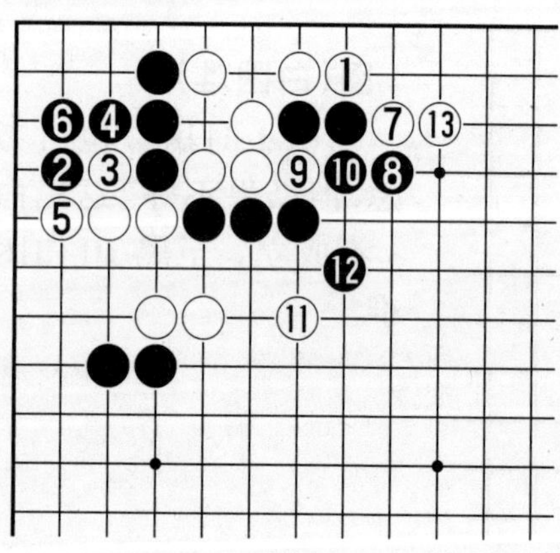

7 图(黑不好)

白 1 时黑 2 至 6 做活，白 7 至 11 黑不好。

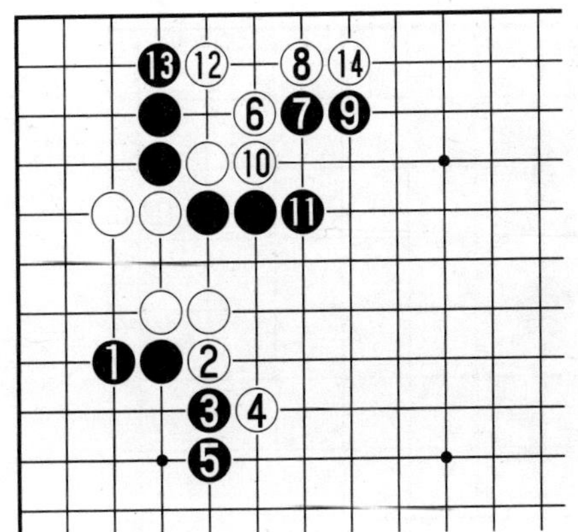

8 图(简明的顺序)

白 2、4 交换后下白 6,会减少变化。

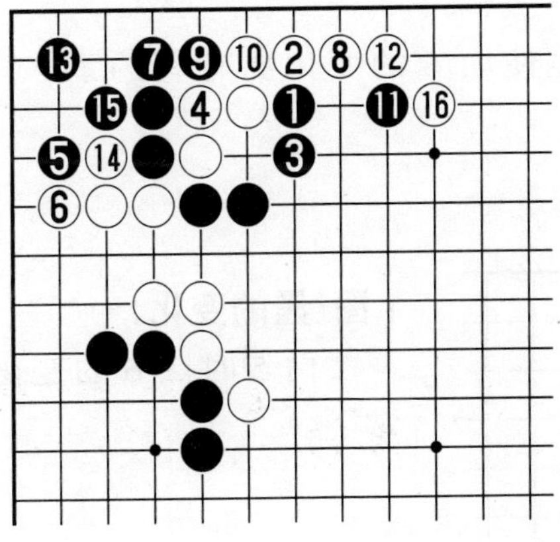

9 图(别的变化)

白 2 时黑 3 的变化至白 16,白可下。

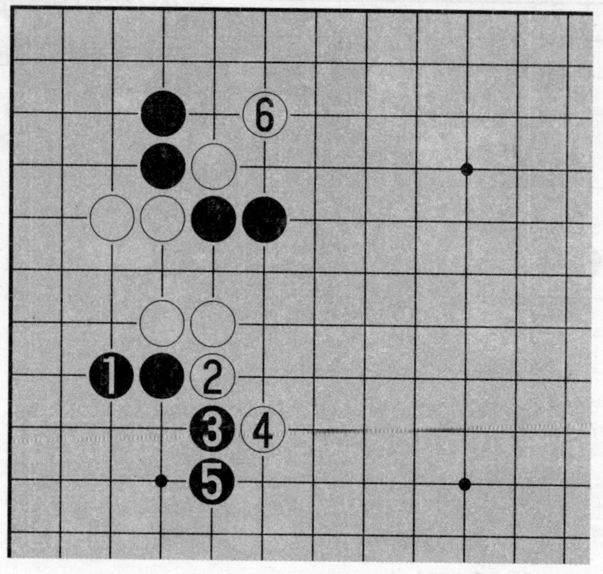

2－F 型

黑 1 时白 2、4 是使白 6 的变化更有利的手段。

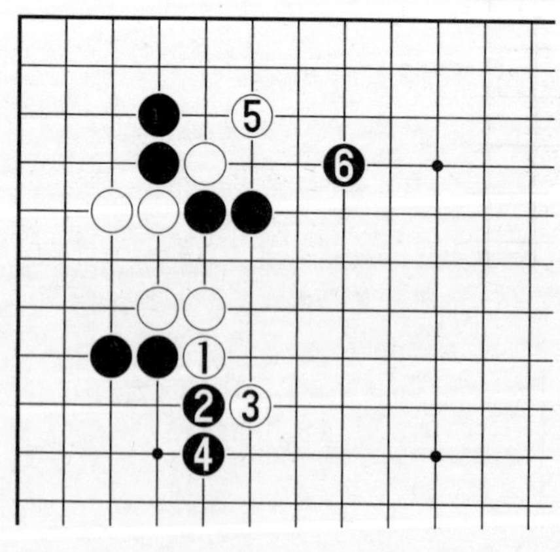

1 图（黑的变化）

白 5 时黑 6 的变化常下。

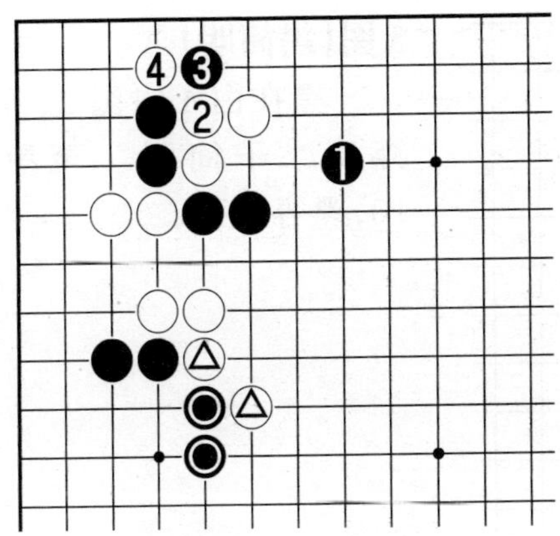

2 图(还原)

黑 1 时白 2、4,只增加了黑◉和白△的交换，和已经说明的型差不多。

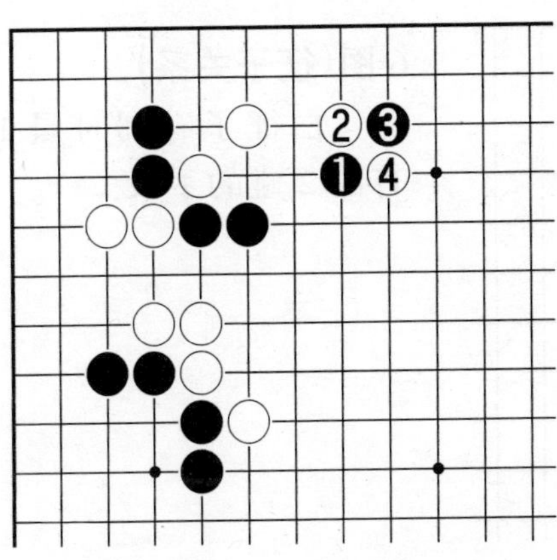

3 图(白无理)

黑 1 时白 2、4 虽是强手,但无理。

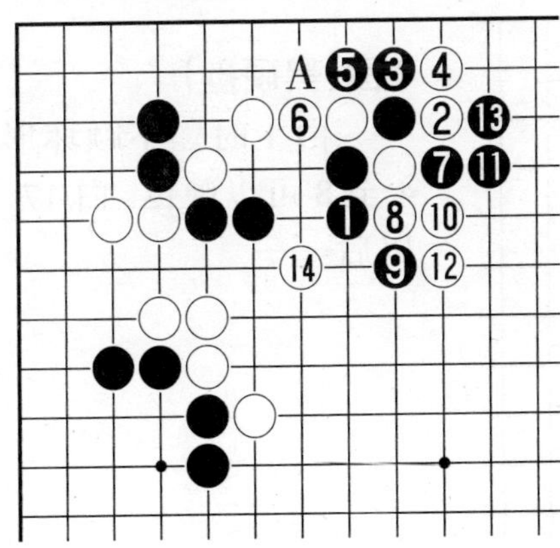

4 图(黑无理)

这里黑 1 是正手，白 2、4 是强手。继续黑 5、7 有白 14 的手段，黑在对杀中气不够。白 A 是先手。

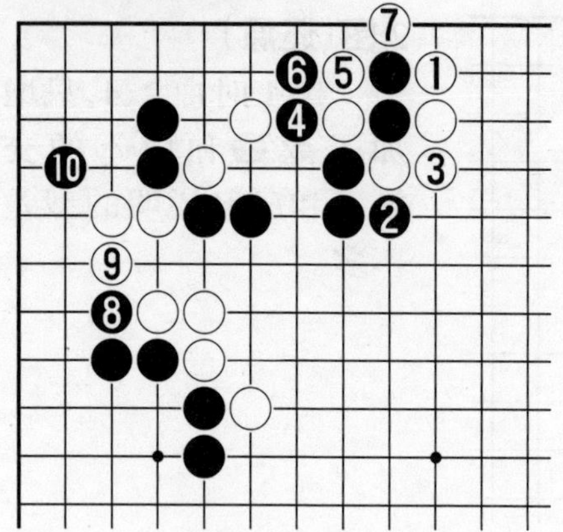

5 图(黑简明)

黑在白 1 时黑 2、4 弃掉二子简明。至黑 10,黑容易下。

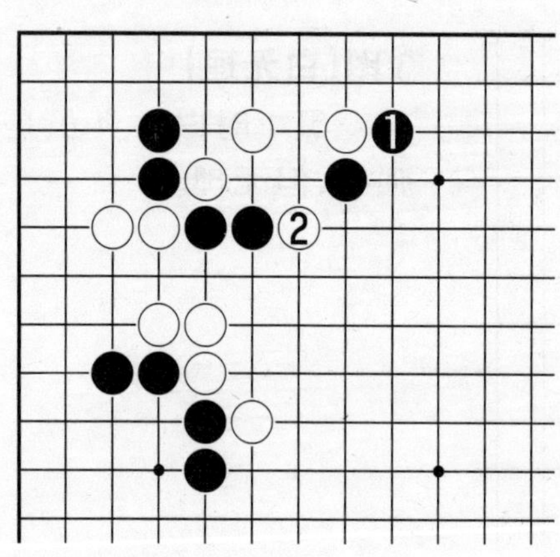

6 图(征子关系)

白征子有利时黑 1 有白 2 碰的手段。

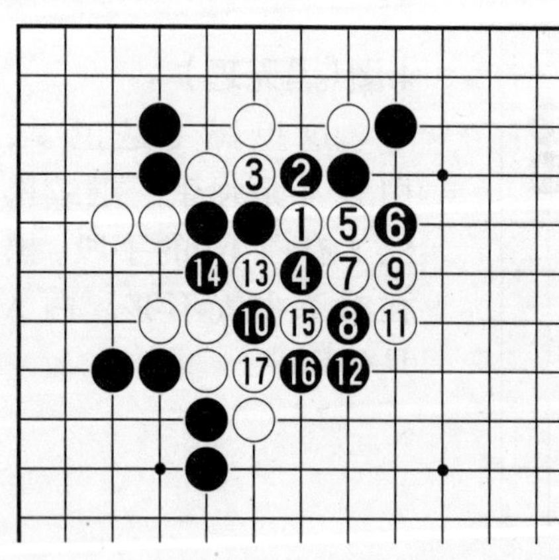

7 图(黑硬挺)

白 1 时黑不顾坏形 4 至 8 可以硬挺。白 17,以后——

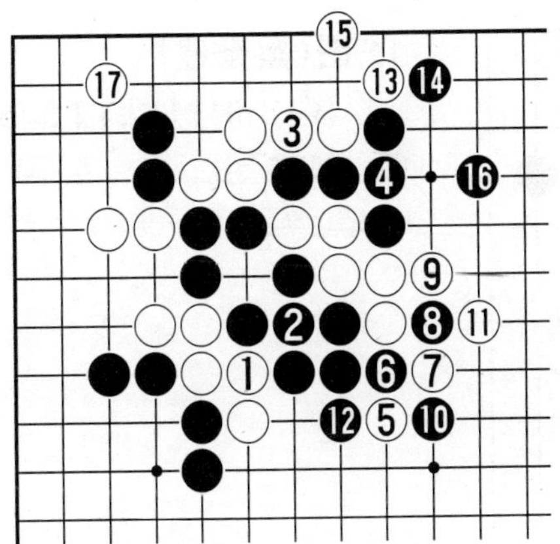

8 图(乱战)

白 5 罩则产生多种变化。至黑 12 必然，白 15 时黑 16，白 17 好手。

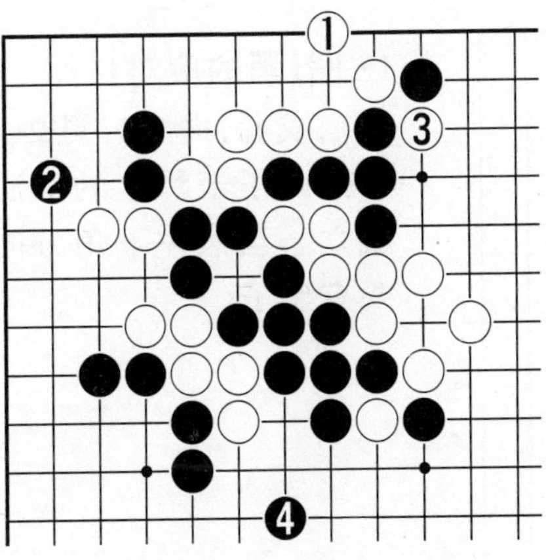

9 图(黑的变化)

或者，白 1 时黑 2，白 3 黑 4 后，白困难。

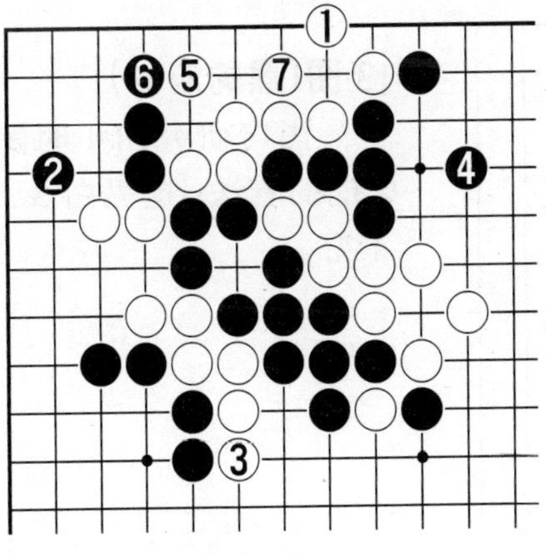

10 图(白的应对)

黑 2 时白 3，黑 4 时白 5、7 活简单。角的黑未活，黑不好。

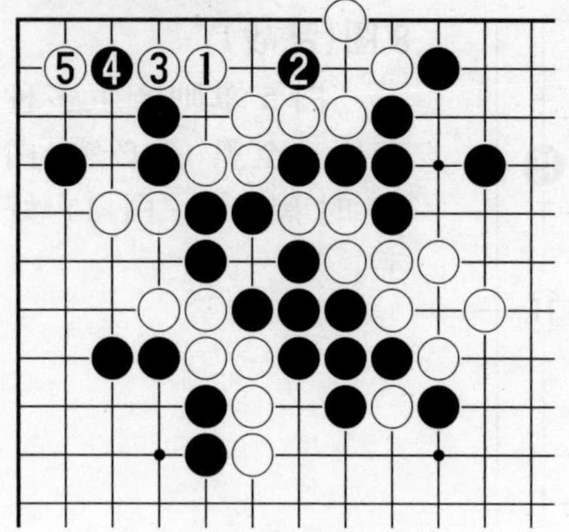

11 图(黑无理)

白 1 时黑 2,白 3、5 后,黑难受。

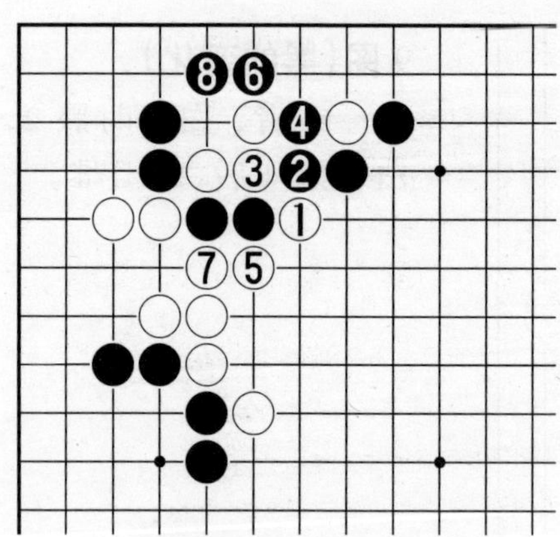

12 图(黑的应对)

或者,白 1 时黑 2、4 弃掉两子至黑 8 的下法成立。当然左下角方向要有黑子。

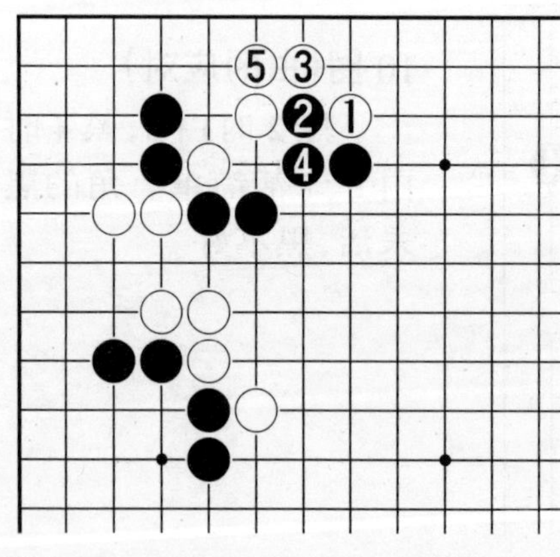

13 图(黑的应对)

黑可研究白 1 时黑 2 挖的着法。这里白 3、5 不好。

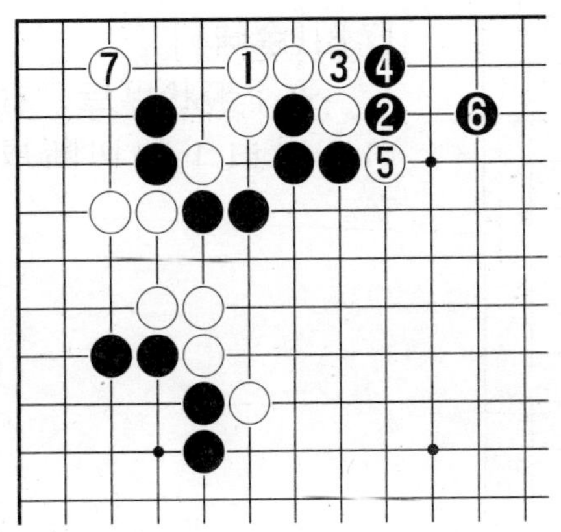

14 图(白有利)

白 1 时黑 2、4 是白的意图,白 5 之后的白 7 是好手,黑困难。

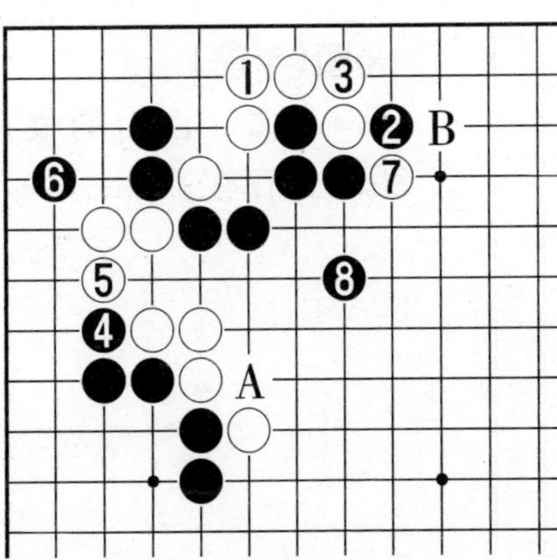

15 图(白困难)

白 1 时黑 2,白 3 交换之后黑 6 在角上延气是正确的顺序。白 7 断黑 8 跳,A 和 B 见合。

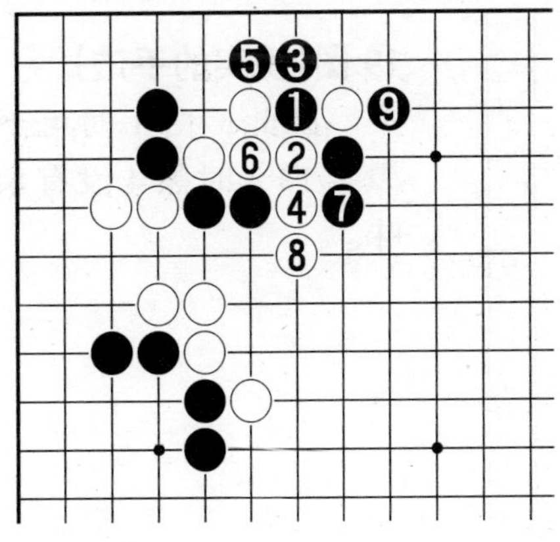

16 图(双方可下)

白棋在黑 1 时白 2、4 的下法普通。至黑 9 双方可下。

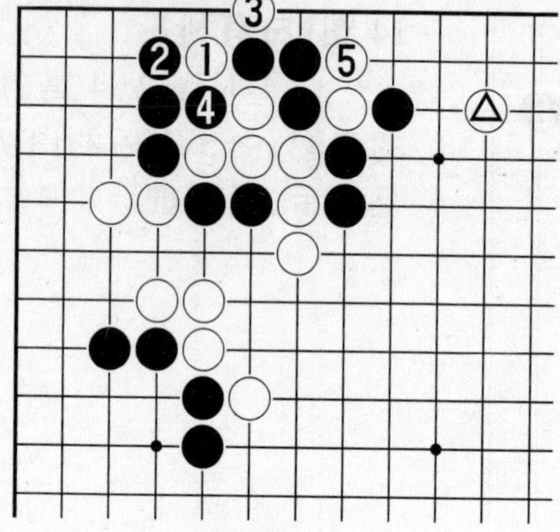

17图（余味）

这个形状以后，有白△时白1的切断成立。

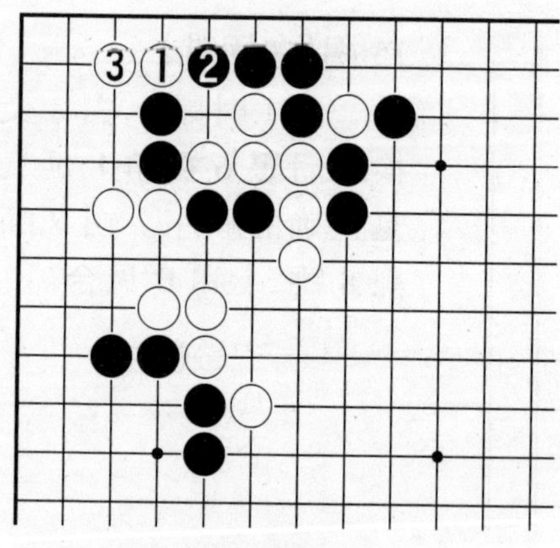

18图（手筋）

再者，白1的收官手筋也存在。

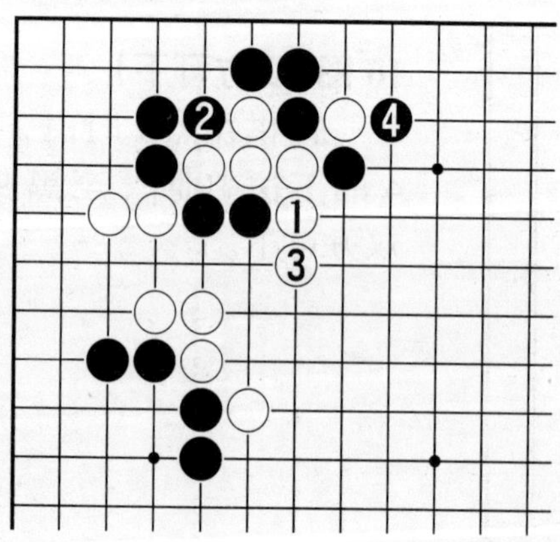

19图（现实的手法）

因此，白1时可下黑2，白3时黑4没有余味。

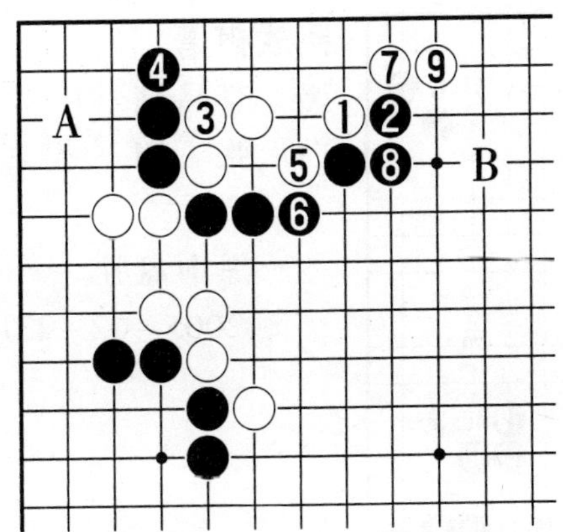

20 图（白满意）

白 1 时黑 2 挡则白 3。黑 4 立，白 5 至 9 之后，A 和 B 见合，白可下。

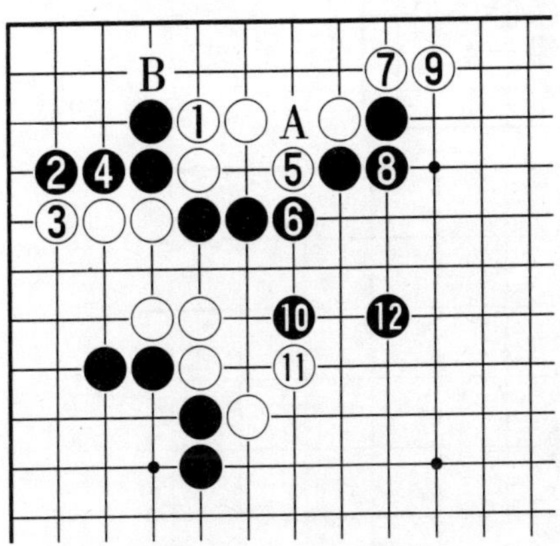

21 图（中腹战）

白 1 时下黑 2，白 3 和黑 4 交换之后，可下白 5、7。之后至黑 12 形成中腹作战。黑 4 如下 A，白则 B，黑无理。

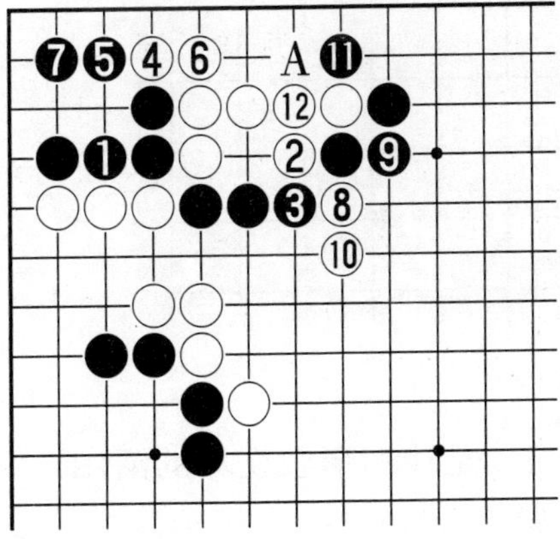

22 图（白的变化）

黑 1 时白 4、6 是先手，因此白 8、10 可吃黑三子。黑 A 虽为先手，白的模样厚实。

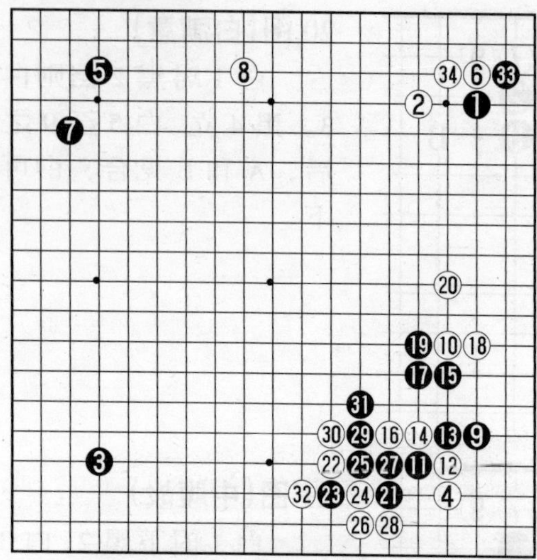

实战棋谱

黑　李昌镐

白　张　栩

黑中盘胜。

(2005-02-23)

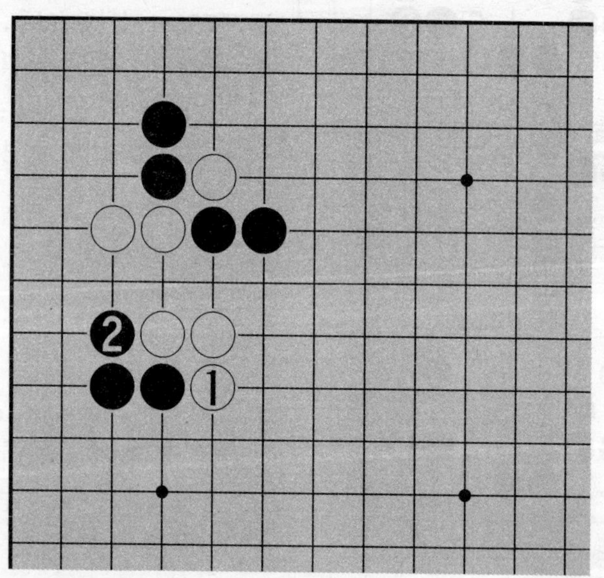

2-G 型

白 1 压时黑 2 是新手，是让白形状变坏的活用手法。黑 2 的时机很重要。

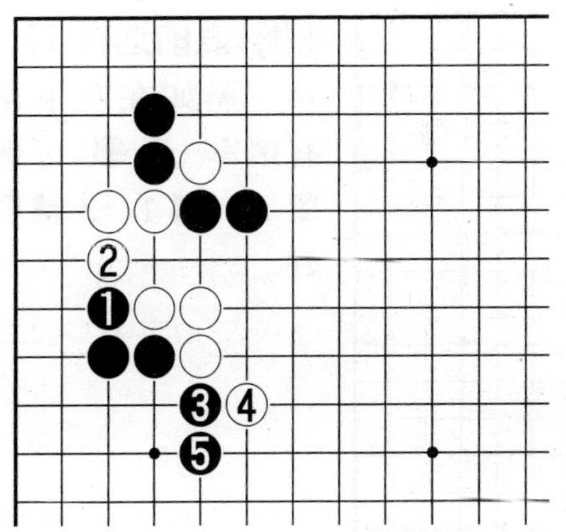

1图（白损）

黑1时白2，黑3、5后无论上边有何变化，白已被利。但黑也有弱点。

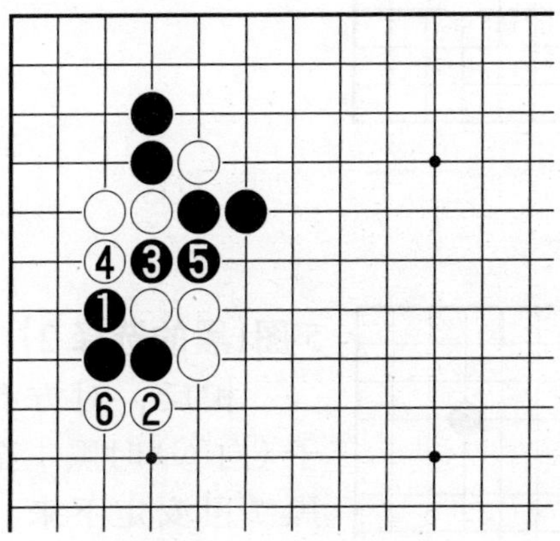

2图（白的应对）

对白来说，黑1时白2的利用是好手。这里黑3无理，至白6黑被擒。

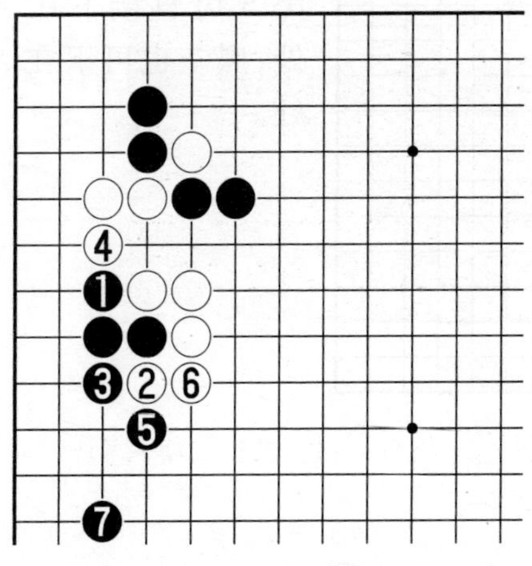

3图（一长一短）

白2时黑3无可奈何，可预想至黑7。黑在黑1利用，但6处被白占，使白变厚实是损失。

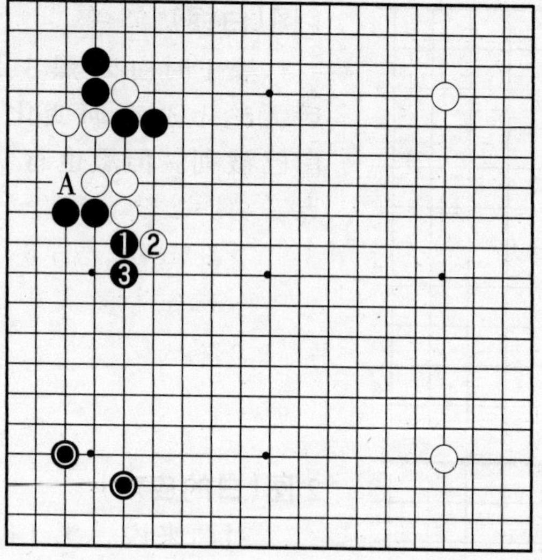

4 图(黑的选择 1)

黑如在左下角有援军(黑◉)可保留 A，黑 1、3 整形好。

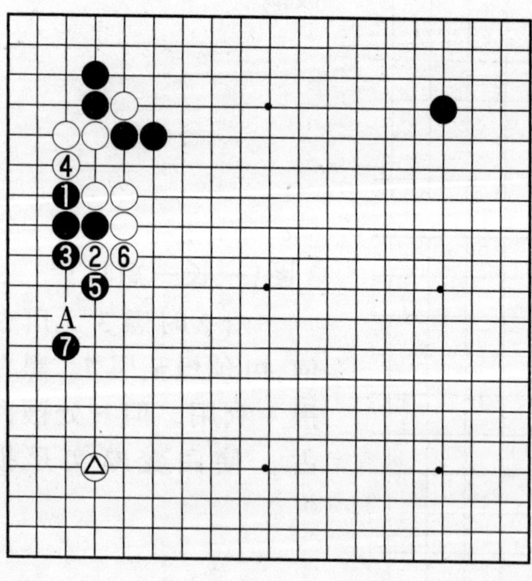

5 图(黑的选择 2)

相反，对方有子(白△)时黑 1 至黑 7 可安定下来。黑 5 可直接下在 A 处，黑 7 也可下在 A 处。

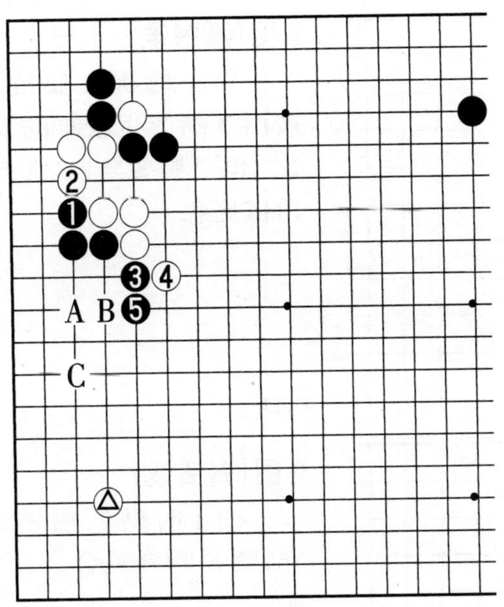

6图（防弱点）

黑1时单纯下白2，如果黑3、5，就有被白攻击A的急所之嫌。这时黑3下在B位，白3位时也可考虑黑C的下法。

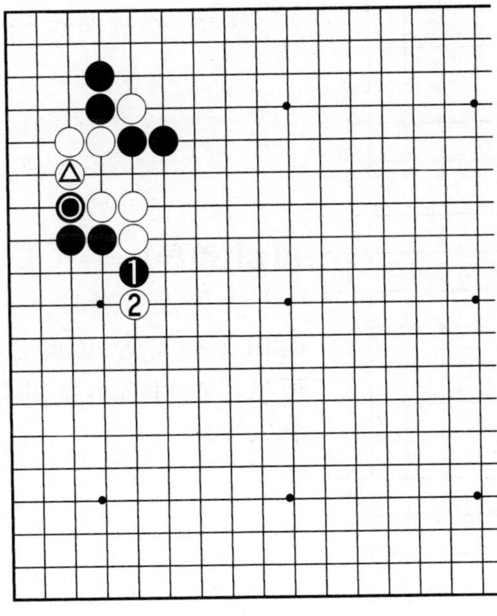

7图（白的手筋）

黑◉和白△如果已经交换了就会产生黑1白2的手筋。

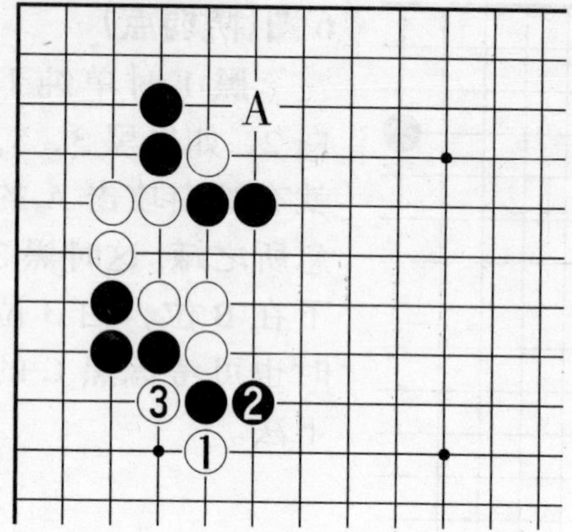

8 图(黑困难)

白 1 时黑 2 反抗,被白 3 断产生较难的变化。但是黑要防白 A,比白棋更急。

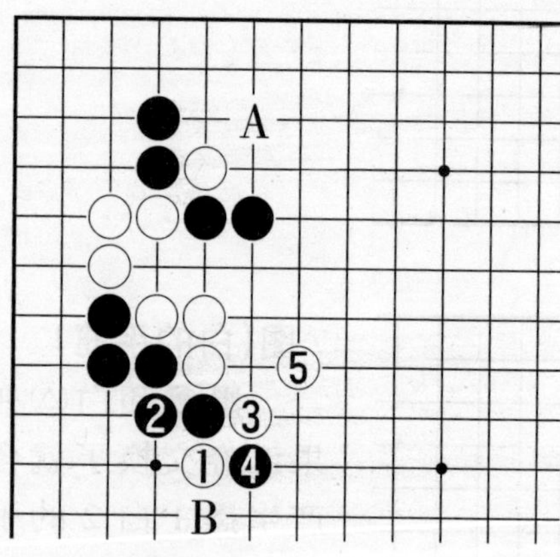

9 图(白活泼)

白 1 时黑 2,白 3、5 守,则 A 和 B 见合,白厚实。

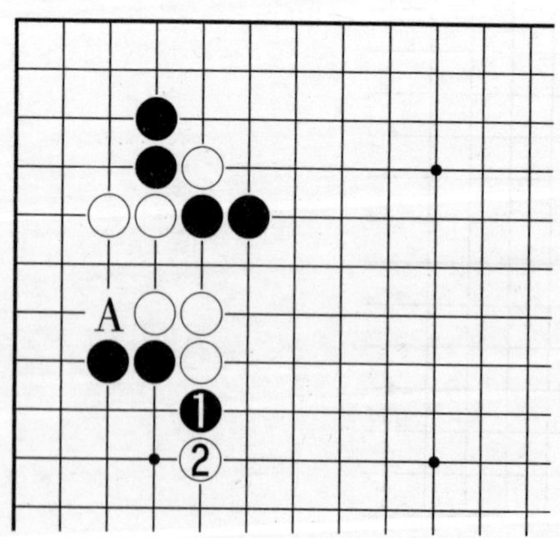

10 图(差异)

A 处没有黑时,黑 1 时白 2 不成立。因此,黑下 A, 在目前不见得有利。

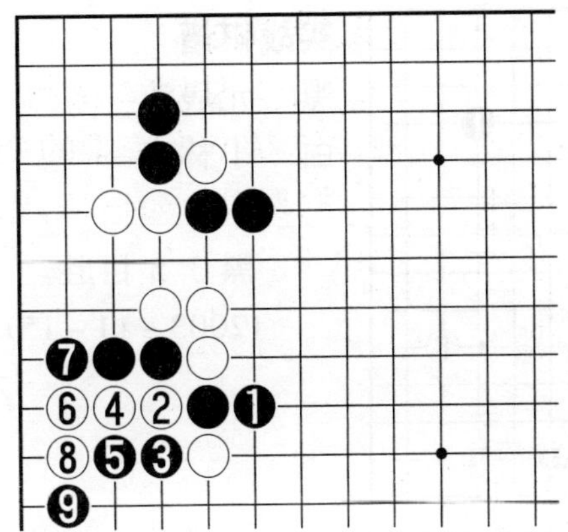

11 图（白无理）

黑 1 时白断至黑 9，白被擒。

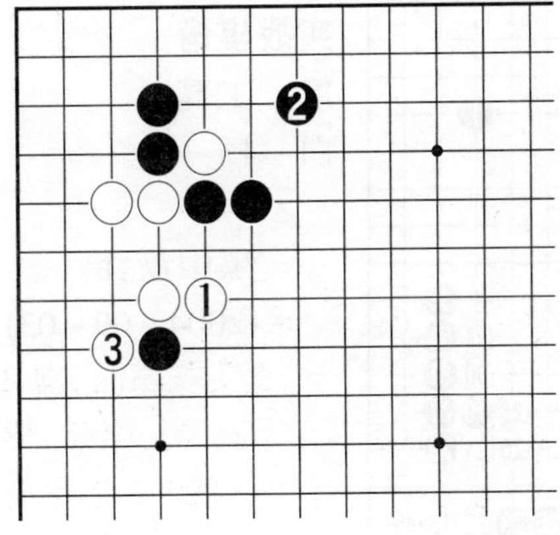

12 图（结论）

白 1 时黑走 3 位产生很多变化，是个未完成的形。之后黑 2 白 3 成为易懂的定式。

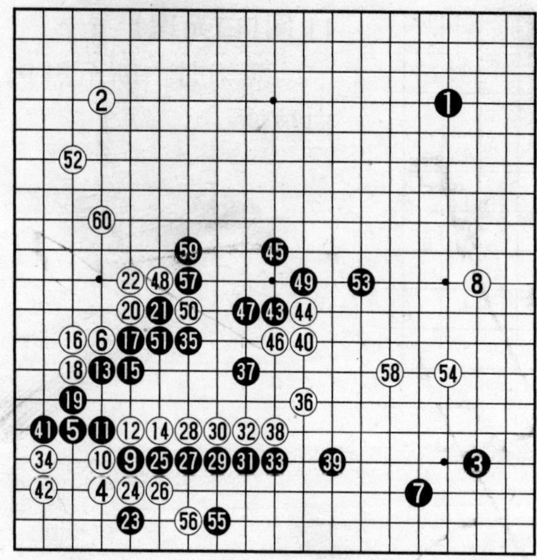

实战棋谱

黑　元晟溱

白　小林光一

黑 3.5 目胜。

(2003－11－15)

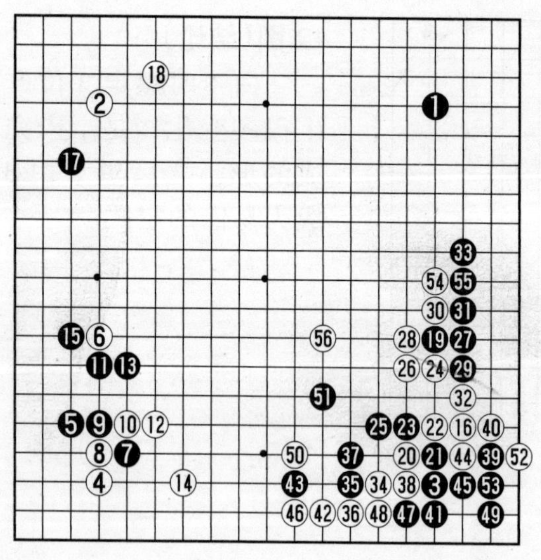

实战棋谱

黑　王磊

白　杨一

黑中盘胜。

(2004－09－03)

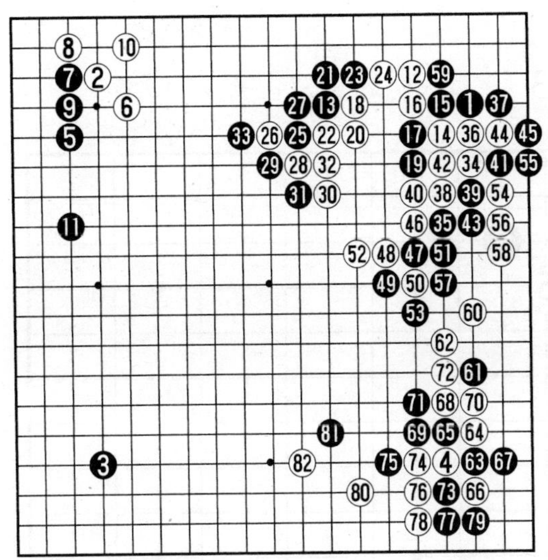

实战棋谱

黑　赵治勋

白　刘栽豪

白 1.5 目胜。

(2005－09－28)

黑 21 无理。

白 38 应下在 43 处。

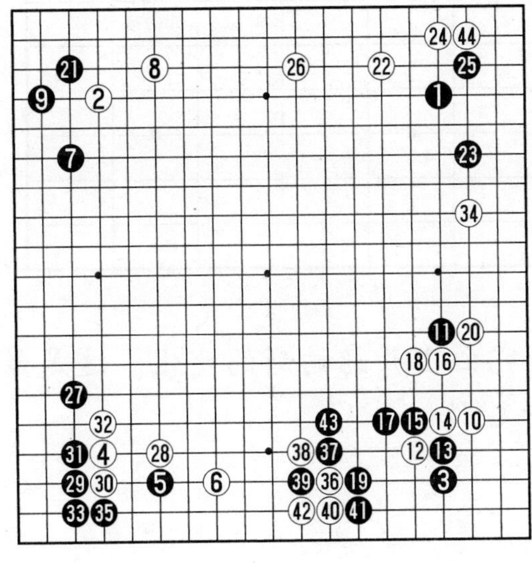

实战棋谱

黑　王　磊

白　李世石

白中盘胜。

(2004－10－06)

新型3　重写的三间夹攻

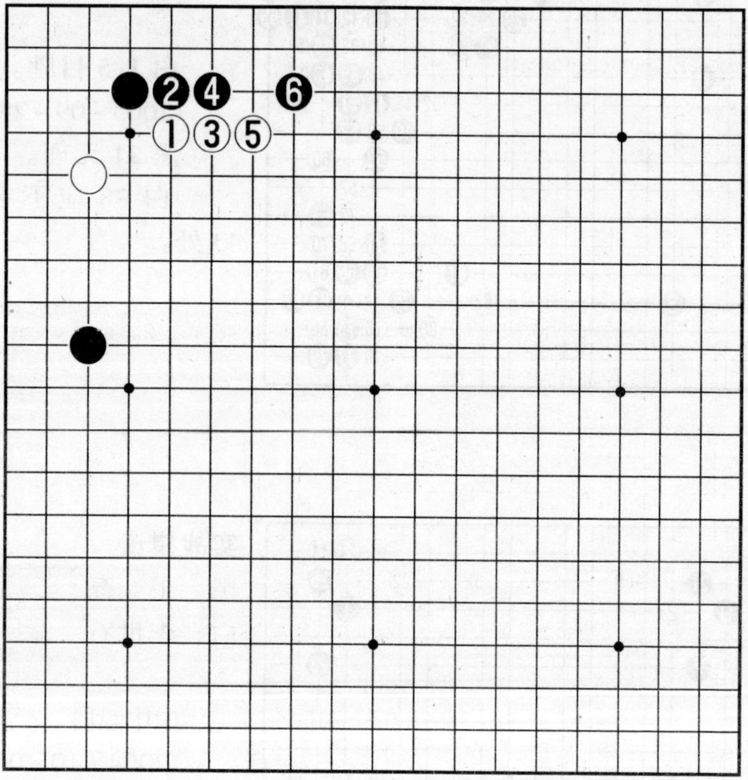

为了简化，研究白1开始的新的变化。这是最近下得较多的流行之形。

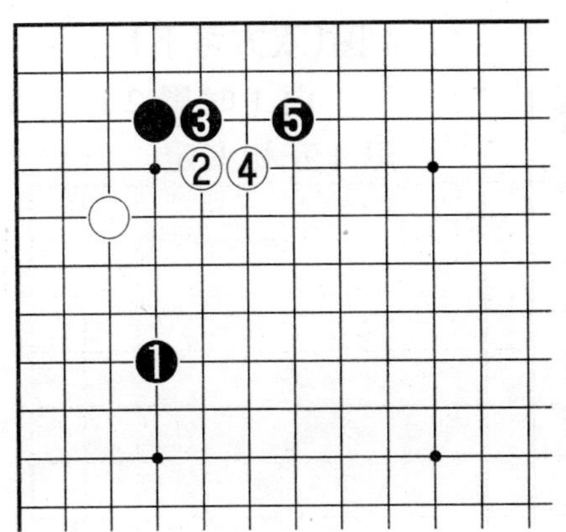

1 图（开始）

本新型开始是黑 1 的二间夹攻和白 2 时黑 3 的长发端的。

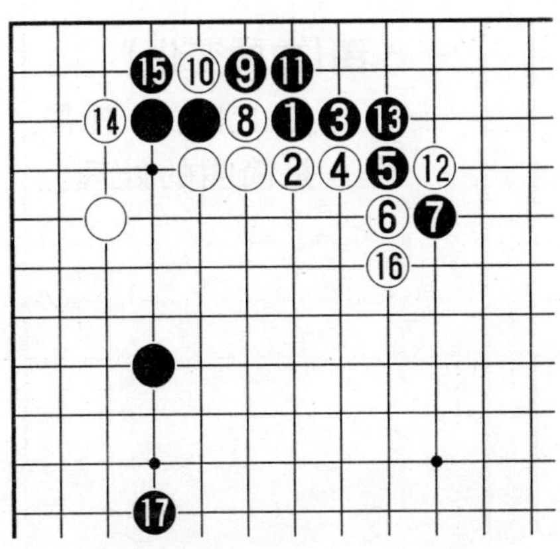

2 图（黑步调快）

黑 1 时白 2 至 16，黑 17 步调快。

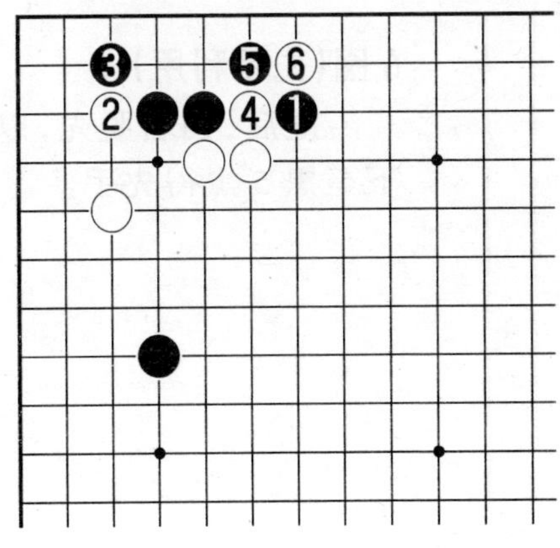

3 图（白的研究）

因此，研究了白在 2 的托，黑 3 至白 6，黑困难。

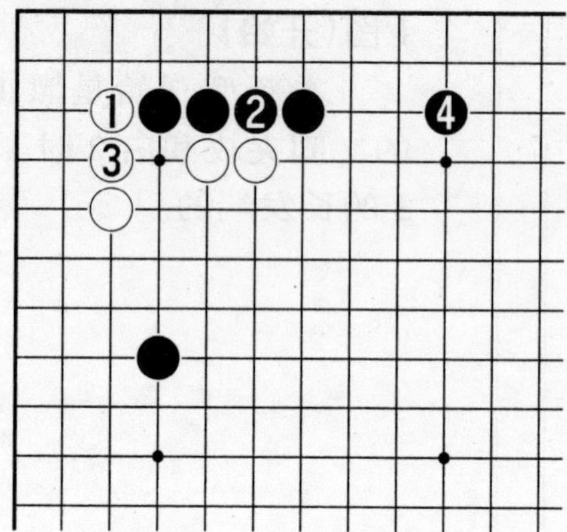

4 图（双方可下）

白 1 时黑 2 连，至黑 4 互相安定。

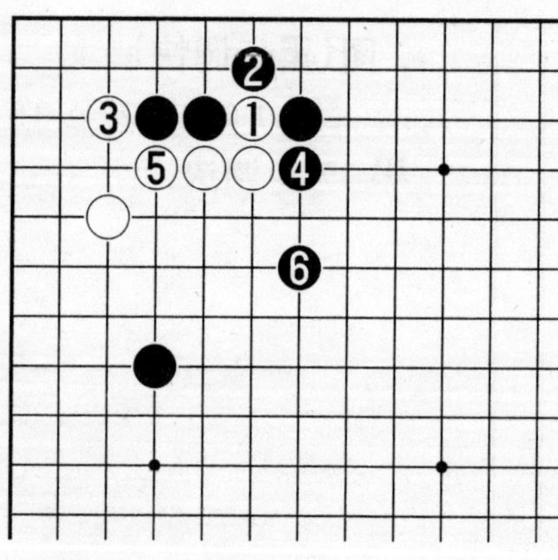

5 图（白的变化）

白 1 刺，3 托黑 4，至 6 是简明的处理。

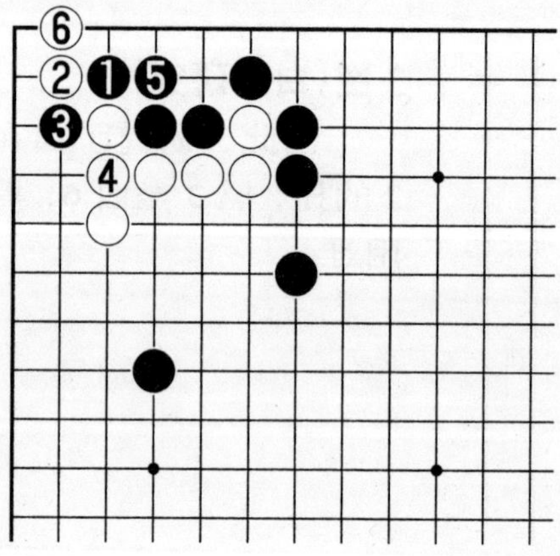

6 图（先手利用）

之后，白若脱先，以下至黑 5 黑得先手。

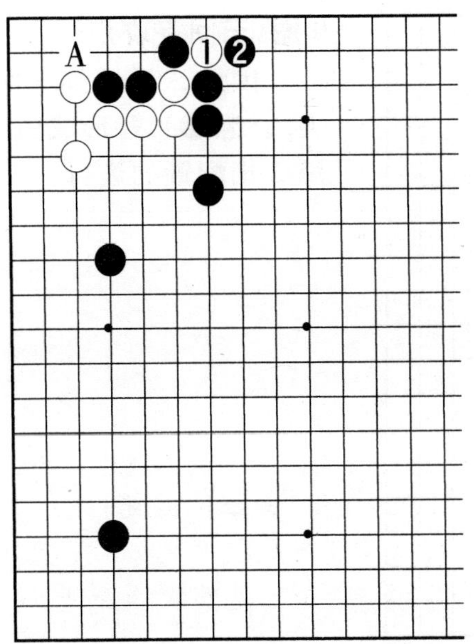

7 图（双方可下）

因此，白 1 断防止 A 的扳告一段落。

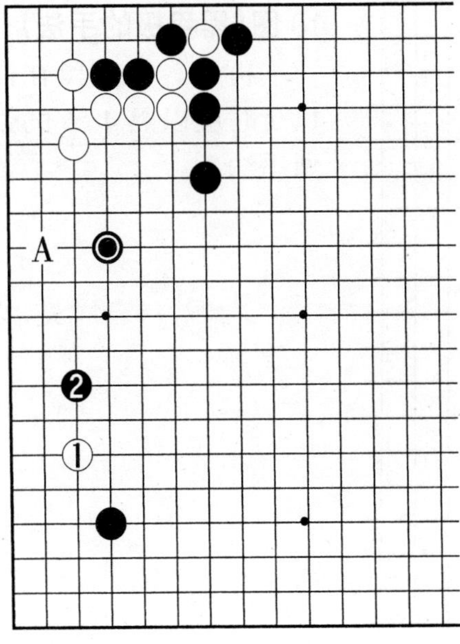

8 图（黑的研究）

黑◎的位置因白 1，黑 2 的形态，可以想到 A 位的漏风不好。

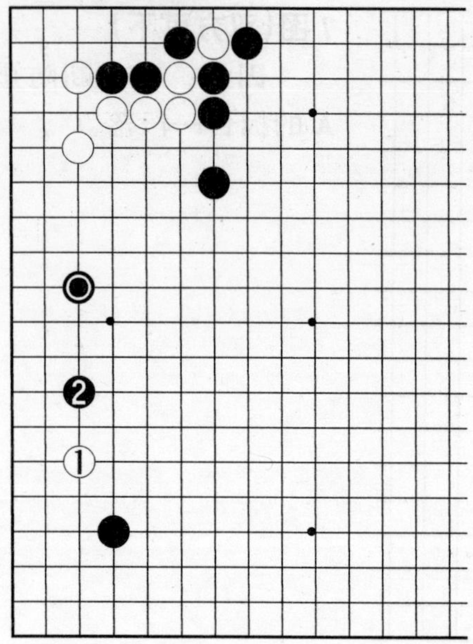

9 图(三间夹攻)

因此，黑选择三间夹攻(黑◎),并形成白 1 黑 2 相配置的进行。

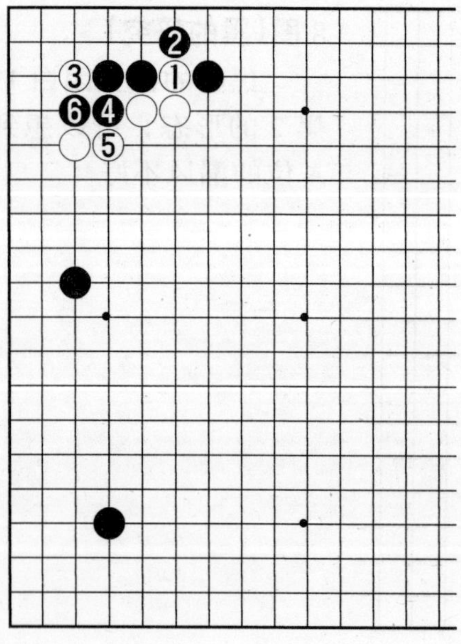

10 图(黑积极的手法)

再者，研究黑在白 1、3 时应以黑 4、6 的强烈手法。

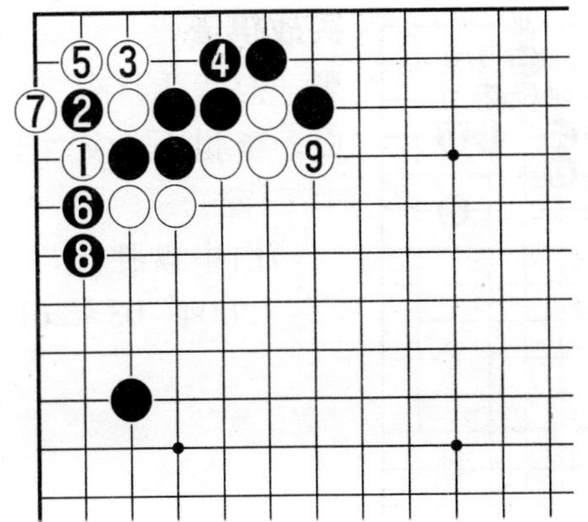

11 图(白活泼)

白 3 时黑 4 不得已,至白 9,白活泼。

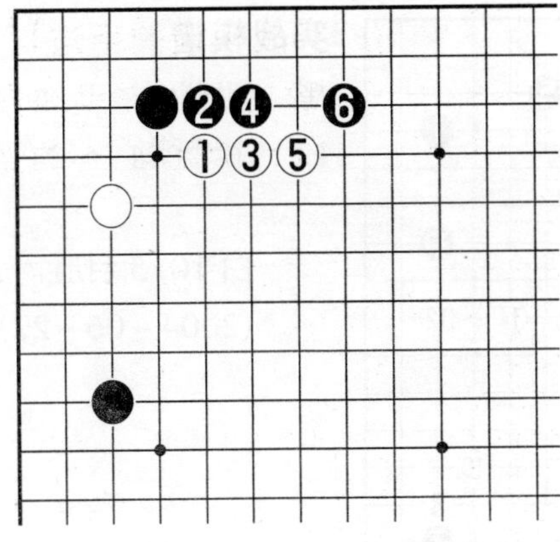

12 图(黑的研究)

因此，黑在 4 位再长一手，黑 6 值得研究。

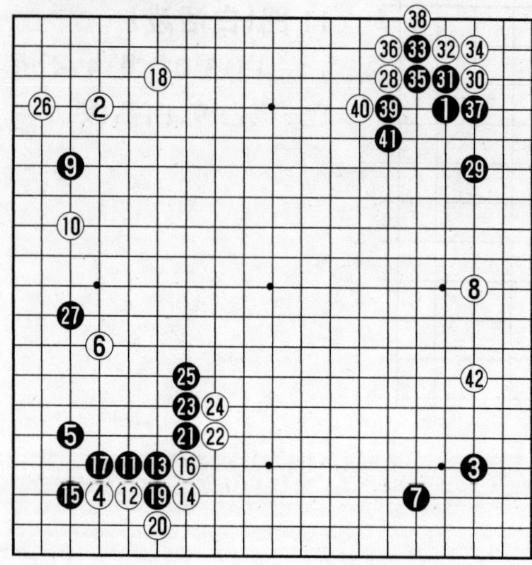

实战棋谱

黑　赵汉乘

白　李世石

白中盘胜。

(2004－03－26)

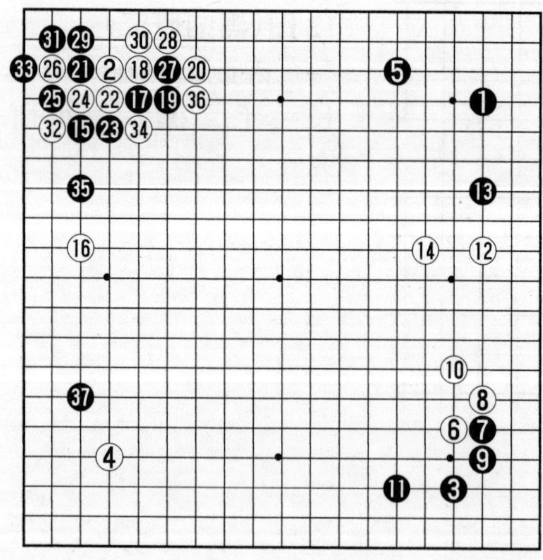

实战棋谱

黑　洪性志

白　崔哲瀚

白10.5目胜。

(2004－06－22)

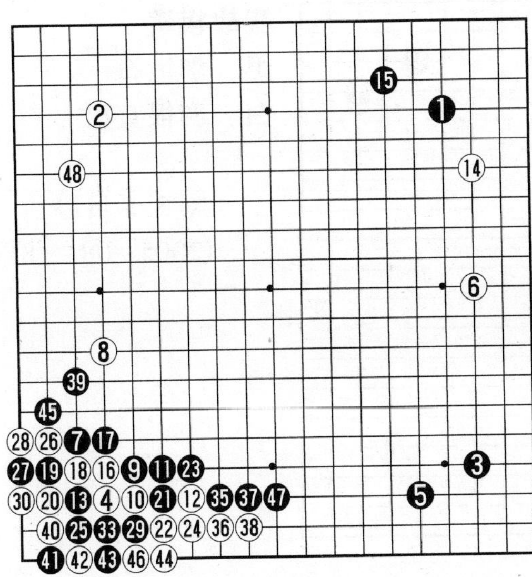

实战棋谱

黑　金主镐

白　朴永训

白中盘胜。

(2004－09－24)

31 34 = 19

32 = 27

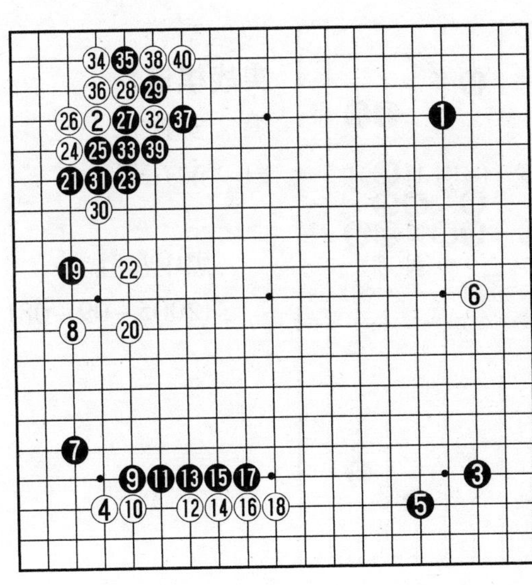

实战棋谱

黑　李世石

白　金主镐

白中盘胜。

(2005－06－12)

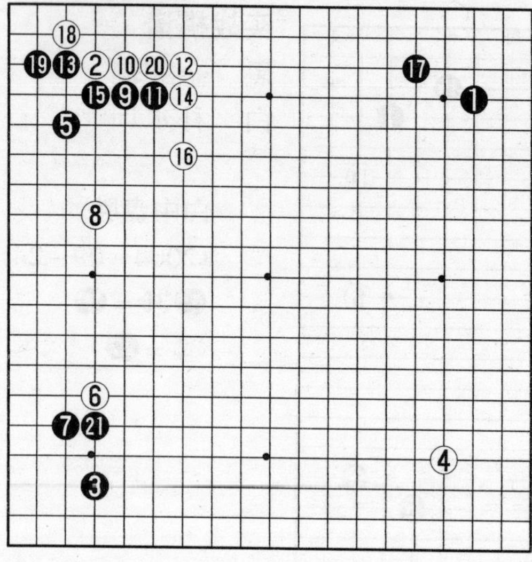

实战棋谱

黑　李世石

白　羽根直树

黑 3.5 目胜。

(2005－08－18)

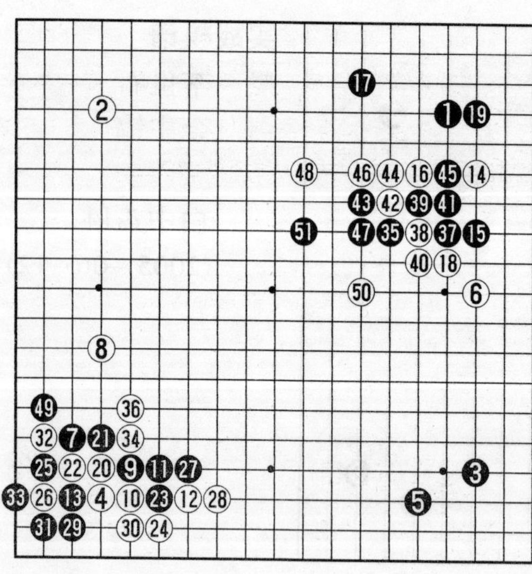

实战棋谱

黑　安祚永

白　俞在星

黑中盘胜。

(2005－09－08)

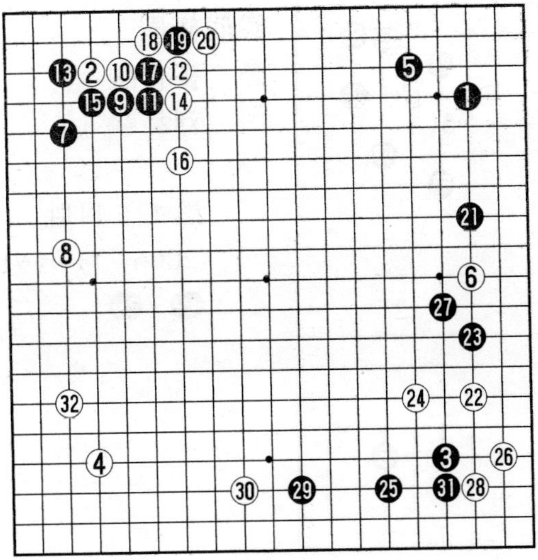

实战棋谱

黑　尹峻相

白　李世石

白 2. 5 目胜。

(2005 - 09 - 22)

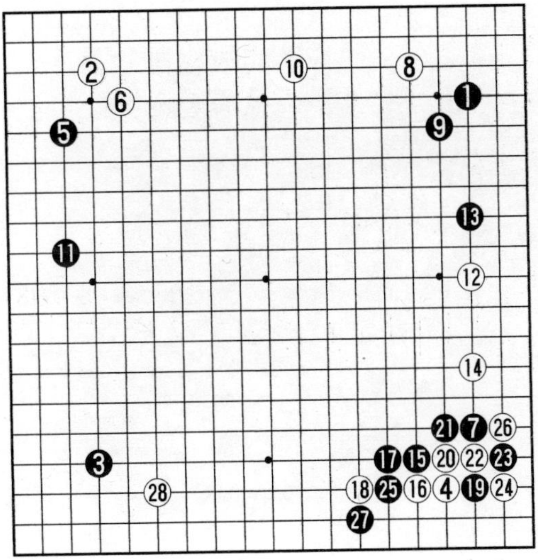

实战棋谱

黑　刘栽豪

白　李世石

白中盘胜。

(2006 - 09 - 15)

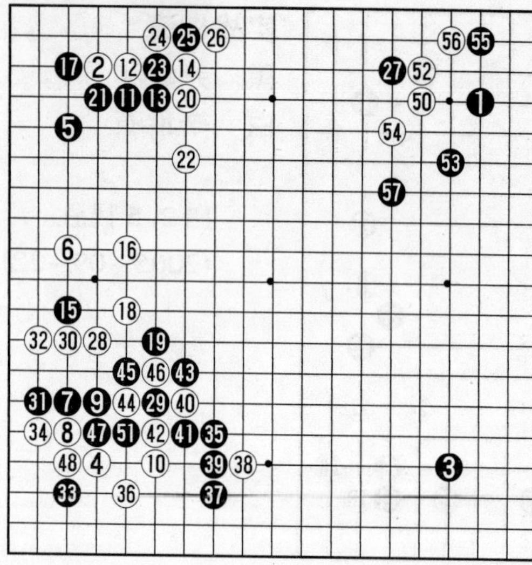

实战棋谱

黑　崔哲瀚

白　刘昌赫

黑 1.5 目胜。

(2006－11－17)

❹❾＝❷❾

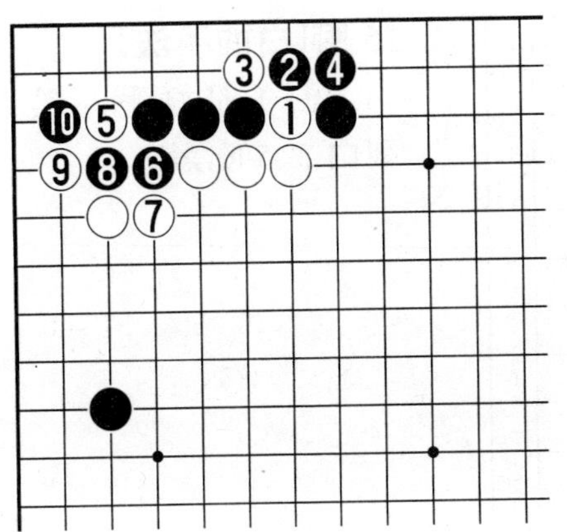

13 图（黑的意图）

黑研究白 1、3、5 时黑 10 断的变化。

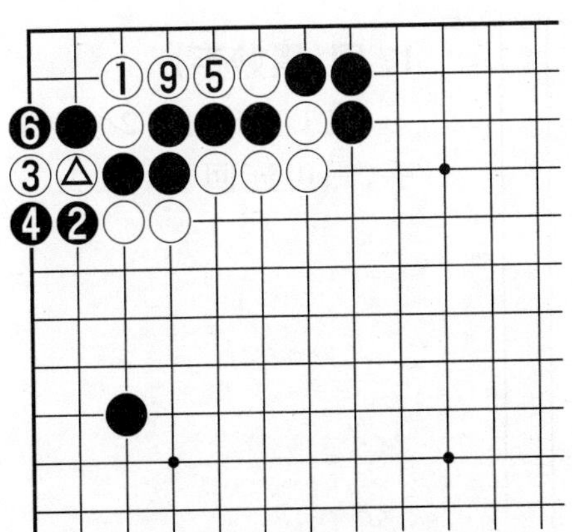

14 图（必然）

白 1 时黑 2 吃至黑 10 必然。

⑦❿＝△

❽＝③

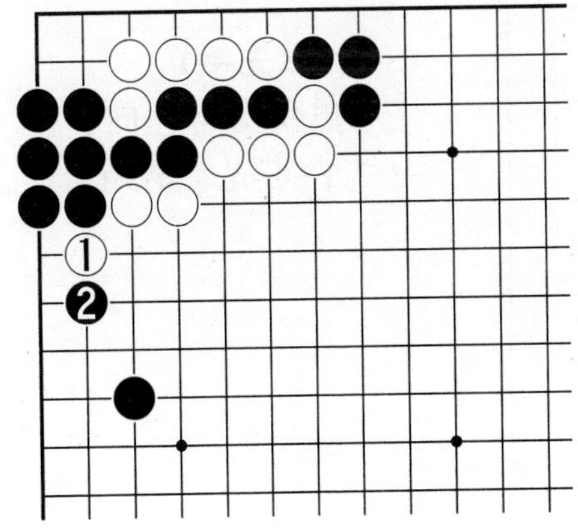

15 图（黑逃出）

白 1 时黑 2 逃出。

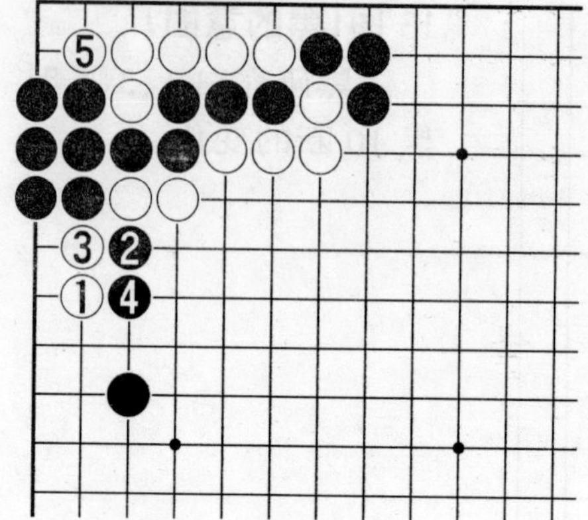

16图（白的手法）

白1是好手，黑2则白3、5吃黑。

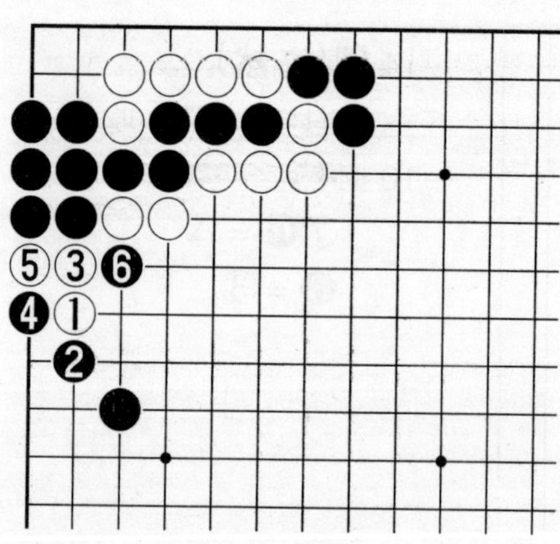

17图（黑妙手）

白1时黑2是妙手，黑可连回。

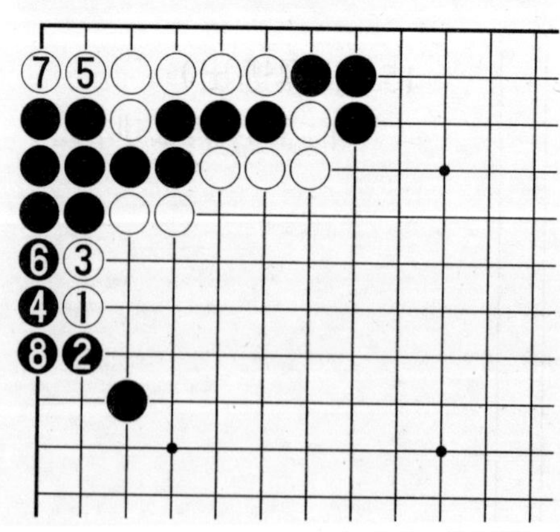

18图（白先手）

黑棋虽可连回，至白7，白可先手活角。

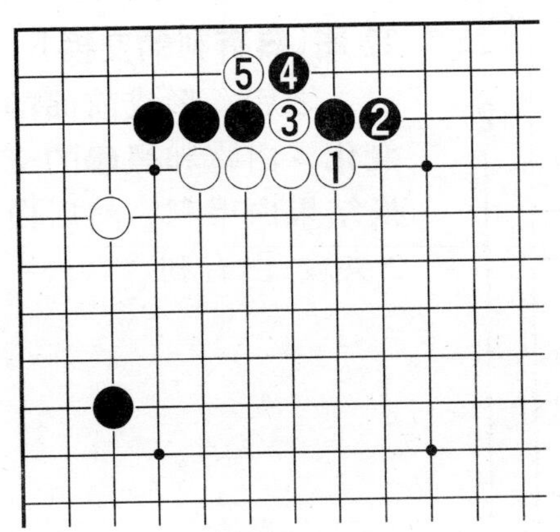

19 图(白的研究)

白先研究白 1 压，白 3、5 断。

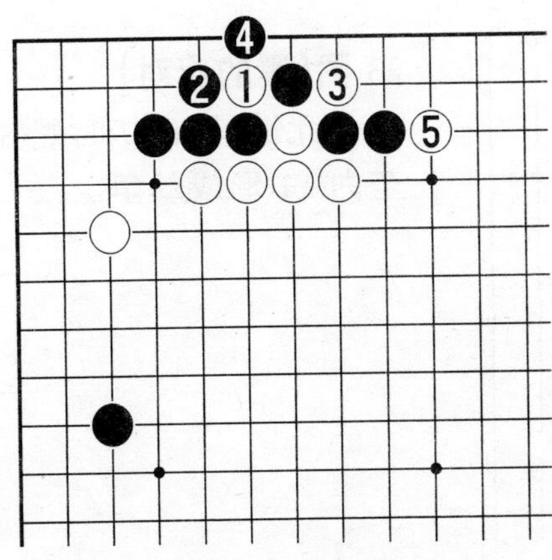

20 图(黑的选择)

白 1 时黑难下 2 位，因为有白 5 的手筋。

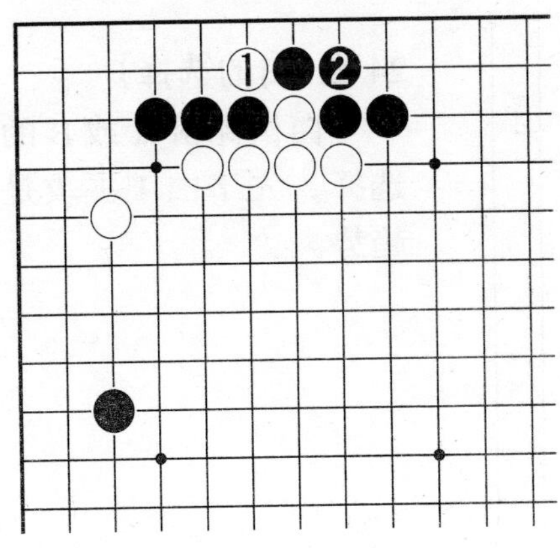

21 图(必然)

因此，白 1 时黑 2 几乎是必然。

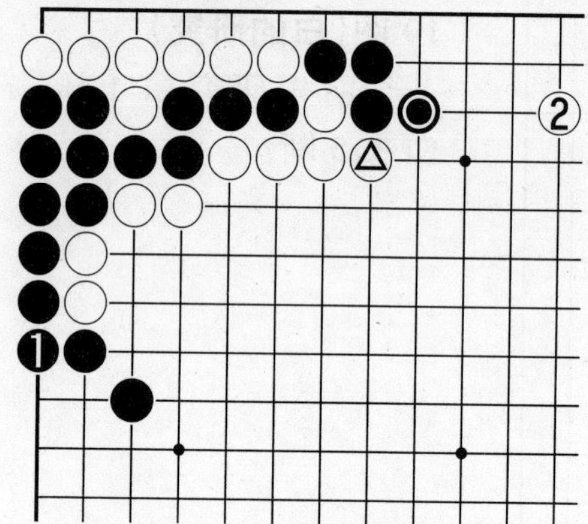

22 图(白有利的交换)

之后，形成前面的变化，白△和黑◉的交换结果白得利，然后白2夹攻,白有利。

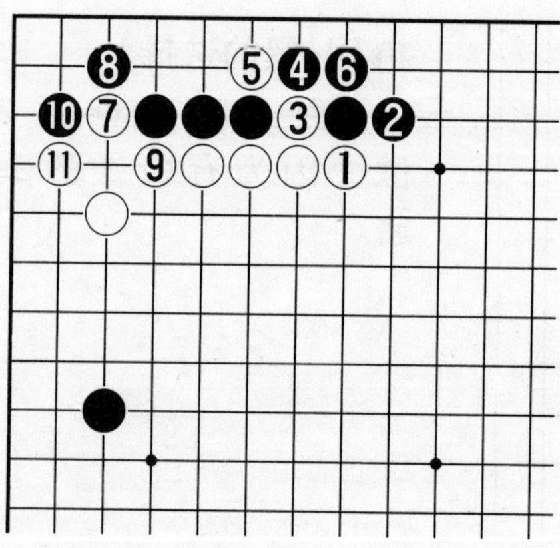

23 图(黑的应对)

此情景,白7时黑8至白11形成劫争。

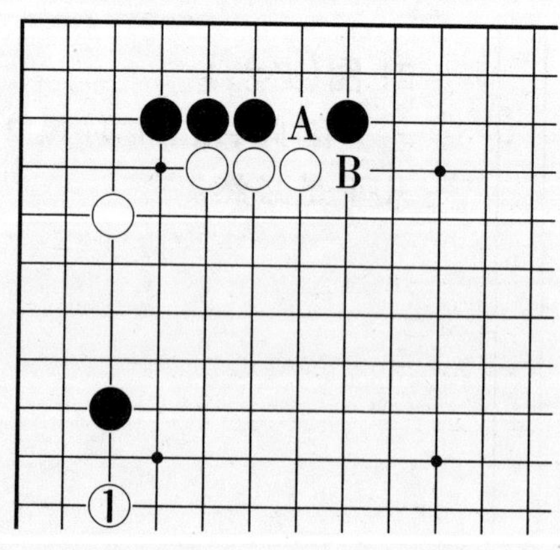

24 图(白的选择)

白棋保留A或B的选择，先于白1夹攻是趋势。

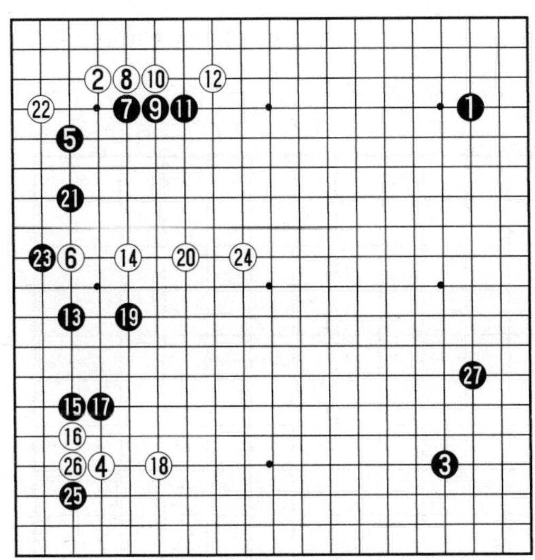

实战棋谱

黑　王　檄

白　陈时映

黑中盘胜。

(2005－09－28)

黑23连后，黑有利。

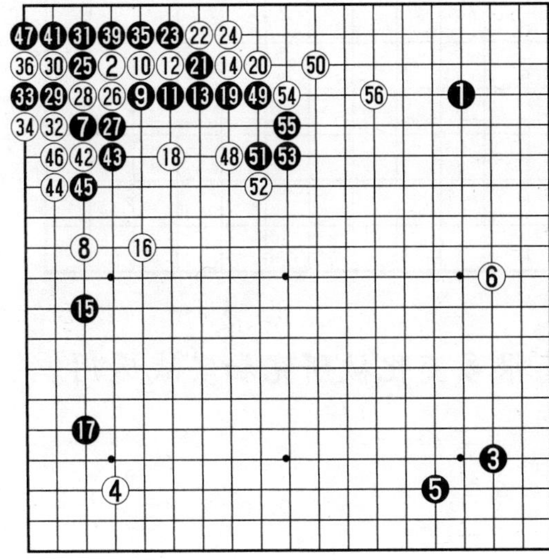

实战棋谱

黑　朴文尧

白　刘昌赫

白中盘胜。

(2005－09－30)

37 40＝29

38＝39

至白56，白有利。

新型4　大雪崩定式的升级

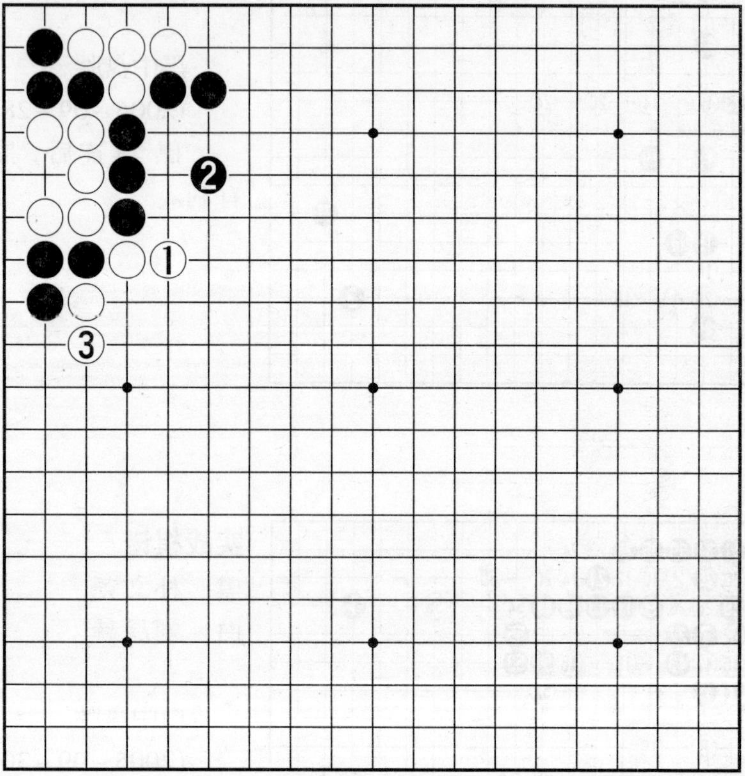

白1、3以后，有很多变化被研究和实战运用。

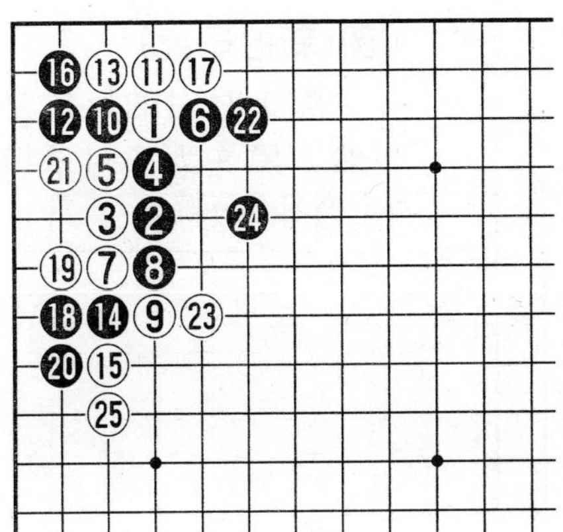

1 图(顺序)

场面图的手顺是白1至白25。

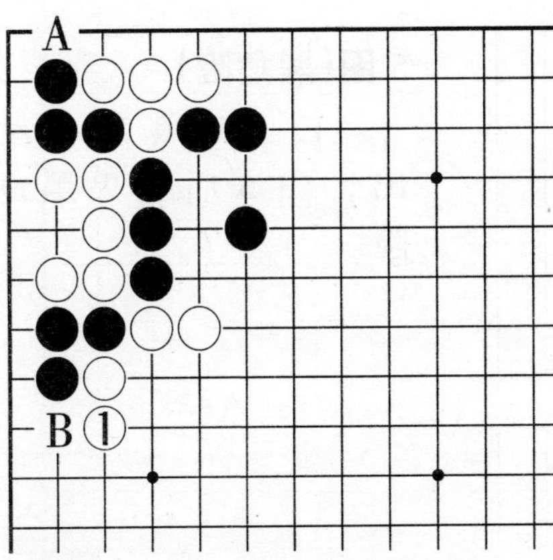

2 图(分歧点)

对于白1，黑有A和B的选择。

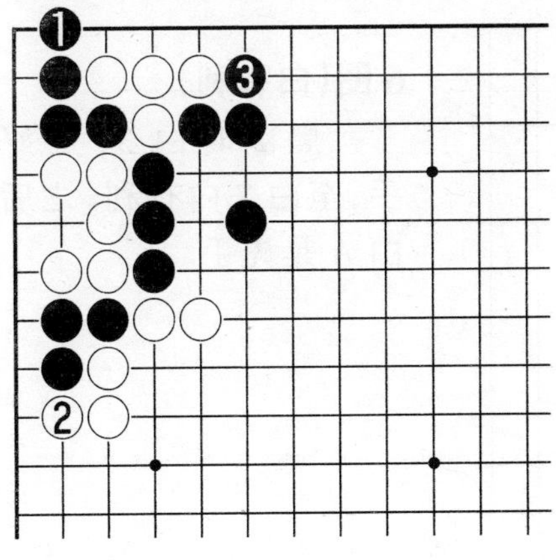

3 图(黑有利)

黑1时白2，至黑3黑稍有利。

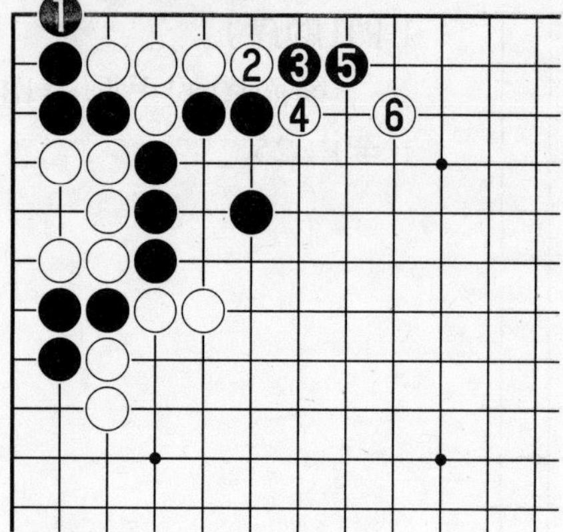

4 图（新的研究）

黑 1 时白的反抗是当然，黑 3 为了对杀扳下，白 4、6 难解。

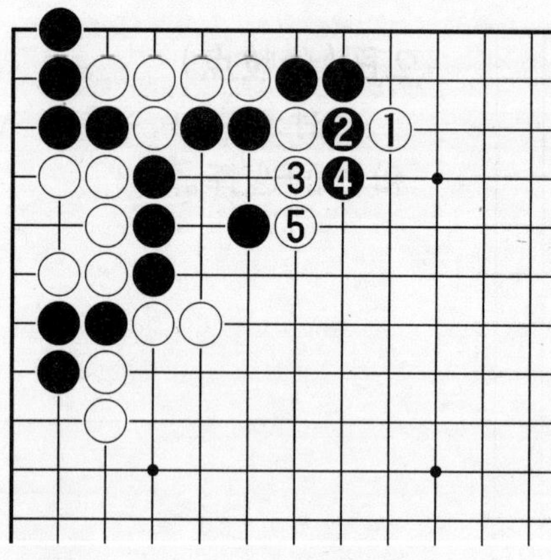

5 图（黑危险）

白 1 时黑 2、4 动出，白 5 后中央黑危险。

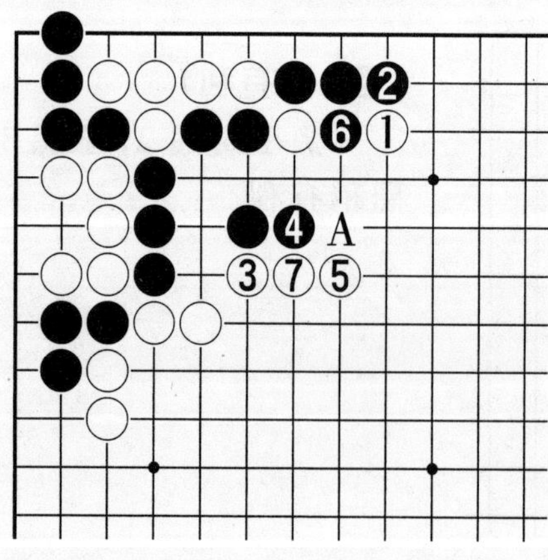

6 图（白有利）

黑 2 时白 3、5 好手，至白 7 白有利。之后白 A 是先手。

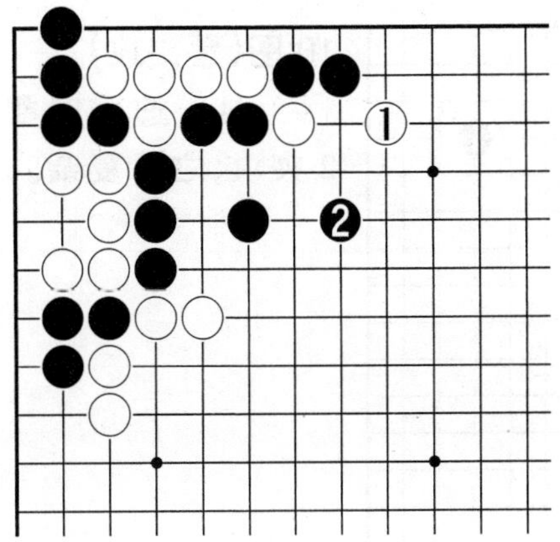

7 图（黑打开）

白 1 时黑 2 是打开局面的好手。

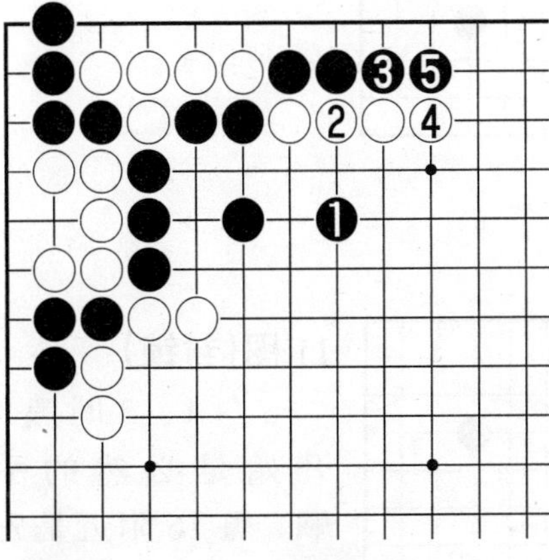

8 图（白无理）

黑 1 时白 2 无理，黑 3 长出白不好。

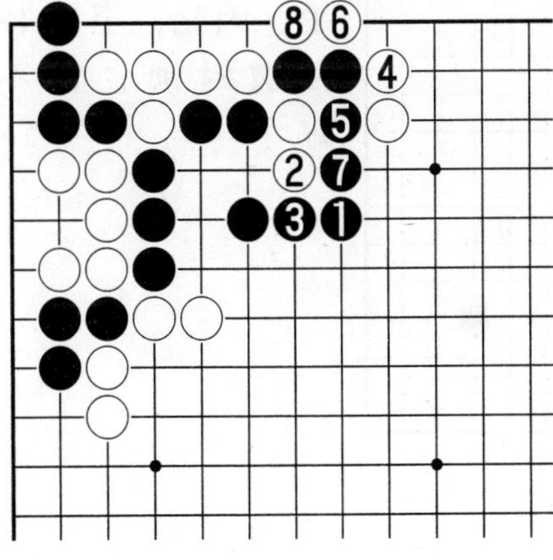

9 图（白的应对）

黑 1 时白 2 正手，黑 3 时白 4 以下至白 8 连接即可。

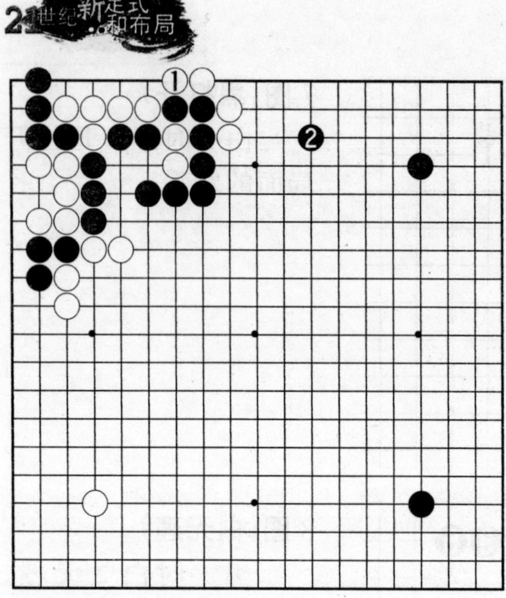

10图(黑夹攻)

白1连接时黑2夹攻,之后复杂。

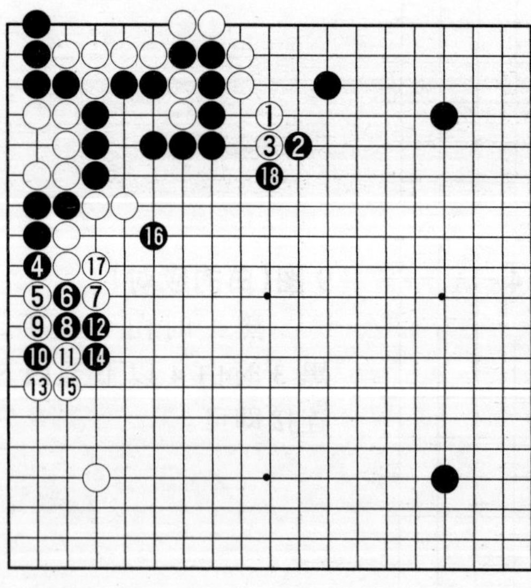

11图(封锁)

白1、3时黑4开始是必然的手顺，黑16附近是先手，因此，至黑18白被封锁，白不好。

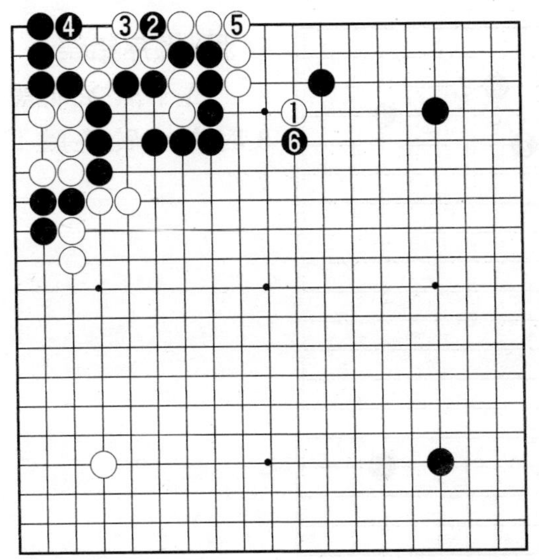

12 图(手筋)

白 1 普通，黑继 2、4，黑 6 是漂亮的手筋。

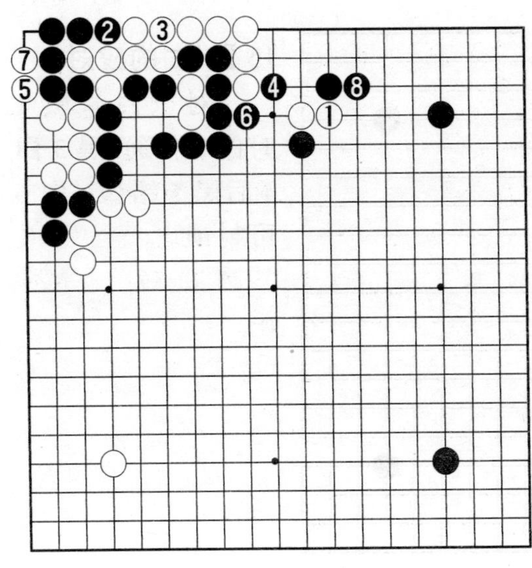

13 图(黑有利)

白 1 动出时，黑 2，黑 4 好手至黑 8 黑优势。白 3 走 8 位最好。

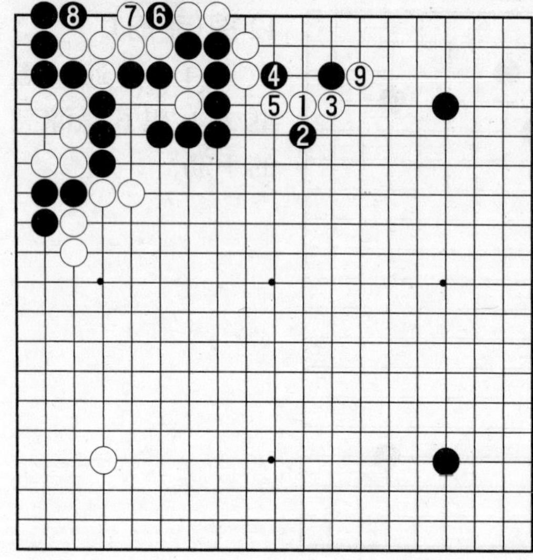

14 图(顺序错误)

先下黑 2、4，黑 8 时白 9 转换黑不好。

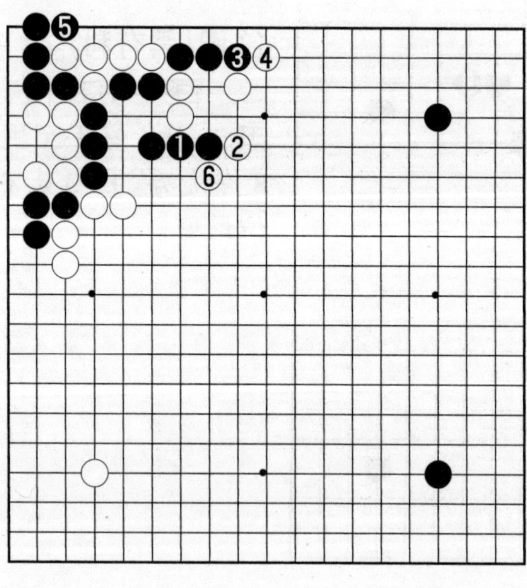

15 图(白的应对)

对于白， 黑 1 时白 2 普通，黑 3 白 4 后黑 5 错误，白 6 可封锁。

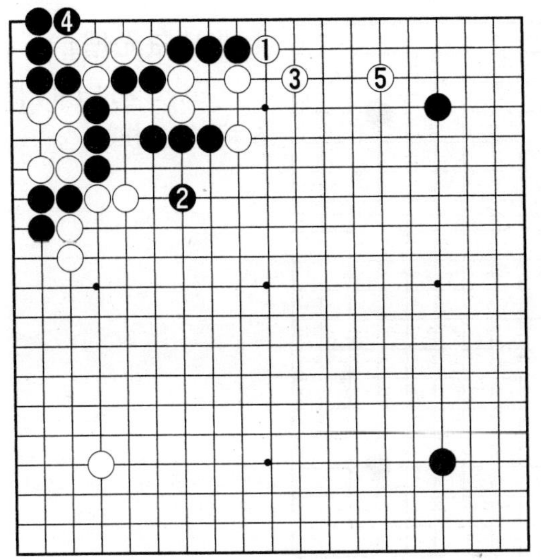

16 图（两分）

白 1 时黑 2 正手，至白 5 两分。白走两侧，也有认为白好下的见解。

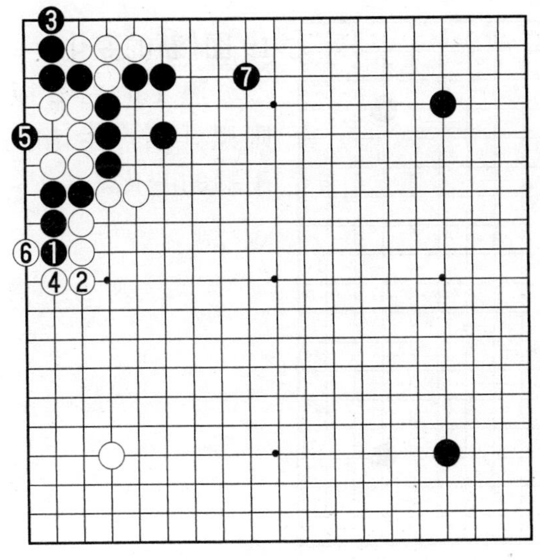

17 图（两分）

黑 1 爬也有多种变化的研究。白 2 长黑 3 先手至黑 7 两分。

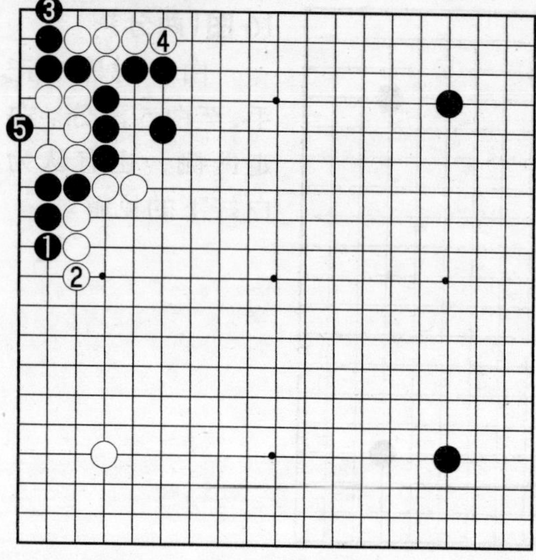

18图（白无理）

黑3时白4，黑5可吃白棋。

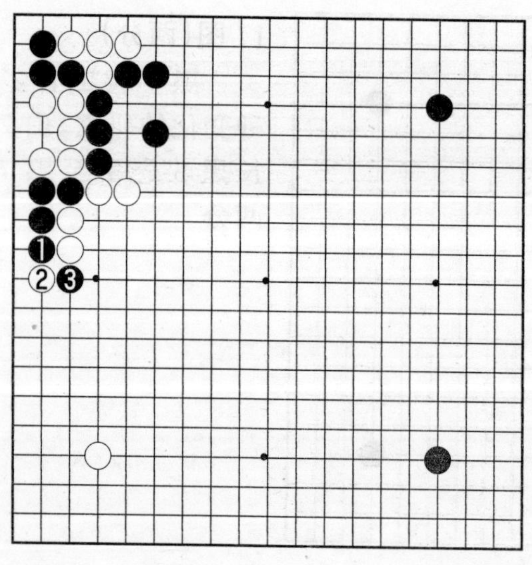

19图（新的变化）

黑1时白2扳则黑3断产生诸多手顺的变化。

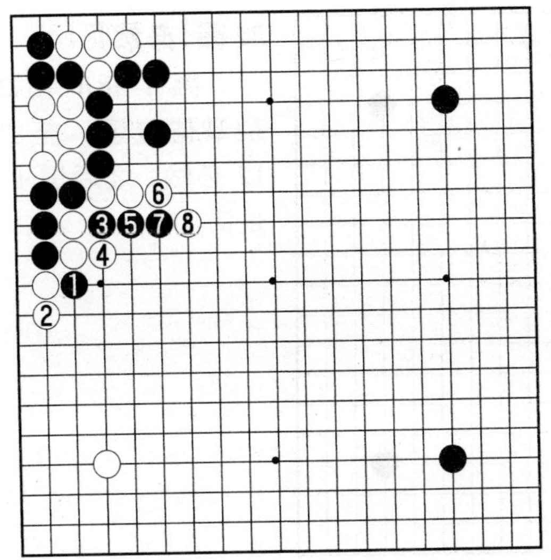

20 图（白不利）

黑 1 时，白 2 不利。黑 3 断时白 8 是最强的反抗——

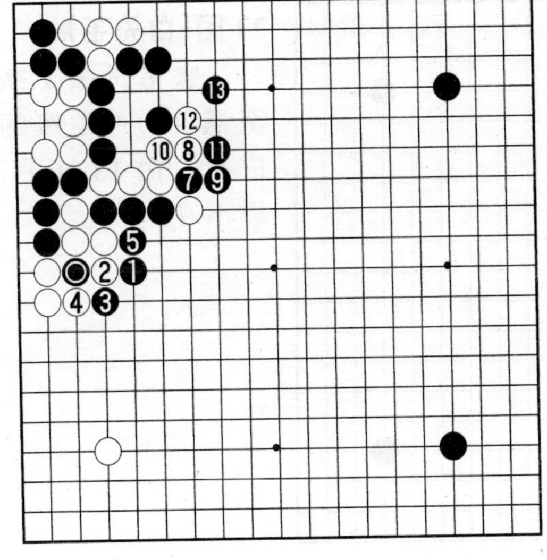

21 图（黑成势力）

黑 1 以下至 13 中央被封黑有利。

⑥ = ◉

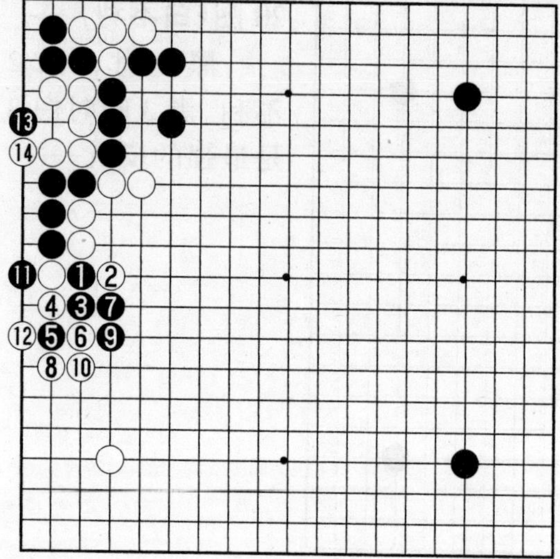

22 图（必然）

黑 1 断时白 2 是最佳应手，至白 12 必然，之后黑 13 是活用。

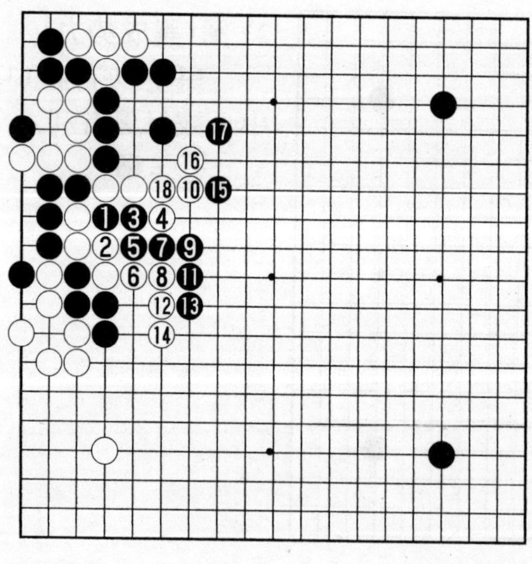

23 图（白先手）

这里，黑 1 断至黑 17 是必然的进行，白 18 好手，黑不好。

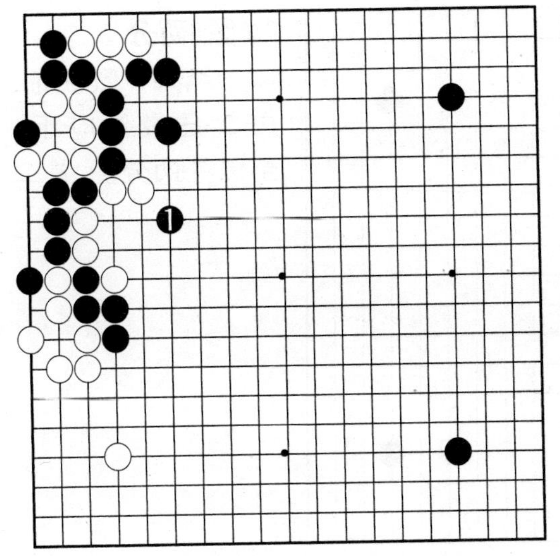

24 图（好感觉）

这里黑 1 是好手。

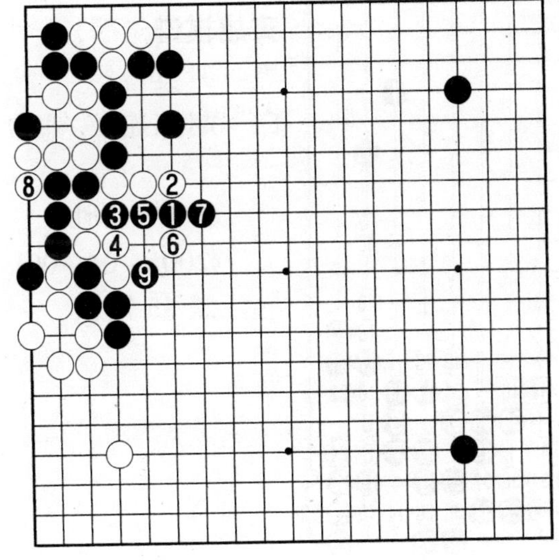

25 图（白无理）

黑 1 时白 2 无理，至黑 9 白不行。

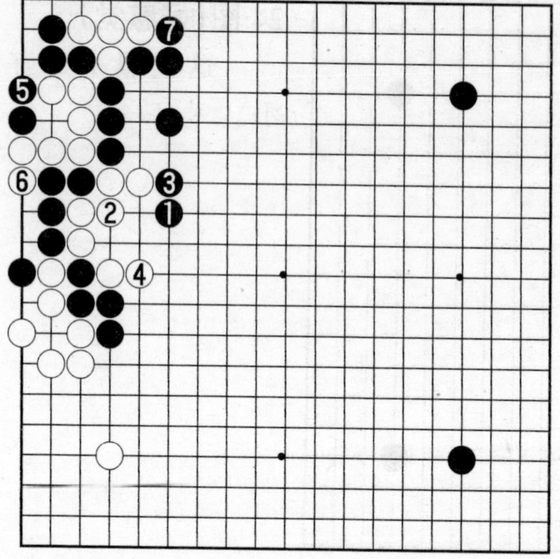

26图(两分)

结果，黑1时，白2是最佳应手，至黑7两分。

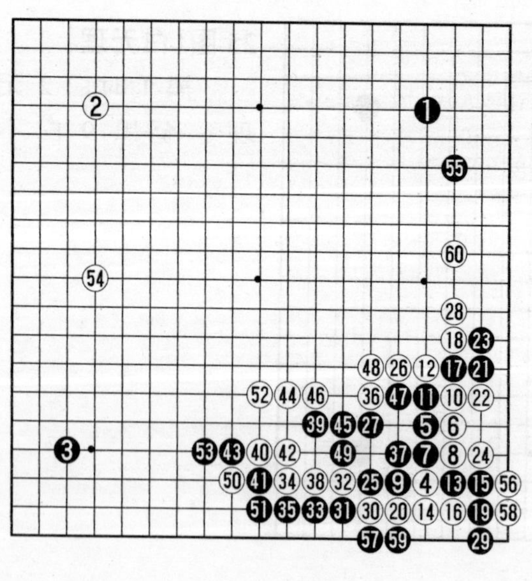

实战棋谱

黑　尹英善

白　赵惠连

白1.5目胜。

(2005-04-09)

黑35错误。

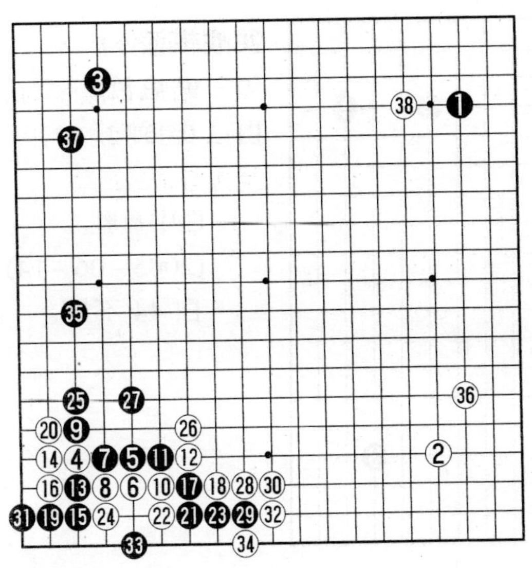

实战棋谱

黑　李昌镐

白　玉得真

黑中盘胜。

(2005－06－20)

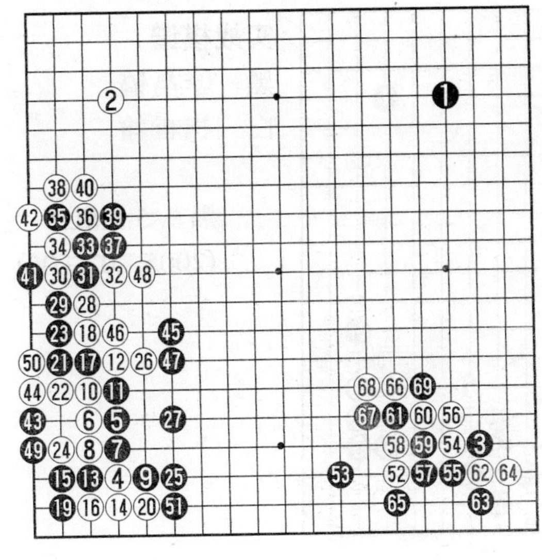

实战棋谱

黑　曹薰铉

白　元晟溱

白3.5目胜。

(2004－10－22)

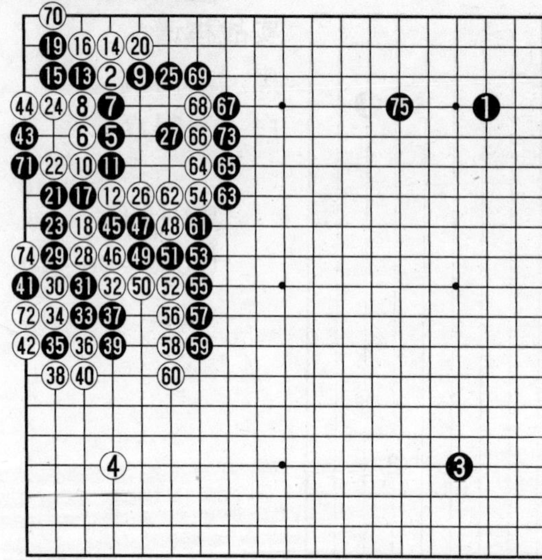

实战棋谱

黑　尹炫皙

白　崔哲瀚

白中盘胜。

(2005－06－14)

白 44 不好。

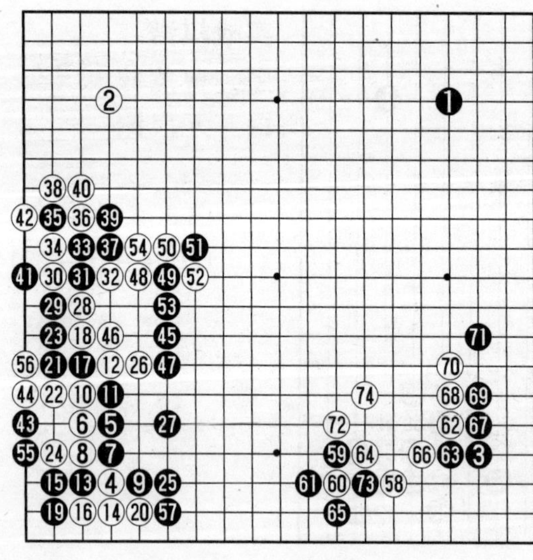

实战棋谱

黑　李昌镐

白　崔哲翰

黑 0. 5 目胜。

(2005－07－06)

新型 5　从大雪崩定式手顺中出现的意外的新手

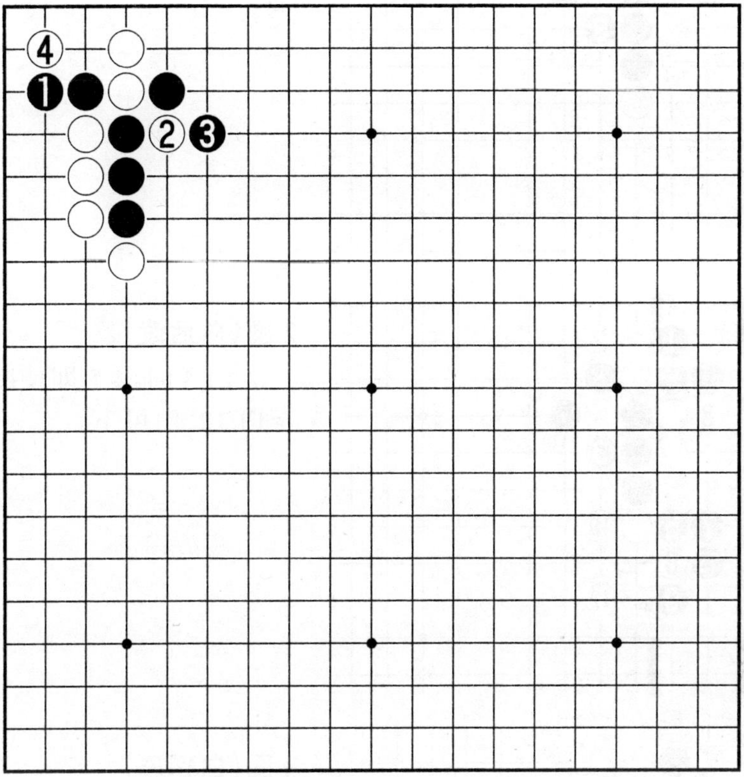

黑 1 时白 2、4 是新手，这里将研究产生的大型变化。能想出白 2 这个俗手般的着手令人惊讶。

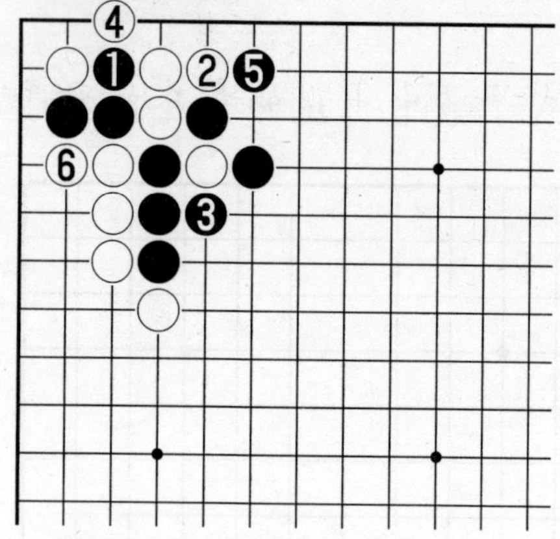

1图(白的圈套)

黑1是被骗,至白6黑不利。

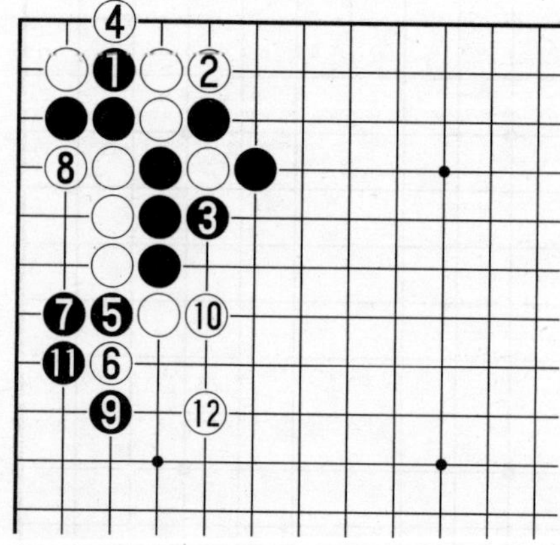

2图(白活泼)

白4时黑5即使断至白12,白可下。

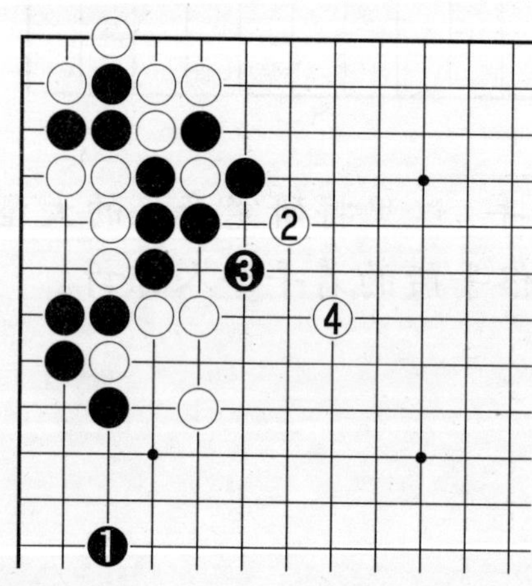

3图(白猛攻)

黑1应，白2、4的攻击锐利。

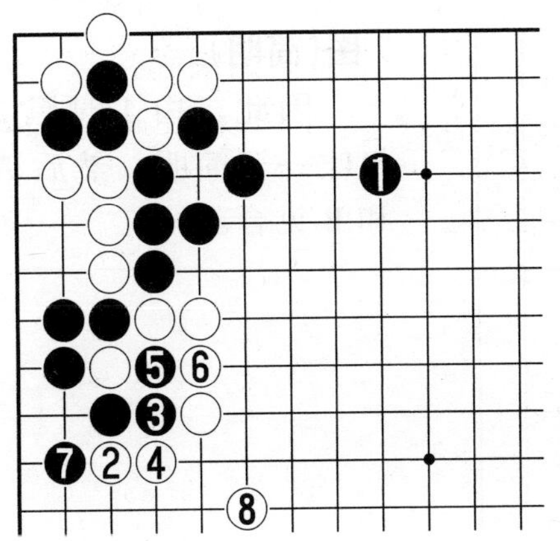

4 图(白活泼)

黑 1 应至白 8,白可下。

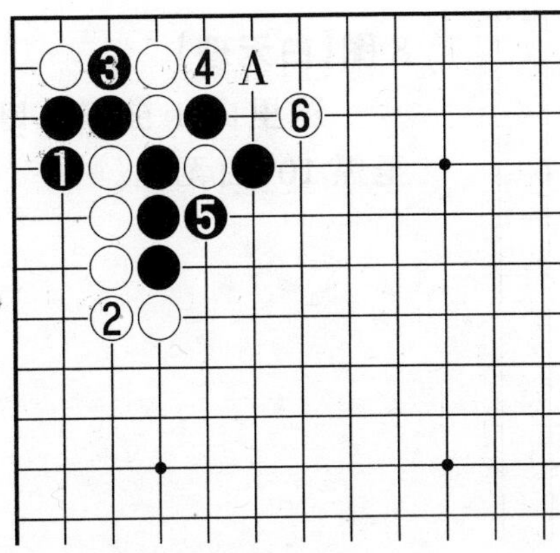

5 图(万劫不应)

黑 1 时白 2 连至白 6,之后黑 A 成劫,白棋万劫不应。

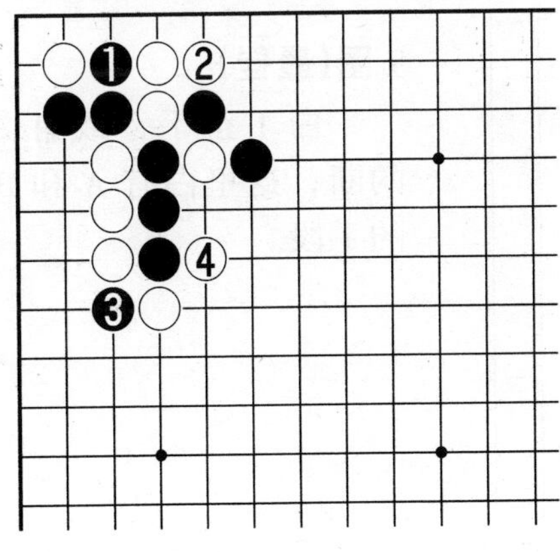

6 图(黑失败)

对于黑 1、3,白 4 包打,黑失败。

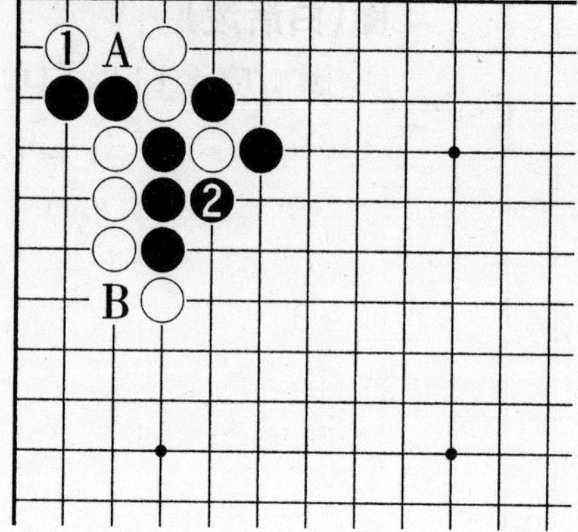

7 图(简明)

因此，白 1 时黑 2 打吃一子简明。然后 A 和 B 见合。

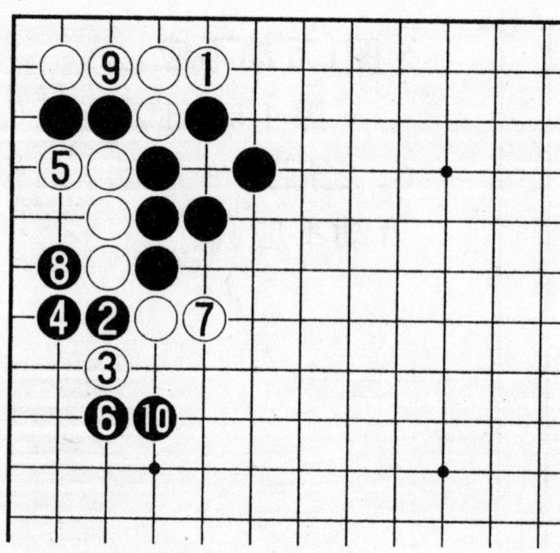

8 图(白无理)

这里白 1 被黑 2 断至黑 10,白无理。

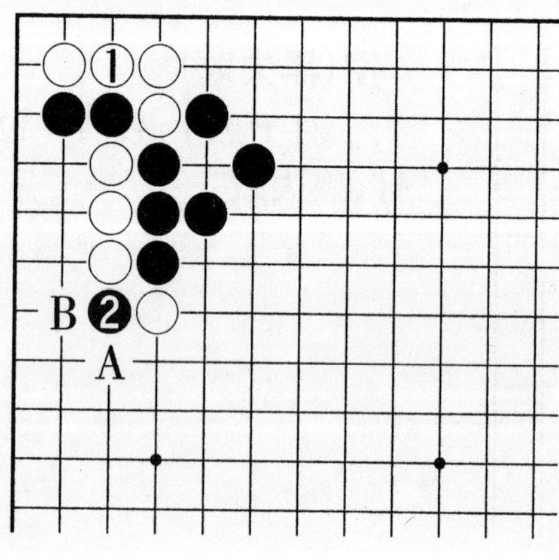

9 图(最佳)

白 1 正手，或有 2 的断，这里白有 A 和 B 的手段。

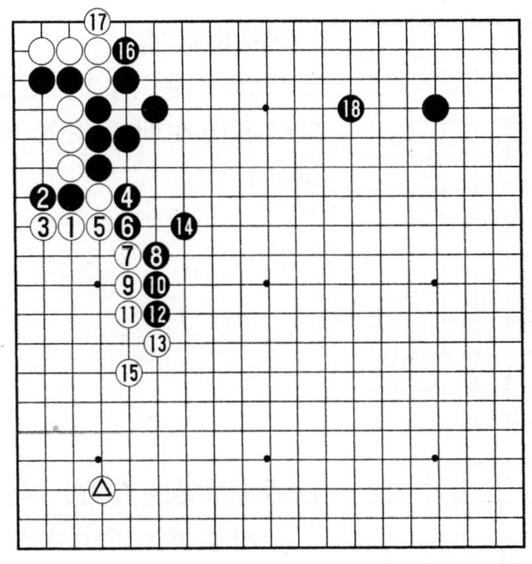

10 图（双方都有负担）

白 1 的叫吃至白 3 止。然后黑 4、6 的压双方整形，互相有负担。这个模样左下的布置（◎的位置）很重要。

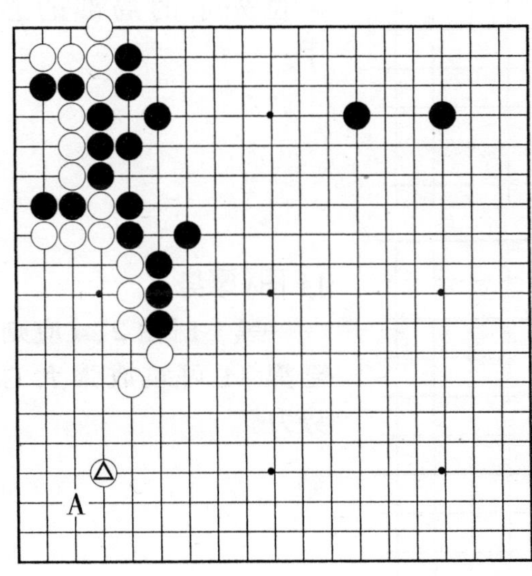

11 图（白不利）

白◎如在星位，黑有三三（A 位）的侵入，白不利。

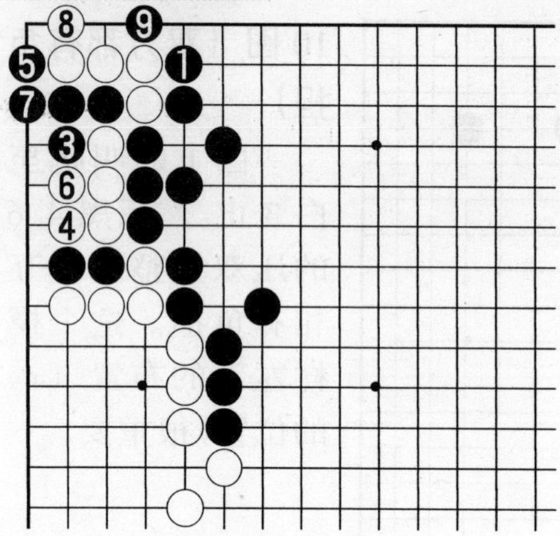

12图（白被擒）

黑1时，白2脱先，3以下白在对杀中气不够。

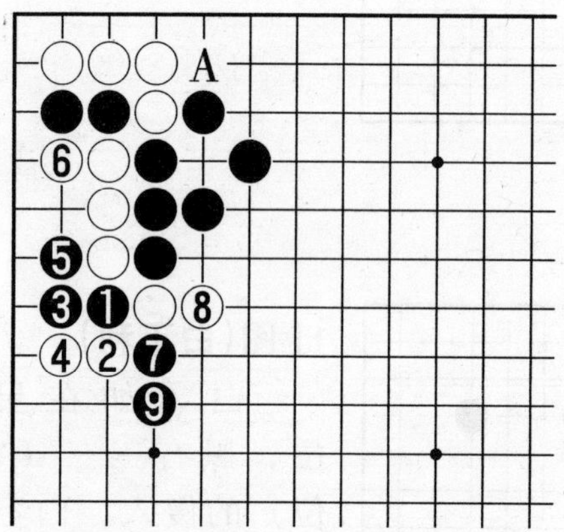

13图（确实的方法）

对于黑1，白4时黑5先交换后黑7、9是确实的下法。黑5是失去A位先手的局部的恶手。

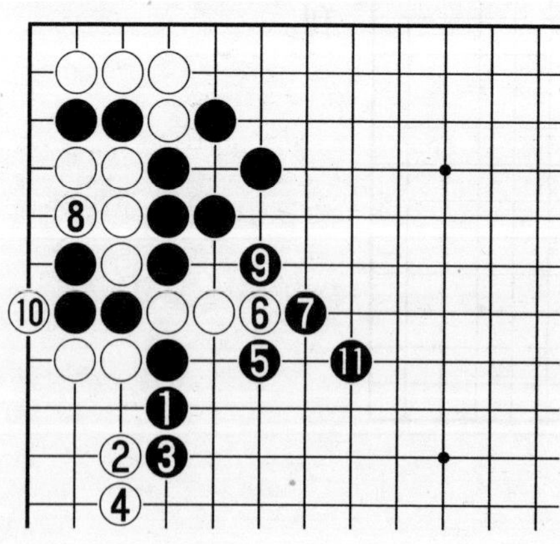

14图（厚势）

黑1时白2、4应则至黑11可筑成强大的势力。

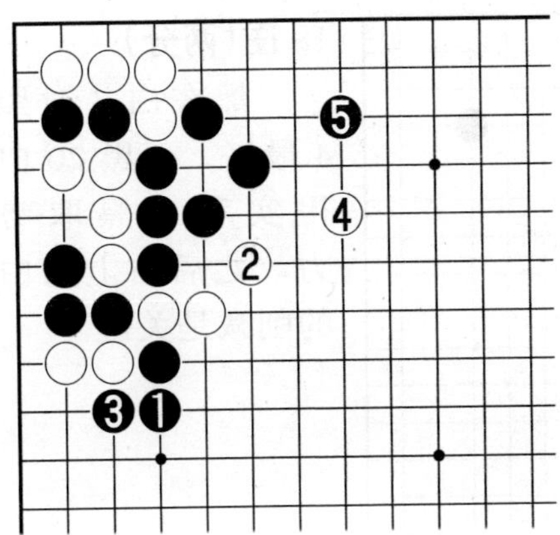

15 图(白无理)

黑 1 时白 2 反击无理，至黑 5 之后无法再攻。

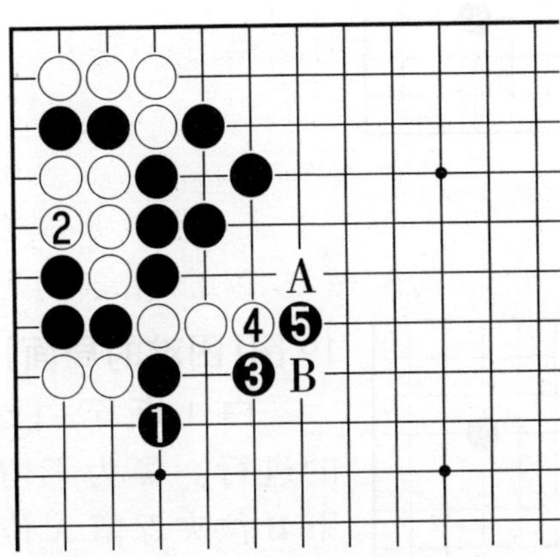

16 图(白的最好应对)

黑 1 时白 2 是最好的应对，黑 3，白 4，黑 5 后有 A 或 B 断的变化。

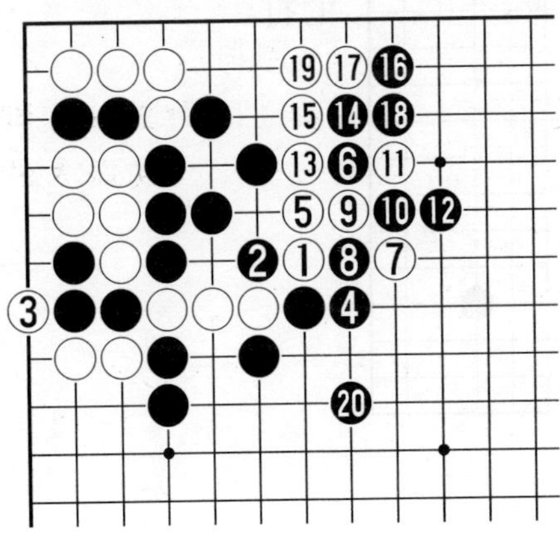

17 图(黑不利)

白 1 时黑 2、4 是平凡的手段，至黑 20 黑的模样弱点很多，不好。

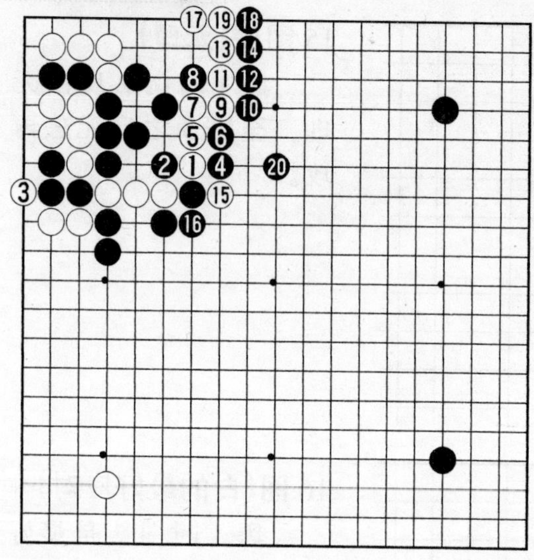

18 图（两分）

黑在白 3 时黑 4 最好，至黑 20 白得实利，黑取势力。之后右上角白的削减是关键。

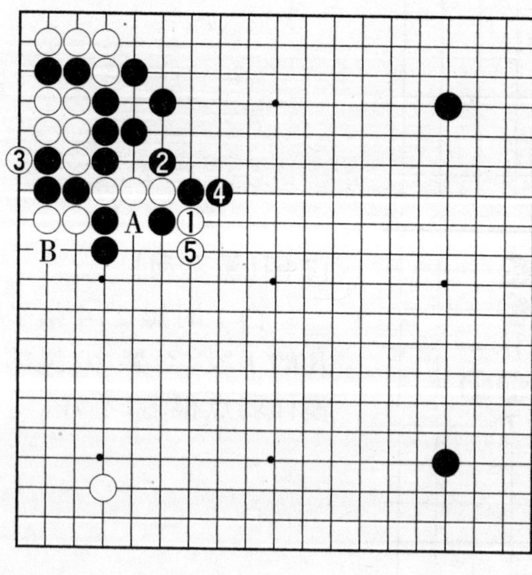

19 图（困难的局面）

白 1 断至白 5 的进行。黑为了留下 B 位夹保留 A 位的打。

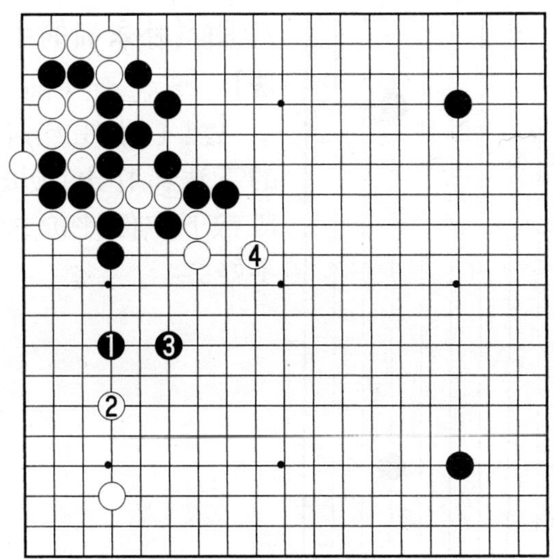

20 图（黑的应对 1）

这里，黑 1、3 直接行动至白 4 形成中腹战。

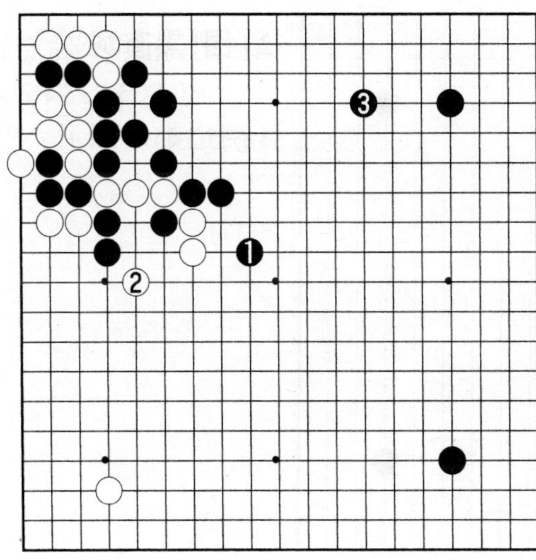

21 图（黑的应对 2）

黑也有于 1 位弃掉三子的下法。至黑 3 黑的势力很强大。

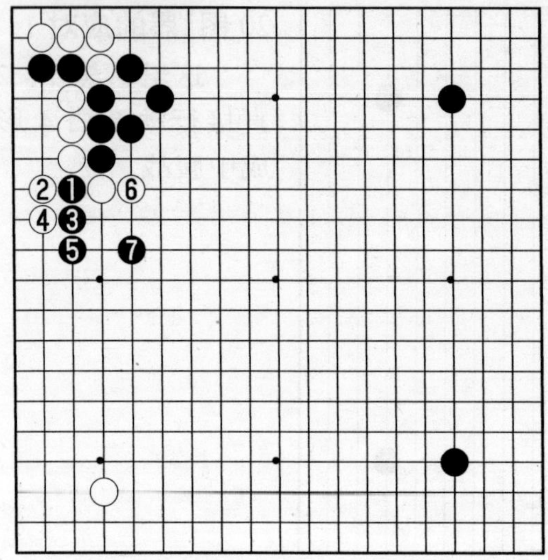

22 图（朴永训的手法）

黑 1 时白 2、4 的下法，朴永训九段常下，但评价并不好。

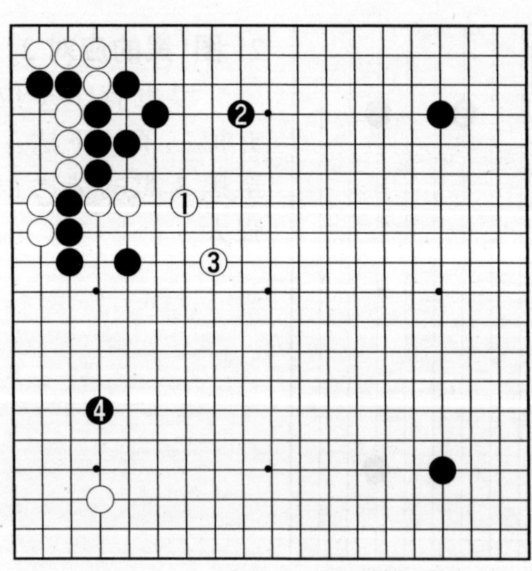

23 图（黑有利）

白 1、3 时黑 2、4 两边都走到了。

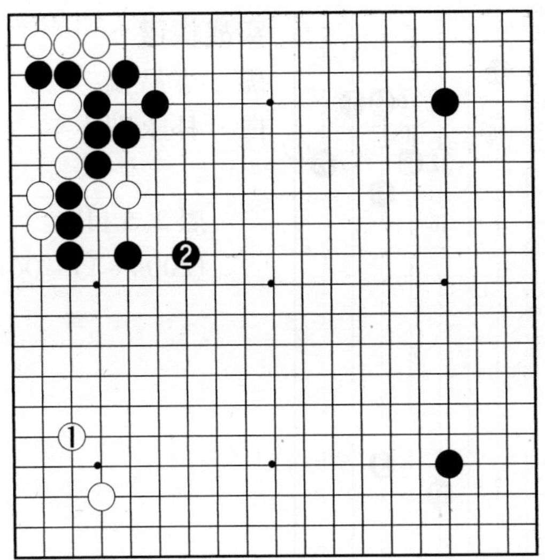

24 图(黑有利)

白 1 守，黑 2 即可,黑厚。

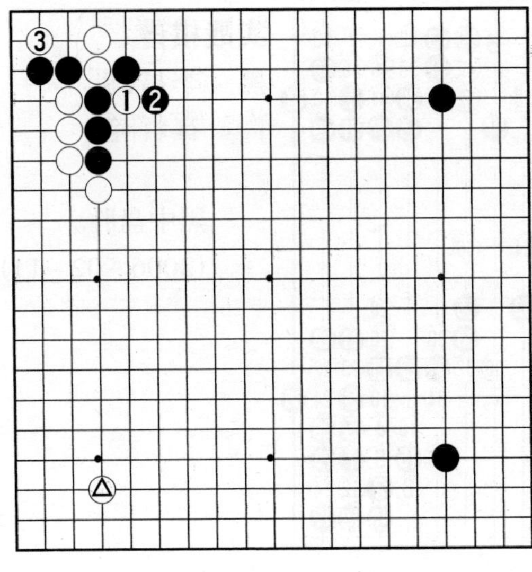

25 图(结论)

白 1、3 在周边布子有利时（白◬）时常下，但大凡认为相比之下黑更好些。

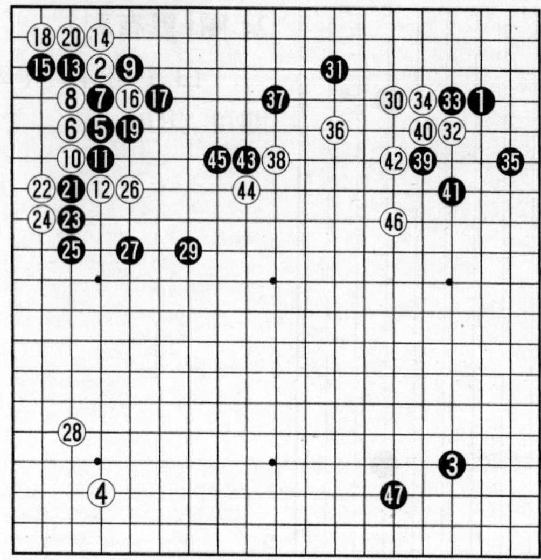

实战棋谱

黑　李昌镐

白　朴永训

黑2.5目胜。

(2004-11-06)

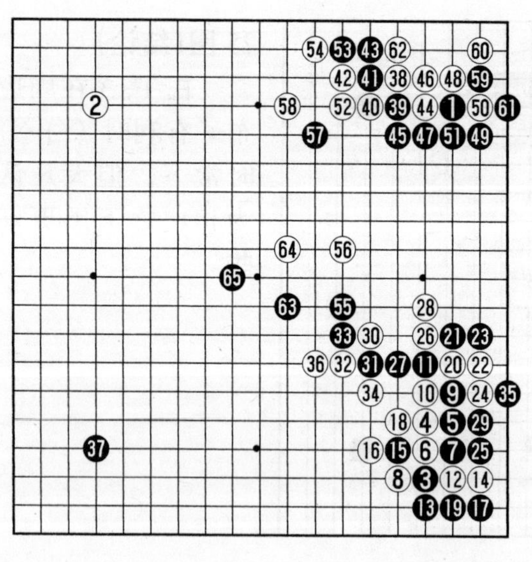

实战棋谱

黑　李昌镐

白　崔哲瀚

黑中盘胜。

(2006-02-11)

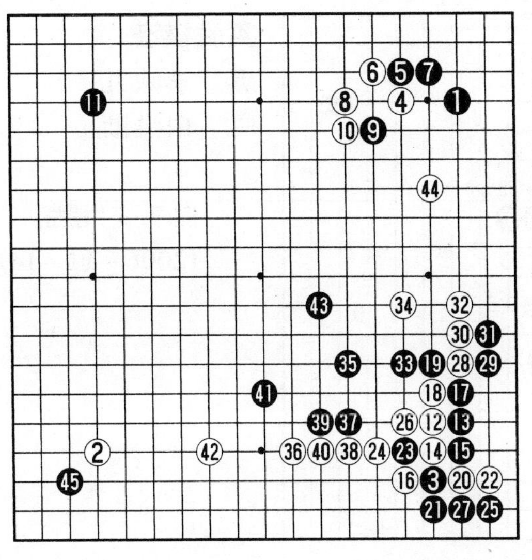

实战棋谱

黑　朴永训

白　Yamasiro Hirosi

黑中盘胜。

(2006－04－08)

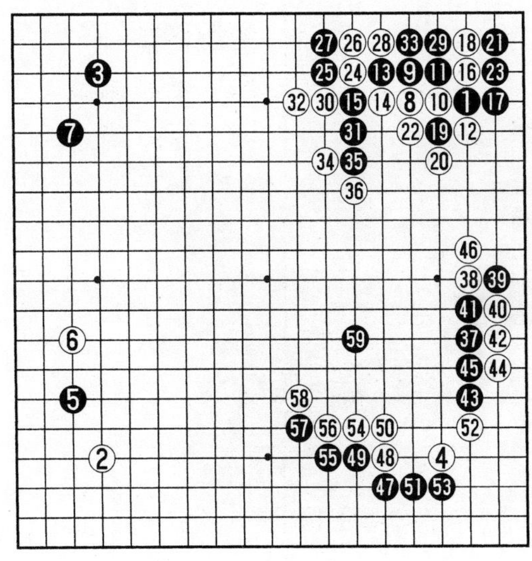

实战棋谱

黑　金承俊

白　温昭珍

白中盘胜。

(2006－05－04)

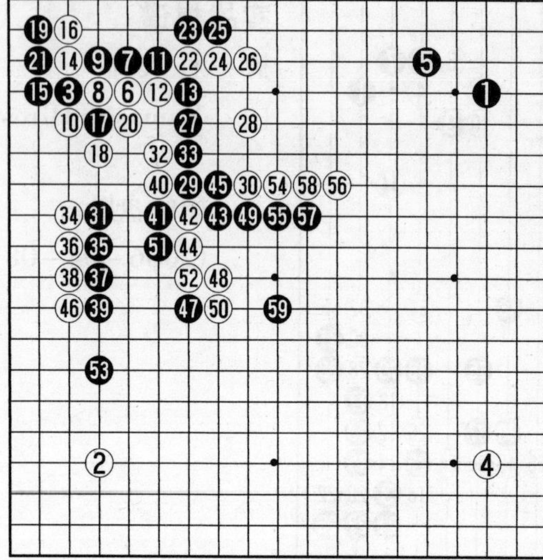

实战棋谱

黑　李映九

白　白洪淅

白7.5目胜。

(2006－11－14)

新型6　星定式还在进化

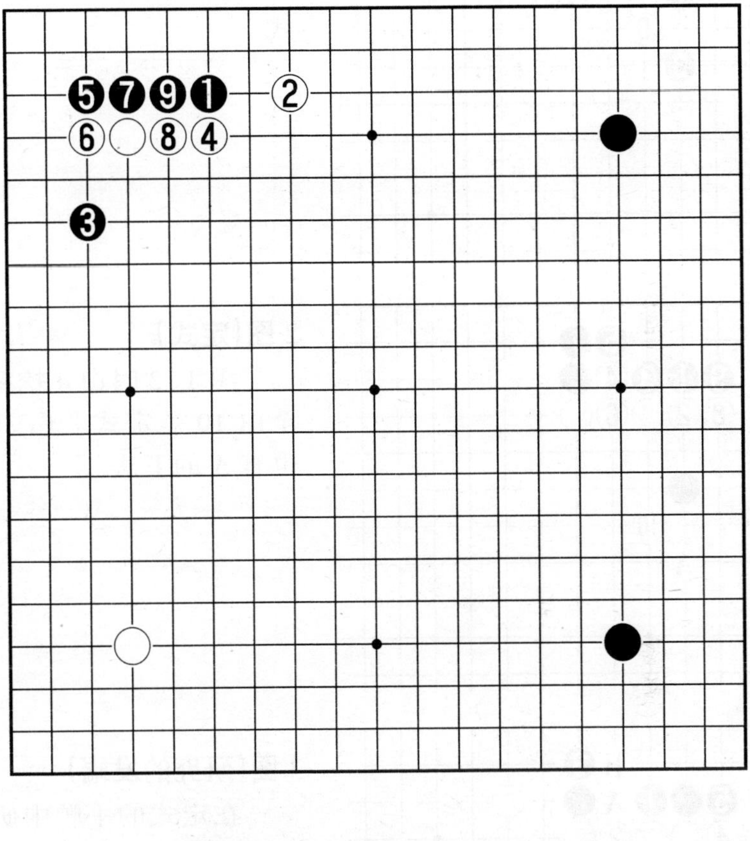

黑1、3的变化中至黑7是平凡的进行。从白8和黑9产生新的变化。

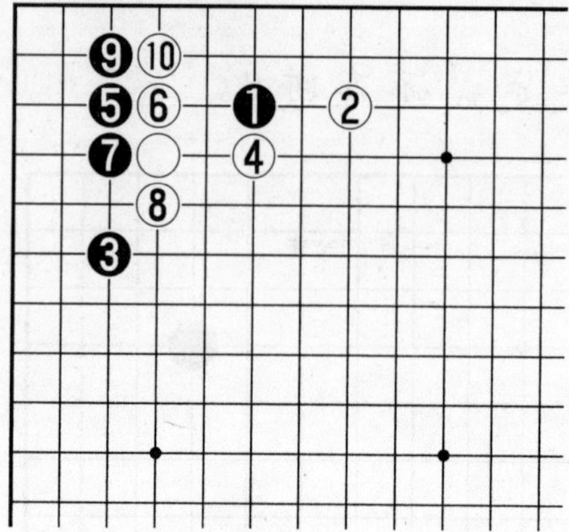

1 图（定式）

黑 5 的三三侵入，白 6 挡后至白 10 是定式。

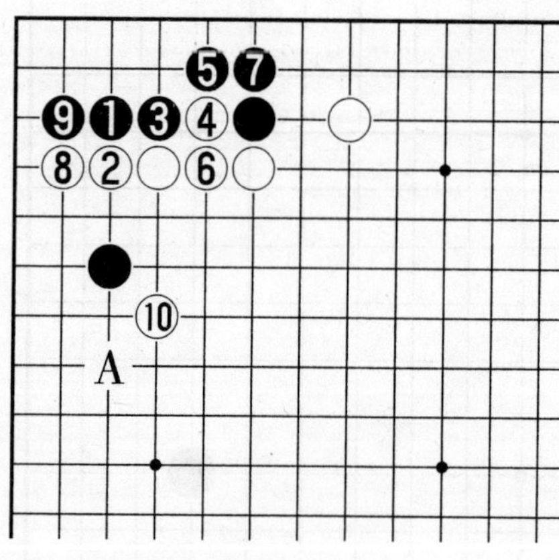

2 图（定式）

黑 1、3 时白 4 挖粘至白 10 是定式。白 10 也有 A 的下法。

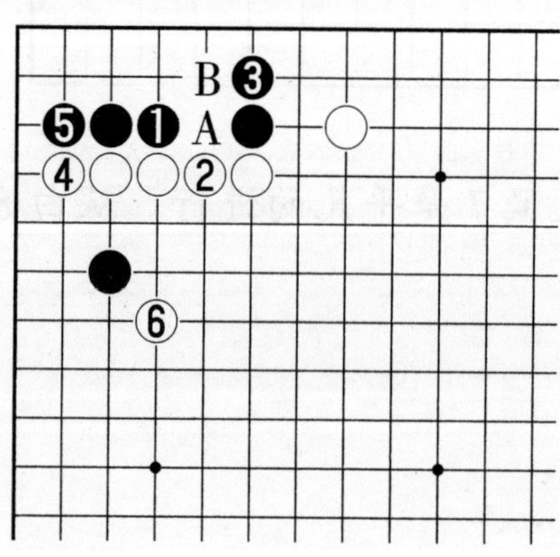

3 图（研究的发端）

在定式的手顺中研究了黑 1 时白 2 单接的手法。黑如 3 位至白 6 时白未在 A 位和黑 B 交换是白的便宜。

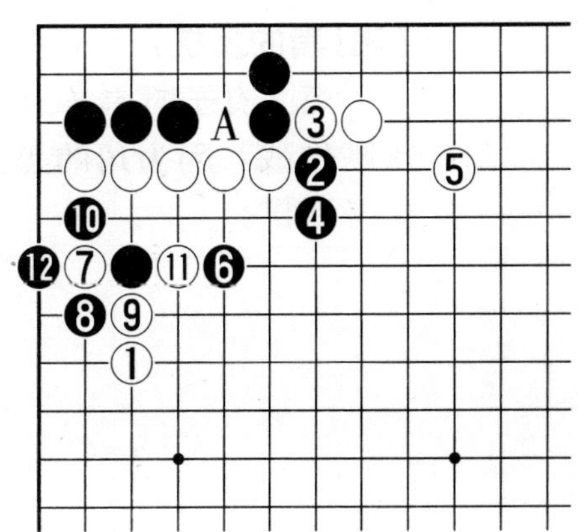

4 图(白得利)

白在 A 位有无交换对于职业棋手有很大的差别。例如，至黑 12，A 位的空白对于白棋不但有余地，还是很好的劫材。

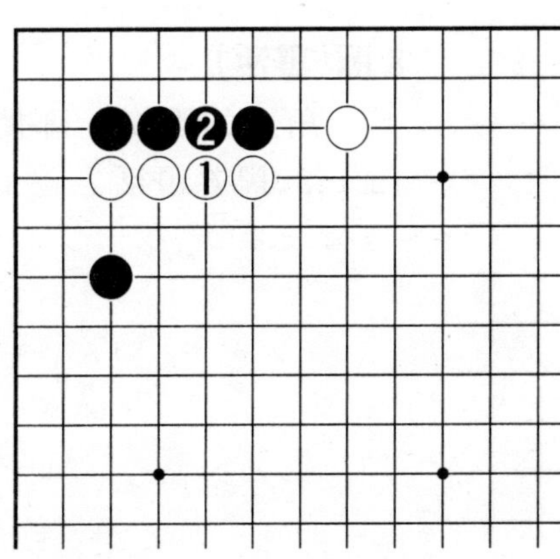

5 图(黑的应对)

总之，白 1 时黑 2 的接是职业棋手的心理。

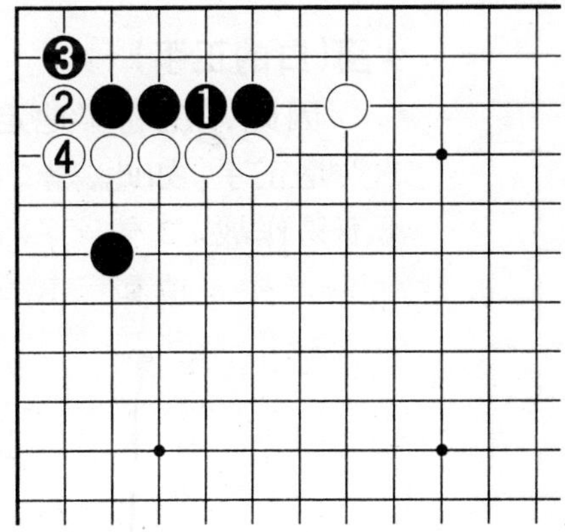

6 图(白错误)

黑 1 时白 2、4 是事关黑的死活的错误的手顺。

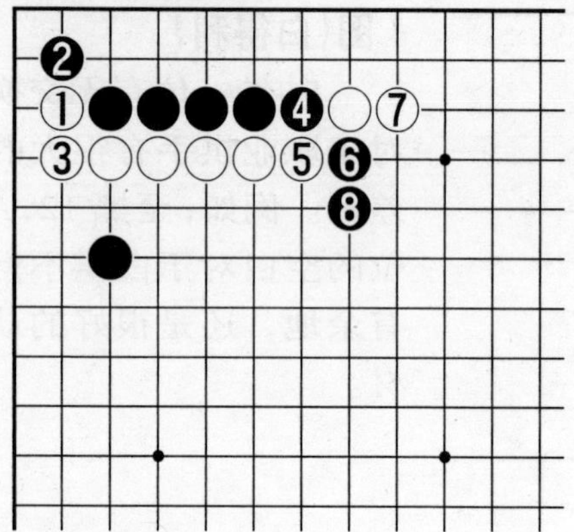

7图(黑的反抗)

黑2有子时黑4、6可断作战。因为角的黑棋是活棋。

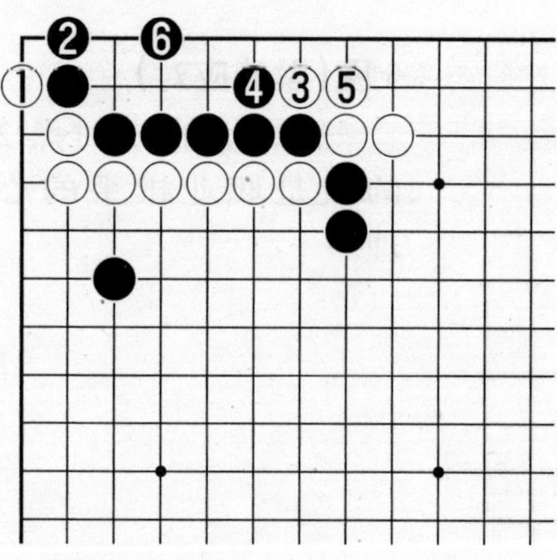

8图(黑活)

角上的黑棋，即使白1、3,黑6可活。

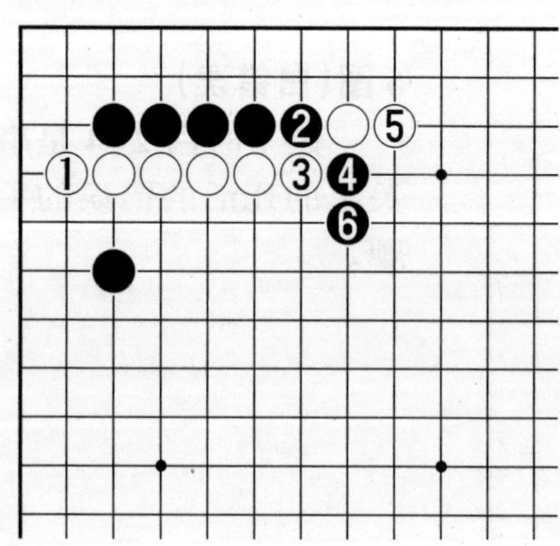

9图(白的正手)

因此，白老实地走1立是正手。如此,黑2、4不易作战。

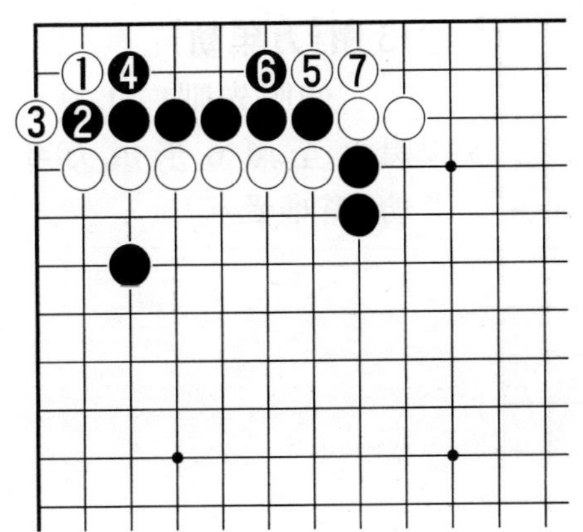

10 图（黑死）

理由是白 1 时黑角未活。

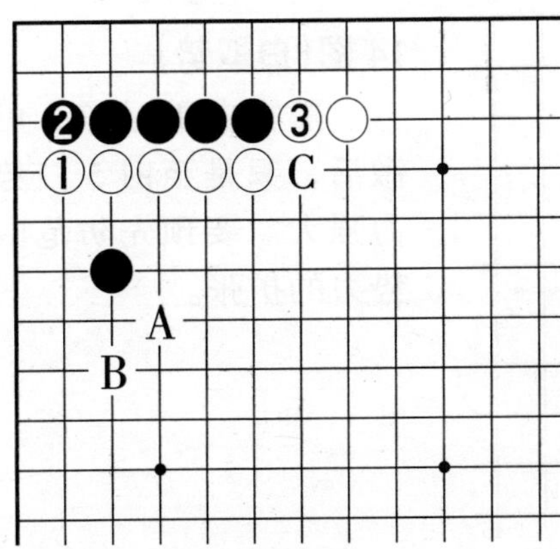

11 图（白厚实）

白 1 黑 2 时白 3 厚实，黑也是先手。白 3 可针对黑 C 的战斗，下在 A 或 B。

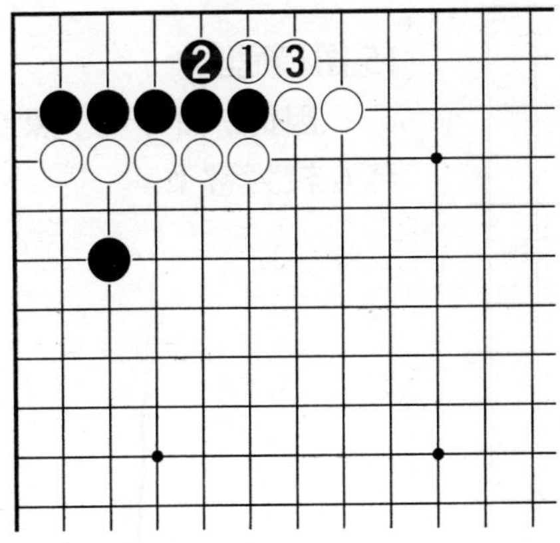

12 图（后续手段）

之后，白 1、3 虽不是绝对先手，黑也不易脱先。

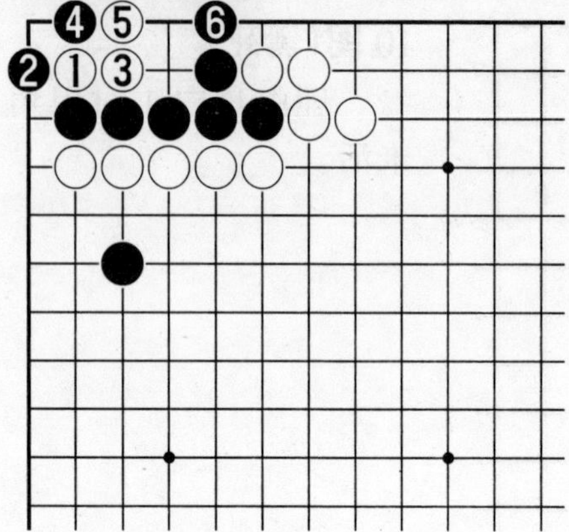

13 图（万年劫）

如脱先则白 1 靠。黑 2 至黑 6 形成万年劫，黑难受。

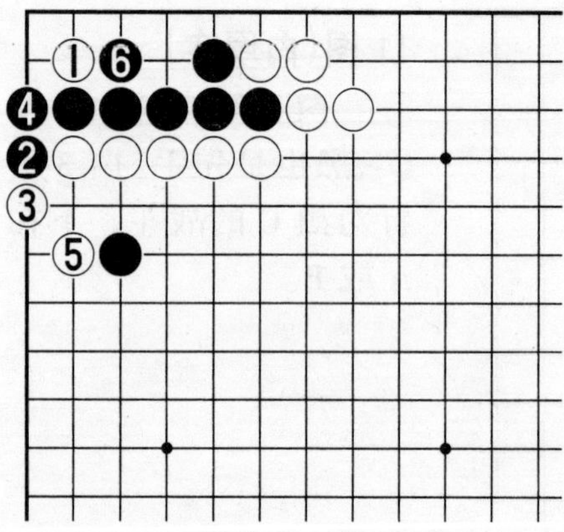

14 图（白取势）

黑在白 1 时黑 2 可做活，只是至白 5 白势力强大。要预先防范白势力的扩张。

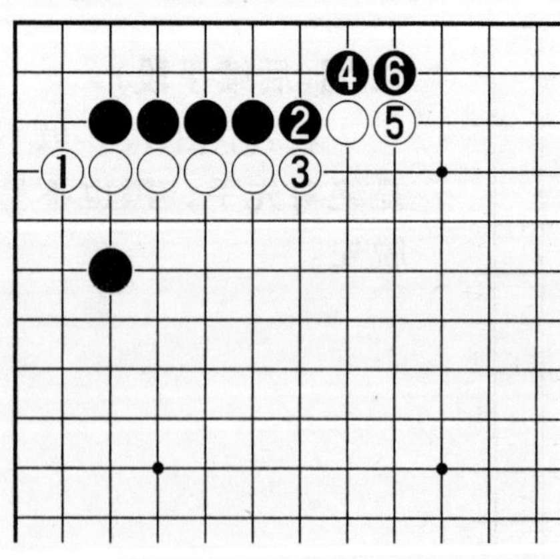

15 图（新型）

因此，白 1 时，黑 2 至 6 较为常下。

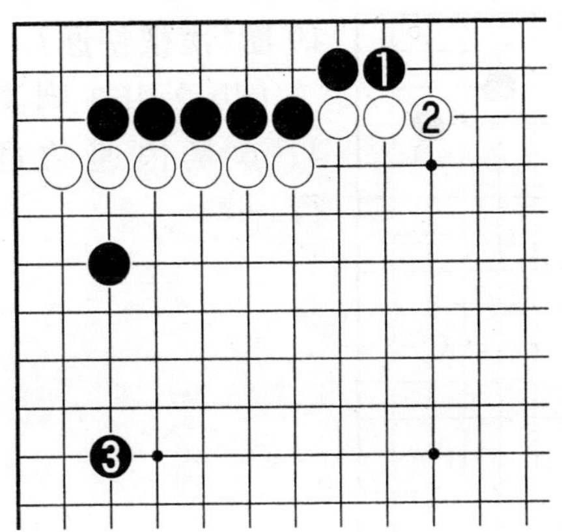

16 图(白的选择 1)

黑 1 白可下 2,之后黑 3 三间拆。

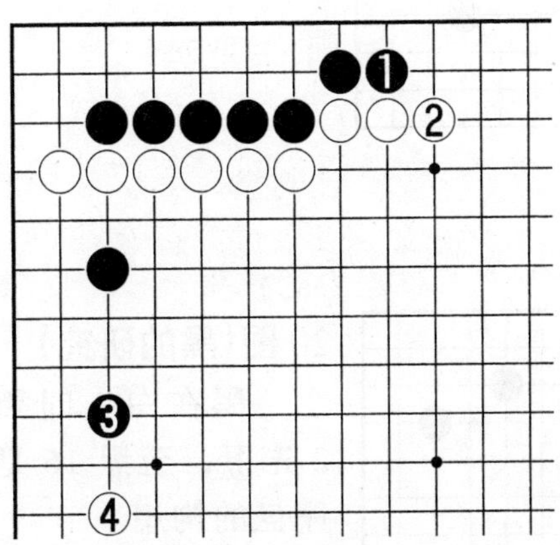

17 图(白攻击)

黑 3 二间拆时,白 4 可攻全体黑棋。

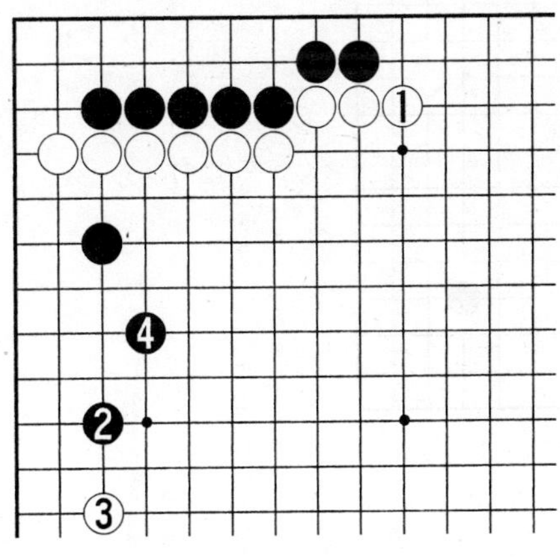

18 图(黑安定)

但是黑 2 时白棋的下一步攻击困难。白 3 则黑 4。

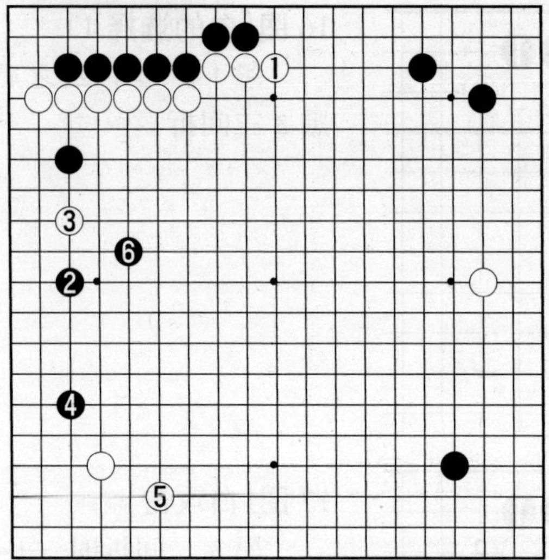

19图（黑棋快速）

黑2白3则黑4、6是快速的进行。

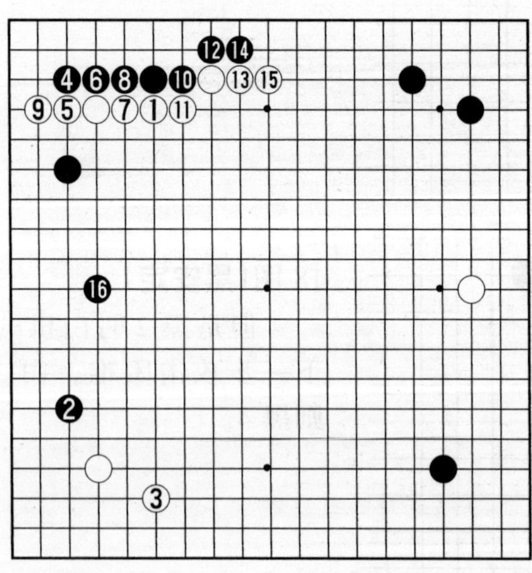

20图（黑的研究）

黑在白1时黑2先下，至黑16是序盘的构想。

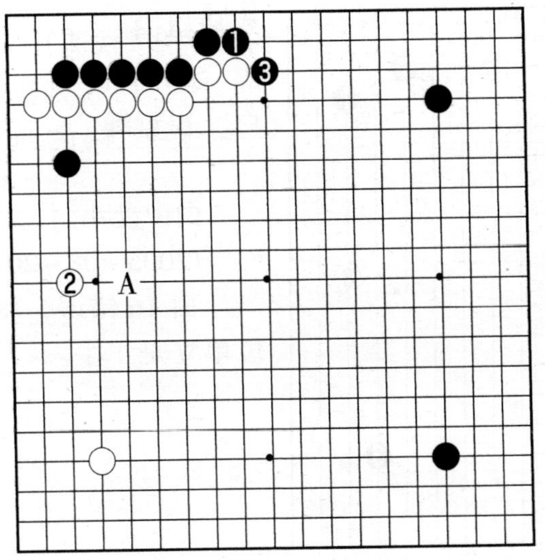

21 图(白的选择 2)

因此,白棋黑 1 时下白 2,把黑 3 留给对方下。之后,对于白的势力黑将削减,A 是要处。

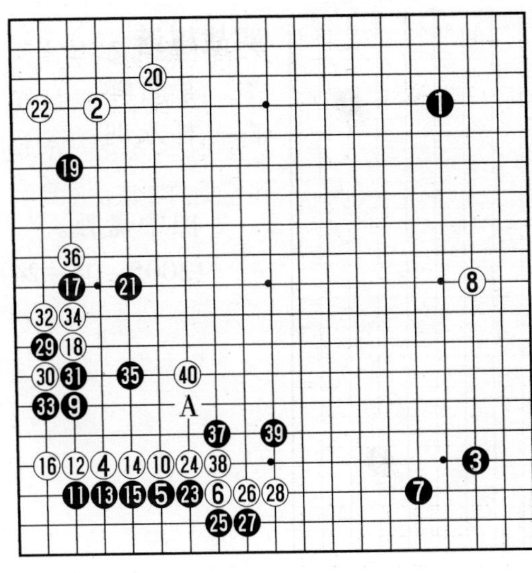

实战棋谱

黑　崔哲瀚

白　朴永训

白中盘胜。

(2005－08－11)

黑 39 无理，A 位好。

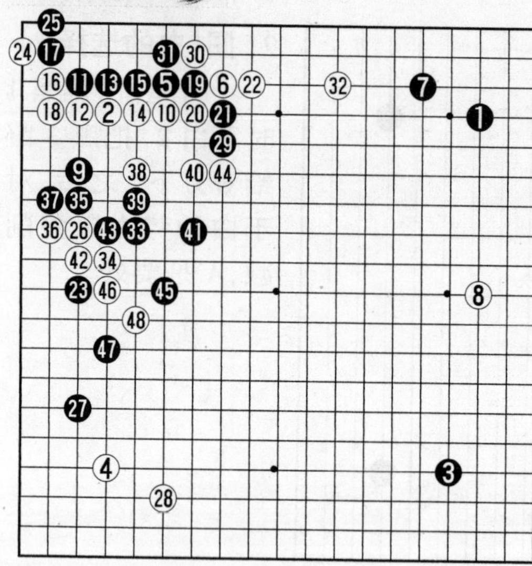

实战棋谱

黑　李世石

白　崔哲瀚

白中盘胜。

(2005－08－20)

白16错误，18位单立是正手。

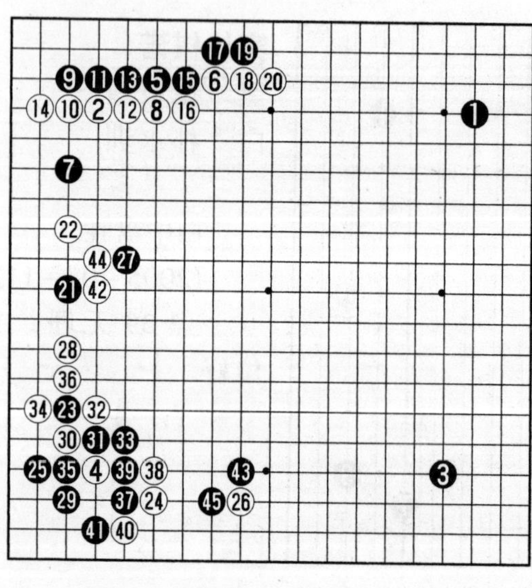

实战棋谱

黑　崔哲瀚

白　朴永训

黑中盘胜。

(2005－08－24)

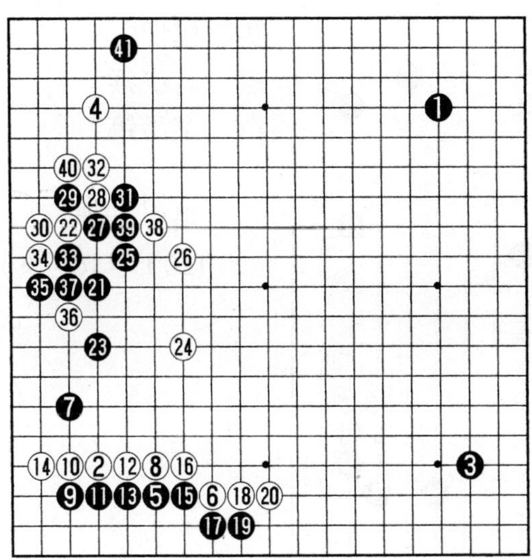

实战棋谱

黑　李昌镐

白　崔哲瀚

黑中盘胜。

(2005－09－08)

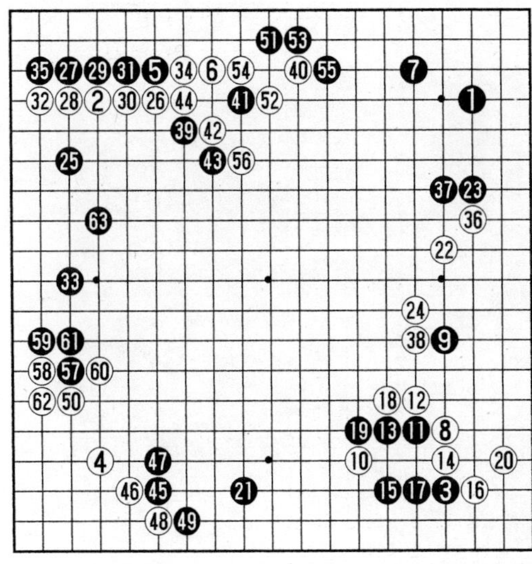

实战棋谱

黑　朴永训

白　李昌镐

黑 4. 5 目胜。

(2005－10－11)

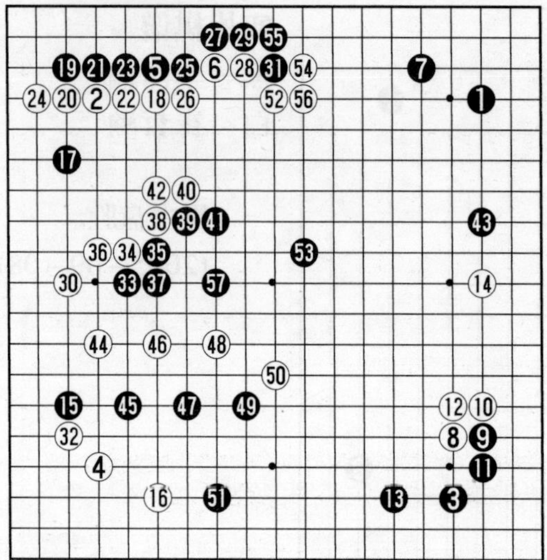

实战棋谱

黑　赵汉乘

白　李昌镐

黑中盘胜。

(2005－10－29)

新型 7　小目两间高夹攻的实利取向

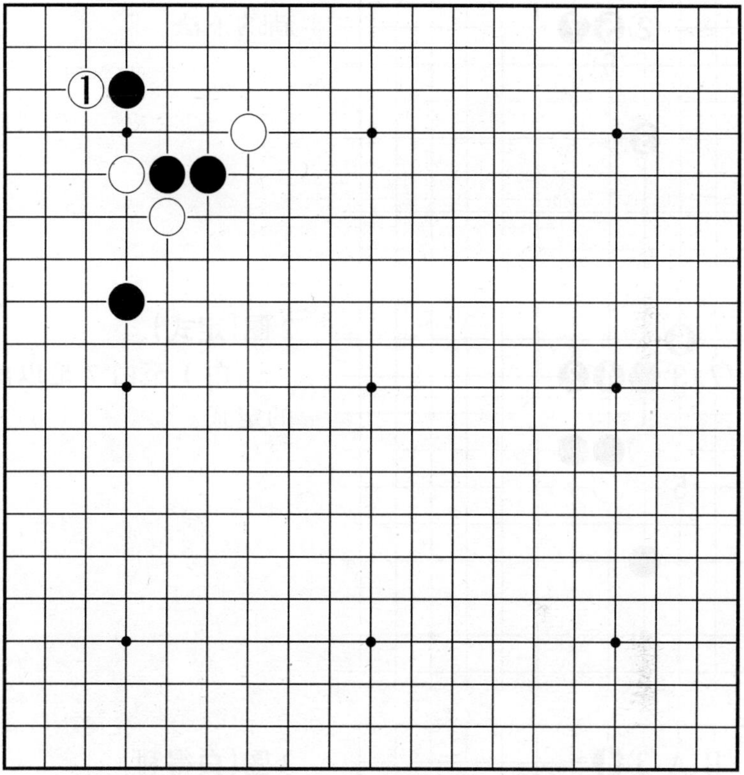

从新手白 1 产生了新的变化。这个变化形成白实利黑势力的局面。

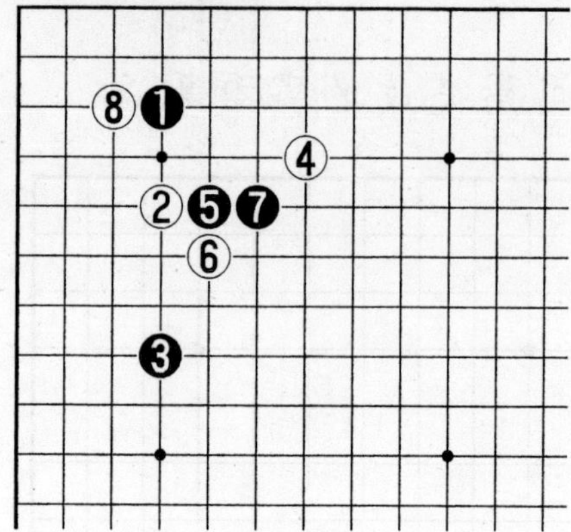

1 图(手顺)

至黑 7 是定式的手顺，白 8 是实利取向的新的下法。

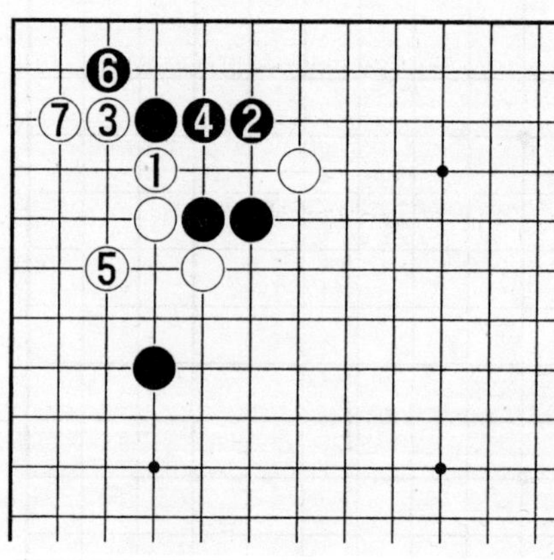

2 图(定式)

白 1 至白 7 是以前的定式。

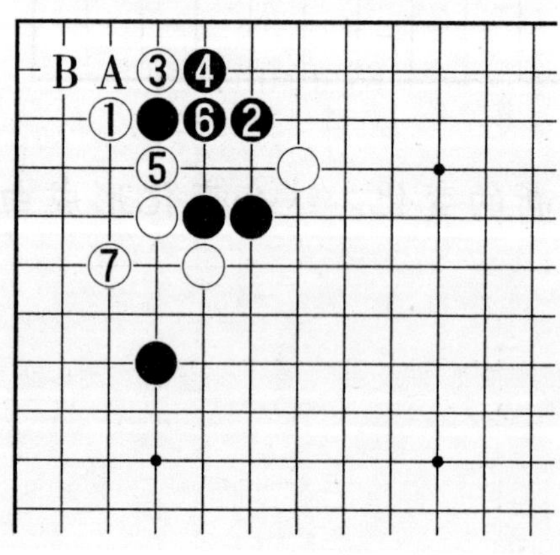

3 图(白得利)

白 1 时黑 2，至白 7 时与 2 图的定式相比白 3 与黑 4 的交换便宜，之后黑 A 可下白 B。

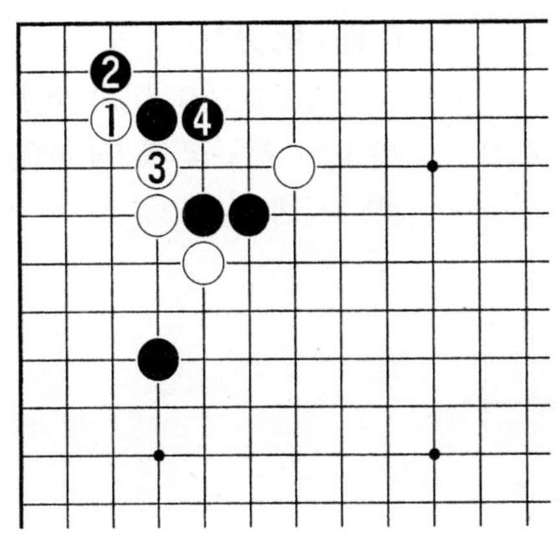

4 图（黑的应对）

白 1 时黑 2 至黑 4 形成下面 5 图的形状。

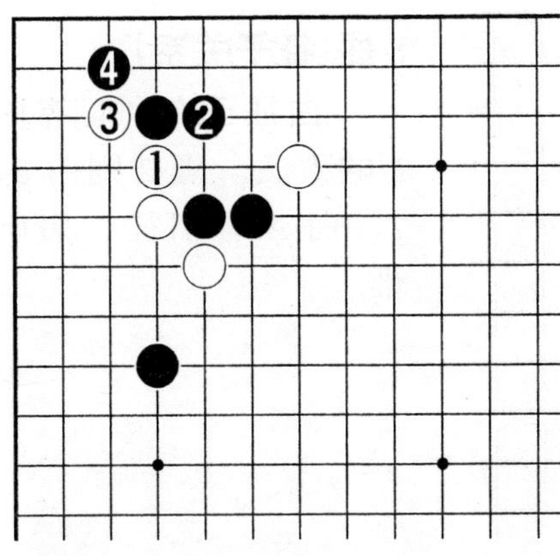

5 图（难解的变化）

白 1 黑 2 时产生复杂的变化，但黑棋不常下。

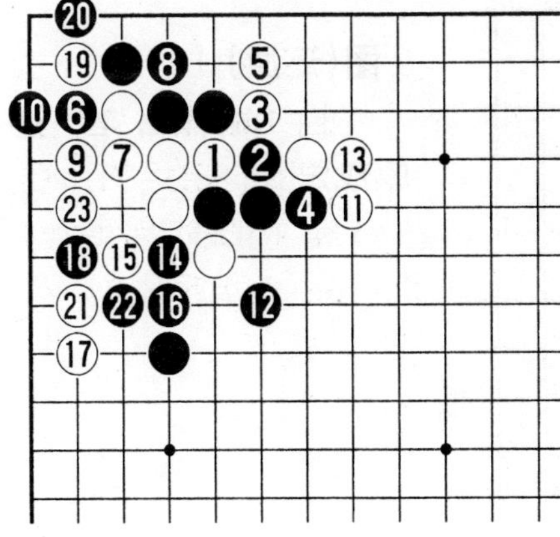

6 图（白稍微有利）

白 1、3 难解，至白 23 形成劫的变化，白稍微有利。

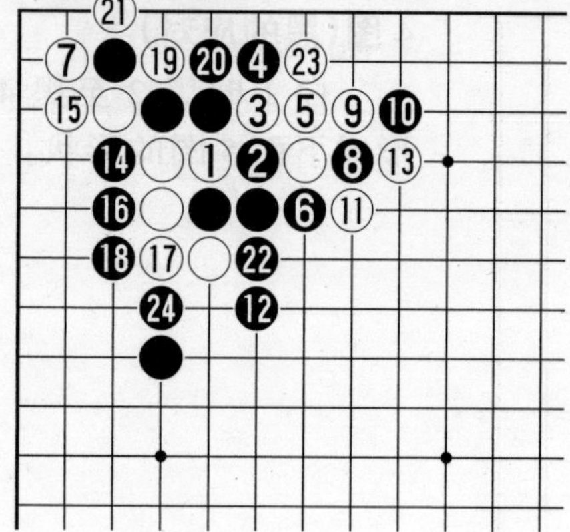

7 图（两分）

白 1、3 时黑 4、6 的变化也有，至黑 24 局部黑有利，但黑多下一手。

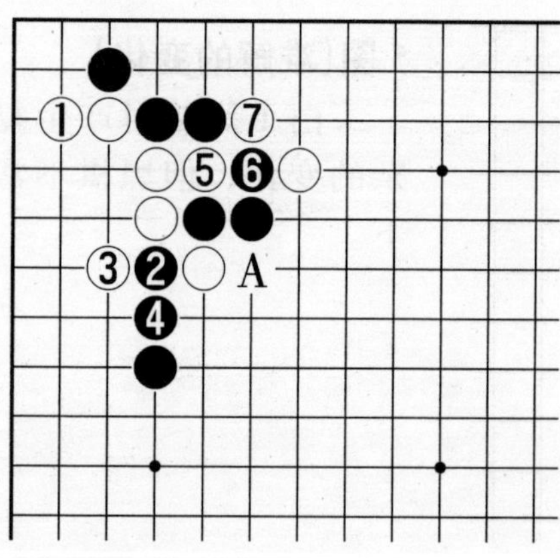

8 图（征子关系）

白征子有利时有白 1 的下法。黑 2 则白 5、7，白 A 有引征，黑困难。

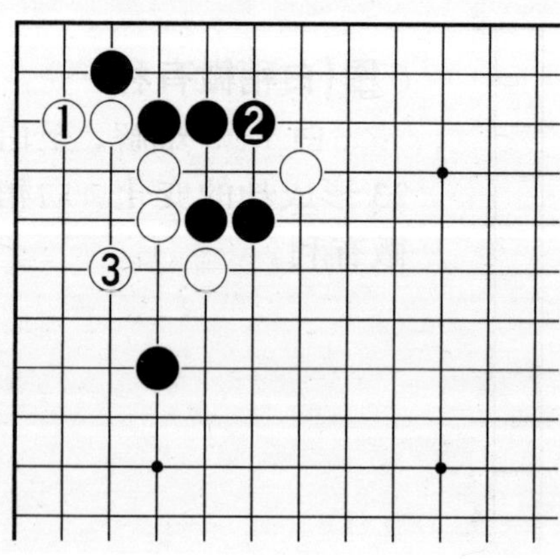

9 图（还原）

白 1 时黑 2 守，还原成定式。

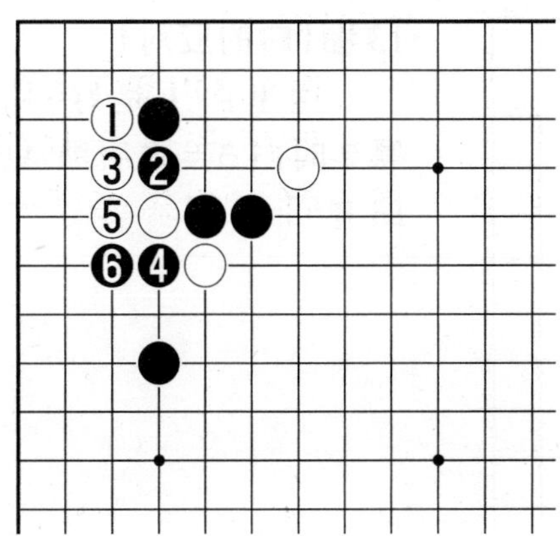

10 图（黑棋的研究）

白 1 时黑 2 不顾坏形，但如果征子有利可以强行下至黑 6。

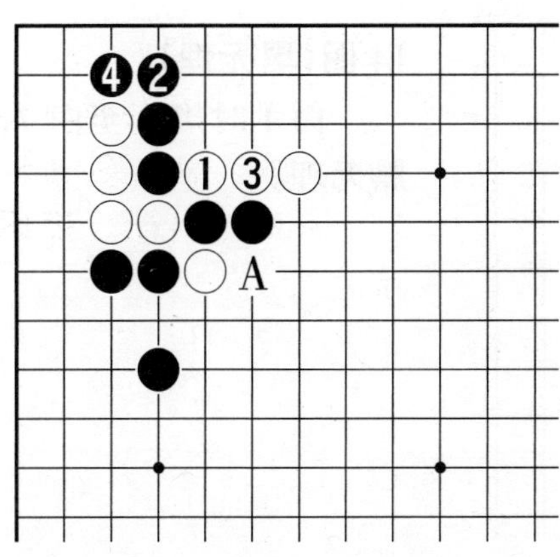

11 图（征子关系）

黑棋 A 征子有利，可黑 2、4 战斗。

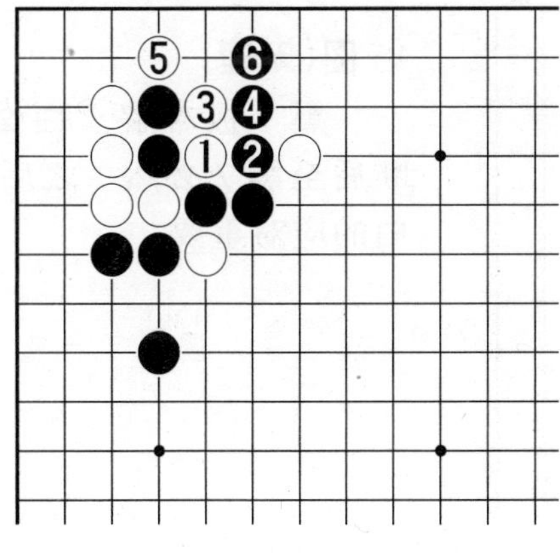

12 图（黑后手）

黑的征子不利时下黑 2 至 6。白取实利黑得厚势，黑多下一手。

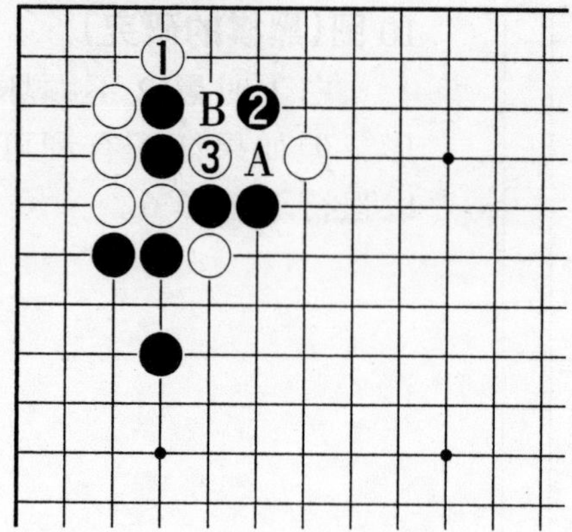

13 图（白的应对）

这里白 1 是好手，黑 2 时白 3。之后黑 A，白 B 同 12 图。

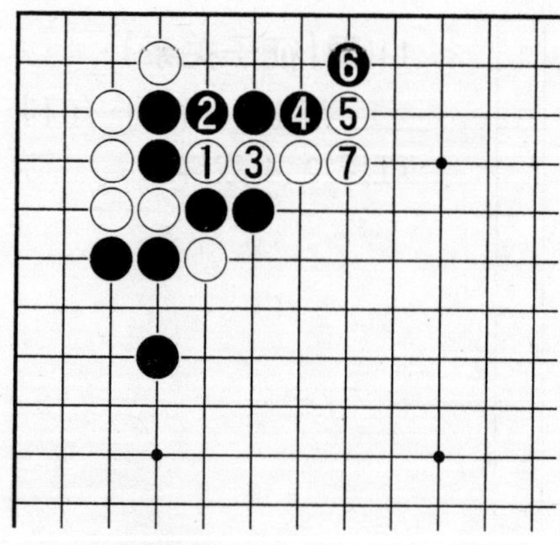

14 图（黑无理）

白 1 时黑 2 至白 7，黑无理。

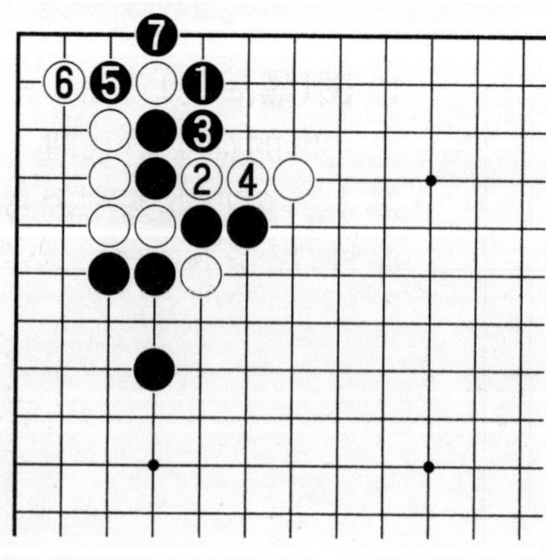

15 图（无理）

黑 1 扳难解。白 2 断后至黑 7 必然。之后白的应对重要。

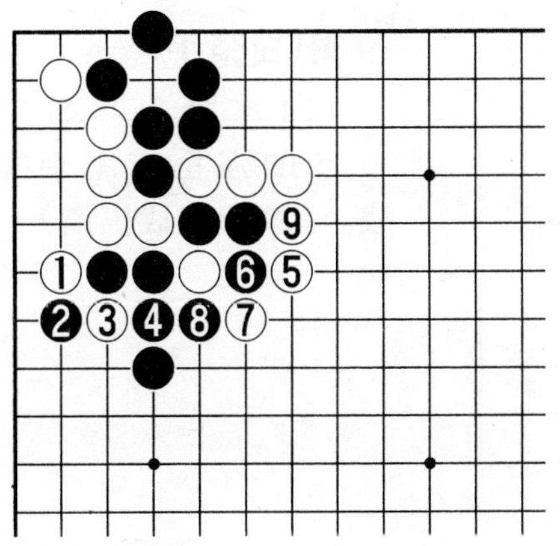

16 图（手顺的妙）

这里，白 1、3、5 是绝妙的手顺，先使黑形变坏。

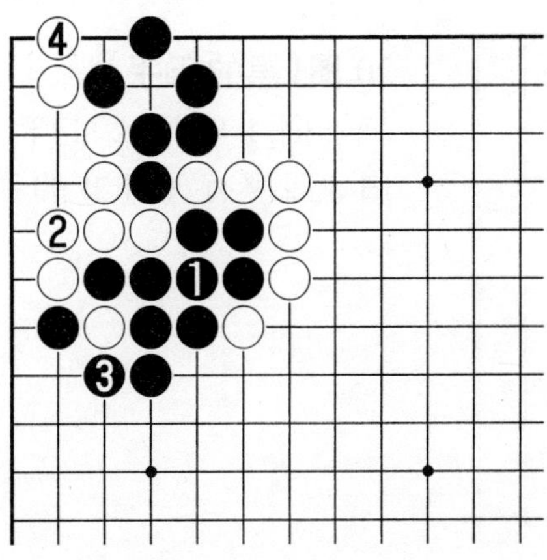

17 图（白有利）

之后，黑 1 时白 2、4 活，是白有利的结果。

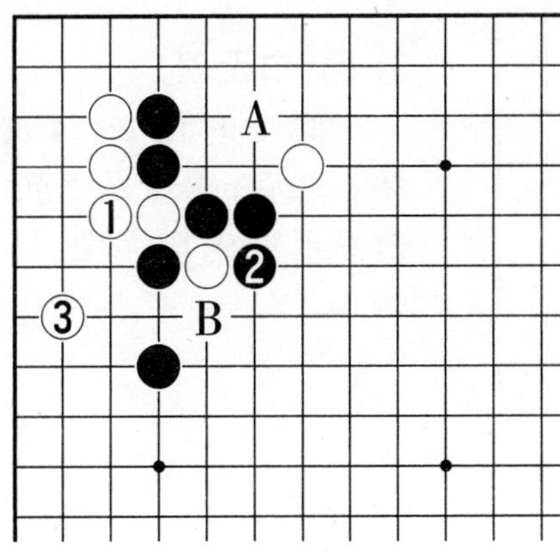

18 图（弱点）

白 1 时黑 2 可下白 3。黑形中有 A 的急所和 B 的动出等，黑较为松散。

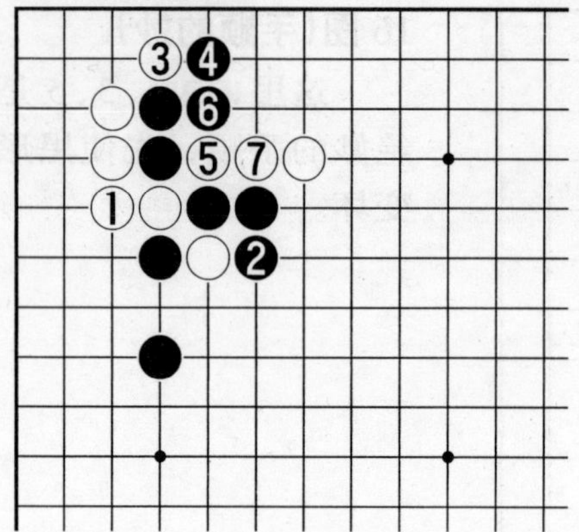

19 图(白强手)

白在黑 2 时有白 3、5 的强手应用于实战。(参考实战棋谱)

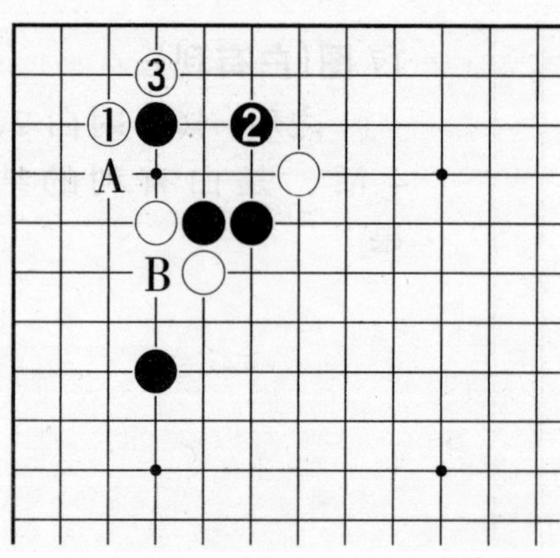

20 图(黑的正手)

白 1 时黑 2 正手,白 3 后黑有 A 和 B 的手段。

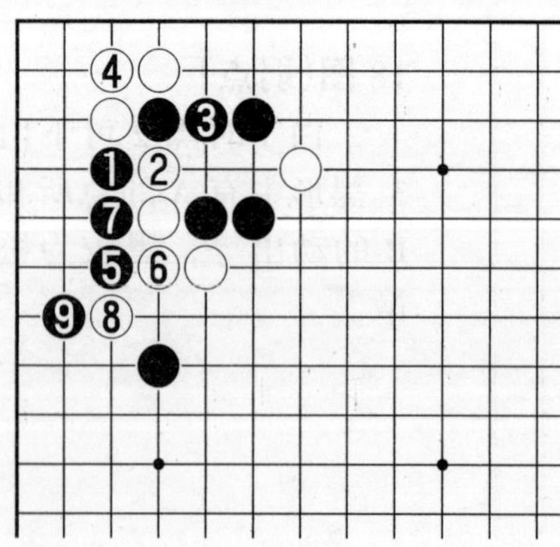

21 图(白无理)

黑 1 时白 2、4 必然。之后,黑 5 是手筋,白 6 至黑 9,白无理。

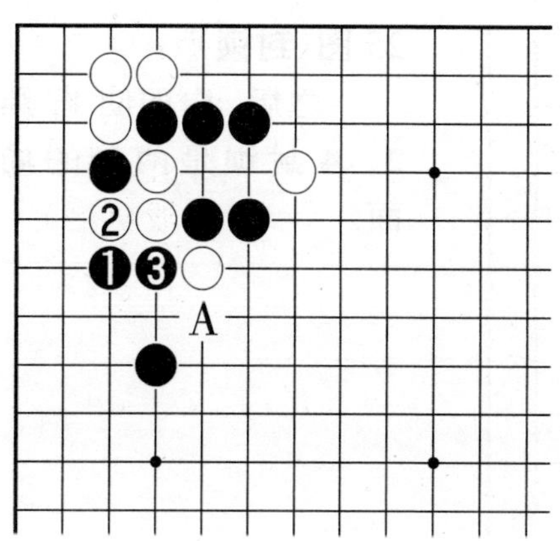

22 图(两分)

黑 1 时白 2 是正手,至黑 3 两分。只是黑后手,白 A 的动出讨厌。

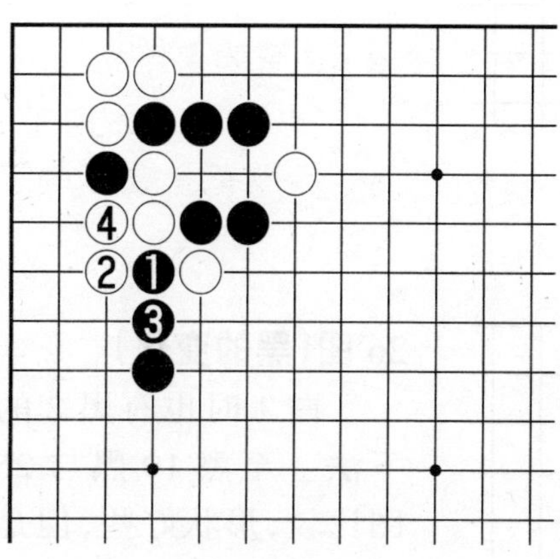

23 图(黑先手)

因此,黑 1 的断常下,白 2、4,黑得先手。

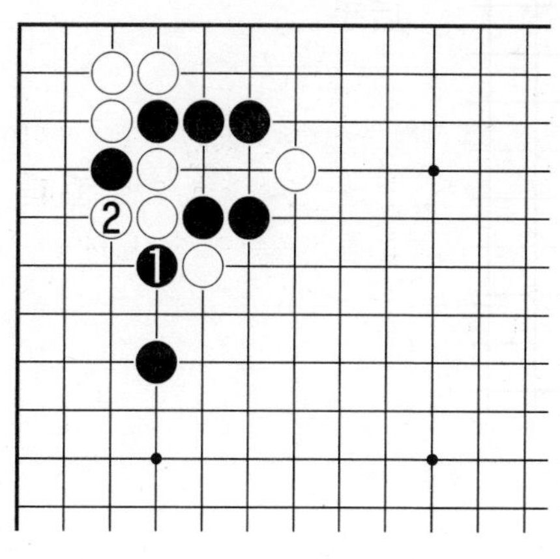

24 图(黑先手)

黑 1 时即使白 2 黑也脱先。

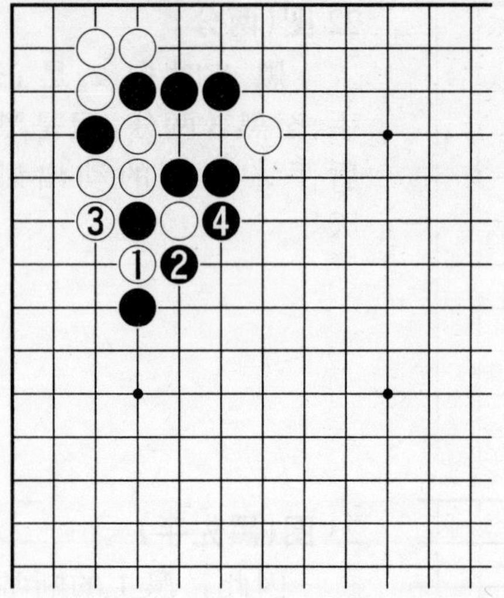

25 图(封锁)

之后，白即使 1，黑 2、4 封锁是两分的局面。

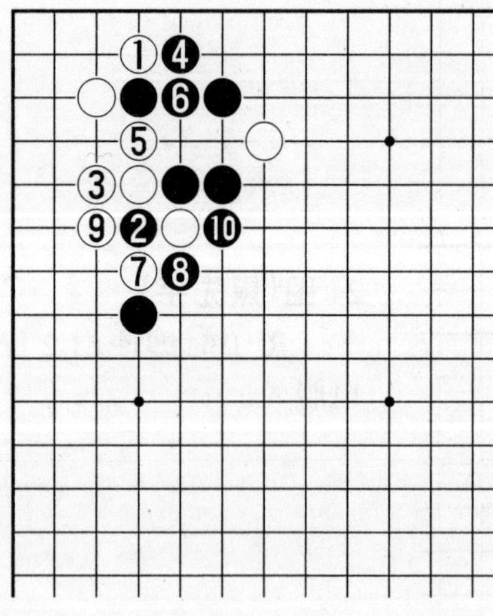

26 图(黑的变化)

白 1 时也有黑 2 的下法。至黑 10 黑与 25 图比较，形状好些，但是后手。

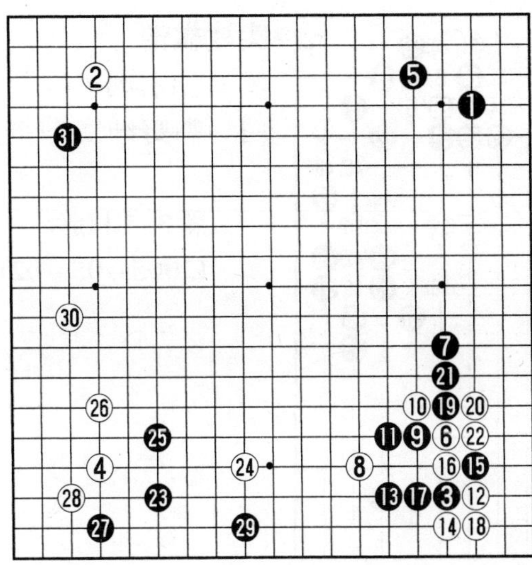

实战棋谱

黑　李世石

白　金主镐

黑中盘胜。

(2004－06－26)

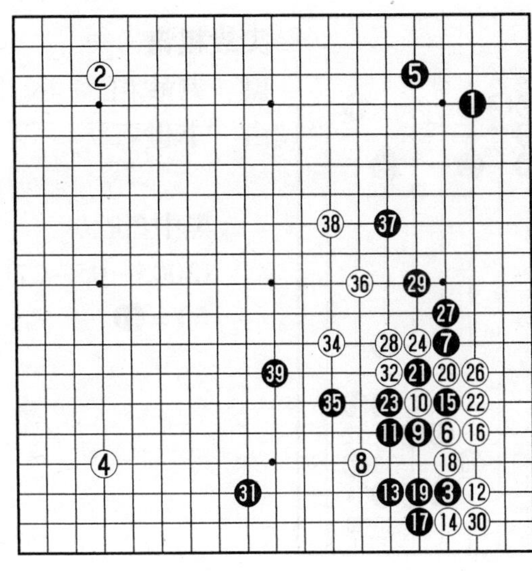

实战棋谱

黑　李世石

白　崔哲瀚

黑中盘胜。

(2004－07－02)

㉕＝⑮

㉝＝⑩

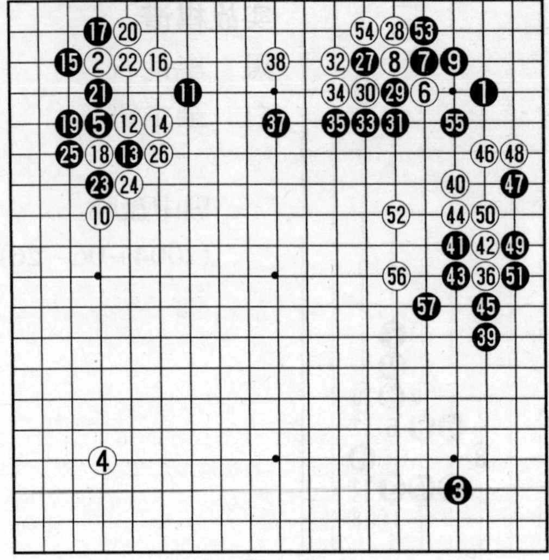

实战棋谱

黑　朴永训

白　高野绅二

黑3.5目胜。

(2005－05－02)

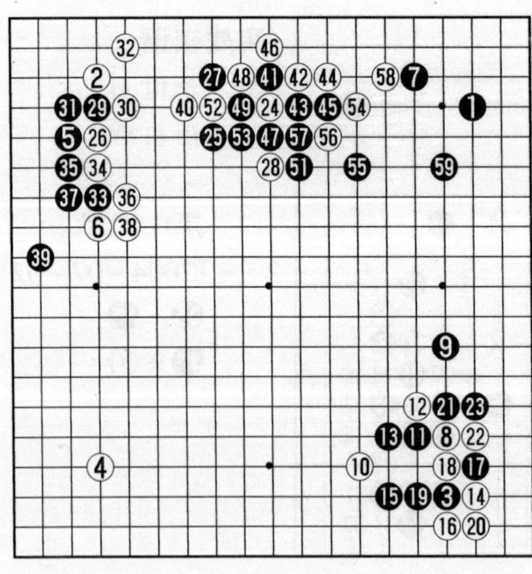

实战棋谱

黑　尹峻相

白　李世石

黑中盘胜。

(2005－05－27)

㊿＝❹❶

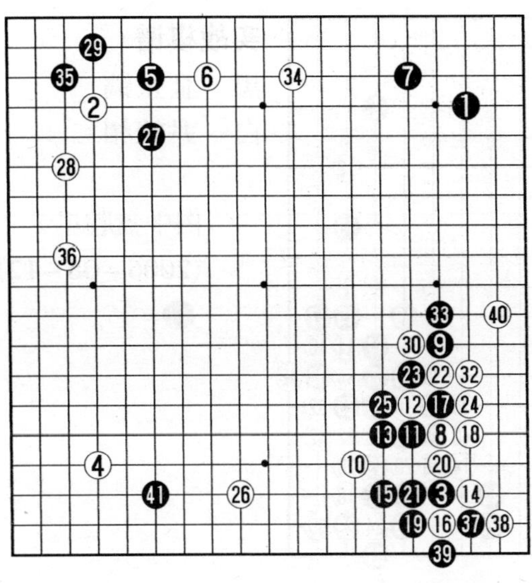

实战棋谱

黑 朴永训
白 李昌镐

白1.5目胜。
(2006－01－08)
❸❶＝⓱

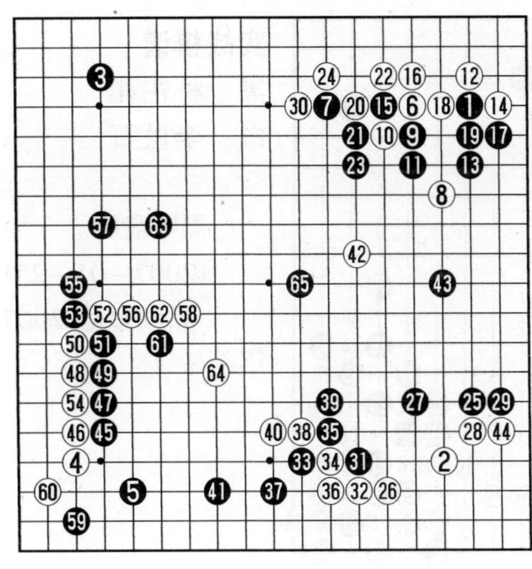

实战棋谱

黑 刘昌赫
白 许映皓

黑中盘胜。
(2006－06－16)

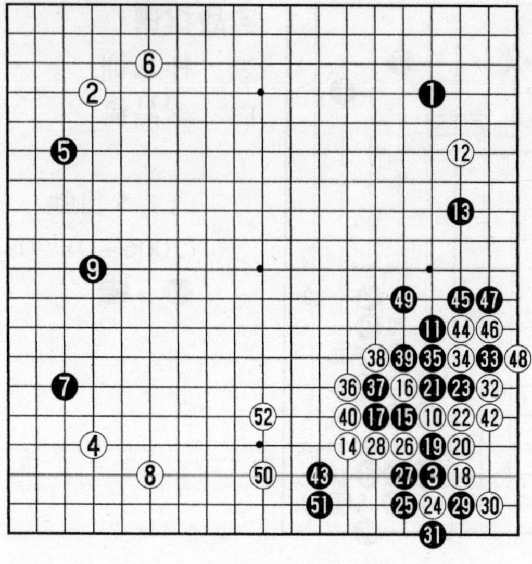

实战棋谱

黑　金主镐

白　尹峻相

白中盘胜。

(2006－08－12)

❹❶=⑯

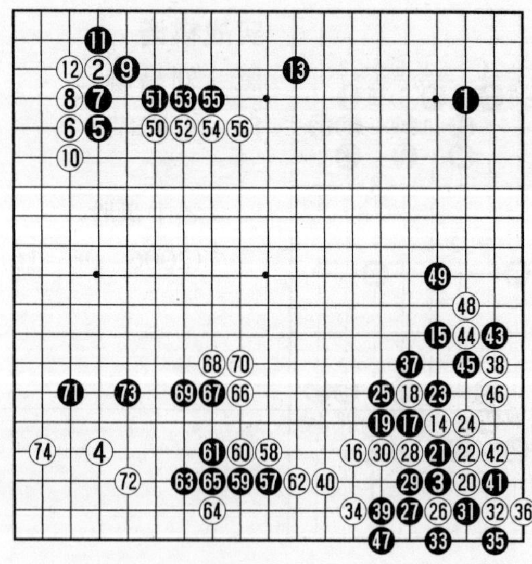

实战棋谱

黑　朴正祥

白　李世石

黑中盘胜。

(2007－01－25)

黑 27 是 2007 年新手。

新型 8 迷你中国流布局和厚势

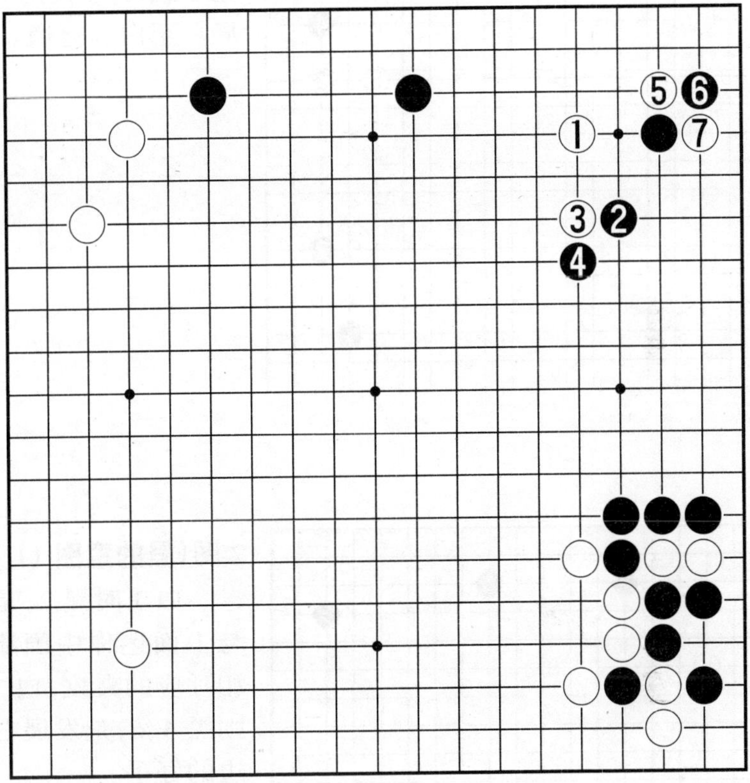

以右下黑棋的厚势为背景，迷你中国流产生了新的变化。右上角白 1 挂后以白 5、7 的手顺为中心进行了研究。

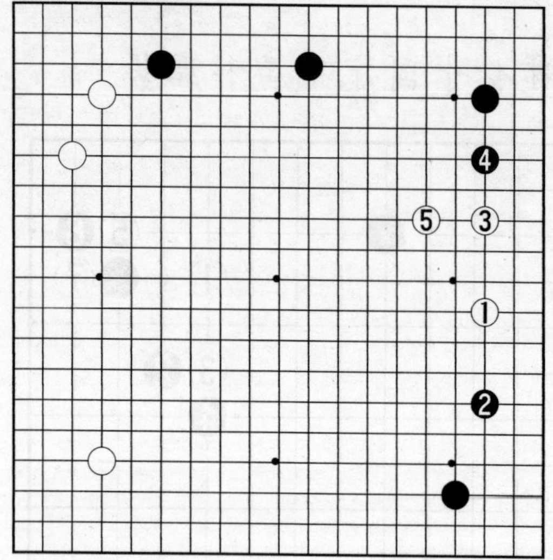

1图(常下的布局)

白棋常下简明地于白1分投的布局。至白5普通。

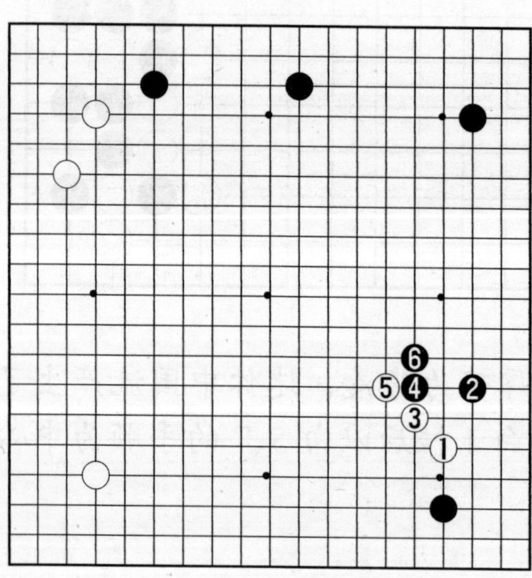

2图(黑的意图1)

白1时黑2,是与上面迷你中国流相呼应的夹攻,白3则黑4、6,是发展右边的好手。

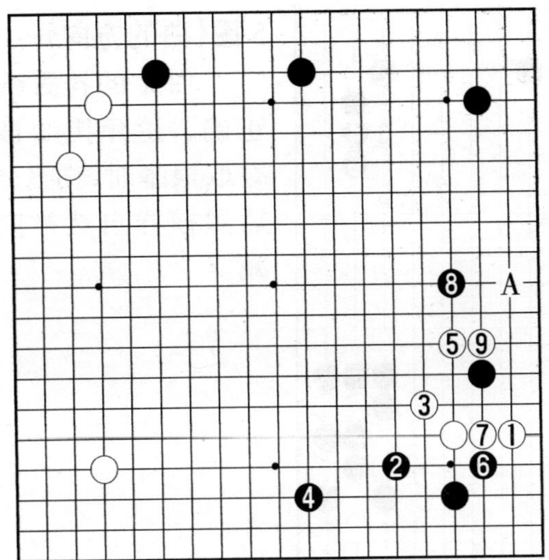

3 图(黑的意图 2)

白可下 1 位，至白 9 普通。快速布局是黑的意图，之后黑 A 几乎是先手。

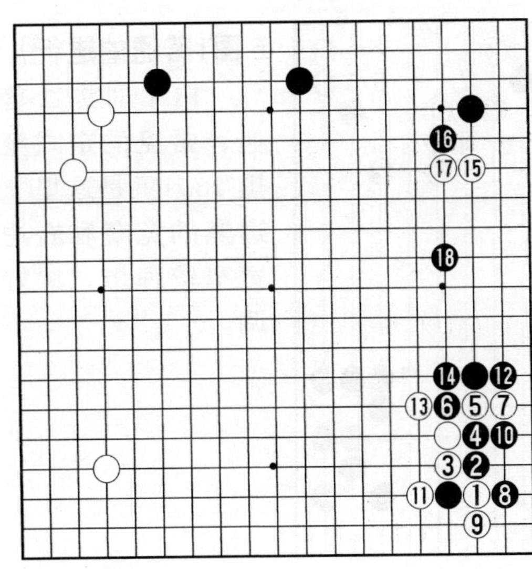

4 图(黑的意图 3)

白 1 托，至黑 14 选择坚实的定式是黑的意图。之后白 15 的方向受黑 16、18 的攻击。

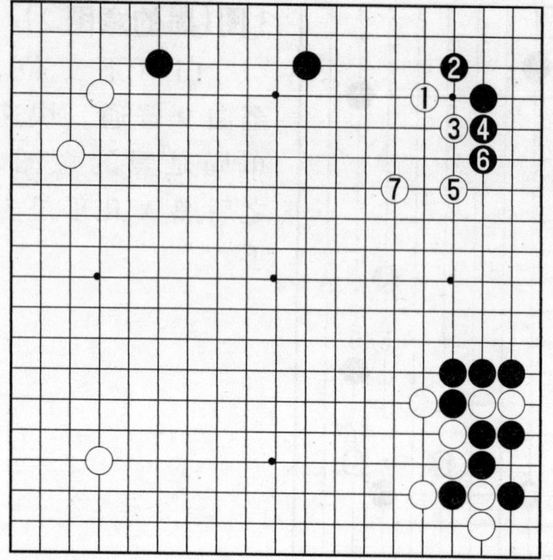

5 图(白的方向)

白 1 的挂方向正确，这里黑 2 欲夺取根基时,白 3、5 后黑模样自然被削减。

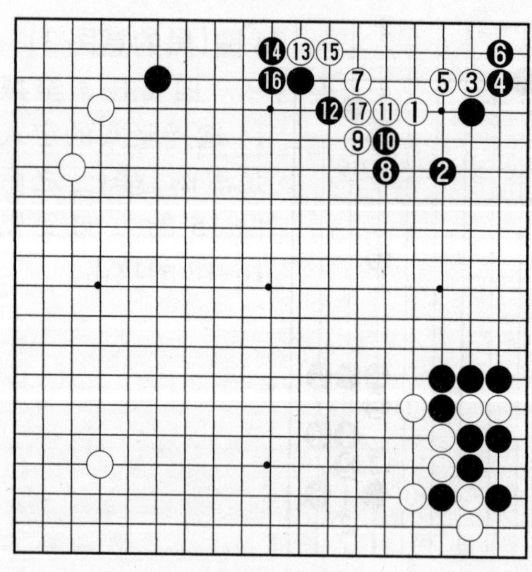

6 图(普通的进行)

白 1 时黑 2 普通，常见的定式至黑 16。只是这里上边黑的宽窄和右边宽窄较理想，黑好调。

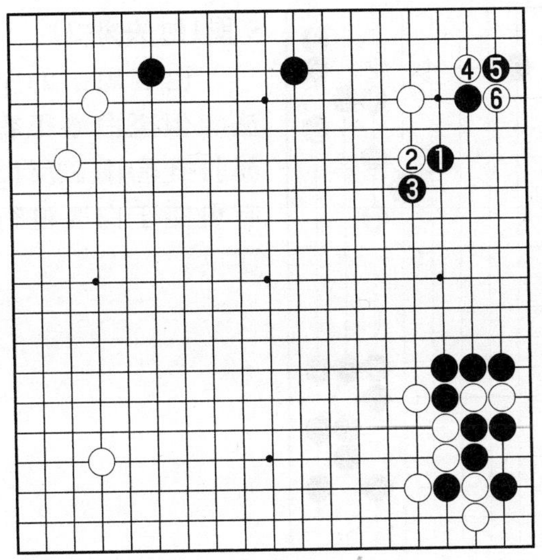

7 图(白的变化)

白对黑 1 应以白 2、4、6 的变化，这个手顺不是新型，过去有过研究。白 2、4 的手顺也可掉过来。

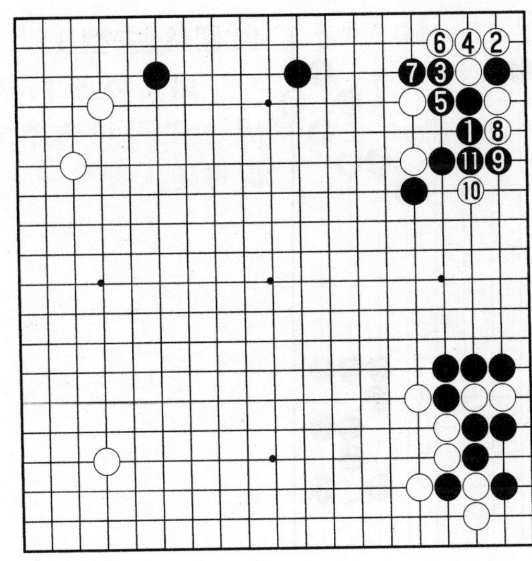

8 图(过去型 1)

黑 1 的下法至黑 11 是过去定式，黑有些缓。

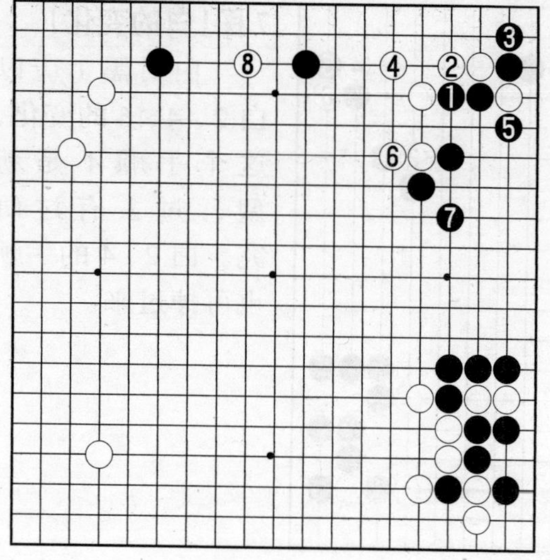

9图(过去型2)

也有黑1的下法，但至白6很容易打开局面，反而有可能于白8进行逆攻。

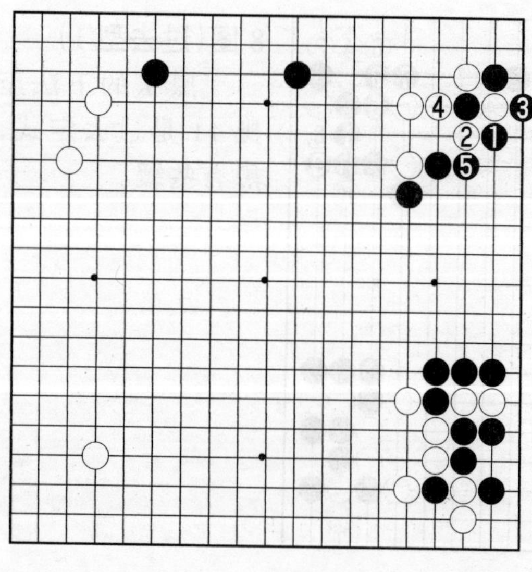

10图(过去型3)

黑1吃至白4成劫。白4可选择5后打劫。

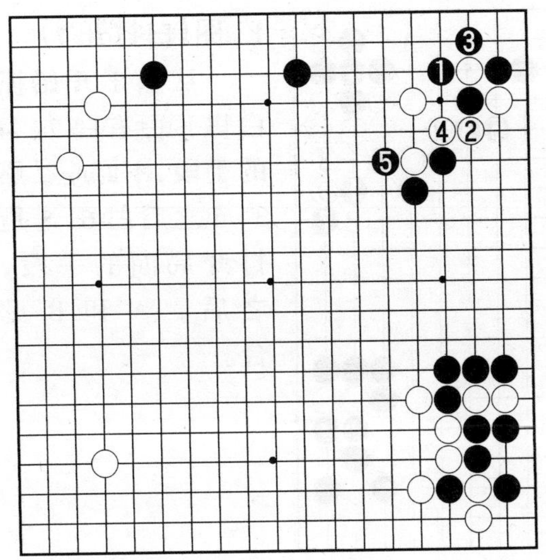

11 图(黑的强手)

黑 1、3 是考虑劫争的研究出来的强手。这里,白 4 松散，黑 5 的打很痛。

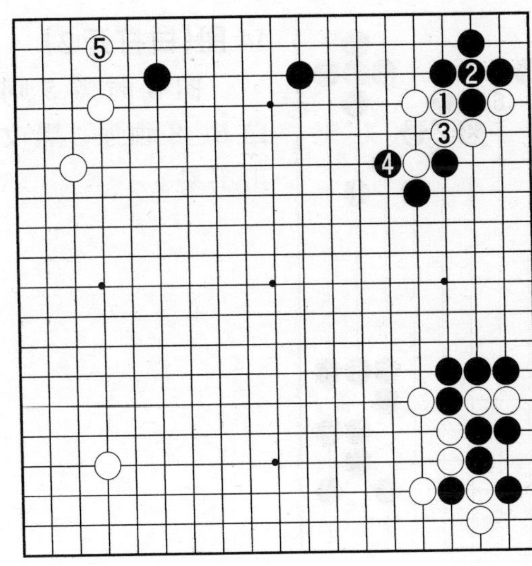

12 图(黑松散)

这里，白 1 的打吃有魄力，黑 2 给白留下了余地。白于 3 接有弹力，黑 4 时也有脱先抢白 5 的下法。

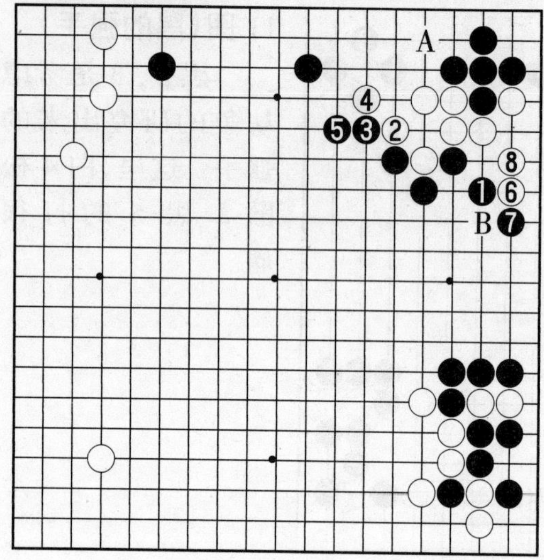

13 图(白打开 1)

从黑 1 开始抓白棋，白有白 2、4 的手段,不好吃。黑 3、5 之后白 6，8 是打开局面的手段，之后，A 和 B 见合。

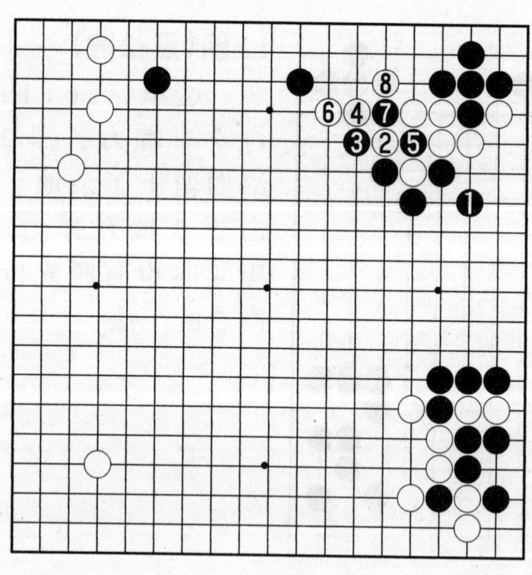

14 图(白打开 2)

白 4 时黑 5 则白 6、8 顽强，黑攻击不易。

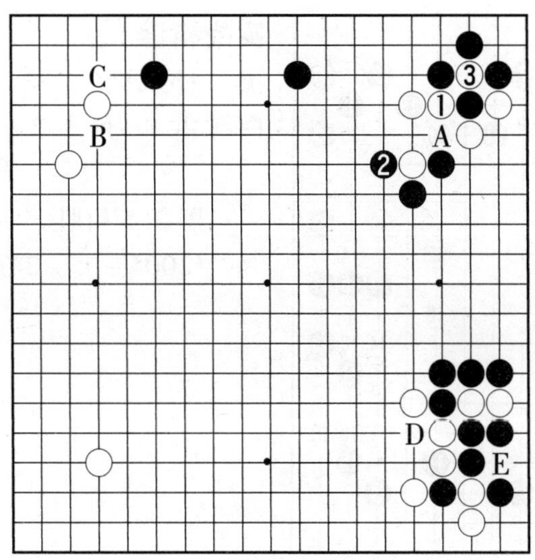

15图（黑的研究）

因此，黑在白1时黑2打争白3的劫。白在A位还未被断开留有余地。黑有B和B之后C、D等劫材，白有E的劫材。黑D和白E的劫材大凡是恶手。

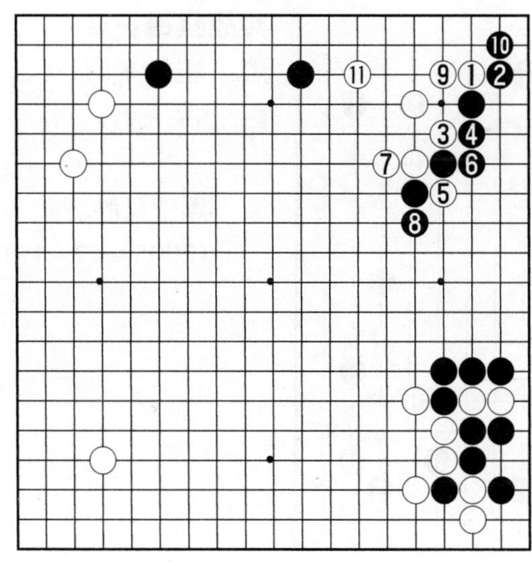

16图（白的简明之策）

如果不喜欢复杂变化，白可白1黑2，从白3至11寻求安定。

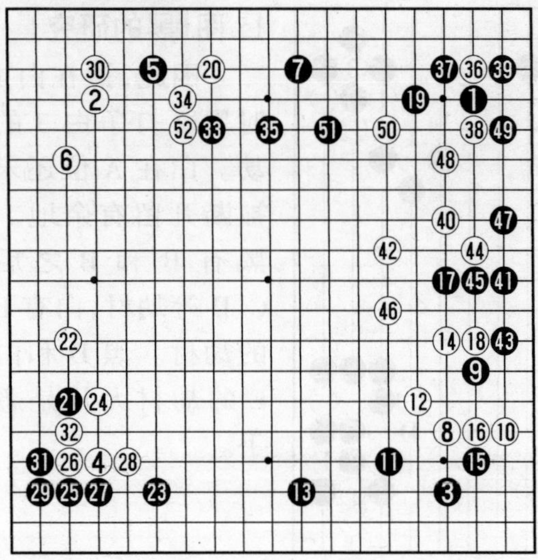

实战棋谱

黑　朴永训

白　古　力

黑3.5目胜。

(2005－05－24)

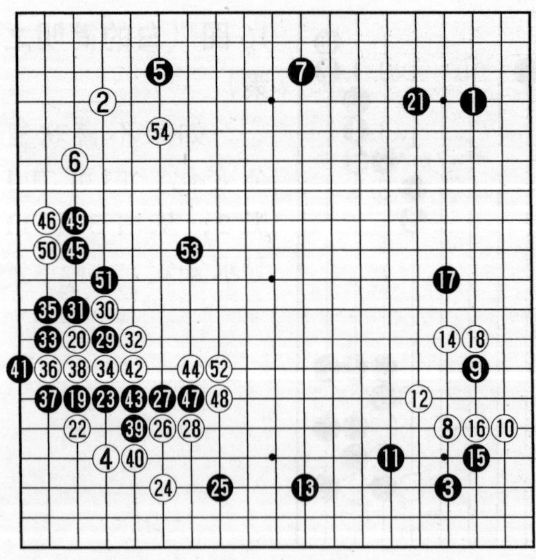

实战棋谱

黑　崔哲瀚

白　古　力

黑中盘胜。

(2005－07－19)

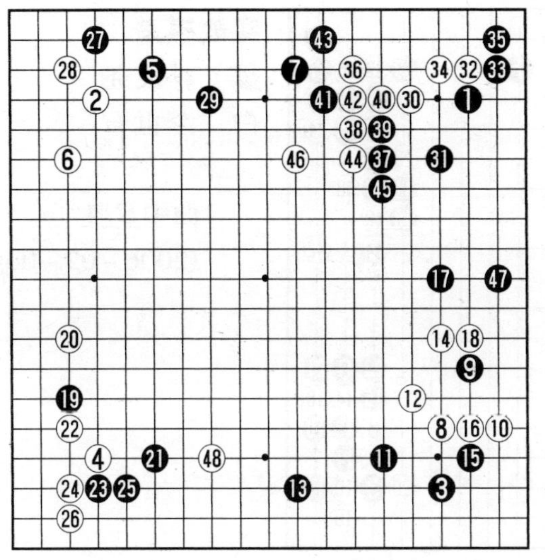

实战棋谱

黑　崔明勋

白　朴正祥

白中盘胜。

(2005－08－19)

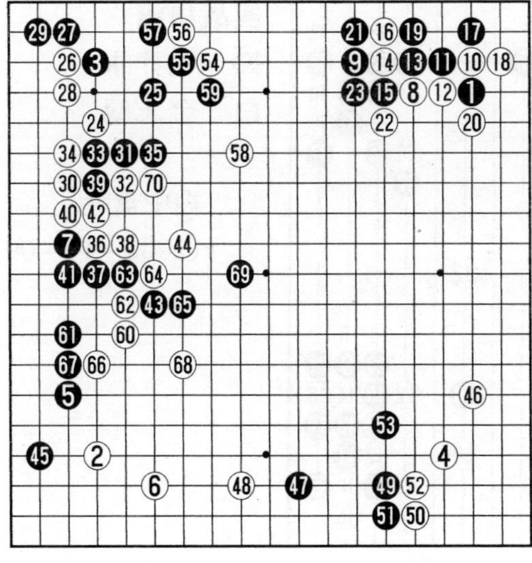

实战棋谱

黑　元晟溱

白　谢　赫

白半目胜。

(2005－11－25)

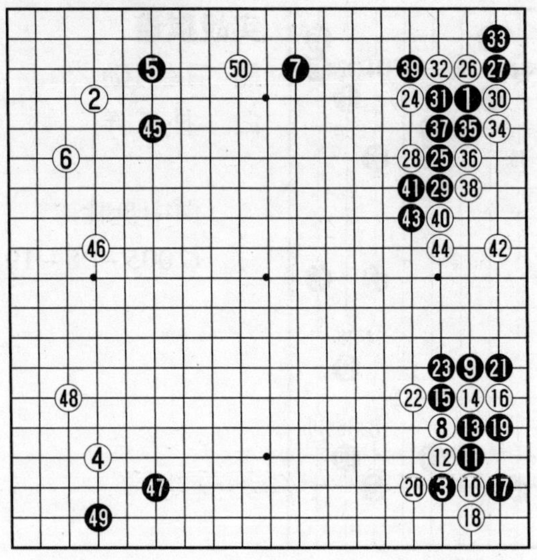

实战棋谱

黑　朴文尧

白　李世石

白中盘胜。

(2006－02－06)

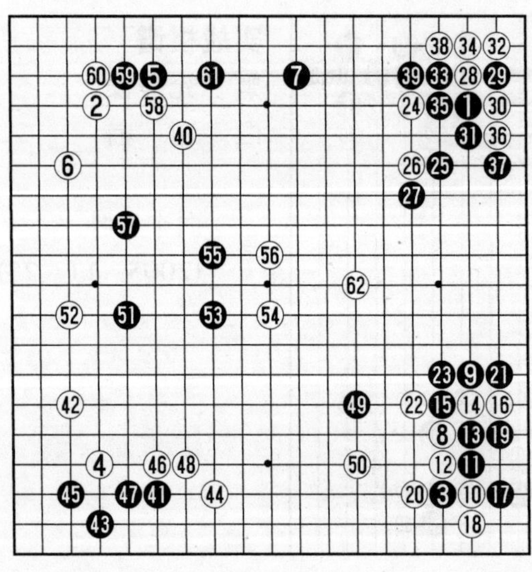

实战棋谱

黑　安祚永

白　金志锡

白中盘胜。

(2006－11－09)

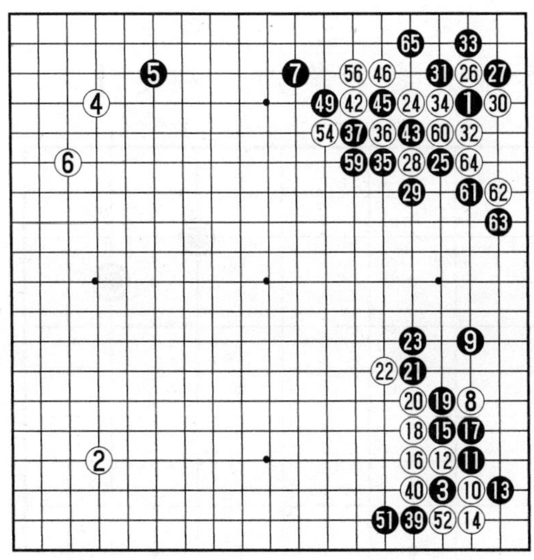

实战棋谱

黑　崔哲瀚

白　罗洗河

黑中盘胜。

(2005－12－15)

白36应提劫。

㊳㊹㊿❺❼＝㉖

❹❶❹❼❺❸＝❶

㊽㊽＝㊱

❺❺＝❹❺

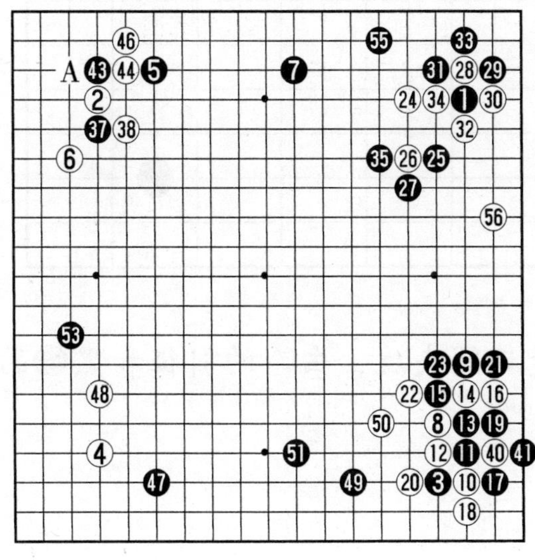

实战棋谱

黑　李昌镐

白　常　昊

白3.5目胜。

(2006－03－24)

黑45在46打后应下在A。

㊱㊷㊾＝㉘

❸❾❹❺㊴＝❶

新型9 引征定式和布局的相会Ⅰ

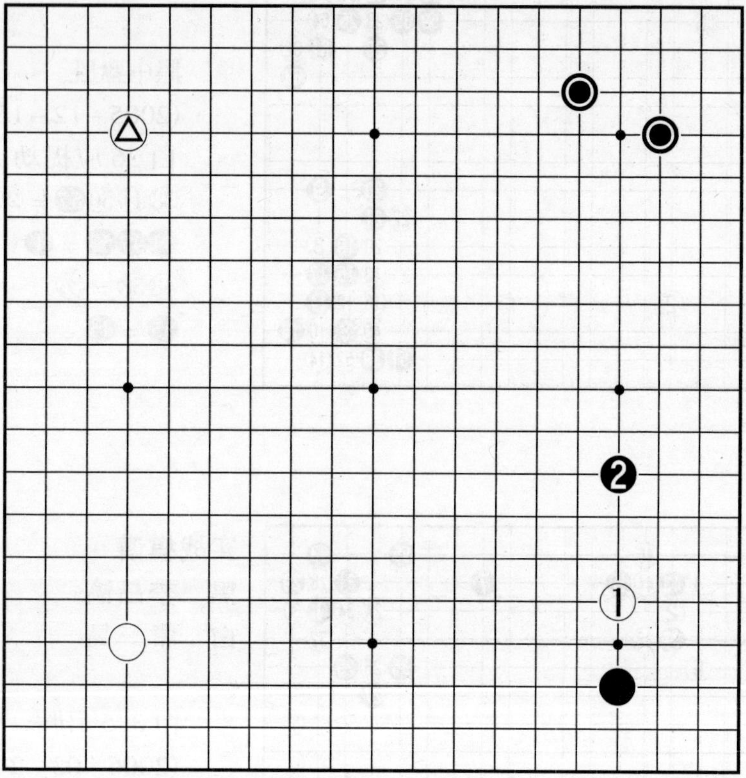

白1时黑2是二间夹攻，白△的引征和黑◉的守相关新布局的研究。

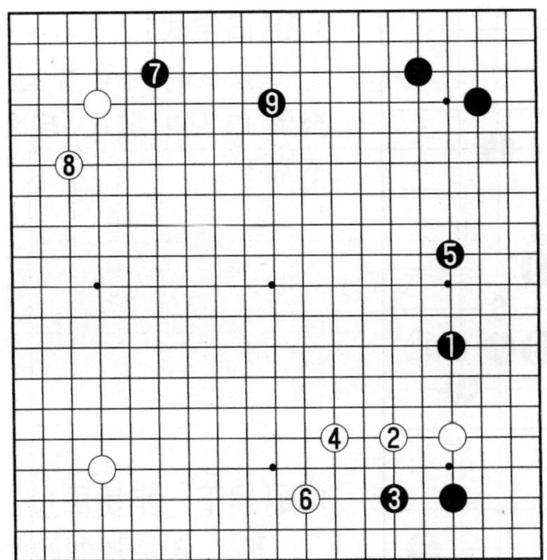

1图（黑两翼张开）

黑1白2时黑5至黑9使黑右上角两翼张开成好形。

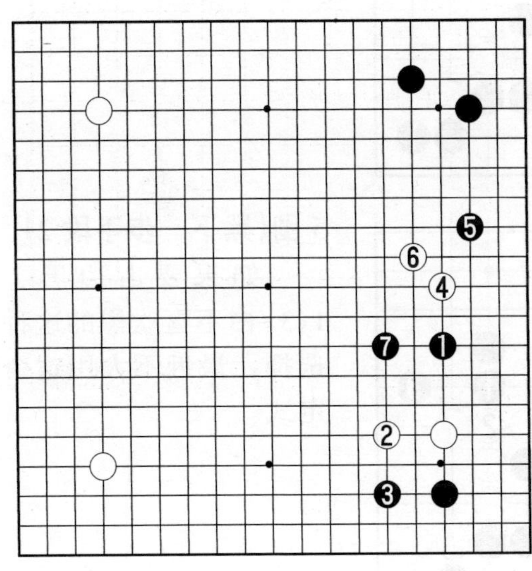

2图（黑攻击）

黑3时白4性急，黑5、7，白紧迫。

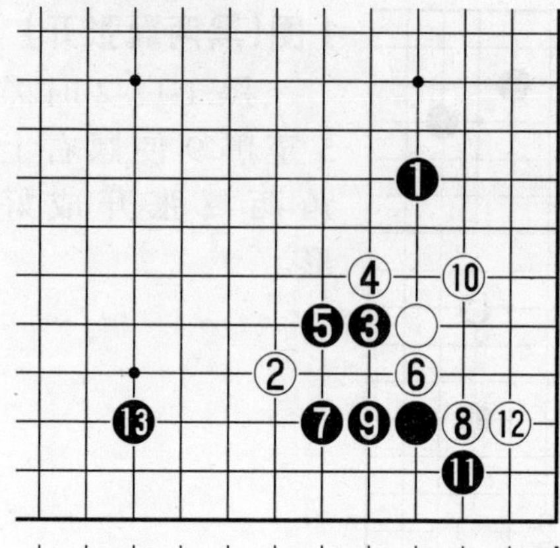

3 图(旧定式)

黑 1 时白 2 普通，至黑 13 是旧定式，现在不常下。

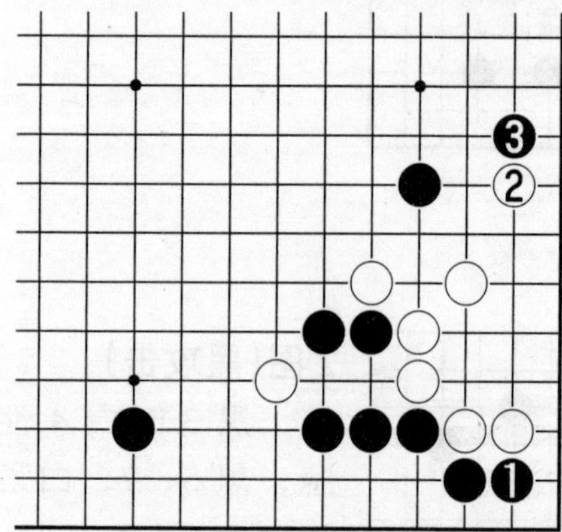

4 图(黑下一步手段1)

黑 1、3 是强烈的手段。

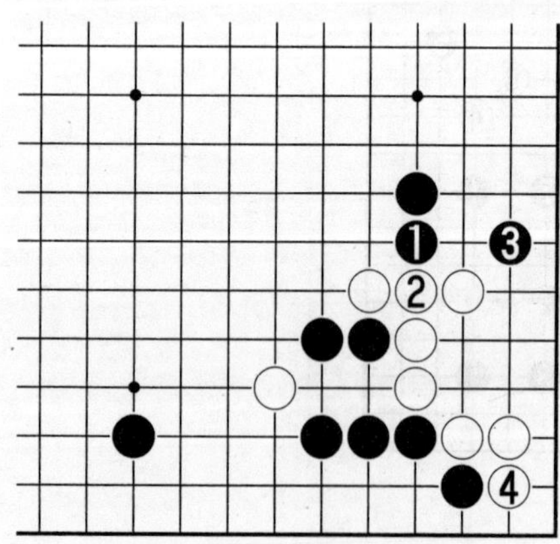

5 图(黑下一步手段 2)

如果要占边黑下 1、3。白不喜欢黑的这种选择，最近不大用这个定式。

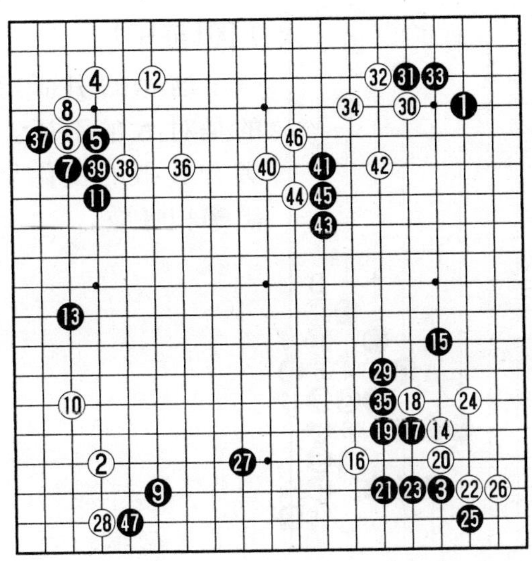

实战棋谱

黑　李昌镐
白　朴永训

黑1.5目胜。
(2003－05－20)

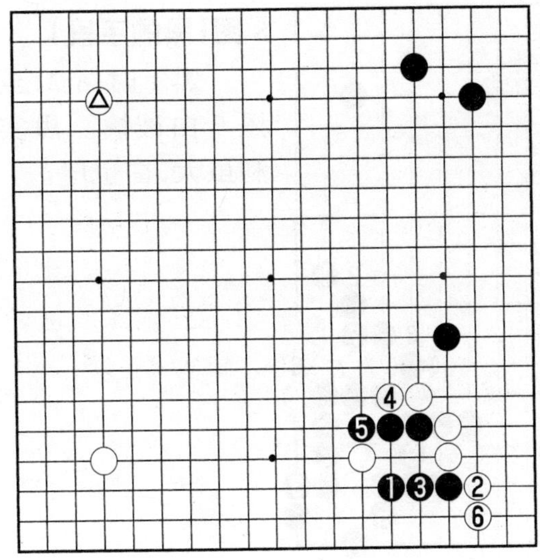

6图(引征)

因此，白4的压是最近的趋势，至白6出现了左上角白△的引征相关新研究。当然左上角白子也可以是不同的位置。

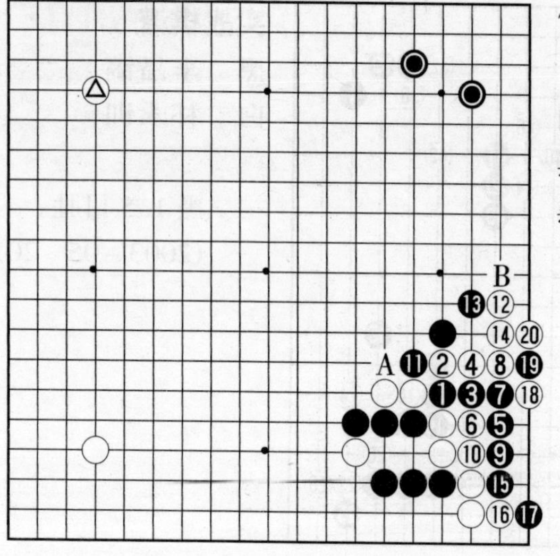

7图(征子)

这里的引征指的是对A的引征。黑有B扳的变化与黑◉相呼应。

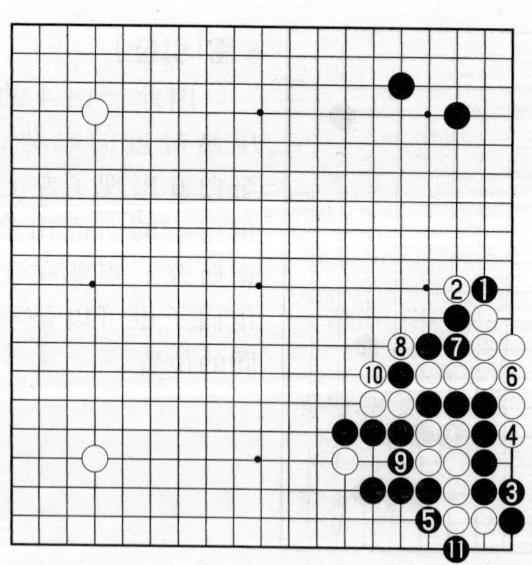

8图(黑的手段)

黑1时白2,至黑9白被擒。黑实利虽大,白也厚。

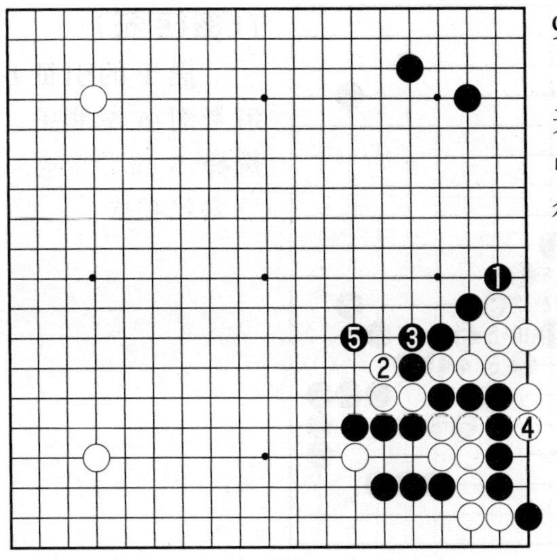

9图(黑势力)

黑1时白2避开引征时，黑3、5中央封住，黑势力很强。

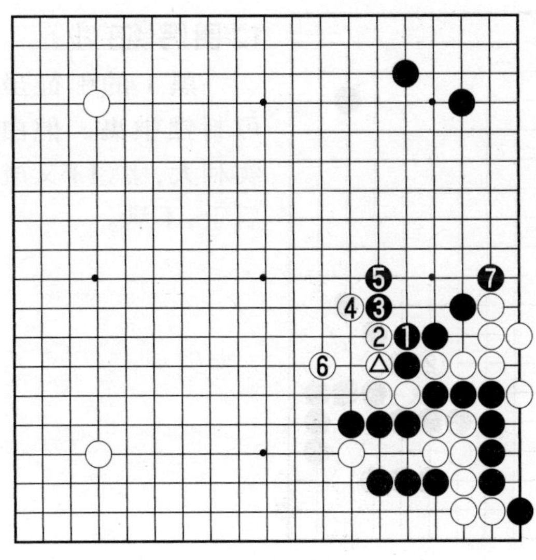

10图(黑的研究)

黑从准备征吃后抢先手，黑1以下至黑7。白△是防黑征吃。

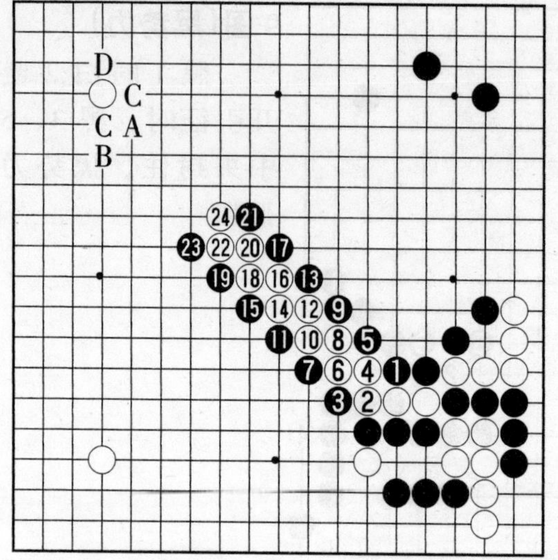

11 图(引征)

黑 1 的引征吃可考虑在 A、B、C、D 选择。

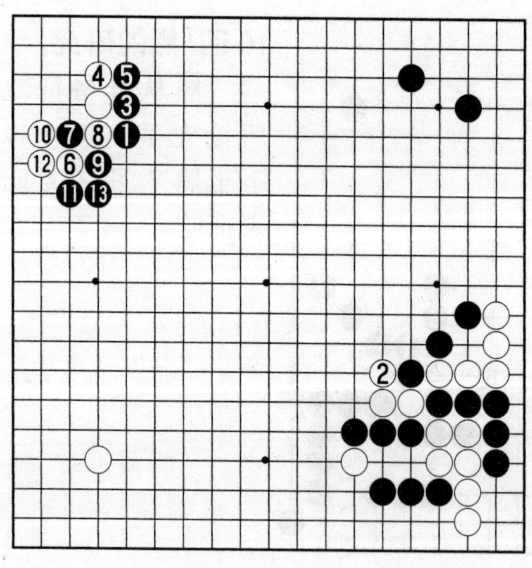

12 图(引征 1)

黑 1 的引征虽可封锁中央，但白实利大，黑 13 又成后手，不满。

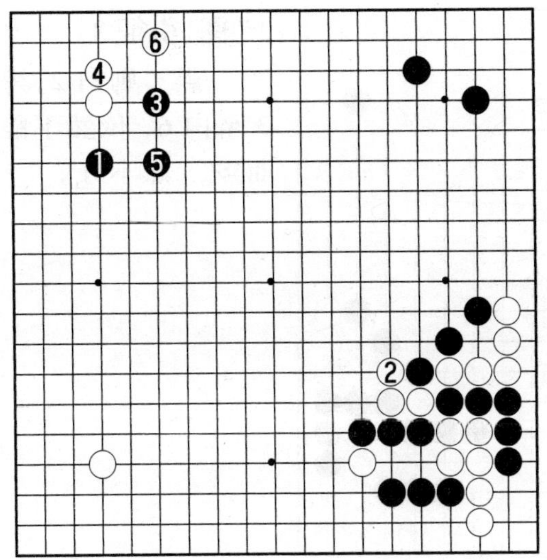

13 图（引征 2）

黑 1 的引征白 2 时至白 6 可以预想。

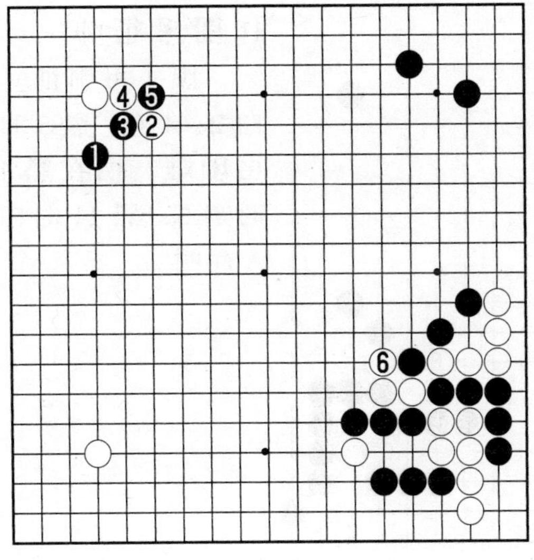

14 图（反抗）

黑 1 时白 2、4 反抗至白 6 也可考虑。

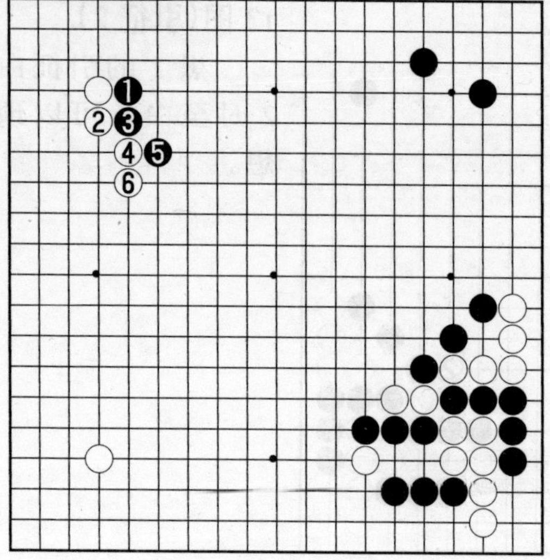

15 图(引征 3)

黑 1 则白 2，黑 3 至白 6，依然不能征吃。黑不好。

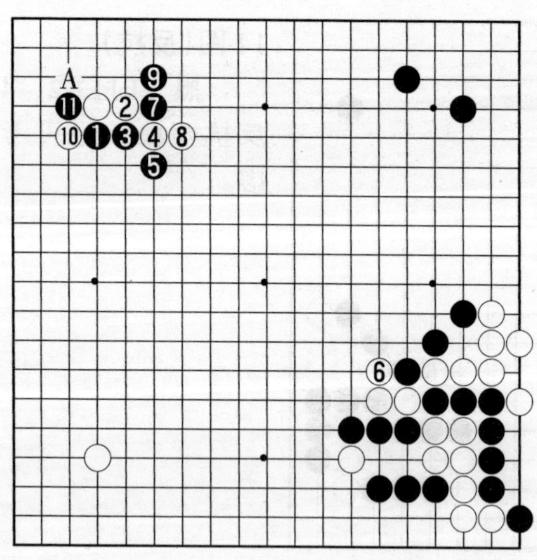

16 图(引征 4)

黑 1 可引征。白 2、4 应，黑 5 时白困难。白在黑 1 时走 6，黑 11 时白 A 简明。

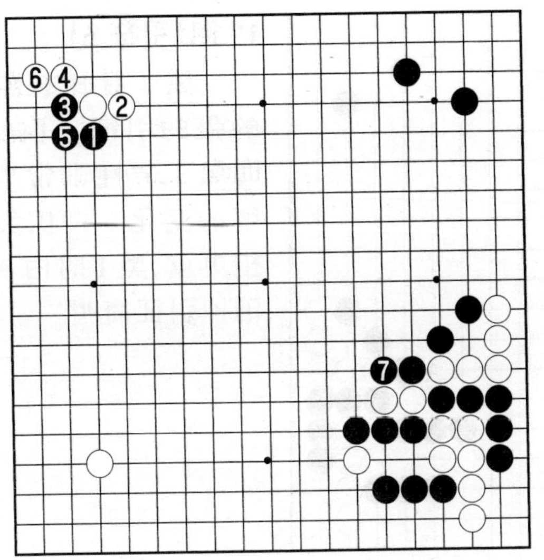

17图（引征5）

黑1、白2时，黑3、5是妙的引征，白6时黑7可征吃。

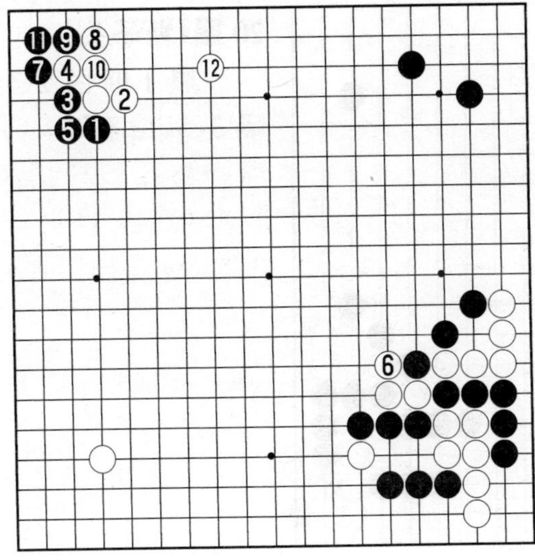

18图（白的应对）

黑5时白6，黑7得利，但白至12也充分。

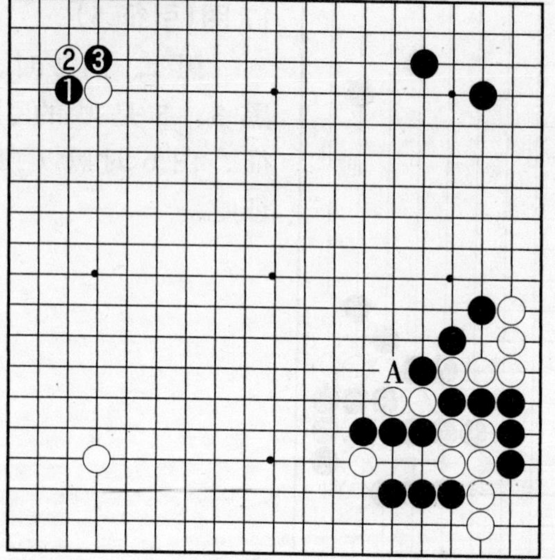

19 图(引征 6)

黑 1 是比想象的强的引征，白 2 时黑 3，产生非常难解的变化。白棋负担更重，黑 1 时白 A 消掉引征简明。

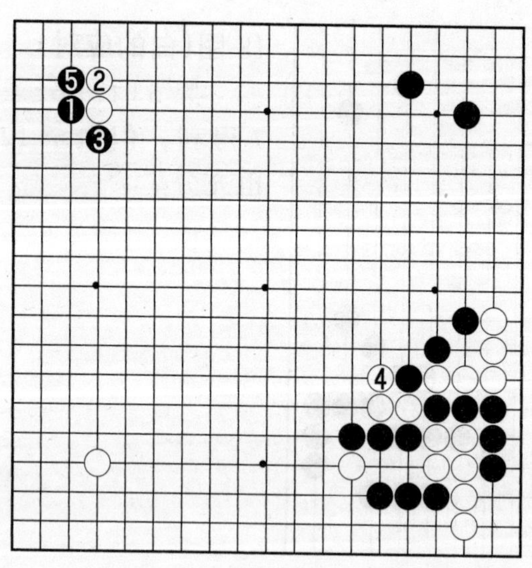

20 图(两子头)

黑 1 时白 2 至黑 3、5，白不好。

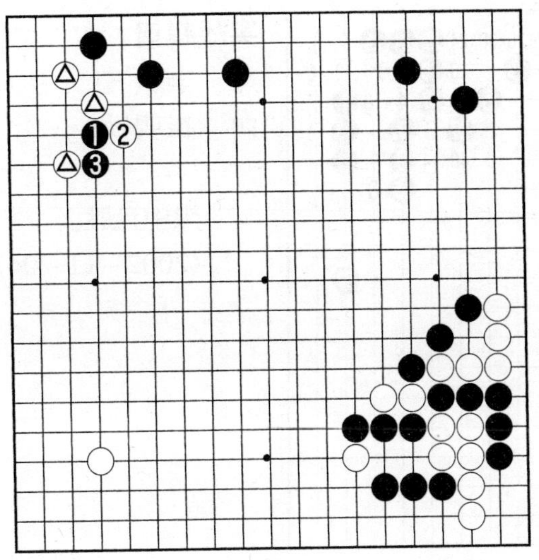

21 图(引征 7)

左上角白◎定式之形的话,黑 1、3 的征子好。

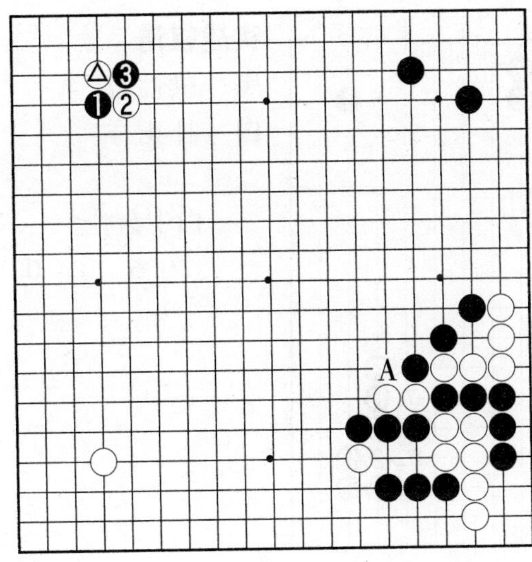

22 图(引征 8)

白◎是小目时黑 1 的征子好。白 2 时黑 3 虽难解,白的负担更重。黑 1 时白在 A 位消征子普通。

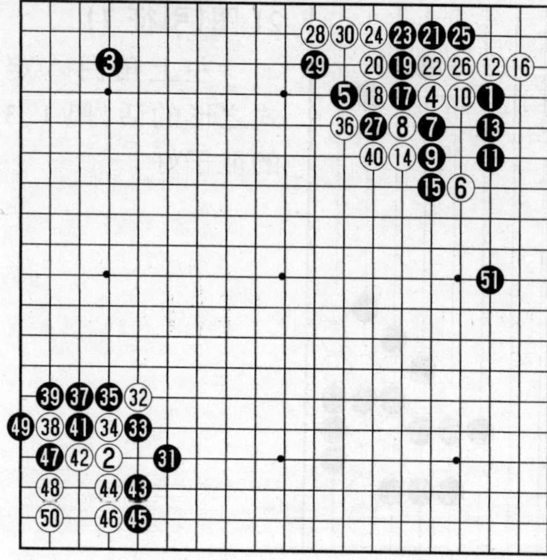

实战棋谱

黑　李世石

白　崔明勋

黑中盘胜。

(2002－11－04)

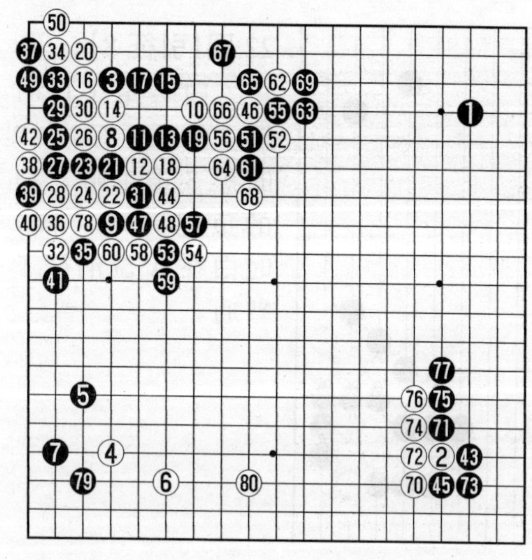

实战棋谱

黑　洪性志

白　朴正祥

白中盘胜。

(2006－10－08)

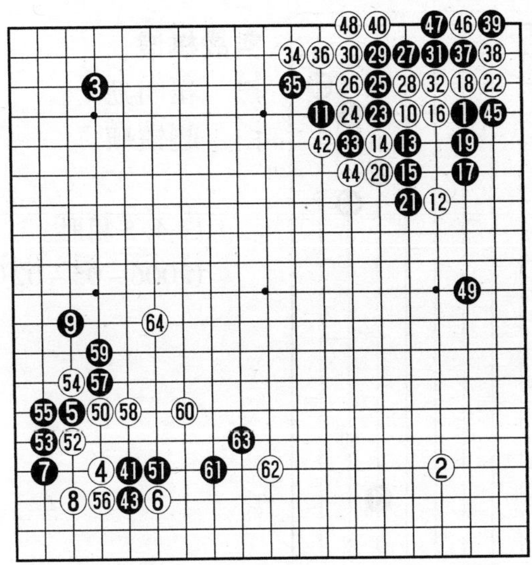

实战棋谱

黑　尹峻相

白　安祚永

白 5. 5 目胜。

(2006－09－28)

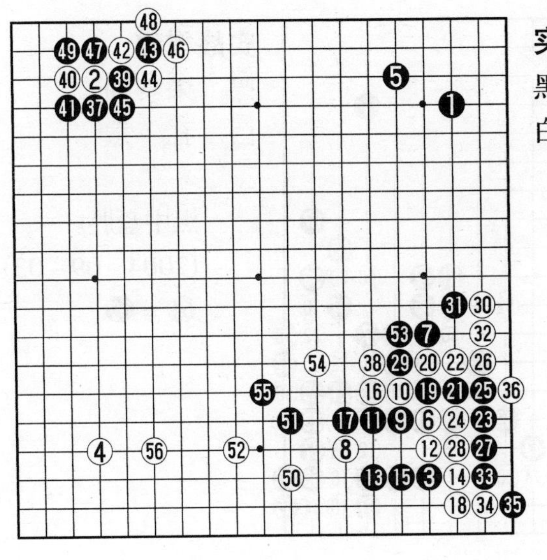

实战棋谱

黑　李世石

白　李昌镐

白中盘胜。

(2004－08－04)

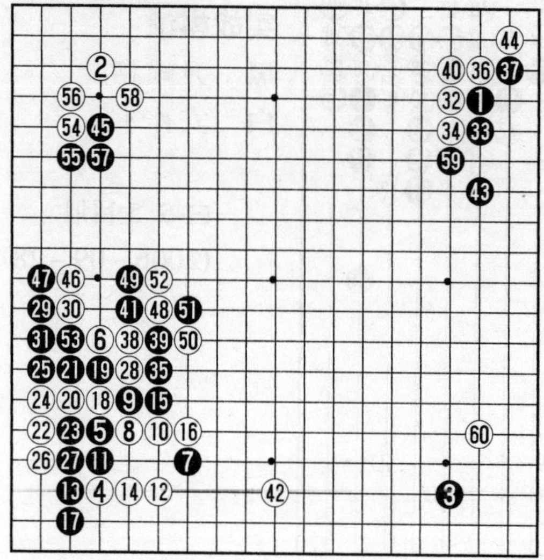

实战棋谱

黑　崔明勋

白　睦镇硕

白4.5目胜。

(2006－05－02)

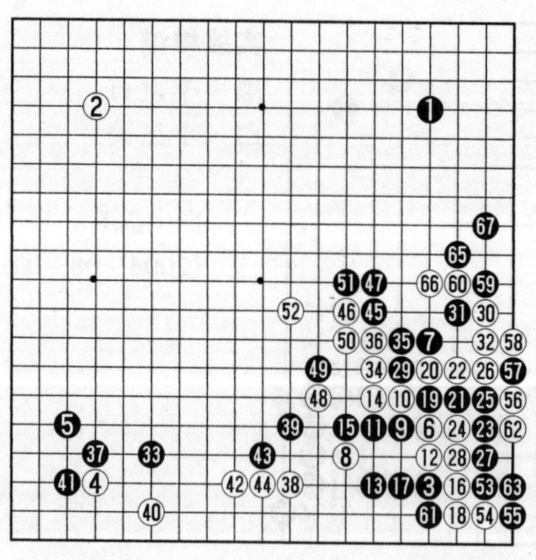

实战棋谱

黑　宋泰坤

白　孔　杰

黑中盘胜。

(2004－09－03)

64 = 57

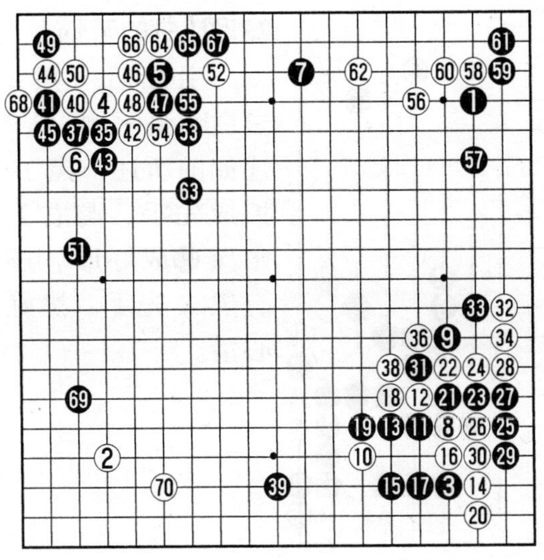

实战棋谱

黑　裴俊熙

白　天永圭

白中盘胜。

(2006－11－09)

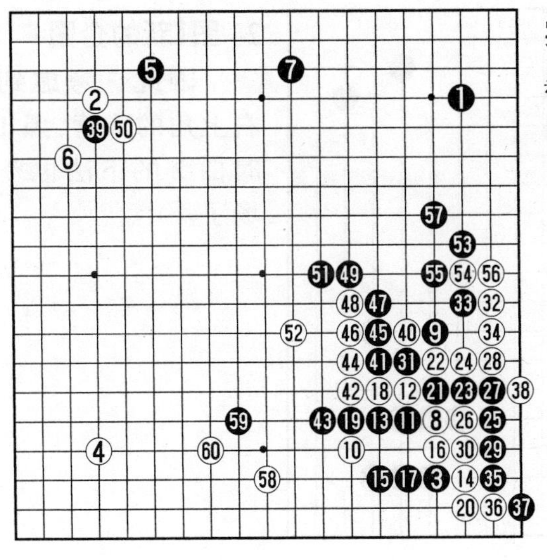

实战棋谱

黑　尹峻相

白　朱亨煜

黑半目胜。

(2006－11－29)

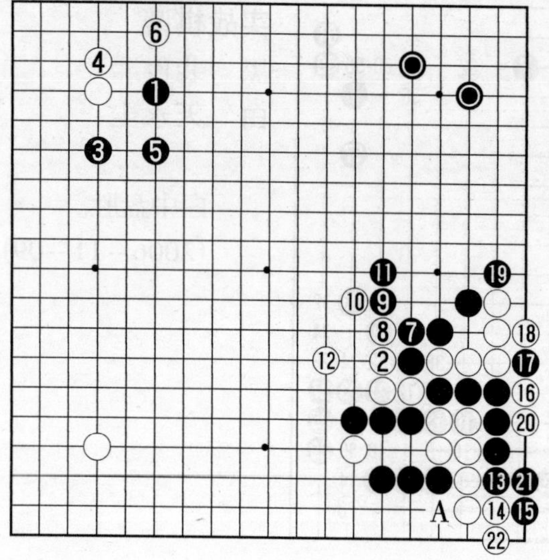

23图(白的苦恼)

引征后（黑1至白6是一例）黑7连如前所述，黑19扳成先手，与右上角黑◉成好形。还有黑A先手，黑好心情。

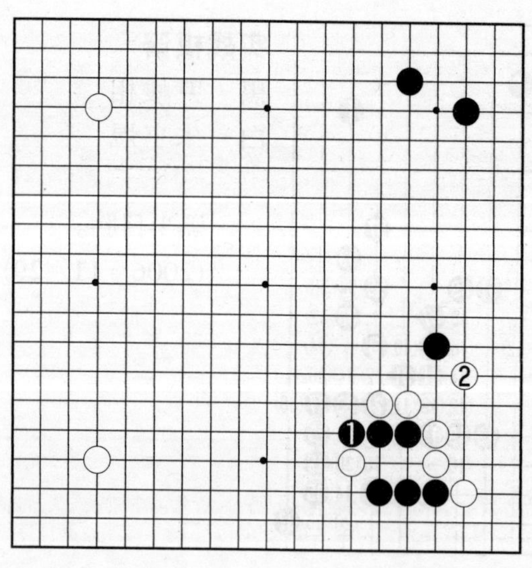

24图(新的企图)

因此，考虑到右上角的阵营，黑1时白2的下法也登场了。

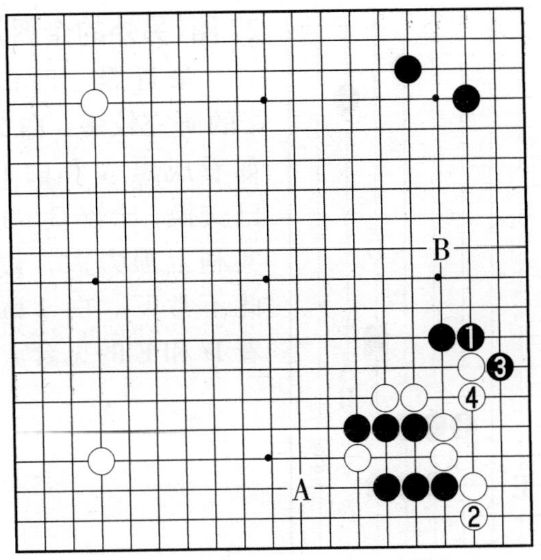

25 图（白的意图）

白在黑 1 挡时白 2、4 后，A 和 B 见合是白的意图。

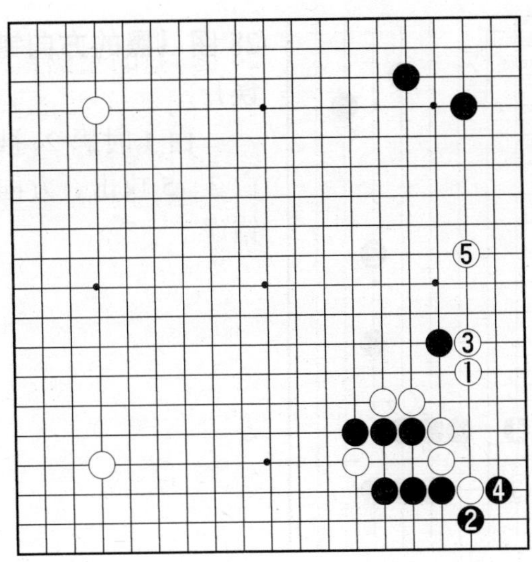

26 图（见合）

白 1、黑 2 至白 5 的进行。局部看黑不坏，白也在右上角限制黑的发展，双方可下。

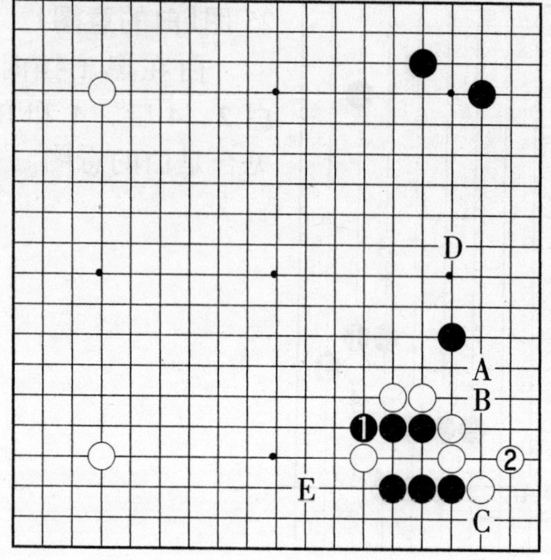

27图（另外的企图）

最近黑1时白2的研究较多。白2如看成黑A和白B已交换，比较C，在实利上损失大，因此不常下。白2瞄着D和E的见合。

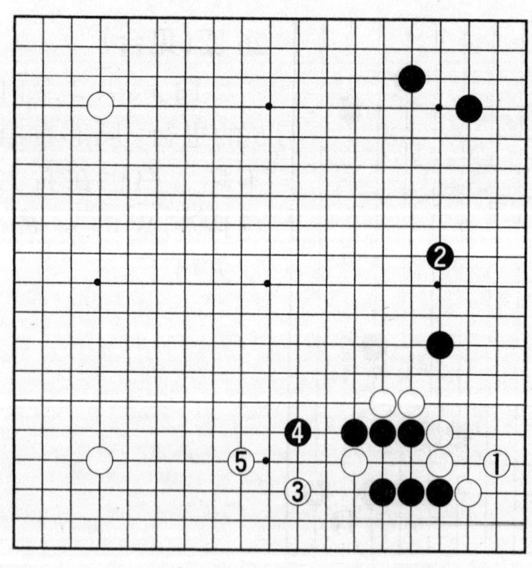

28图（黑的方向错误）

白1时黑2，被白3、5攻击，方向错误。

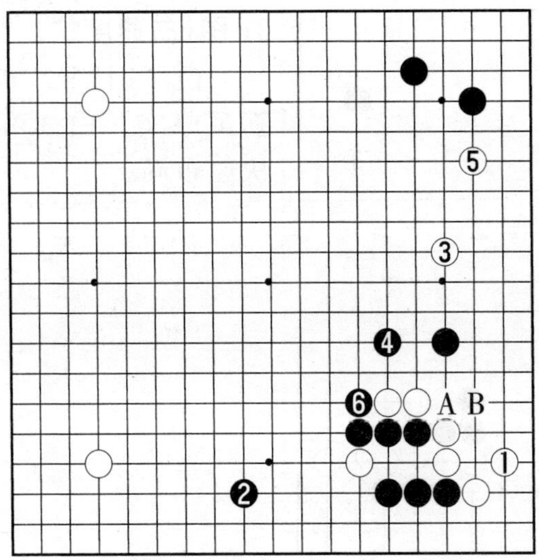

29 图（白的意图）

白 1 时黑 2 正手，白 3 夹攻则黑 4 时白 5 快速布局。黑 6 是厚实的挡，白脱先。之后，黑 A 断时白 B 弃掉两子。

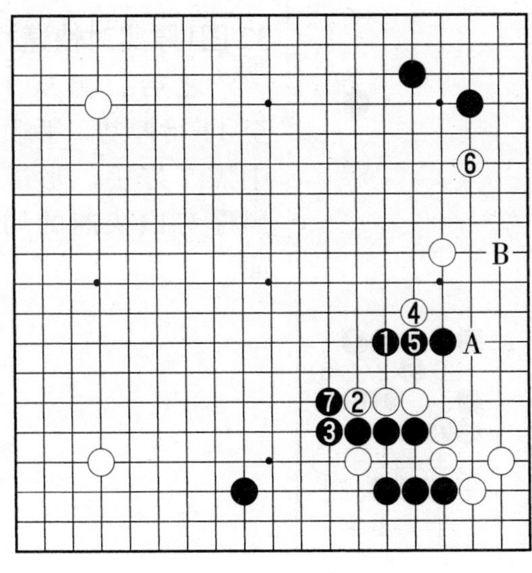

30 图（白重）

黑 1 时白 2 重，被黑 7 挡住时无后续手段。另外，黑 A 先手，B 的伸腿也随其后。

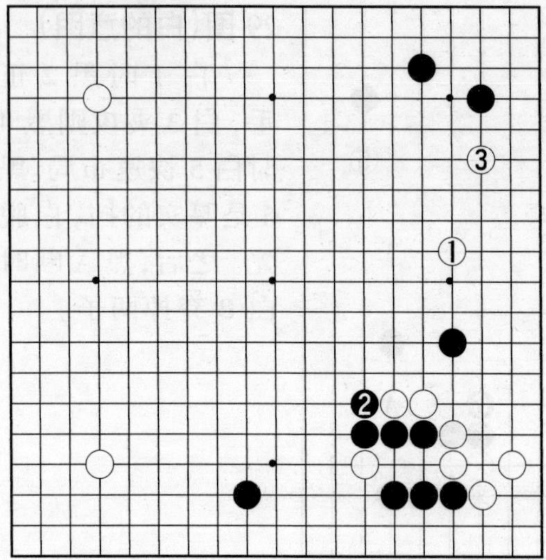

31图（白速度快）

白1时黑2单拐虽厚实，白3可快速布局。

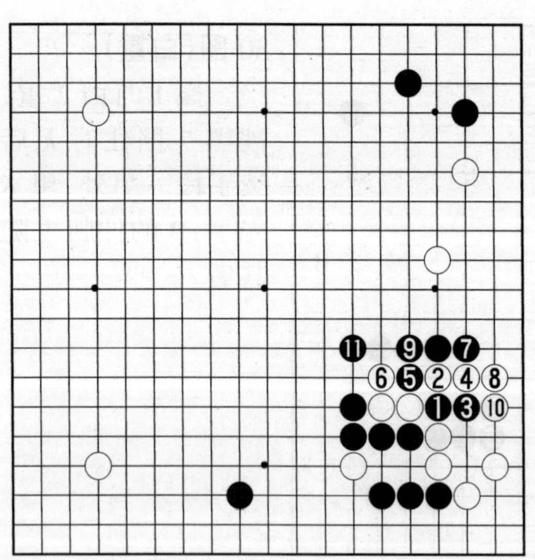

32图（厚实对快速）

之后，黑从1至11得厚势。手顺中黑7好手。形成黑厚势白快速的局面。

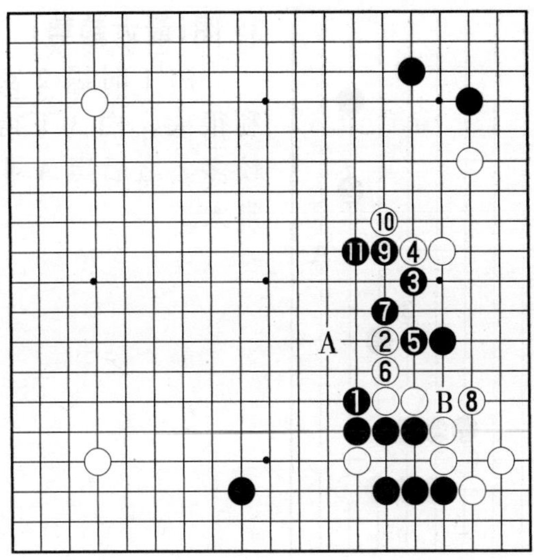

33图（黑活泼）

黑1时白2黑3，黑5是漂亮的急所，白6时至黑11黑好形。手顺中白8在A跳黑B断则白困难。

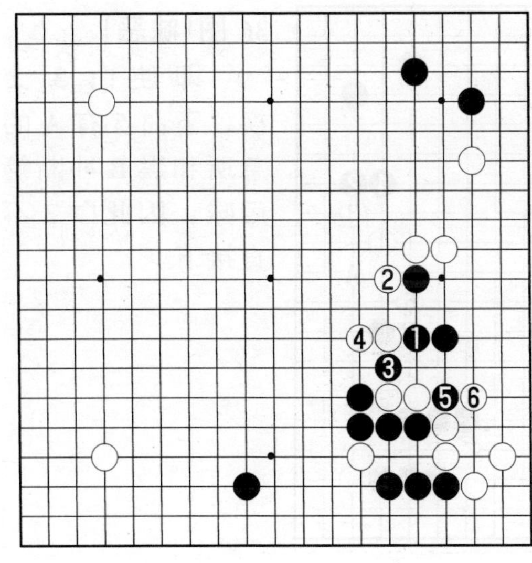

34图（白的应对）

白在黑1时白2求变化，白6时黑脱先快速转投他处。白也厚实。

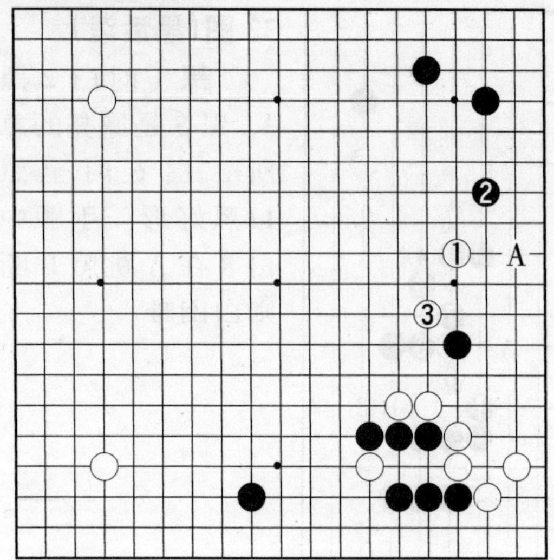

35 图（最近趋势）

白 1 时黑 2 实利很大，白 3 下得较多。之后黑 A 非常大。

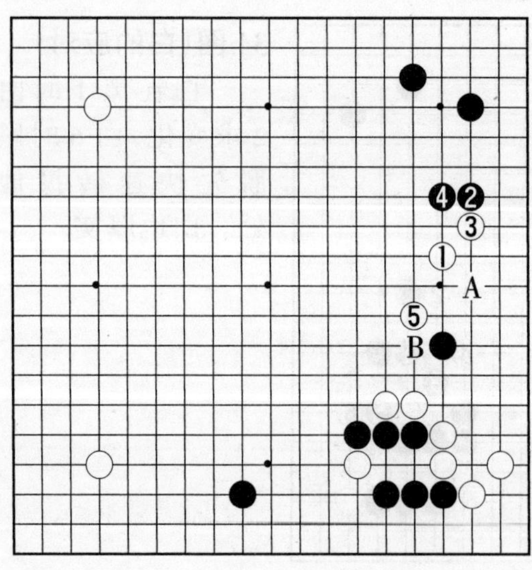

36 图（味恶）

即使白 3 交换，下白 5 有 A 的急所和黑 B 冲断等后味，因此白 3 不直接下。

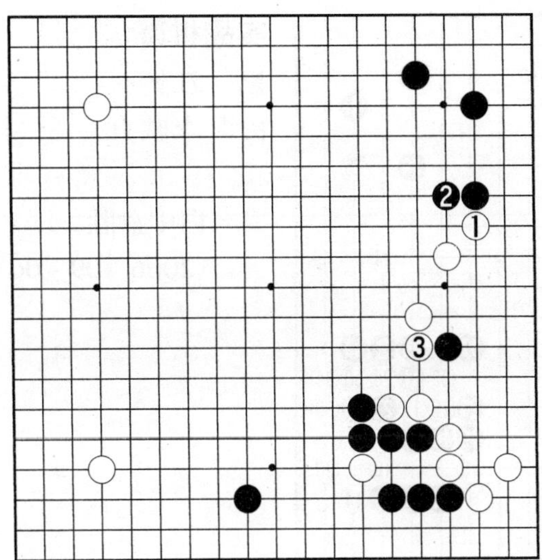

37 图（整理模样）

白在 35 图之后快速抢占先手，下白 1、3 是急所。

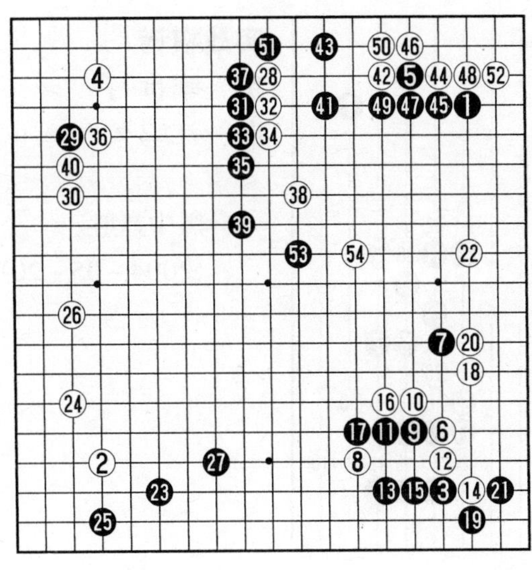

实战棋谱

黑　金江根

白　李世石

白中盘胜。

(2004－05－12)

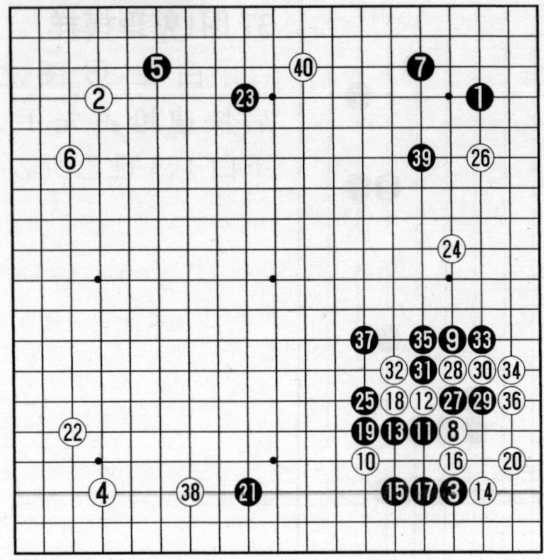

实战棋谱

黑　江铸久

白　李映九

白中盘胜。

(2006－09－06)

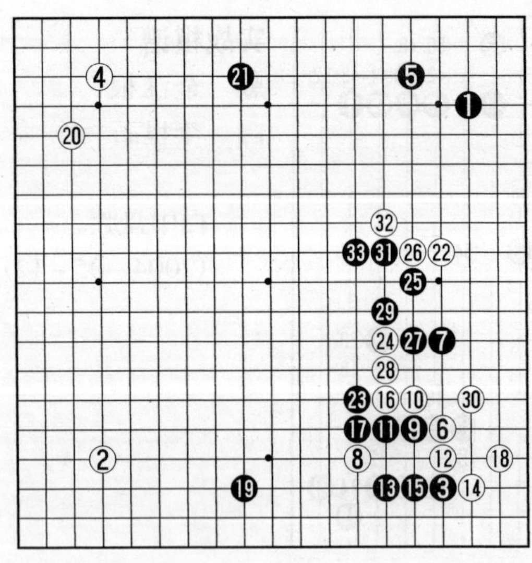

实战棋谱

黑　李世石

白　江鸣久

黑中盘胜。

(2004－05－20)

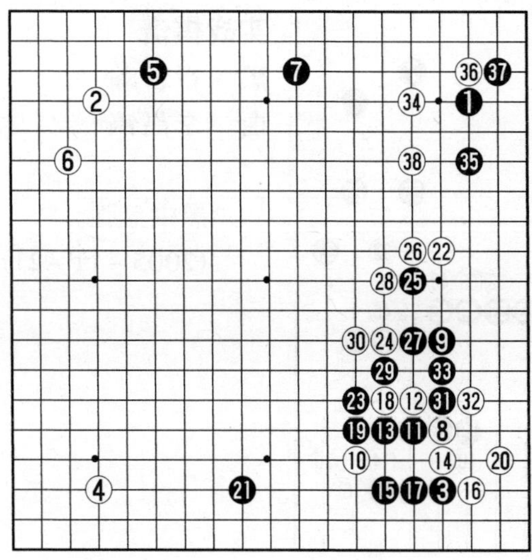

实战棋谱

黑　金志锡

白　李昌镐

白中盘胜。

(2006－08－04)

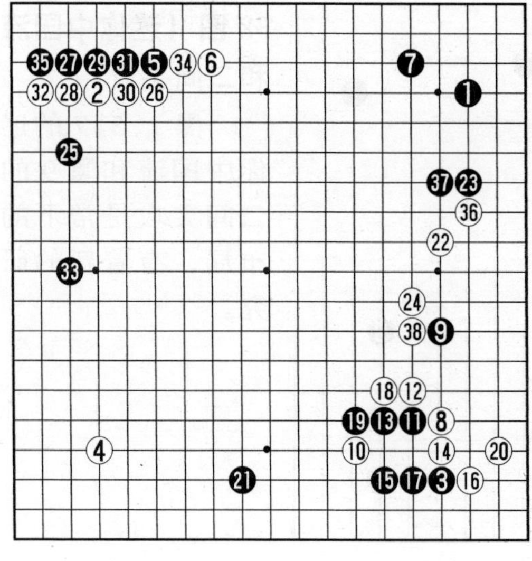

实战棋谱

黑　朴永训

白　李昌镐

黑 4. 5 目胜。

(2005－10－11)

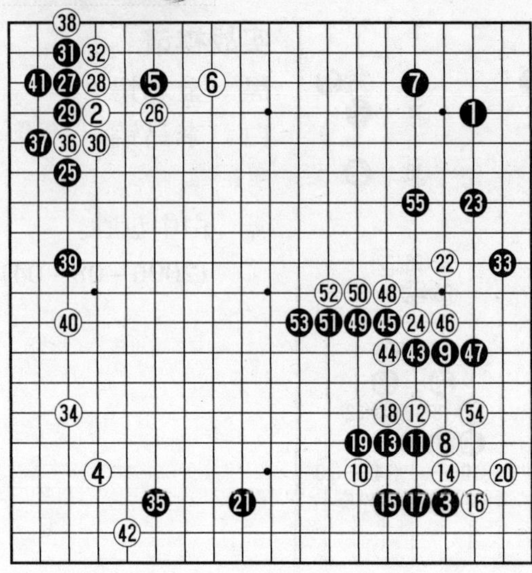

实战棋谱

黑　崔哲瀚

白　李昌镐

黑中盘胜。

(2005－11－21)

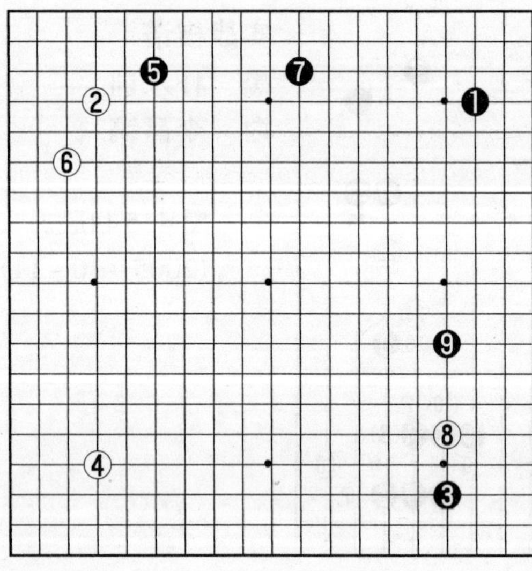

38 图（迷你中国流和二间夹攻）

黑 1、5、7 的迷你中国流和黑 9 的二间夹攻是常下的布局，有着新的研究。

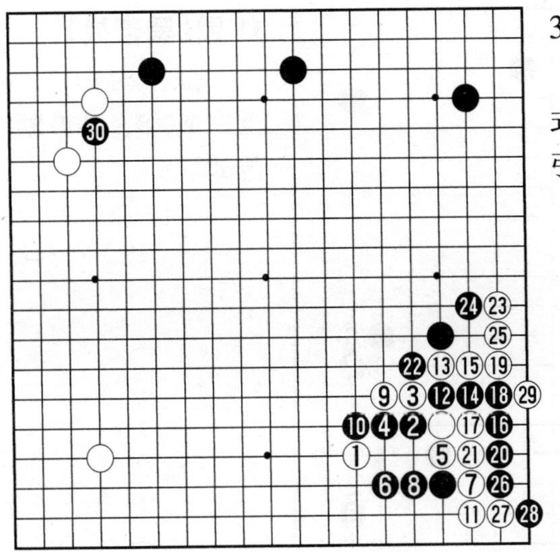

39 图(引征)

白 1 开始的定式进行有黑 30 的引征准备着。

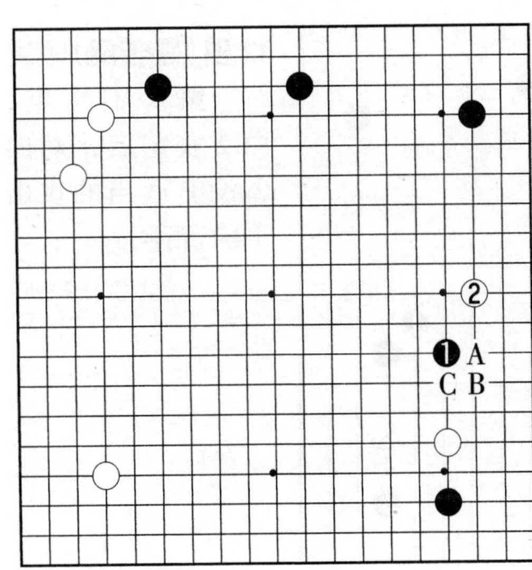

40 图(新的企图)

黑 1 时白 2 是反抗黑意图的新的手法。之后,瞄着白 A,黑 B,白 C 的切断。

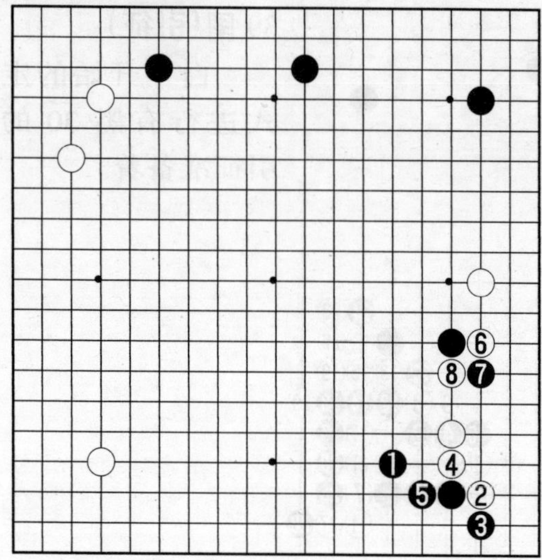

41 图（黑苦战）

黑 1 时白 2、4 至白 6、8，黑被断，苦战。

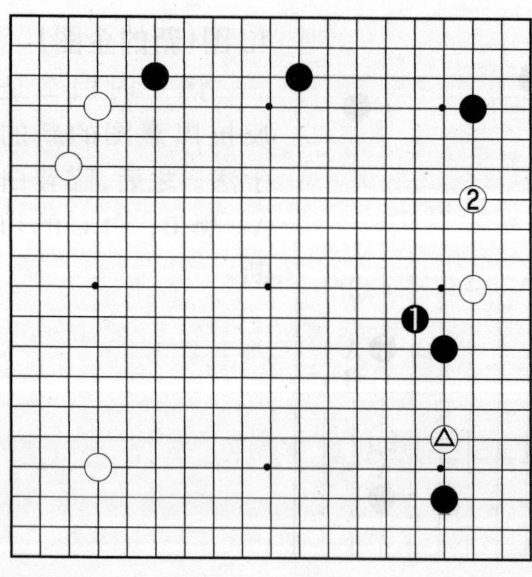

42 图（黑苦闷）

黑 1 不实惠，白 2 安定后，对白△没有适当的攻击手段，苦闷。

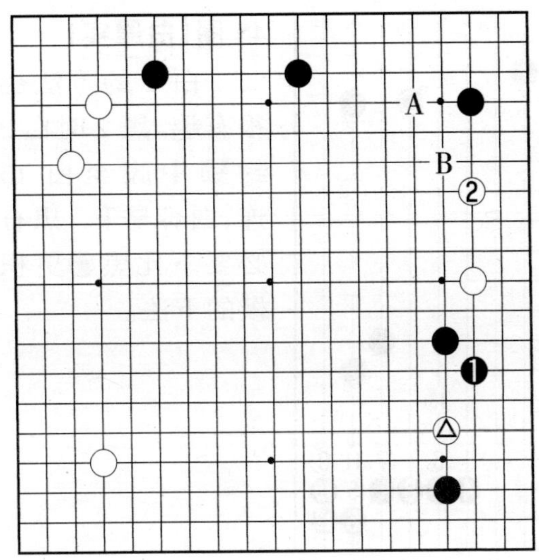

43 图(蓄力)

黑 1 切断白棋坚实地蓄力好。之后,白 2 时黑可下 A 或 B,可攻击白△。

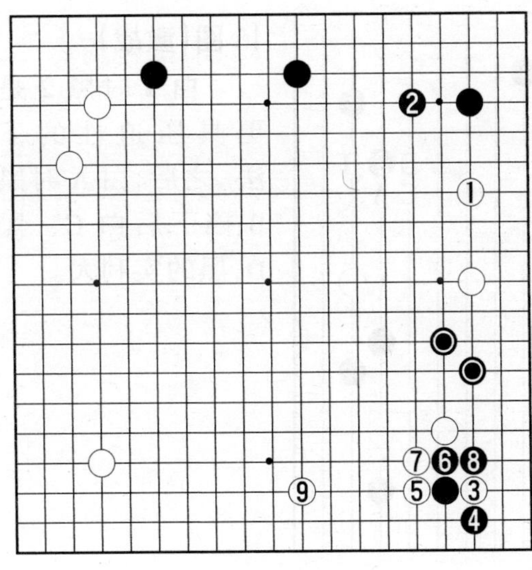

44 图(白有余地)

白 1 时黑 2,白也有余地。右下腾挪白棋有多种变化可想,白 3,至白 9 白无不满。因为原来黑◉很坚实,但有些重复。

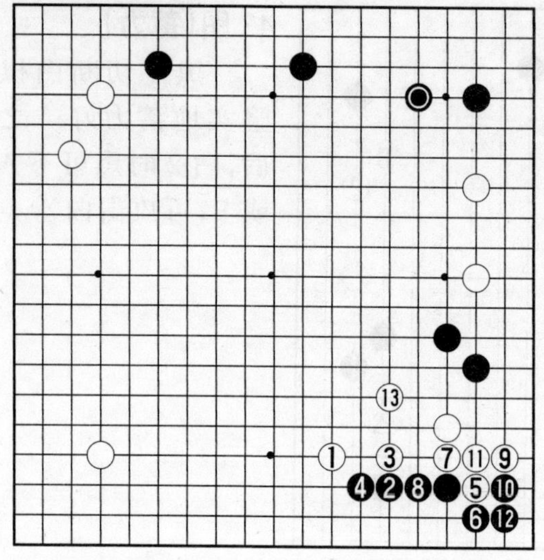

45 图(白厚实)

白 1 的下法也很有趣。黑 2 时白 3 封锁中腹至白 13 连,白容易下。黑有必要下比黑◎更积极的下法。

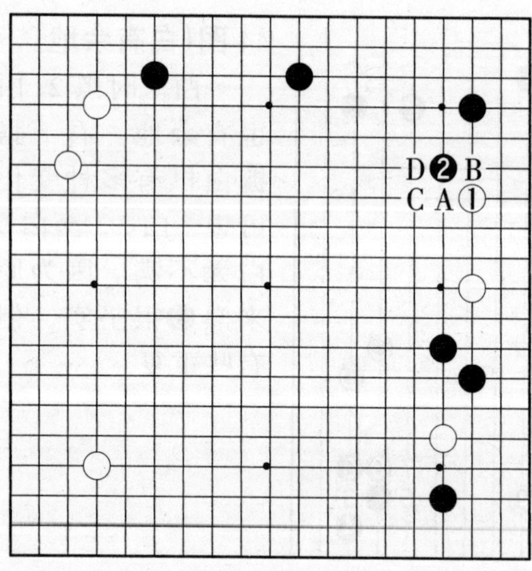

46 图(激战)

白 1 时黑 2 是更具压迫性的下法。之后,白 A 时黑 B 挡下后白 C、黑 D,黑的实利大。

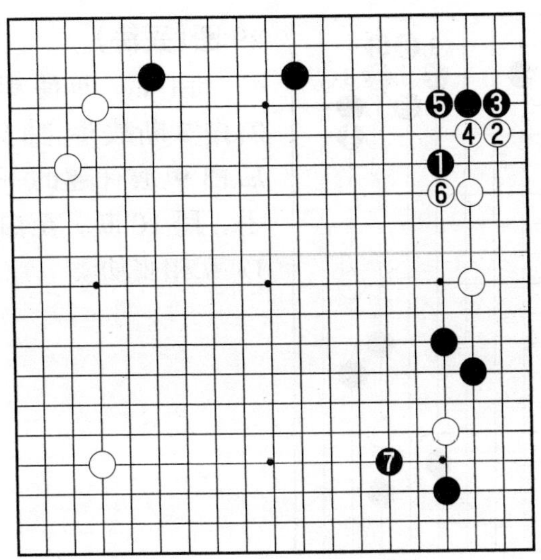

47 图（妥协）

白棋在白 2、4 后白 6 平常。这里的变化很多，省略。至黑 7 两分。

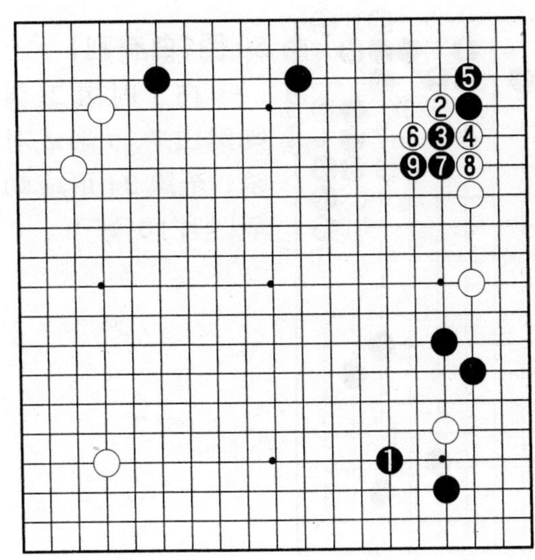

48 图（乱战）

黑单纯下黑 1，白 2 要下右上角，这手最积极。黑 3 扳至黑 9，出现难解的变化。

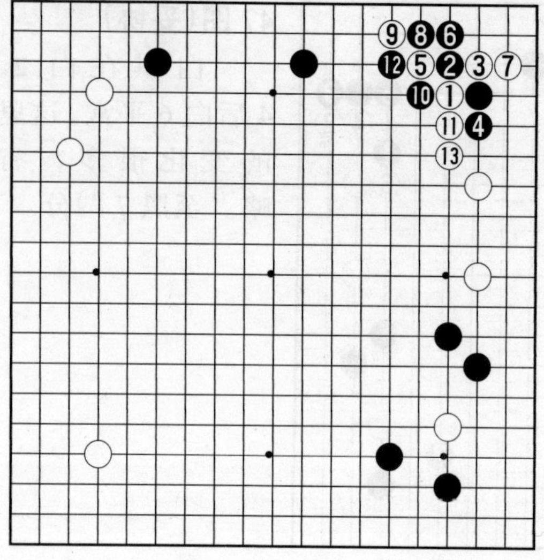

49图(妥协)

白1，即使黑2,白3断战斗。白7后白9是有趣的一手，黑10断，至白13互相妥协。

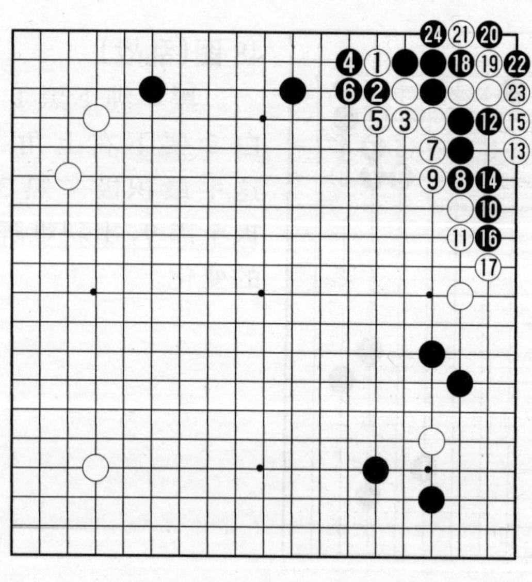

50图(白有利)

白1时黑2、4则黑白7、9形成对杀，至黑24形成劫争,但白更好下。

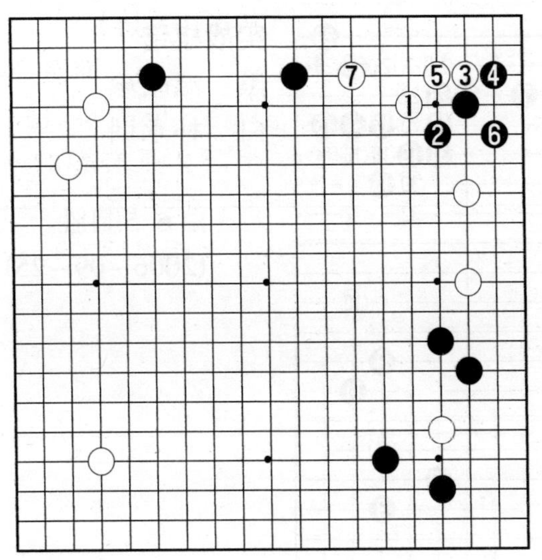

51图(白薄)

单纯白1则黑6轻松，至白7，白棋味薄。

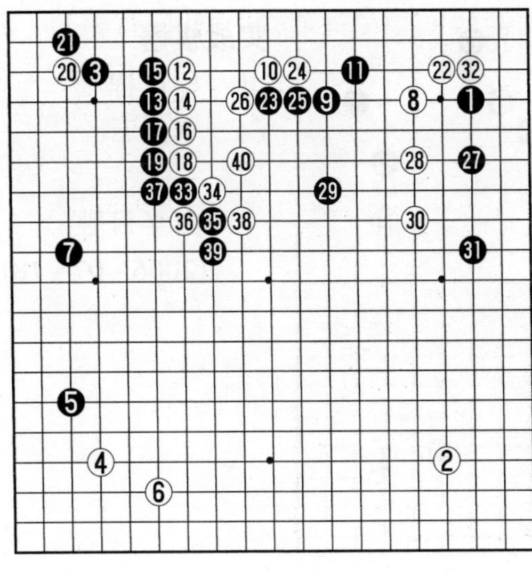

实战棋谱

黑　洪性志
白　崔哲瀚

白中盘胜。
(2006－07－23)

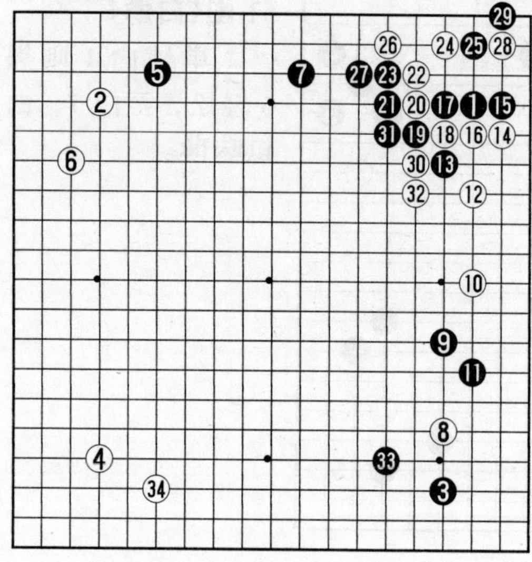

实战棋谱

黑　温昭珍

白　朴永训

白6.5目胜。

(2006－09－25)

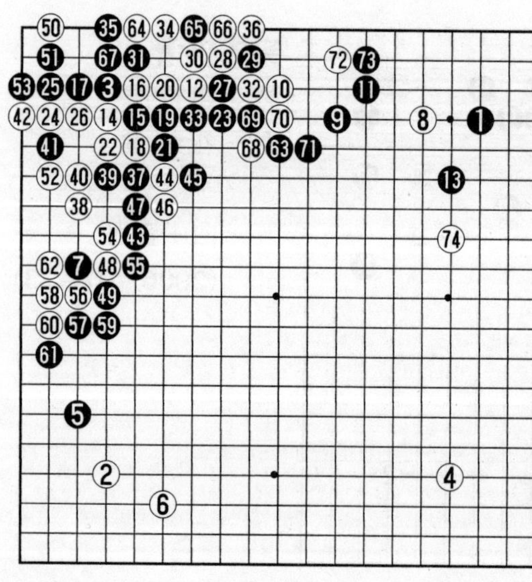

实战棋谱

黑　朴正祥

白　李世石

白半目胜。

(2006－07－18)

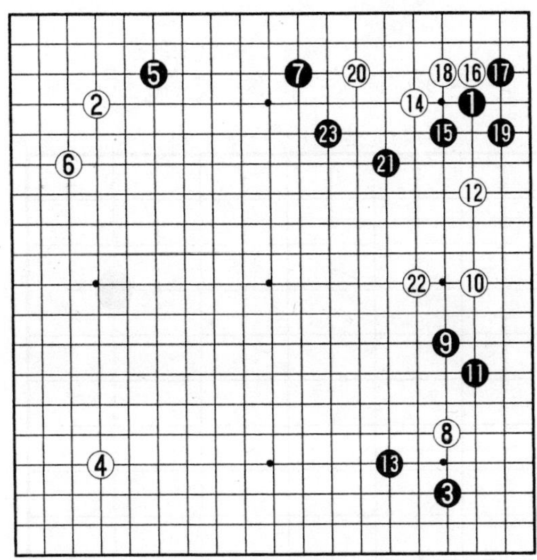

实战棋谱

黑　李世石

白　崔原踊

黑中盘胜。

(2006－08－03)

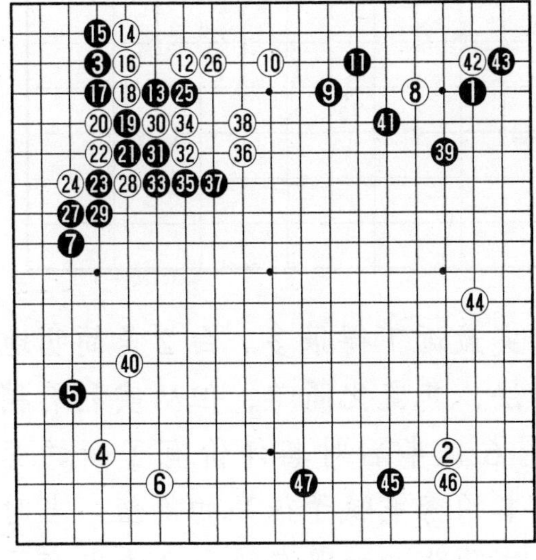

实战棋谱

黑　白洪淅

白　赵惠连

黑中盘胜。

(2006－11－28)

新型10　坚实的尖应手的大流行

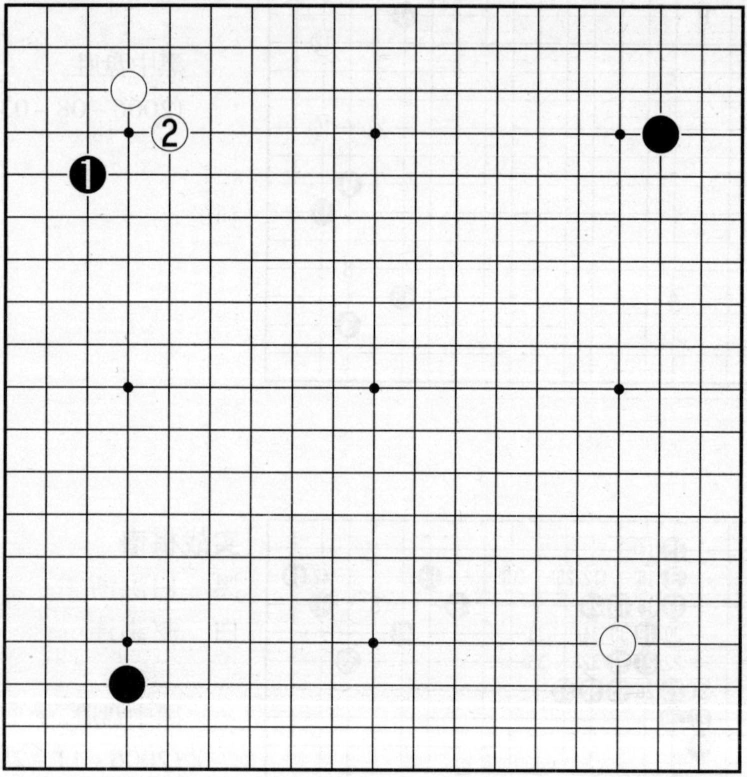

黑1时白2的尖最近下得很多。白2是简明地避开黑棋意图的手法，其变化简单，但从实利看稍显重复。贴目增到6目半后对其评价有了新的变化。此小尖过去日本的秀策赋予很高的价值。当时没有贴目，黑棋着法简明，和现在的白2小尖有区别。

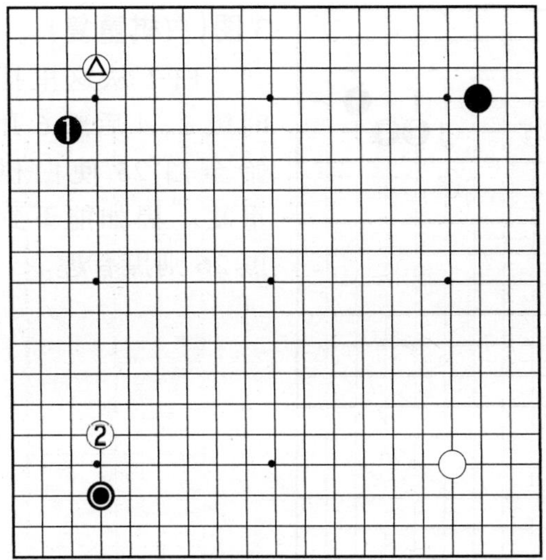

1 图（过去布局理论）

过去认为向小目（相对布置的白△和黑◎）先挂角的一方有利。即黑 1 挂白 2 时形成黑有利的展开。

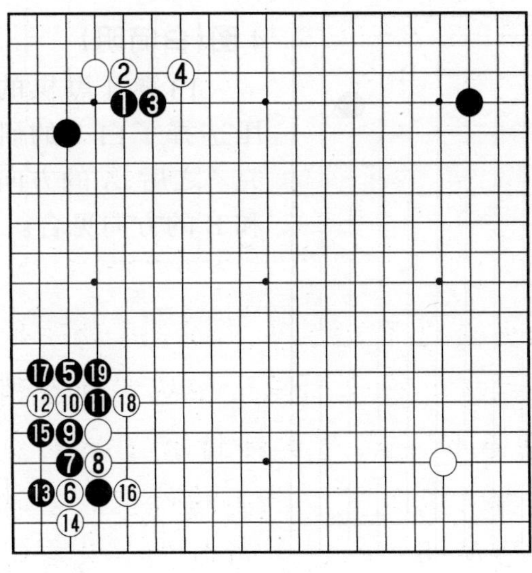

2 图(黑有利)

例如，黑 1 始至 19 左上角和左下角间隔理想，黑有趣。

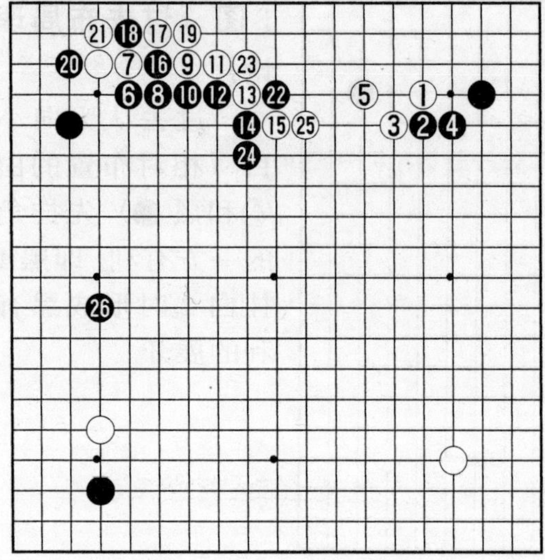

3图(白棋重复)

白1从这里挂时黑2、4后黑6开始至白25使白棋重复。黑如能下到黑26则黑有趣。

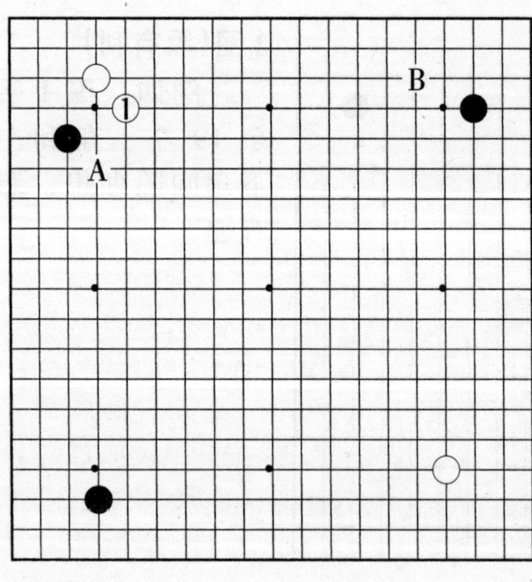

4图(白简明)

白避开黑棋的压选择了白1的研究。之后,A的方向和B的方向见合。

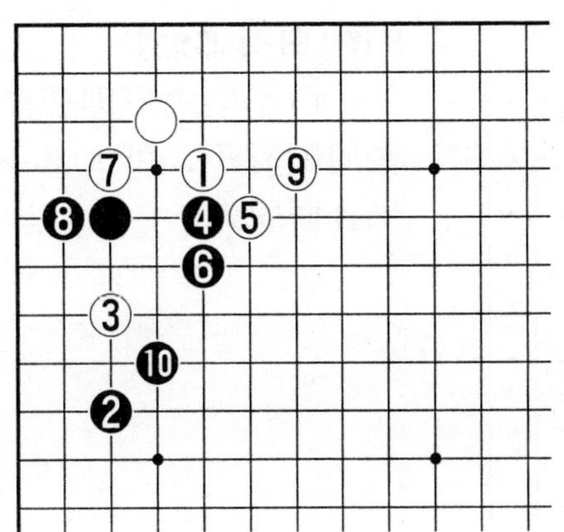

5 图(定式)

白 1 时,黑 2 普通,白 3 跳入至黑 10 是定式。

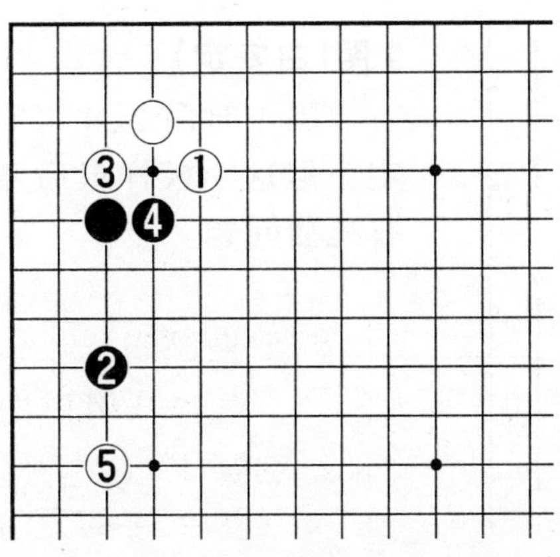

6 图(黑不舒服)

白 1 时黑 2 也可下,但白有 3、5 的压迫手段,黑不舒服。

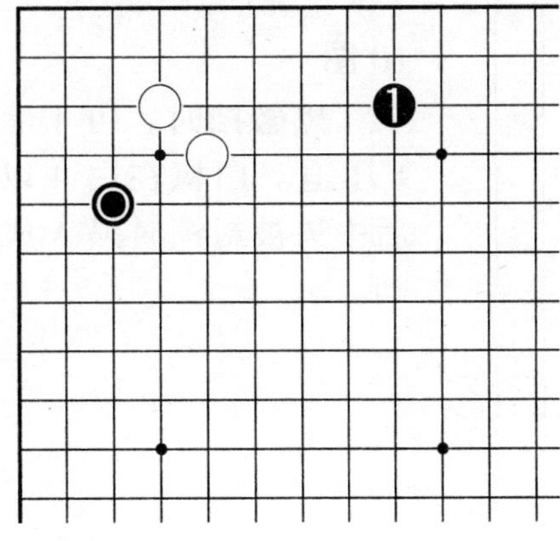

7 图(白的发展性)

白棋在上边的发展性好于左边,因此,黑在 1 方向靠近值得研究。白也要研究对黑◎攻击变化的研究。

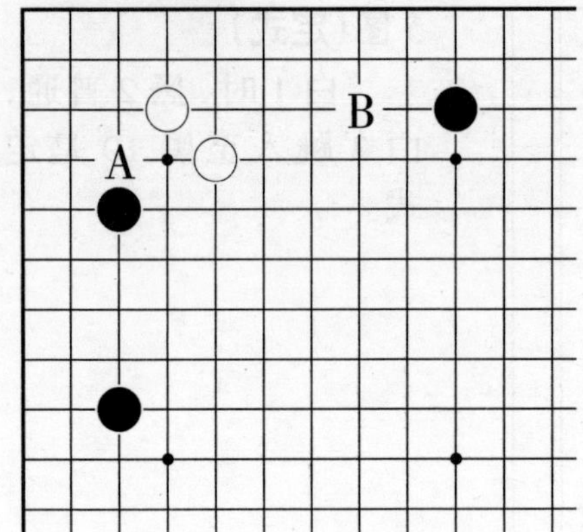

8 图（白有弹性）

白小尖之形即使黑在周围有子，可 A 和 B 见合而脱先。

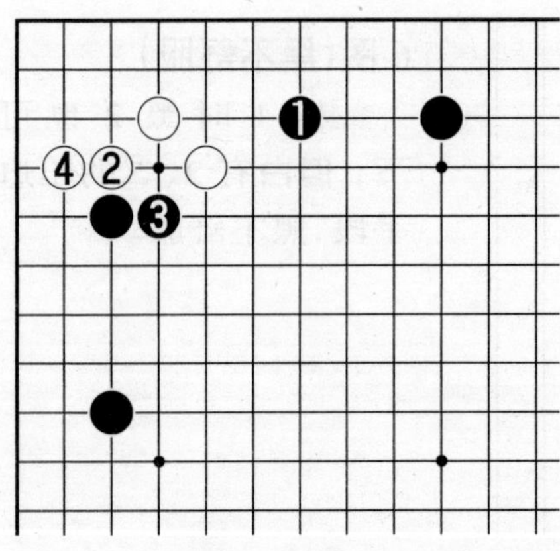

9 图（白安定）

黑 1 时白 2、4 可安定。但这个模样最后会有死活问题。

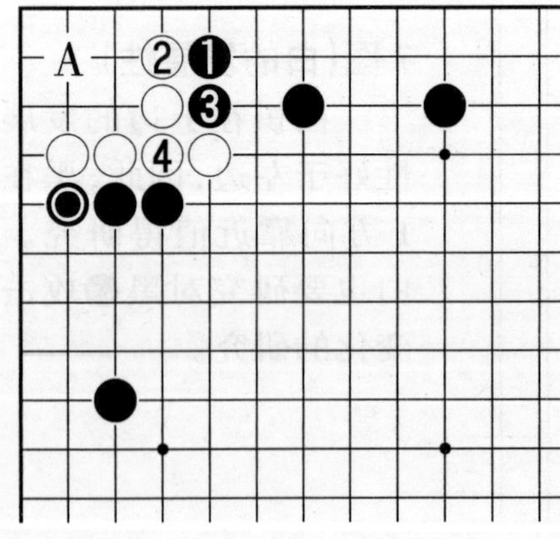

10 图

黑◉挡时，可于黑 1 压迫。白棋在白 4 以后中央被封锁时黑 A 成劫。

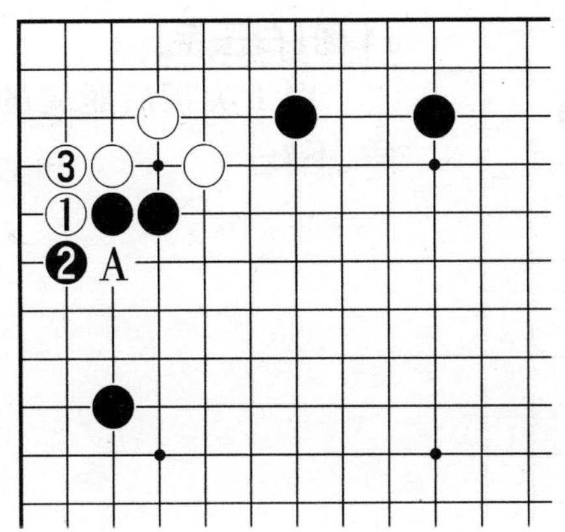

11 图(确实的着手)

白 1、3 可做更确实的空，之后可瞄着 A 断。

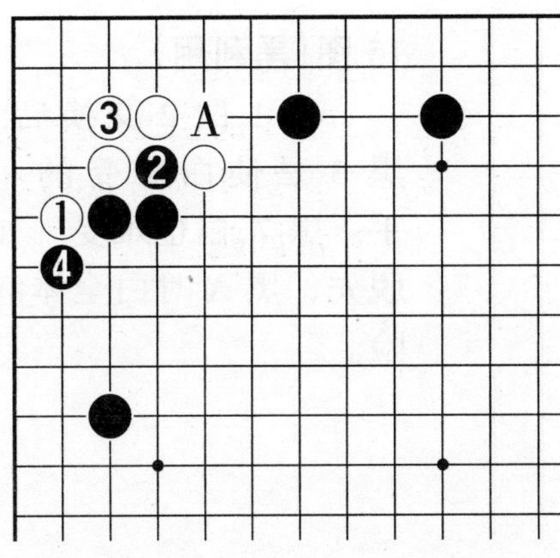

12 图(白不利)

白 1 时黑 2 则要注意。白 3 留下 A 的断容易被利用。

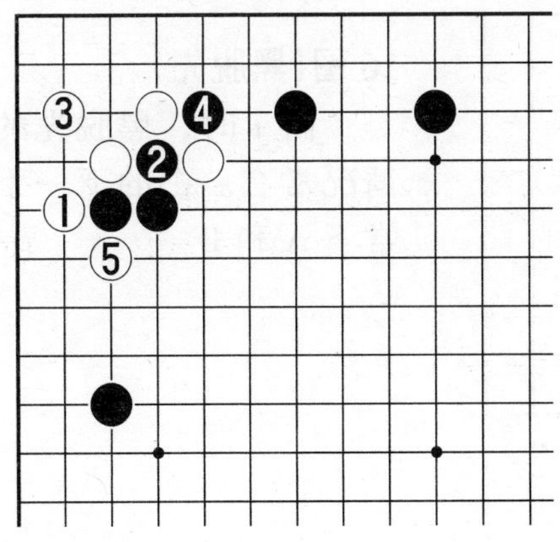

13 图(黑不利)

黑 2 时白 3 是正手。至白 5 黑不利。

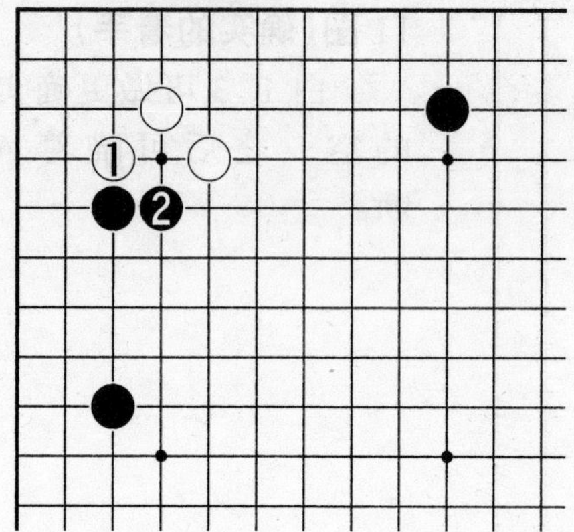

14 图(白恶手)

白 1 尖顶后脱先的话,不好。

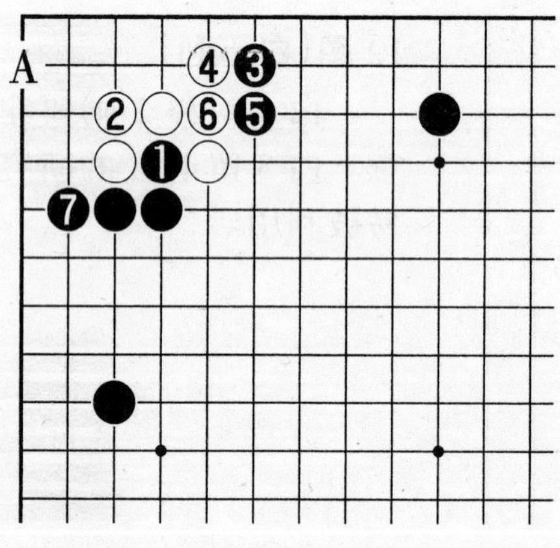

15 图(黑利用)

黑 1 白 2 交换后，黑 3 是使白难受的一手。黑 7,白也难受。如脱先，黑 A 时白全体危险。

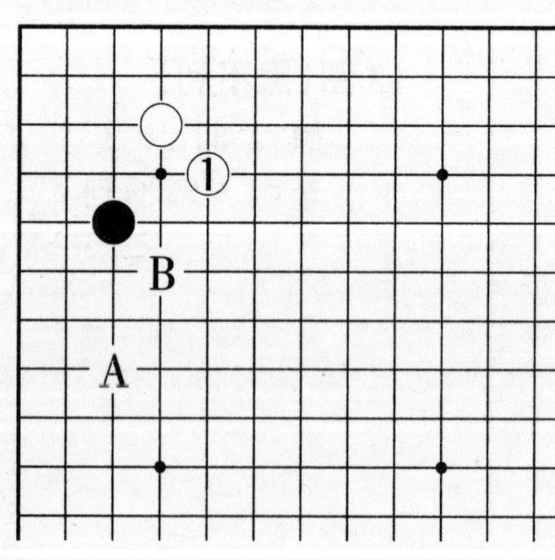

16 图(黑脱先)

白 1 时，黑脱先的情况常有。白的下一手常下 A 和 B。

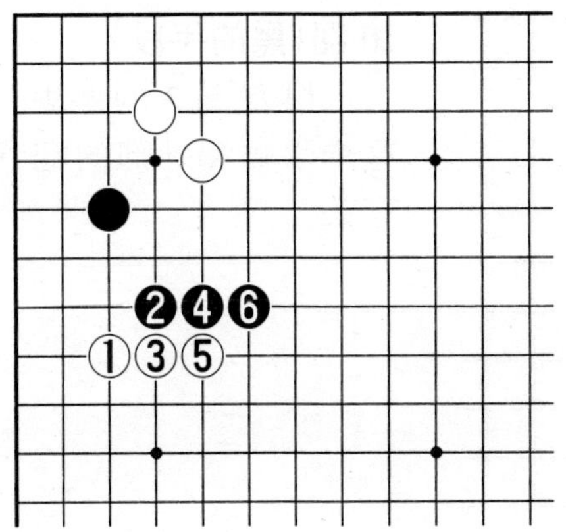

17 图(战斗)

白 1 黑 2 时至黑 6 可以预想。黑在白 1 时可脱先。

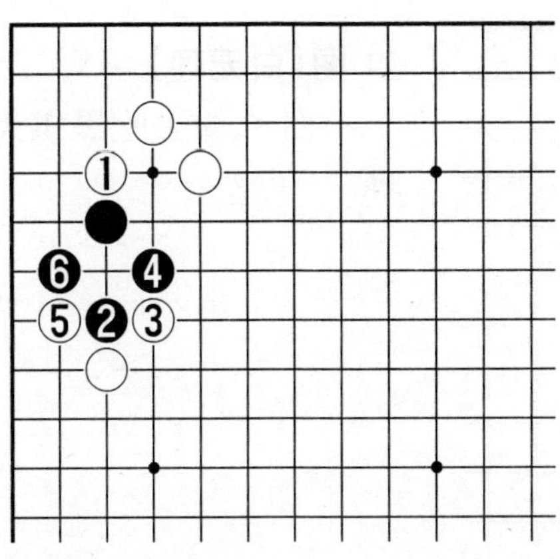

18 图(白实利)

黑脱先时白 1 是重实利的一手。之后黑 2 开始有应对的手段。

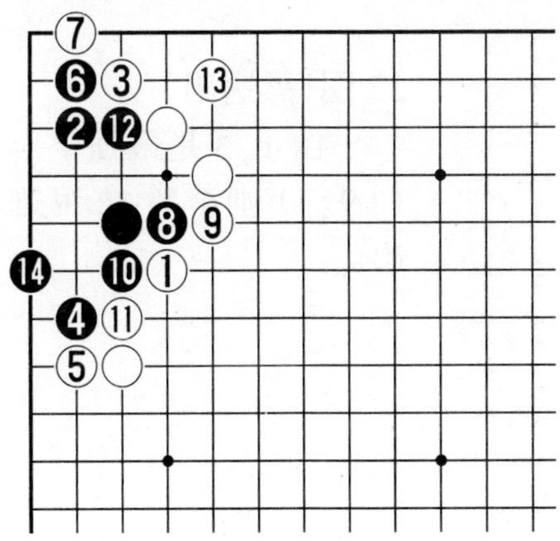

19 图(白势力)

黑脱先时白 1 封住黑棋取势。但黑一子有余味,至黑 14 时活棋。

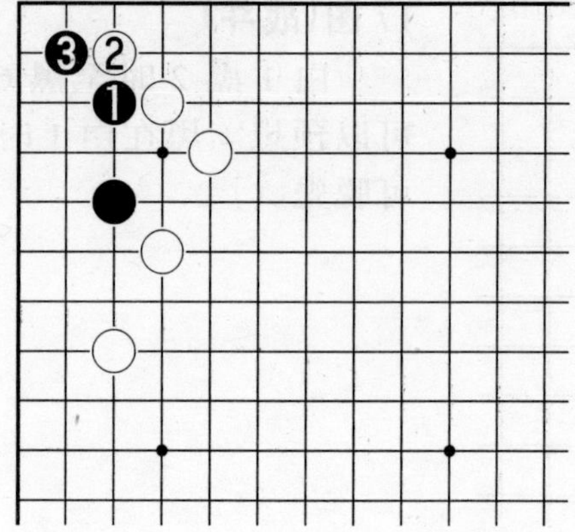

20 图(黑的手段)

黑有 1、3 的下法。这个手顺和外部的配置有关。

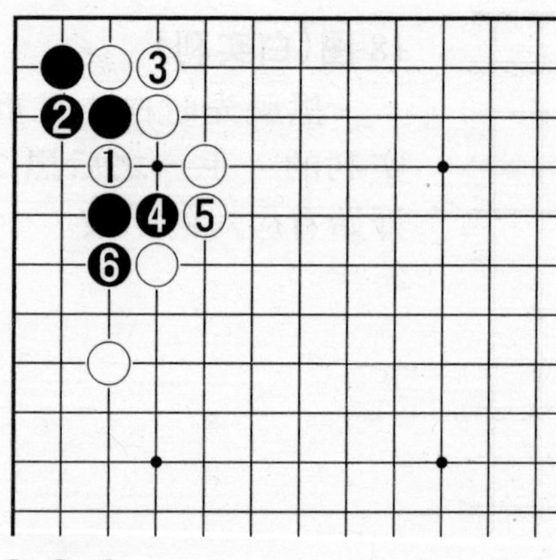

21 图(白无理)

白 1、3 去吃黑棋无理。

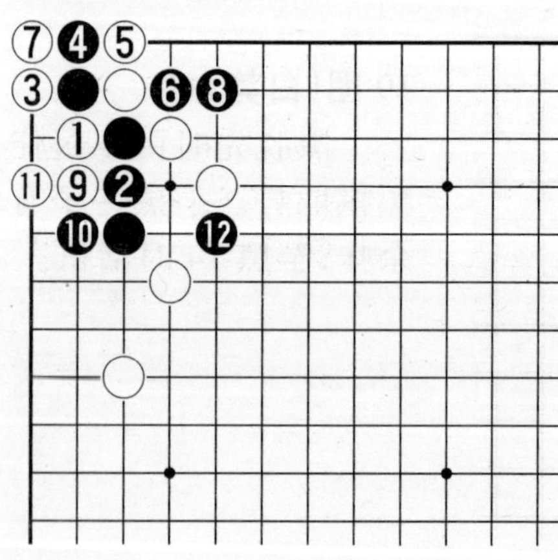

22 图(黑逃出)

白 1、3 是最强手。白 9、11 则至黑 12 可逃出。

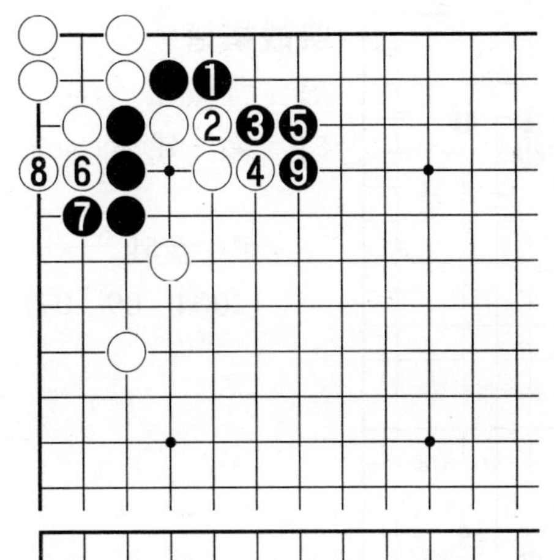

23 图（妥协）

白在黑 1 时下白 2 可吃角上黑棋，黑也可在外边得利。

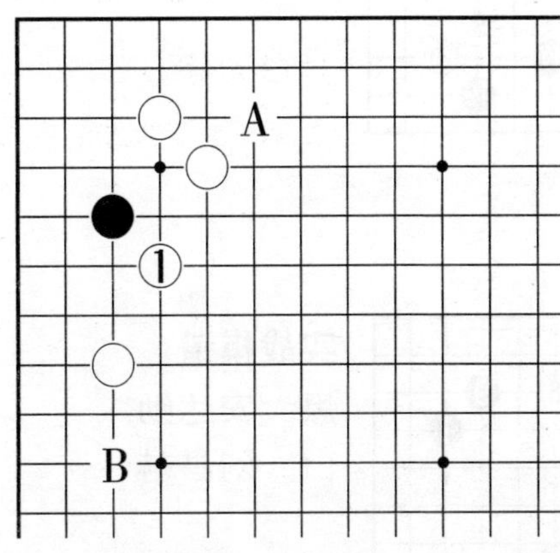

24 图（余味）

白 1 以后，在 A 或 B 的方向有黑落子时，角上会出棋，自身也有余味。

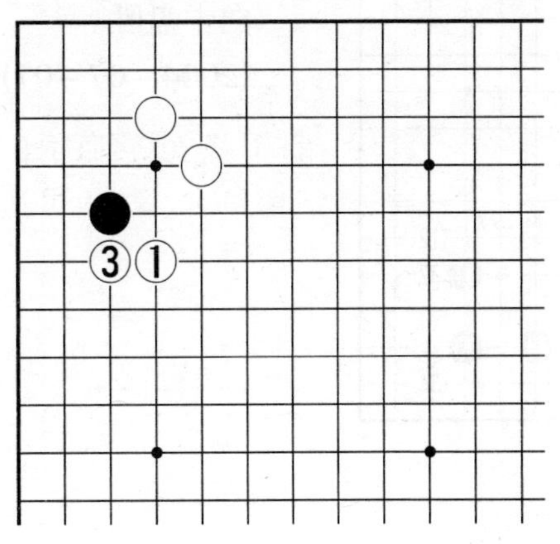

25 图（白确实）

白 1 后黑脱先，白 3 比 24 图更确实。

❷脱先。

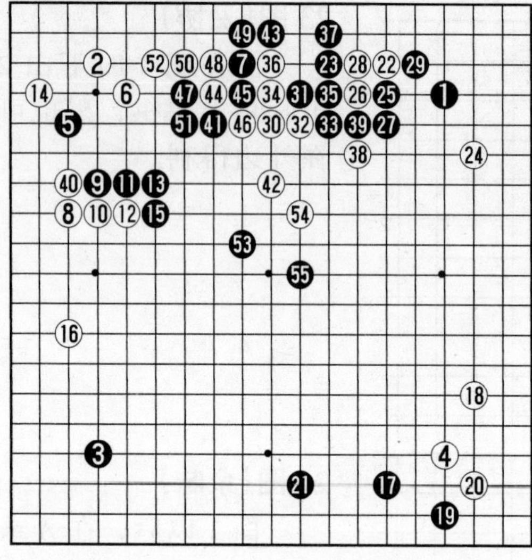

实战棋谱

黑　曹薰铉

白　梁　建

黑中盘胜。

(2004-09-07)

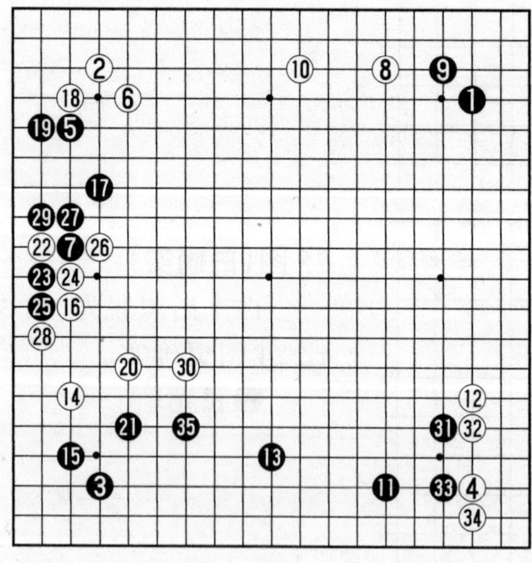

实战棋谱

黑　安达勋

白　刘昌赫

白中盘胜。

(2004-07-07)

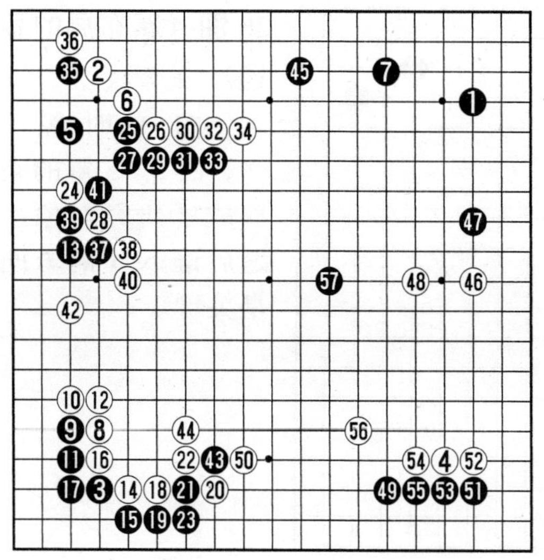

实战棋谱

黑　宋泰坤

白　聂卫平

黑中盘胜。

(2004－09－01)

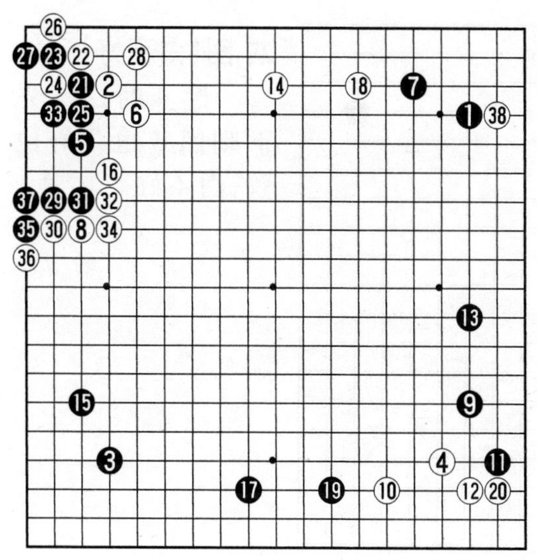

实战棋谱

黑　李昌镐

白　李圣宰

黑中盘胜。

(2005－08－04)

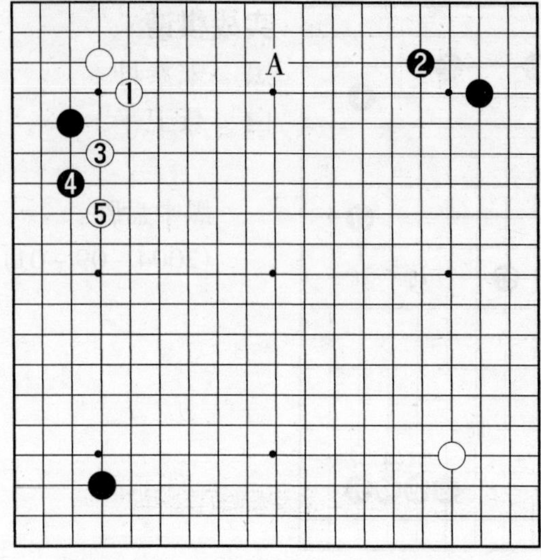

26 图（新布局的登场）

白 1 时黑 2 守，白 3、5 罩的布局成了研究对象。之后谁下 A 的方向是关键。

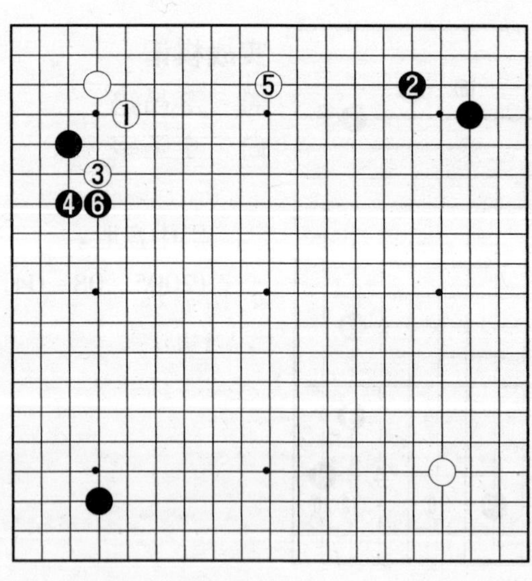

27 图（白不好）

黑 4 时白 5 先下则黑 6 也是好位置，白不好。

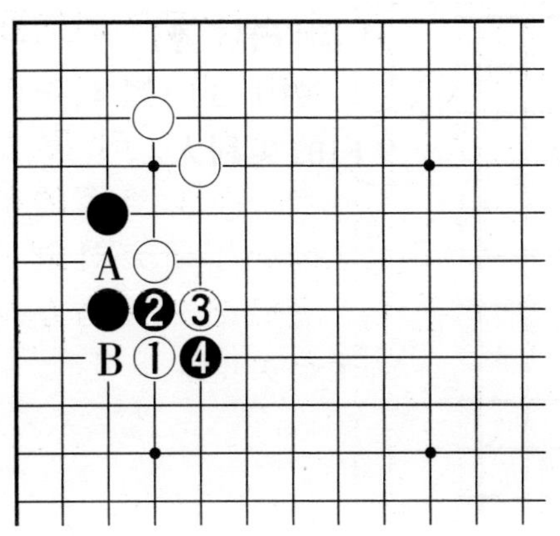

28 图(黑不好)

白 1 时黑 2、4 不好。之后白应手有 A 和 B。

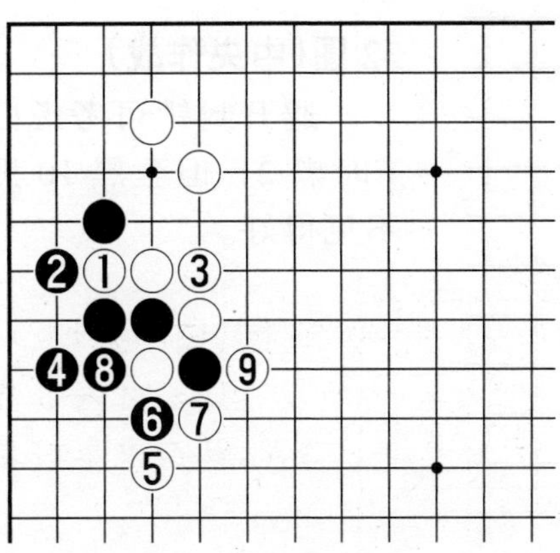

29 图(白优势)

白 1 时黑 2,白 3 以下至白 9,黑被封不好。

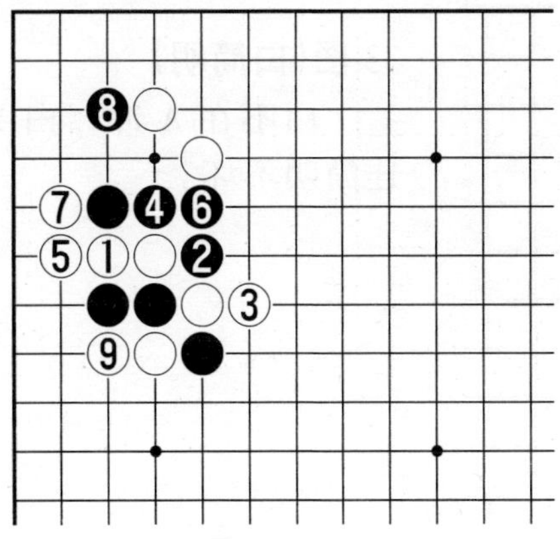

30 图(白优势)

白 1 时黑 2 反抗至白 9 还是白优势。

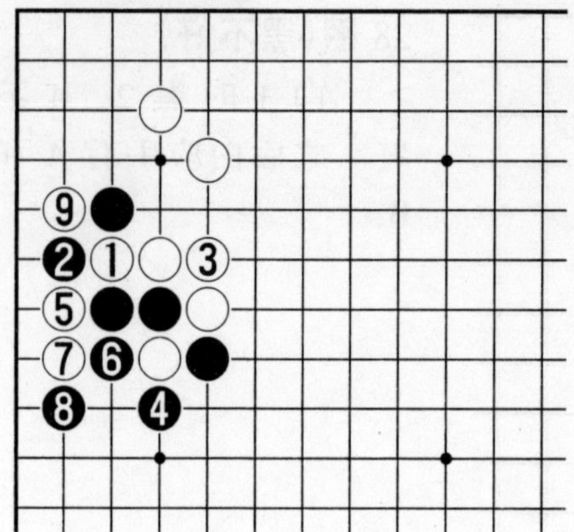

31 图（白优势）

白 1、3 时黑 4，至白 9 白的实利大。

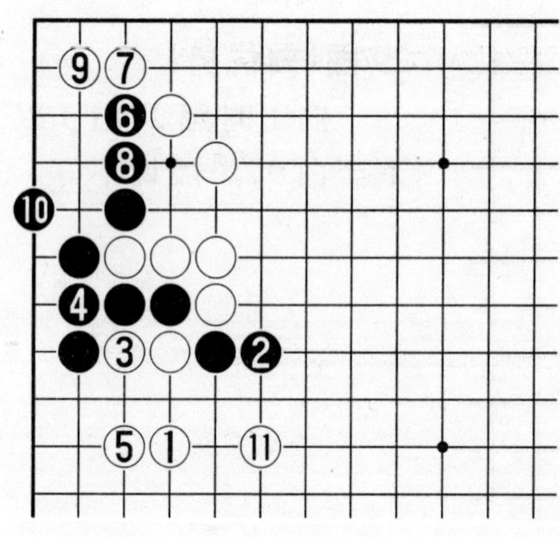

32 图（中央作战）

避开封锁可考虑白 1 时黑 2，但至黑 10 黑不见得好。

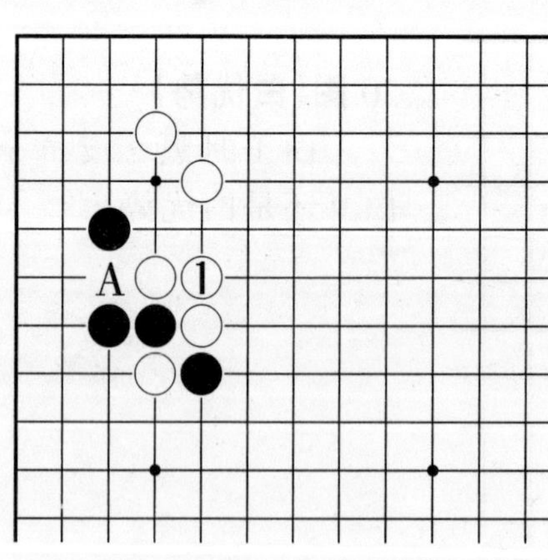

33 图（白简明）

白不在 A 冲，白 1 连简明不坏。

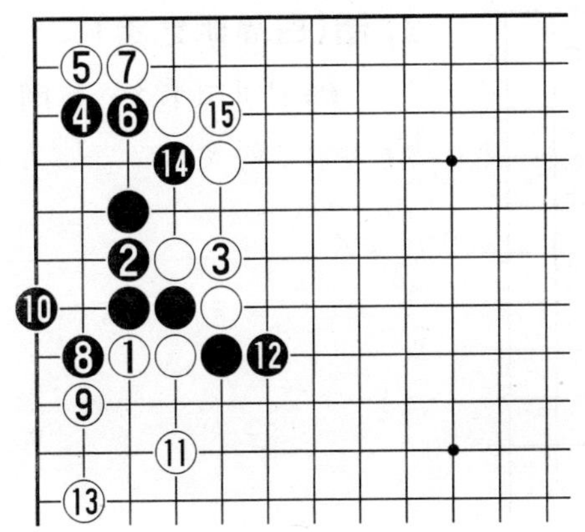

34图(白优势)

白在白1挡好。黑从2活棋使白棋外围坚实,黑不好。

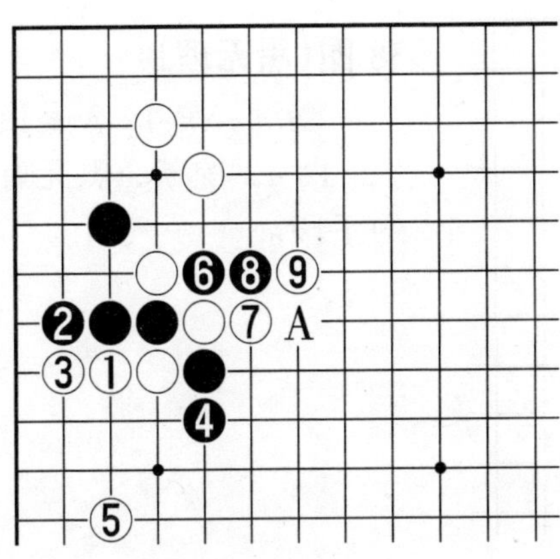

35图(引征关系)

白1时黑2是最强手,白3至黑8有A的征子关系。

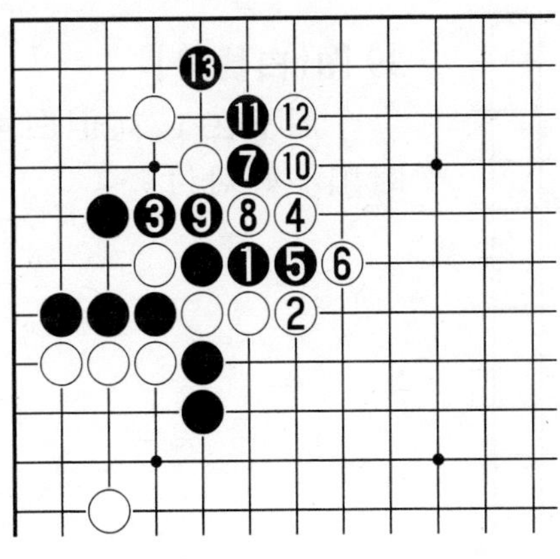

36图(白困难)

考虑到征子不利,黑1时白2缓一手则至黑13白棋困难。

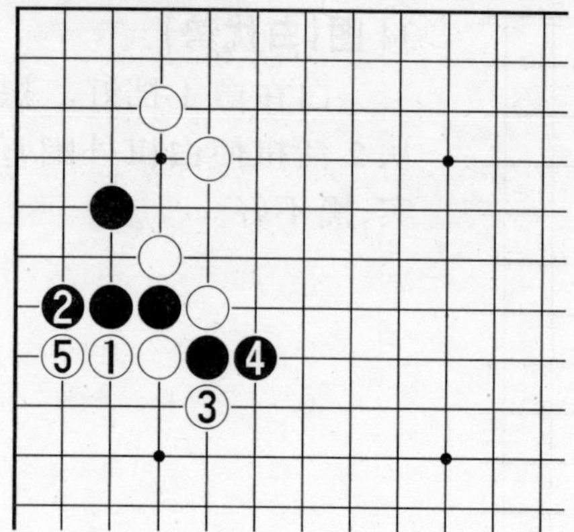

37图（白简明之策）

黑2时白3、5简明。

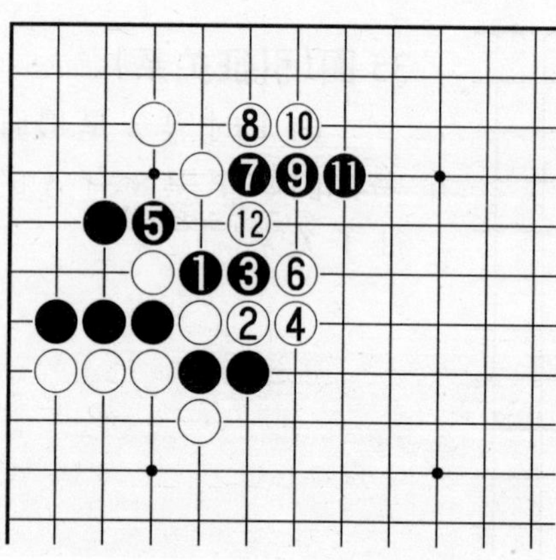

38图（黑无理）

继续，黑1、3是俗手，白12挖断，黑无好的手段。

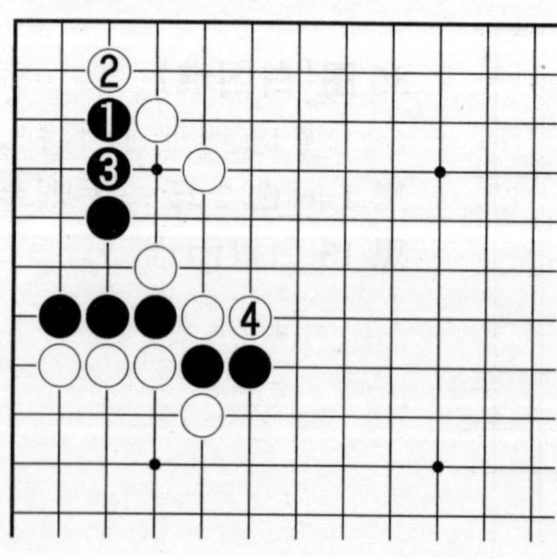

39图（白优势）

黑下在1、3，但白4时黑不好对付。

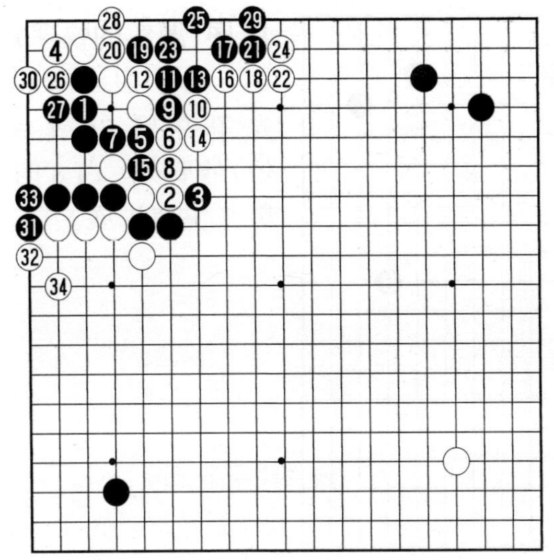

40 图(白强手)

继续，黑 3 防征子时白 4 有长的强手。黑 5 以后,可预想的变化是至白 34,白优势。

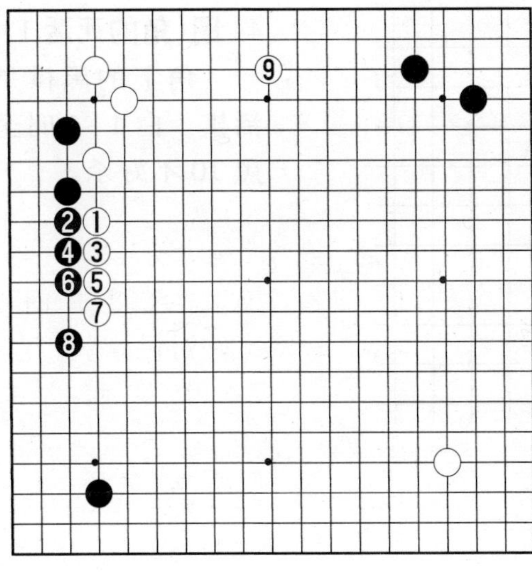

41 图(白优势)

白 1 时黑 2 是研究出的一手至黑 6。从布局理论看黑先出头白不好，但这是白争先手的手顺。这里黑 8 不对,被白抢占了 9 的要处。

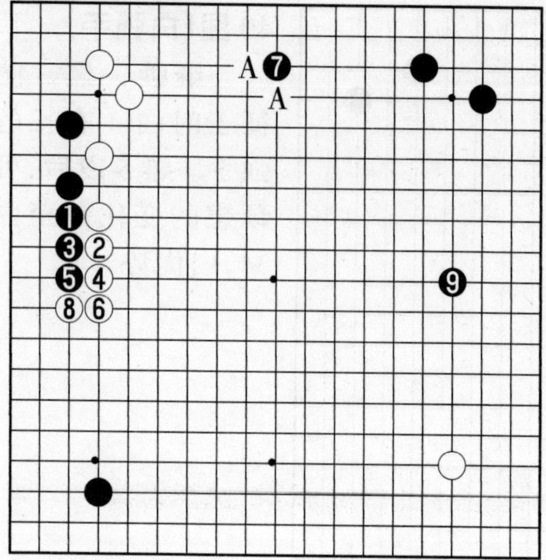

42图(厚实的快速)

黑在白6时脱先争夺黑7(或A位)的要处。白8时黑9快速扩展。

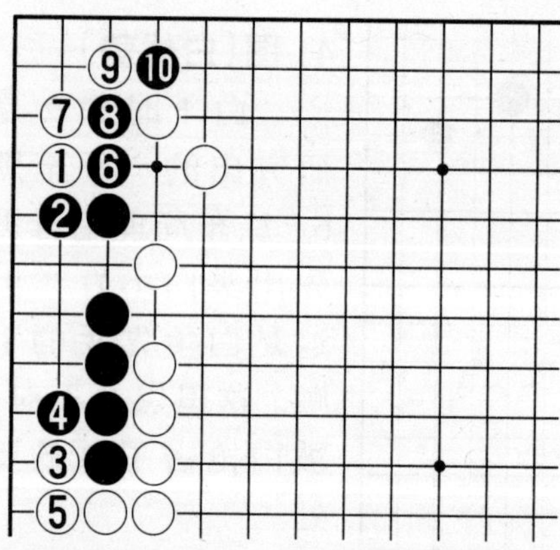

43图(角的死活1)

角上的黑棋是活棋。白1、3时至黑10不好杀。

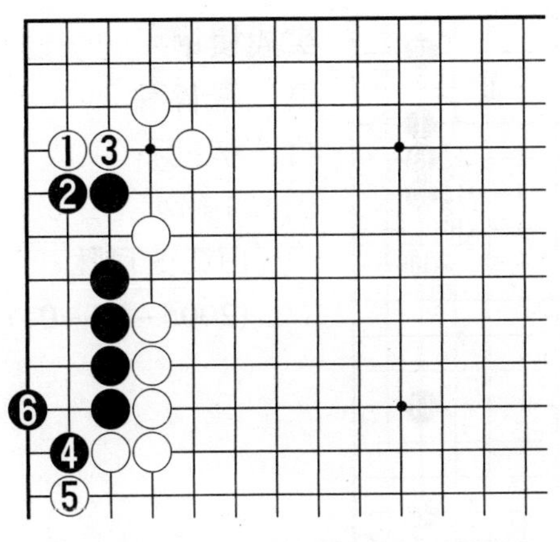

44 图（角的死活 2）

白 1、3 时黑 4、6 简单活棋。

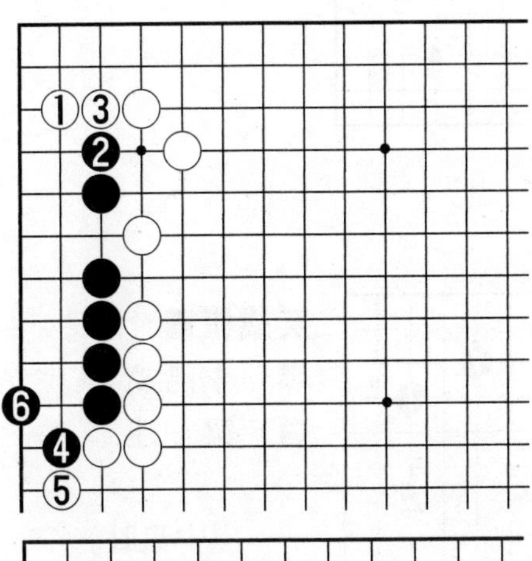

45 图（角的死活 3）

白 1 虽很棘手，黑 2、4 简单活棋。

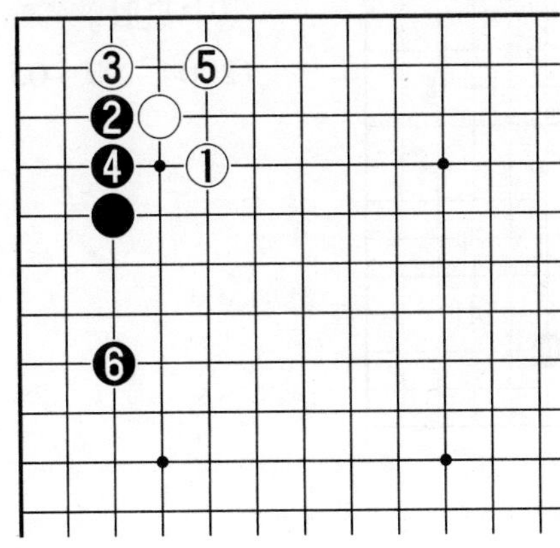

46 图（黑的其他研究）

白 1 时黑 2、4 交换后，也有黑 6 简明的下法。

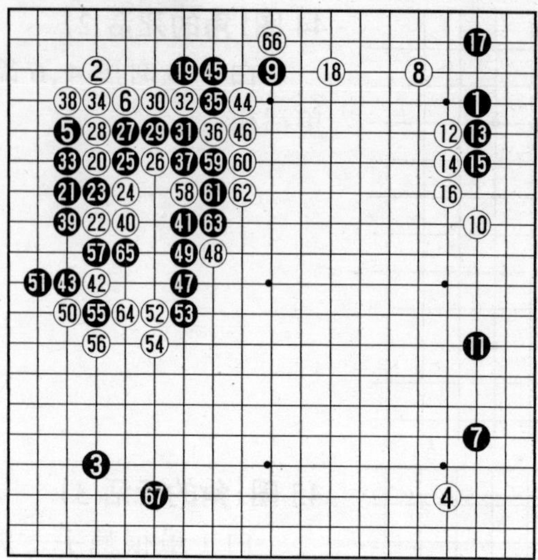

实战棋谱

黑　崔哲瀚

白　李世石

白2.5目胜。

(2005－07－04)

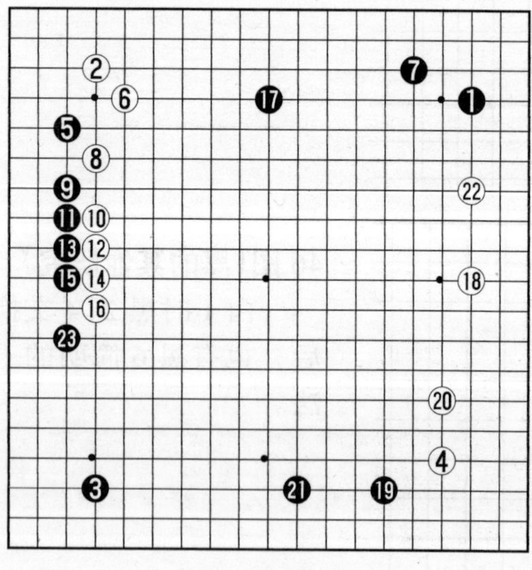

实战棋谱

黑　李昌镐

白　梁　建

黑中盘胜。

(2004－07－05)

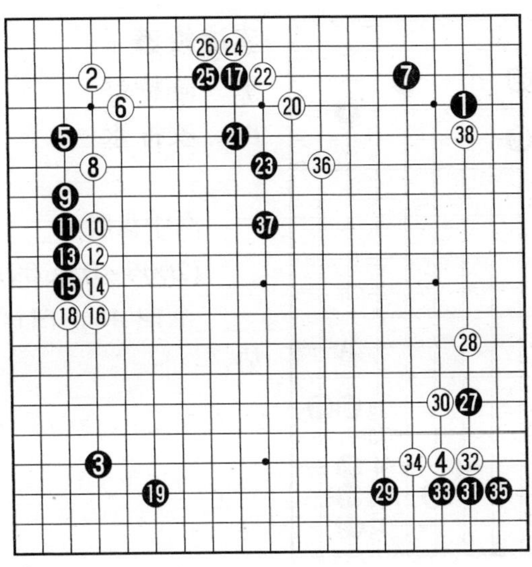

实战棋谱

黑　曹薰铉

白　高根台

白中盘胜。

(2005－09－01)

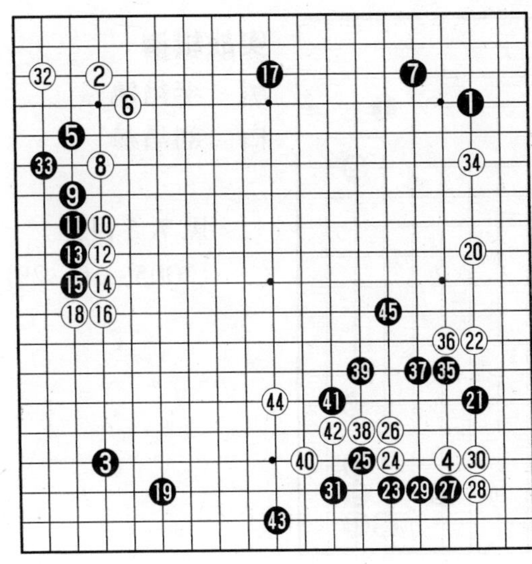

实战棋谱

黑　朴正根

白　高根台

白中盘胜。

(2005－12－19)

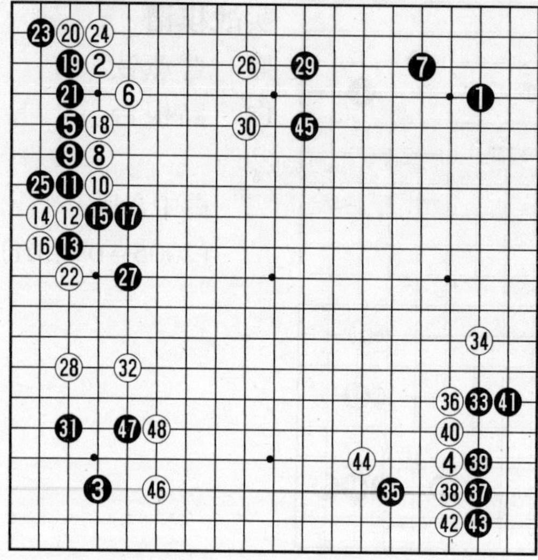

实战棋谱

黑　陈耀烨

白　安祚永

白中盘胜。

(2006－02－09)

至白 48，白优势。

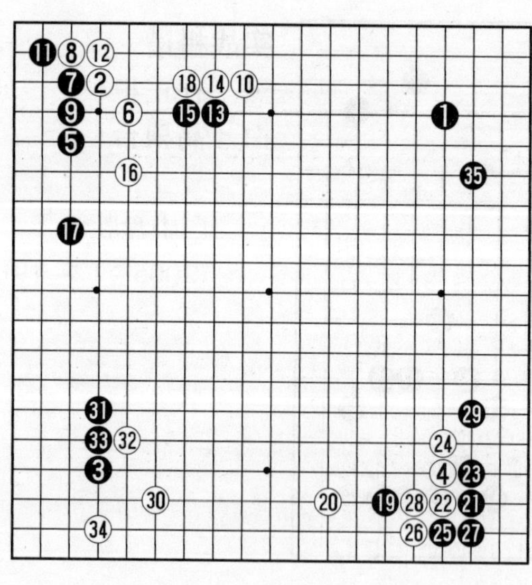

实战棋谱

黑　李昌镐

白　刘昌赫

黑 7.5 目胜。

(2005－10－29)

新型11　小目小飞挂时一间高夹的狂风

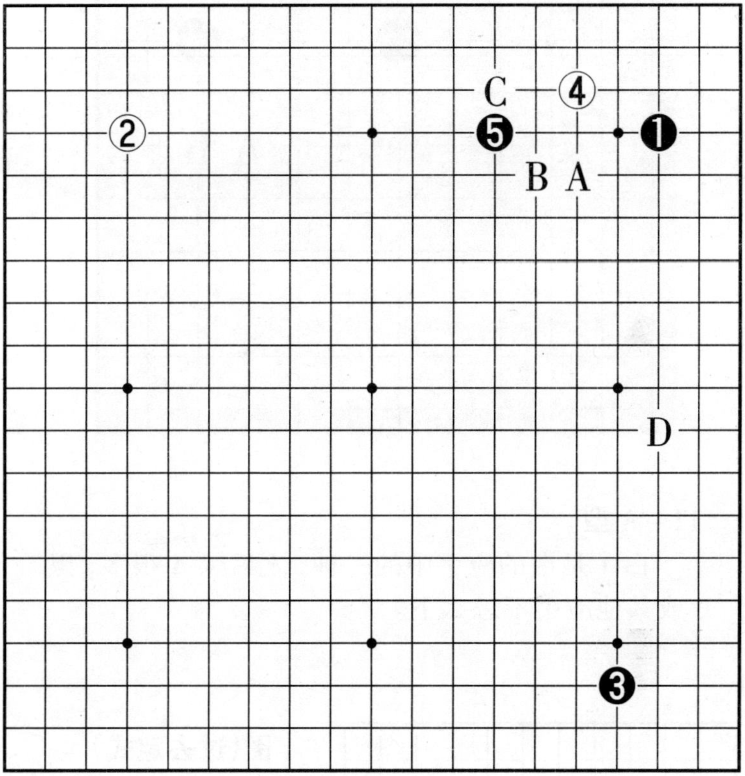

对白4的挂黑5是最近最常下的一间夹攻。这个夹攻，崔哲瀚九段用得最多，对李昌镐的战绩上升后大大流行起来。黑5时有A、B、C、D得到了研究。

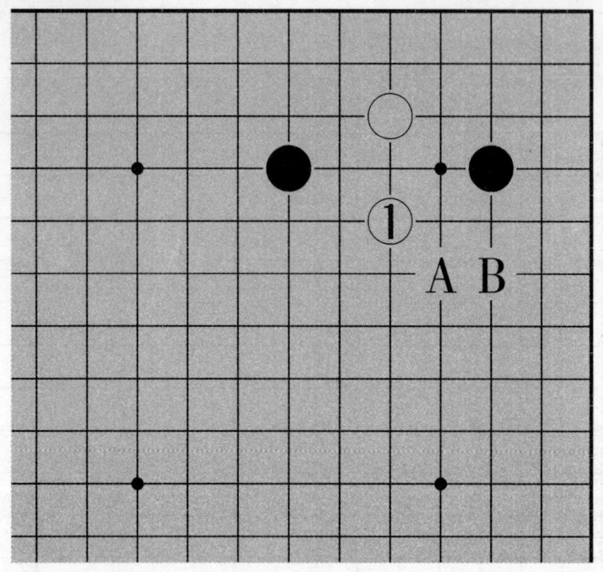

11－A 型

白 1 是白的应手中的一种，之后黑 A 很多，黑 B 或其他应手不怎么下。

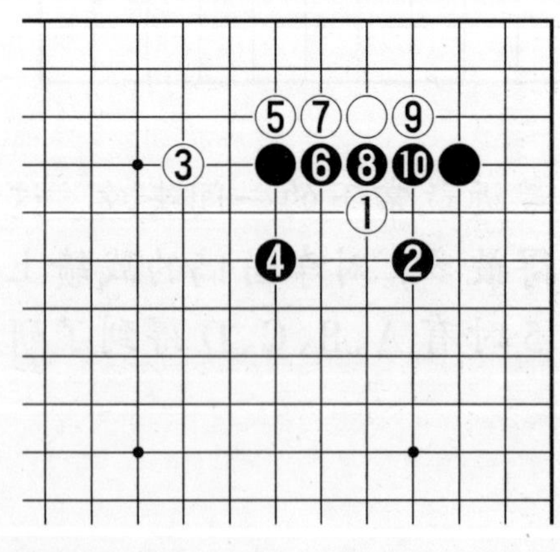

1 图（过去定式）

白 1 的跳至黑 10 是过去定式，现在黑如能连在 10，则认为黑棋厚。

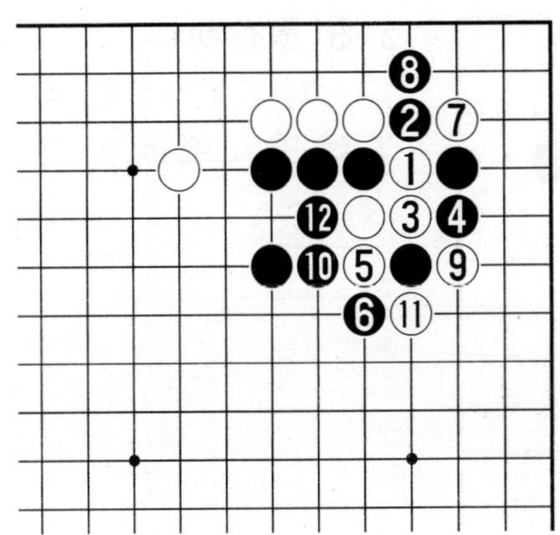

2 图(必然的手顺)

避开黑的厚势白 1 挖则黑 2，以后是必然的手顺。

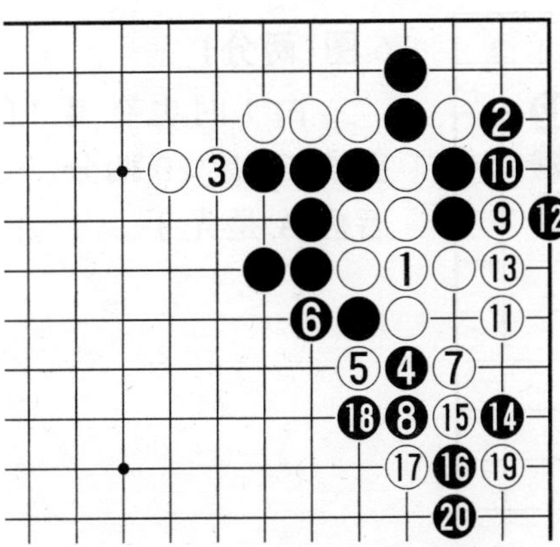

3 图(必然)

白 1 后黑 14 好手之后至黑 20 的进行。

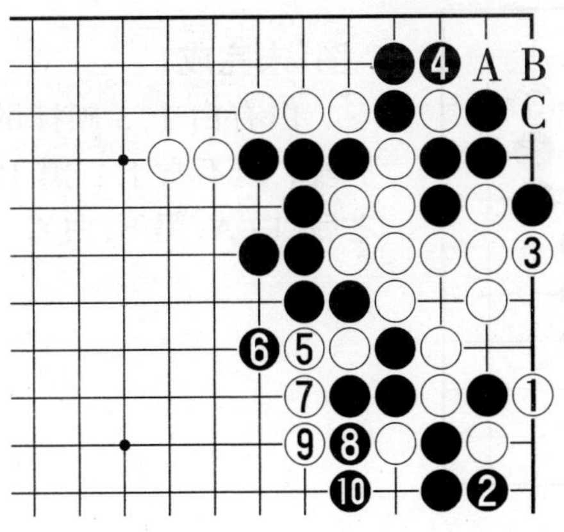

4 图(黑稍有利)

之后，白 1 黑 2 有白 3，黑不是先手。黑 4 不下的话，有白 A，黑 B，白 C。但是，白 5 即使动出黑 10 以后形成中腹作战，总体上黑不坏。

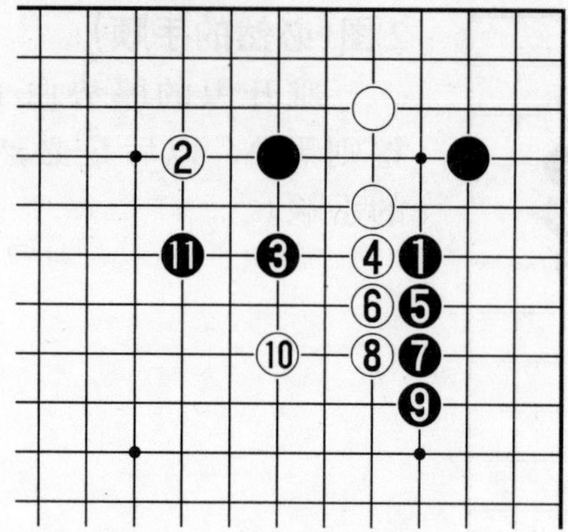

5图(黑有利)

对于黑3，白4在五线压，黑的实利过大。

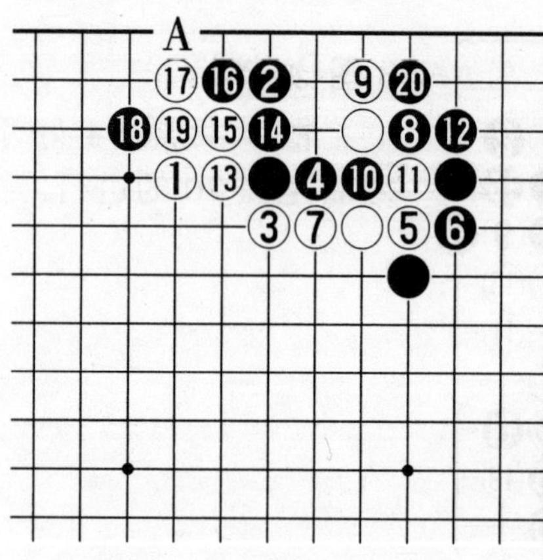

6图(两分)

白1时也有黑2的手段，至黑20两分。之后白A是先手。

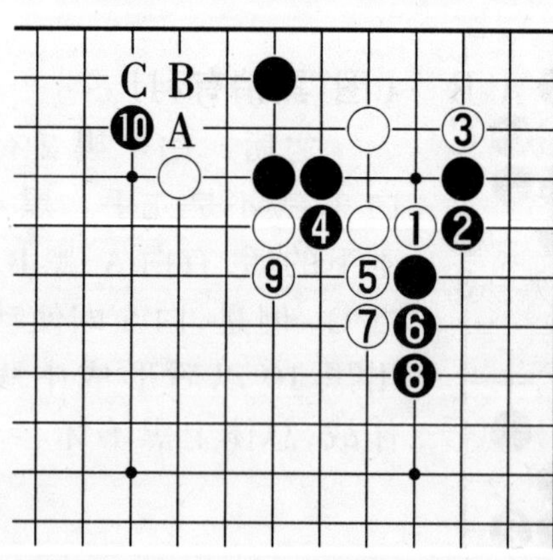

7图(未完成)

白有白1、3硬撑的手段，但不常下。黑10之后，白A，黑B，白C。

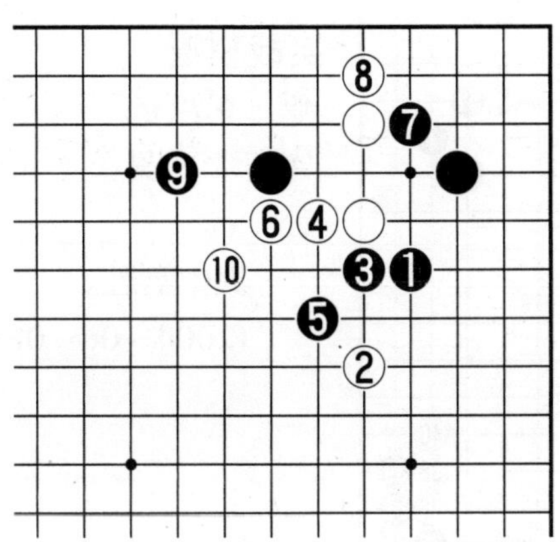

8 图（乱战）

黑 1 有白 2 的应手，白 10 以后双方形成较劲的局面。

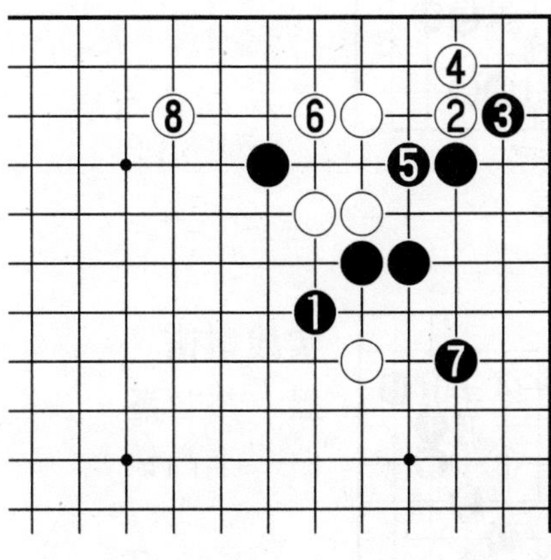

9 图（定式）

黑 1 时白 2 托至白 8 是定式。

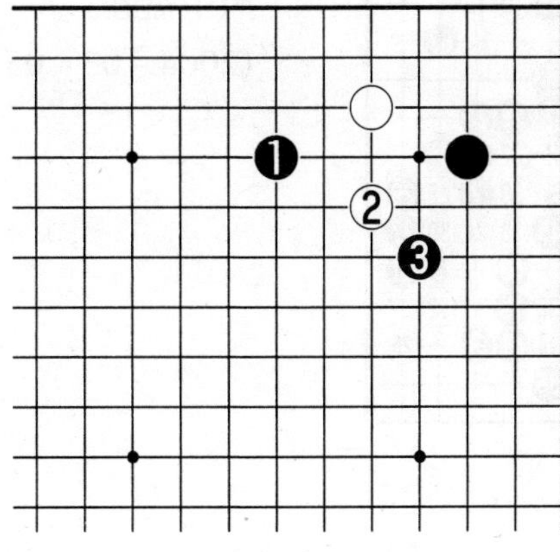

10 图（白不怎么下）

黑 1 时白 2 最近不怎么下。

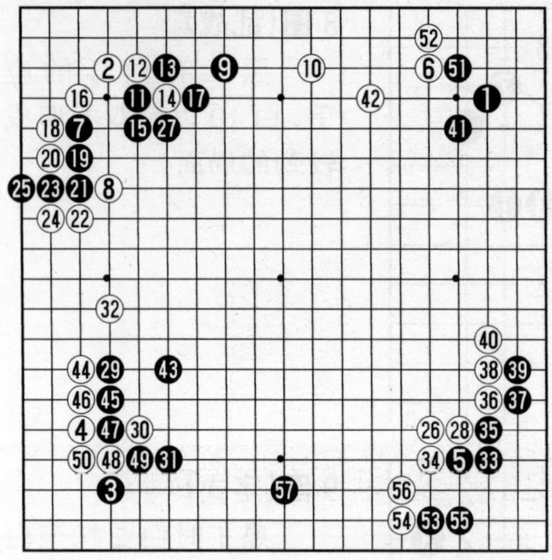

实战棋谱

黑　李昌镐

白　常　昊

黑中盘胜。

(2004－06－08)

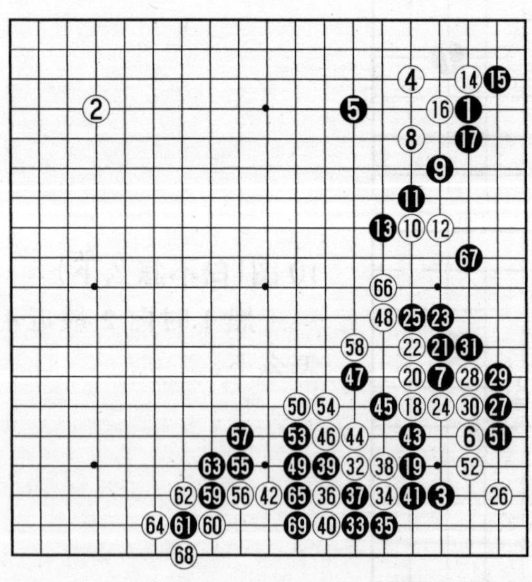

实战棋谱

黑　崔哲瀚

白　李昌镐

黑中盘胜。

(2004－03－05)

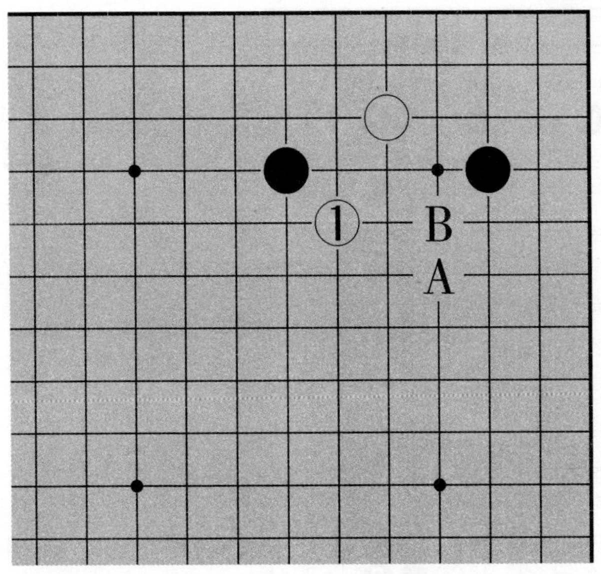

11－B 型

白 1 的小飞也是常下的应手。之后黑的应以 A 和 B 普通。

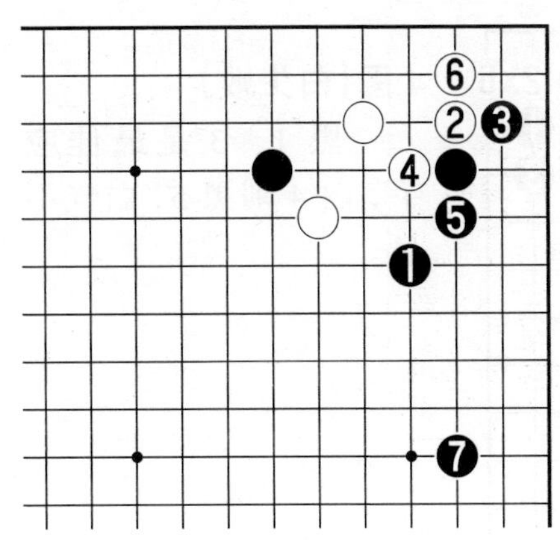

1 图（定式）

黑 1 时白 2 托黑 3 时白 4、6 安定至黑 7 的进行。黑看似好些，但多花了一手。

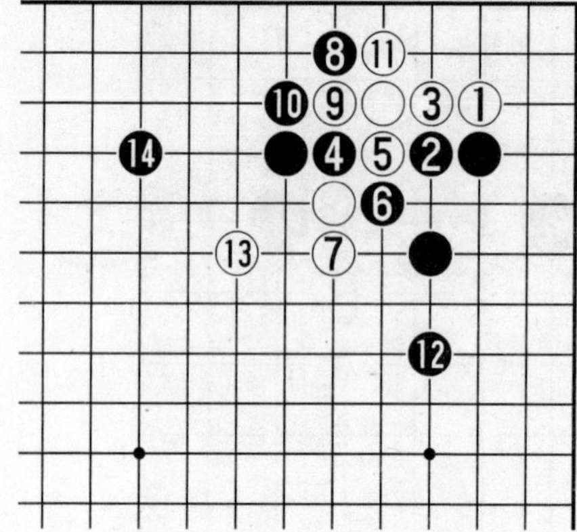

2 图(定式)

白 1 时黑 2，至黑 14 成过去常下的定式。但这个定式和征子有关需注意。

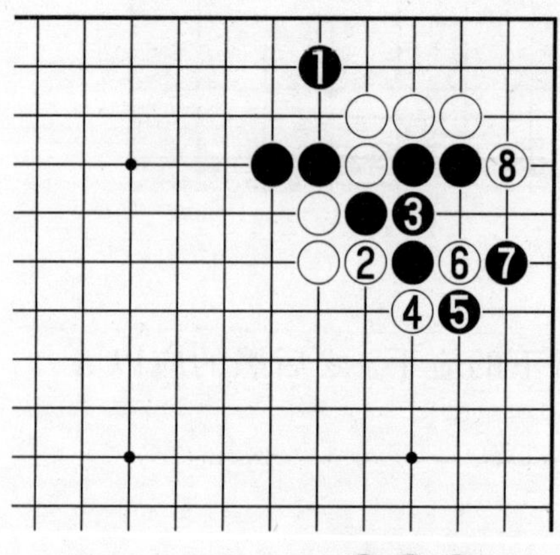

3 图(黑不好)

白在黑 1 时征子有利则有白 2、4 强烈的手段。这里黑 5 由于白 6、8,黑不好。

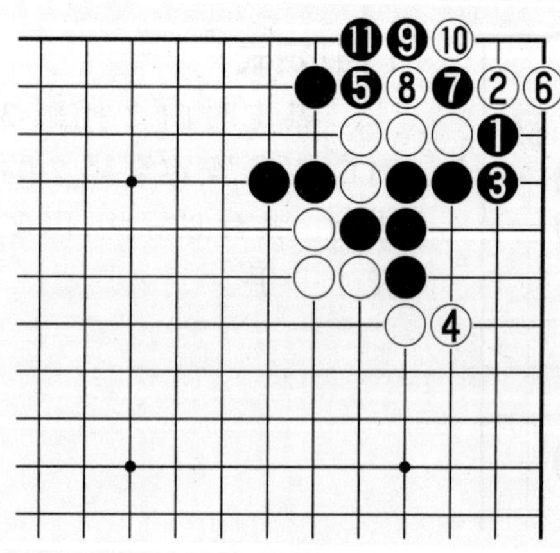

4 图(白失败)

黑 1、3 是最佳应手，白 4 则黑 5，白气不足。

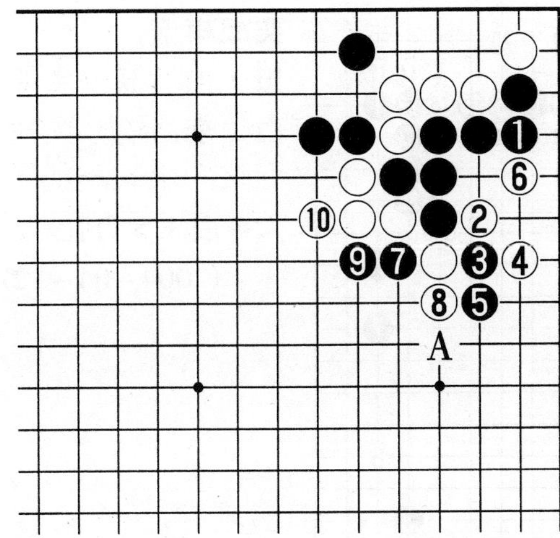

5图(征子关系)

白在黑1时白2收黑气在对杀中可胜。黑3断硬撑，白4、6是强烈的对应，黑9之后A的征子成立与否是问题关键。

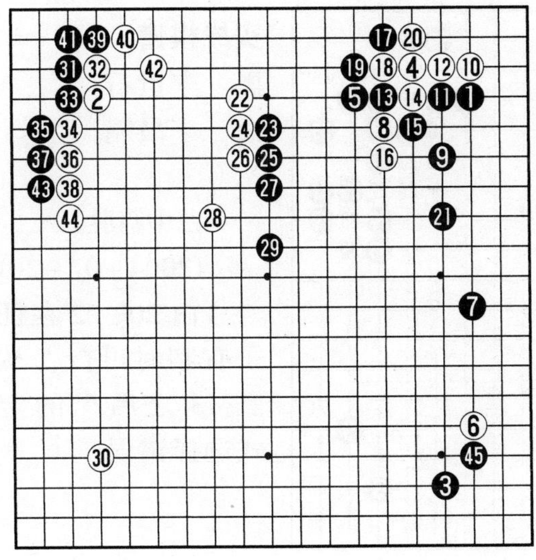

实战棋谱

黑　李昌镐

白　睦镇硕

黑中盘胜。

(2004-04-01)

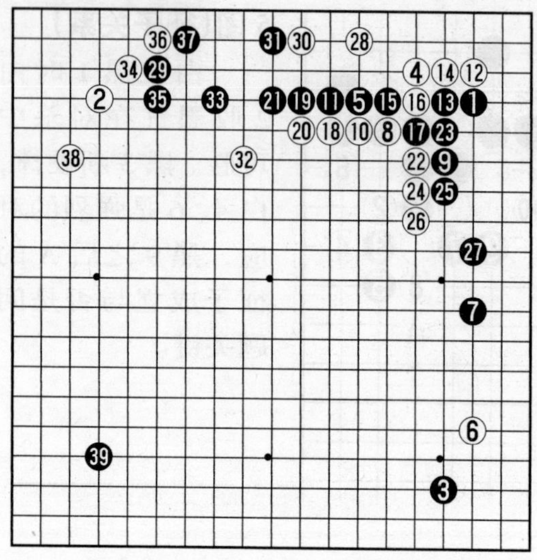

实战棋谱

黑　王　磊

白　李昌镐

白3.5目胜。

(2004－04－12)

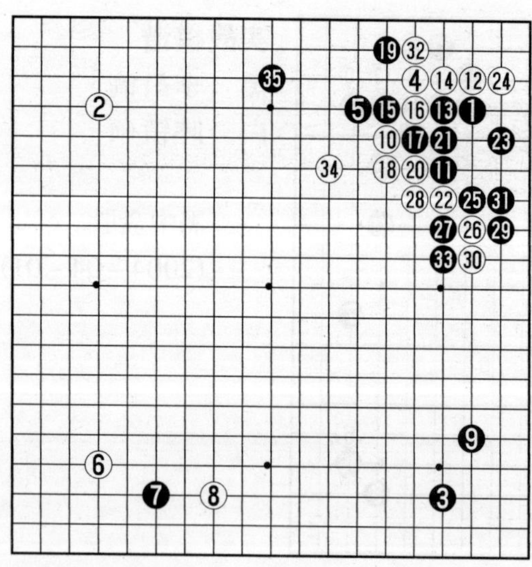

实战棋谱

黑　李世石

白　李昌镐

白中盘胜。

(2004－07－20)

白20、22在征子有利时可行，从黑13之后黑的定式选择错误。

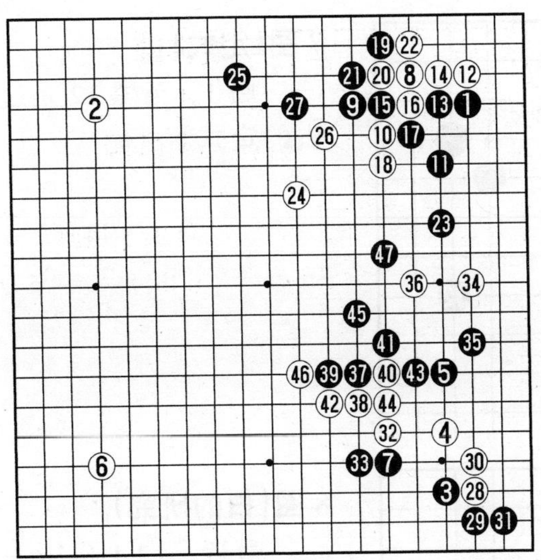

实战棋谱

黑　李世石

白　崔哲瀚

黑半目胜。

(2006－11－14)

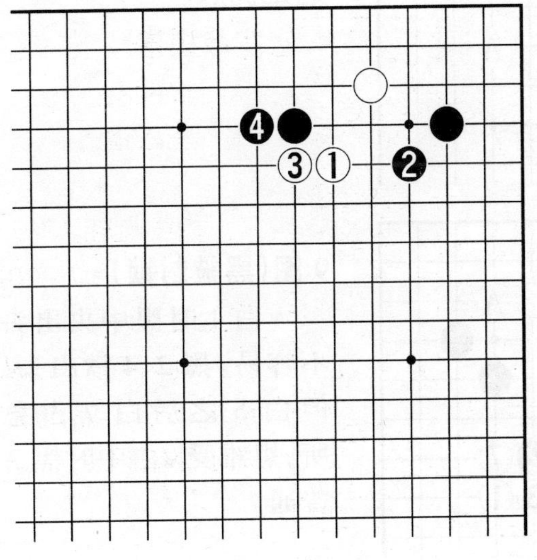

6图(最近的趋势)

最近，白1时黑2常下。从白3、黑4开始产生新的变化。

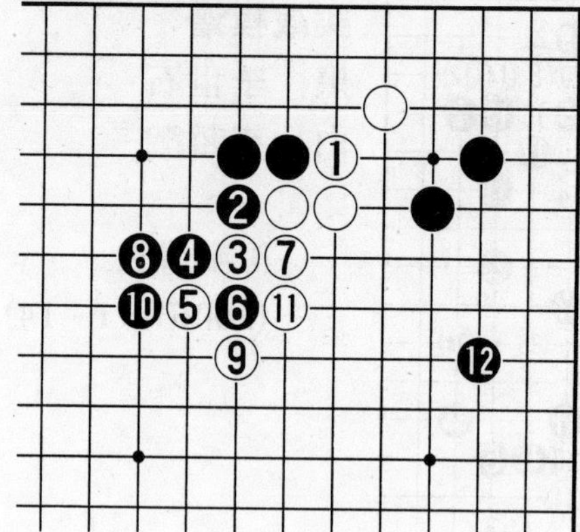

7图(定式)

白1，至黑12是过去的定式。

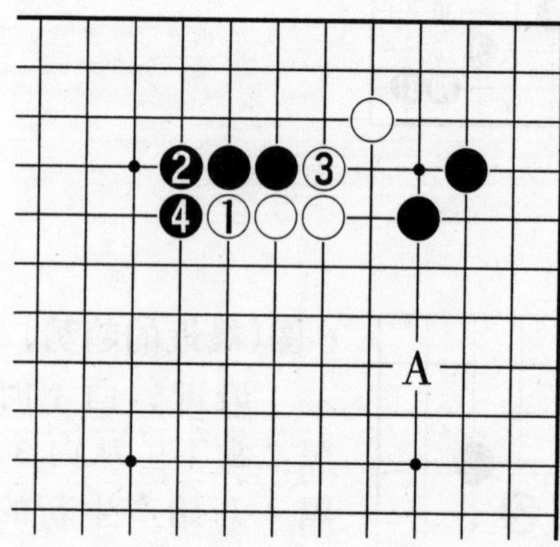

8图(白的研究)

最近，白1再压一手是白棋新的研究。黑4时，白可下A的方向，这是优点。

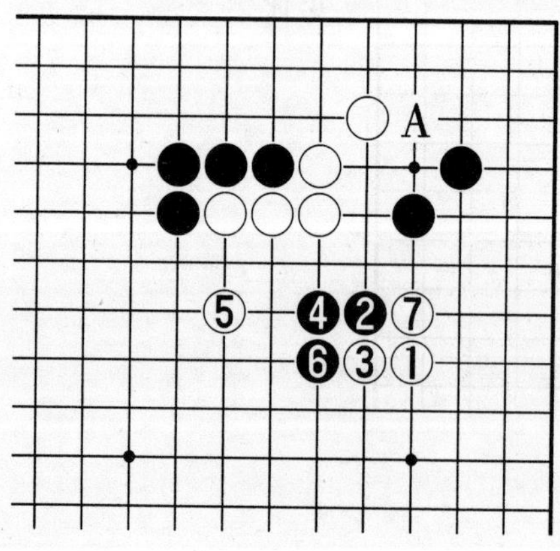

9图(黑被封锁)

白1时黑中央出头不容易。黑2、4欲出头，但白5之后白7占急所，黑难受。白1时黑A普通。

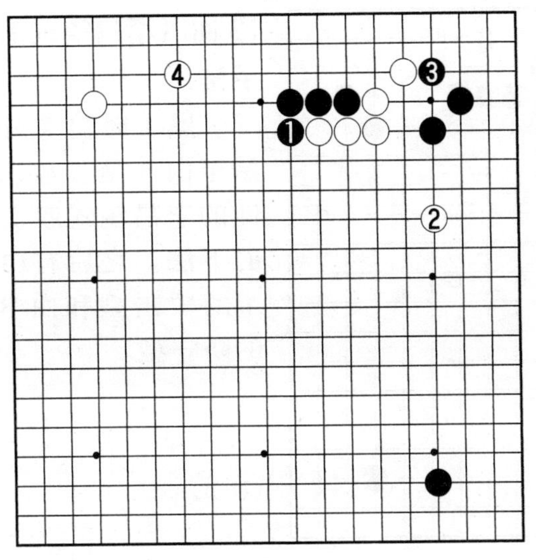

10 图(周围布子)

因此，黑 1 也是根据周围的布子情况决定着手。左上有白棋时白 4 成好手,黑不利。

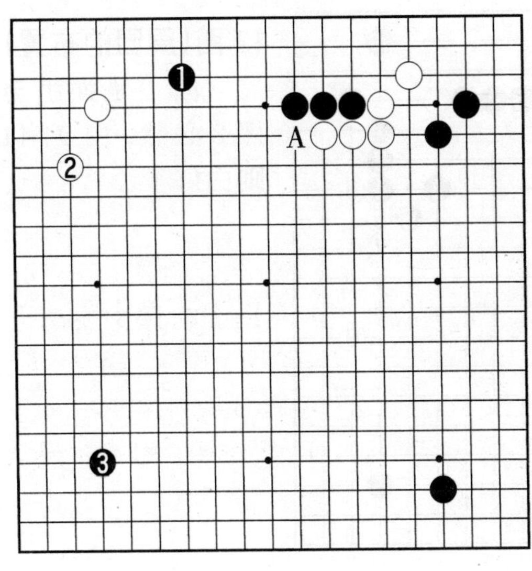

11 图(黑安定)

左边有白子时黑选择 1 位好于 A，白 2 应时黑 3 快速抢占他处。

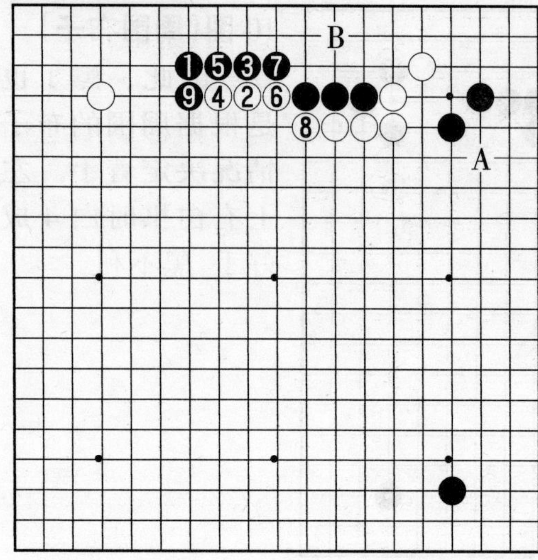

12 图（李昌镐式的手法）

黑 1 时白 2 开始至白 8 是非常识性的李昌镐式厚实的下法。之后有白 A 的攻击型和白 B 的防守型。

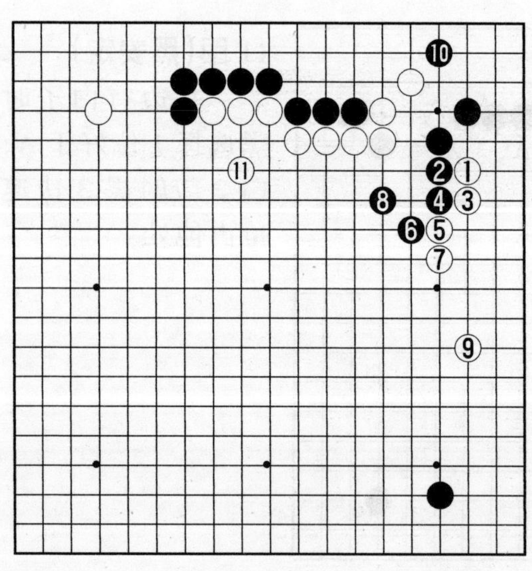

13 图（周围的布置）

白 1 是强手至黑 8 必然，白 9、11 则白好下。

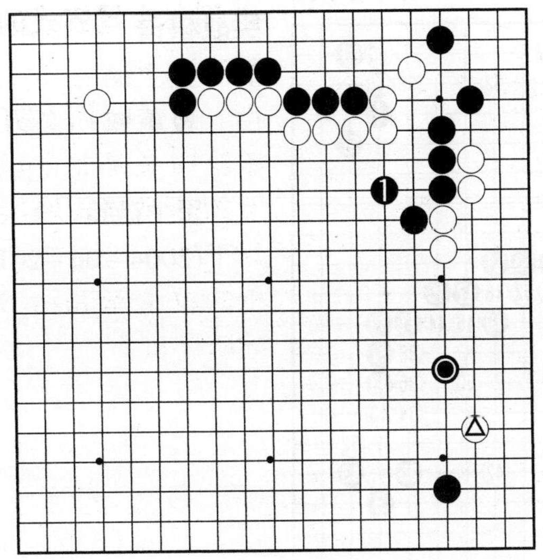

14 图（乱战）

但，如果是白△和黑◎的布置时白紧急。

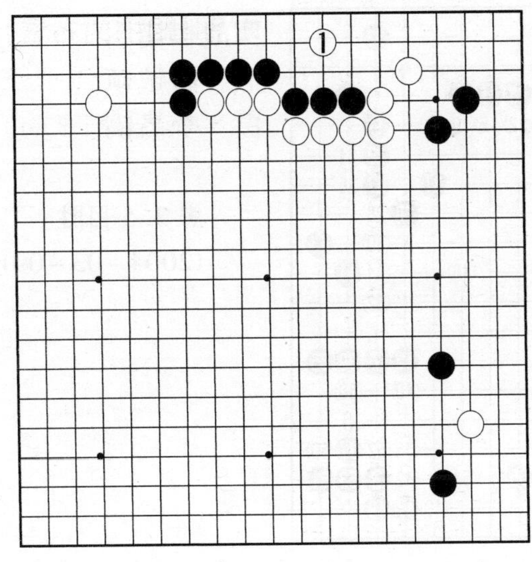

15 图（稳健之策）

因此，白在右下角布置不利时白1安定简单。

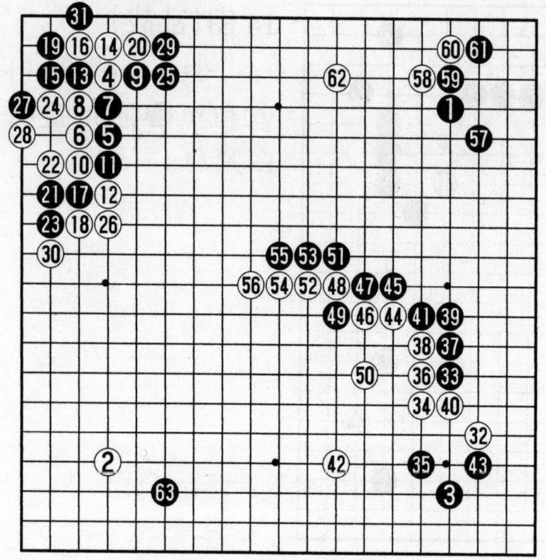

实战棋谱

黑　金主镐

白　曹薰铉

黑中盘胜。

(2004－06－24)

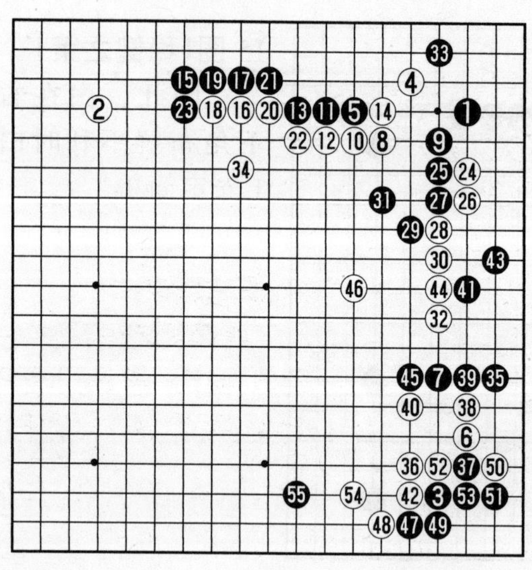

实战棋谱

黑　睦镇硕

白　李昌镐

黑3.5目胜。

(2004－03－09)

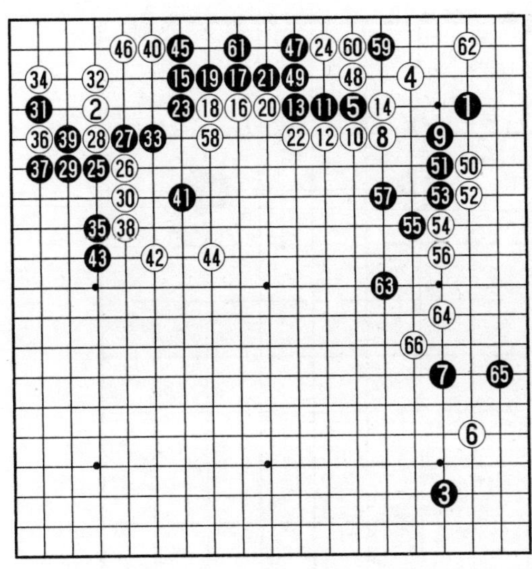

实战棋谱

黑　睦镇硕

白　李昌镐

白中盘胜。

(2004－03－30)

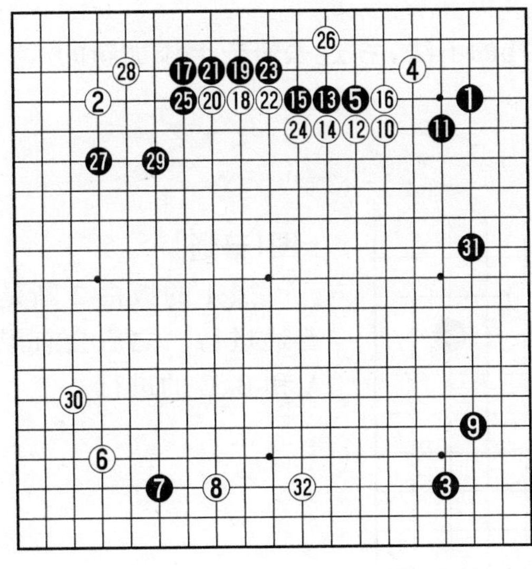

实战棋谱

黑　李世石

白　李昌镐

白中盘胜。

(2004－08－17)

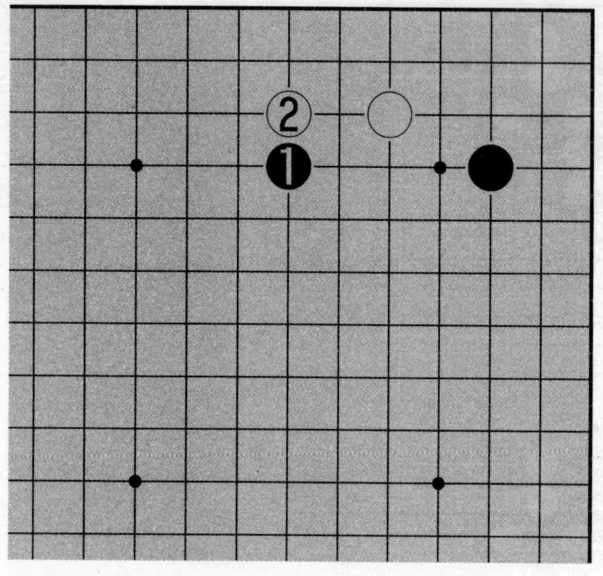

11－C型

黑1有白2托的下法，在过去研究上添加新的手法。

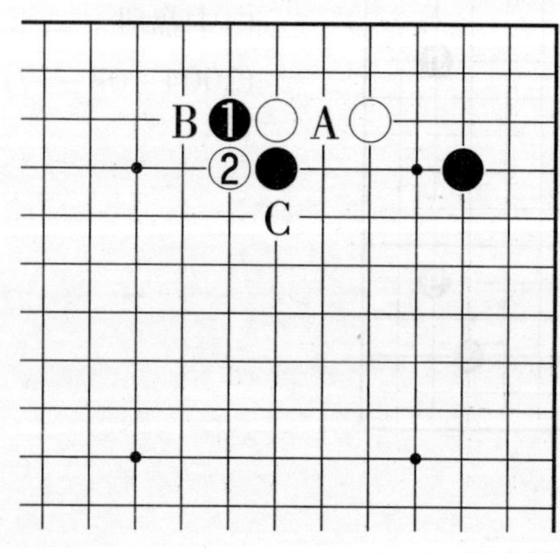

1图(普通)

黑1的扳白2断是普通进行。之后会有黑A和B、C的进行。

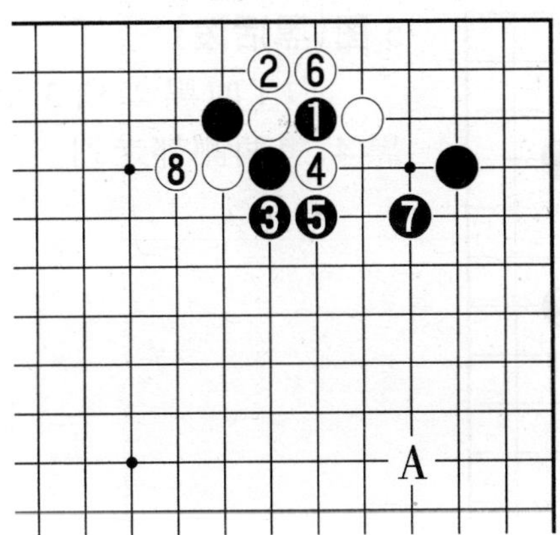

2 图(过去的定式)

黑 1 打,黑 3 至白 8 是过去定式。之后从 A 的方向展开普通，但黑显缓慢(白先手)。

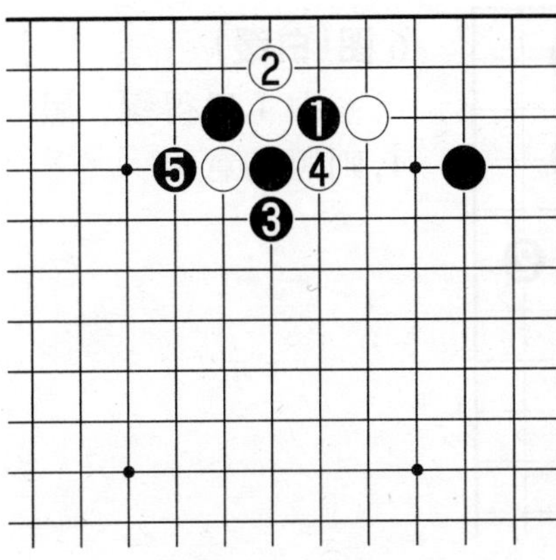

3 图(黑的变化)

白 4 时黑 5 是新研究的变化。但,黑要征子有利。

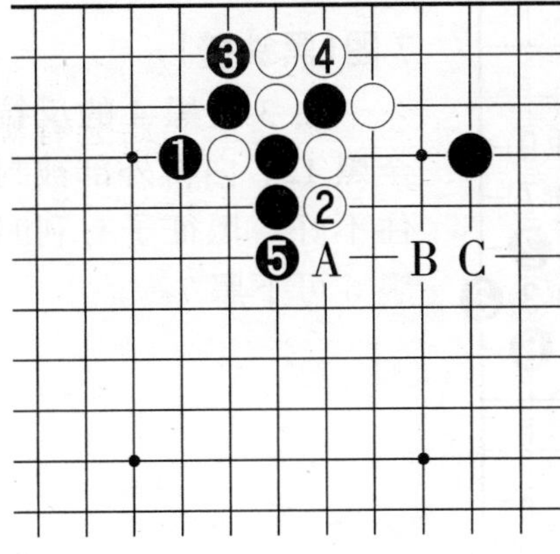

4 图(必然)

黑 1 至黑 5 是普通的进行，之后白可考虑选 A、B、C。

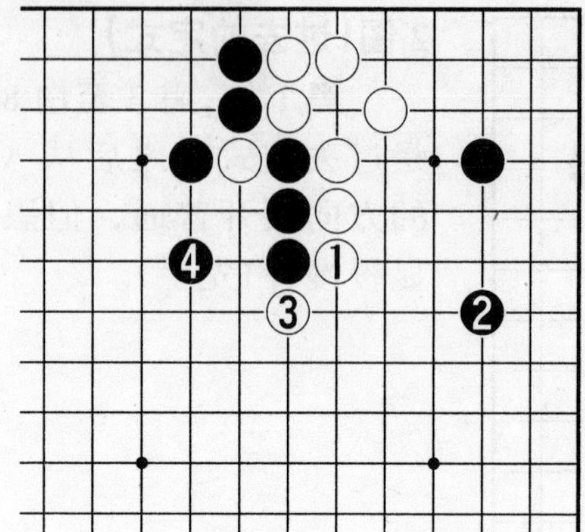

5图(黑活泼)

白1时黑2,白3至黑4,黑两侧都走到。

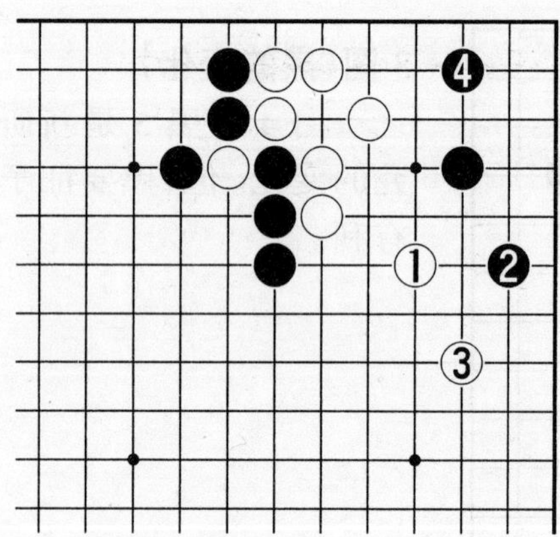

6图(白缓)

白1显得缓，黑2、4,则黑满意。

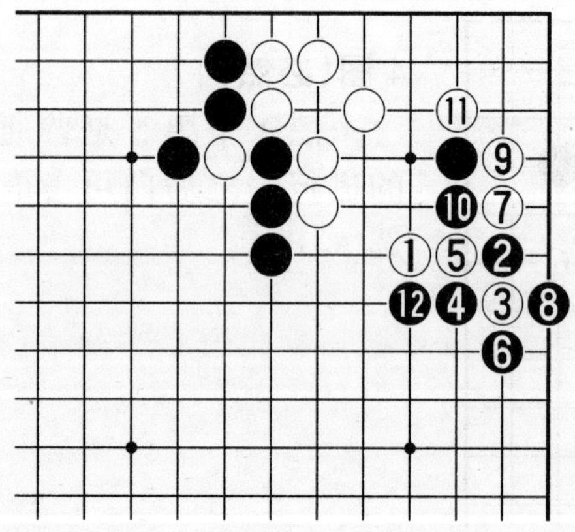

7图(黑铁壁)

白3遭黑4的反抗至黑12，白棋外部被封住不好。黑征子有利时黑6可下黑7。

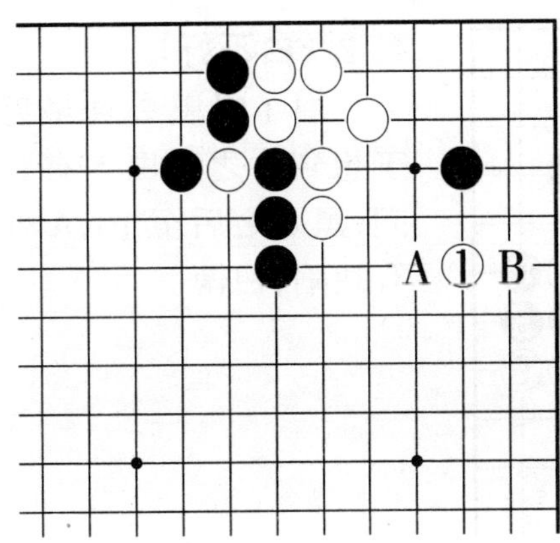

8图（最佳）

这里白1是适当的一手，黑有A和B的应对。

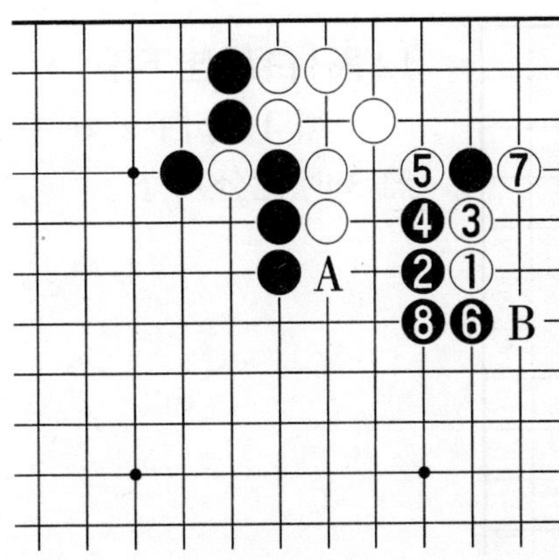

9图（势力对实利）

白1黑2时也有白3、5的变化。黑8之后白有A出动的一手，或在B有先手。

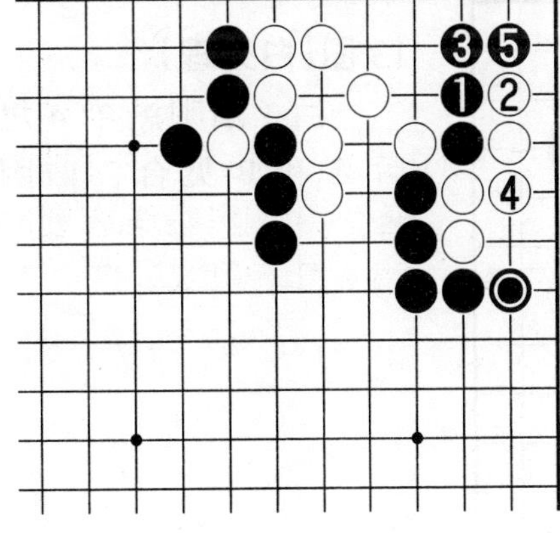

10图（余味）

黑◎有子时黑1、3简单出棋。

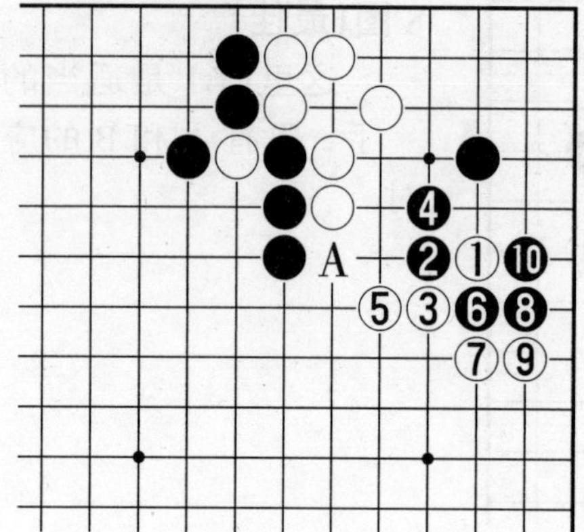

11 图(白不好)

白 1 时黑 2、4 最易于想到。之后白 5 有疑问,黑 6 之后至 10,A 处有缺陷,白薄。

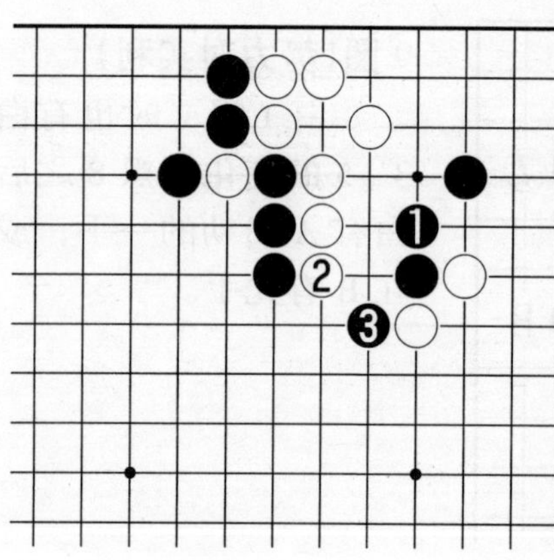

12 图(白最佳下法)

黑 1 时白 2 好手,黑 3 时充分可下。

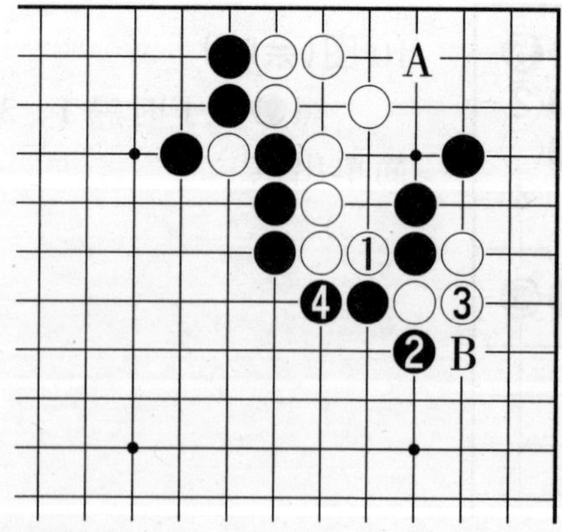

13 图(白无理)

白 1 断则黑 2、4 之后 A 和 B 见合,白困难。

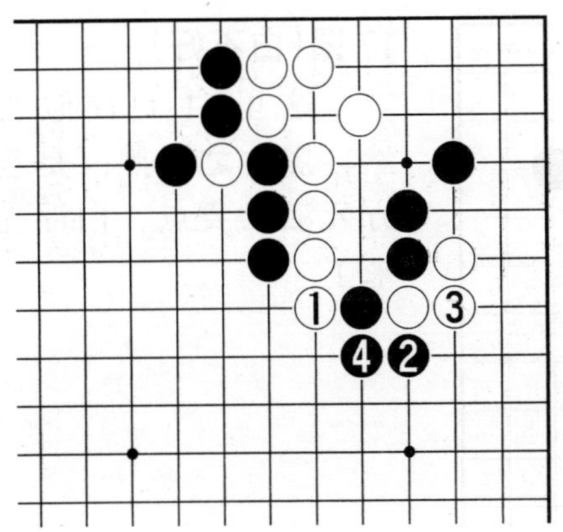

14 图（白疑问）

白 1，成黑 2、4，白不好。

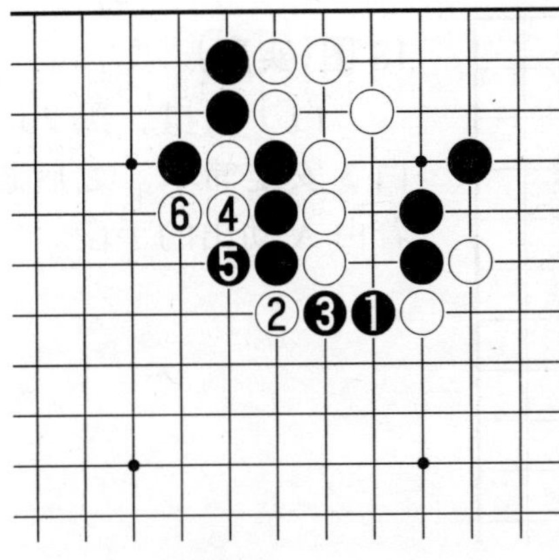

15 图（白正手）

黑 1 时白 2 的扳强烈。黑 3 断时白 4、6 出动，黑难收拾。

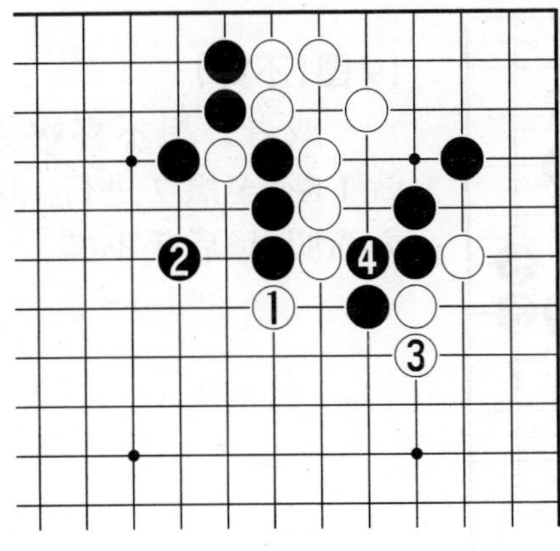

16 图（黑正手）

白 1 时黑 2 是正手，至白 3，黑 4 是必然。

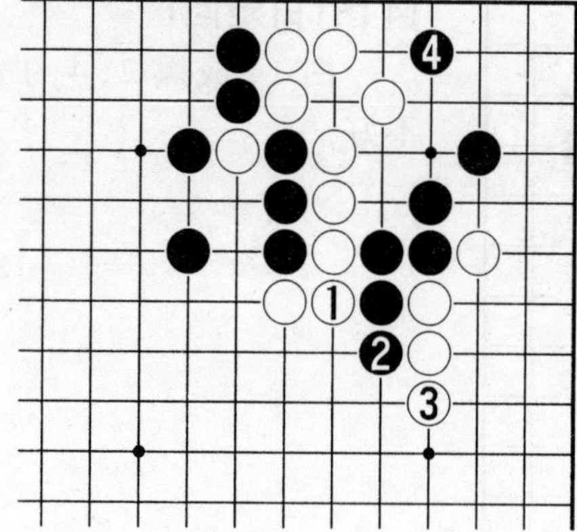

17 图(白不好)

这里白 1 看似当然，黑 2 之后黑 4 是双方死活的要点，白浮起来了。

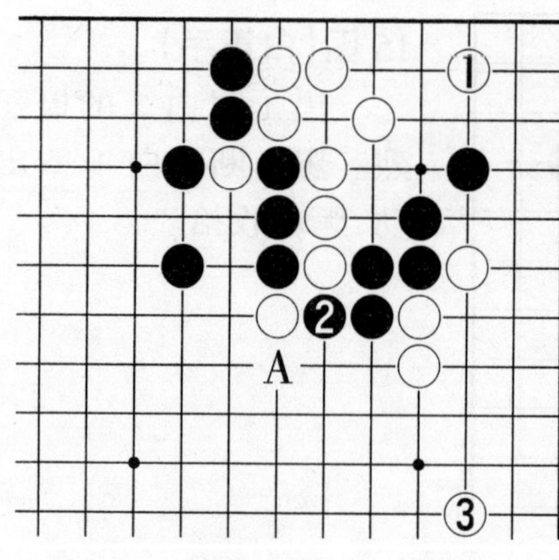

18 图(实惠)

白 1 活棋，黑 2 时白 3 安定简单。之后瞄着白 A 动出的手段。

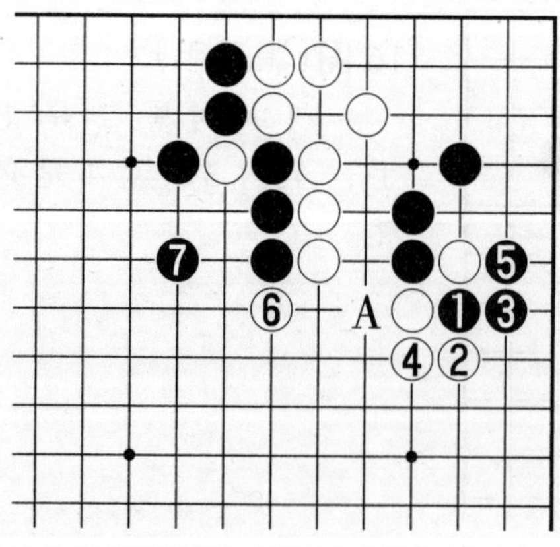

19 图(不好)

或者，黑不喜欢 A 就 1 断，至黑 7 进行。双方简明，黑后手不满。

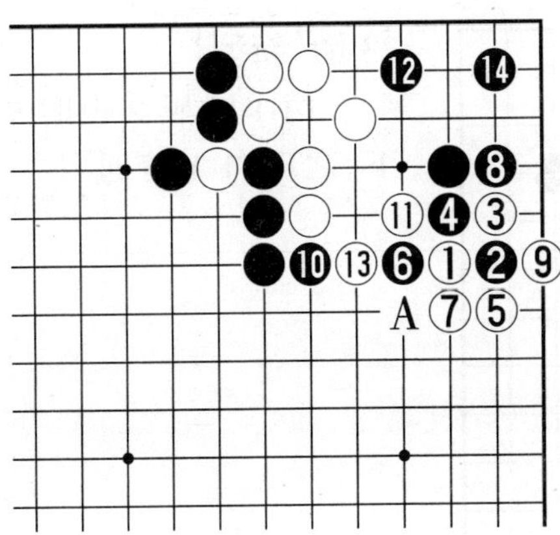

20 图(白不满)

白 1 时黑 2 较常下。也有白 3 的下法,黑 8 之后白 9 不好。至黑 14 活棋,黑有 A 动出的手段,白落后手。

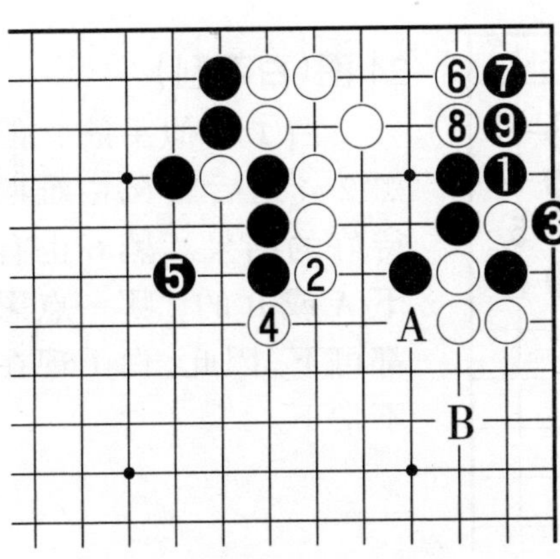

21 图(两分)

黑 1 时白 2,4 正手,至黑 9 两分。手顺中黑 7 下 A,则白 B 充分可战。

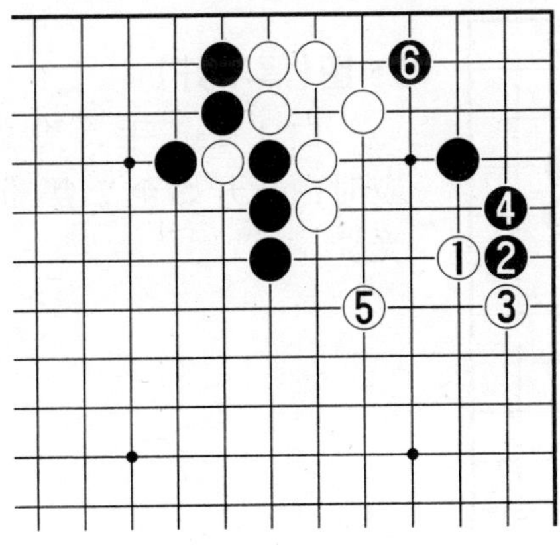

22 图(妥协)

黑 2 时白 3 进行至黑 6,白得先手无不满。

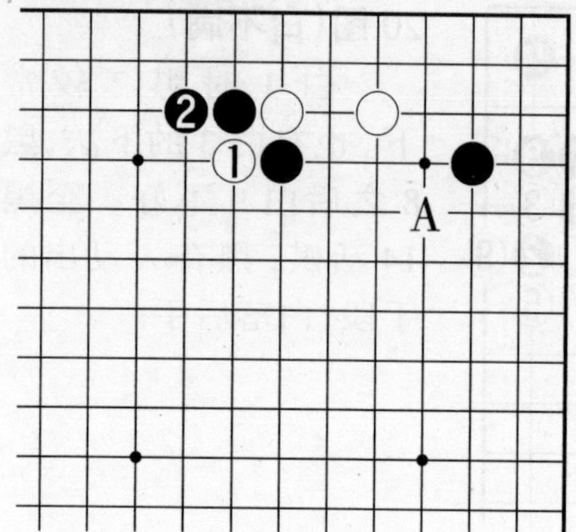

23图(新型)

白1时黑2也时常下,之后白A普通。

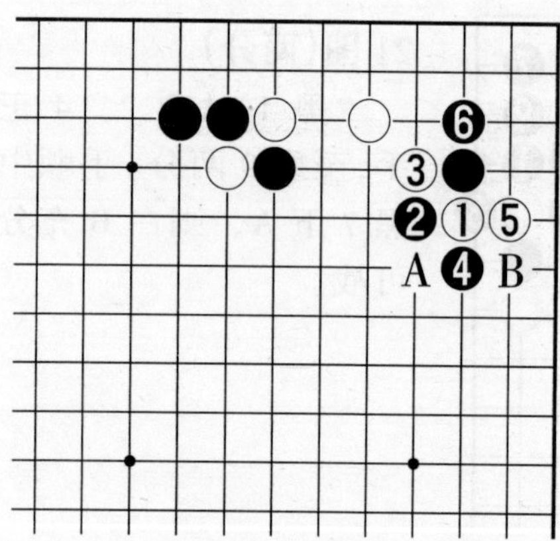

24图(白不利)

白1看似手筋，但黑2、4之后黑6,白难期待好的结果。黑6也有下A或B的，哪一点黑都可下,因此,白1现在不常下。

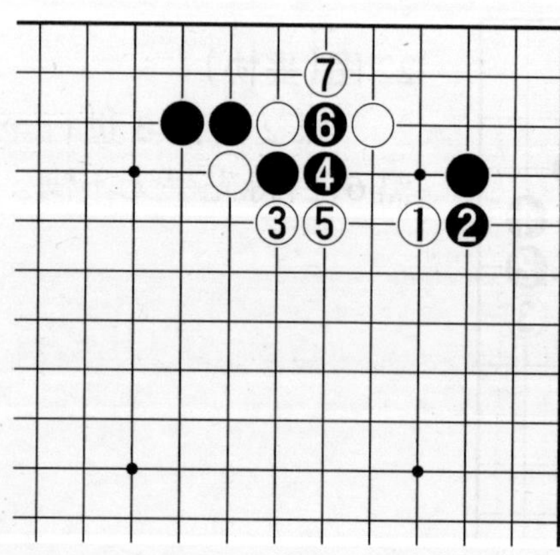

25图(黑不好)

白1是正手，黑2应时白3开始至7,黑难受。

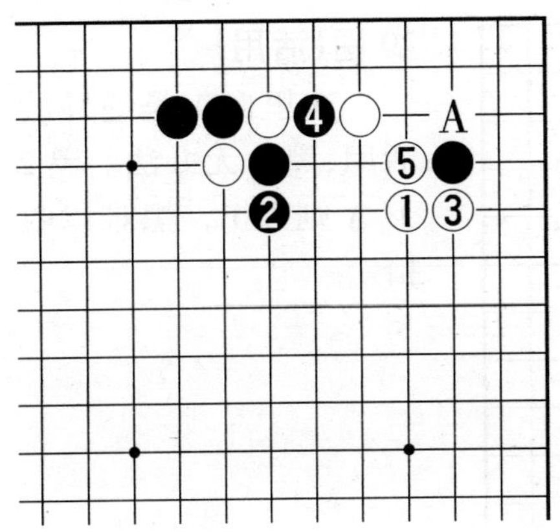

26 图（黑正手）

白 1 时黑 2 正手，黑 4 时白 5 留有 A 的余味。

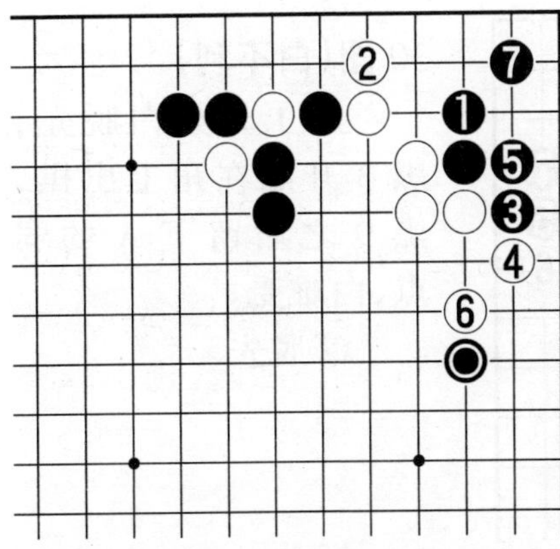

27 图（余味）

有黑◎时黑 1 简单出棋。

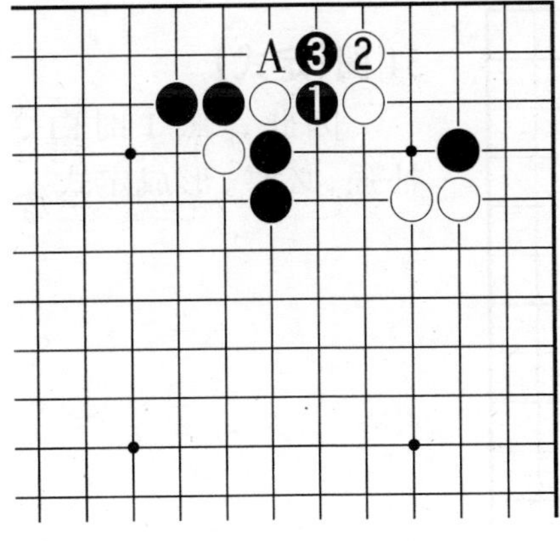

28 图（白的应对）

因此，黑 1 时白 2 是好手。白 A 大，因此黑 3 当然。

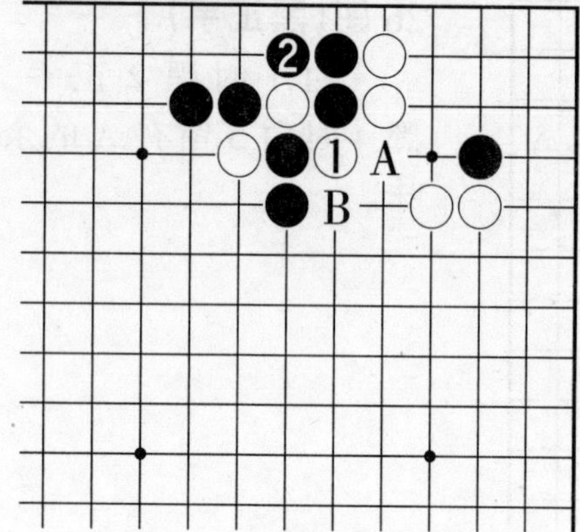

29 图（活用）

这里白 1 是绝妙的活用，黑 2 无办法。黑 2 下 A 则白 B，黑难以收拾。

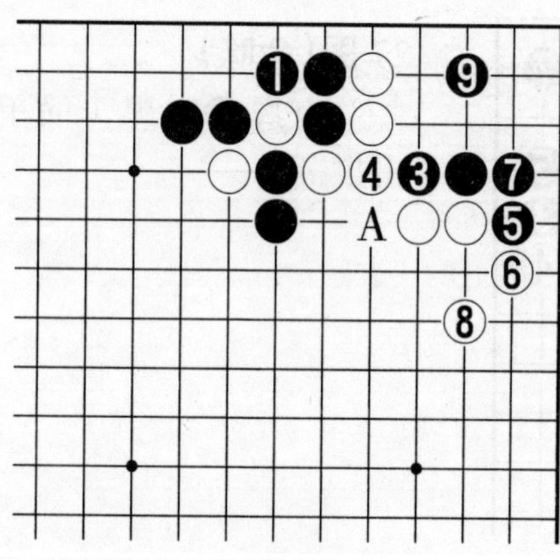

30 图（白不利）

黑 1 时如白脱先，黑 3 开始在角上出棋，黑 9 之后留下 A 的弱点，白难受。

②脱先。

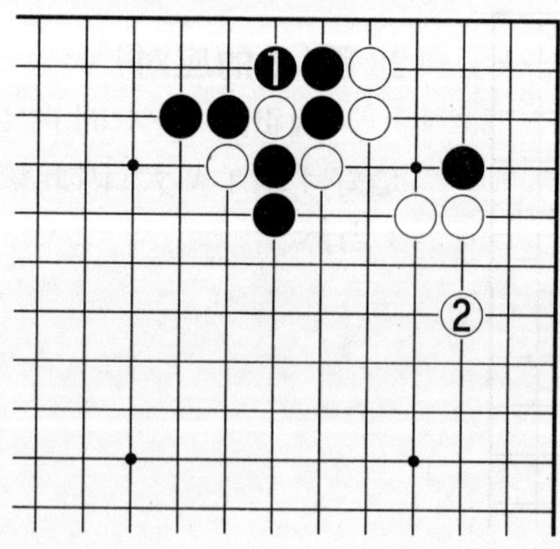

31 图（定式）

因此，黑 1 时白 2 补强，必要。形成定式。

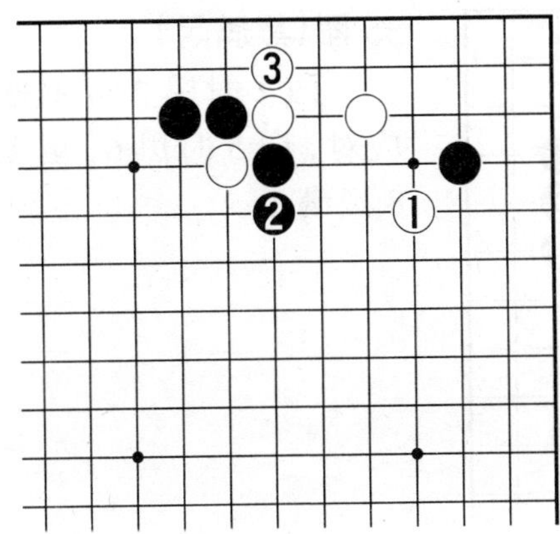

32 图(乱战之手)

白 1 黑 2 之后，白 3 是意外之手，形成乱战。

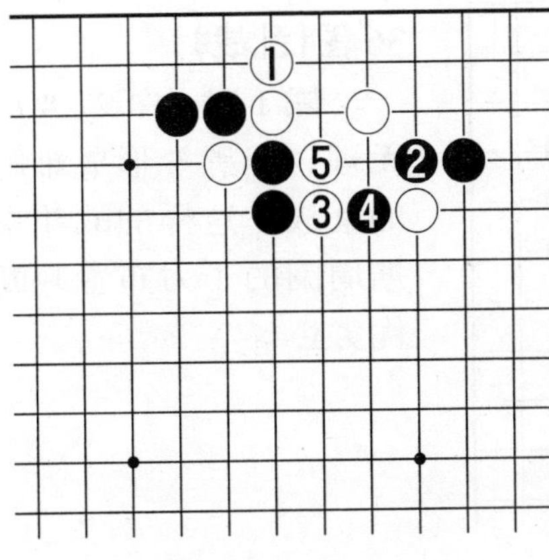

33 图(黑无理)

白 1 时黑 2 断，由于白 3 的手筋，黑不行。

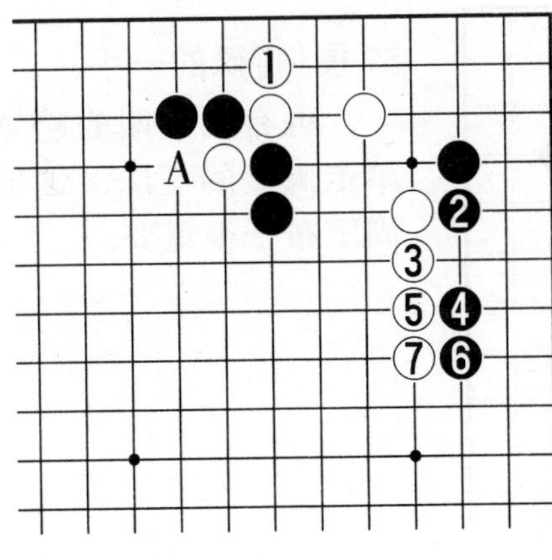

34 图(黑困难)

白 1 时黑 2、4，至白 7 继续被压，白 A 的手段强烈，黑困难。白 5 可先在 A 位压。

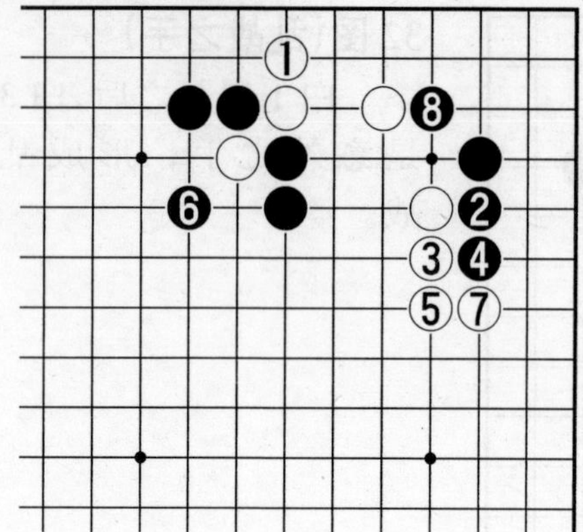

35 图(黑满足)

白 1 时黑 2、4 最佳应对，白 5 时黑 6，至黑 8 黑满足。

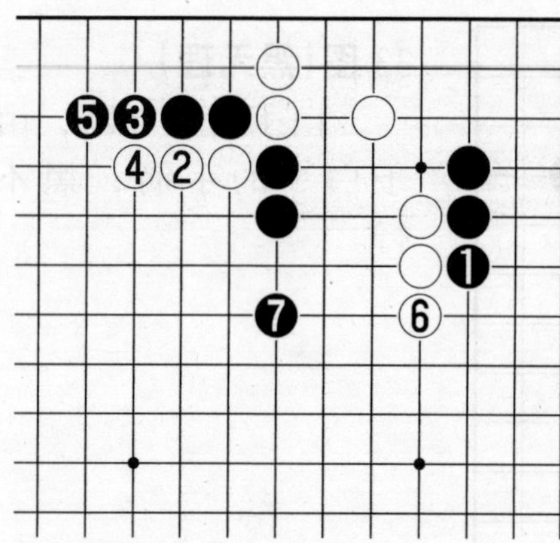

36 图(乱战)

黑 1 时，白 2、4 压无理，至黑 7 形成难解的乱战。这样的战斗根据周围的子力布置判断优劣。

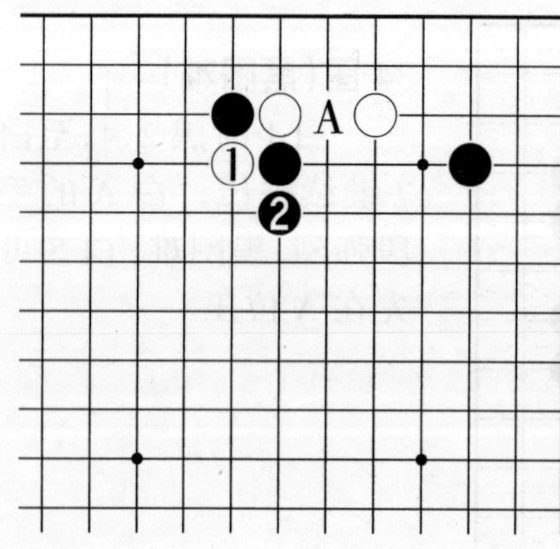

37 图(特殊的一手)

也有白 1 时省略 A 单走黑 2 的下法。这里周围布子很重要。

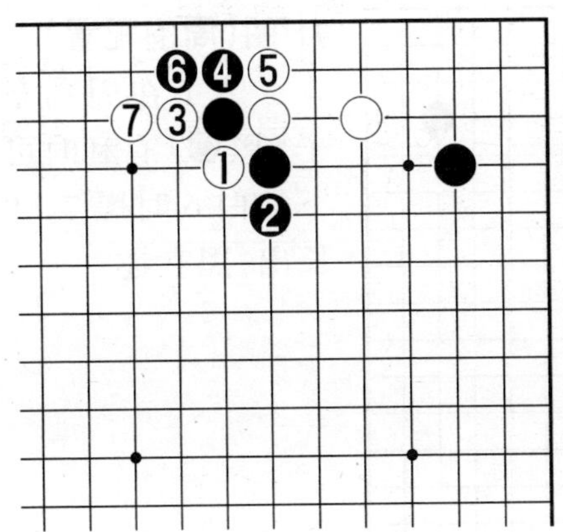

38 图(黑无理)

一般来讲黑 2 时白 3、5、7,黑无理。

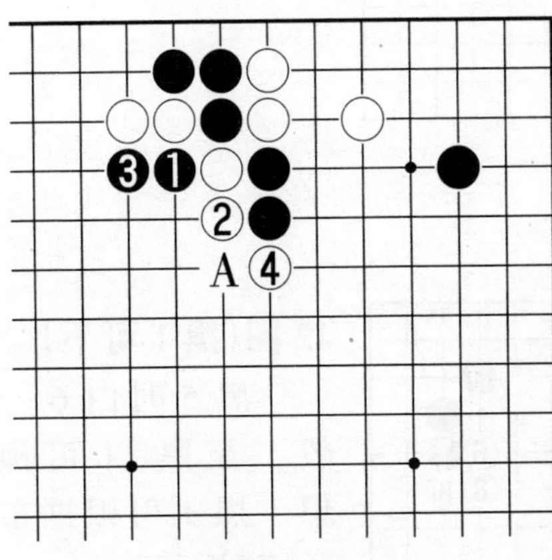

39 图(黑困难)

征子有利时黑可想 1、3 手段,但白 4 有防 A 征子的手段,黑不利。

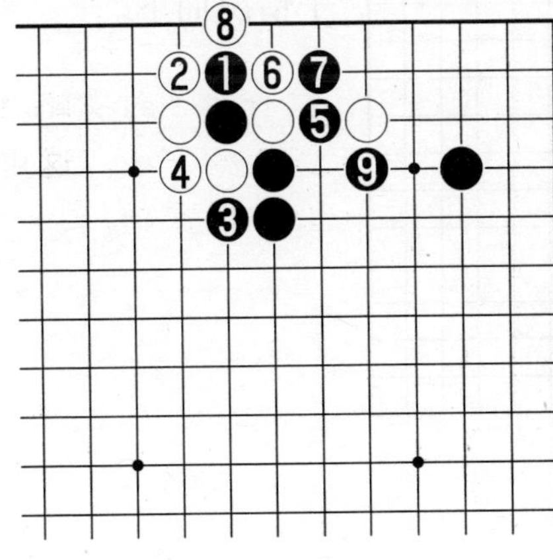

40 图(黑有利)

黑 1 白 2 时,至黑 9 黑的实利大。

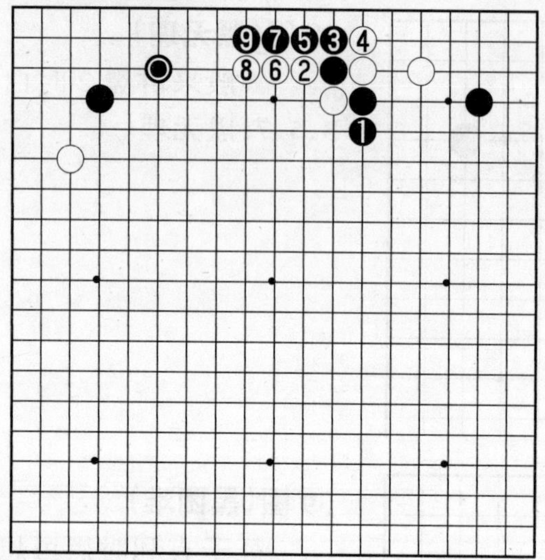

41 图（周围配置）

黑 1 在周围布子（黑◎）有利时可下。白 6 时黑 7、9 长出，黑有趣。

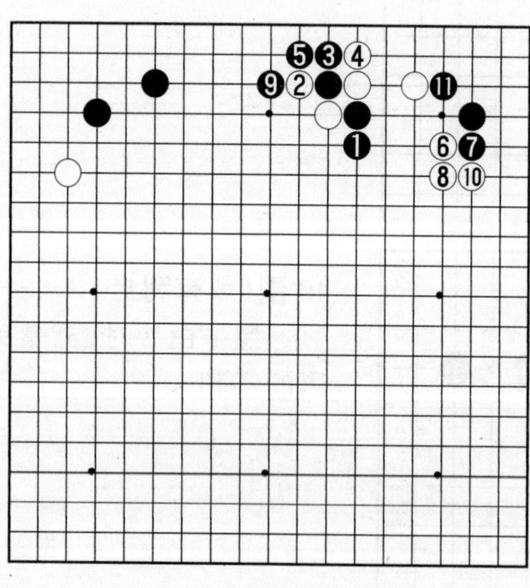

42 图（黑 1 可下）

黑 5 时白 6 一般，至黑 11 可预想。黑 1 可根据布子情况而下。

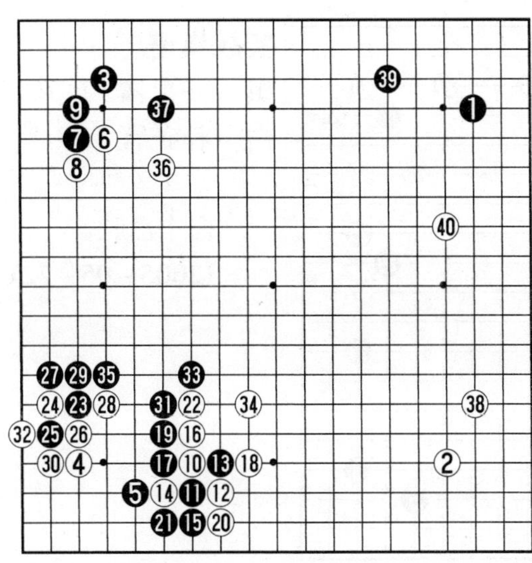

实战棋谱

黑　孔　杰
白　张　栩

白中盘胜。
(2005－05－16)

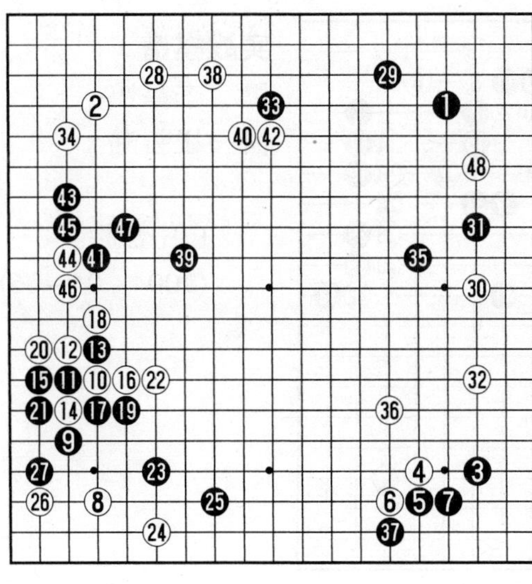

实战棋谱

黑　赵汉乘
白　张　栩

白 2. 5 目胜。
(2005－06－17)

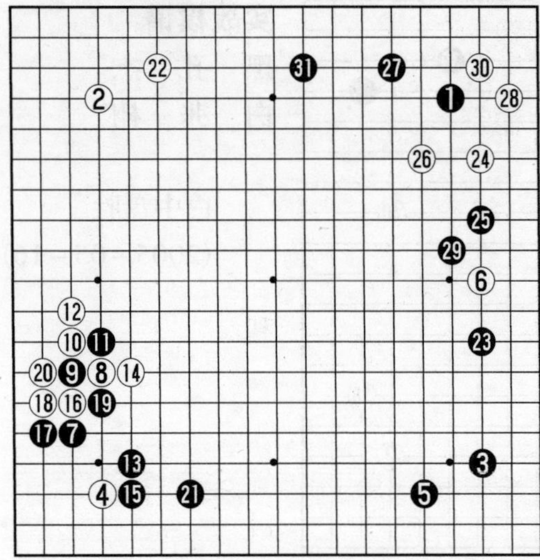

实战棋谱

黑　元晟溱

白　朴正祥

白中盘胜。

(2005－05－22)

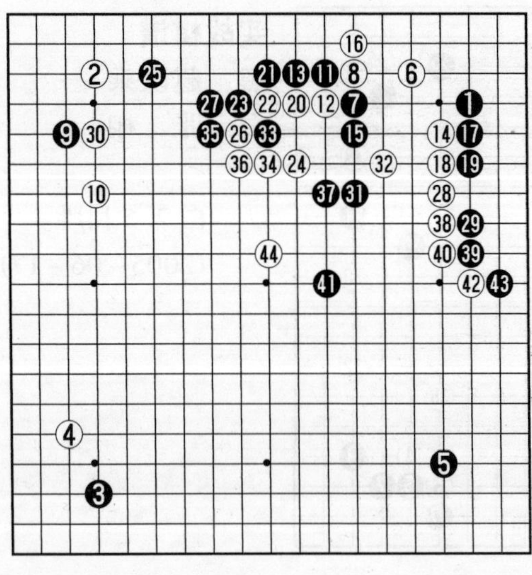

实战棋谱

黑　李昌镐

白　崔哲瀚

白中盘胜。

(2004－04－06)

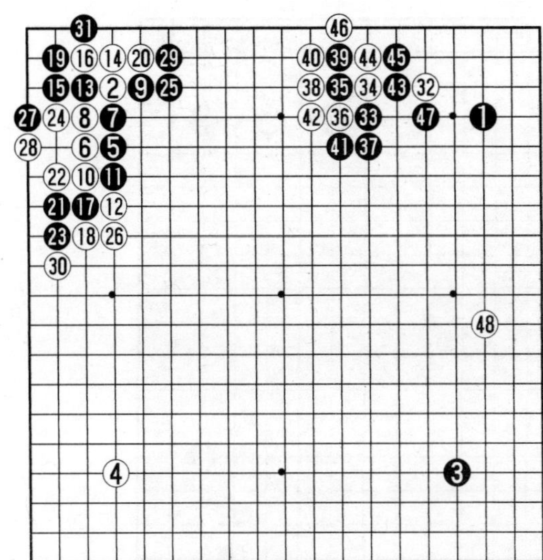

实战棋谱

黑　李昌镐

白　李映九

黑中盘胜。

(2006－07－12)

至黑47黑有利。

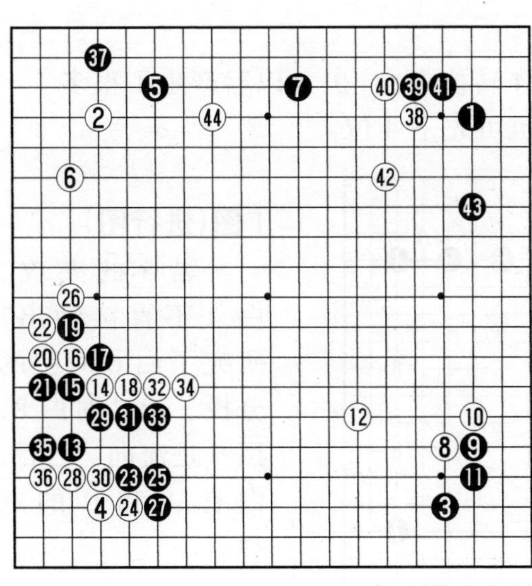

实战棋谱

黑　曹薰铉

白　朴永训

黑中盘胜。

(2006－11－11)

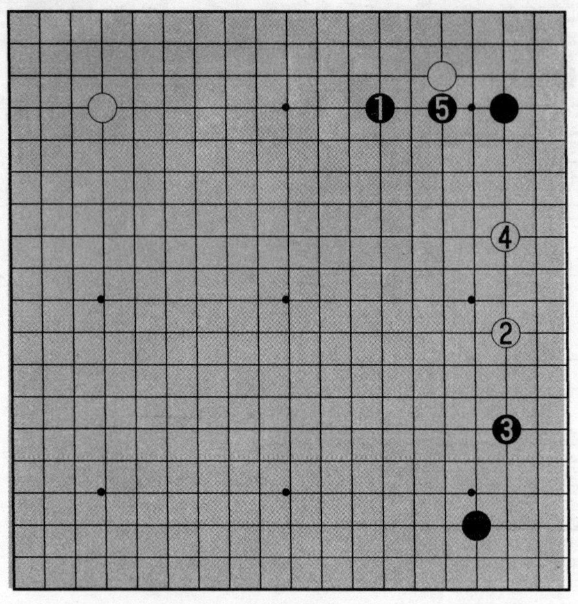

11－D 型

黑 1 时白 2、4 转换方向，黑 5 以后产生了很多新的变化。白 2 也可先下 4 位。

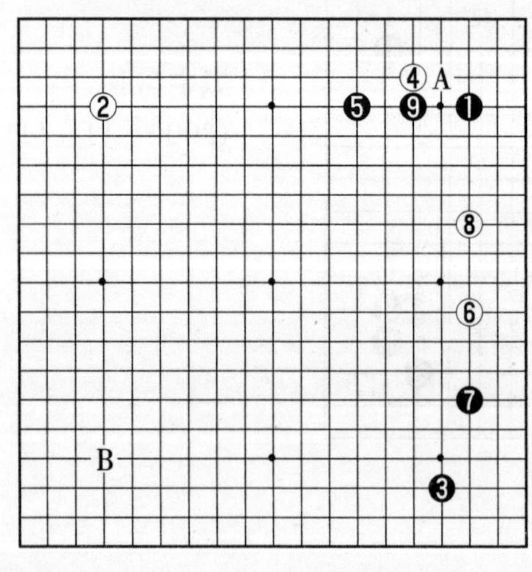

1 图（进行图）

黑 5 的夹攻，白 4 不直接动出，研究了白 6 简明的分投。黑 7 时白 8，黑 9 是流向。之后，白有 A 和 B 的选择。

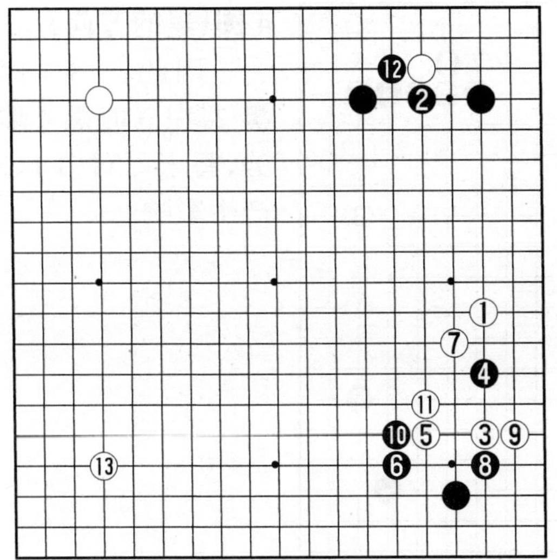

2图（双方可下）

白1黑2时白3，至白13互为单纯的进行。

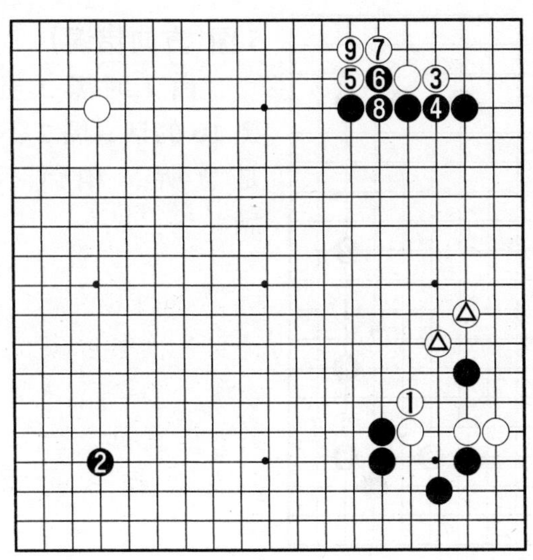

3图（黑尴尬）

白1时可下黑2。但白3后白得实利，黑的势力被白△牵制。

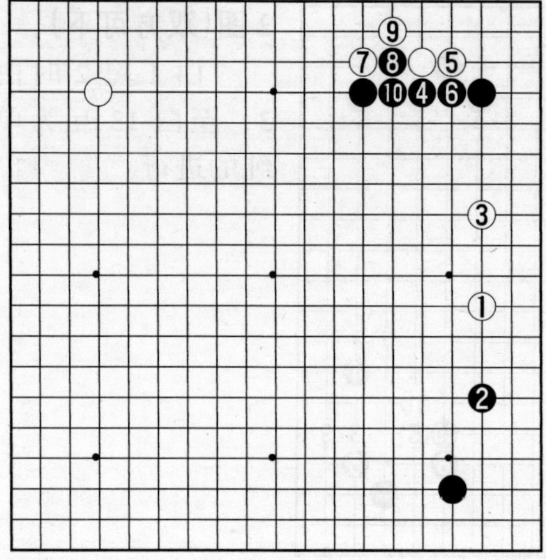

4图(黑的方向)

因此，白1时黑2，白3时黑4取势，将来可对白1、3产生影响。

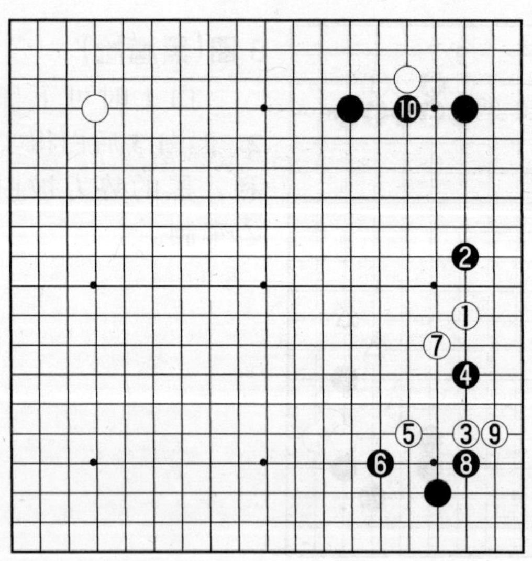

5图(方向错误)

白1时黑2至黑10的话，黑2不是急所，稍微不满。

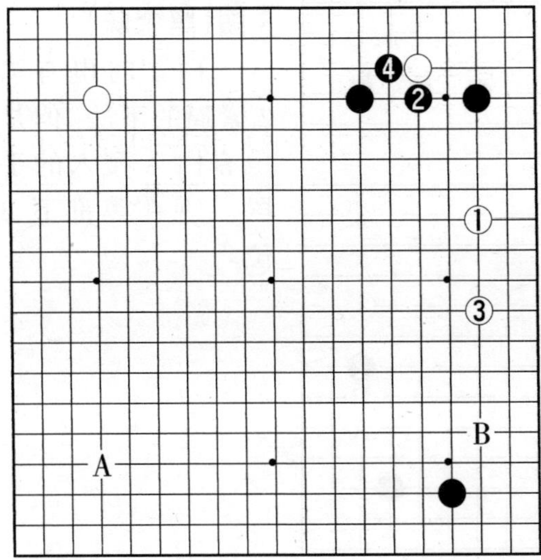

6 图(白的选择)

白干脆先下白1,黑2时白3。黑4之后白有A和B的选择。

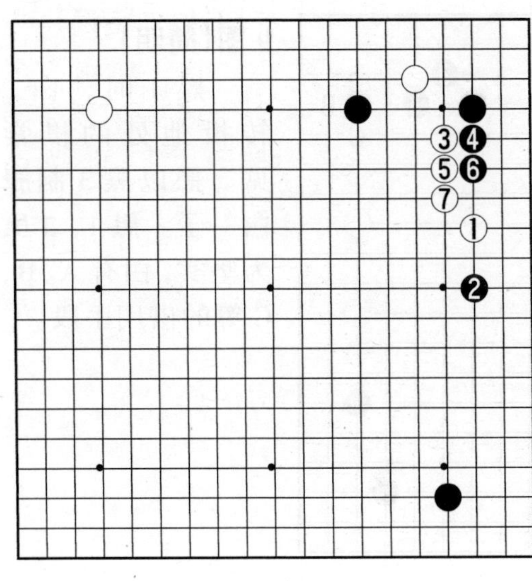

7 图(黑薄)

白1,黑2时白3以下至黑7,黑子被分割,总体上薄。

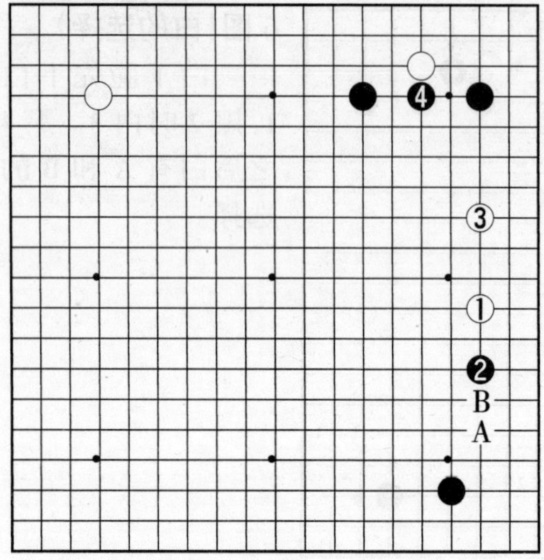

8图(黑余味)

白1时也有黑2紧逼的下法。但是也有白A侵入的手段。现在黑都下B位。

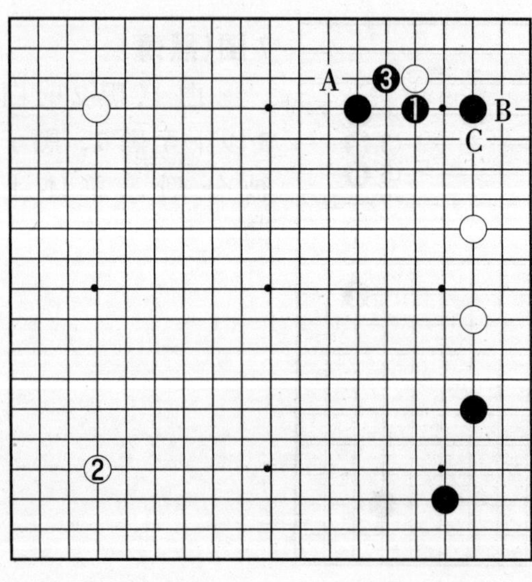

9图(简明)

黑1时，白2转投他处的棋常见。黑以黑3制服白一子。黑1、3虽为坚实，白有A、B、C等的借用手段。

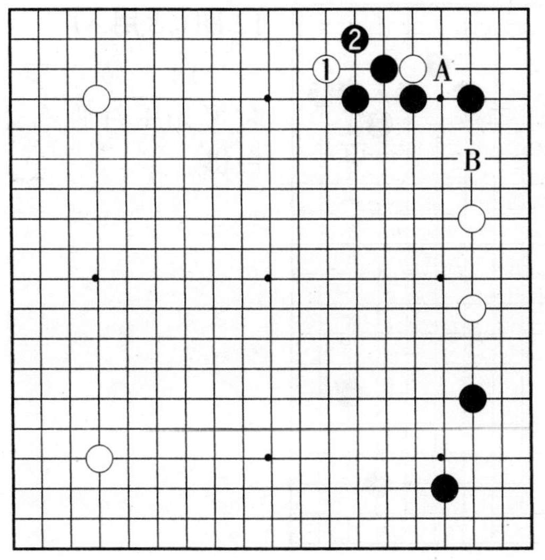

10 图(活用 1)

白 1 有先手利用。之后白 A 时出棋，因此，黑 2 是正手。根据情况黑 2 有下 B 位的。

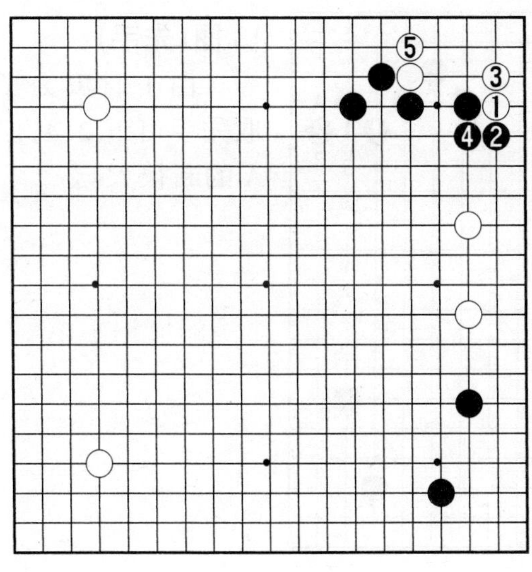

11 图(活用 2)

白 1 的托也有。黑 2 时白 3、5，白不死。黑 2 在白 3 位扳是正手。

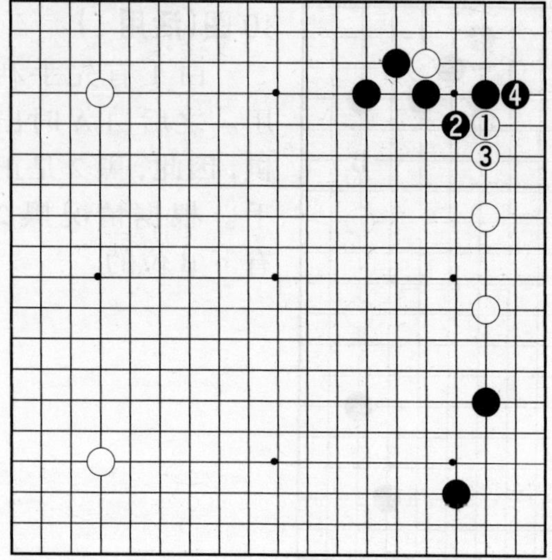

12 图(活用 3)

白 1 碰，白 3 时可先手补强右边白棋。

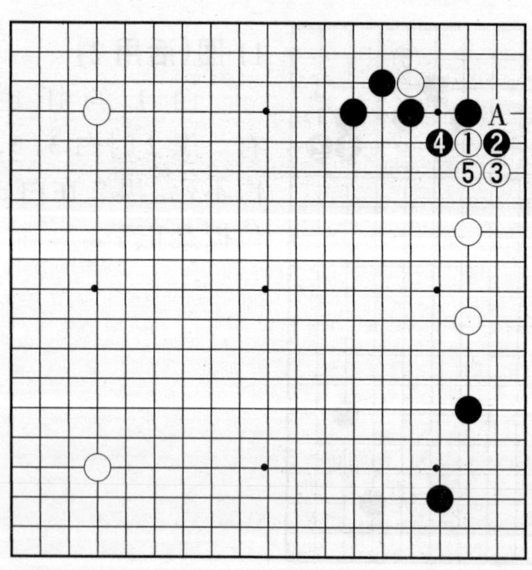

13 图(先手)

白 1 时黑为了取先手可下 2、4，但 A 的断很大。

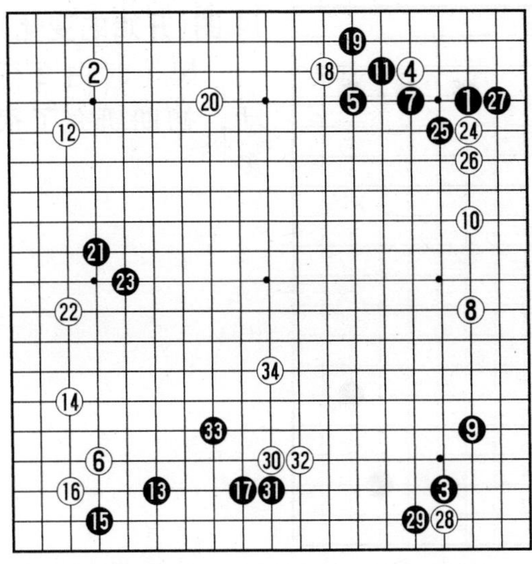

实战棋谱

黑　金主镐

白　金成龙

白中盘胜。

(2004－10－11)

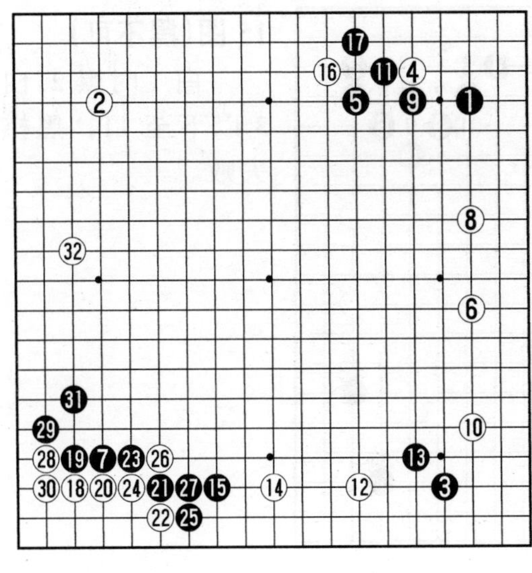

实战棋谱

黑　崔哲瀚

白　曹薰铉

黑5.5目胜。

(2004－10－19)

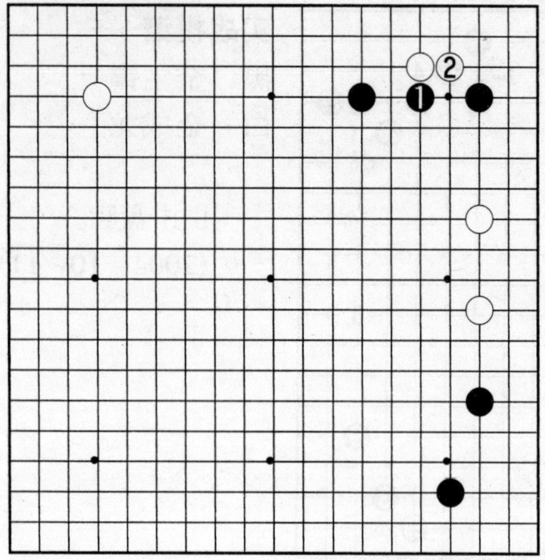

14 图(开始的变化)

黑 1 时白 2 行动，初期研究了很多。

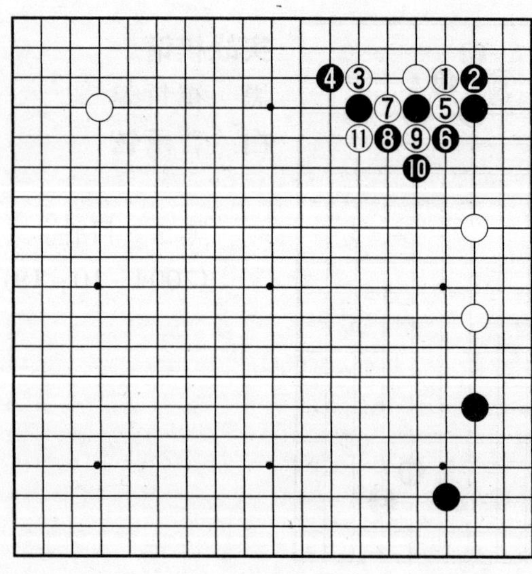

15 图(黑不可)

白 1 时黑 2，白 3 以下至 11，黑棋失败。

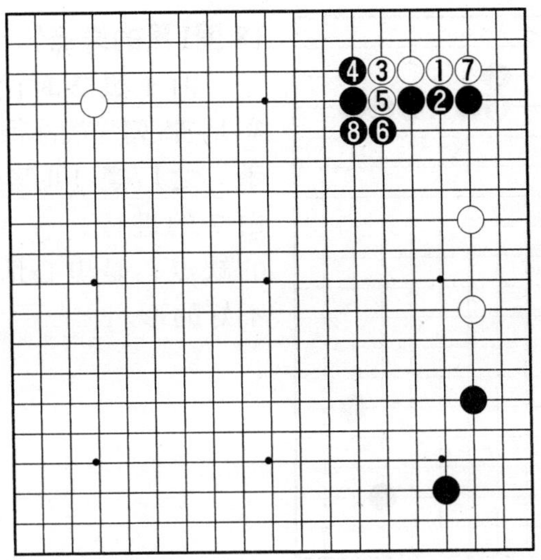

16 图(白难受)

白 1 黑 2 时白 3 至黑 8 是可预想的进行。角上的白棋很窝火，相反，黑棋厚实，白 3 现在不怎么下了。

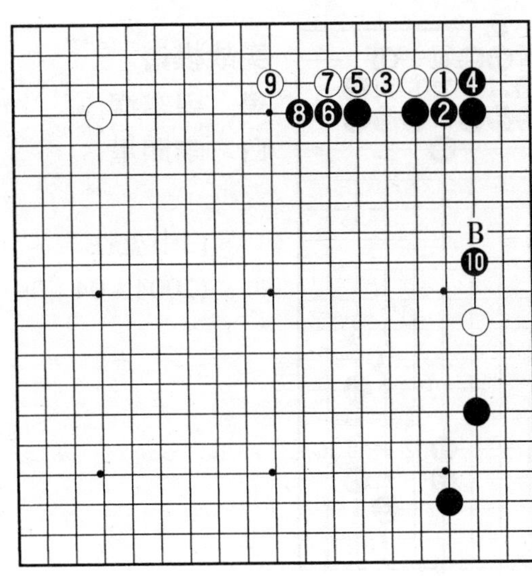

17 图(一策)

黑不交换黑 A 和白 B，白 3 时也可想黑 4 挡的一手。白 9 后黑下 10。

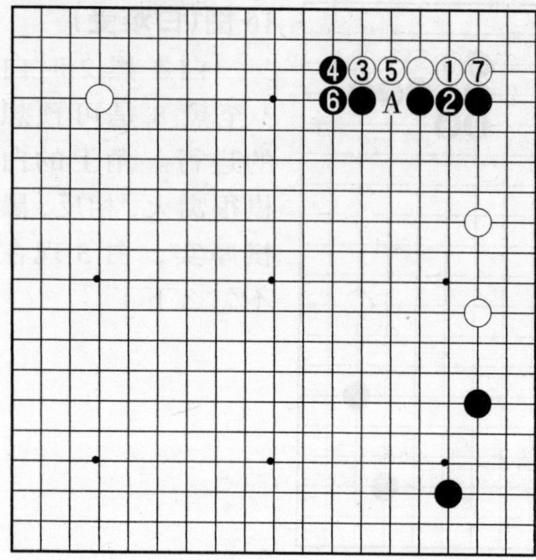

18图(黑的弱点)

白1黑2时白3是最常下的一手。之后黑4时至白7的进行，有A的缺点，是黑心情不好的形。

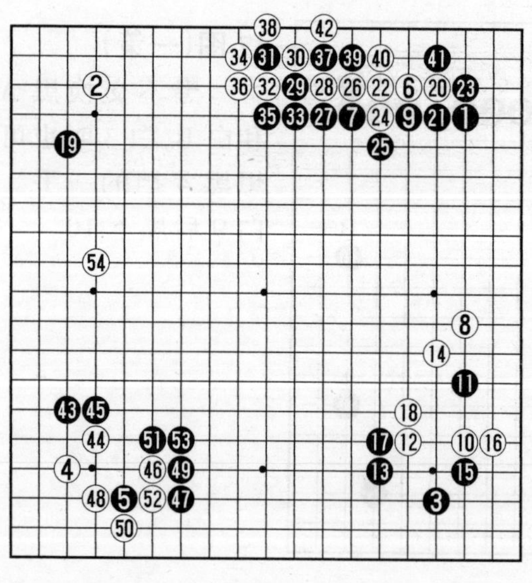

实战棋谱

黑　姜东润

白　李熙星

白中盘胜。

(2004-04-09)

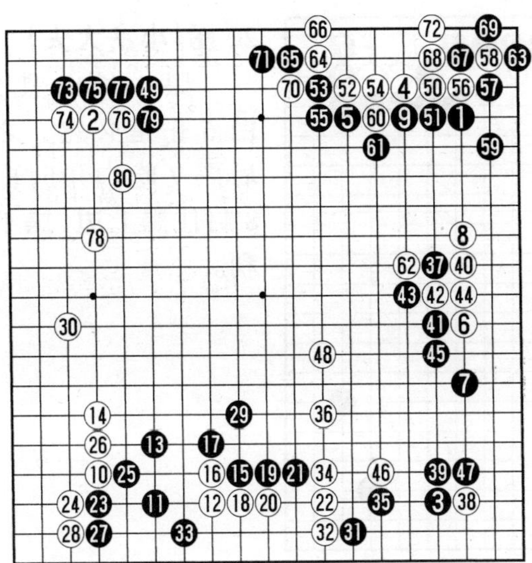

实战棋谱

黑　崔哲瀚

白　李昌镐

黑5点胜。

(2004－04－24)

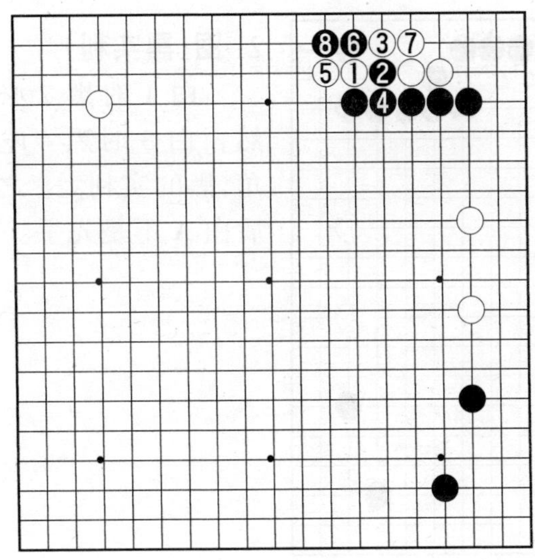

19图(白不利)

白1时黑2、4普通，白5在初期下得多。但是黑6、8是强手，形成乱战。

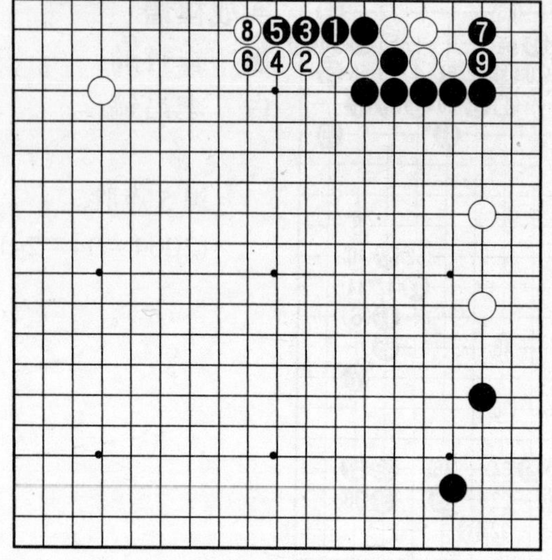

20 图(小贪大失)

黑 1 长出黑 5 白 6 止是必然。之后黑 7 吃白角时白 8 封住黑上边,黑不利。

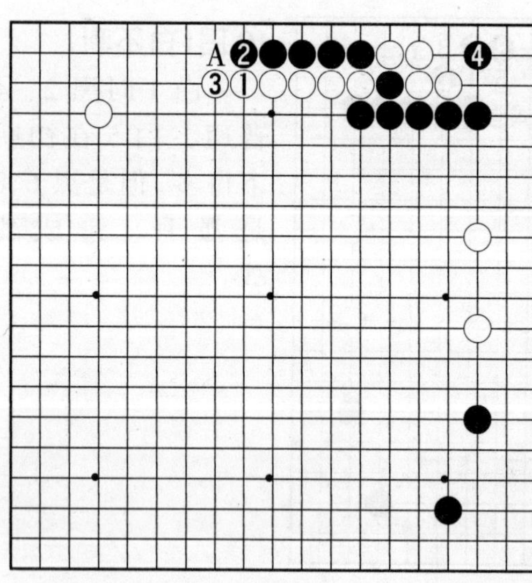

21 图(黑实利)

白 1 时黑 2 必然, 白 3 时黑 4 吃角,黑的实利大。之后白 A 不是先手。

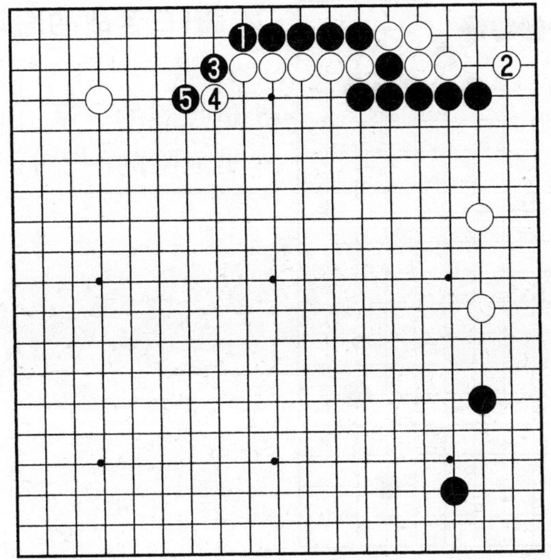

22 图(中腹战)

黑 1 时白 2 活棋的话，黑 3、5 形成中腹战。

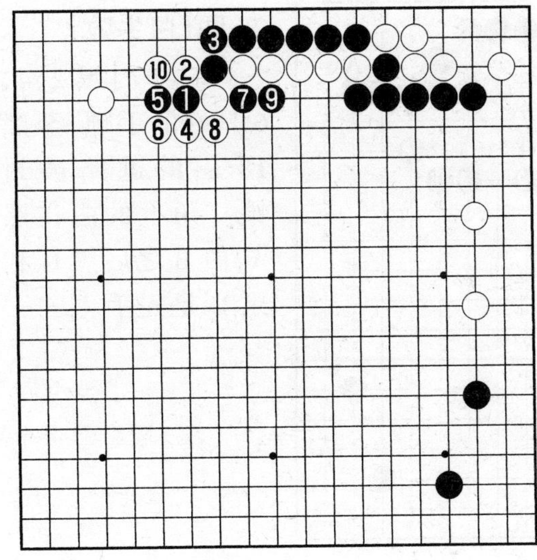

23 图(黑可下)

黑 1 时白 2、4、6，至白 10 形成转换，黑厚实。

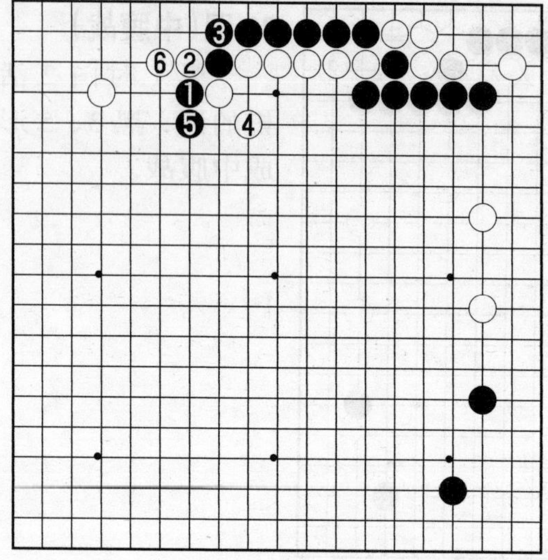

24 图(白苦战的路)

黑 1 时白 4,黑 5 是强烈的一手,白 6 是危险的一手。

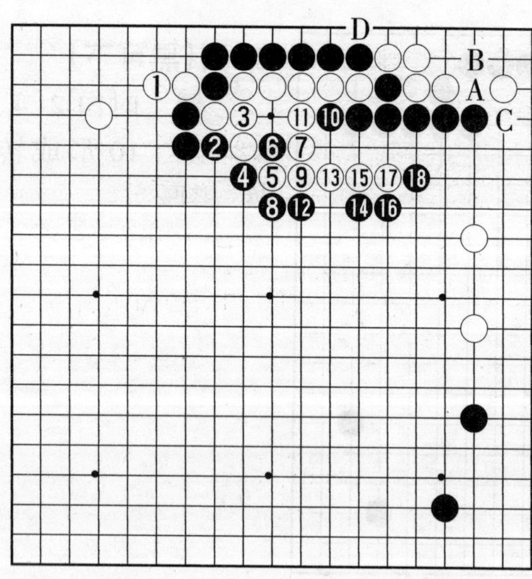

25 图(白失败)

白 1 时黑 2、4、6 是好的手顺,至黑 18 白的逃路被封锁。角上的白在黑 A,白 B 之后黑 C 和黑 D 是先手。

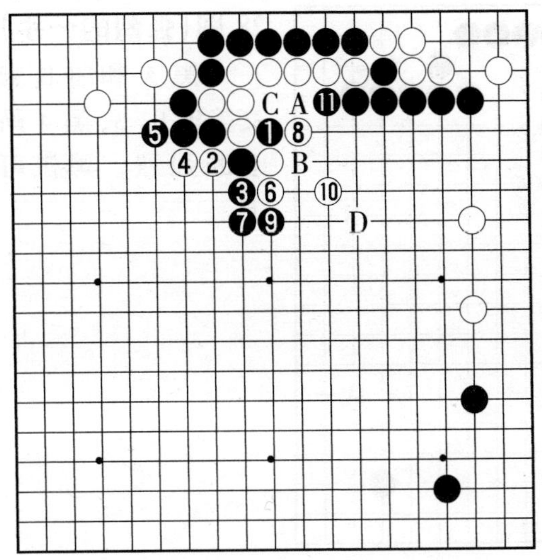

26 图（白苦战）

黑 1 时白 2、4 后白 6 虽有贴长的一手，但黑 9 之后黑 11 是好手，白无应手。白 A 时黑 B 白不行，白 C 时黑 A 打后黑 D 罩，白棋苦战。

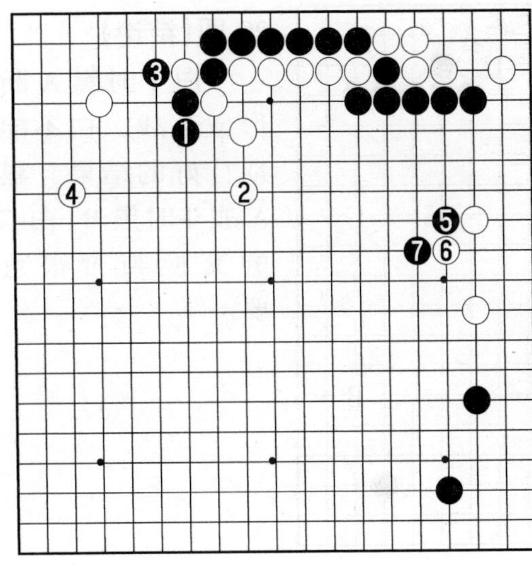

27 图（黑稍有利）

黑 1 时白 2 虽普通，黑 3 吃的手段厚实，黑 5、7 渐渐压迫中央，黑可下。

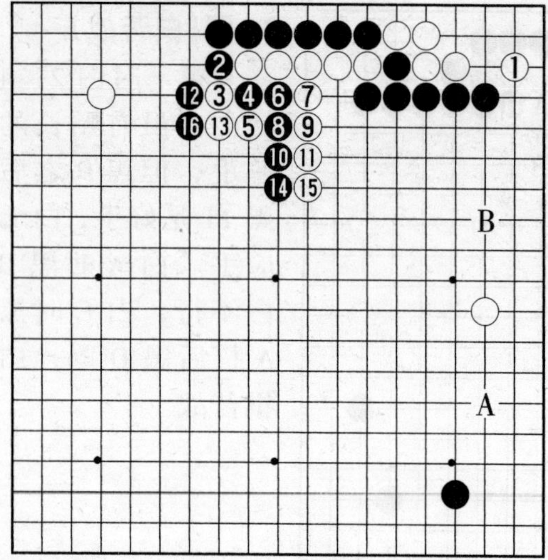

28图(强烈的一手)

黑A和白B未交换时白3,黑4马上断强烈，黑棋可下。

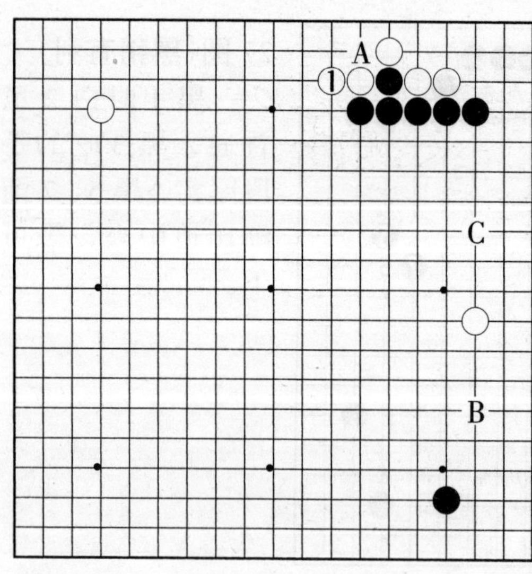

29图(结论)

白1时黑A断形成乱战，白不能期待好的结果。黑A战斗时黑B、白C的交换与否很重要。

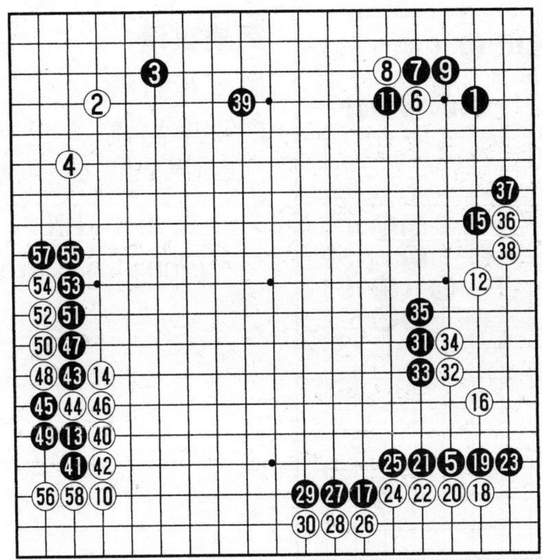

实战棋谱

黑　姜至省

白　朴永训

白中盘胜。

(2005－07－29)

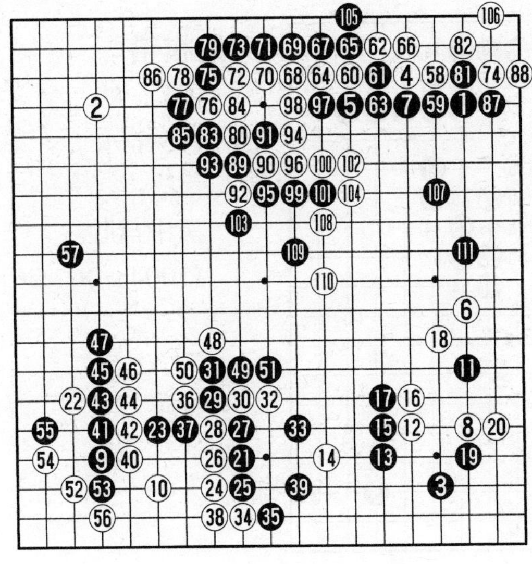

实战棋谱

黑　李昌镐

白　崔哲瀚

黑中盘胜。

(2004－02－27)

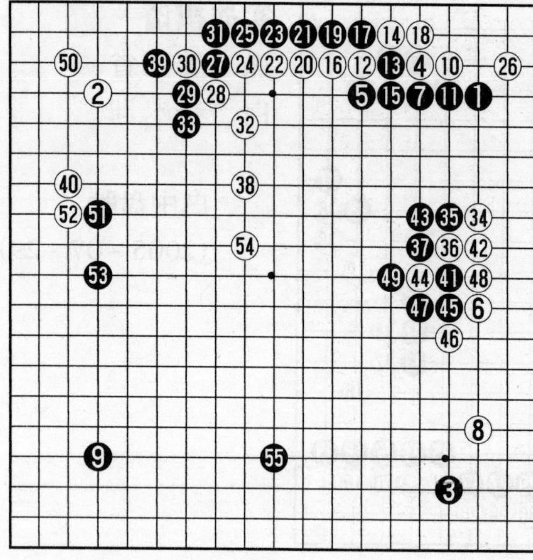

实战棋谱

黑　崔哲瀚

白　李昌镐

黑2.5目胜。

(2004－04－16)

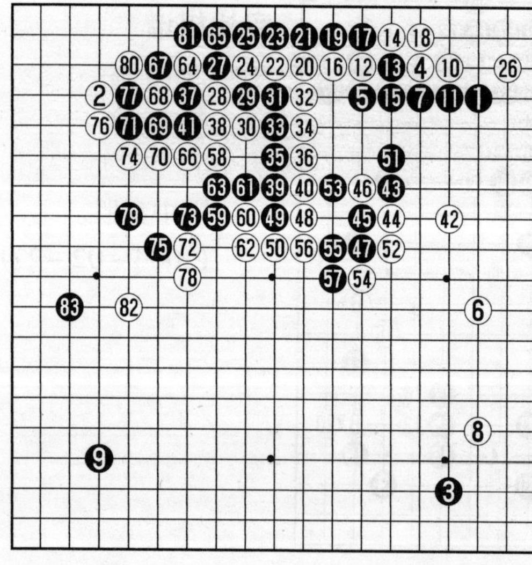

实战棋谱

黑　邱　峻

白　安祚永

黑中盘胜。

(2004－06－26)

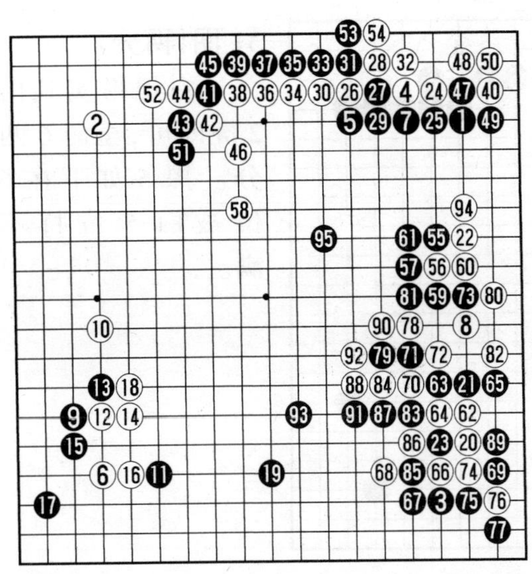

实战棋谱

黑　安达勋
白　谢　赫

黑中盘胜。
(2004－09－01)

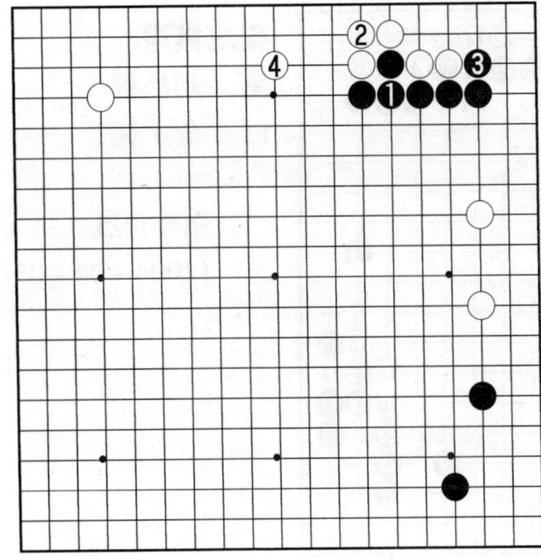

30 图（简明）

黑 1 时白 2 简明，至白 4 双方可下。

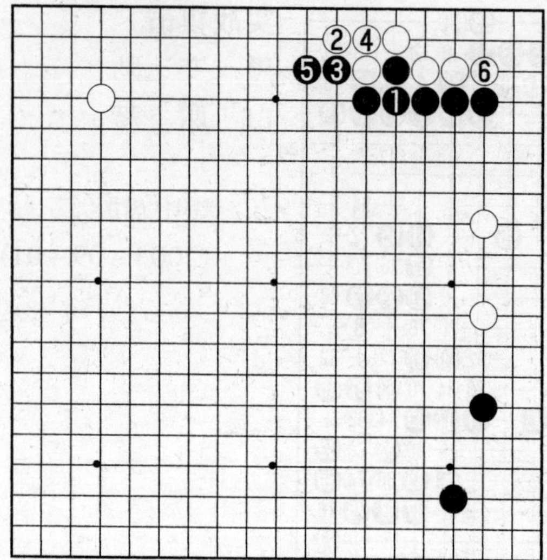

31 图（两分）

白想得实利白2虎即可，至白6两分。黑5如下在6位被白5位打不满。

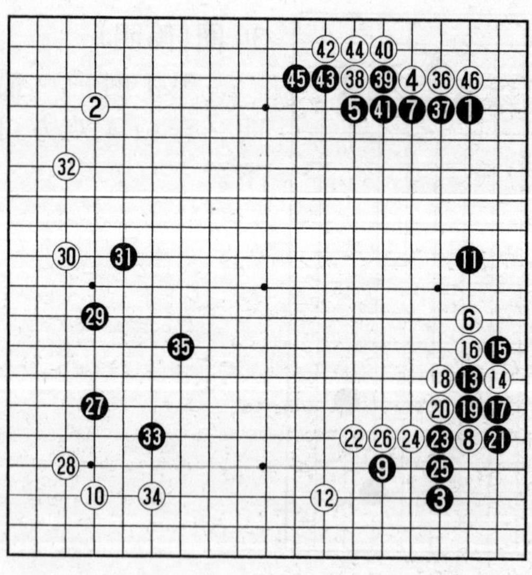

实战棋谱

黑　刘昌赫

白　金主镐

白半目胜。

（2004－04－05）

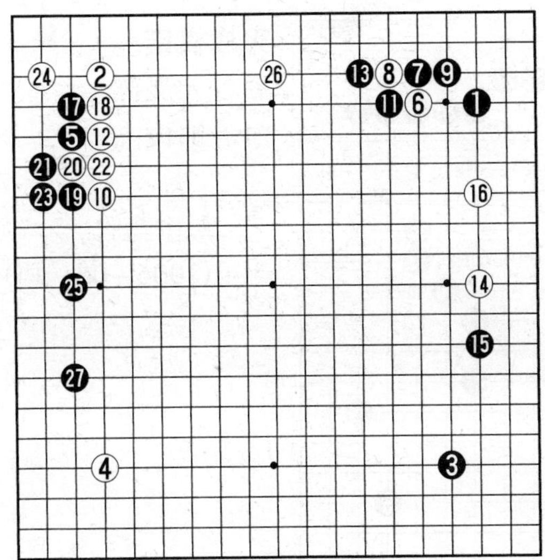

实战棋谱

黑　古　力

白　崔哲瀚

黑半目胜。

(2005－07－22)

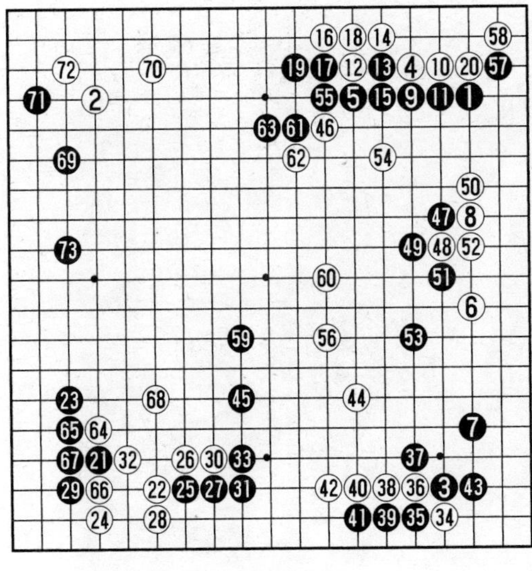

实战棋谱

黑　李昌镐

白　曹薰铉

黑1.5目胜。

(2006－07－07)

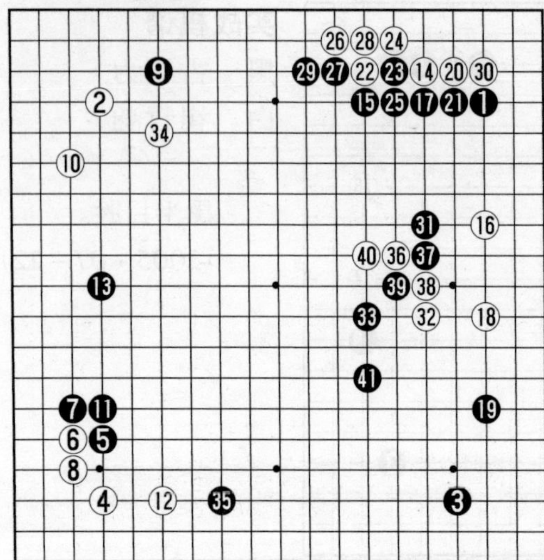

实战棋谱

黑　元晟溱

白　邹俊杰

黑中盘胜。

(2006－08－14)

新型 12　关于分投积极压迫的布局

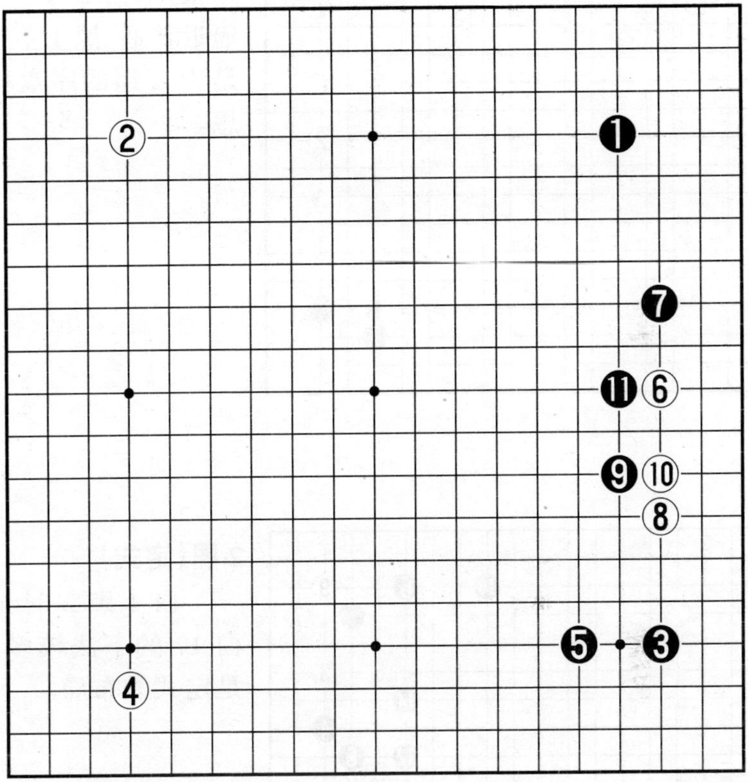

黑 5 的高目守角诱使白 6 的分投。之后黑 7 至 11 的压迫手段是新研究的内容。黑变化少而厚实，可容易构想序盘。

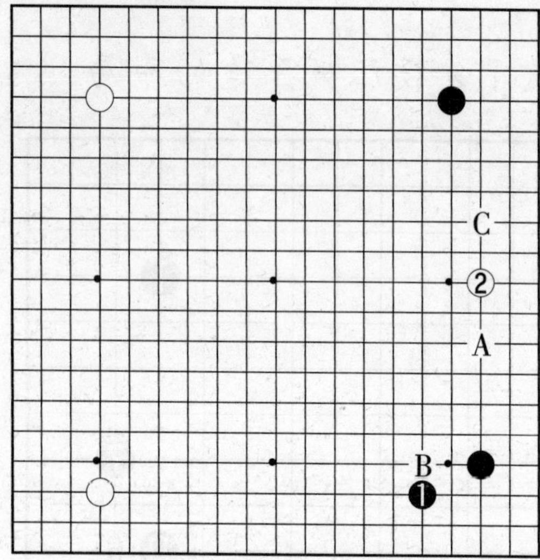

1图(普通的进行)

黑1的小飞守角很多,白2时于A逼近普通。黑1下B是为C逼的序盘构想。

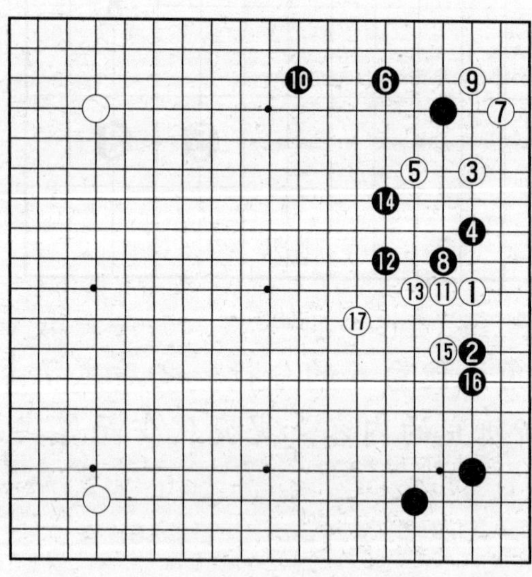

2图(定式)

白1黑2时至白17的下法较多,是定式兼布局。

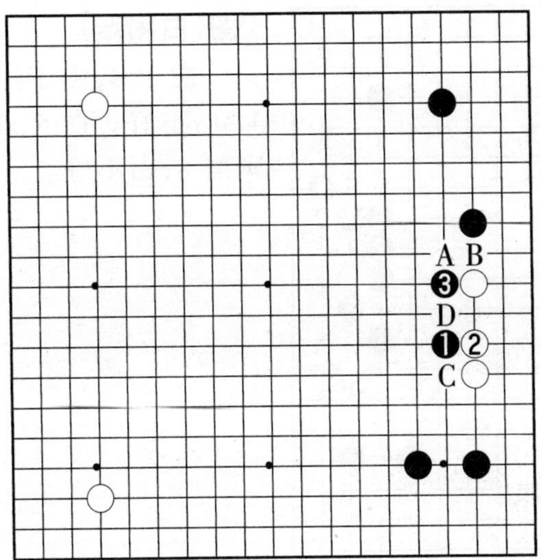

3 图(白的选择)

黑 1、3 的压迫是黑的作战，这里白可想 A、B、C、D。

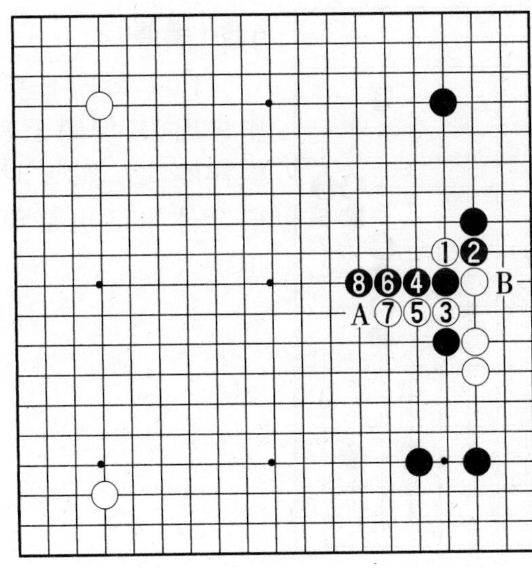

4 图(白不利)

白 1 的下法至黑 8 白不利。之后白 A 时被黑 B 打难受。黑不早些于 B 位打与黑 A 时中央的封锁有关。

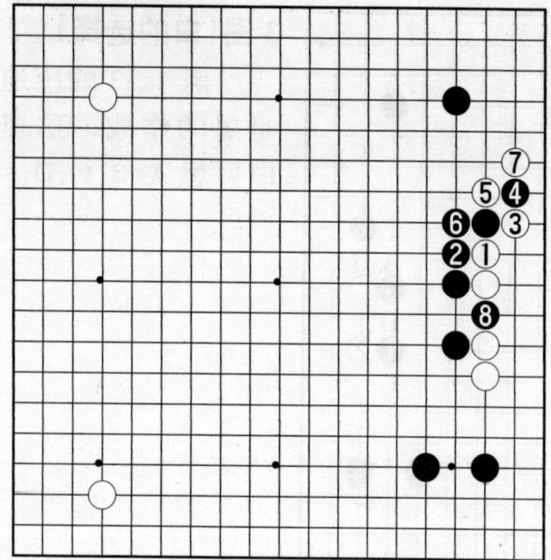

5图(白困难)

白1、3,由于黑4,白不好。白5、7则黑8,白不好。

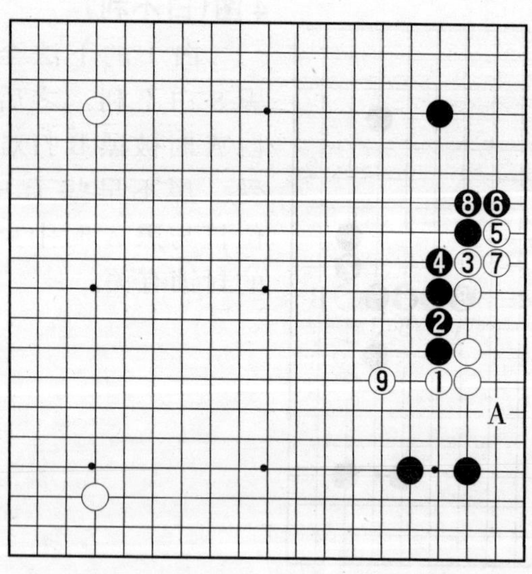

6图(黑厚)

白1至白9可中央出头,但黑至8模样厚实。黑A时白全体未活也是负担。

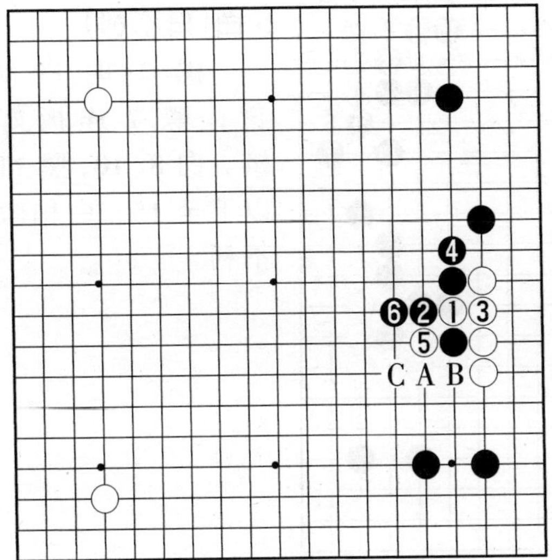

7 图（最佳的进行）

白 1 是最佳手段，至黑 6 必然。之后白下别处则有黑 A 白 B 黑 C 的手段中央被封住。

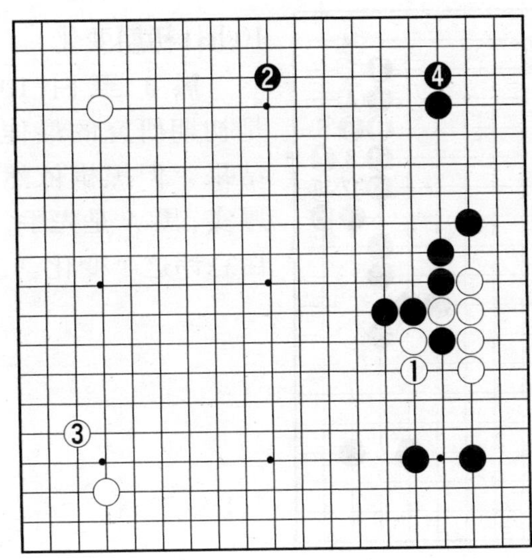

8 图（黑好形）

白 1 正手，黑 2 时白 3 黑 4，黑模样好。

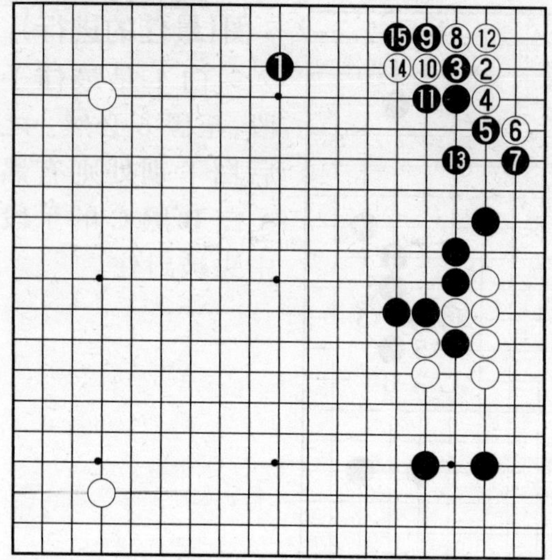

9图(白不利)

黑1时白2急，黑7连扳好棋。白8、10，黑11以下至15，白稍微不利。

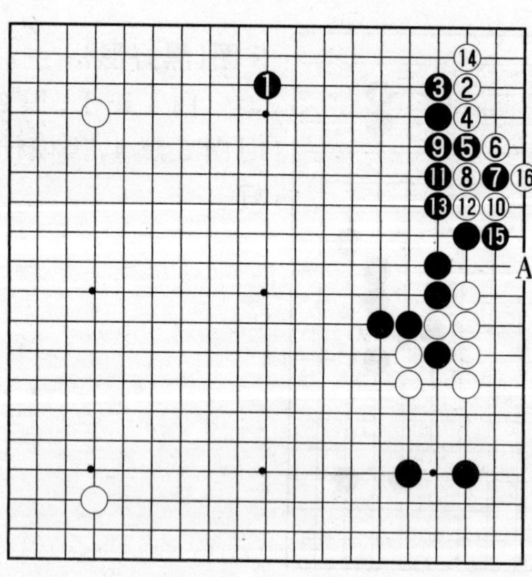

10图(初期变化)

黑1至白10是初期研究的最佳结果，但黑棋依然厚实，黑A是先手，白忌讳这个变化。

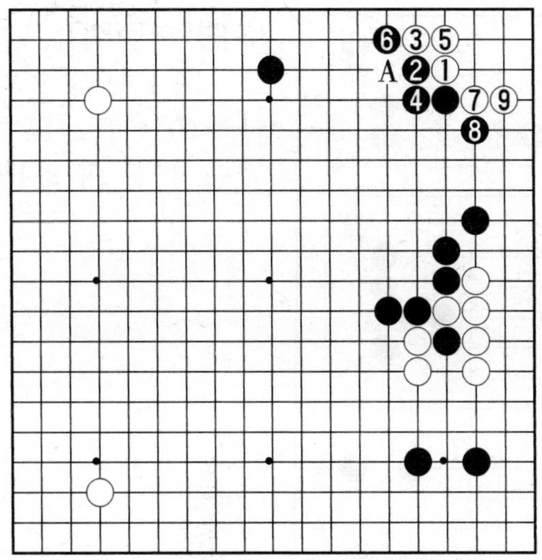

11 图（黑不好）

白 1 托也做了研究。黑 2 至白 9 掏角黑不满。之后 A 的弱点使黑的模样不安定。

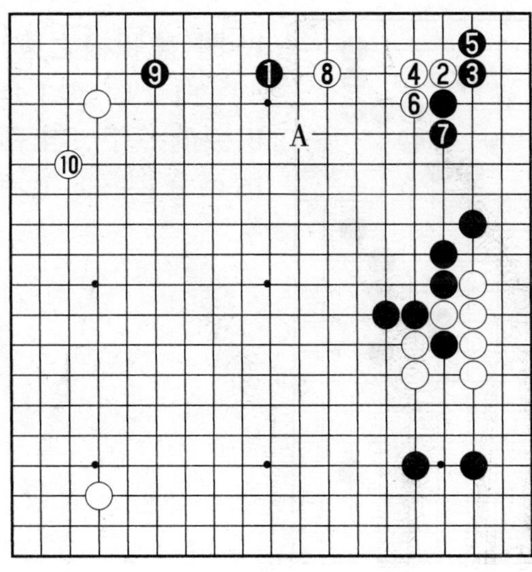

12 图（黑轻松的进行）

白 2 时黑 3 普通，至白 10 是平凡的进行。之后有黑 A 攻击的手段，是黑轻松的布局。

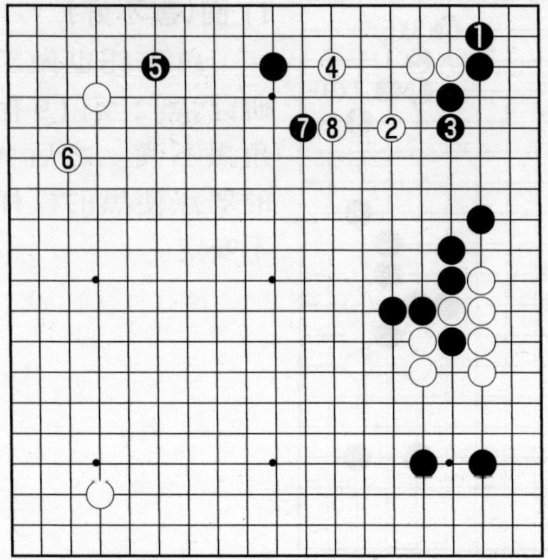

13图（白简明）

黑1时白2是轻便的一手，黑7的攻击，白8即可。

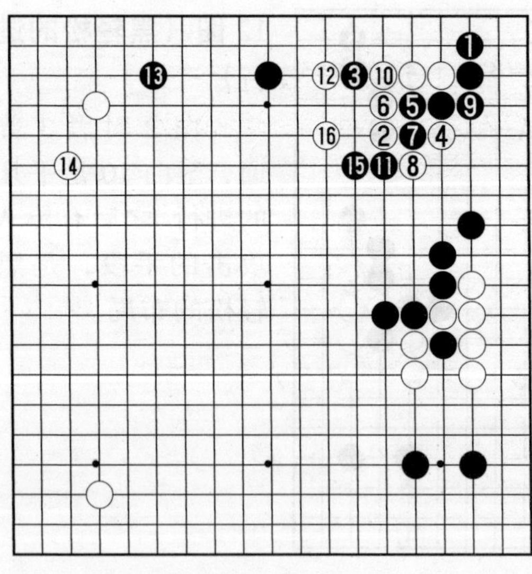

14图（黑积极之策）

白2时黑3是积极的一手，至白16两分。

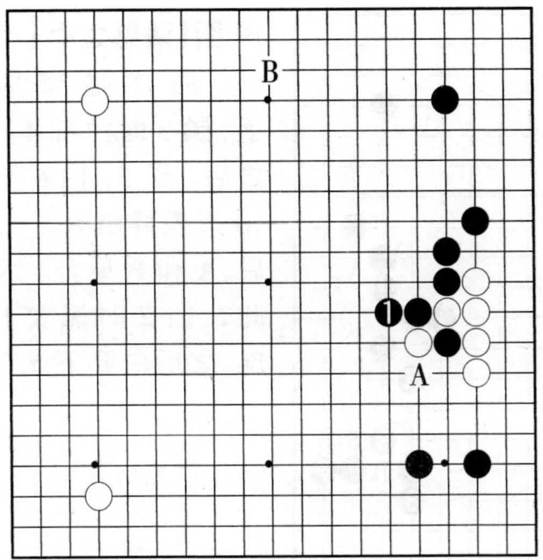

15 图(白的研究)

黑 1 时白 A,黑 B 可使黑轻松,白省略白 A,能否抢到 B 位成为研究对象。

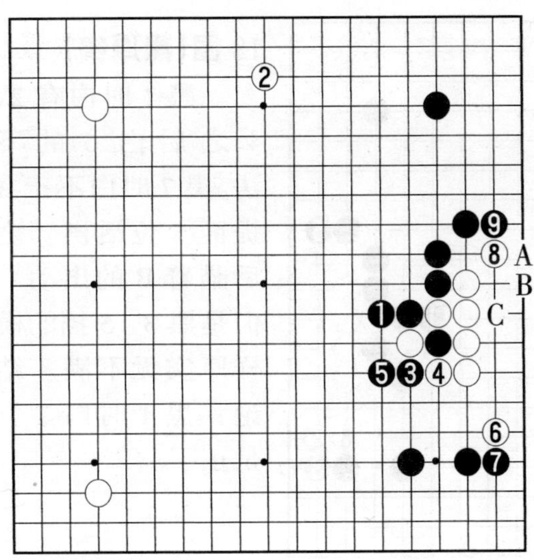

16 图(白苦战)

黑 1 时直接下白 2,则黑 3、5 是好手,白 6、8 未活。黑 9 之后黑 A,白 B,黑 C 的手段存在。

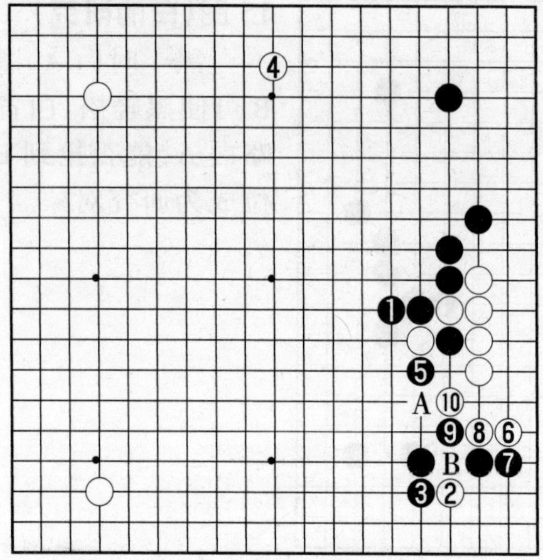

17 图(诱惑之手)

白 2 是试应手，黑 3 时白可 4。之后，黑 5，白 6 至 10 黑模样破裂。之后，A 和 B 见合。因此，白 2 时黑要 B 连，之后白要下 5。

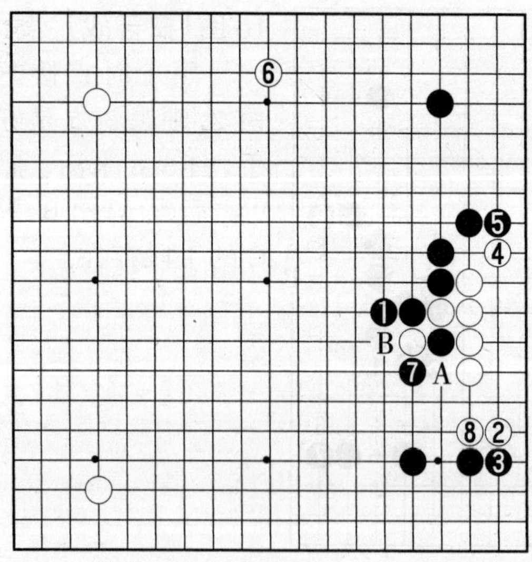

18 图(黑厚实)

黑 1 时白有 2、4 之后白 6 的下法。黑 7 时白不于 A 提而 8 位活棋。之后瞄着 B 的出动。但是黑 3、5 挡的模样厚实无不满。结论：黑 1 时白 7 位是正手。

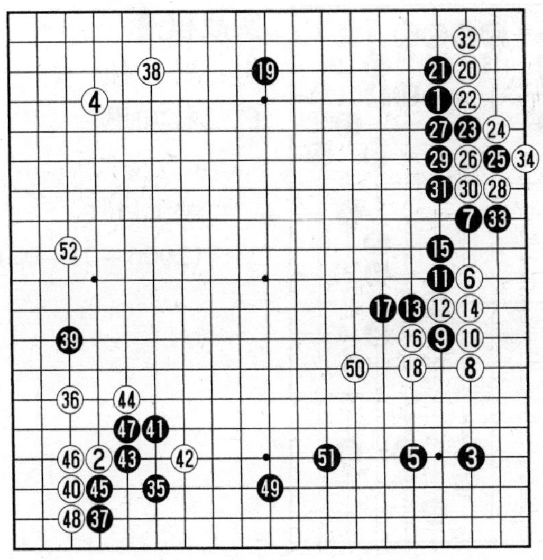

实战棋谱

黑　李昌镐

白　王　檄

黑中盘胜。

(2005－02－26)

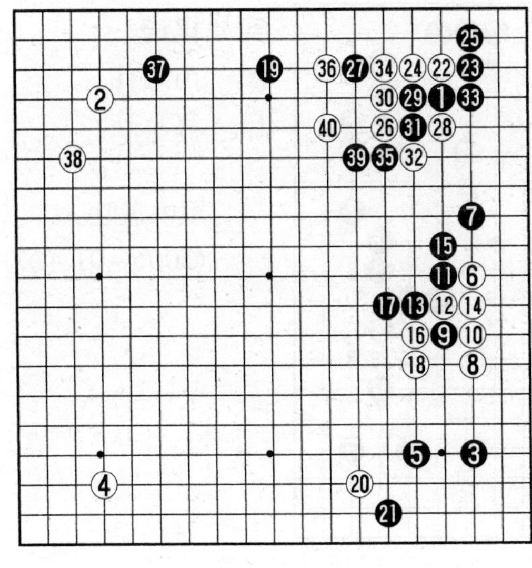

实战棋谱

黑　李昌镐

白　周鹤洋

黑中盘胜。

(2005－03－18)

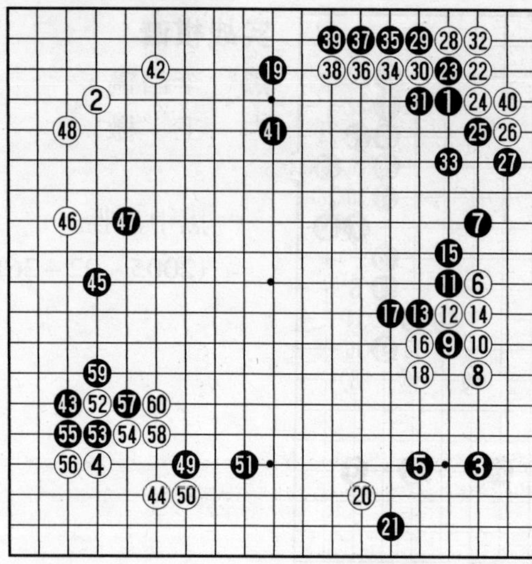

实战棋谱

黑 叶 桂

白 朴知恩

黑半目胜。

(2006－01－08)

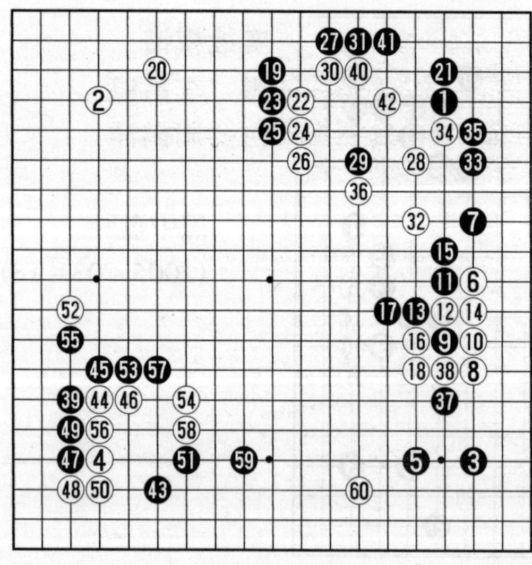

实战棋谱

黑 芮乃伟

白 赵惠连

黑中盘胜。

(2006－01－27)

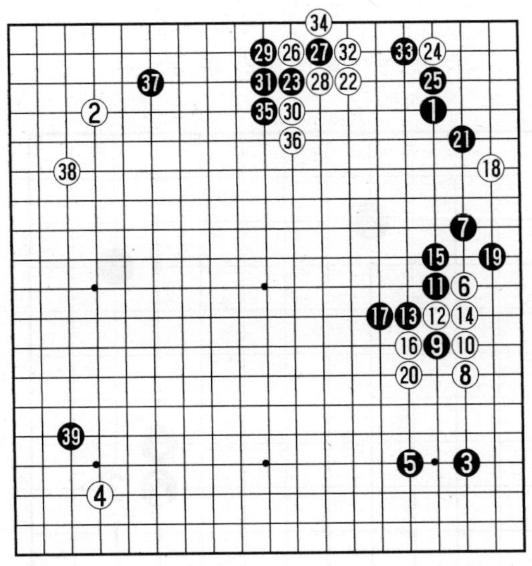

实战棋谱

黑　元晟溱

白　韩锺振

黑中盘胜。

(2006－11－10)

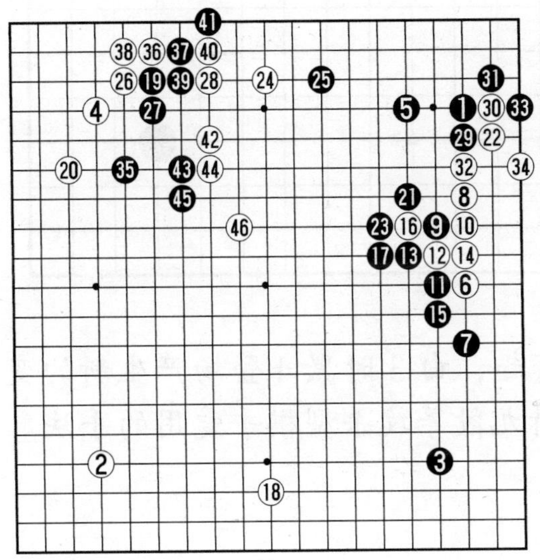

实战棋谱

黑　崔原踊

白　金成龙

白中盘胜。

(2006－12－15)

新型 13　迷你中国流的更新

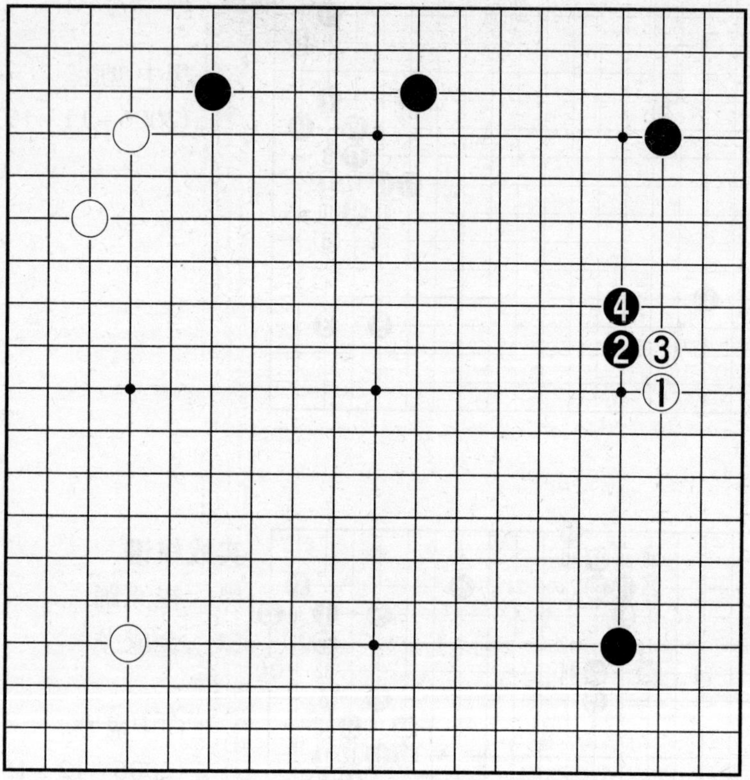

白 1 时黑 2 有趣，白 3 时黑 4 登场产生新的变化。黑 4 是刘昌赫九段等攻杀型棋手爱用的手法。

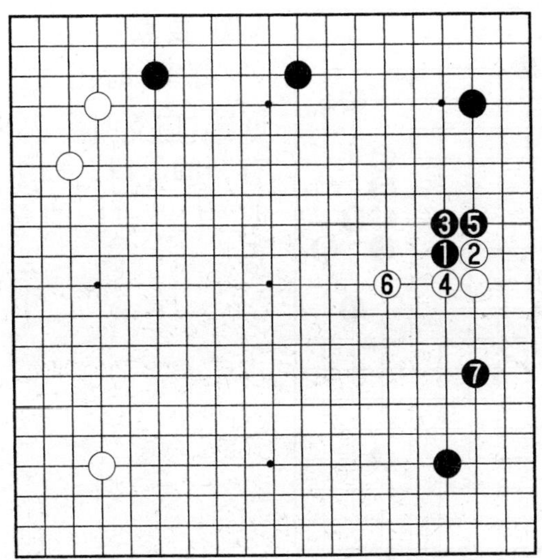

1 图(白未活)

黑 1、3 时白 4、6,则黑 7 白难受。

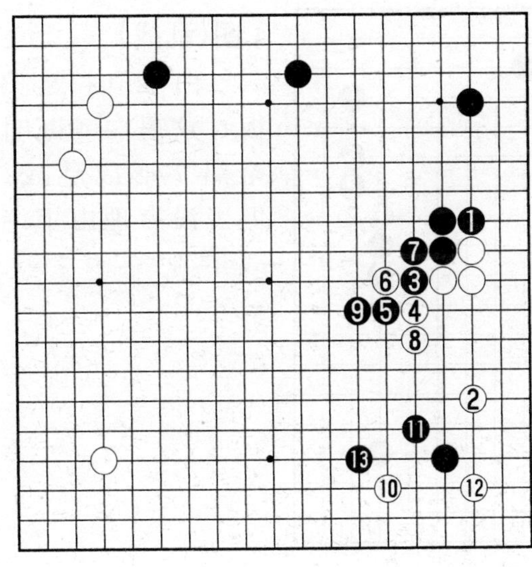

2 图(黑势力)

黑 1 时白 2 普通,至黑 13 黑势力好。所以说,黑 1 处被拐住白不能期待好的结果。

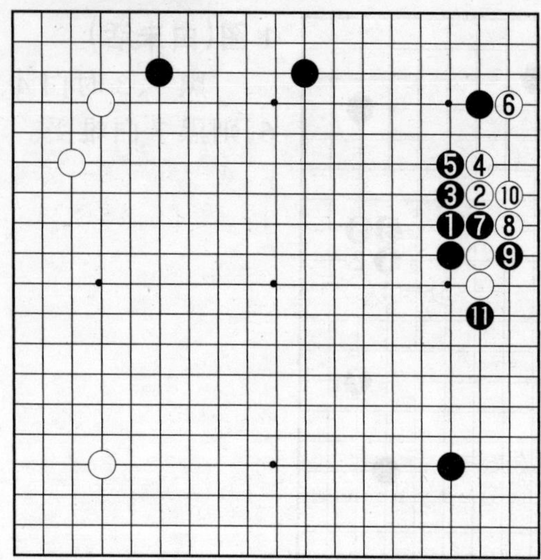

3 图(要点)

黑 1 时白 2 一间跳,白 6 时黑 7、9 有断的手段。白 10 时有黑 11 的要点。

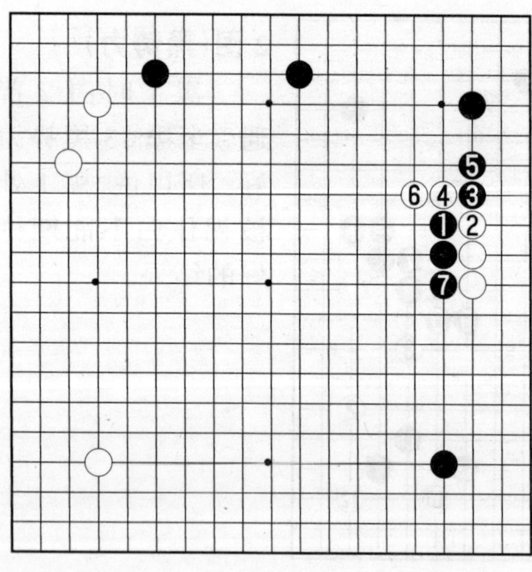

4 图(乱战)

白 2 时黑 3 扳,这里白 4 断时至黑 7 形成乱战,但黑没有理由拒绝战斗。

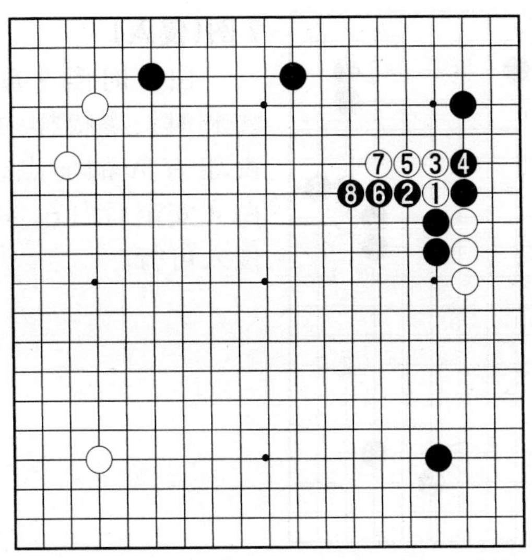

5图(黑有利)

白1时黑2是好的手顺。至黑8黑是感觉好的进行。白1的断虽形成乱战,但黑可战。

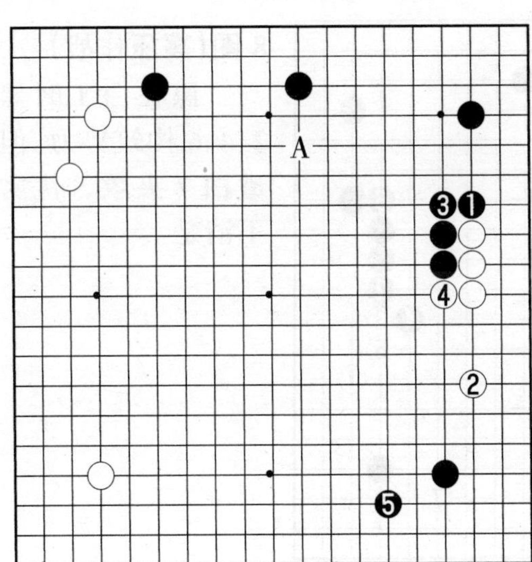

6图(简明之策)

白在黑1时白2先安定好。黑3时白4厚实。黑5时,白从A削黑势即可。

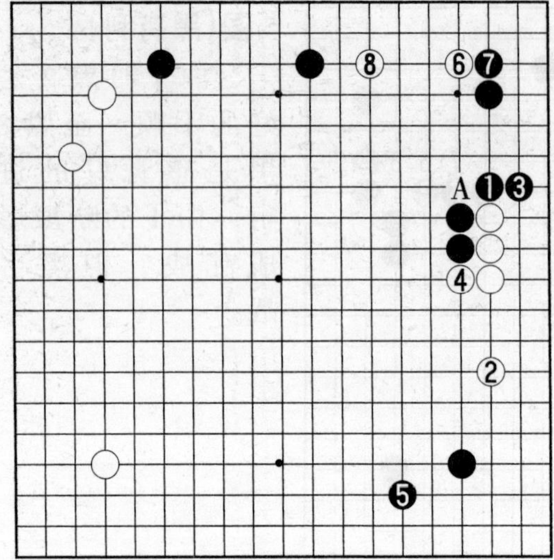

7图(侵入)

白2时黑3重实利时，黑模样中由于有A的弱点，白4安定后白6、8侵入可行。

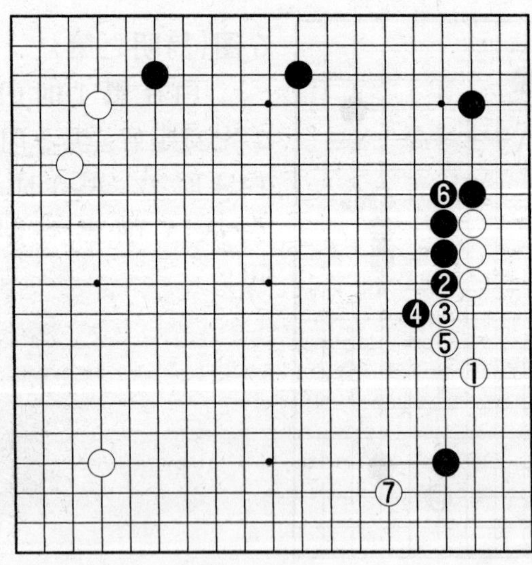

8图(高压作战)

黑在白1时黑2、4、6构筑势力。但遭白7夹攻，优劣不清楚。

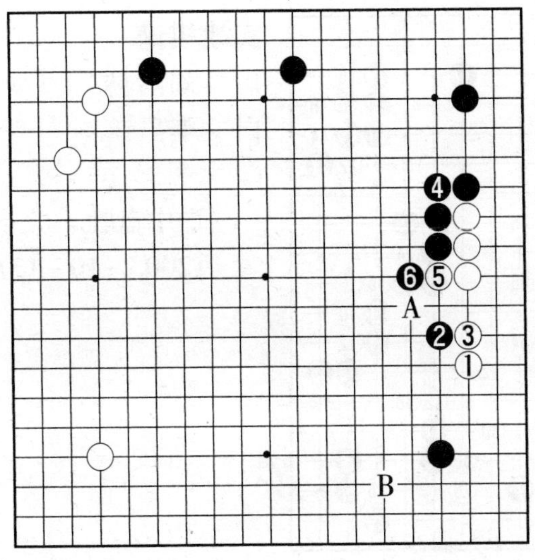

9图(黑的研究)

白1时研究了黑2，白3时黑4连。之后白5时黑6很强。由于黑2,白A尴尬，白B夹攻时黑2也有帮助。

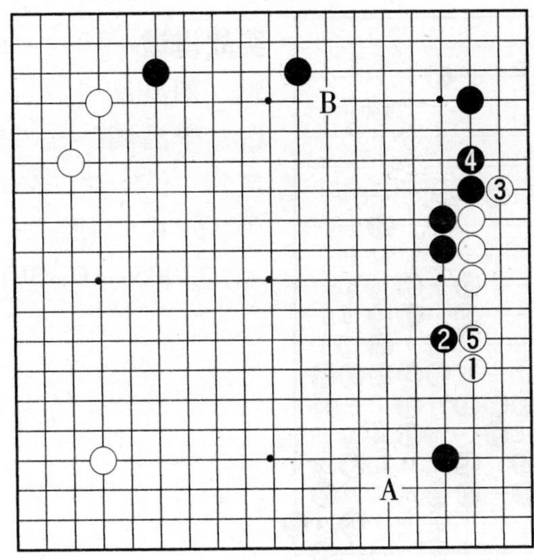

10图(见合)

黑2时白3、5先取实利安定下来是正确的选择。之后A和B见合。

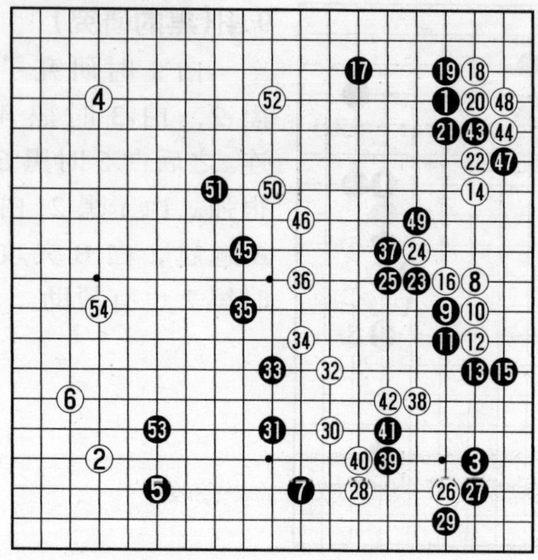

实战棋谱

黑　刘昌赫

白　李昌镐

白中盘胜。

(2005－10－13)

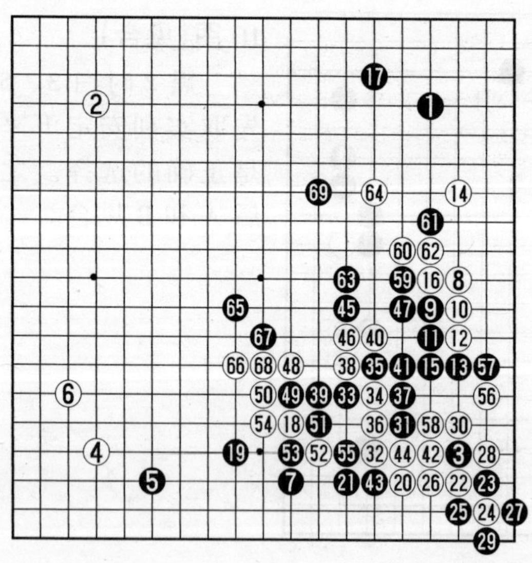

实战棋谱

黑　刘昌赫

白　李昌镐

白 1. 5 目胜。

(2005－10－30)

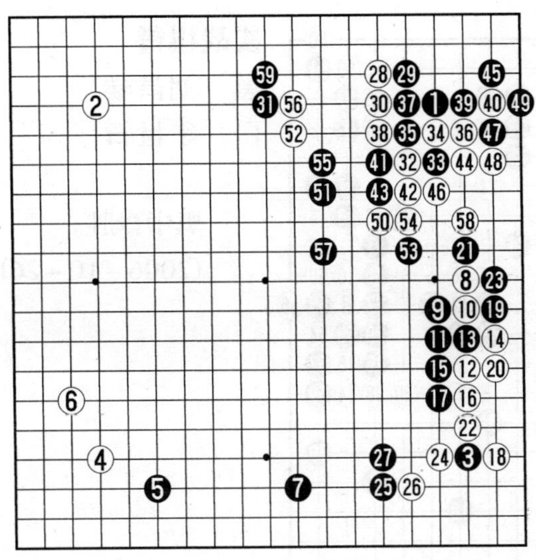

实战棋谱

黑　芮乃伟

白　赵惠连

黑中盘胜。

(2006－02－20)

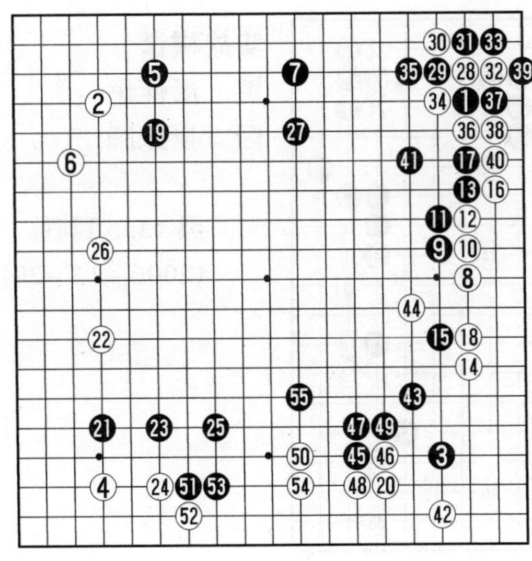

实战棋谱

黑　刘昌赫

白　朴文尧

黑中盘胜。

(2006－09－06)

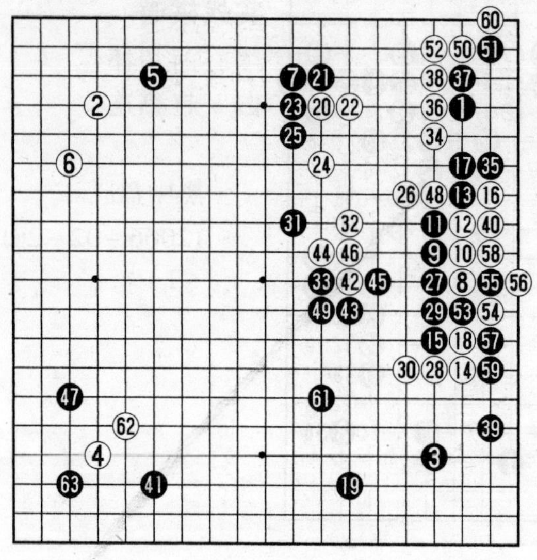

实战棋谱

黑　刘昌赫

白　李世石

黑中盘胜。

(2006－10－26)

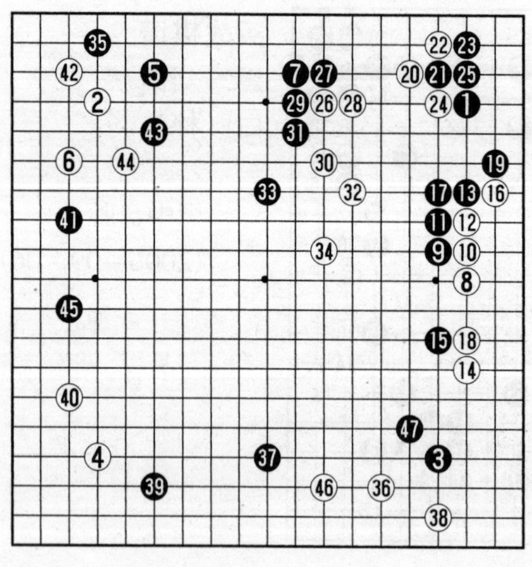

实战棋谱

黑　洪性志

白　崔原踊

黑 13. 5 目胜。

(2006－11－29)

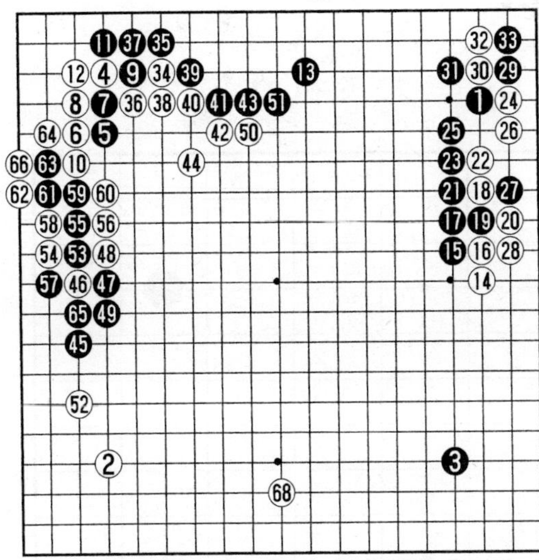

实战棋谱

黑　李玟真

白　白洪淅

白 5.5 目胜。

(2006－12－19)

67＝46

新型 14　小飞，大飞挂的最新型

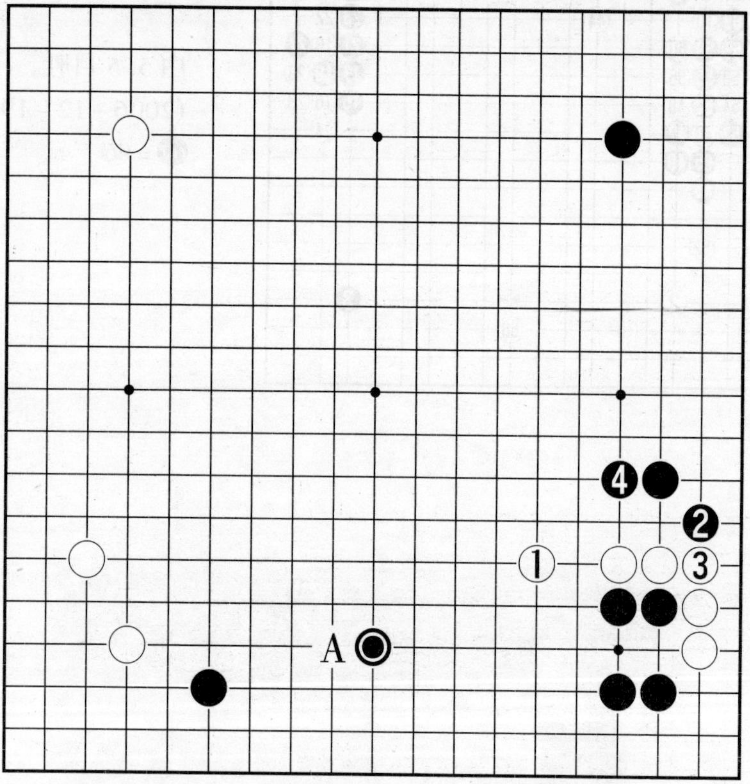

（小林流）布局有很多变化。这里白 1 跳的情况下谈黑 2、4 开始的最新型。此型随黑◎是否在 A 位其变化也不同。

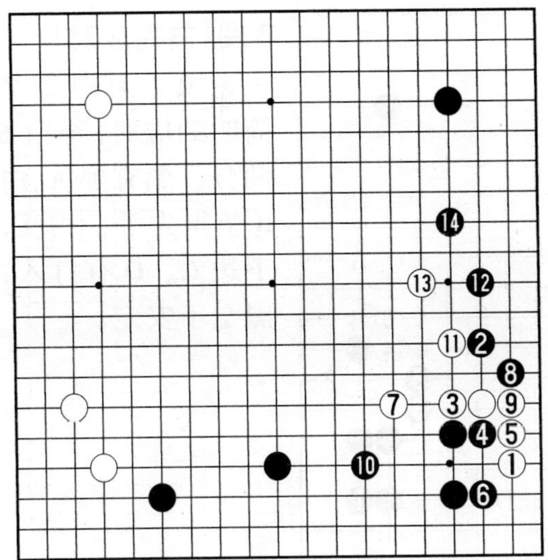

1 图(旧定式)

白 1 时黑 2 是最常下的一手，至黑 14 是定式。但是黑下到两边白很无聊。

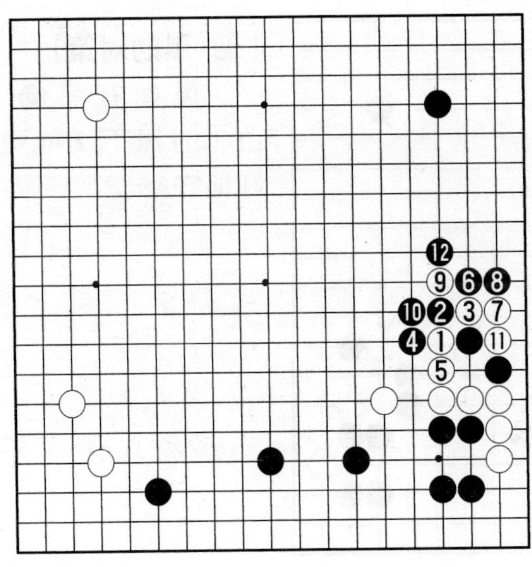

2 图(黑厚实)

黑在白 1 时有黑 2 扳的下法。至黑 12 黑厚实。

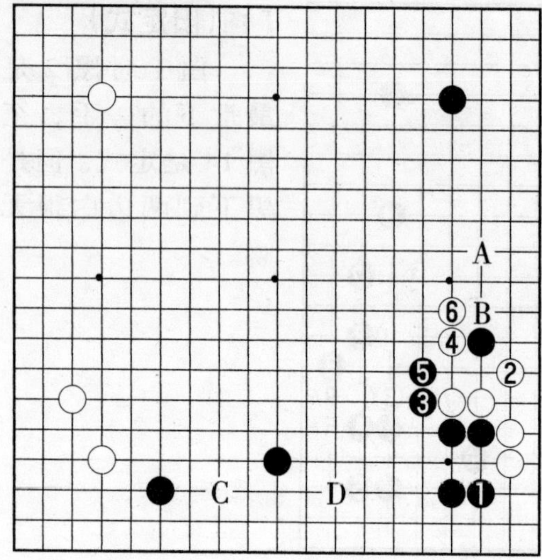

3 图(白的应对)

黑 1 时白 2 是简明的应对,至白 6 两分。黑有黑 A、白 B 争得先手,相反,下边 C、D 有打入,黑空不安定。

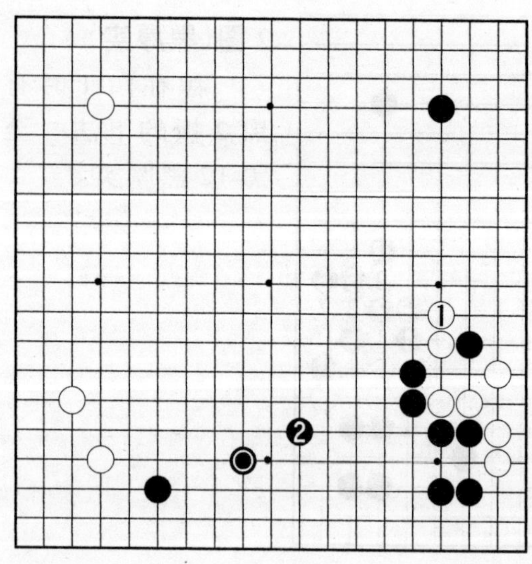

4 图(黑的对策)

黑如有黑◎,白 1 时黑下 2 能更好地守空。

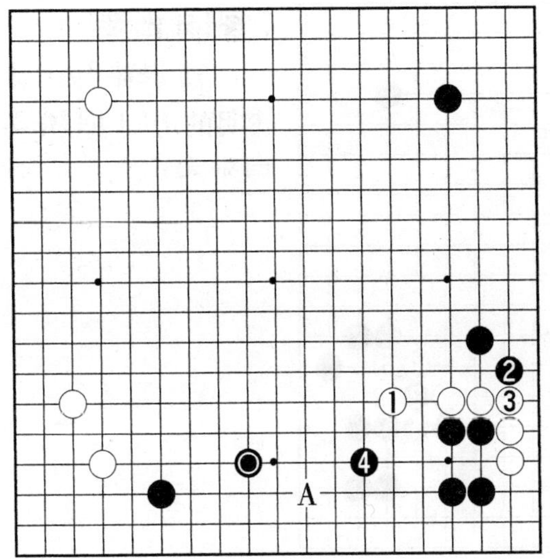

5图(白的应对)

如有黑◎时白则在1位跳。那么黑4的位置模棱两可。因为白A的侵入一眼可见。

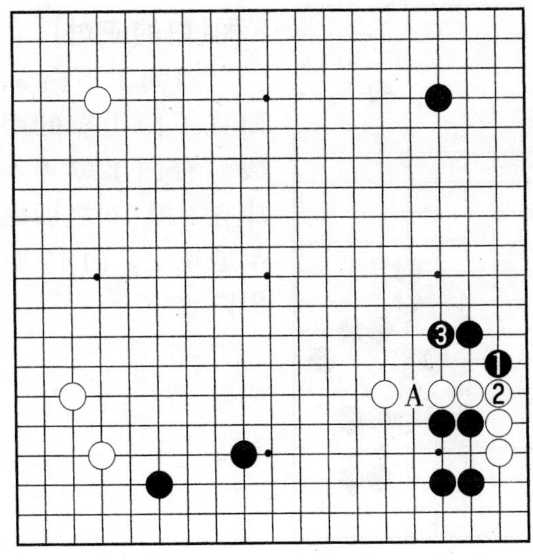

6图(黑的毒手)

这里，有折磨白棋的黑的手段，既黑3。黑3瞄着A位的挖，白的下一步不容易。

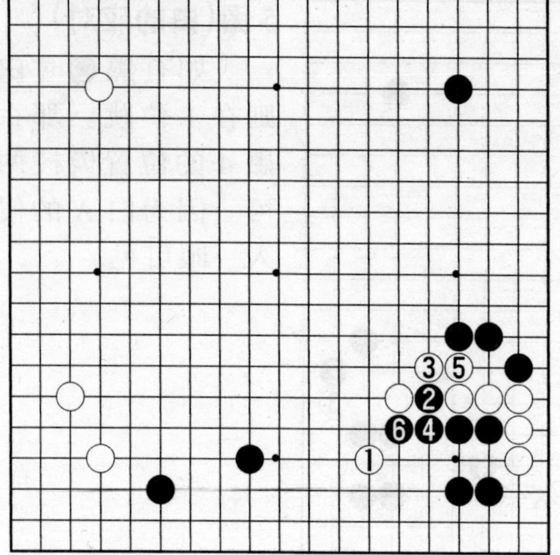

7图(白困难)

白很难马上下下边。白1时黑2，白难受。

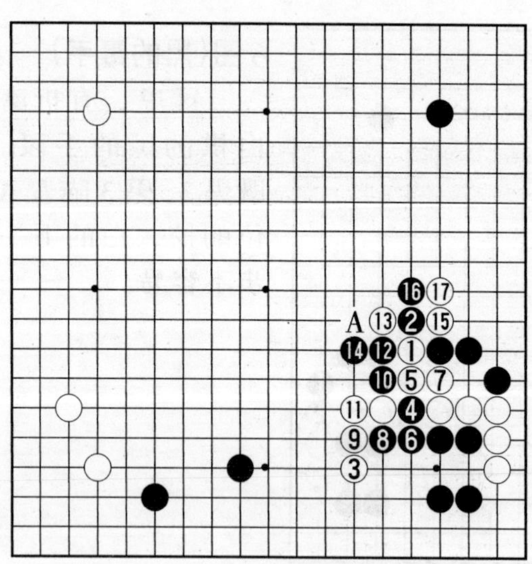

8图(白的应对)

白为了下白3，研究了白1靠的手段。有白1黑4不成立。黑16之后白A是先手，白17时黑困难。

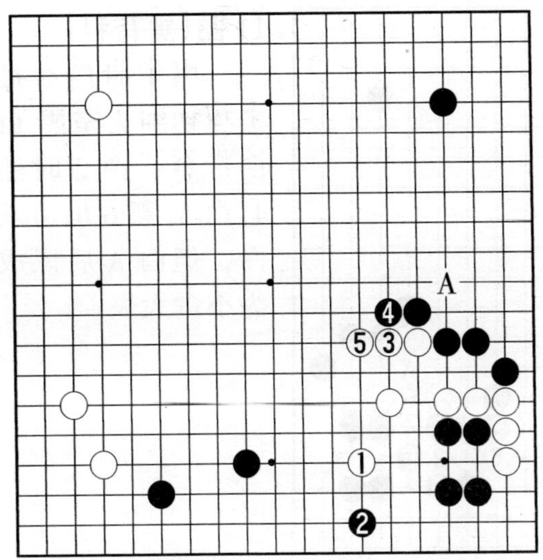

9图(白安定)

白1时黑2，白3、5可安定。之后白A有觑的手段，右边黑模样威力减小。

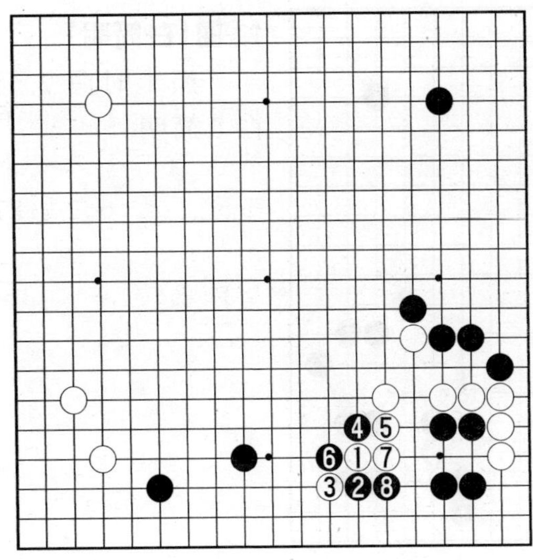

10图(黑的强手)

白1时黑2登场。白3时黑4是绝妙的切断。至黑8白困难。

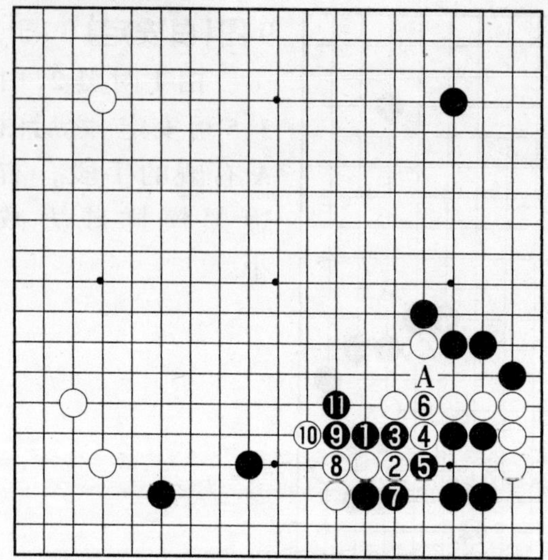

11 图(黑有利)

黑 1 时白 2 被黑 3 切断，至黑 11 白危急，白 2 时黑 4，白 3，黑 6 虽可杀白，但白 A 后黑成为小贪大失。

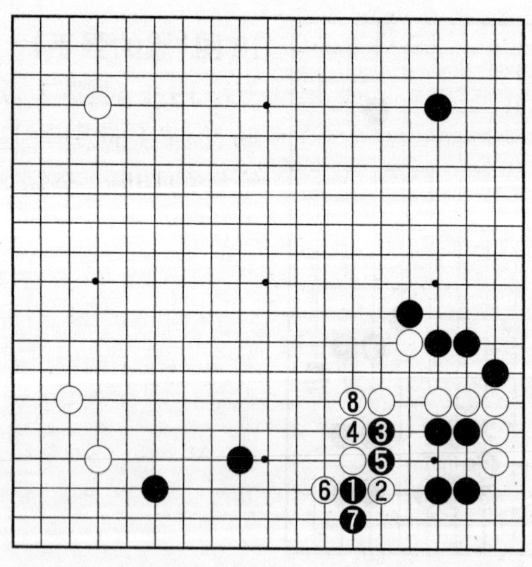

12 图(白简明)

黑 1 时白 2 至白 8 简明。

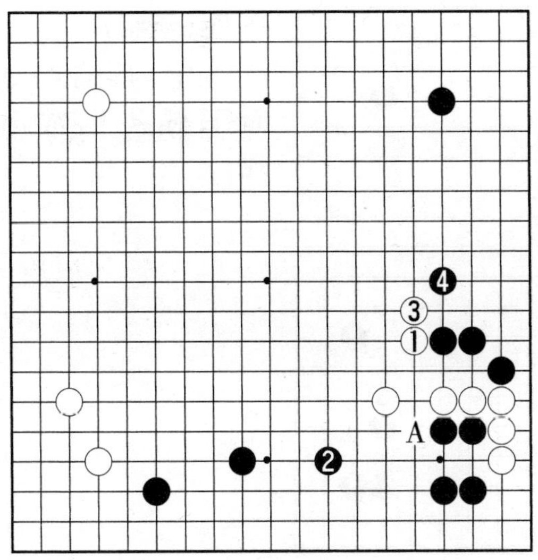

13 图（黑另外的下法）

白 1 时黑 2 也是简明的下法。由于黑 A 是先手，下边安全。

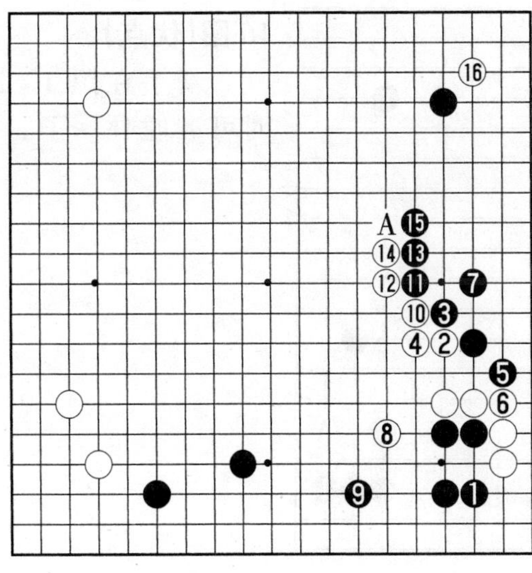

14 图（最新研究）

黑 1 时白 2 是急所，因此研究了白 2、4 先下的下法。白 16 的话白棋也充分可下。黑为了不给白点三三的余地，黑 15 于 A 位扳则白 15 断形成困难的局面。

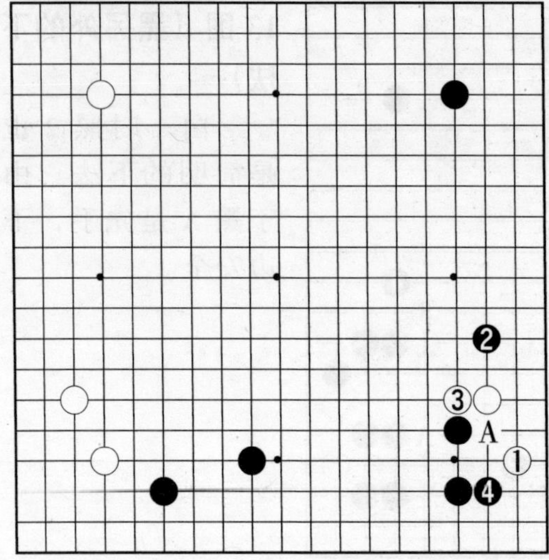

15图（新手）

白3时省略A而下黑4也常出现。

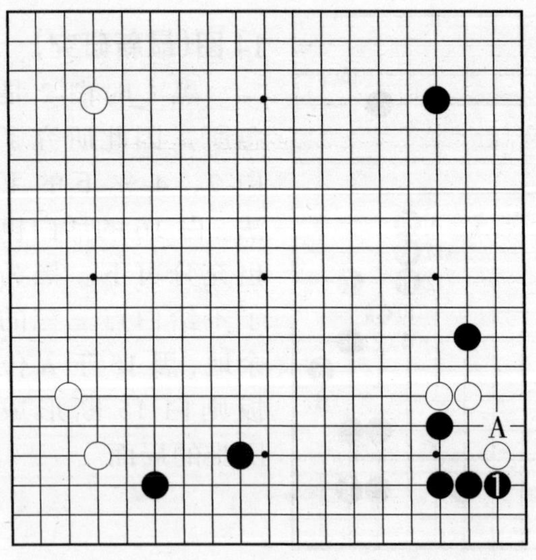

16图（优点）

新手在黑1挡时可A吃住一子。

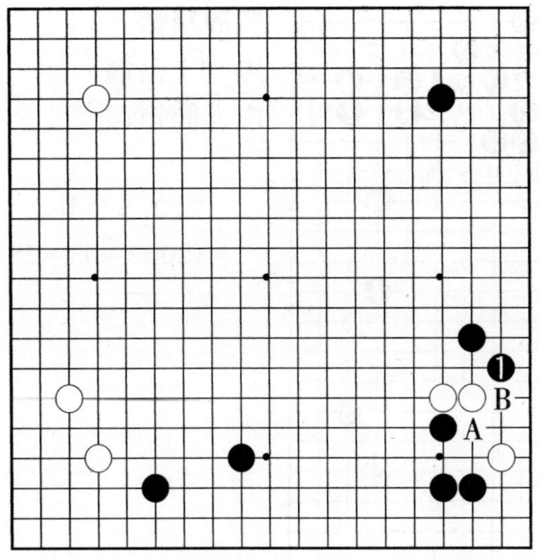

17 图(缺点)

新手在黑 1 不是绝对先手则是缺点。以后黑 A 时白可 B 应对。

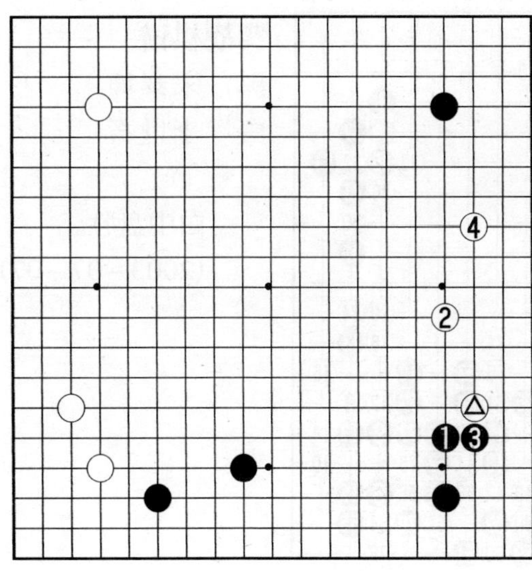

18 图(白的转身)

白也有黑 1 时白 2、4 避开复杂变化的手法。但是,白△有些恶手的嫌疑,不能说一定就好。

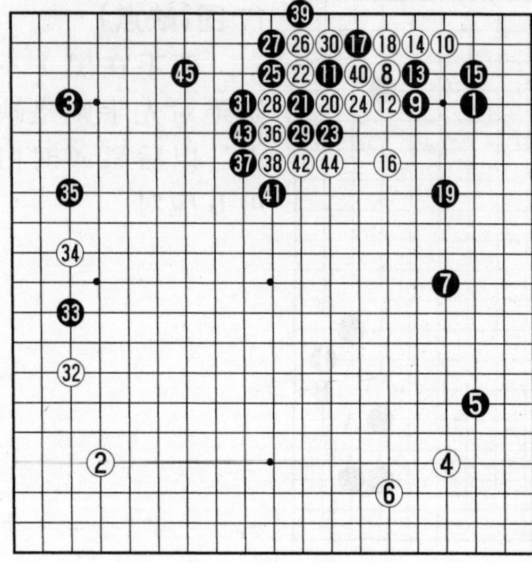

实战棋谱

黑　李昌镐

白　睦镇硕

黑2.5目胜。

(2002－03－28)

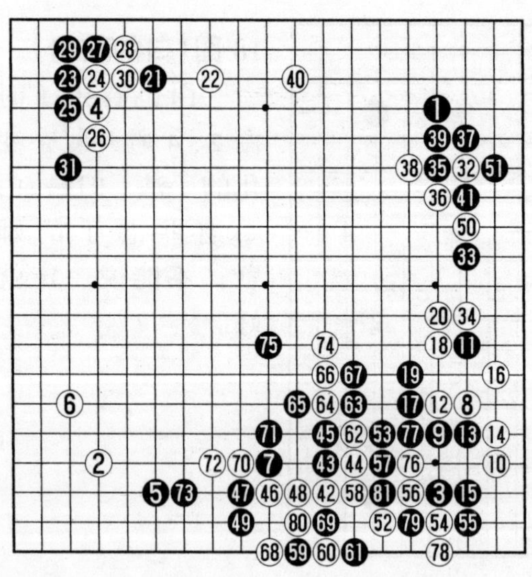

实战棋谱

黑　宋泰坤

白　李世石

白中盘胜。

(2003－07－07)

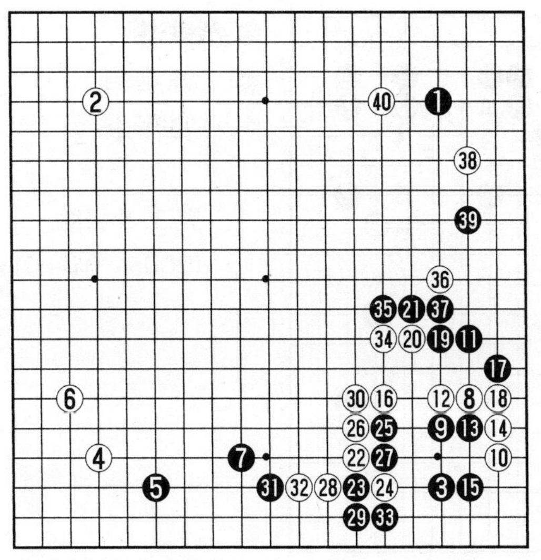

实战棋谱

黑　安永吉

白　李世石

黑中盘胜。

(2001－07－04)

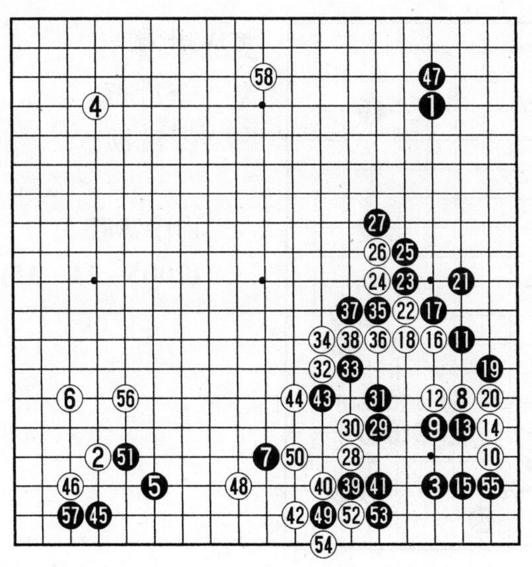

实战棋谱

黑　曹薰铉

白　安祚永

白 1.5 目胜。

(2004－06－22)

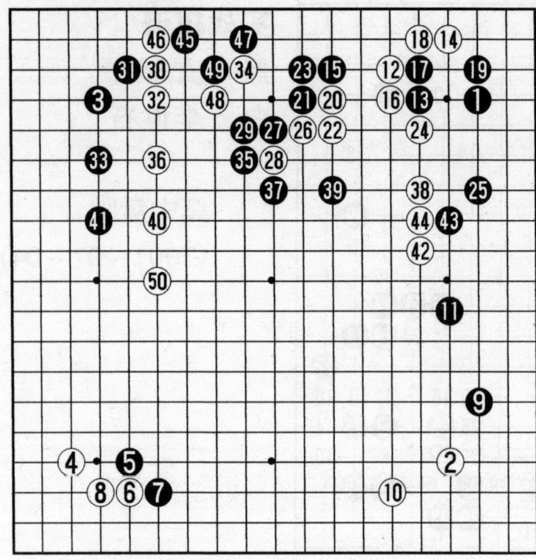

实战棋谱

黑　姜东润

白　安祚永

黑 3. 5 目胜。

(2005－01－01)

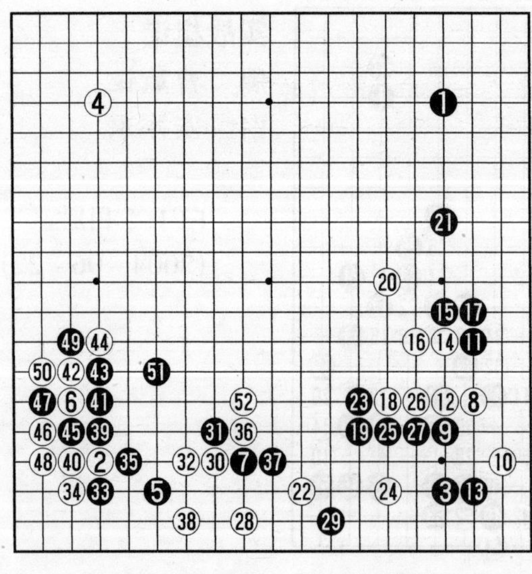

实战棋谱

黑　李世石

白　罗洗河

白中盘胜。

(2005－11－15)

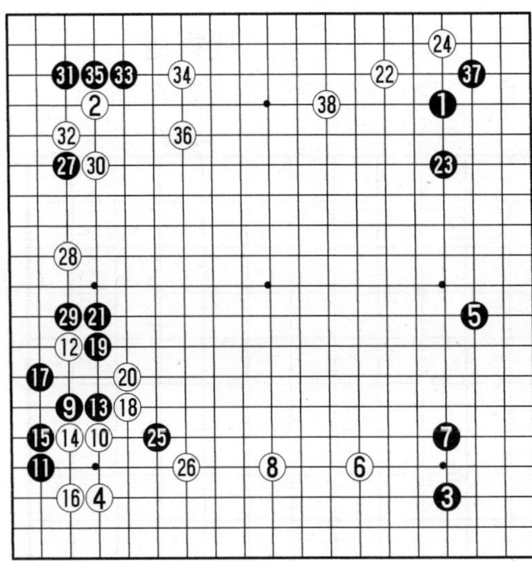

实战棋谱

黑　刘　星

白　李世石

白中盘胜。

(2006－04－20)

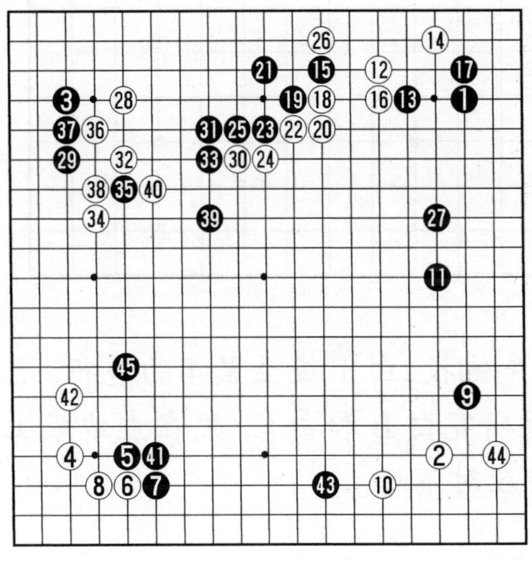

实战棋谱

黑　金承俊

白　洪旼杓

白中盘胜。

(2006－08－10)

新型 15　脱先型当中意外的变化

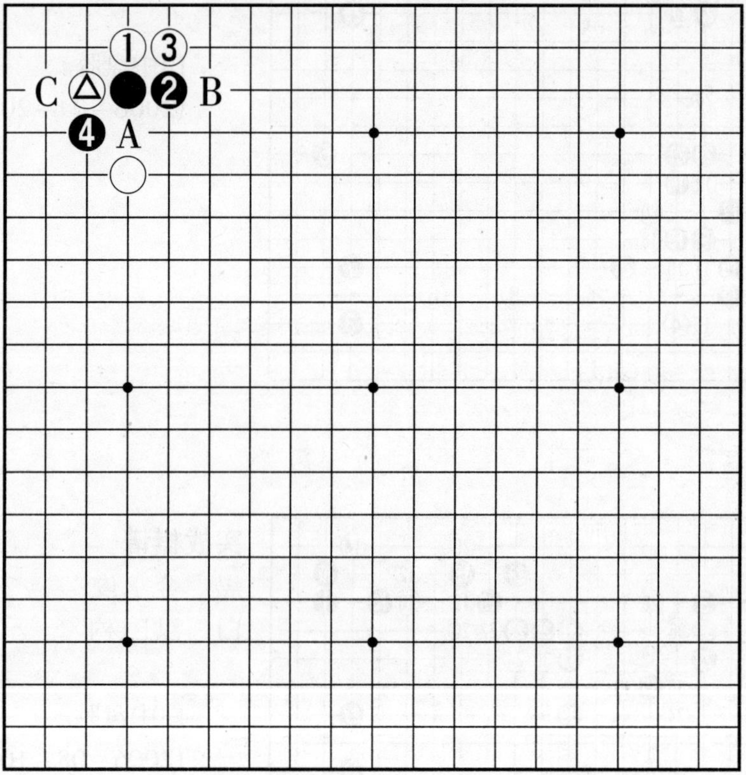

白△托时黑脱先他投，白 1 扳至黑 4 的进行。之后，白 A 常下，最近研究白 B 和白 C。黑在左边或上边没有援军时即刻应对不好。

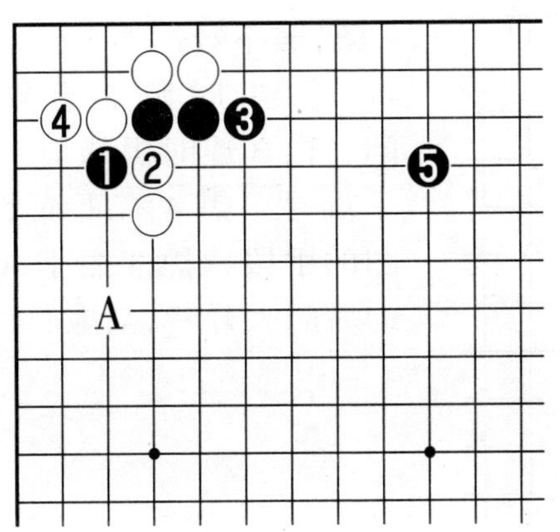

1 图(定式)

黑 1 时白 2 至黑 5 是定式。只是白棋在黑 A 靠近时要应对。

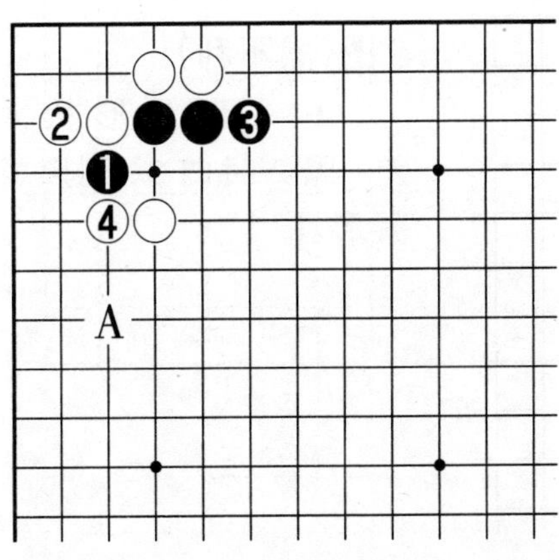

2 图(白的变化)

黑 1 时白 2 是应付黑 A 的预备手段，意思是黑 3 时白 4 应。

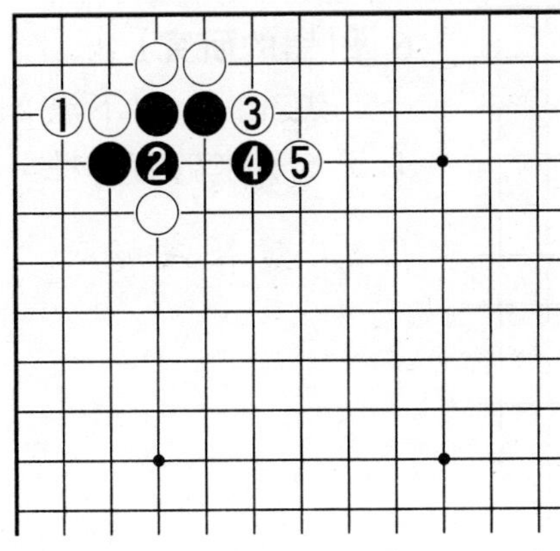

3 图(新的变化)

白 1 时黑也 2 连抵抗是气势，白 3、5 扳应对。

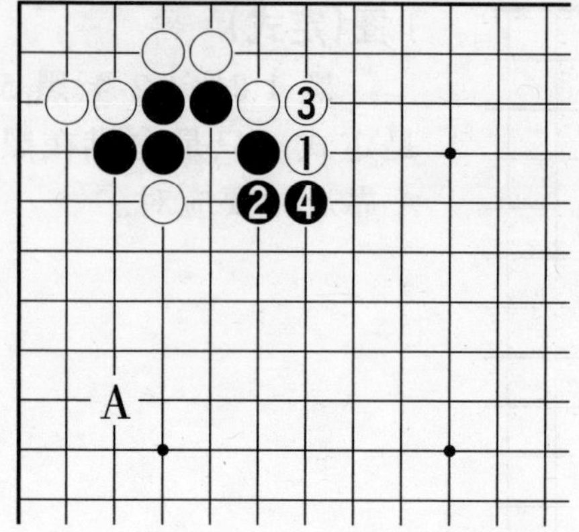

4 图(黑不好)

白 1 时黑 2 有疑问，白 3 连时黑的下一手难寻。黑 4 有下面 5 图的手段，黑 4 由于 A 的后门大开着，空虚。

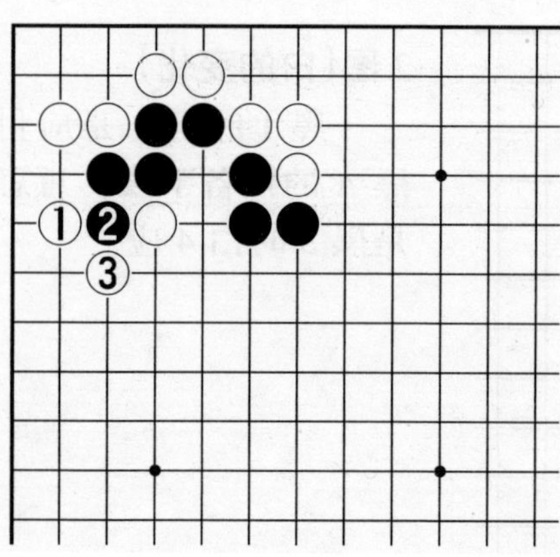

5 图(黑不利)

白 1 时黑形状太差，黑 2 时白 3，则黑成凝形。

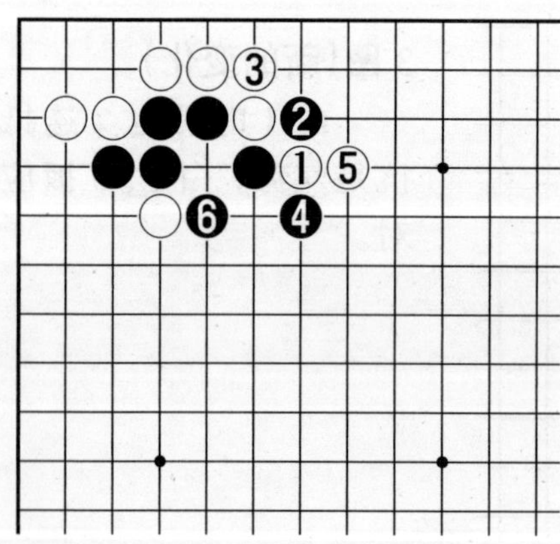

6 图(黑的研究)

黑在白 1 时下黑 2、4，黑 6 看来较有弹性。

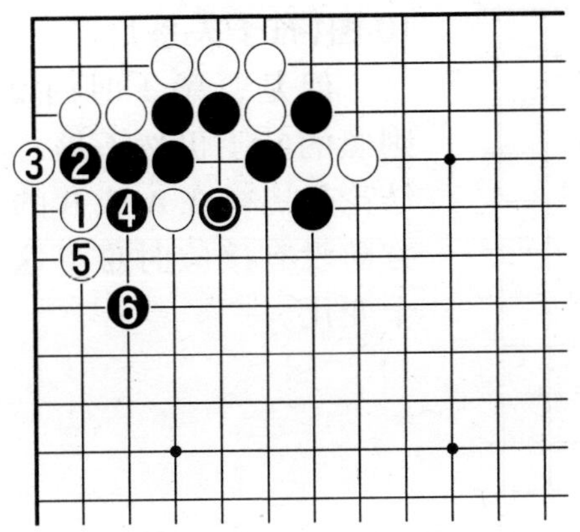

7 图(黑的应对)

白 1 时黑借黑◎的帮助下 2、4,满意。

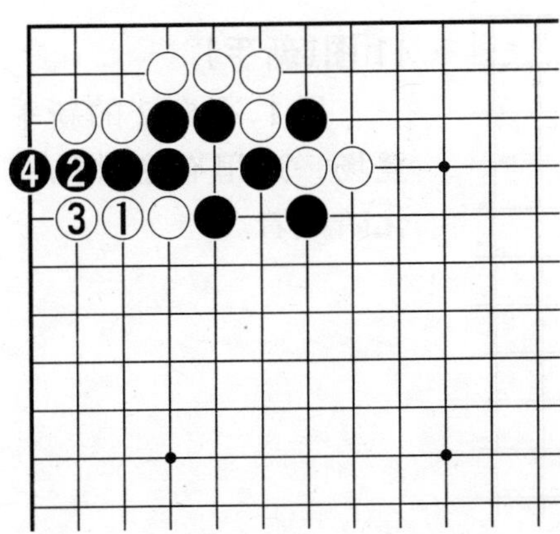

8 图(白的应对)

白研究了白 1 的下法,至黑 4 是必然。黑 4 如——

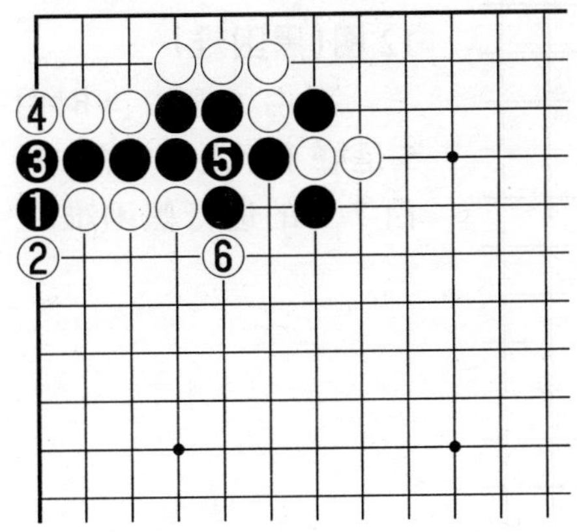

9 图(黑失败)

黑 1 扳,则被白连打,黑失败。

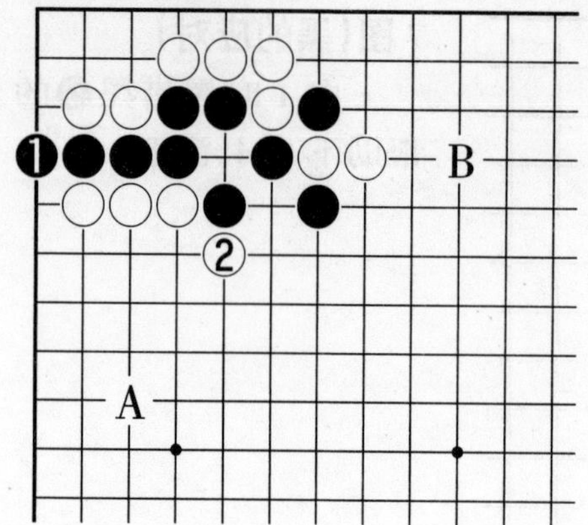

10 图(布子关系)

但是，黑 1 时白 2 则黑的应手仍然不易。结论是黑棋在 A 或 B 的方向没有接应时难下这个变化。

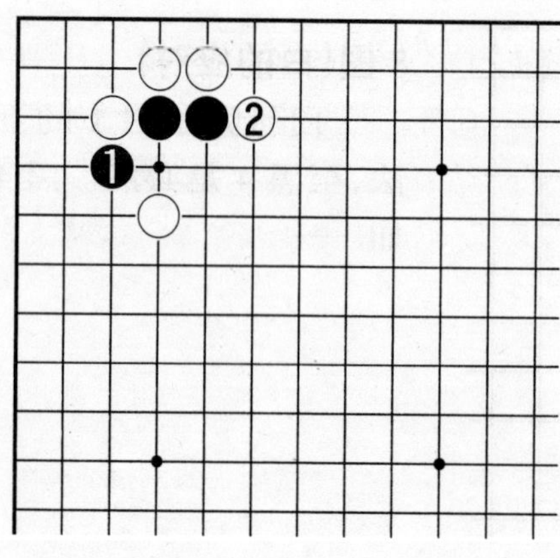

11 图(新手)

黑 1,有白 2 的新手登场，这里有意外的变化暗藏着。

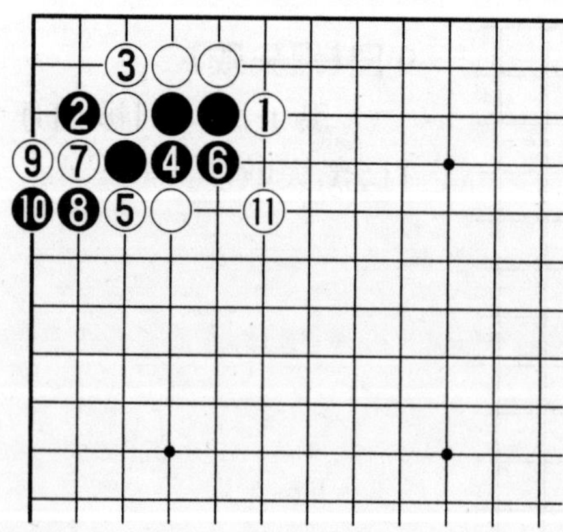

12 图(黑困难)

对白 1,黑 2、4 时白 5 是好手。之后,黑 6 时白 7、9 的进行黑困难。

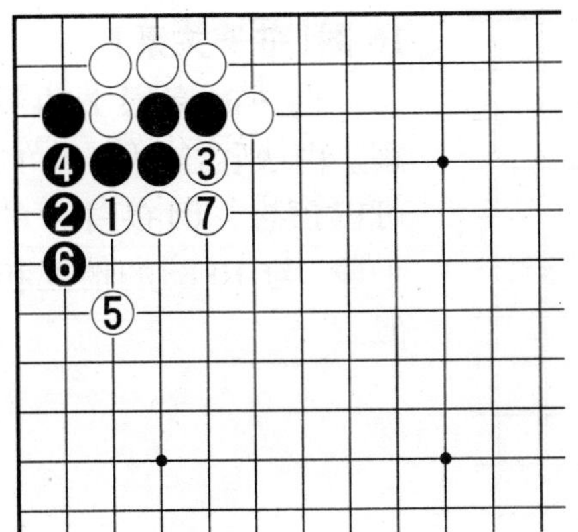

13 图(黑苦战)

白 1，黑 2 时黑 3、5,黑难受。

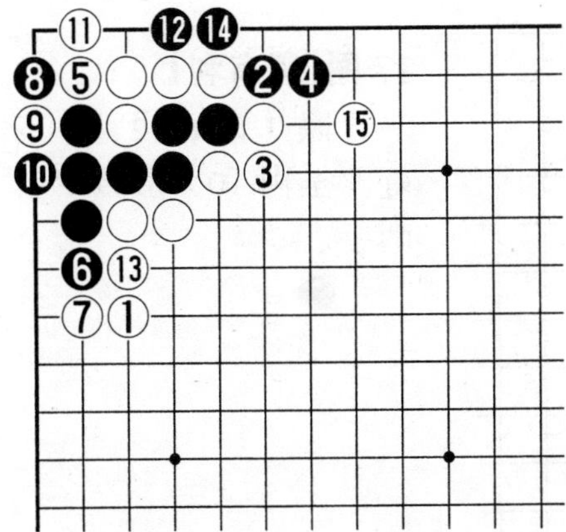

14 图(弃子战术)

白 1 时虽有黑 2、4 的反击手段,至白 15 采取弃子战术,白优势。

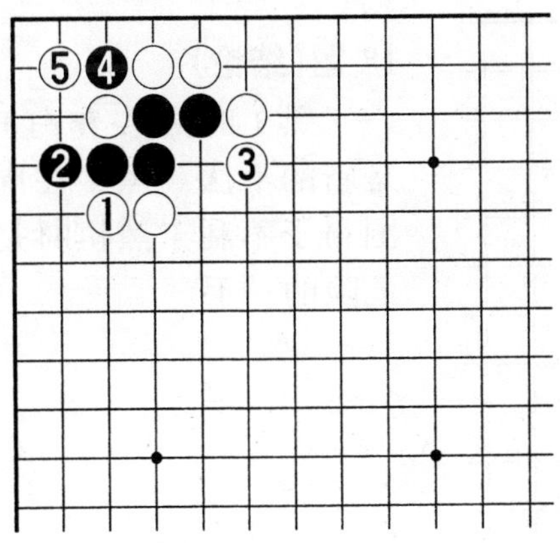

15 图(黑无理)

白 1 黑 2 时，白 3 之后白 5 则黑难受。

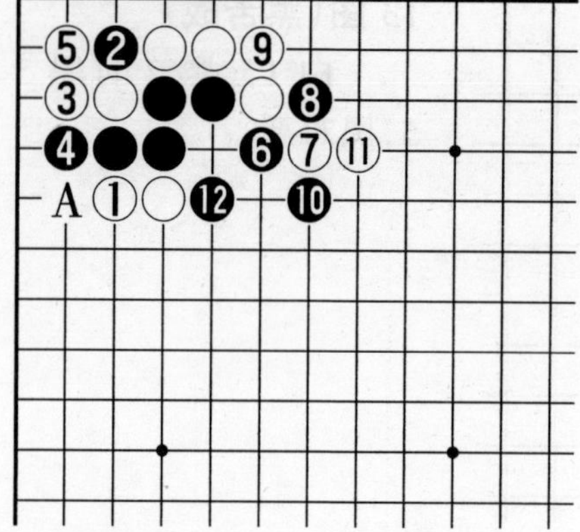

16 图(布子关系)

白 1 时有黑 2 的下法。白 3 长出时至黑 12 可以预想，因有白 A 的手段，与 10 图的情况相似。

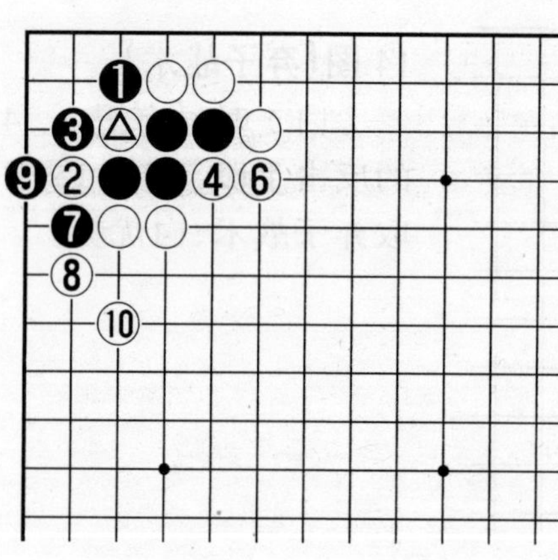

17 图(黑有利)

黑 1 时白 2、4 不好。至白 10，白多下了两手。

❺ = △

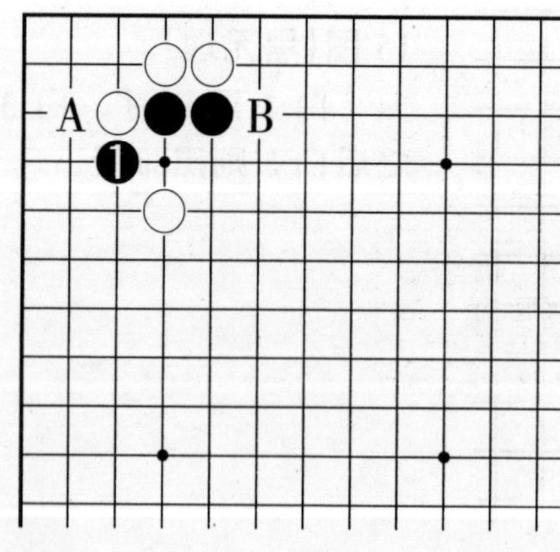

18 图(结论)

黑 1 时白 A 和白 B 是新的下法。黑 1 在周围布子不利于黑棋时是危险的一手。

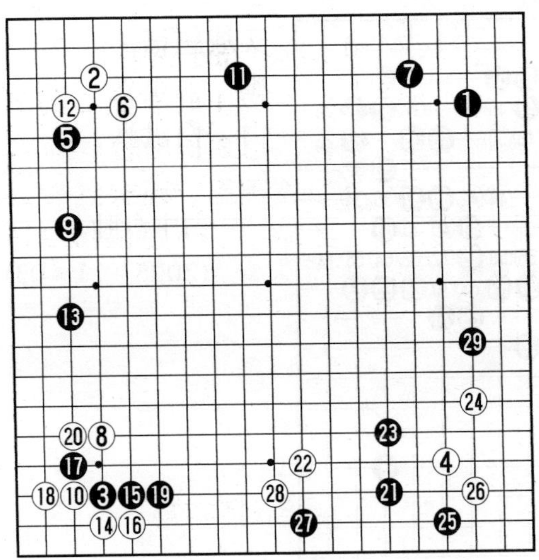

实战棋谱

黑　朴升贤

白　俞　斌

白中盘胜。

(2004－05－20)

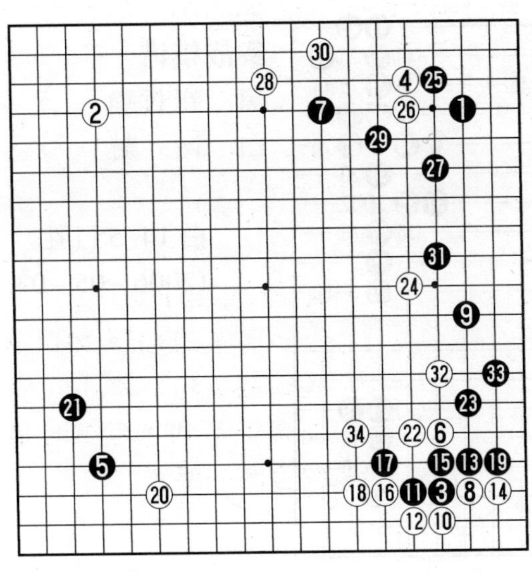

实战棋谱

黑　尹盛铉

白　赵汉承

白 3. 5 目胜。

(2005－06－20)

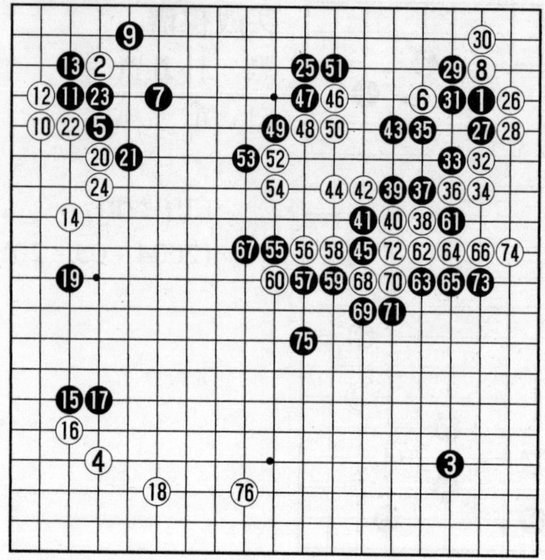

实战棋谱

黑　曹薰铉

白　白洪淅

白中盘胜。

(2005－11－03)

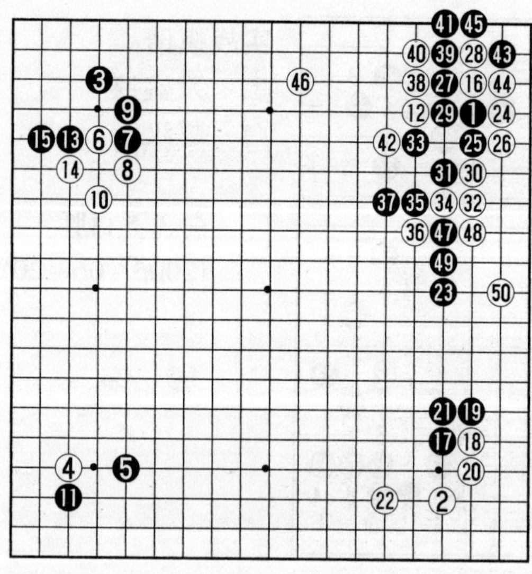

实战棋谱

黑　崔哲瀚

白　谢　赫

白14.5目胜。

(2006－05－03)

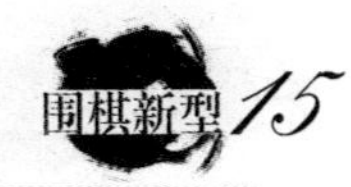

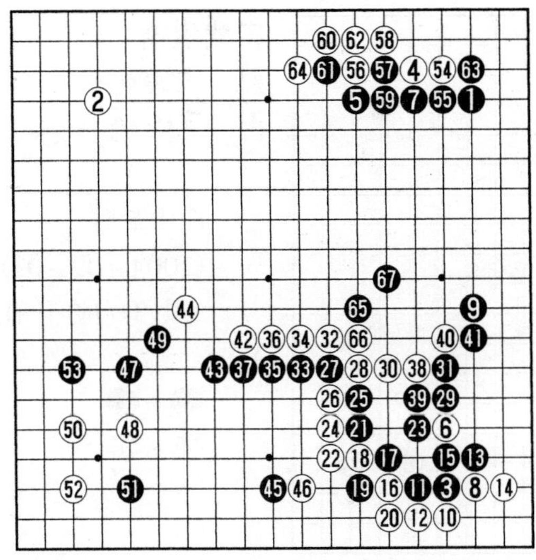

实战棋谱

黑　李相勋

白　徐奉洙

白中盘胜。

(2006－08－21)

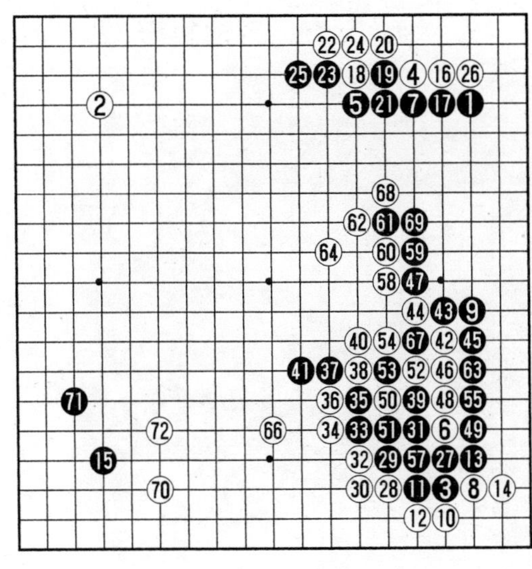

实战棋谱

黑　陈耀烨

白　徐奉洙

白时间胜。

(2006－09－06)

56 = 50

65 = 53

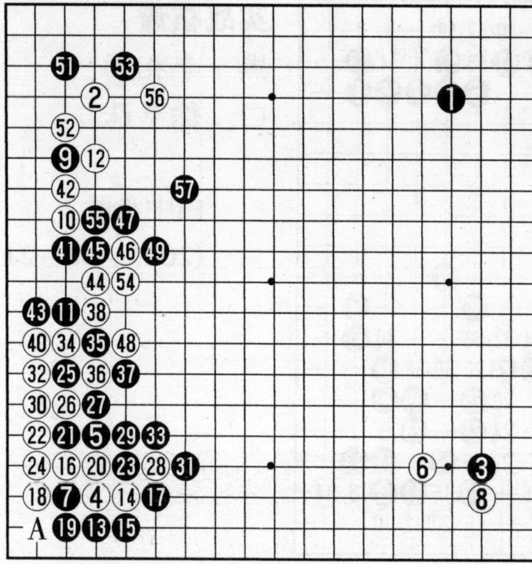

实战棋谱

黑　曹薰铉

白　古　力

白中盘胜。

(2004－09－03)

黑 31 应下在 A。

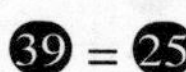

㊴＝㉕

㊿＝㊱

新型 16　拒绝平凡的星位积极的下法

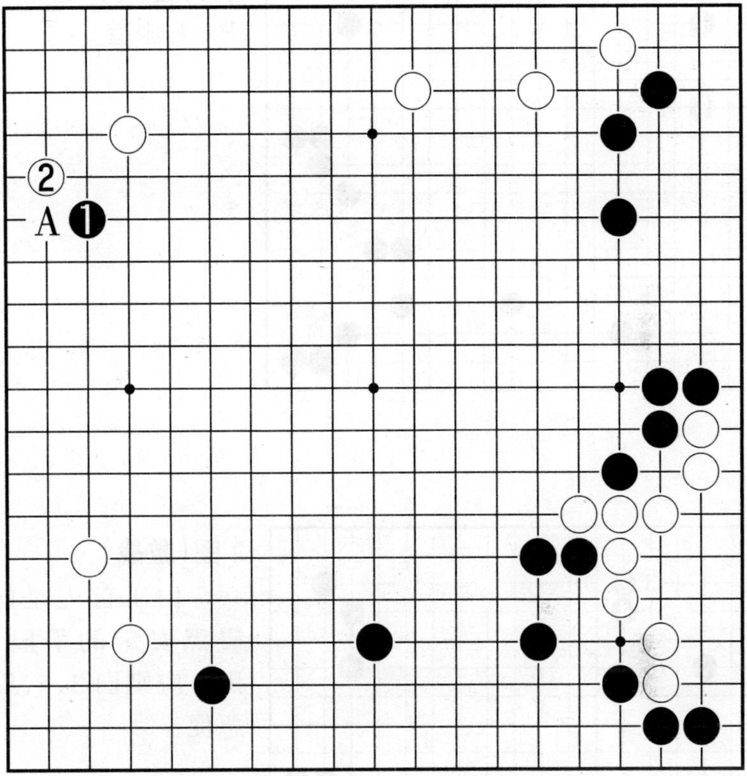

黑 1 时白 2 是让黑棋下一手难下的积极的下法。根据黑棋的对应变化可能会相当复杂，但这里说明以黑 A 挡为中心的简明的下法。

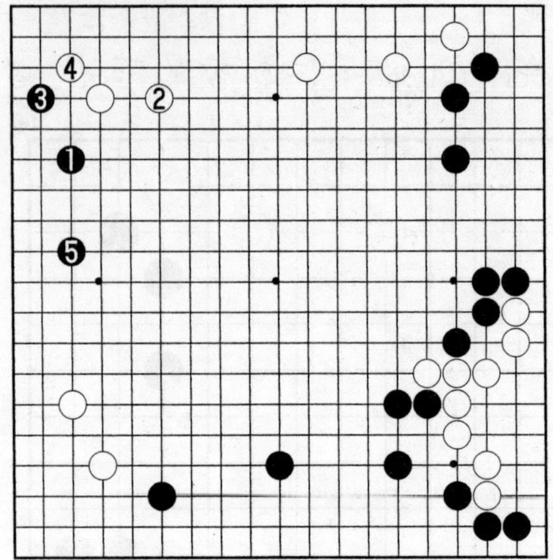

1图(平凡)

黑1时白2、4虽为定式，过于平凡,无味道。

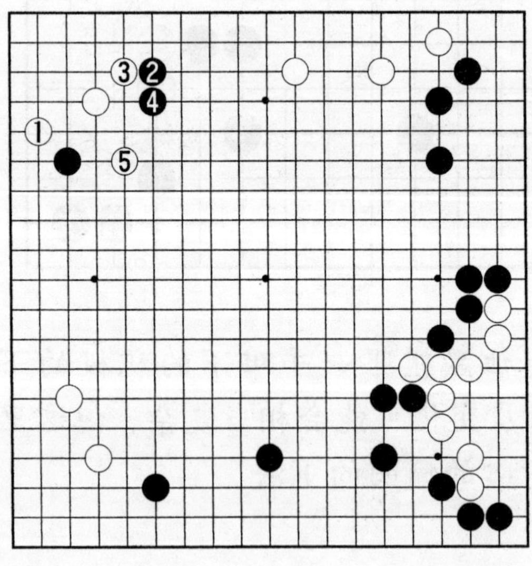

2图(激战)

白1首先是妨碍黑安定的手段，黑2应则白3、5,黑急促。

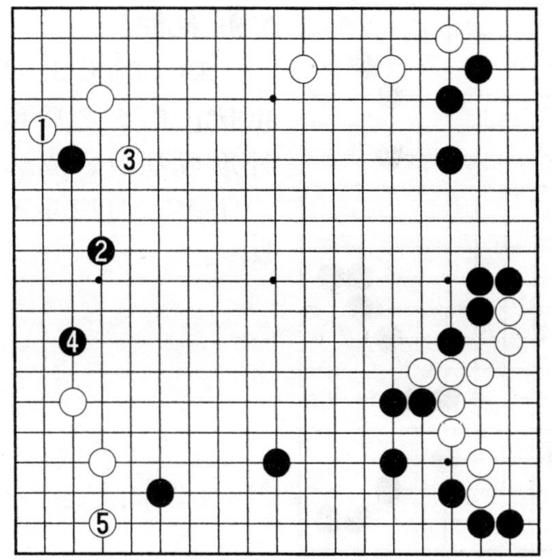

3图（缓和的进行）

白1时黑2是简明的一手，即使白3，黑4则至白5，互相缓和。

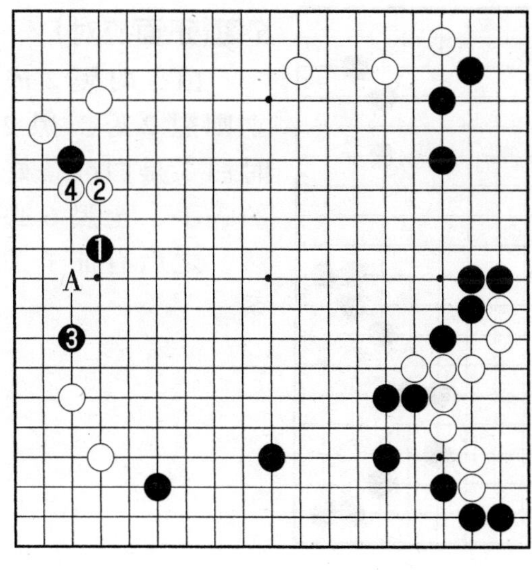

4图（白的强手）

黑1时白2的强手黑难对付。黑3则白4，左上角白过大。白4后白A的侵入也很强烈。

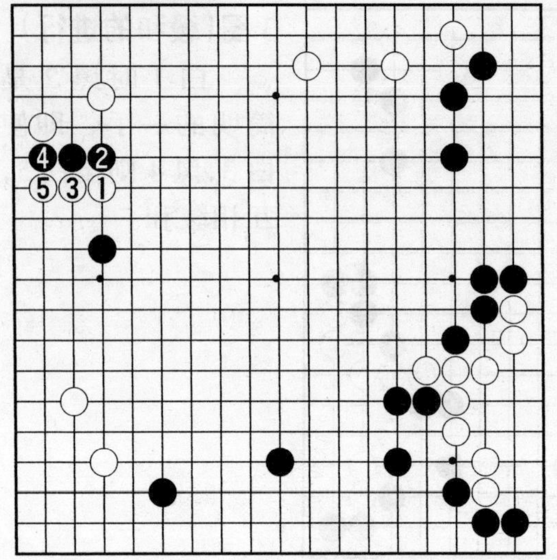

5图(乱战)

白1时黑2、4抵抗，白5之后预计形成乱战，周边白子多，白战斗不坏。

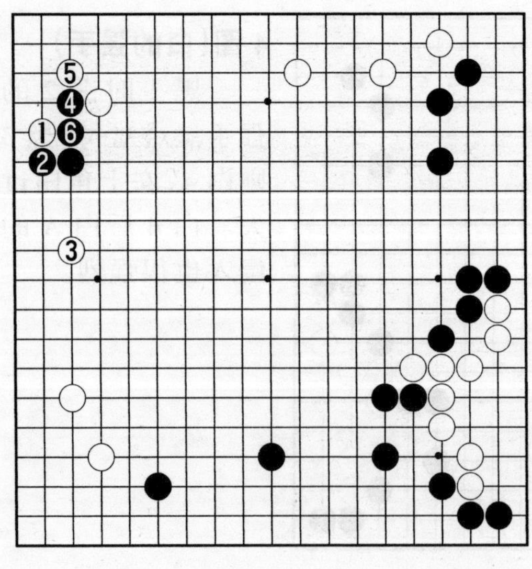

6图(正面应对)

白1时黑2成立则黑2好。黑2时白3是白准备好的一手，至黑6必然，之后有征子关系。

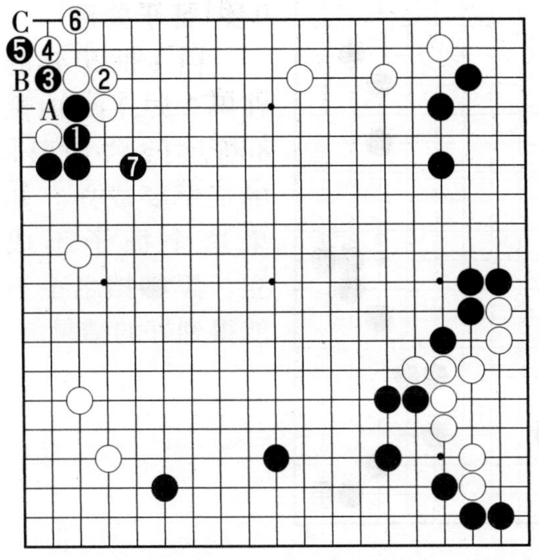

7图(黑打开)

黑1,白2时黑3、5成立。白6时,虽有将来白A,黑B,白C打劫的手法,白的负担也重难以实行。至黑7黑顺利。

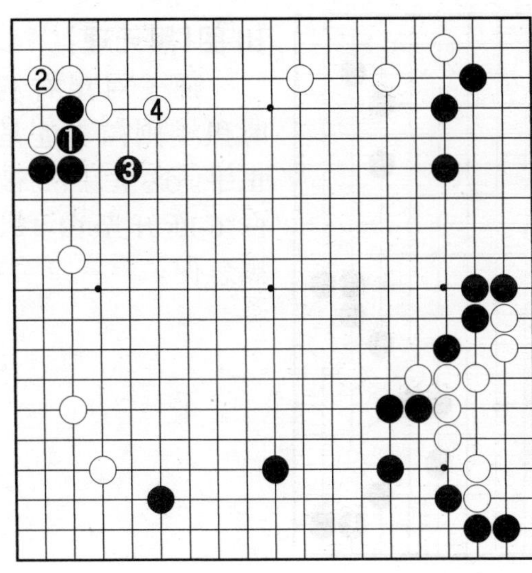

图8(黑沉重)

黑1时,白2是夺取黑根基的当然之手,黑3单纯跳错误,白4则黑成不安定的形。

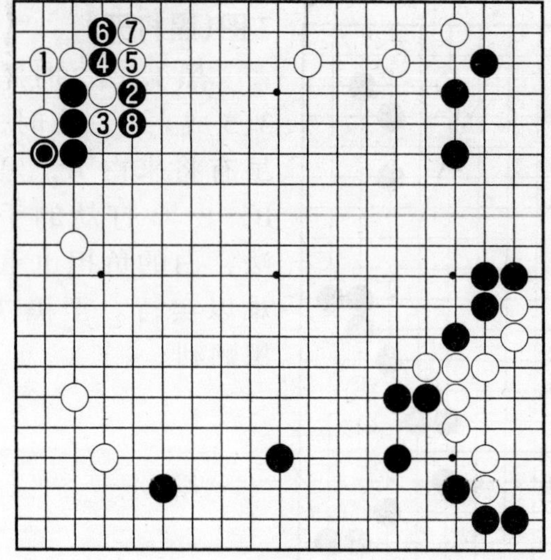

9图(征子关系)

白1时黑要能在黑2夹,白3时黑4断,白5、7时黑8的征子要成立。如果这个征子不成立,黑◉挡之手不能得到好的结果。

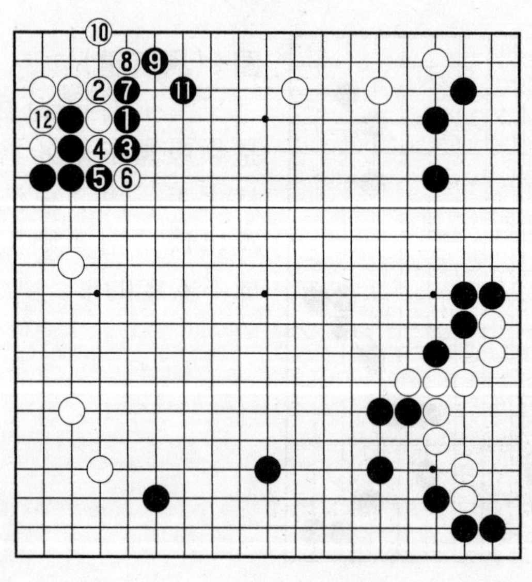

10图(黑无理)

征子对黑有利时黑1则白2连是正手。这里,黑3被白6断开至白12,黑急促。

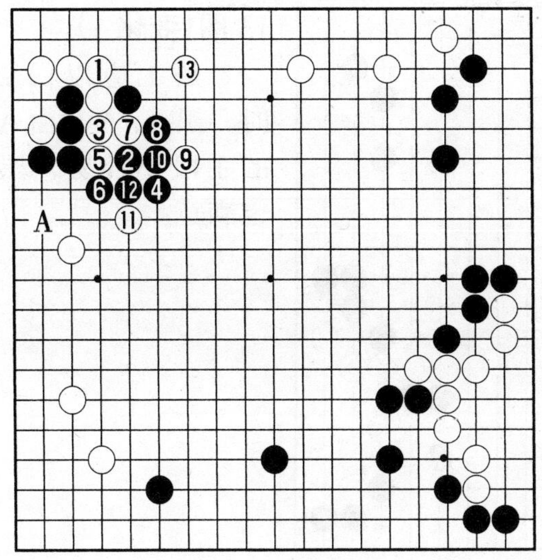

11 图(黑愚形)

白 1 时黑 2、4可连接。但被白在9、11 觑成凝形。白 A 也是先手，黑心情不好。

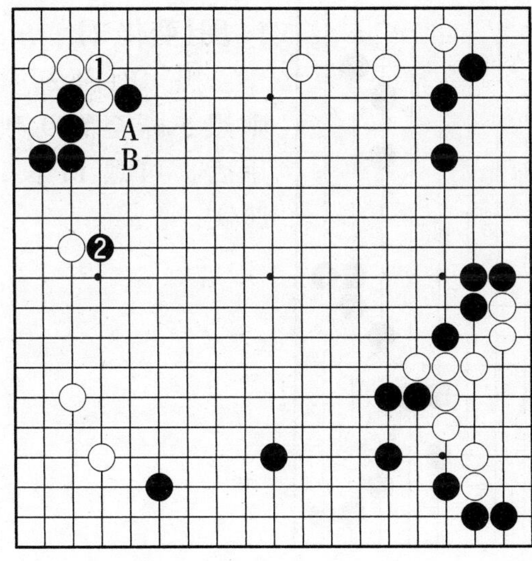

12 图(黑的研究)

白 1 时黑在决定 A 或 B 之前，黑 2 碰观察这里的变化是好棋。

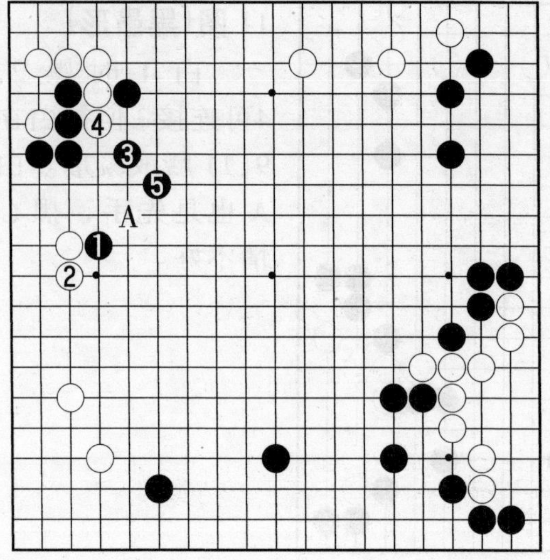

13 图(变化 1)

黑 1 应以白 2 时，黑 3、5 时白 A 的手段不容易，黑也满意。

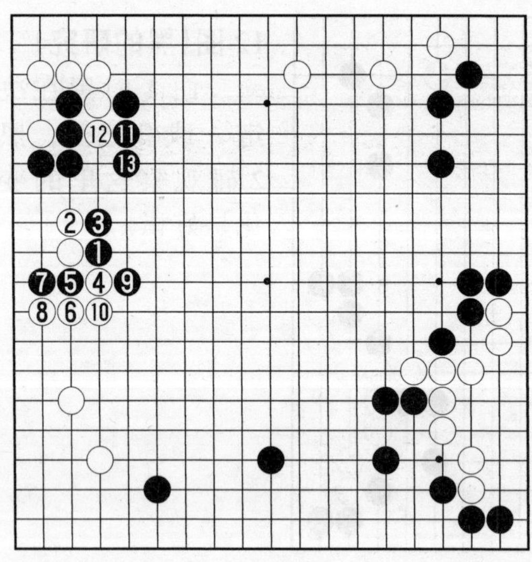

14 图(变化 2)

黑 1 时白 2、4 则黑 5 断至黑 9 利用后，可黑 11 长，厚实。

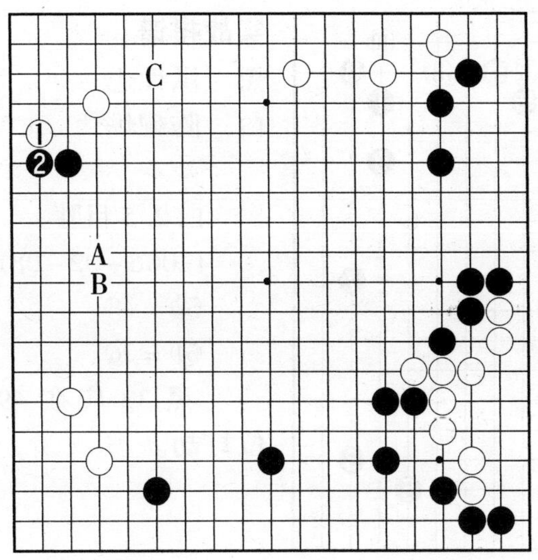

15 图(结论)

白 1 时黑 2 为气势，但征子不利时难期待好结果。征子不利时黑 2 只能下 A 或 B。下 C 无理。

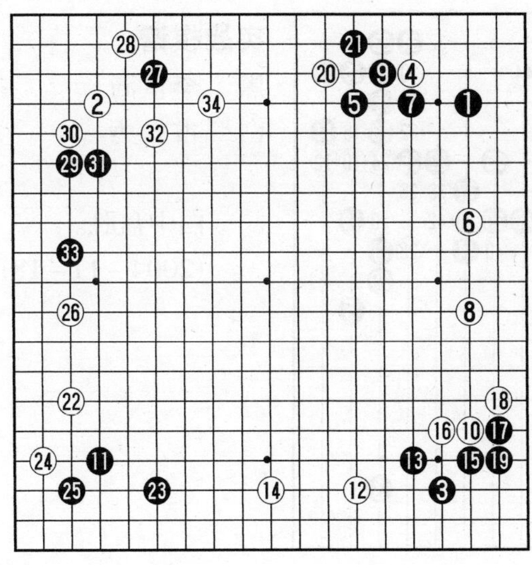

实战棋谱

黑　Mizokami Tomokika

白　曹薰铉

白中盘胜。

(2005 – 09 – 28)

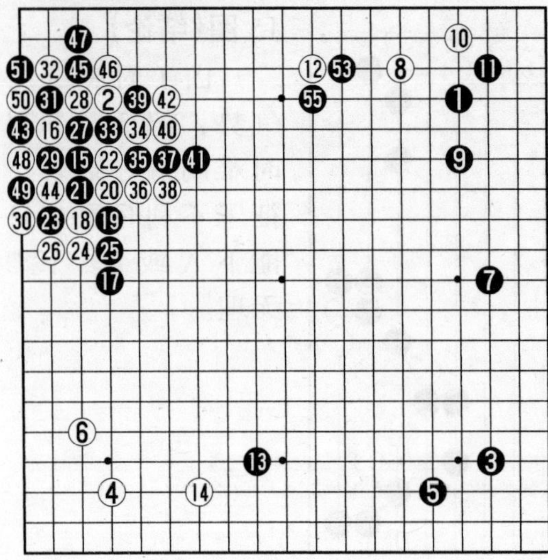

实战棋谱

黑　洪性志

白　陈耀烨

白 2.5 目胜。

(2006－02－08)

㊾＝㊽

㊿＝⑯

黑 33 应在 49 位打劫。

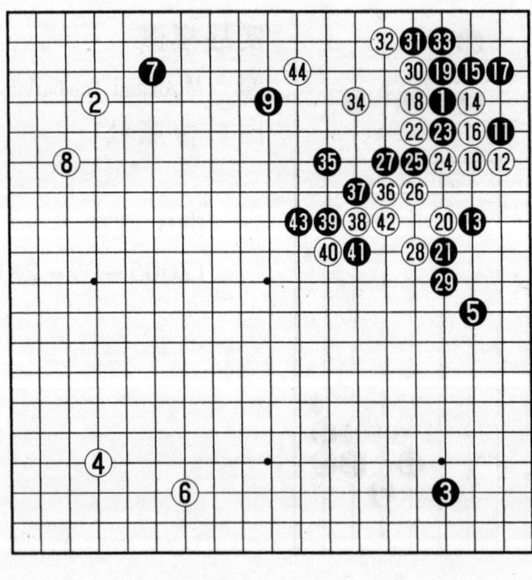

实战棋谱

黑　李世石

白　古　力

白中盘胜。

(2004－11－18)

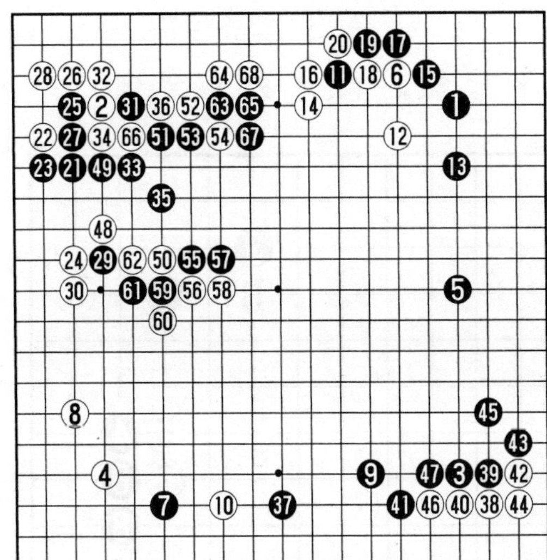

实战棋谱

黑　赵惠连

白　芮乃伟

白 2.5 目胜。

(2006－01－07)

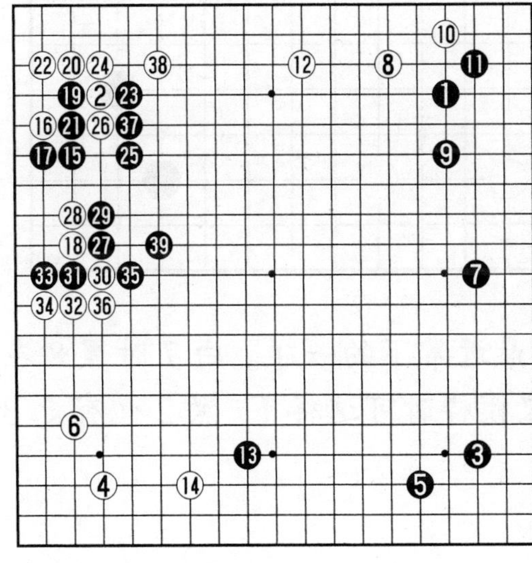

实战棋谱

黑　刘栽豪

白　金主镐

黑中盘胜。

(2006－05－10)

新型 17　星后挂时碰定式的变化

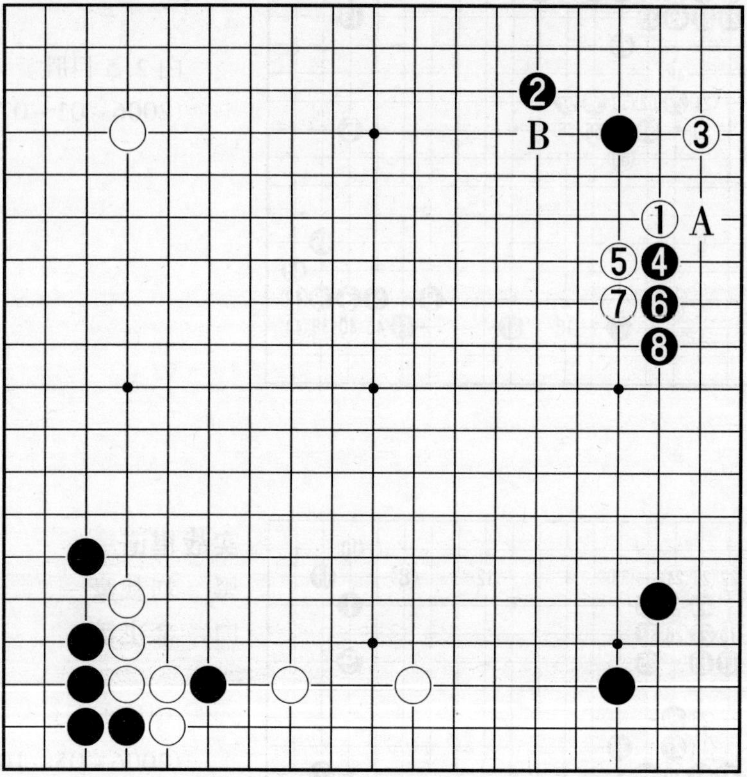

白3时黑4是最近常下的一碰。白7时黑8在A普通，右下角有黑模样时可这样下。黑2也有走B的。

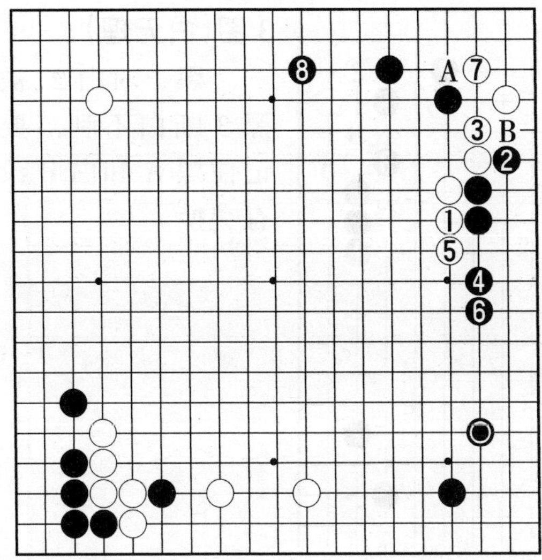

1图（定式）

白1时黑2至8是常下的定式。黑A和白B不必马上交换。由于黑◎占低位，与黑6的间隔不满。

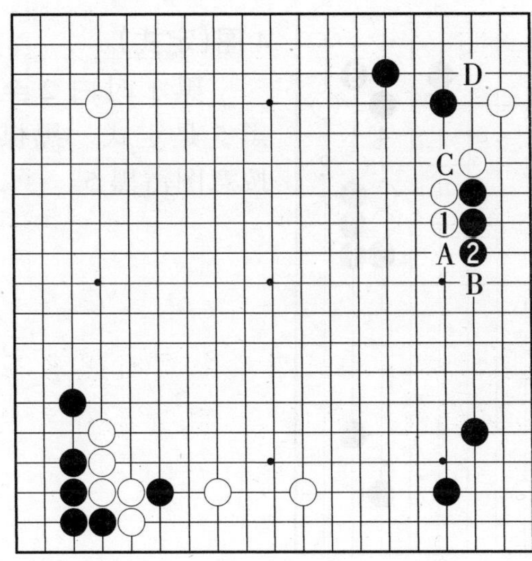

2图（黑的意图）

白1时黑2是之后要下黑A。即使白下A则黑B黑自然成空。还有C的弱点和D的守角见合。

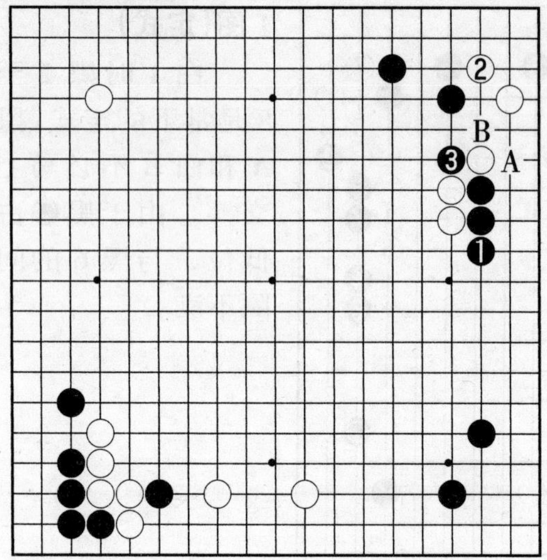

3图(白无理)

黑1时白2,被黑3断白不利。要记住黑A和白B没有交换。

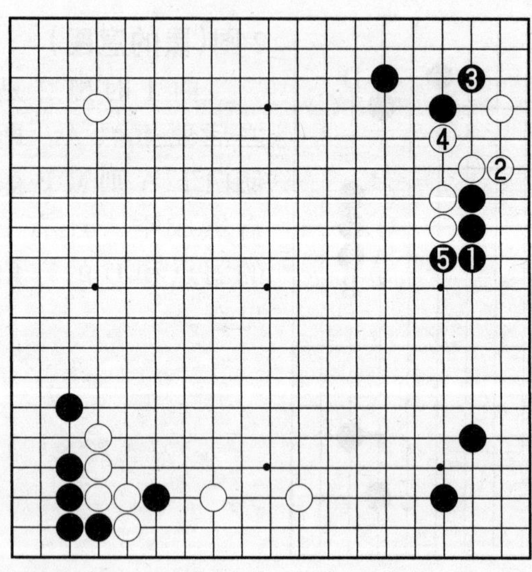

4图(定式)

黑1时白2至黑5是定式。黑棋按意图占黑5。

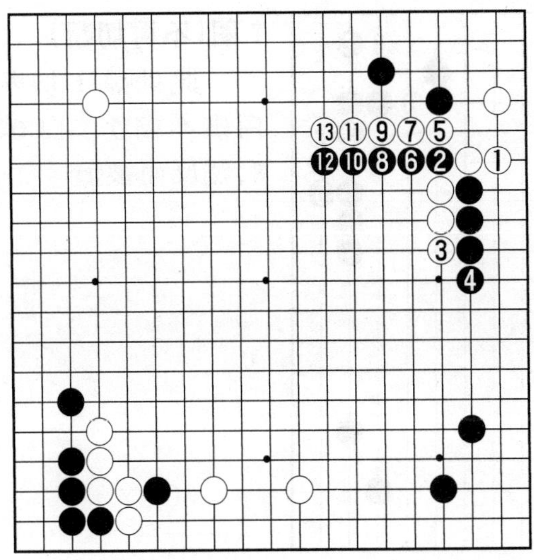

5图(白得实利)

白1黑2，白5至13继续推出去，黑不好。

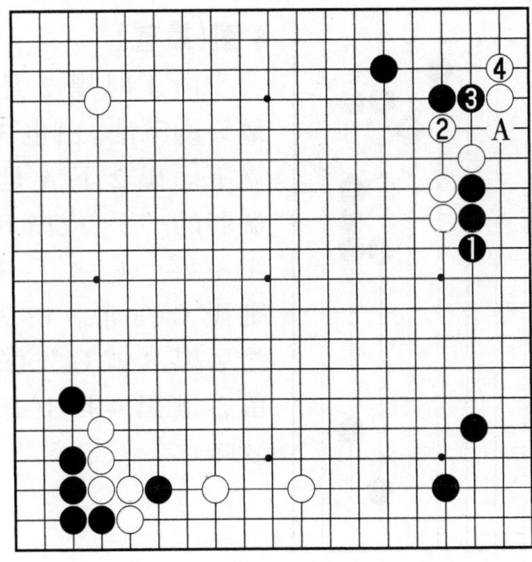

6图(白的变化)

黑1时也有白2补缺点的下法。黑3时白4长出。白4下A则被黑4挡，白不好。

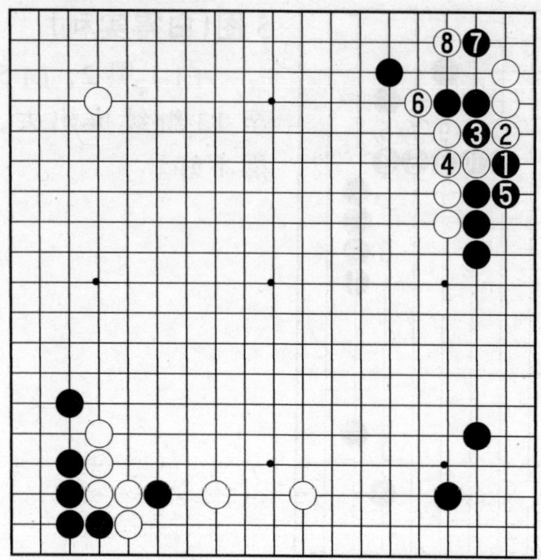

7图(不可切断)

此处黑1切断白棋不成立。白6、8,黑反而被擒。

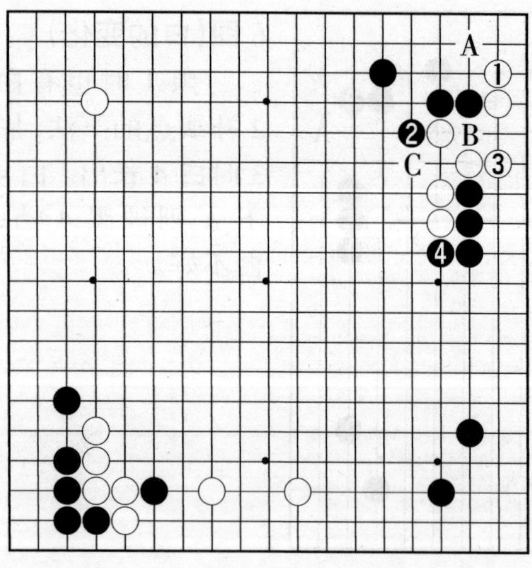

8图(最善)

白1时黑2是最好的下法。白也3立下。黑2下A是懦弱的一手,成白B黑不好。白3下B则黑C白痛。白3之后黑B或C先保留,下黑4挡上有妙味。

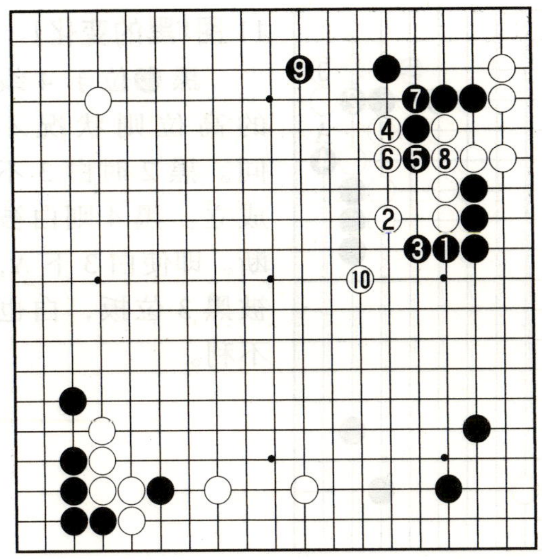

9图(双方可下)

黑1时白2以下至白10，双方可下。

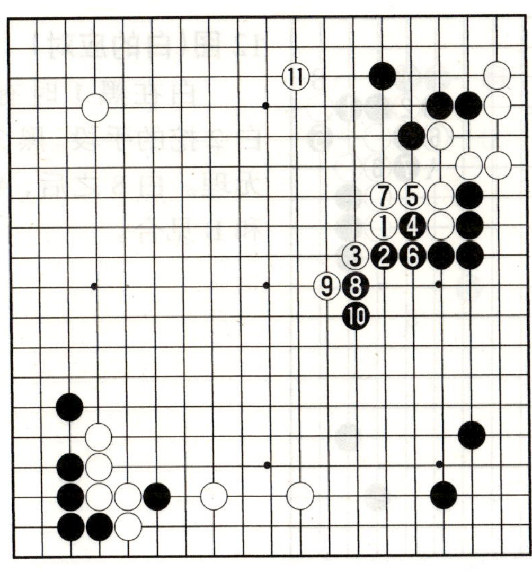

10图(一得一失)

白1,黑虽可黑2以下至10扩张地域，被白走到白11后，黑不见得有利。

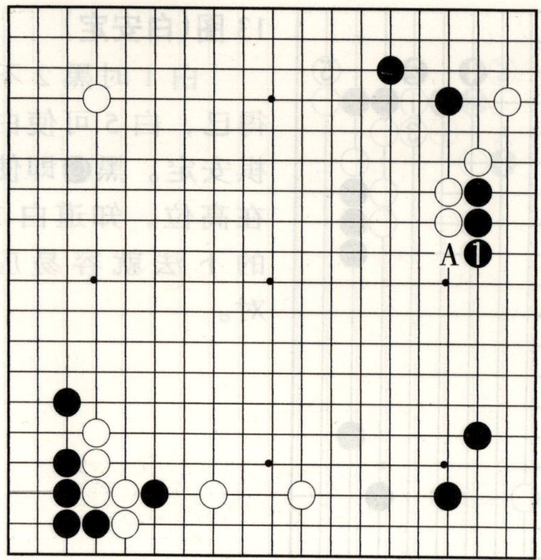

15 图(结论)

黑 1 是扩展右下角黑模样的好手。白难找到下 A 的变化。

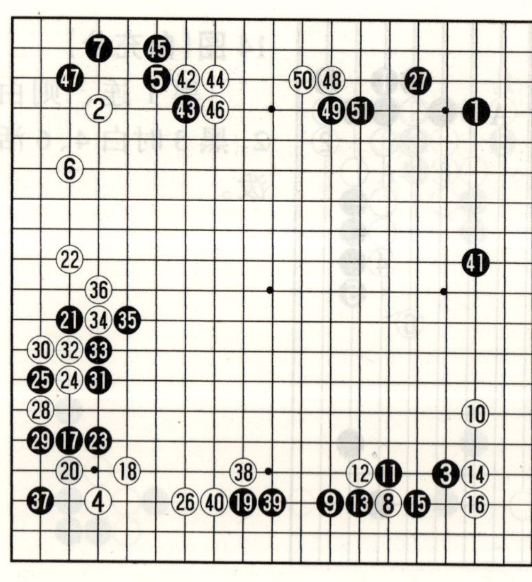

实战棋谱

黑　赵汉乘

白　安达勋

白 3.5 目胜。

(2004-06-23)

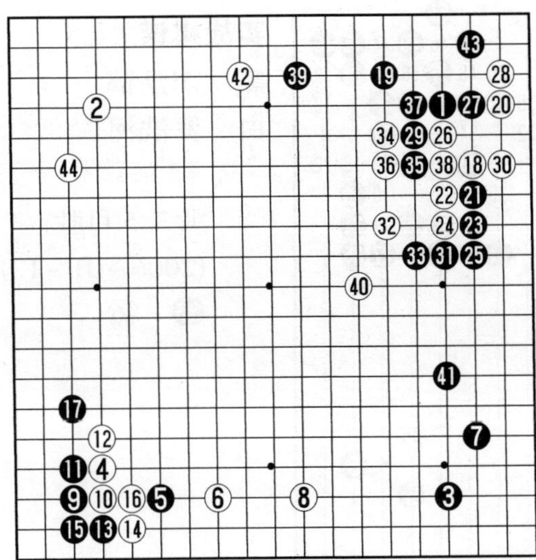

实战棋谱

黑　俞　斌

白　李昌镐

黑中盘胜。

(2005－01－24)

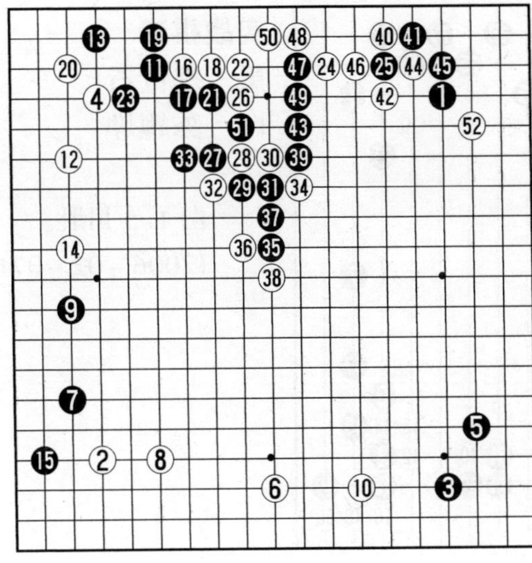

实战棋谱

黑　温昭珍

白　曹薰铉

白中盘胜。

(2005－10－20)

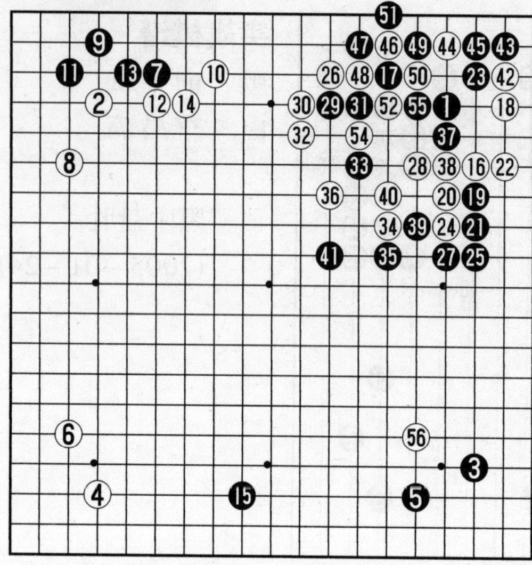

实战棋谱

黑　李昌镐

白　罗洗河

黑 3.5 目胜。

(2006－01－12)

53 = 46

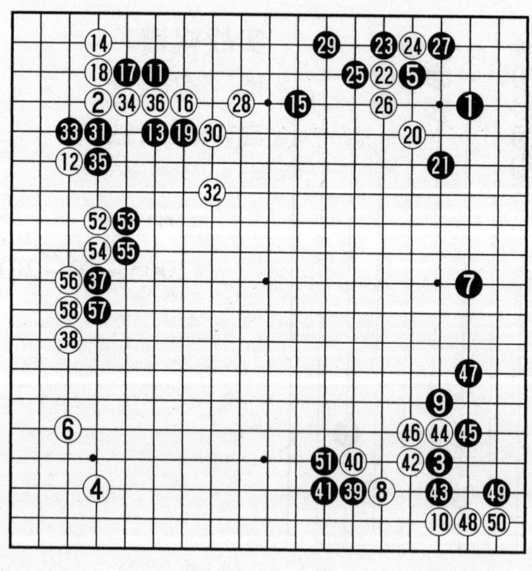

实战棋谱

黑　李世石

白　陈耀烨

白 1.5 目胜。

(2006－02－07)

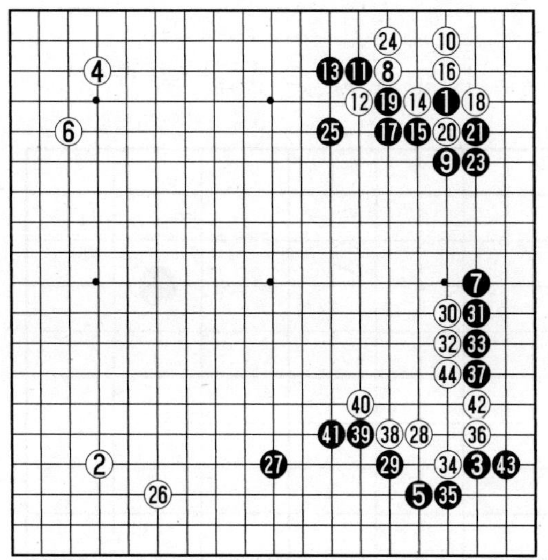

实战棋谱

黑　崔哲瀚

白　李世石

白中盘胜。

(2006－11－27)

㉒＝❶

新型18　星位小目挂碰定式的新变化

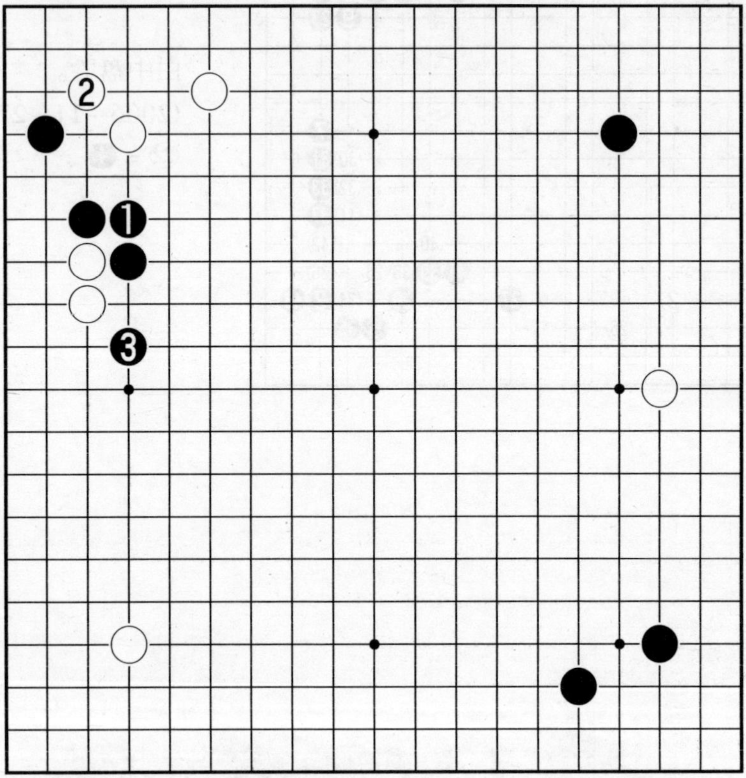

又名侧碰的定式变化不复杂，以为已经有了定论。但是黑1、3又成了研究的课题。

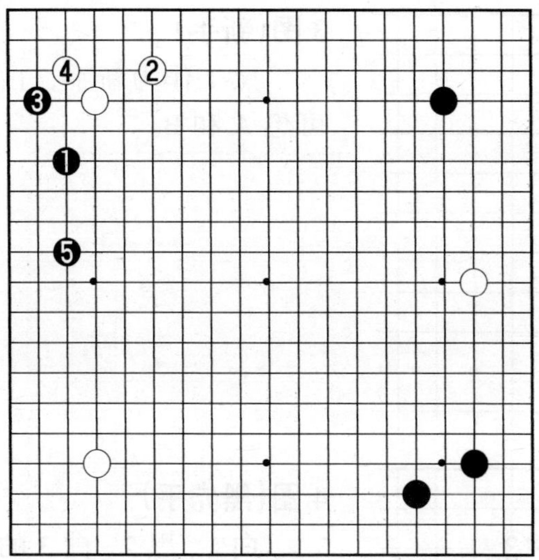

1 图（基本定式）

这是围棋当中最常出现的定式。

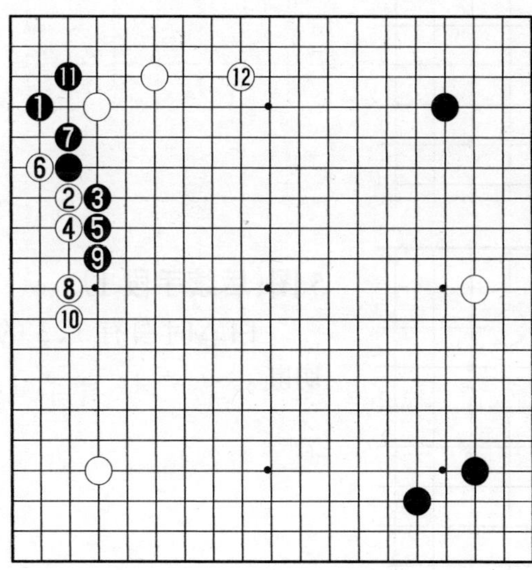

2 图（侧碰的基本定式）

黑 1 时白 2 碰至白 12 是定式。

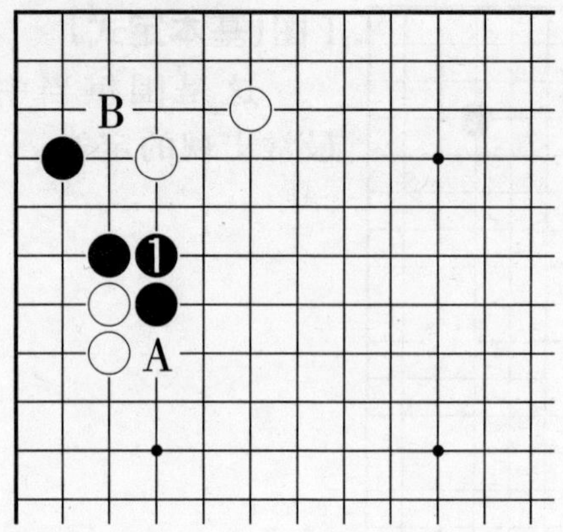

3 图(新手)

黑 1 作为新手,白可想 A 和 B。

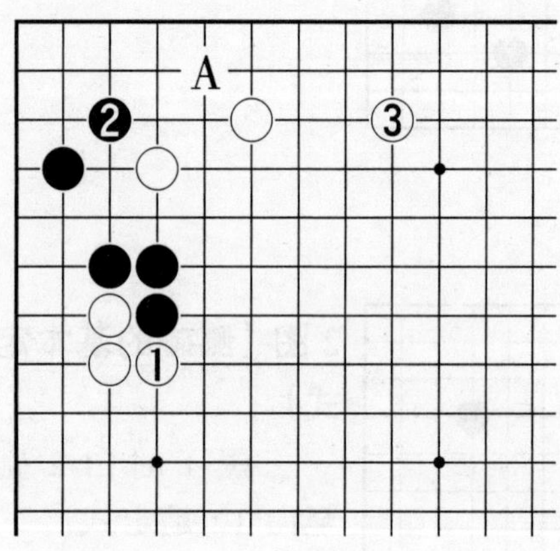

4 图(黑先手)

白 1、黑 2、白 3 的进行中黑先手黑可下。之后黑 A 很大。

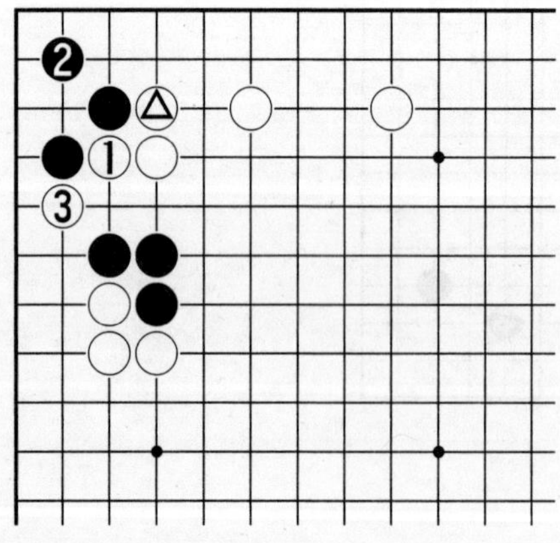

5 图(后续手段 1)

白◬时白有 1、3 的切断。

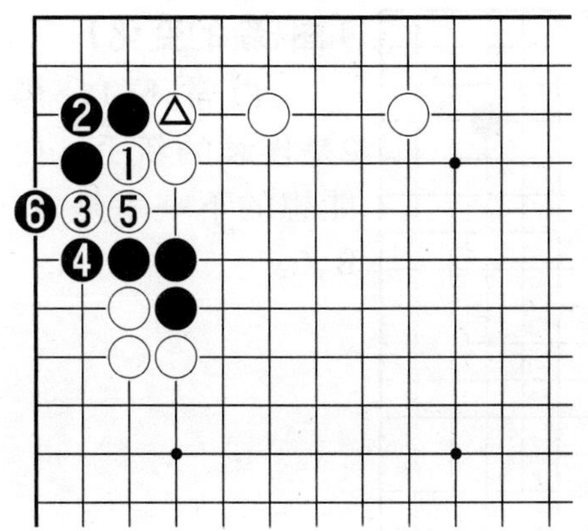

6 图(后续手段 2)

白 1，黑 2 连时黑 4 能连上，但黑全体未活。

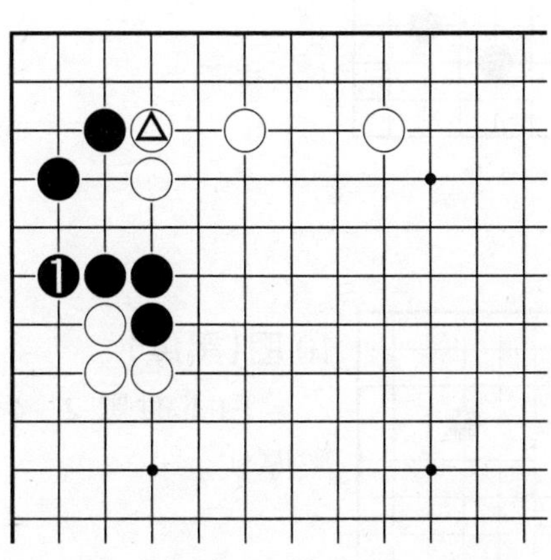

7 图(应手)

因此，白◬时如无急所黑要下黑 1。

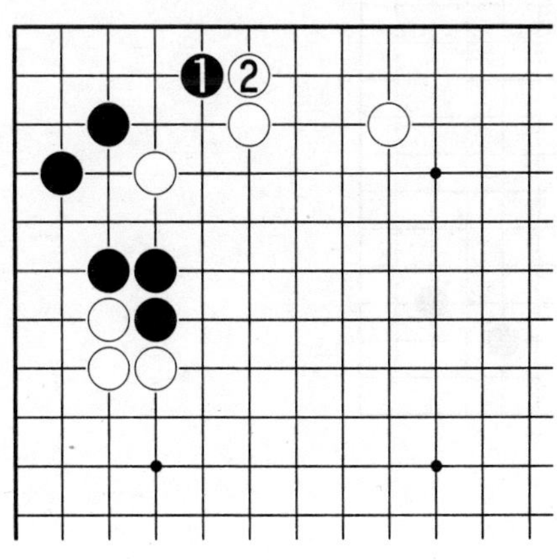

8 图(实利)

黑如不喜欢这个，黑 1 直接下也可。白 2 应的话黑便宜。

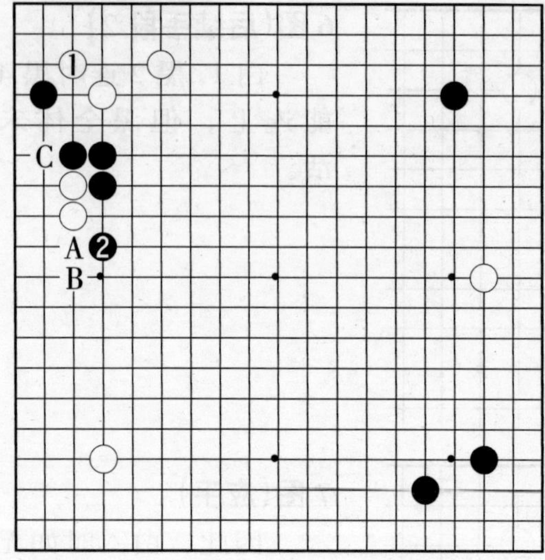

9 图(新的变化)

白常下 1，黑 2是连续的新手。白能想的下一手是 A、B、C。

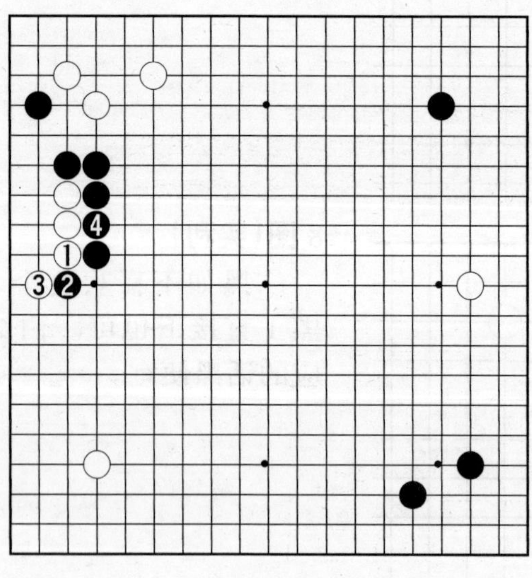

10 图(黑厚)

白 1 时黑 2、4，黑厚实。

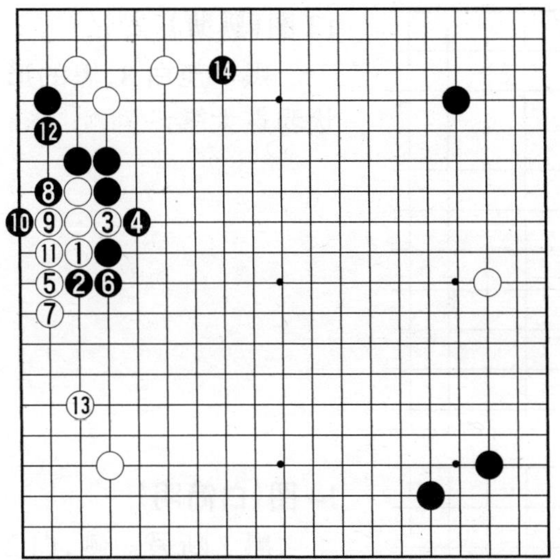

11 图(黑主动权)

黑 2 时白 3 是为了在黑的形状留下弱点的一手,至黑 14,黑快速。

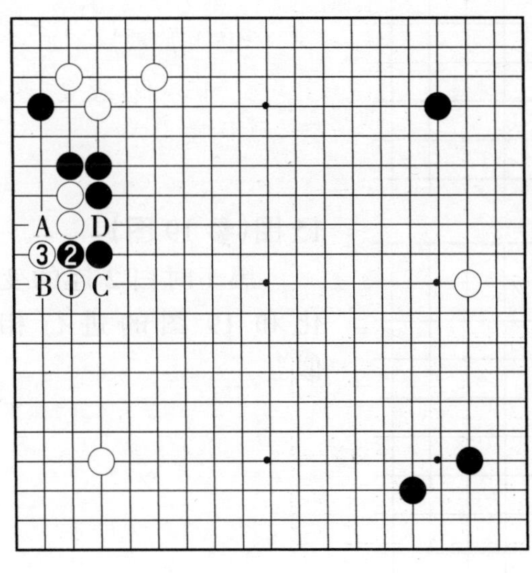

12 图(应对)

白在 1 一间跳是正手。黑 2、白 3 之后黑可想 A、B、C、D。

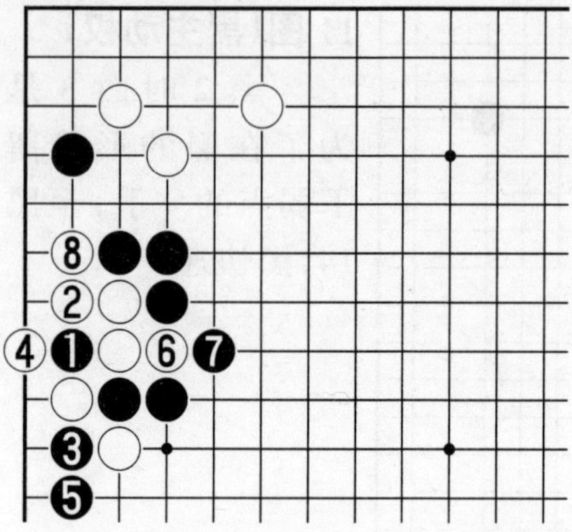

13 图(黑薄)

黑 1 至白 8,黑的形状弱点太多。

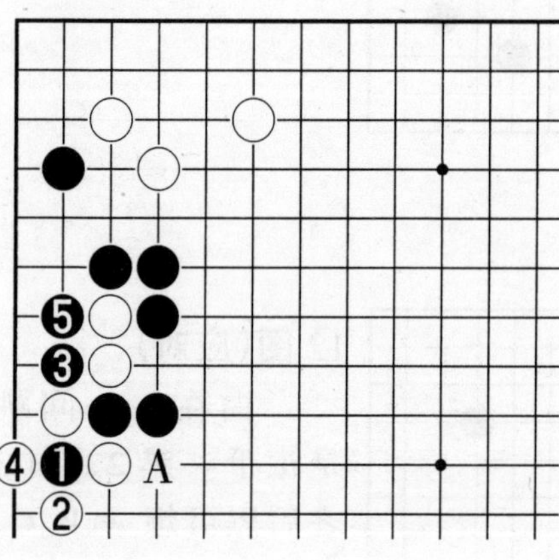

14 图(白简明)

黑 1 断另一侧,白 2 吃,至黑 5 白好。之后白 A 的推压心情好。

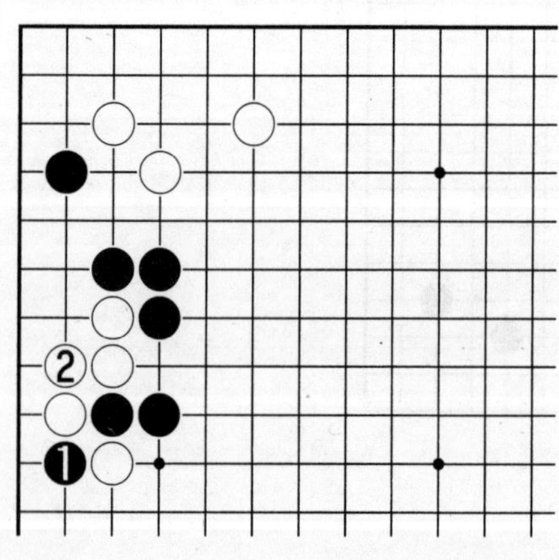

15 图(参 19 图)

黑 1 时白 2 连的变化和 19 图的进行相似。

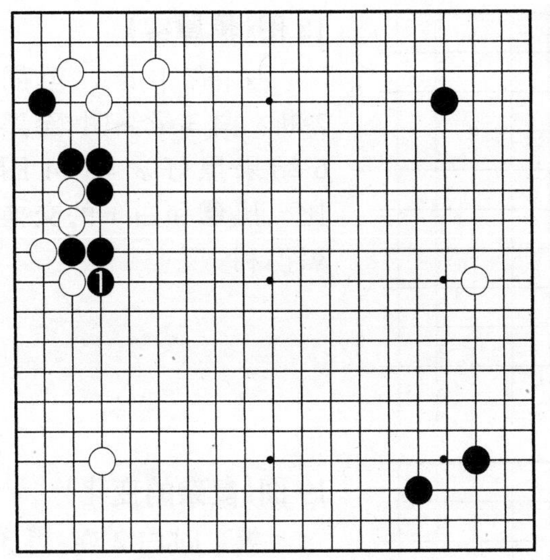

16图（复杂变化的开始）

黑1的压很复杂。

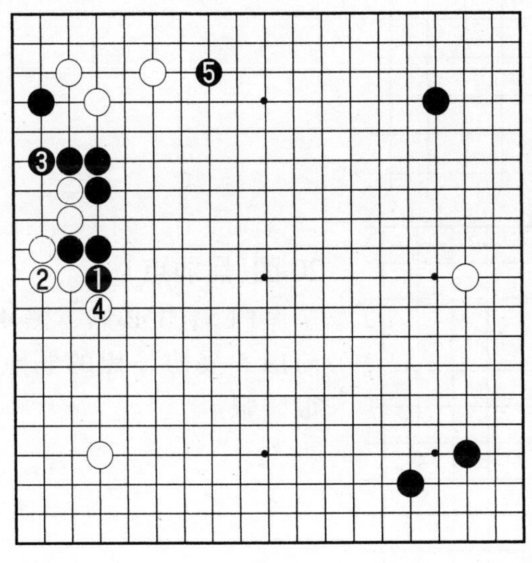

17图（黑优势）

黑1时白2是避开变化的一手，但黑3、5是好手，黑占主导权。

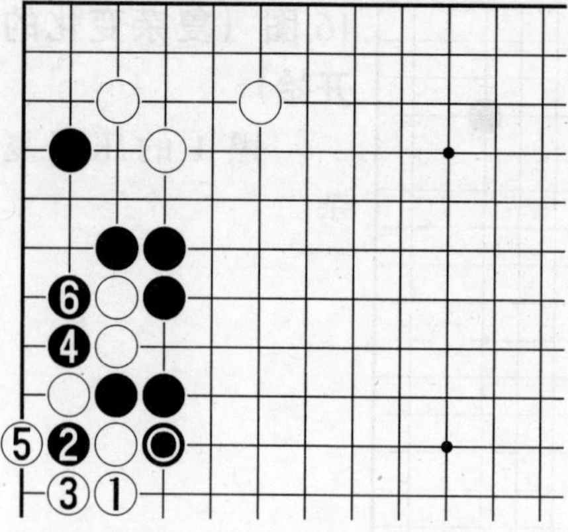

18 图(黑厚实)

白需 1 长，但黑 2 断。白 3 虽简明,至黑 6 结果黑好。与 14 图比，黑◎和白 1 的交换黑得利。

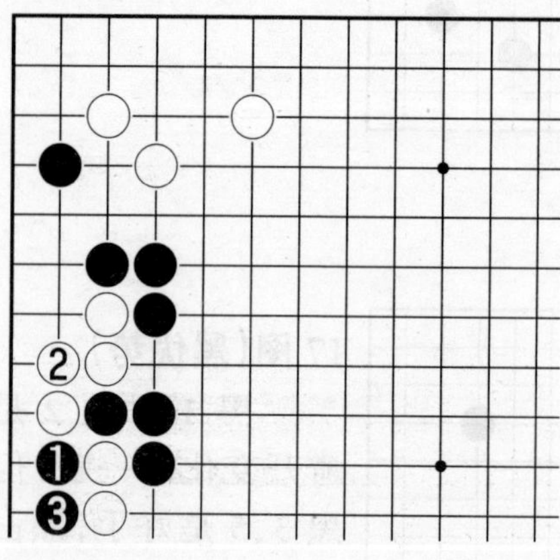

19 图(复杂的变化)

黑 1 时白 2 连,黑 3 长出，形成艰难的战斗。

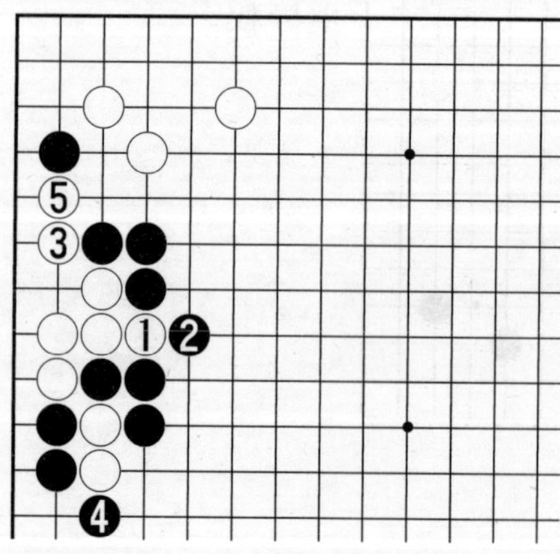

20 图(黑弱点)

白 1、3 必然，黑 4 与白 5 妥协，黑的弱点很碍眼。

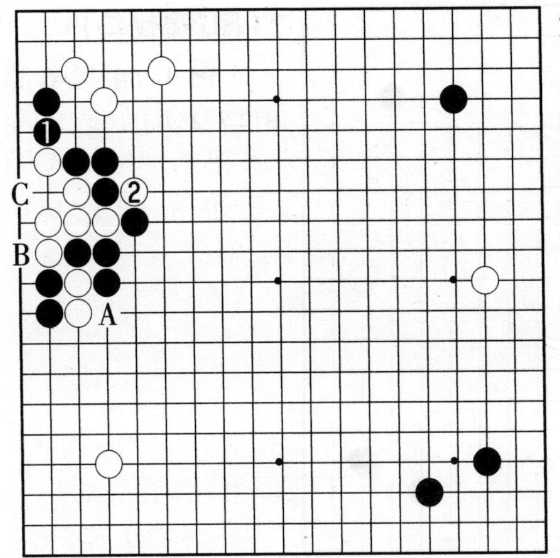

21图（难解）

黑1当然，白也2断瞄着白A。黑B则白C应对，现在不能马上收紧白气。

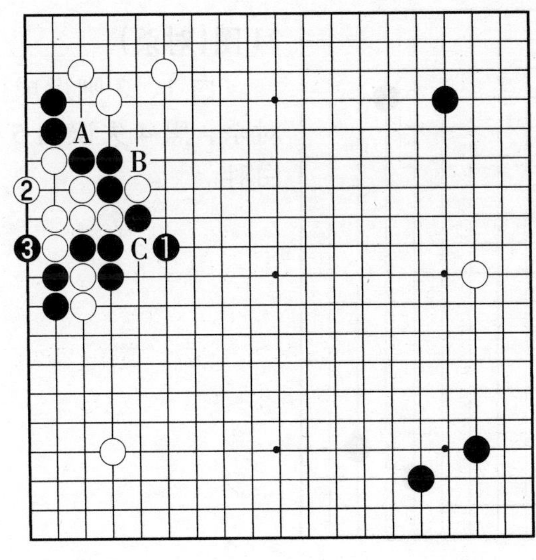

22图（对杀）

黑1不得已，白2，黑3之后白可想A和B。黑1于C连接简明。

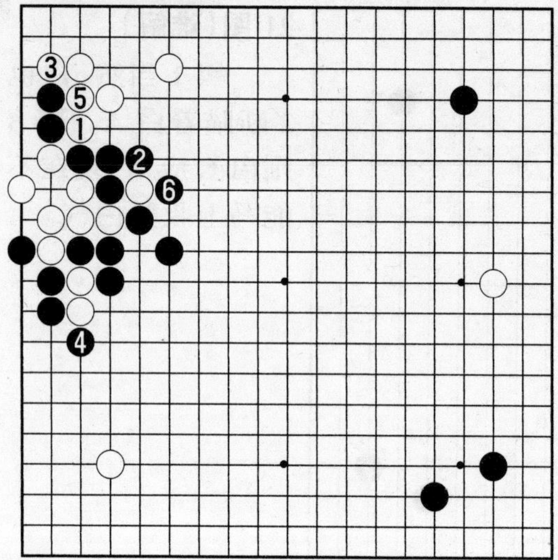

23 图（黑优势）

白 1，至黑 6 黑相当厚实。

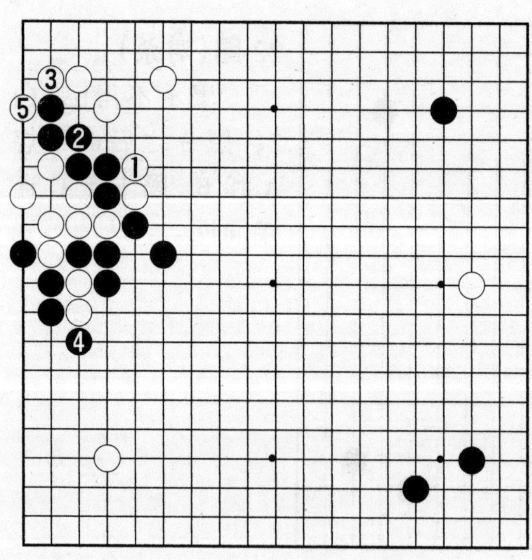

24 图（对杀）

白 1、3 则形成对杀，黑 4 失误白 5 白胜。

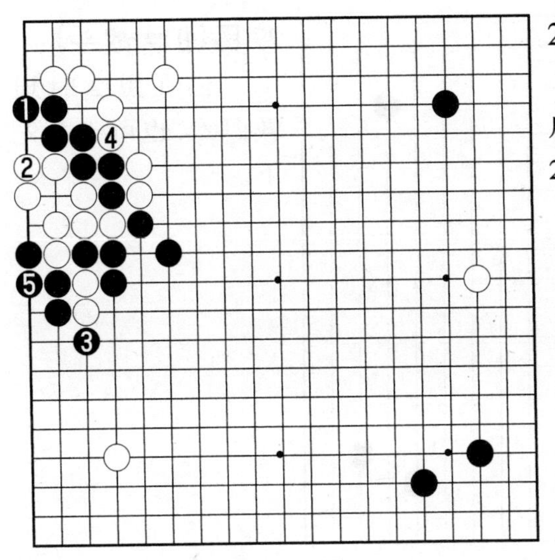

25 图(劫)

这里黑 1 好手，成劫。避开劫争的白 2 无理。

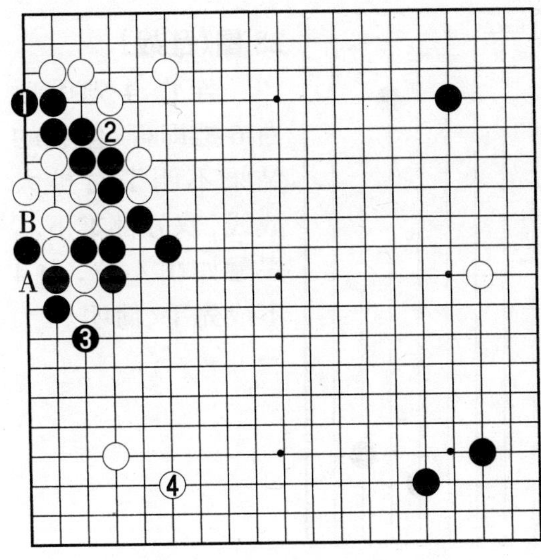

26 图(缓气劫)

在黑 1，白 2，黑 3 的进行中，黑 A，白 B 的前提下，形成劫。这里即使白棋成缓气劫，白 4 的守明智。根据劫的结果，来判定优劣。

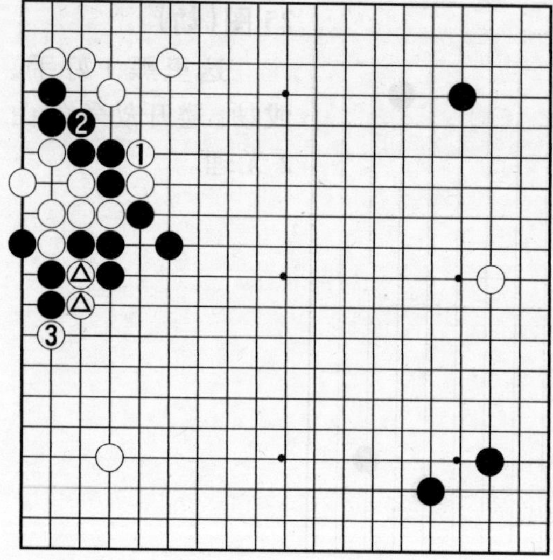

27图(扩大战斗)

白在黑2时想救白△,也可于3先下。

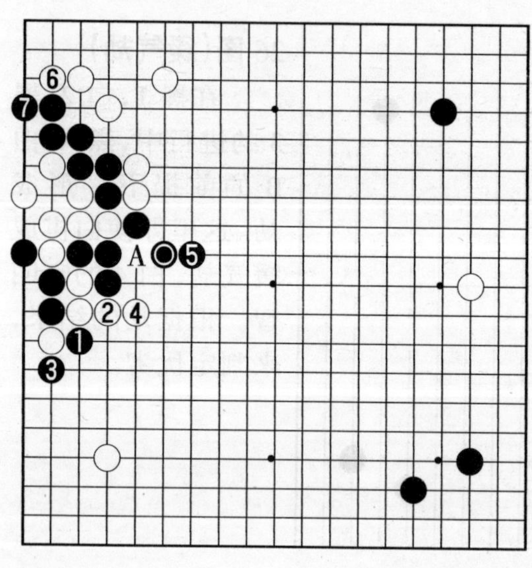

28图(乱战)

至白4先手后白6挡即可,但劫的结果不明了时扩大战线,双方都难下。黑◉如在A位,白4不成先手,简明。

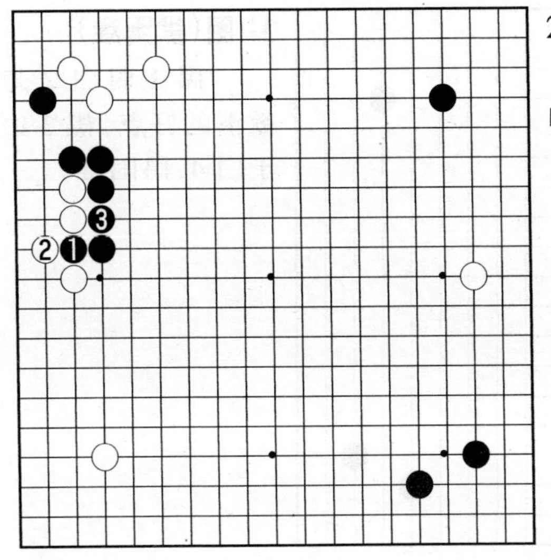

29 图(新的定式)

黑下 1、3，简明,可视为定式。

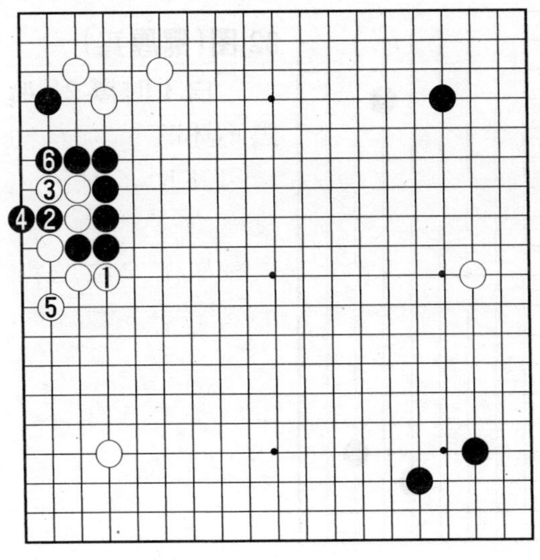

30 图(黑厚实)

白继续下 1，黑 2、4 成立至黑 6 是黑厚实的形状。

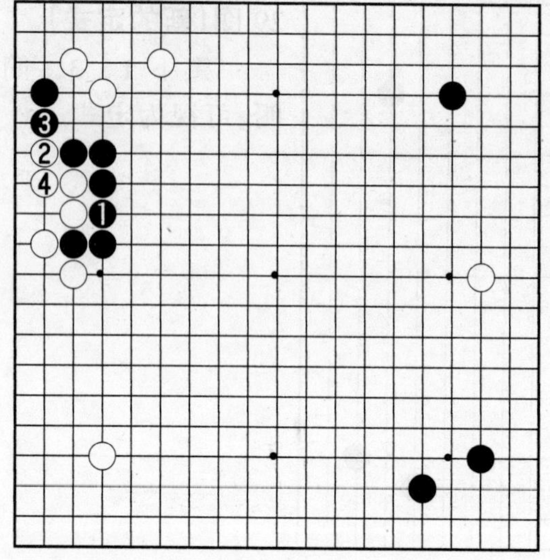

31 图(黑困难)

黑 1 时白 2 是欲下的好点。黑 3 由于白 4,黑困难。

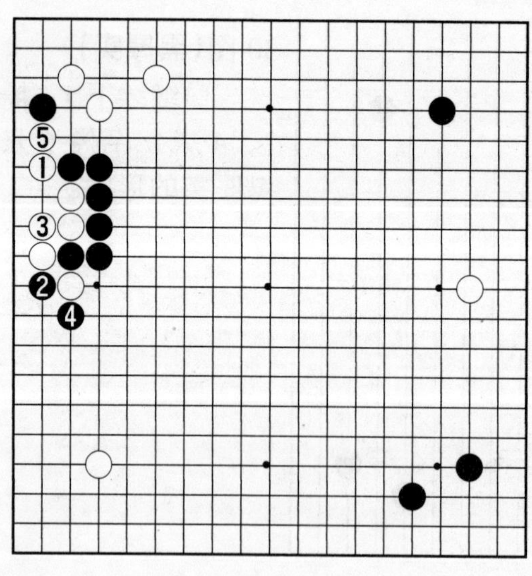

32 图(黑厚实)

白 1 时黑 2、4,黑不坏。

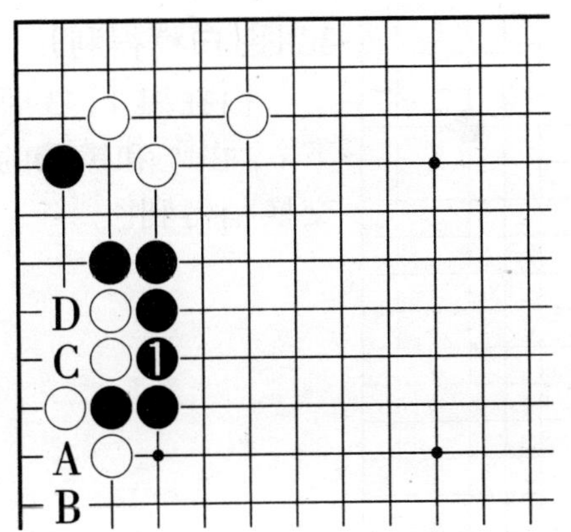

33 图（脱先）

黑 1 之后，白下在他处好。A 断时 B，C 断时 D 吃住。

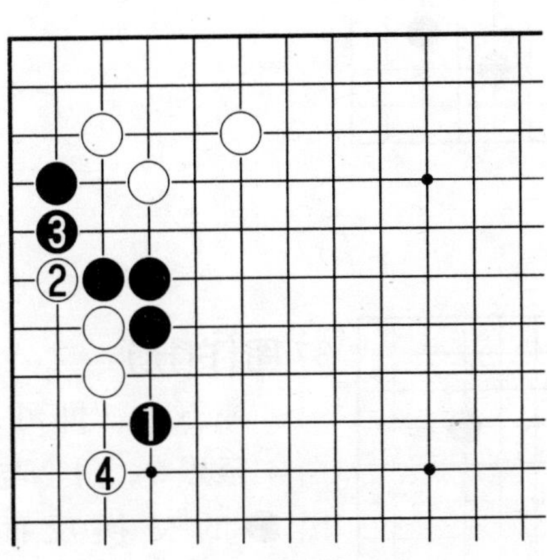

34 图（白的研究 1）

白在黑 1 时白 2，争先手，下白 4 是研究的内容。

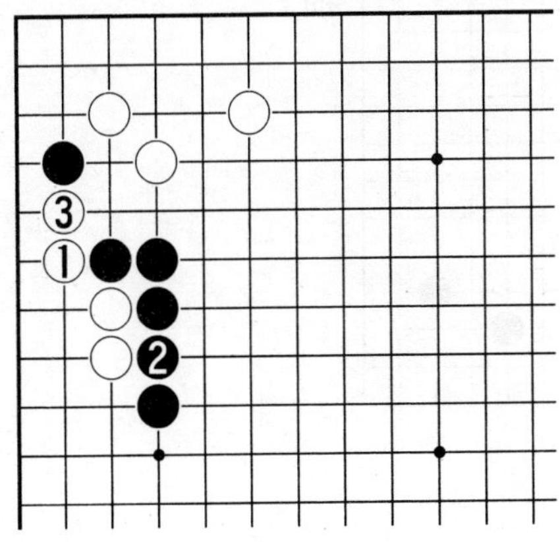

35 图（白实利）

白 1 时黑 2，白 3 时白的实利大。

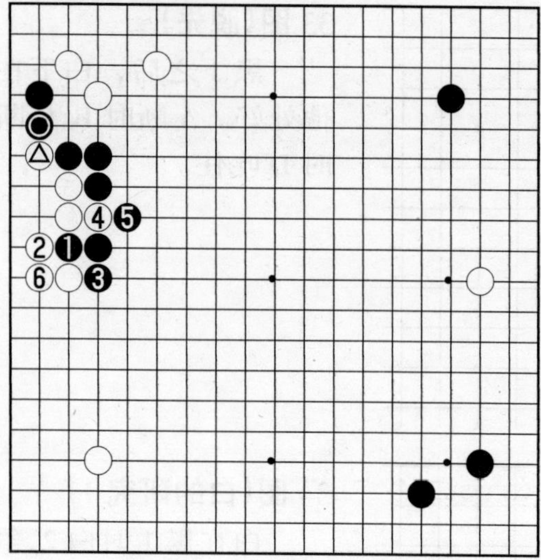

36图（白稍得利）

白在黑1、3时下6，白◬和黑◉的交换稍得利。

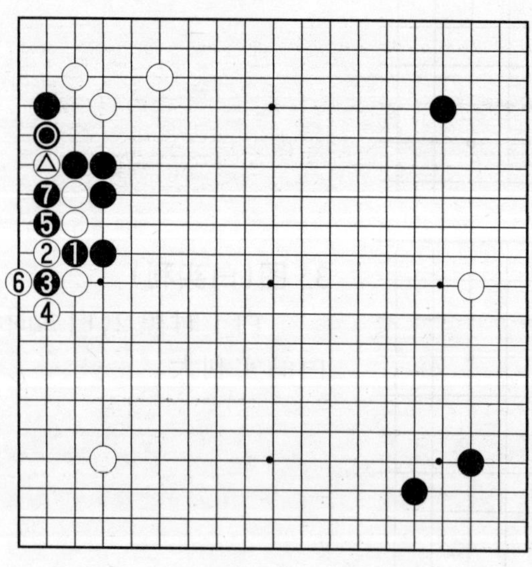

37图（白损）

黑下1、3即可，白4至黑7，白◬与黑◉的交换反而损。

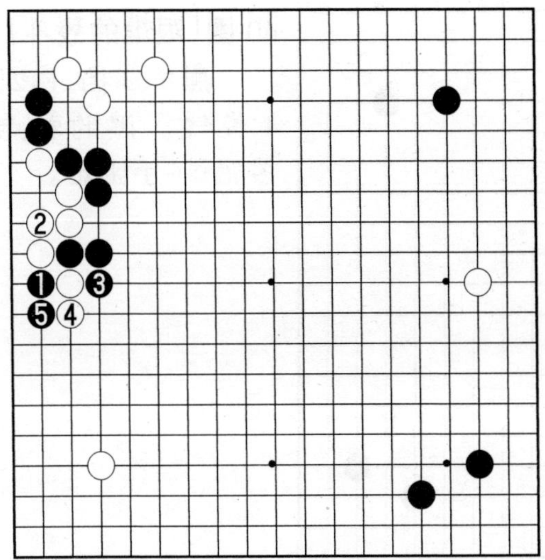

38 图（还原）

黑 1 时白 2 连，黑 3、5 还原成前面的形状。

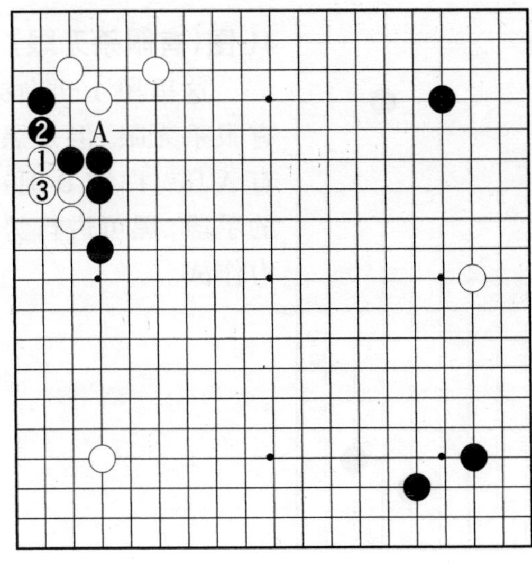

39 图（白的研究 2）

白研究了白 1，黑 2 时白 3 连的下法。黑也不能下 A 位。

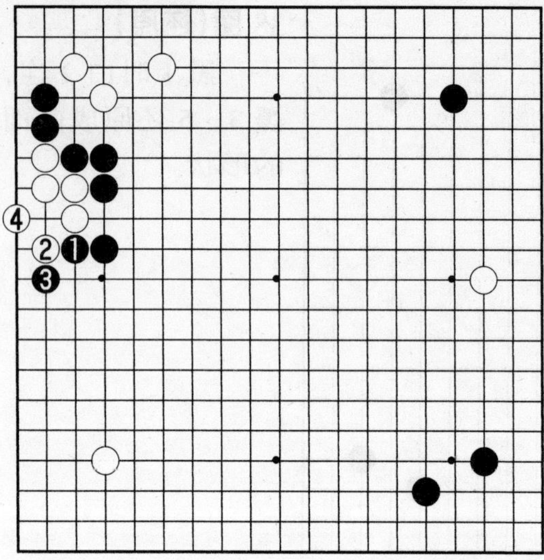

40 图(艰难的战斗)

黑 1、3 挡,白2、4 长气。黑的弱点多,下一手困难。

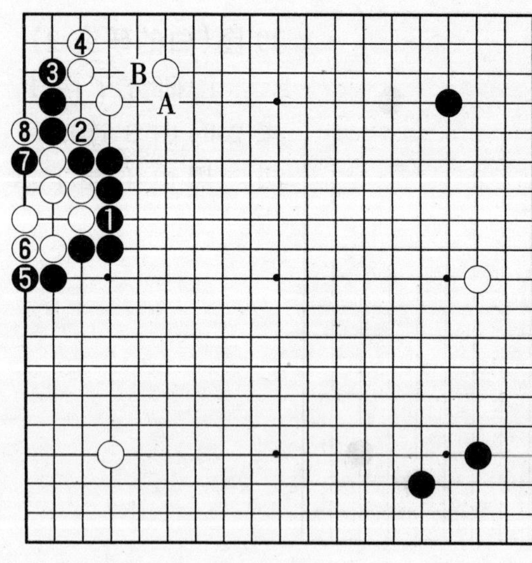

41 图(有眼杀无眼)

这里黑 1 至白8有眼杀无眼。但是黑有 A 压(白需 B 退)的手段,黑可进行势力作战。

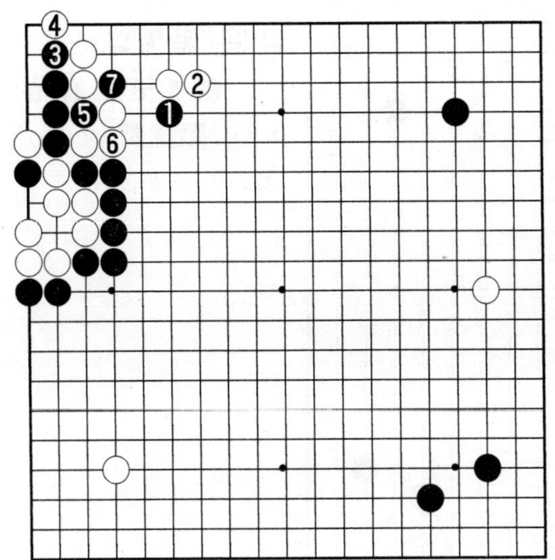

42 图（白上当）

黑 1 时白 2，至黑 7 白失败。

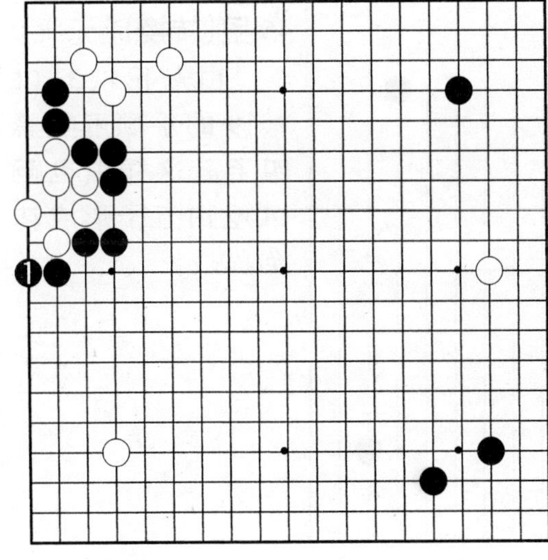

43 图（好手）

这里黑 1 是好手。

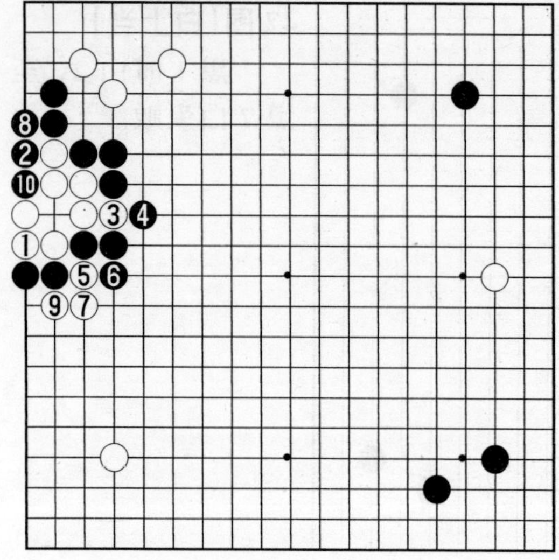

44 图（黑优势）

白 1 至黑 10 的进行，黑优势。

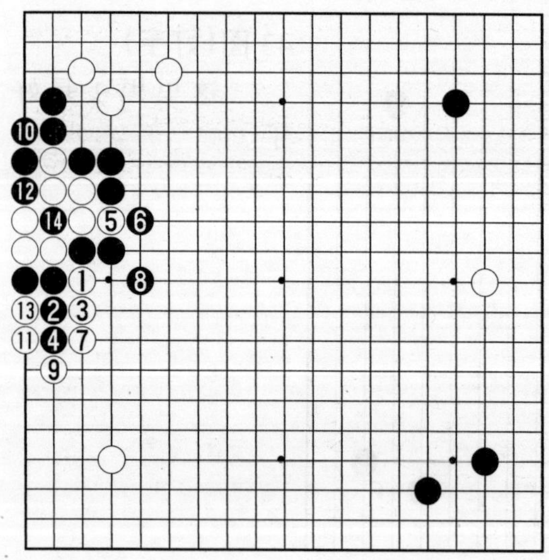

45 图（转换）

白先下 1、3，以 7、9 的手顺可吃黑四子。这样黑也至 14 吃白五子形成转换。

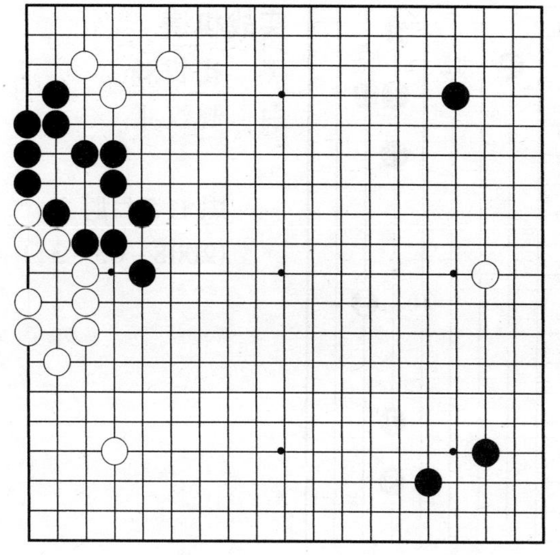

46 图(黑优势)

这个结果黑的发展性更好,黑稍优势。

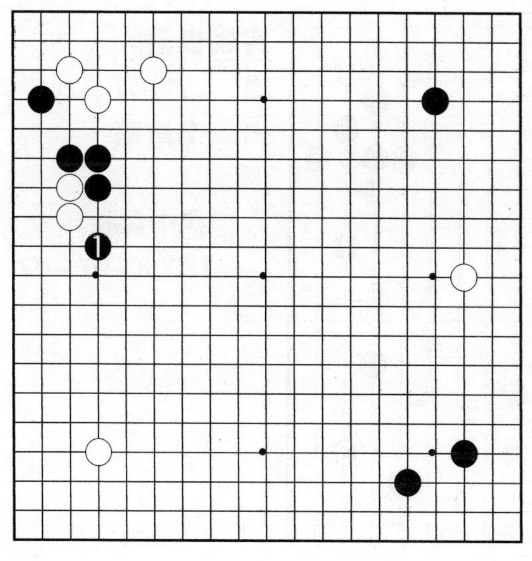

47 图(有力的手段)

从以上可看出,黑 1 是可下的一手。

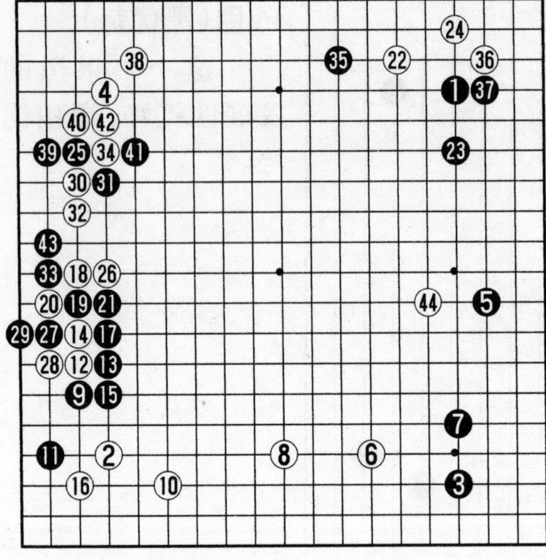

实战棋谱

黑　崔哲瀚

白　赵汉乘

黑 1.5 目胜。

(2008－03－31)

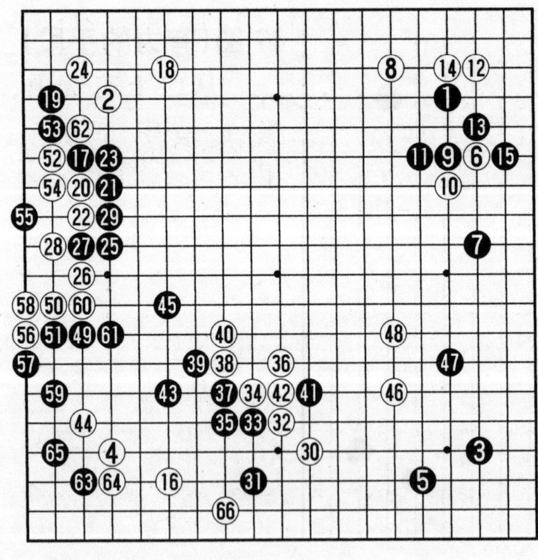

实战棋谱

黑　古　力

白　李昌镐

黑中盘胜。

(2008－07－07)

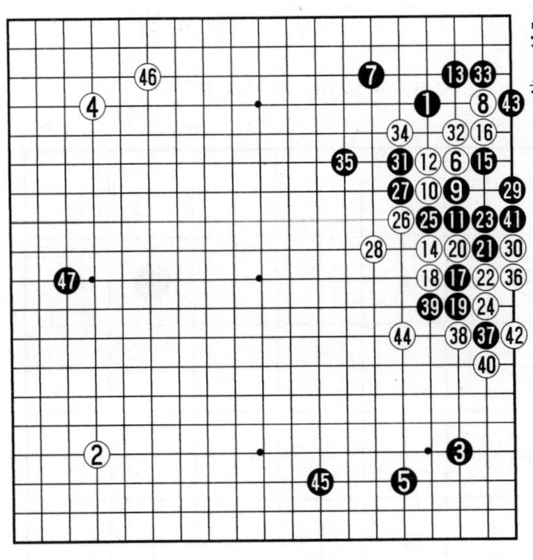

实战棋谱

黑　古　力

白　洪性志

白 1.5 目胜。

(2008－08－02)

白 34 是恶手。

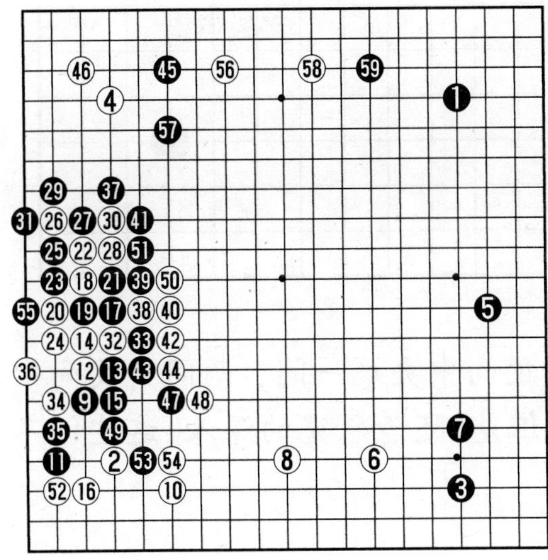

实战棋谱

黑　李映九

白　曹薰铉

黑中盘胜。

(2008－08－10)

新型19　一间夹攻时超常识的大飞应

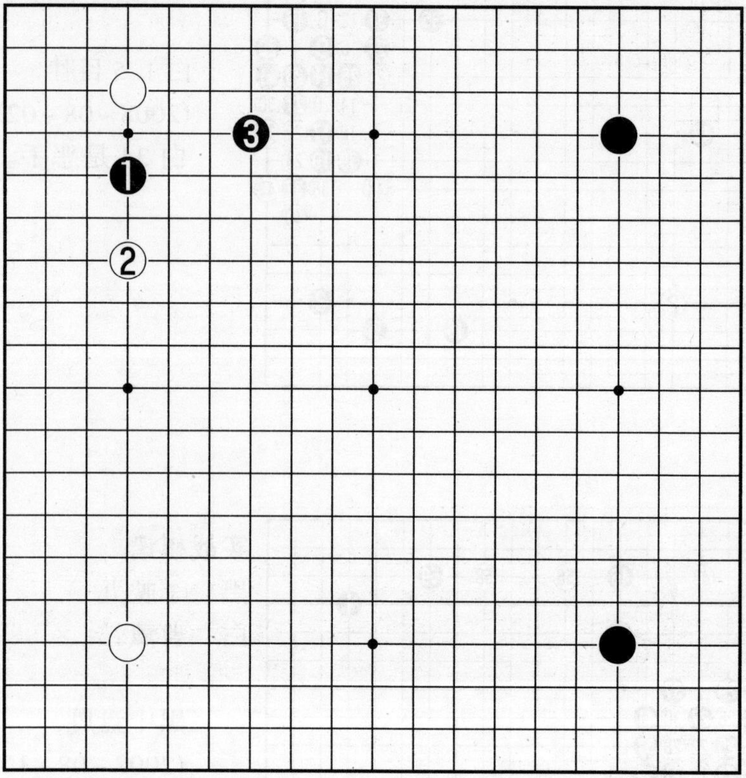

过去有一间夹攻向中央跳一间，两间夹攻向中央跳两间的说法。但是,随着研究的深入,这些话不再是常识了。

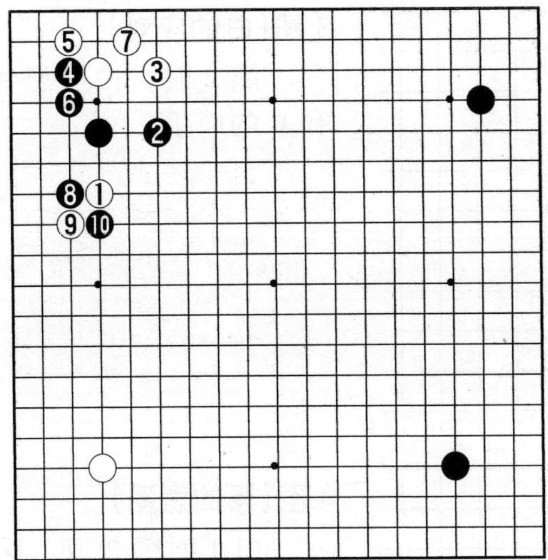

1图（最新流行）

对白1的夹攻最近最常下的是至黑10，以后的变化在前文“新型1”中有详细说明。

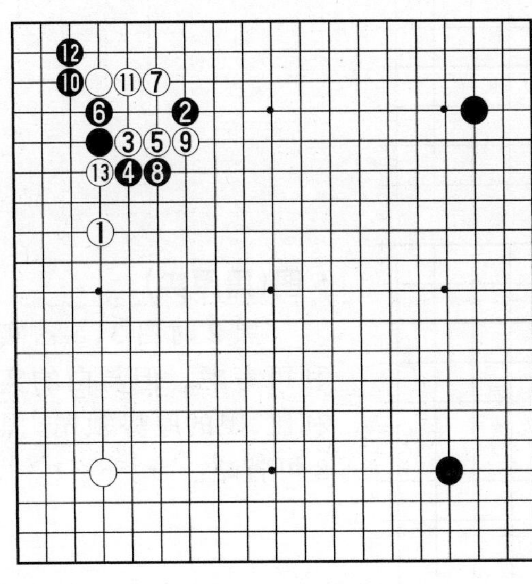

2图（大飞应）

黑的大飞应普通在白1的两间夹攻时下得多。

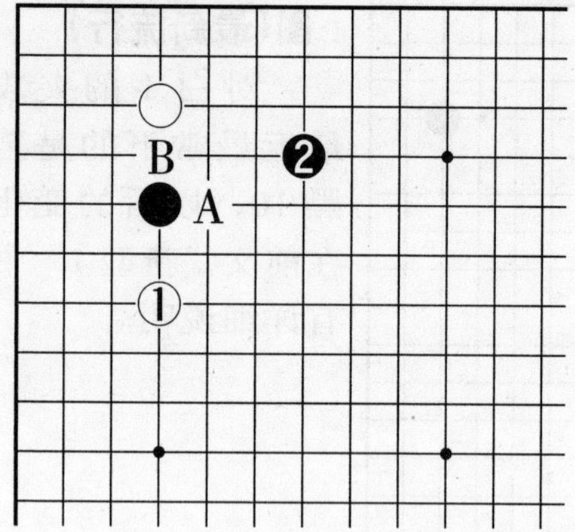

3 图（白的应对）

黑 2 时，白可想 A 和 B 的应手。

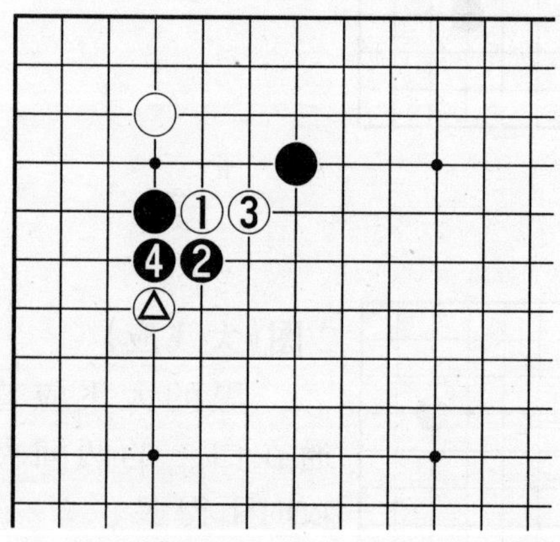

4 图（黑的意图）

白 1 时黑 2 扳，这里白 3，黑 4 接时白◬因贴在黑厚势上不好。

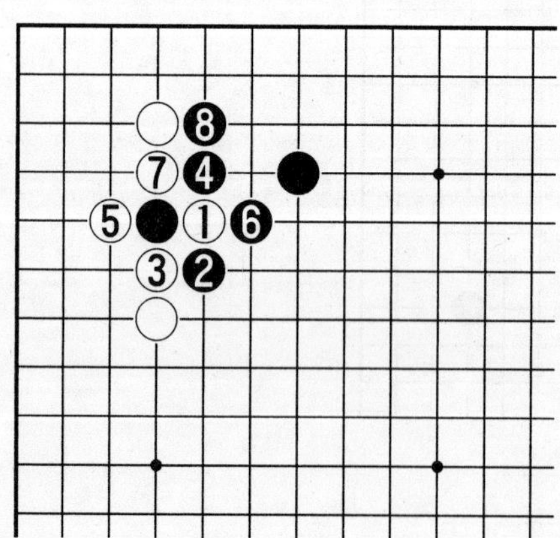

5 图（黑厚实）

黑 2 时白 3、5 占实利可考虑，但与白的实利比，黑的厚势领先。黑 8 可省略。

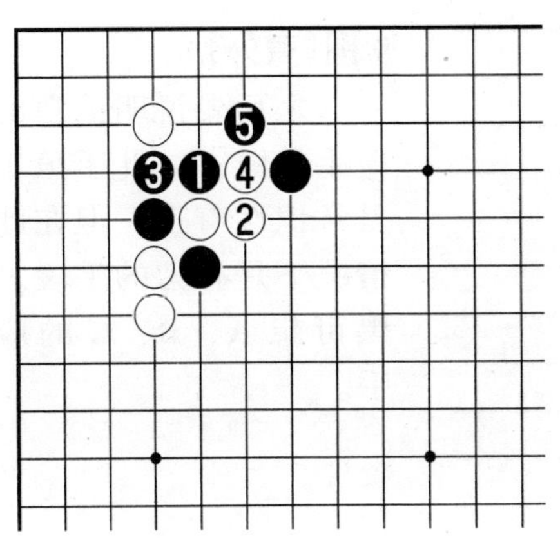

6图(征子)

黑1时白2的长出需征子有利才可能。白4，黑要征子有利可黑5挡。

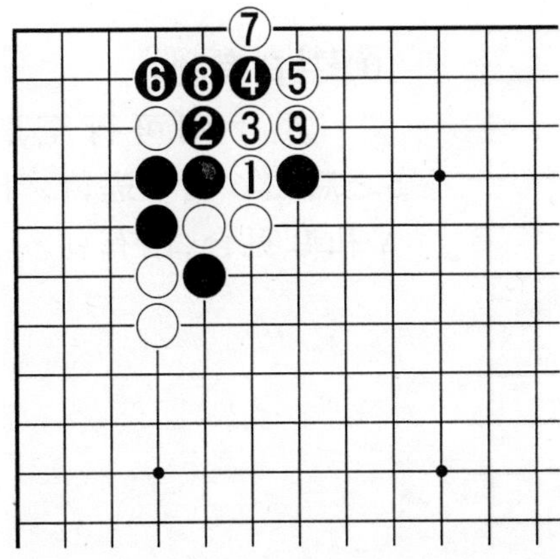

7图(白厚实)

征子对白有利时，白1时黑要下2，至白9，与黑的实利相比，白的厚势领先。

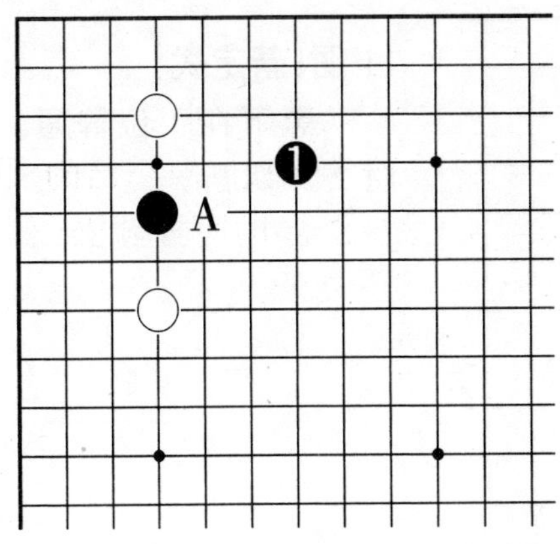

8图(征子关系)

黑1时白想在A靠需记住要征子有利。

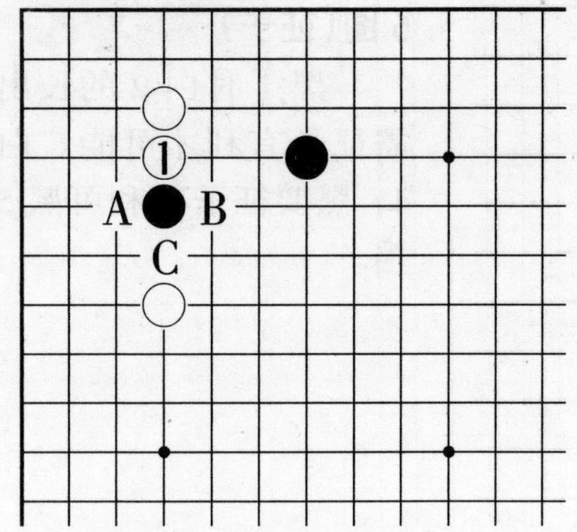

9图(意外)

之后要说明的白的应手是白1。此手虽不是常识性着手，但在此情况下是有力的手段。黑可想A、B、C的应手。

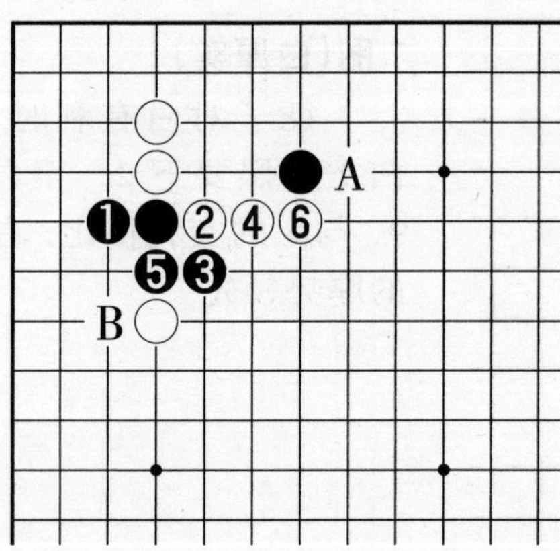

10图(白有利)

黑1则可行至黑5之后白6简单进行，于A和B见合，白有利。

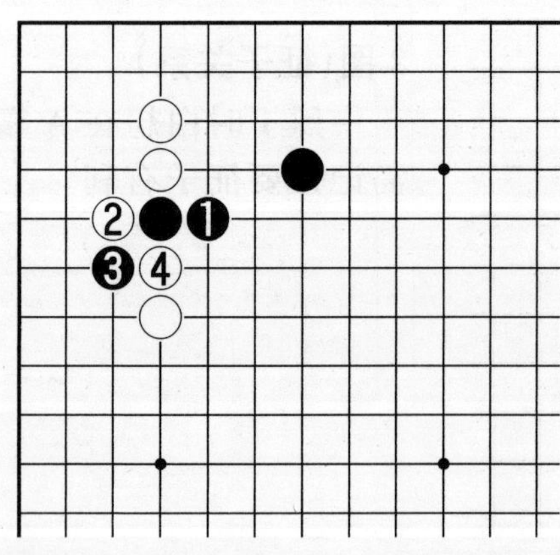

11图(新定式)

黑下在1位普通。白2、4切断。

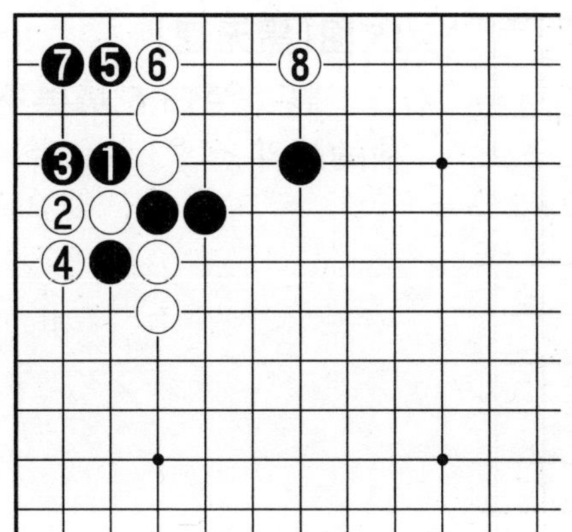

12 图(黑无理)

黑 1、3 的抵抗至白 8,黑无理。

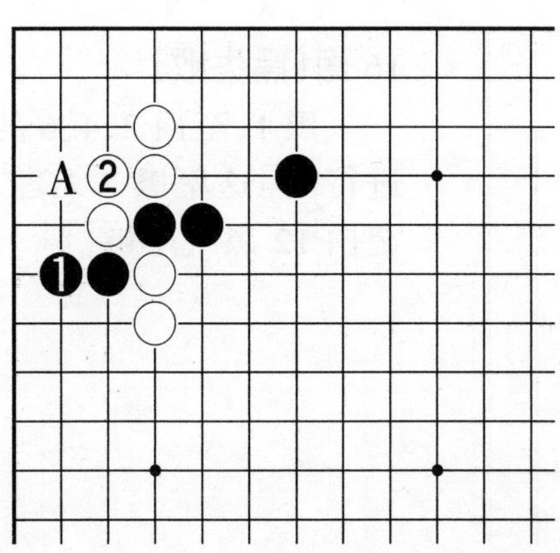

13 图(新型)

这里黑 1 立，白也 2连。白 1 只想收官就要于 A 虎，但这样会出问题(参 19 图)

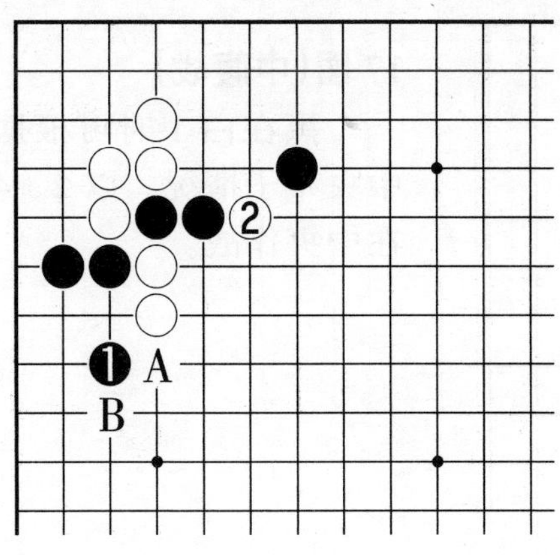

14 图(手筋)

黑 1 时白 2 是手筋。因白 A 是先手,黑两子不好动出。黑 1 也有下 B 的。

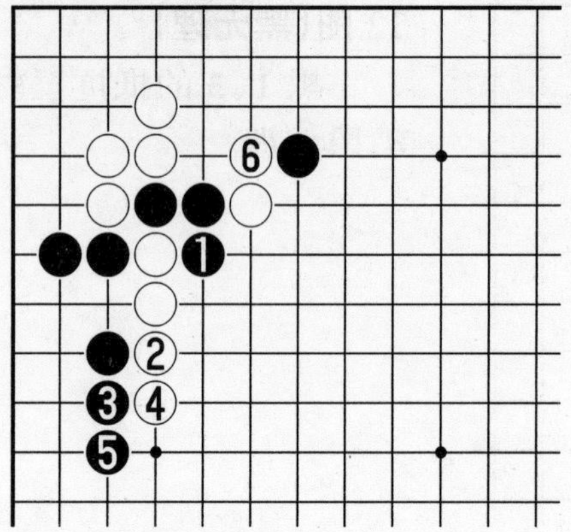

15 图（黑无理）

黑 1 至白 6 是黑不利的战斗。

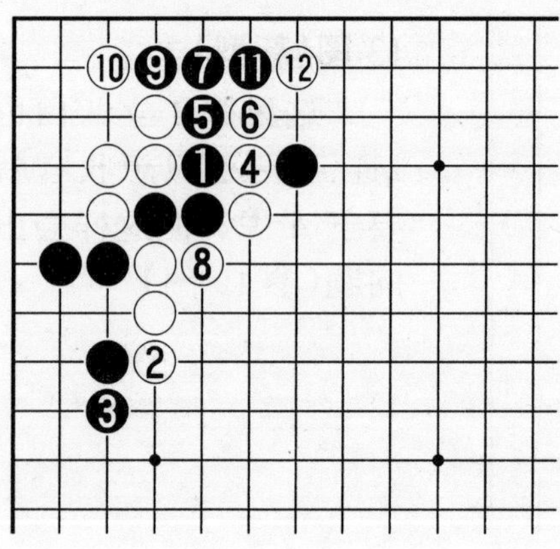

16 图（黑失败）

黑 1，至白 2、4、6 的进行。但这里黑 7 无理，至白 12 黑气不够。

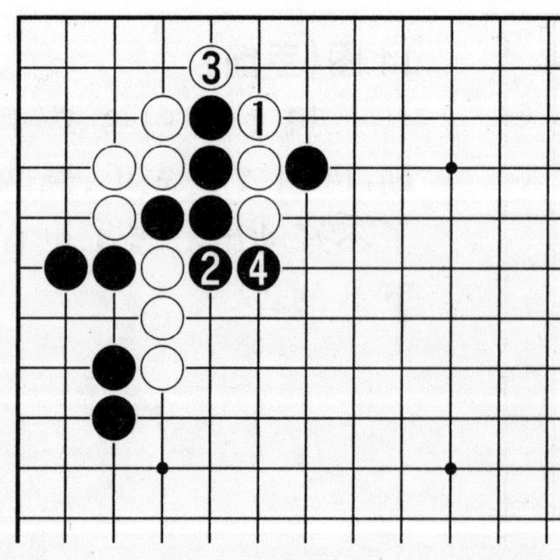

17 图（中腹战）

黑在白 1 时可根据中央布子情况，以 2、4 在中央作战。

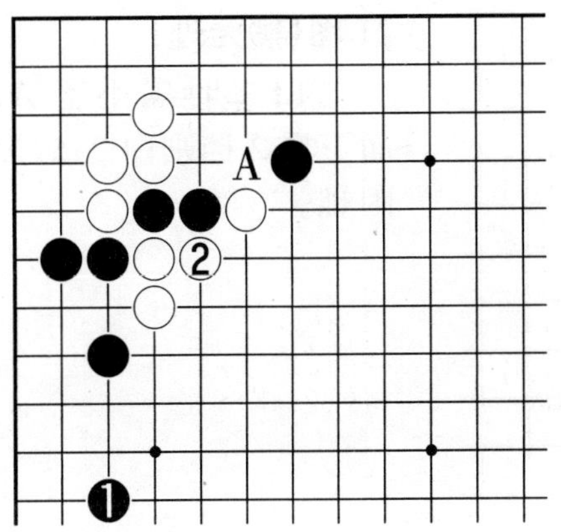

18 图（新定式）

黑 1，白 2 是新定式。看似白好但要想到白多花了一手棋。白 2 也有下 A 的。

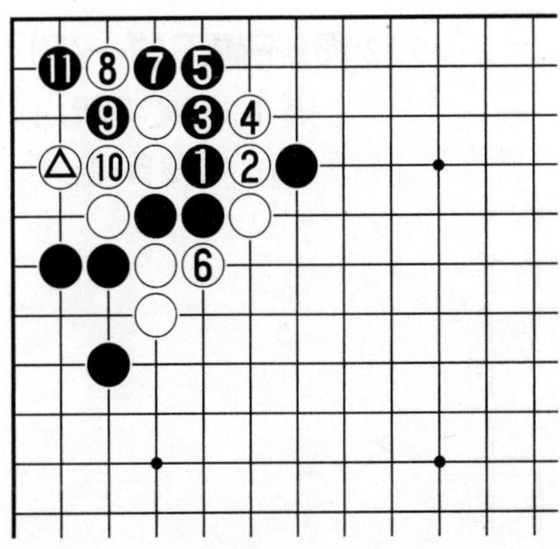

19 图（劫）

在 13 图白下白△时产生黑 9、11 的手段成劫。白负担重。

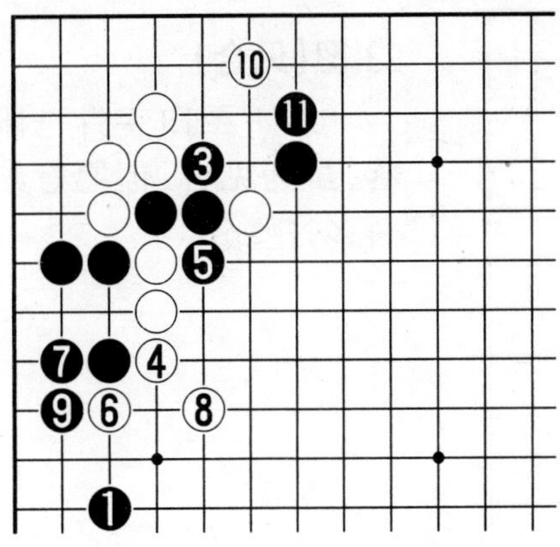

20 图（脱先）

黑 1 时白下别的地方，可预想至黑 11，白的负担是厚势变成了孤棋。

②脱先

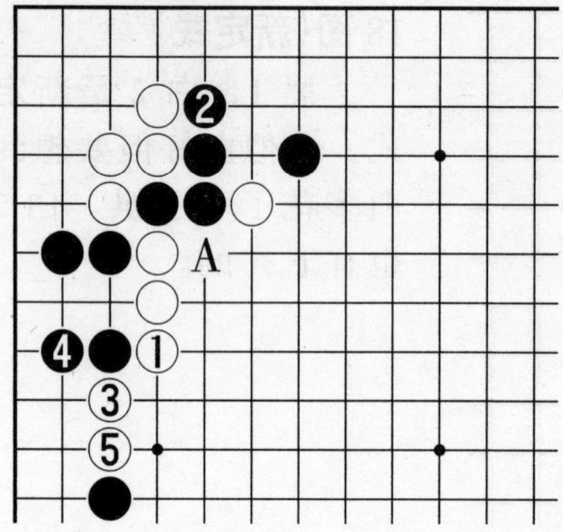

21 图(黑无理)

白 1 时黑不下 A,而下黑 2 挡则白 3、5,黑困难。

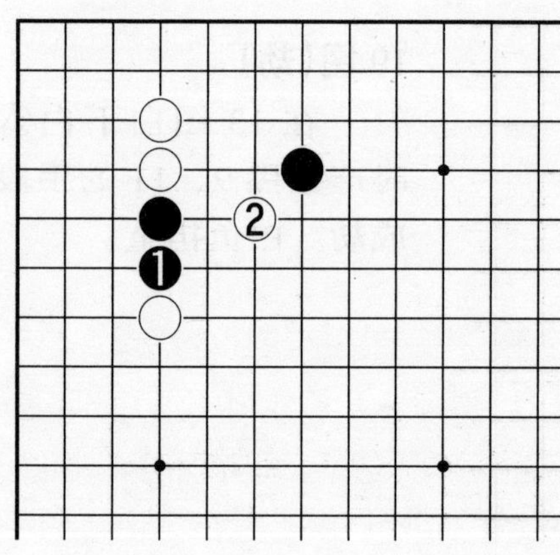

22 图(不想下的一手)

黑 1 是欲切断白的一手。白 2 是普通。

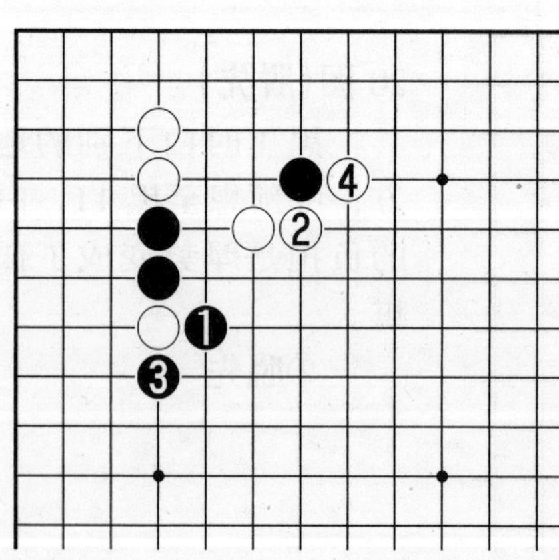

23 图(见合)

黑 1 至白 4 告一段落,虽为见合,但愿意给白多打些分。

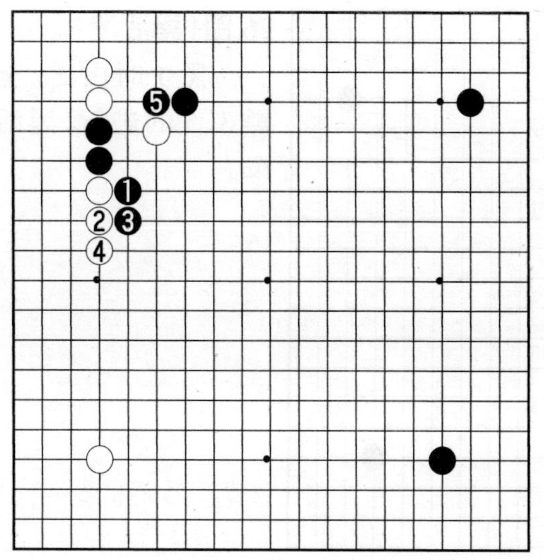

24 图(黑优势)

黑 1 时白 2、4 抵抗则黑 5 切断,黑充分。

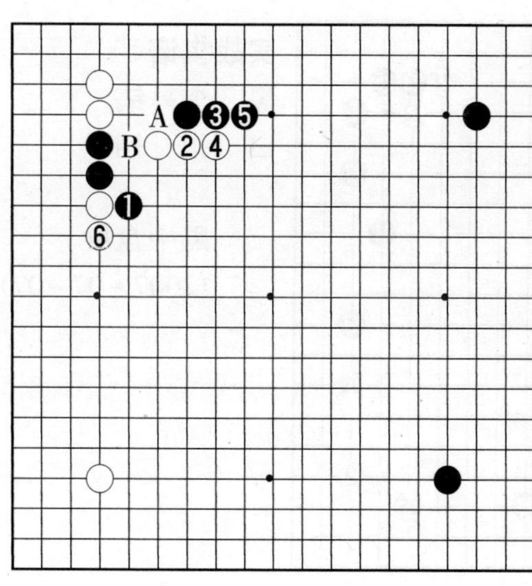

25 图(白优势)

相反,白 2 时黑 3、5,则白好。理由是黑 A 时白 B 可连络。

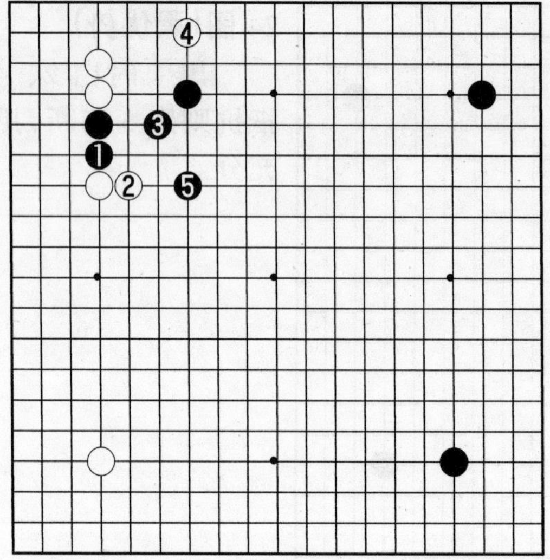

26图(黑活泼)

黑1时白2，至黑3、5的进行，黑活泼。

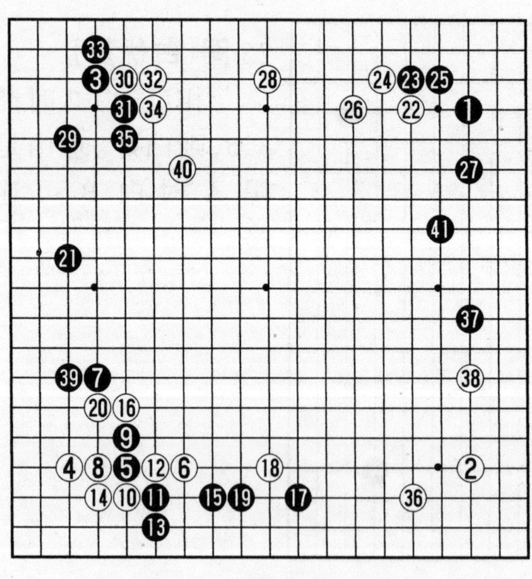

实战棋谱

黑　李昌镐

白　张　栩

黑中盘胜。

(2007－07－07)

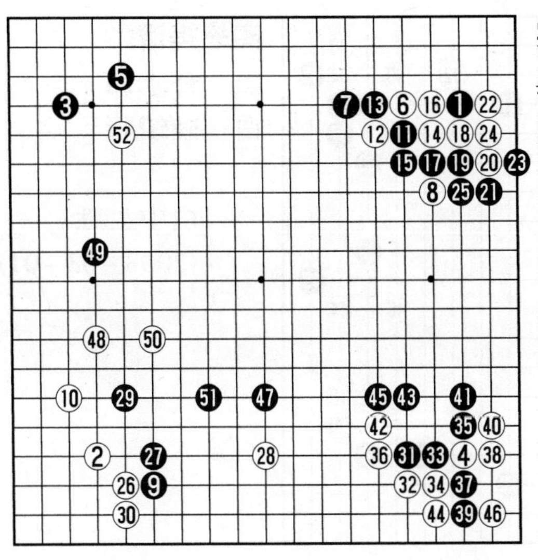

实战棋谱

黑　温昭珍

白　金志锡

黑中盘胜。

(2007－07－16)

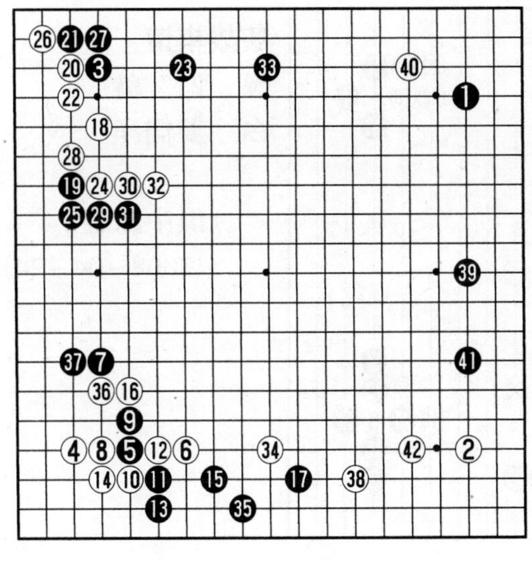

实战棋谱

黑　白洪淅

白　林翰杰

黑 1.5 目胜。

(2007－11－07)

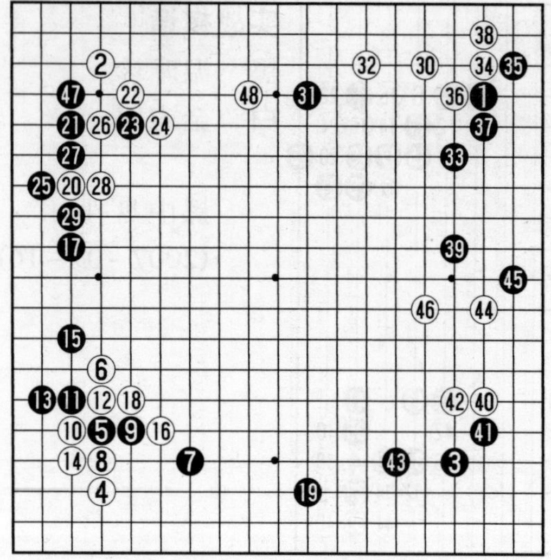

实战棋谱

黑　朴永训

白　睦镇硕

白中盘胜。

(2008－03－01)

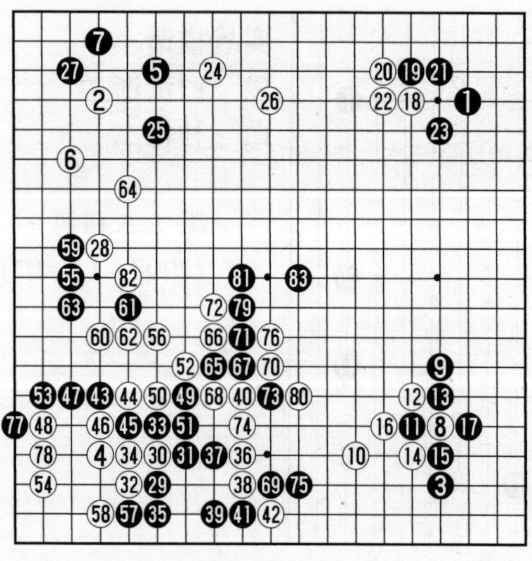

实战棋谱

黑　谢　赫

白　姜儒泽

黑中盘胜。

(2008－04－24)

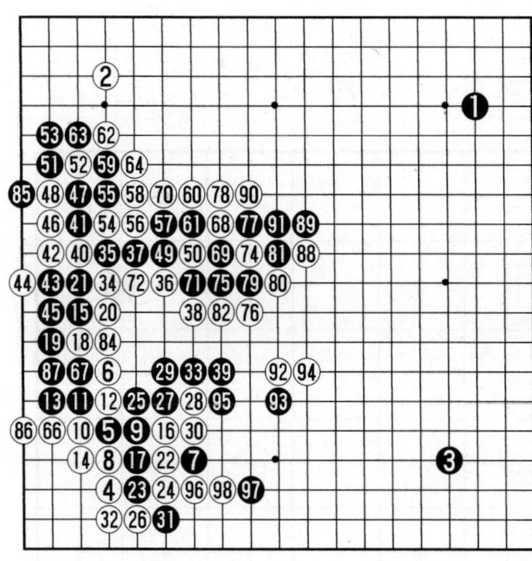

实战棋谱

黑　安祚永

白　李相勋

黑中盘胜。

(2008－06－01)

㊾＝㊿

⑤⓪＝⑦③

⑦④＝⑧③

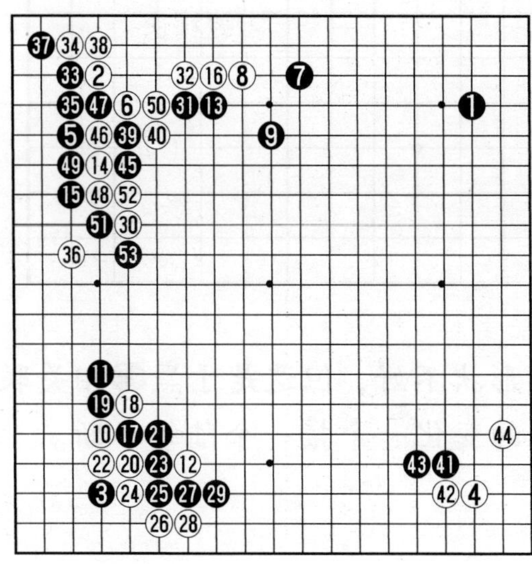

实战棋谱

黑　姜儒泽

白　白洪淅

黑 10.5 目胜。

(2008－06－29)

新型20　继续变化的棘手的定式

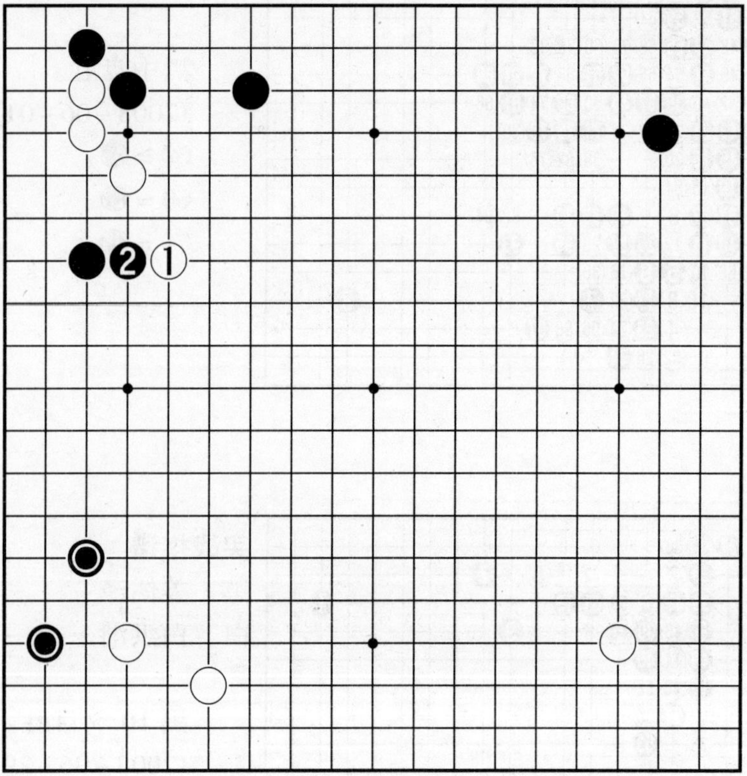

白1时黑2的形状不好，但这是于黑◎相关联的手法。此后发生的变化一个接一个陆续不断。

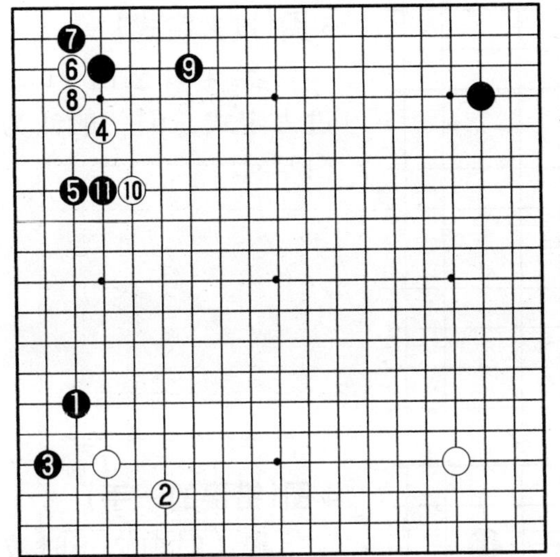

1 图（手顺）

场面图的以前手顺。

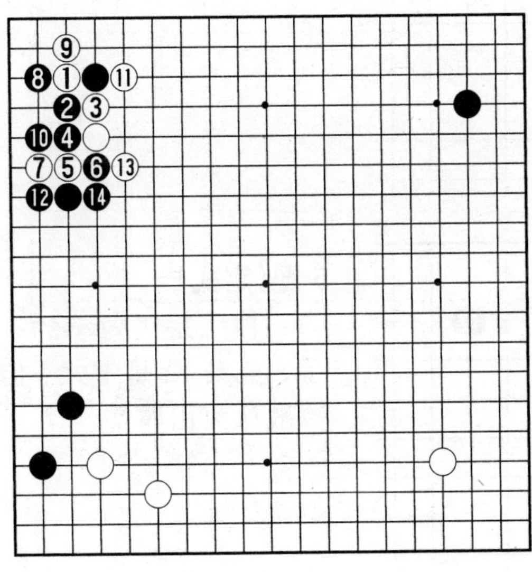

2 图（定式）

白 1 时黑 2 扳至黑 14 是定式。

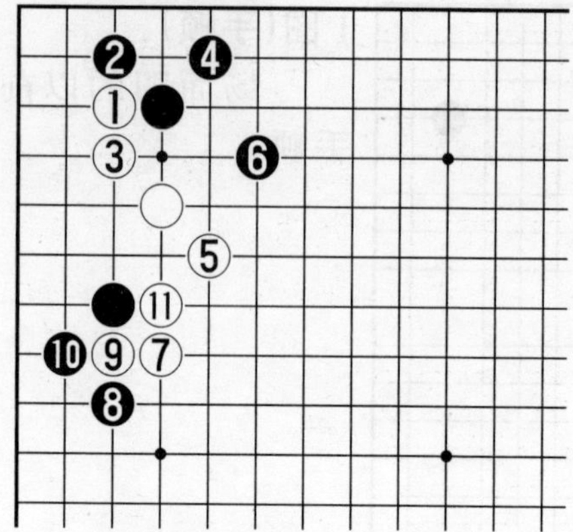

3 图（过去定式）

黑 4 时至白 11 是过去定式，但一般认为白厚实。

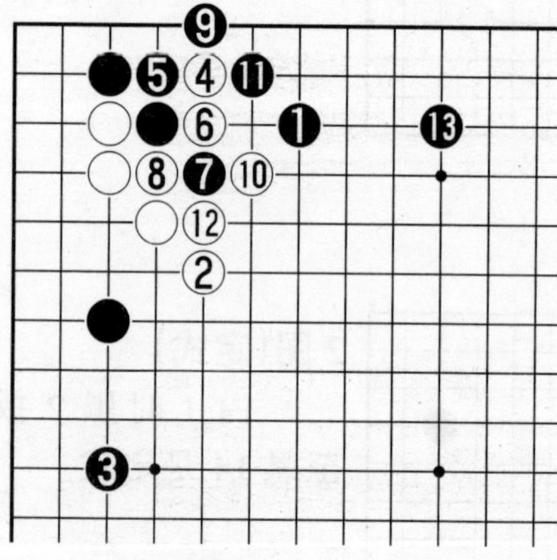

4 图（错误的一手）

黑 1 时白 2 一时被采用，但白 2 是错误的手段。

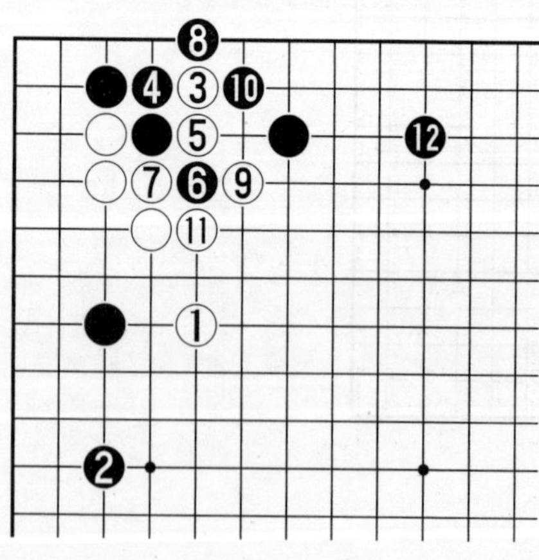

5 图（定式）

白 1 是讲效率的一手，至黑 12 是定式，但一般认为白厚实。

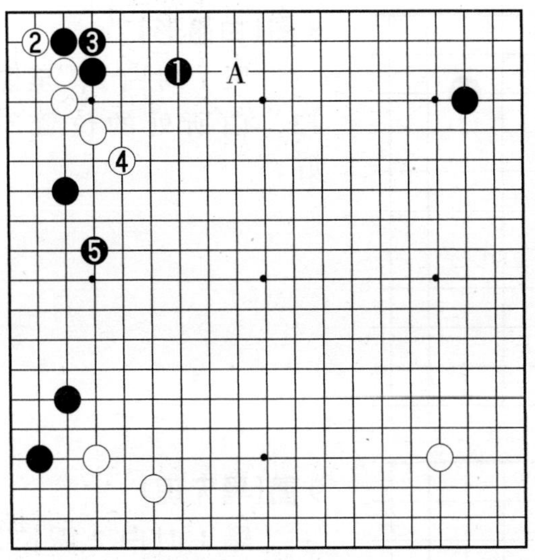

6图(黑效率高)

黑1时白2至黑5,可预想白A的夹攻,这时右上角的布置重要。如图时黑好下。

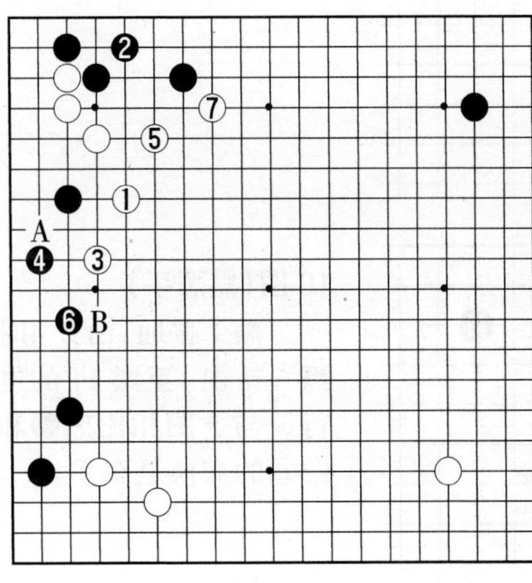

7图(白活泼)

白1时黑2至白7白活泼。将来B有白子时A靠下有手段。

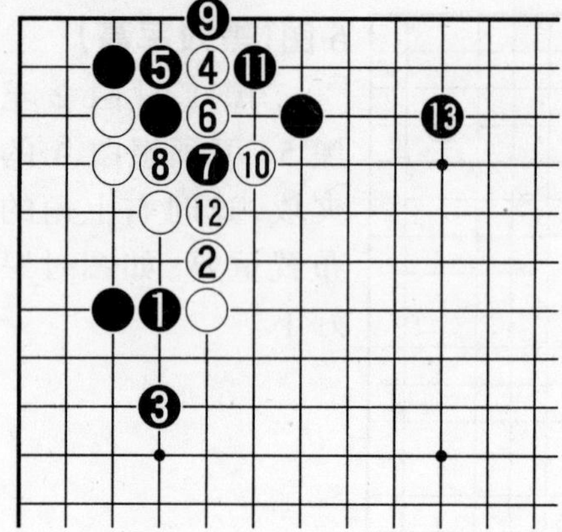

8 图(白愚形)

黑 1 时白 2，至黑 13，白所处的位置不好。

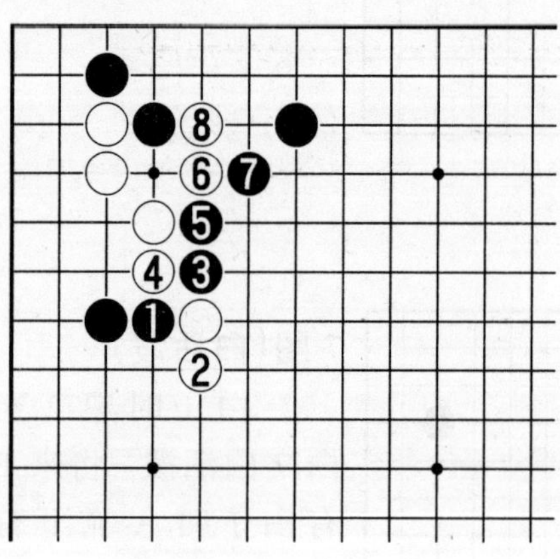

9 图(黑无理)

黑 1 时白 2 需长，此时黑 3 无理。

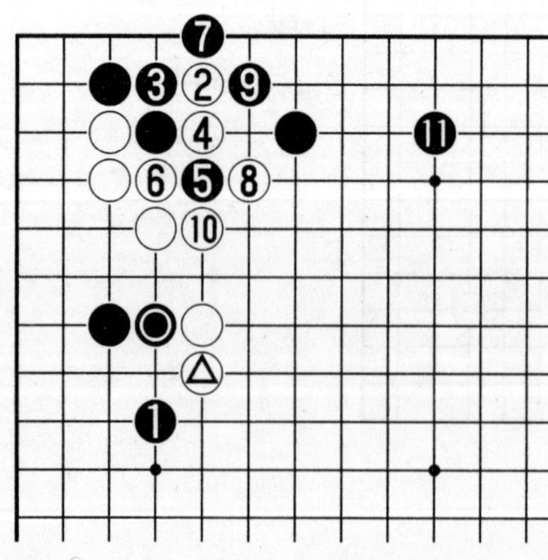

10 图(黑恶手)

黑 1 普通，白 2、4 时黑 5 错误。至黑 11 的进行，与 5 图相比黑◉和白㊀的交换是恶手。

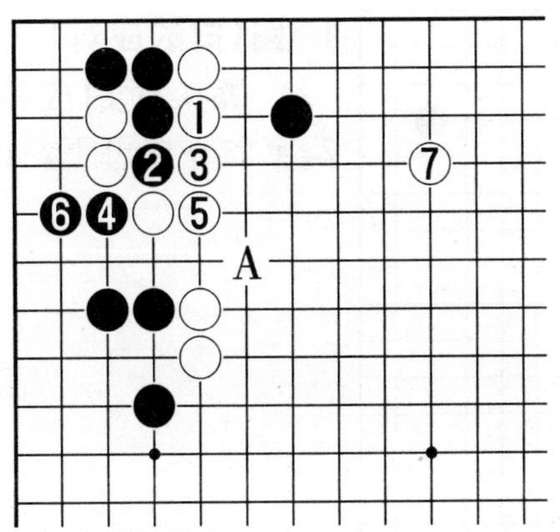

11 图(白不利)

黑在白 1 时应以 2、4,白 5、7 时黑 A 的觑痛烈,白形状松散。

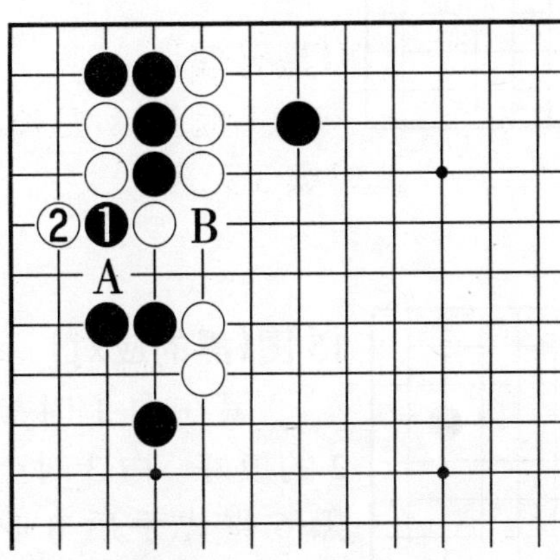

12 图(白的应对)

白在黑 1 时下白 2 是正确的应对。黑可考虑 A 和 B。

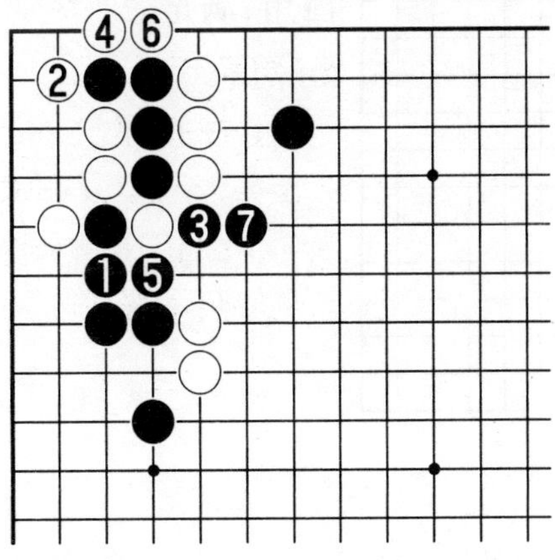

13 图(黑有利)

黑 1 时白下 2,黑 3 时白 4 不对, 至黑 7 黑厚实。

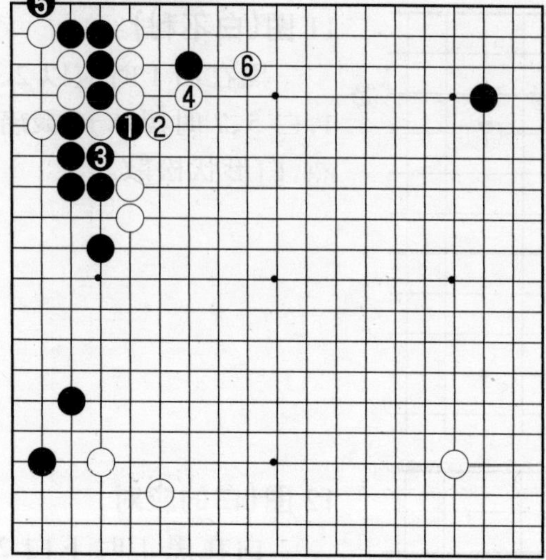

14图(白的应对)

黑1时白应下2,至白6白可下。

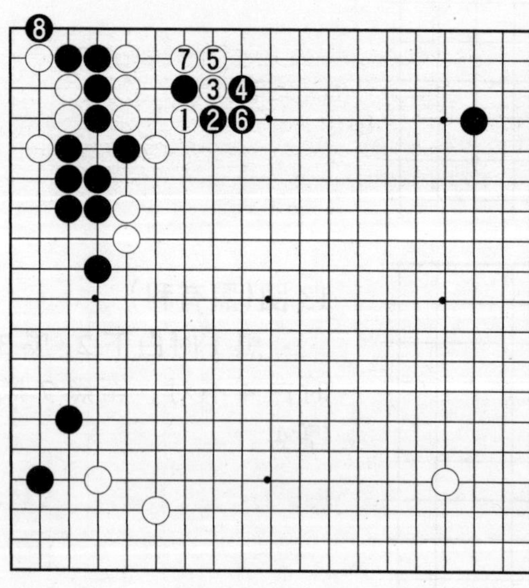

15图(黑的应对)

黑在白1时黑2的扳好。白3时至黑6得先手后8吃白角,满足。

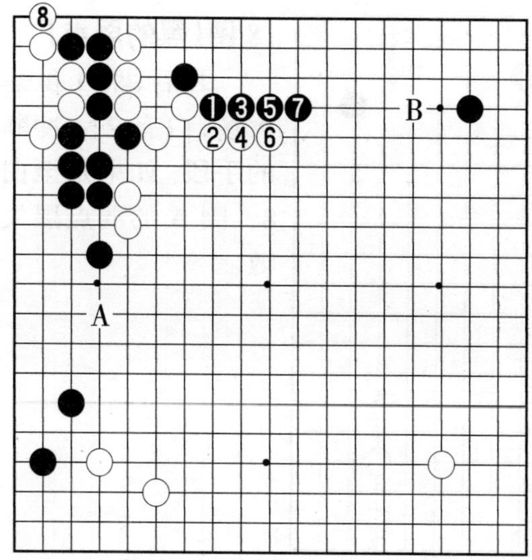

16 图(白的应对)

黑 1 时白 2 至 6 压,白 8 活棋是预想的进行。之后 A 和 B 见合。

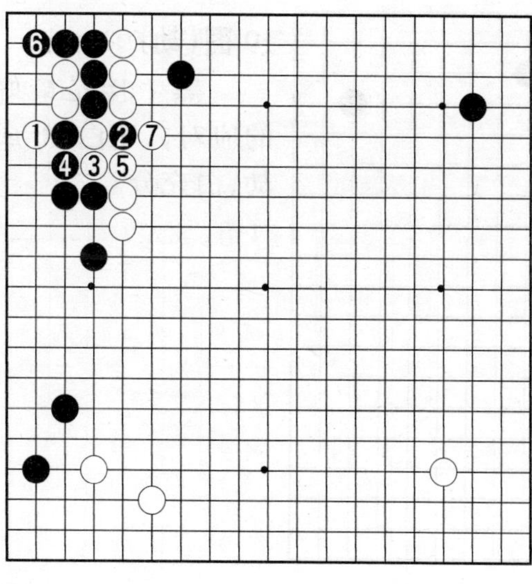

17 图(未完成定式)

白 1 时也有黑 2 的打,黑 3 至白 7 必然。

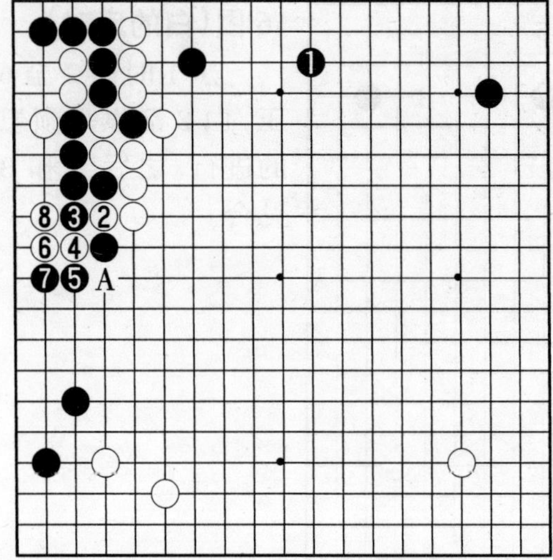

18 图(黑的弱点)

之后，黑 1 虽是大场，白有 2、4 冲断的手段。如果是至白 8，因 A 的弱点黑失败。

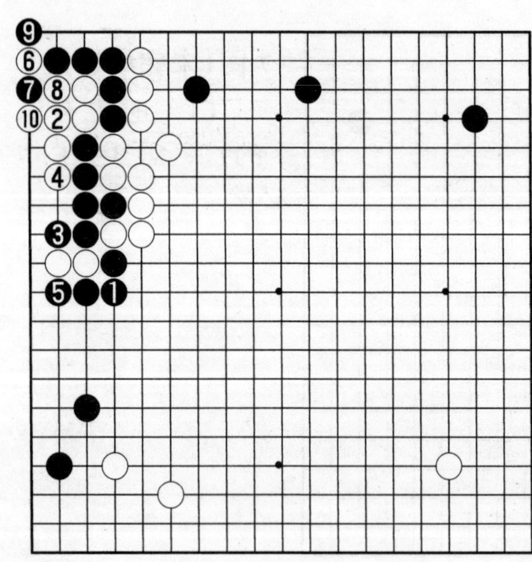

19 图(劫)

黑 1 接是最好的应对，至白 10 成劫，白充分。

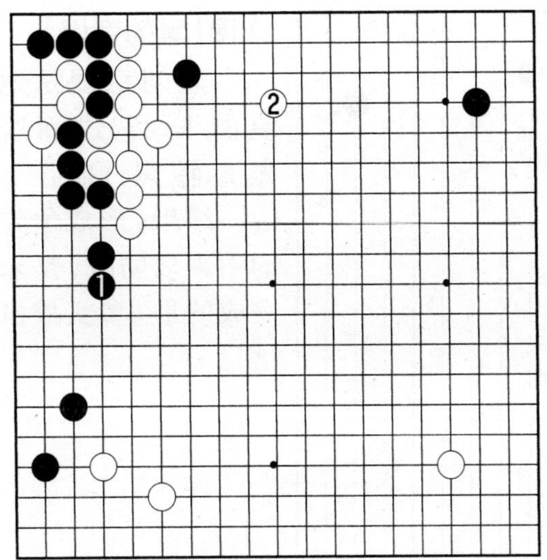

20 图(简单的进行)

黑 1 守简单,白大致 2 守。

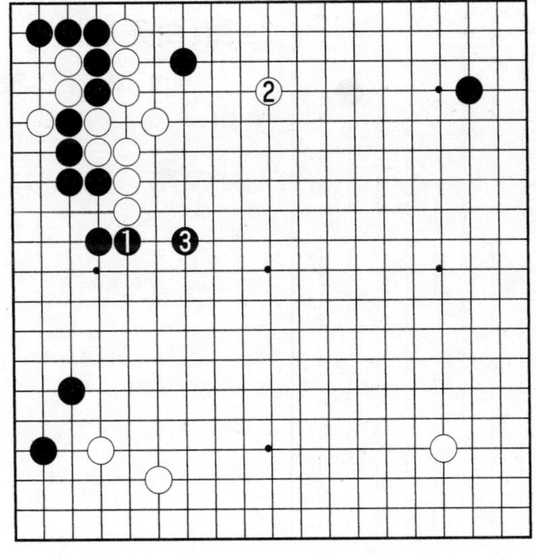

21 图(黑的研究)

黑研究了更为积极的手段,即黑 1,白 2 时黑 3,黑活泼。

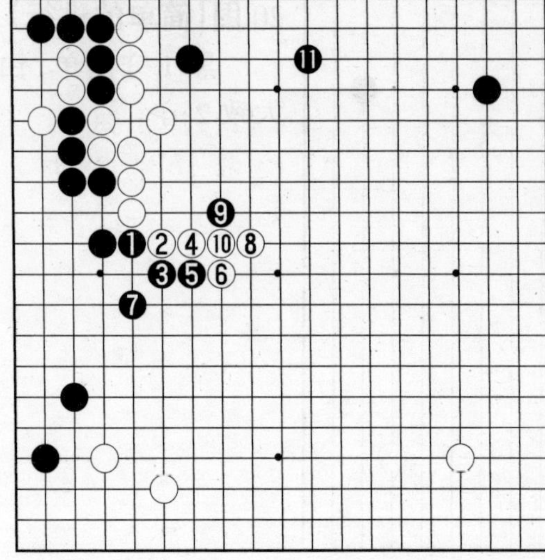

22图(黑的意图)

黑的意图是诱使白下2，进而脱先，转黑11下上边。结果，形成争先的中央攻防战，是未完成的形(参实战棋谱)。

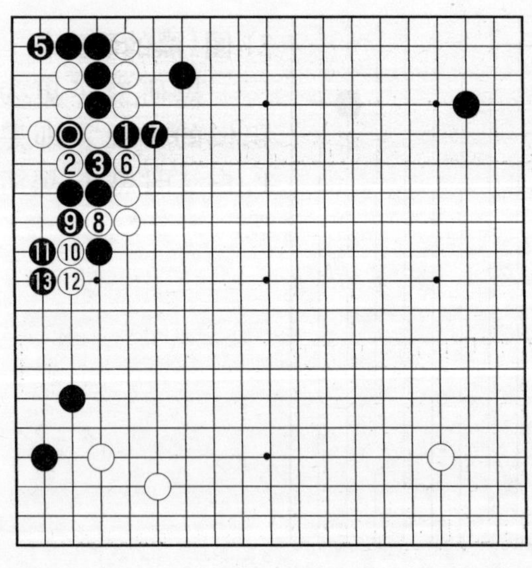

23图(白无理)

黑1时白2提无理。

④=◉

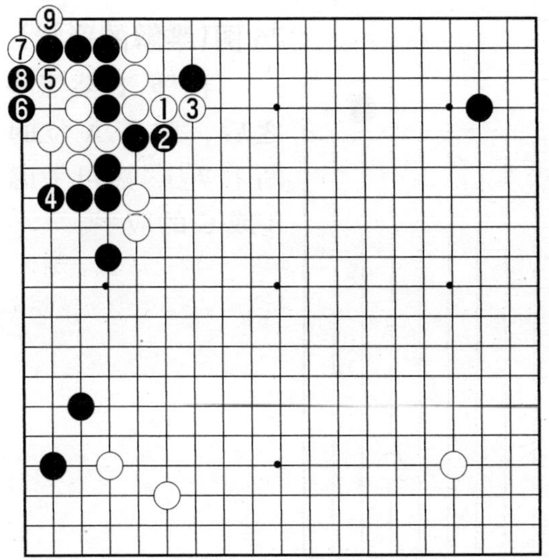

24 图（白无理）

23 图的白 6 从 1 位长出至白 9，即使成劫结果也不好。

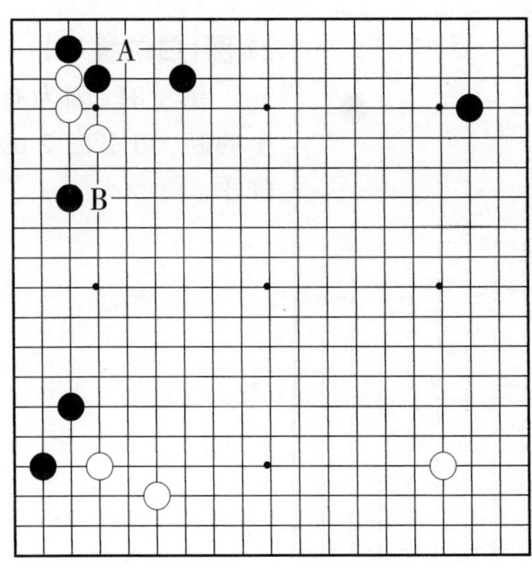

25 图（白的研究）

白研究瞄着 A 位，B 位压的手段。

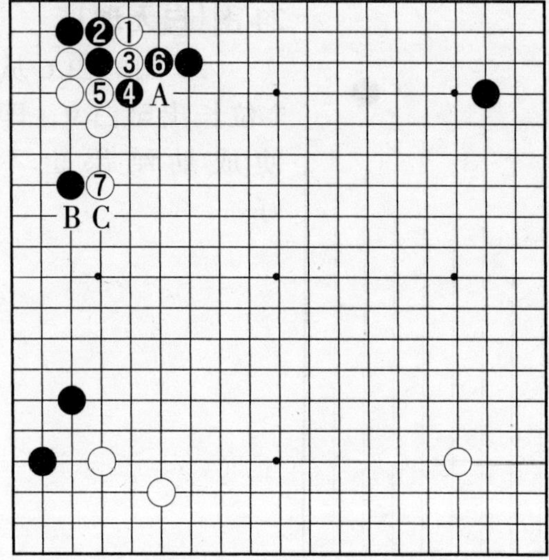

26 图(难解的形状)

白下 1 至黑 6 之后，瞄着 A 位的断下 7 压。黑可考虑 B 或 C 的应手。

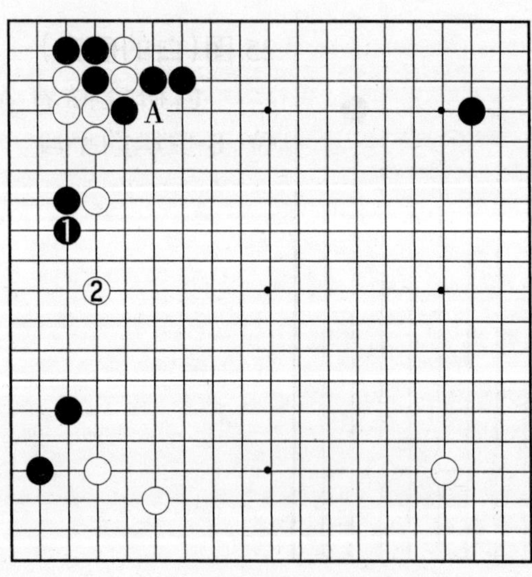

27 图(白的强手)

黑 1 时，因为有 A 的断，可下白 2 的强手。

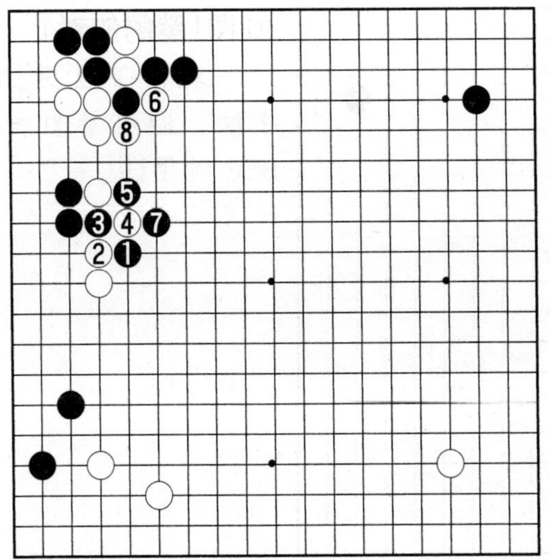

28 图(转换)

黑 1 时白 2、4 断，至白 8 形成转换,双方可下。

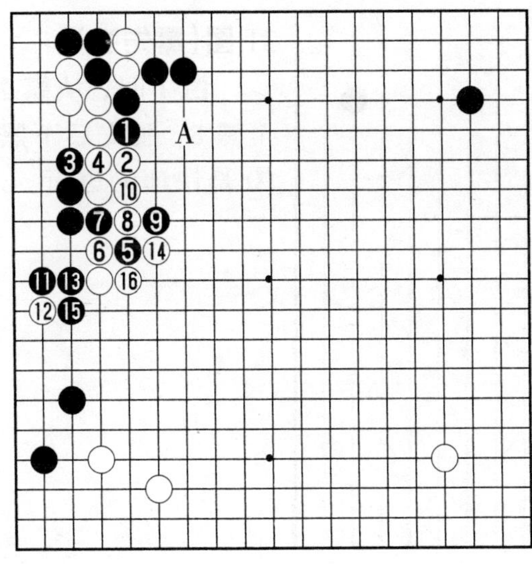

29 图(白厚实)

黑 1 压长的手段也有。至白 16 形成妥协，由于 A 有先手,白稍厚。

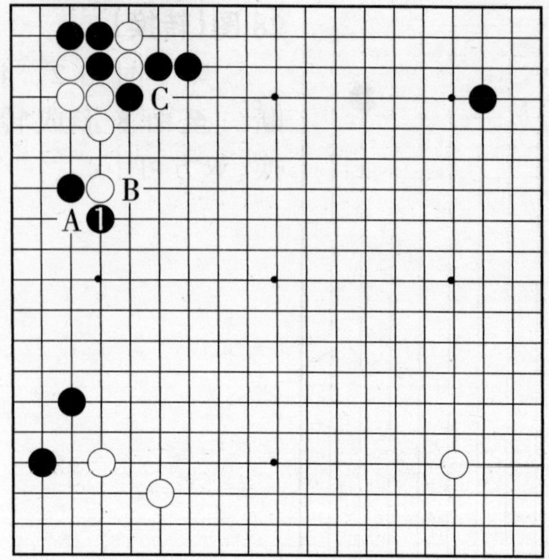

30 图（黑的应对）

黑常下 1 扳的手法，白可考虑 A、B、C 的手段。

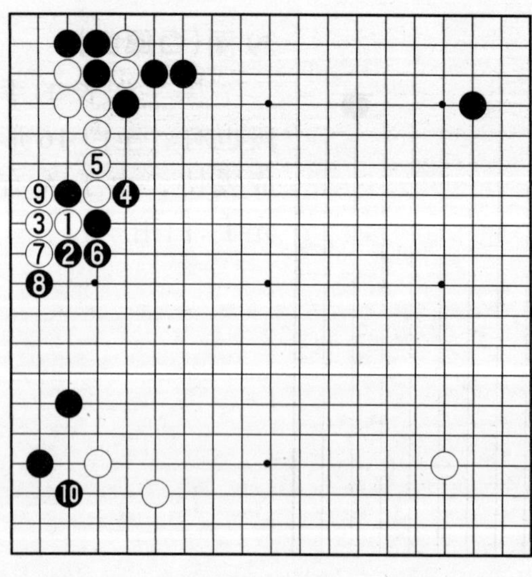

31 图（黑先手）

白 1 时，从黑 2 至黑 8，脱先后下黑 10 是快速的进行。

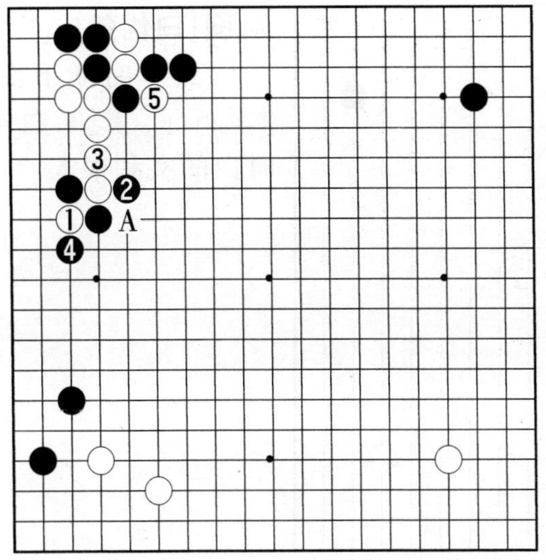

32 图（手顺错误）

白 1 时黑 2 先打是手顺错误，白 A 是先手，因此白 5 时黑困难。

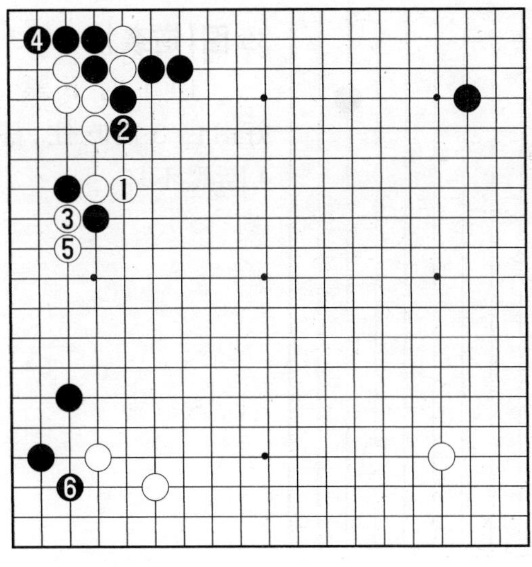

33 图（黑实利）

白 1 时黑 2。白 3 断虽可吃黑一子，黑 4、6 时黑的实利客观。

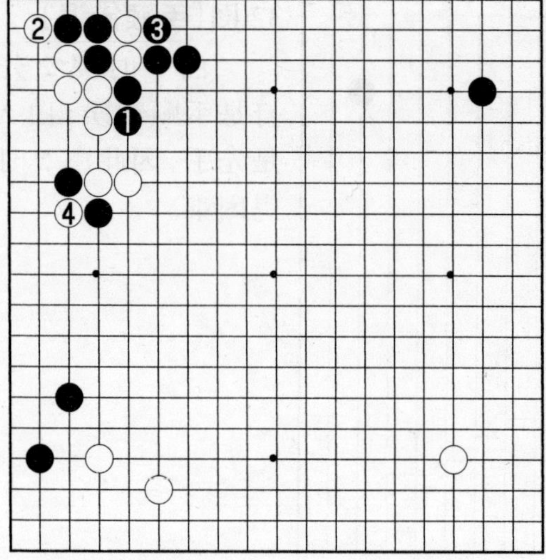

34 图(白优势)

黑 1 时能下白 2 就好了。黑 3，白 4 时白的实利很大。

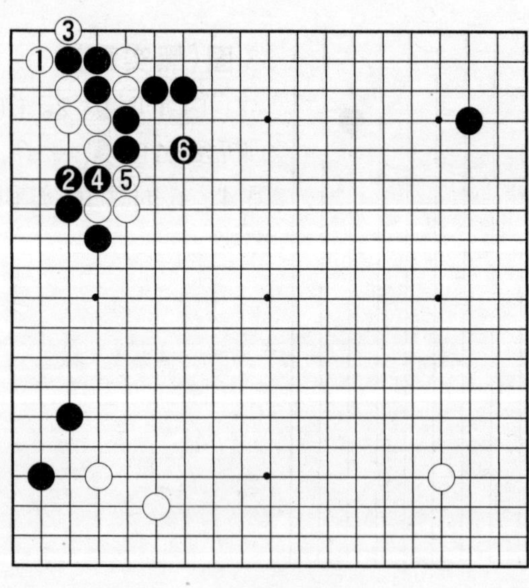

35 图(逆袭)

白 1 时下黑 2 好。白 3 需吃住，黑 4 断黑不坏。

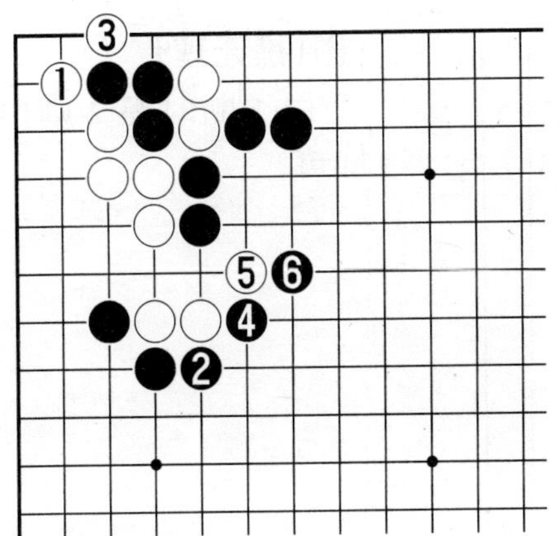

36 图（更好的手顺）

黑棋白 1 时黑 2 贴长更好，至黑 6 中央厚实,黑优势。

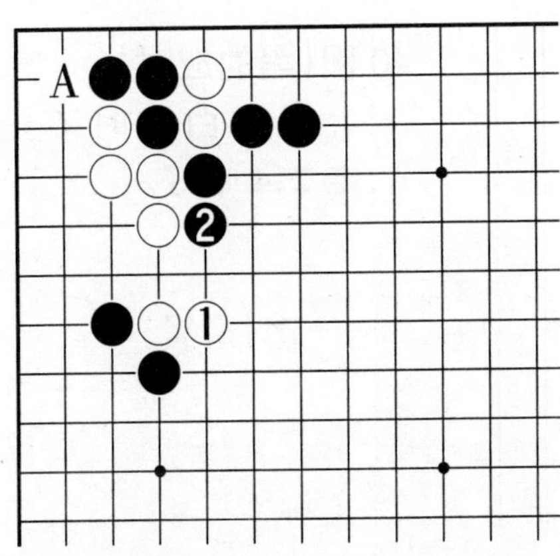

37 图（结论）

白 1 时被黑 2 之后没时间下 A 的先手，不能期待好的结果。

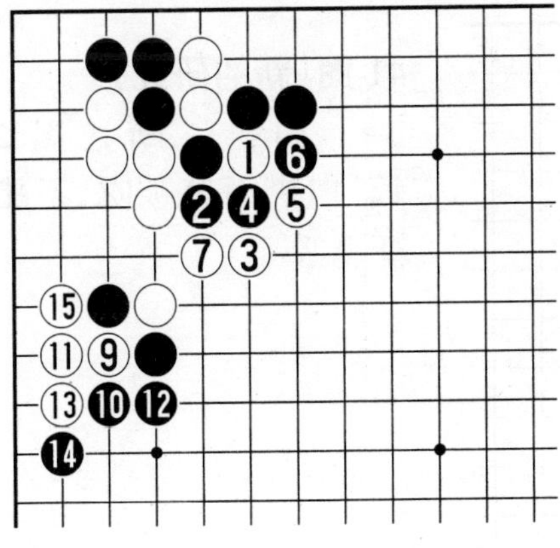

38 图（白的研究）

白研究了先 1、3 整理的下法。黑 4 时白 5、7 先手利用心情好，白 9断可安定。白好。

❽ = ①

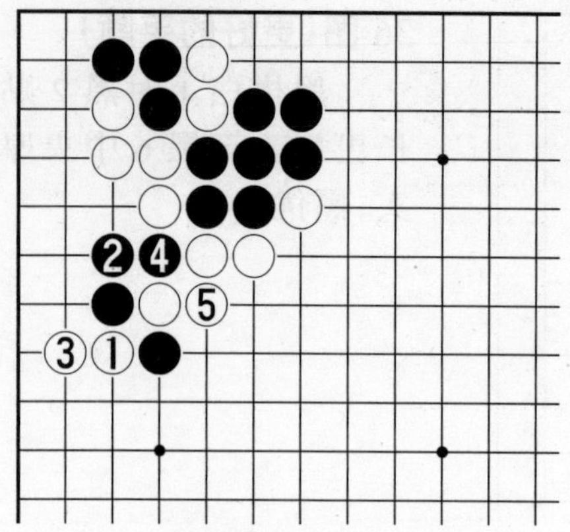

39图（黑无理）

白1断时黑2则白3即可。

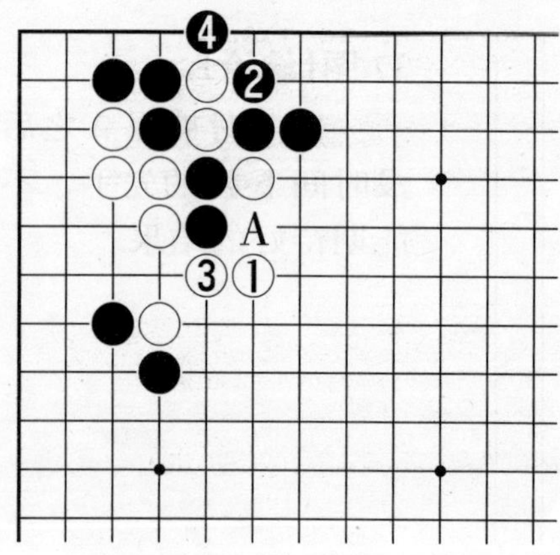

40图（黑的应对）

黑棋白1时不走A，走2、4吃好。

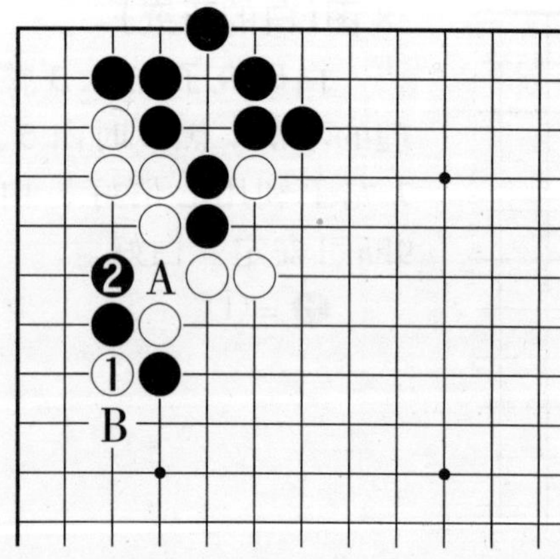

41图（新的研究）

白棋1断，黑2长。白棋因B被吃，不能在A吃。

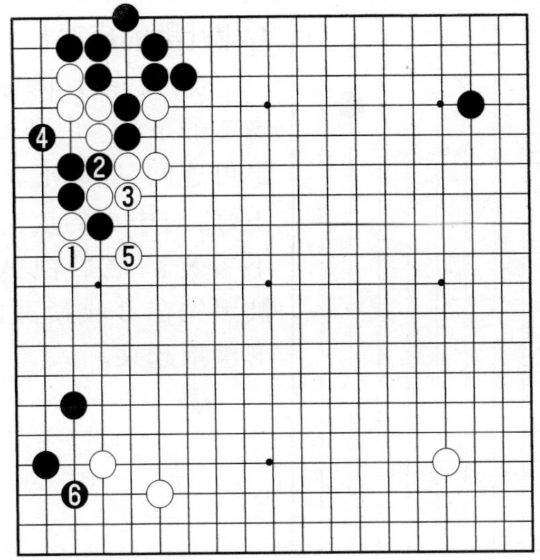

42 图(黑实利)

白 1 至黑 6 的预想进行，黑棋实利大。

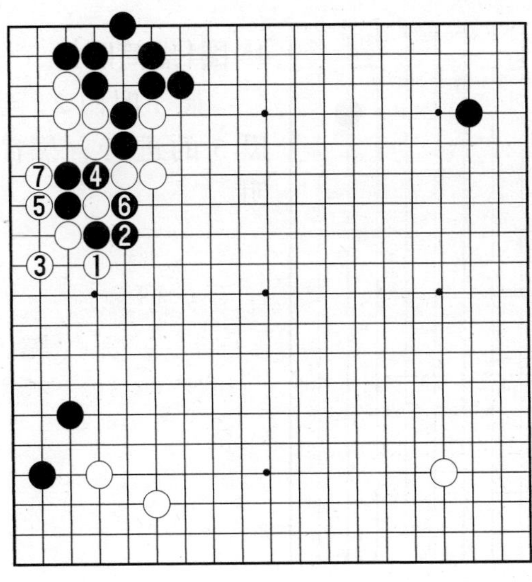

43 图(白的应对)

白下 1、3 好。黑 4、6 时白 5、7 连回，白优势。

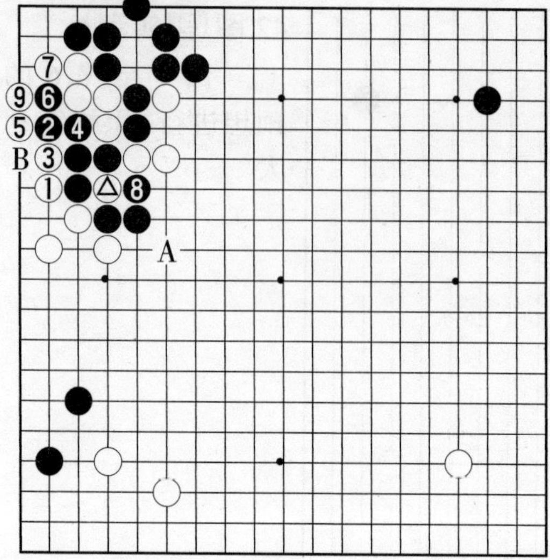

44 图(黑的应对)

黑在白 1 时考虑 2 的下法。白至 9 虽可连回,联动形状不好,对中央的攻击不容易。之后白 A 被黑先在 B 收紧,白形也重起来。

❿ =△

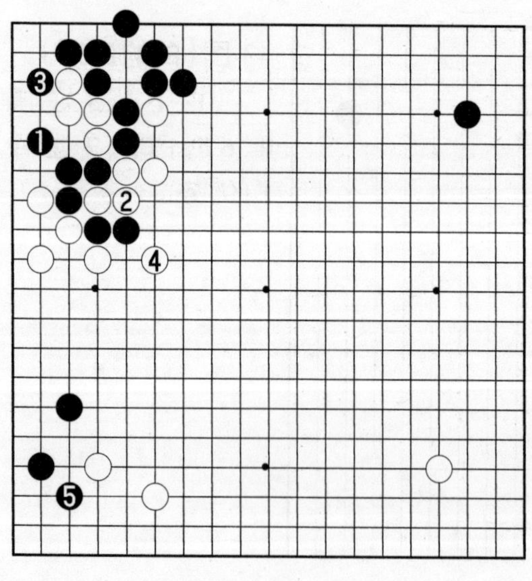

45 图(黑简明)

黑 1 时白 2,至黑 5 的进行,黑简明。

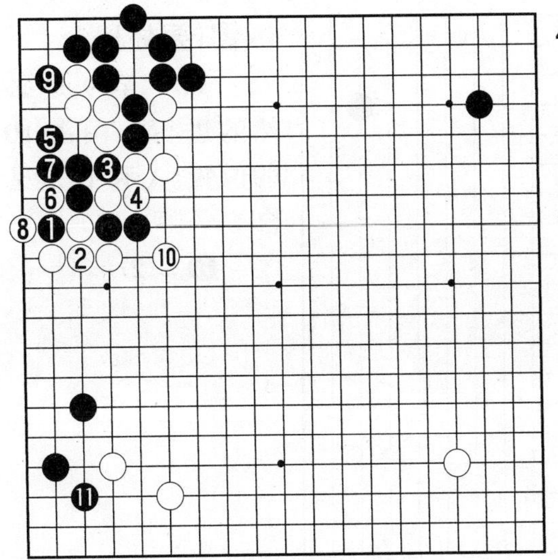

46 图（黑的应对）

黑可下 1、3，至白 10 是实利和势力的对抗，但黑 11 心情好。

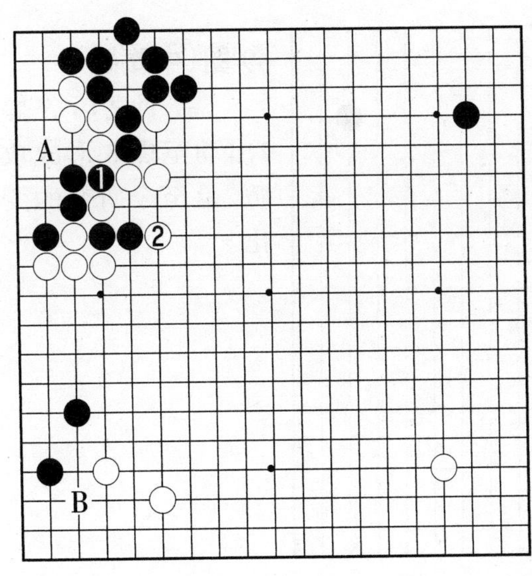

47 图（白的研究）

这里研究白在黑 1 时白 2 顶（黑要 A 位应）取先手后，占 B 的要点。

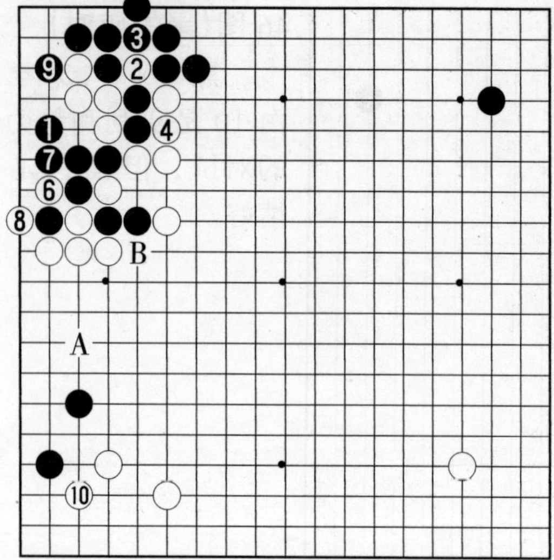

48 图(要处)

黑 1 至 9 是必然的进行，白占 10 的位置。A 和 B 是见合。

❺ = ②

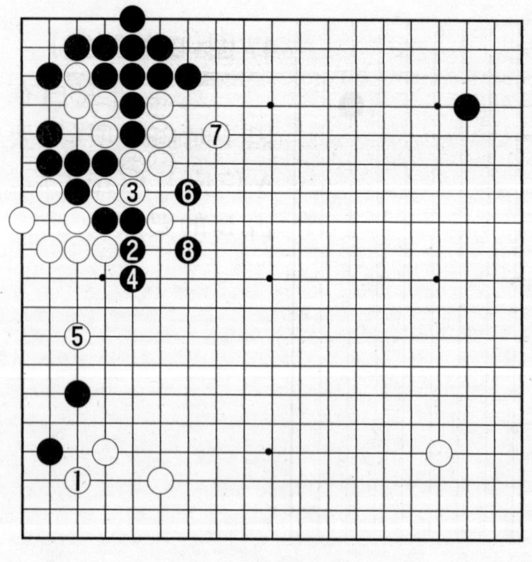

49 图(中腹战)

白 1 之后，黑 2出动至黑 8 形成攻防，是至今研究的变化。

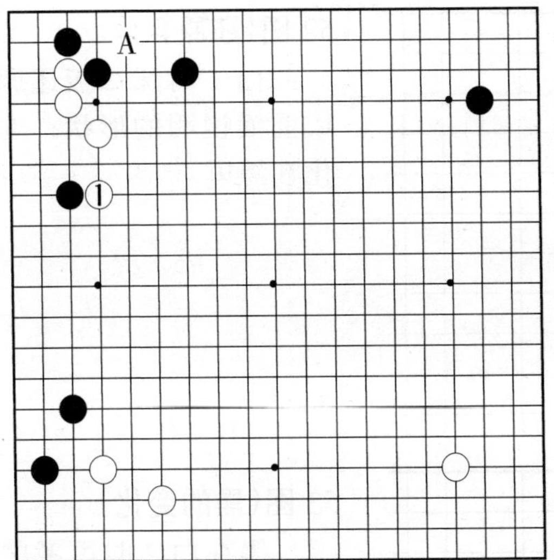

50 图（白的变化）

已经研究的是白保留 A 处，先与 1 位靠压的手段。

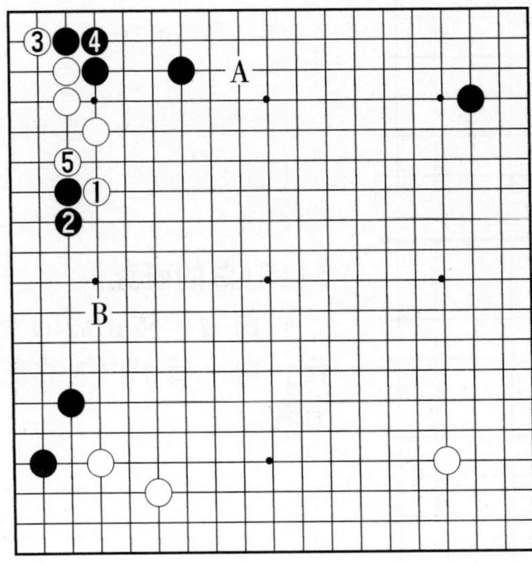

51 图（安定）

白 1 时黑 2 则白 3、5 安定。之后白在 A、B 中下一手欲压迫黑棋。

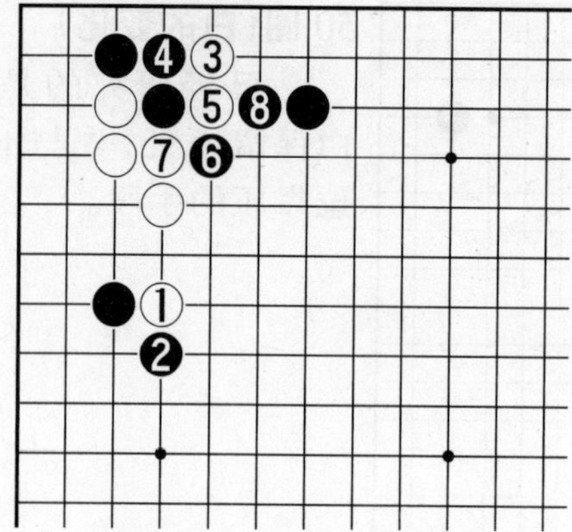

52 图（还原）

白 1 时黑 2 扳还原成前面说明的形状，变化在黑方。

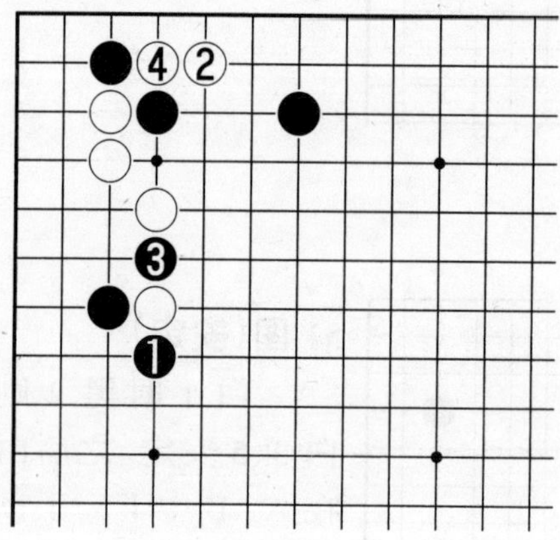

53 图（黑的变化）

黑在白 2 时可考虑黑 3 的反击。白 4 时互相可下。

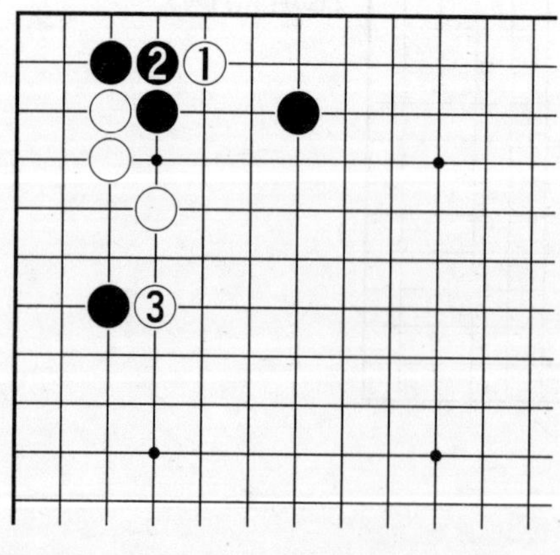

54 图（白的研究）

白为了防止黑的变化，白 1 后于白 3 靠压有趣。

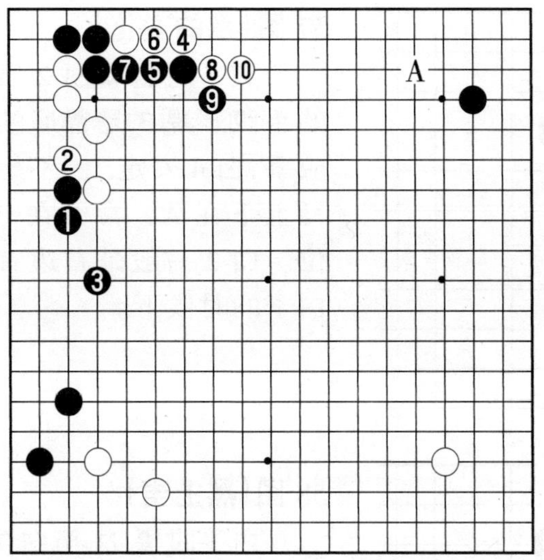

55 图（新的变化）

黑 1 长白 2 安定，等黑 3 时下白 4 的手筋。至白 10，A 处有白时是像样的构想。

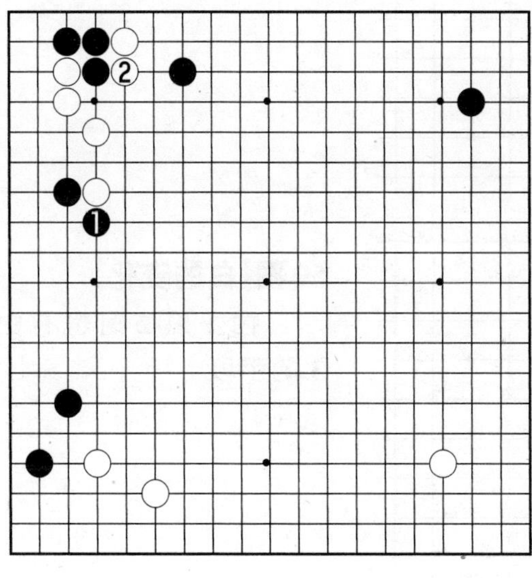

56 图（还原）

黑 1 扳白 2 后还原成前面的形状。

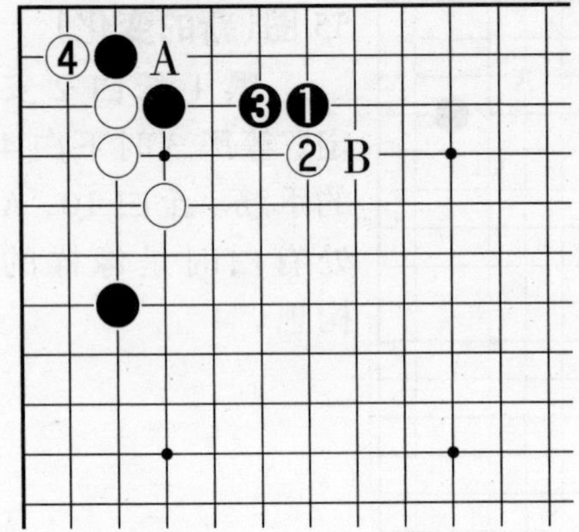

57 图(别的变化)

黑 1 时也有白 2 靠的手段。黑 3 是普通的应手,白 4 安定。黑不想马上下在 A，常下在 B 位。白 2 一般是右边有白子的时候下。

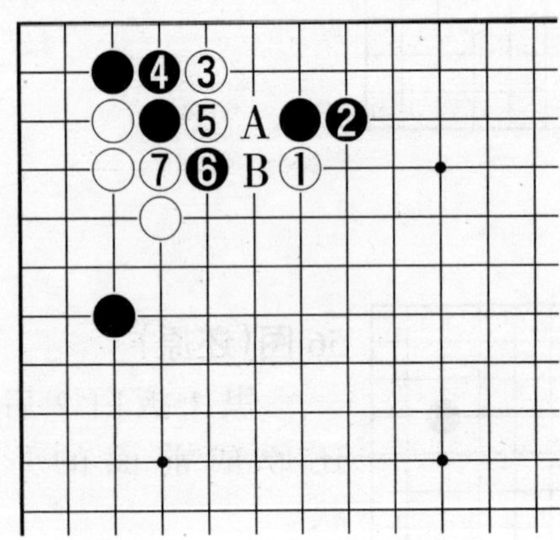

58 图(黑上当)

白 1 时黑 2, 至白 7 黑上当。黑 A 时白 B 征子。

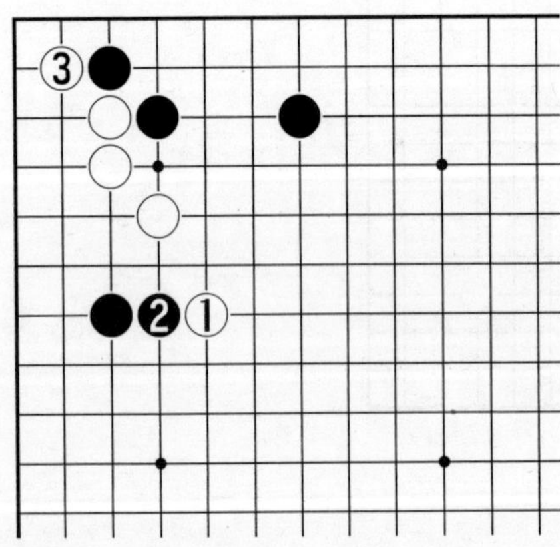

59 图(白的变化)

白 1 黑 2 时也有白 3 的手段。

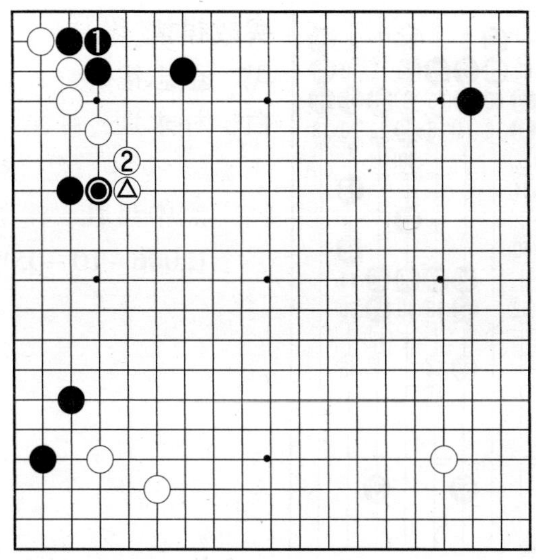

60 图（恶手）

黑 1 时白下 2，在如前说明的形中，黑◉和白△的交换，黑不甘。

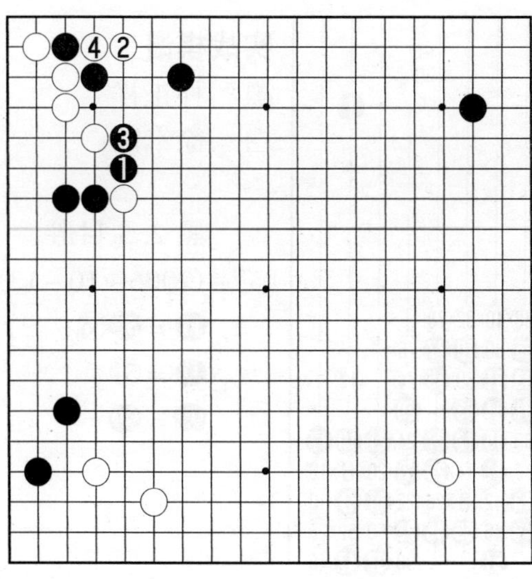

61 图（势力和实利）

黑下 1、3，是势力和实利的妥协。

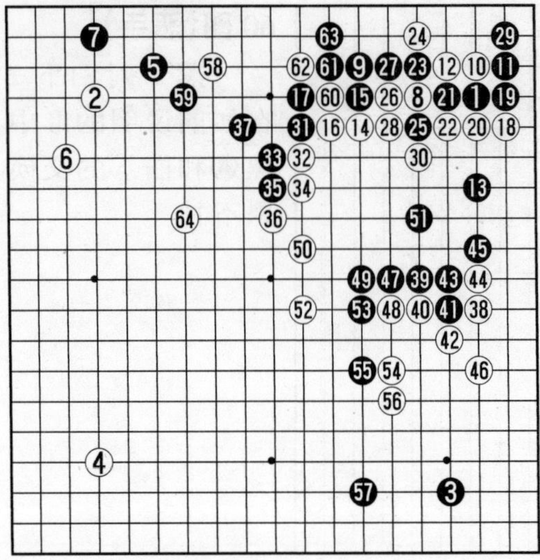

实战棋谱

黑　金志锡

白　朴永训

黑中盘胜。

(2006－10－05)

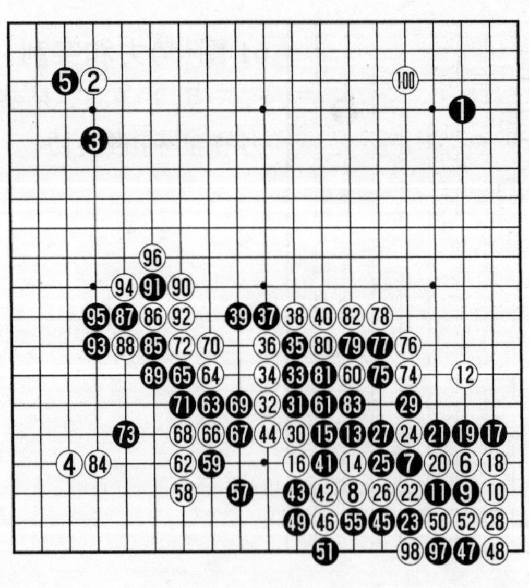

实战棋谱

黑　朴正祥

白　徐奉洙

黑 2. 5 目胜。

(2006－10－13)

⓫＝❺❸⑤⑥

❾＝⑤④

❾❼＝❾❾

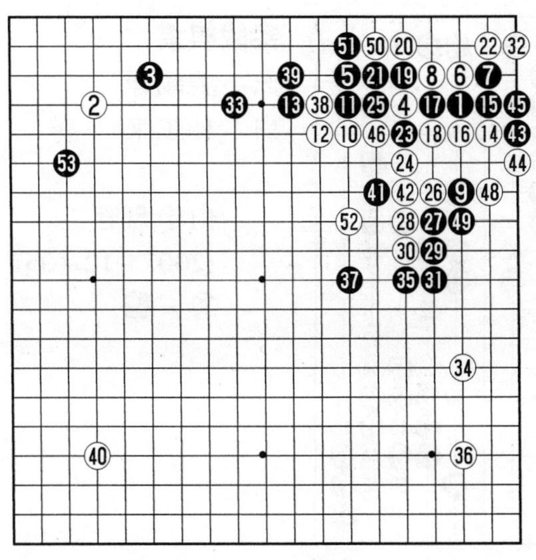

实战棋谱

黑　赵镜镐

白　曹薰铉

黑中盘胜。

(2007 – 01 – 08)

④ = ㊼

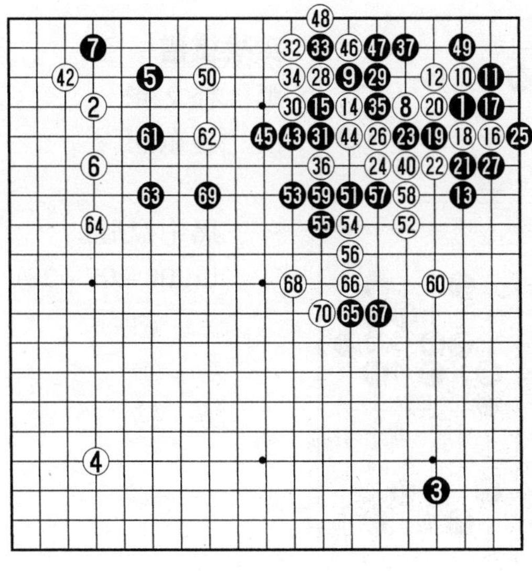

实战棋谱

黑　尹峻相

白　李世石

白中盘胜。

(2007 – 12 – 02)

⑱ = ㊳㊶

⑯ = ㊴

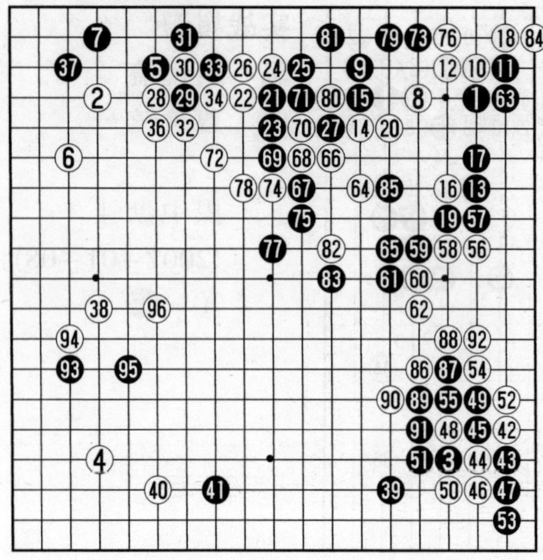

实战棋谱

黑　姜儒泽

白　朴正焕

白中盘胜。

(2007－12－05)

㉚＝㉟

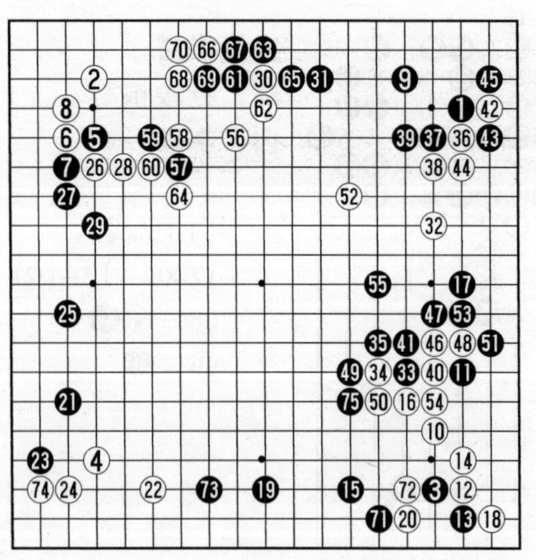

实战棋谱

黑　朴文尧

白　姜东润

黑中盘胜。

(2008－07－28)

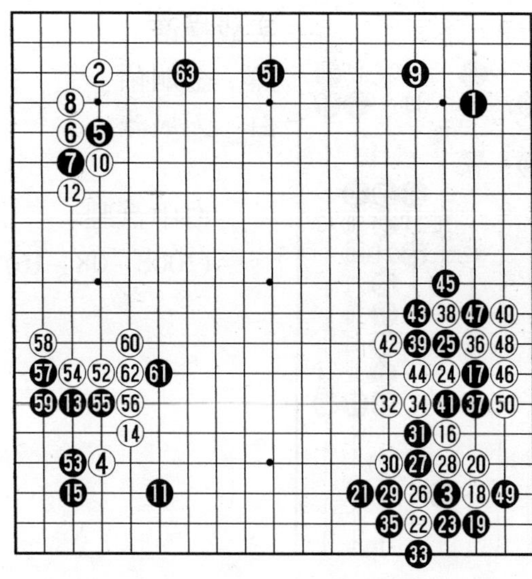

实战棋谱

黑　朴文尧

白　安祚永

黑半目胜。

(2008－07－30)

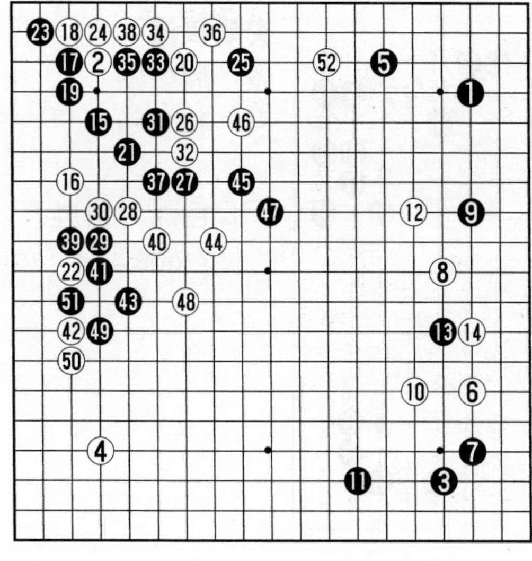

实战棋谱

黑　陈耀烨

白　崔哲瀚

黑中盘胜。

(2008－07－31)

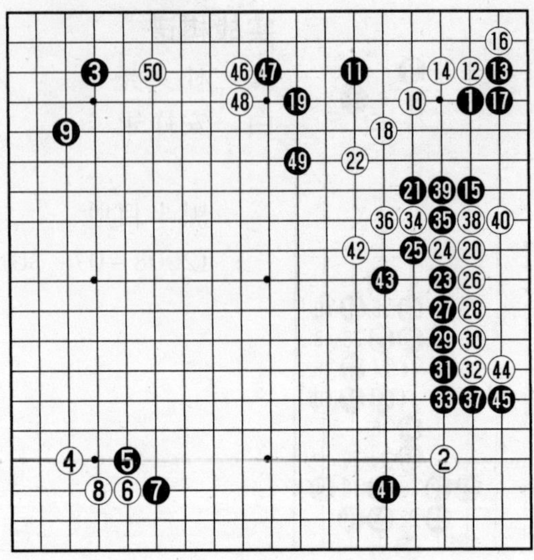

实战棋谱

黑　金炯佑

白　元晟溱

白中盘胜。

(2008－08－16)

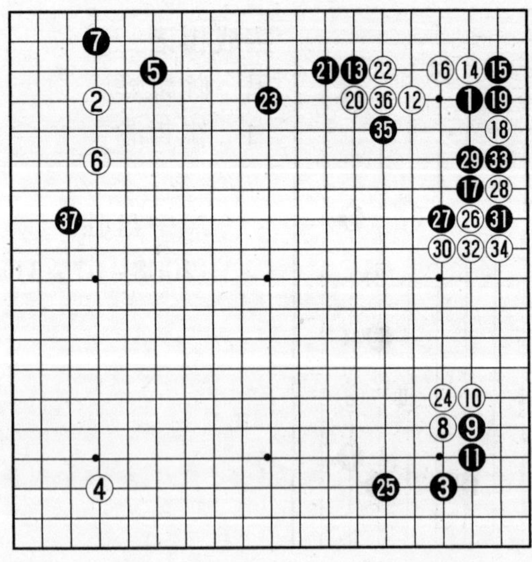

实战棋谱

黑　周俊勋

白　崔基勋

白 3. 5 目胜。

(2008－04－25)

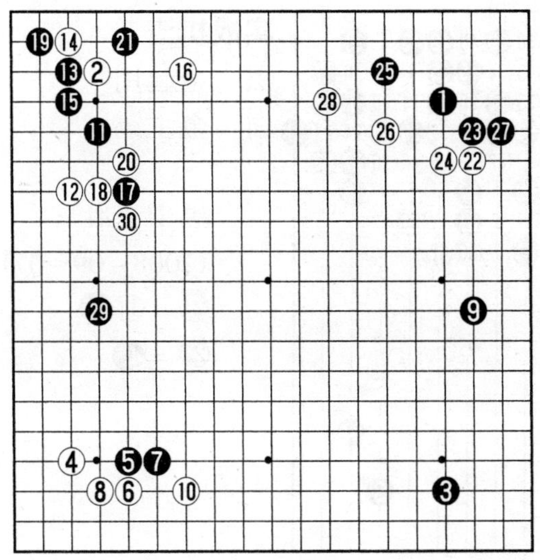

实战棋谱

黑　黄奕中

白　丁　伟

黑 2. 5 目胜。

(2008－09－05)

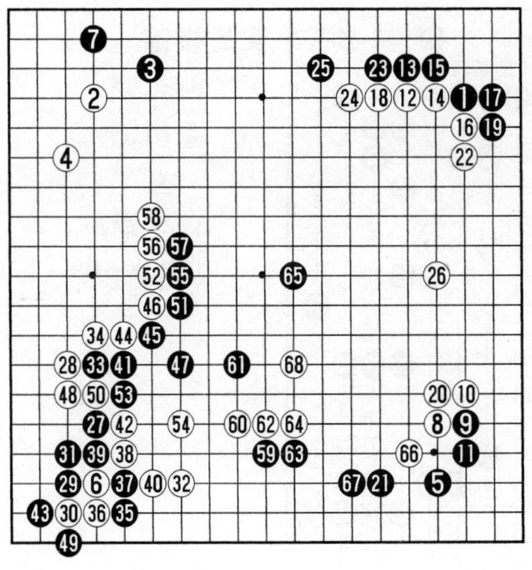

实战棋谱

黑　李映九

白　姜东润

白 6. 5 目胜。

(2008－09－06)

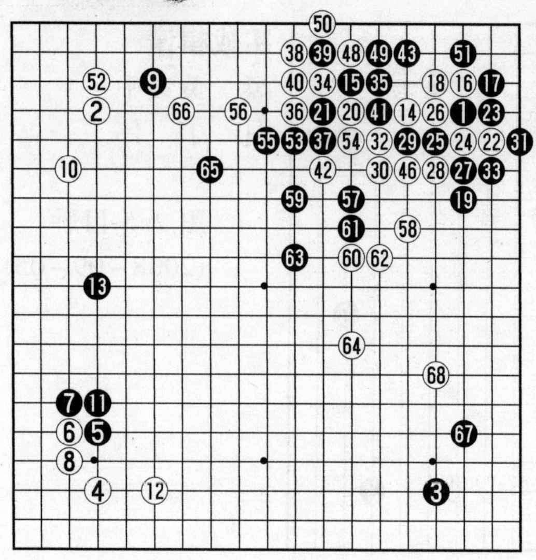

实战棋谱

黑　金起用

白　金主镐

黑中盘胜。

(2008－09－07)

㉔＝㊹❹❼

㉒＝❹❺

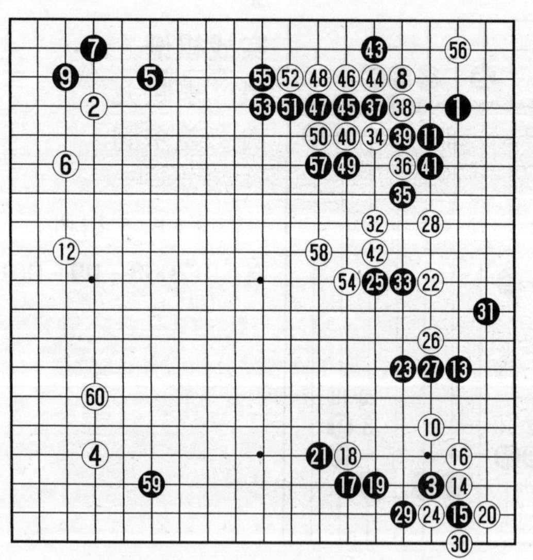

实战棋谱

黑　柳东完

白　李昌镐

白中盘胜。

(2008－09－13)

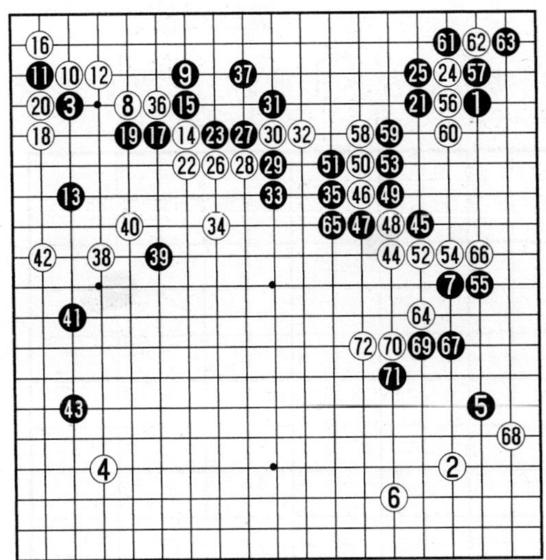

实战棋谱

黑　白洪淅

白　王　檄

白中盘胜。

(2008－10－07)

新型21　小目两间夹攻过程中出现的三三托的结论

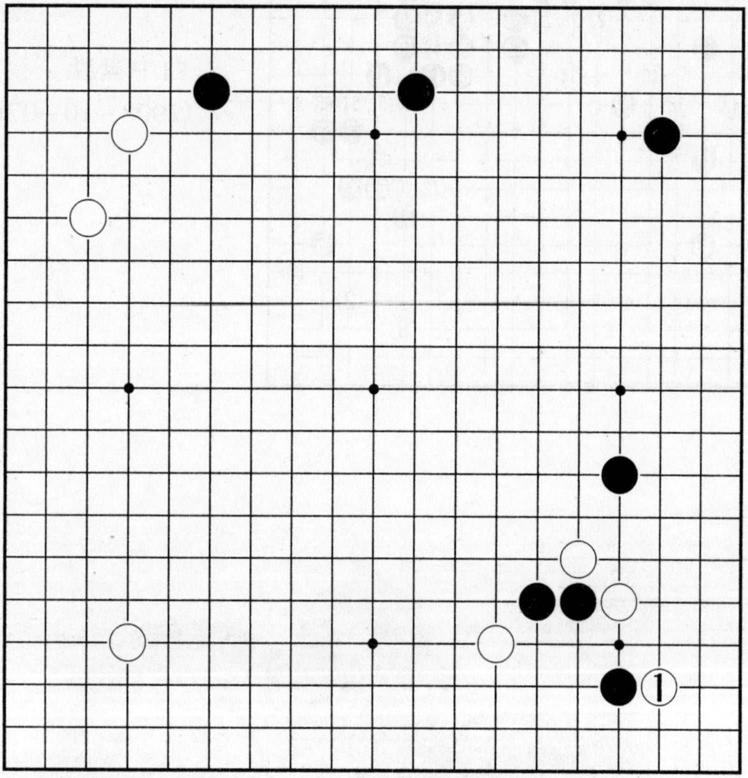

白1在前文“新型7”中作为未完成形做了一些说明。之后 研究有了进展，得到了一定的结论。

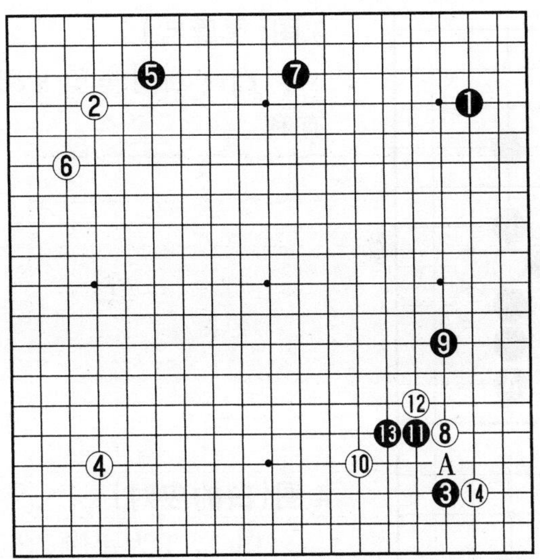

1 图（手顺）

这是场面图的手顺。白 14 可看作为避开从 A 开始的大型变化而作的新的研究手段。

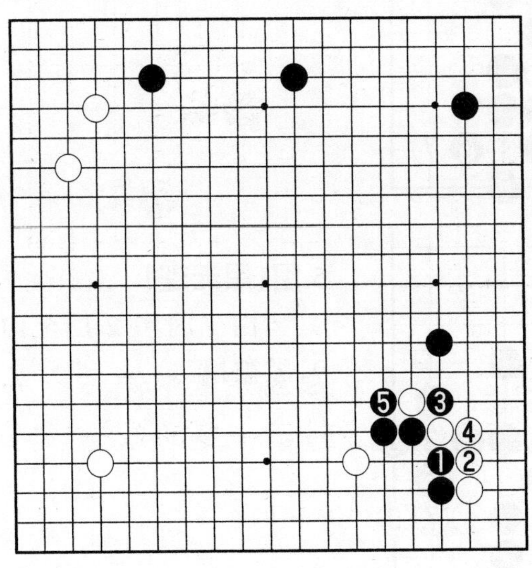

2 图（黑的应对）

黑 1 至黑 5 在前文“新型 7”有说明。

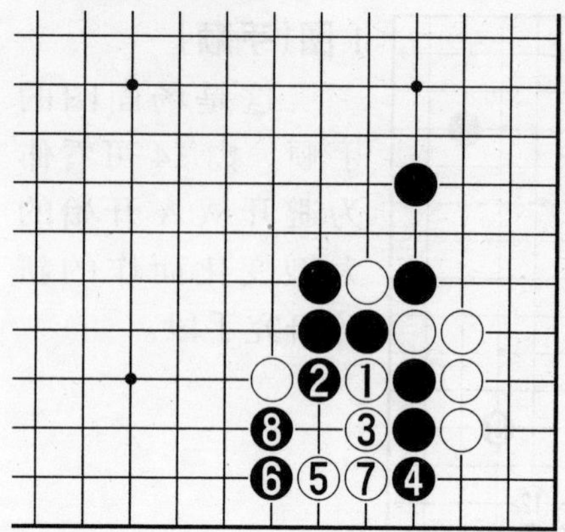

3 图(黑厚实)

白 1 断时至黑 8 黑有利。

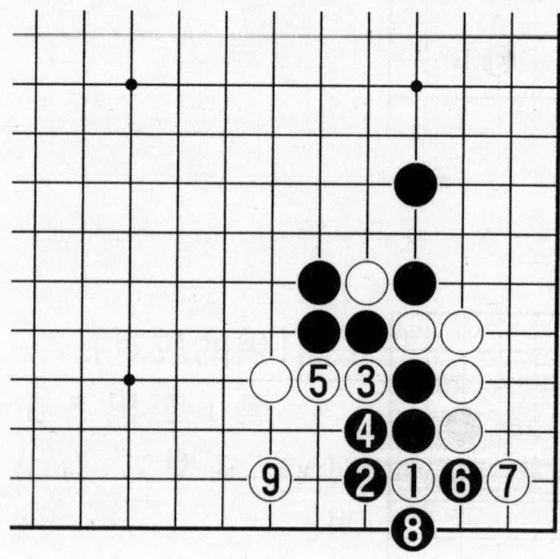

4 图(白的应对)

白 1、3 为手顺，至白 9 的进行。

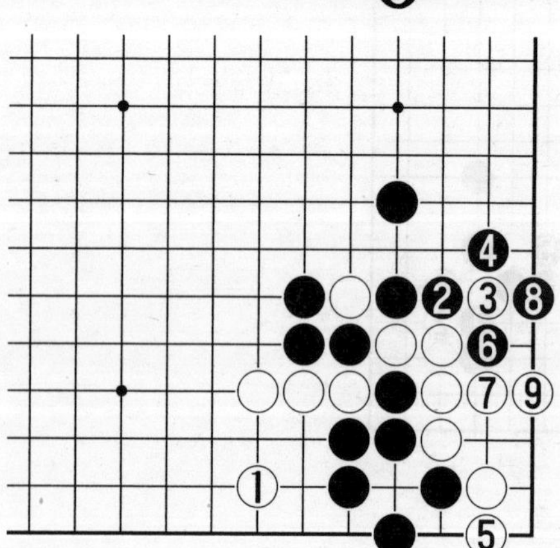

5 图(黑无理)

白 1 时黑 2 挡至白 9,黑被擒。

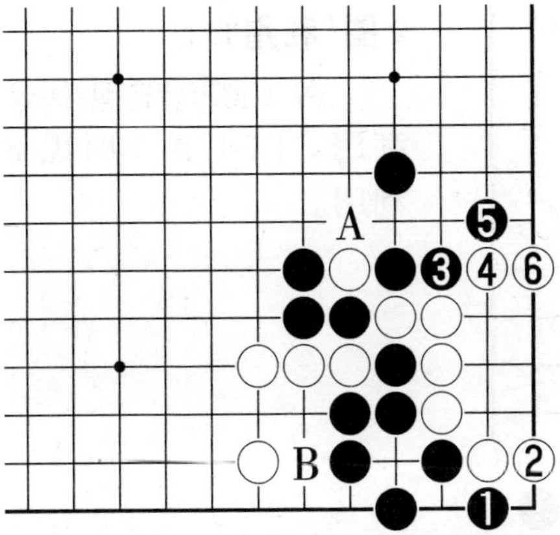

6 图（黑困难）

因此，要下黑 1，之后黑 3、5 无理，白 6 活之后，A、B 见合，黑困难。

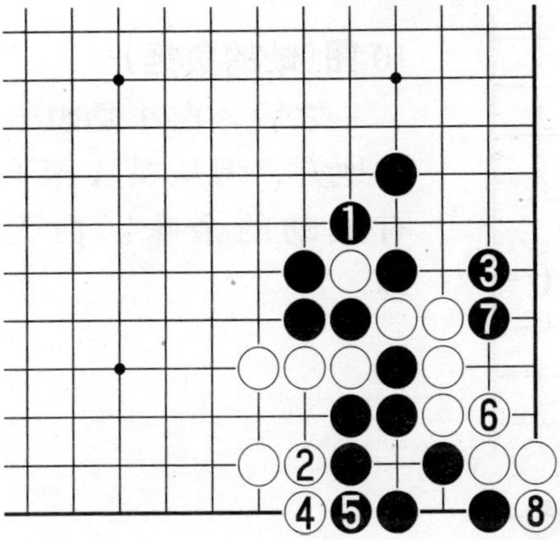

7 图（白无理）

黑 1 位最佳应对，这里白 2 去吃至白 8 成劫，黑保留劫下在别处，白的负担很重。

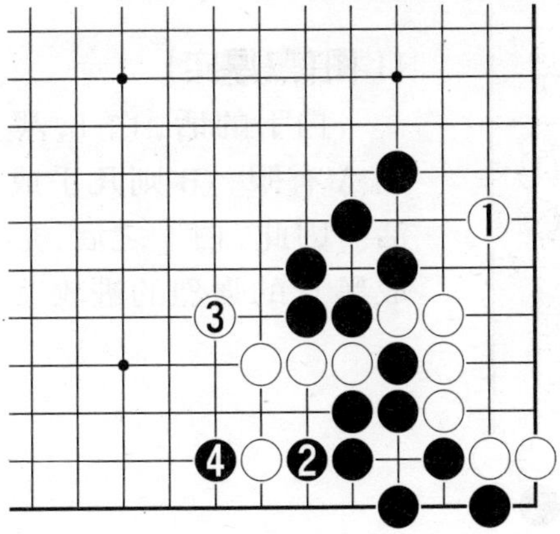

8 图（双方可下）

白 1 普通，黑也 2 活。白 3 时黑 4 利用，好。

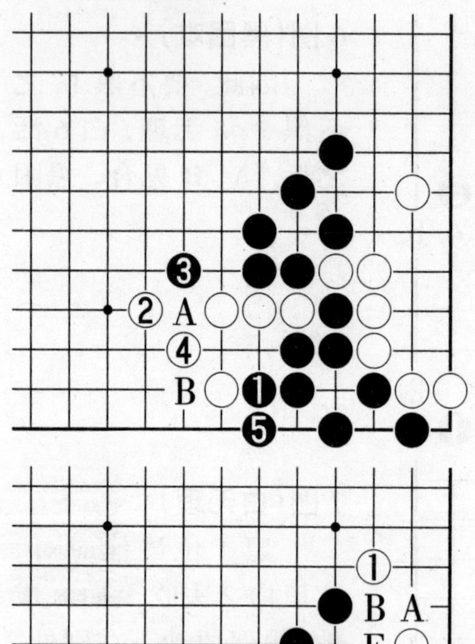

9图(利用)

黑1时白2则黑3利用。白4下A时黑B利用。

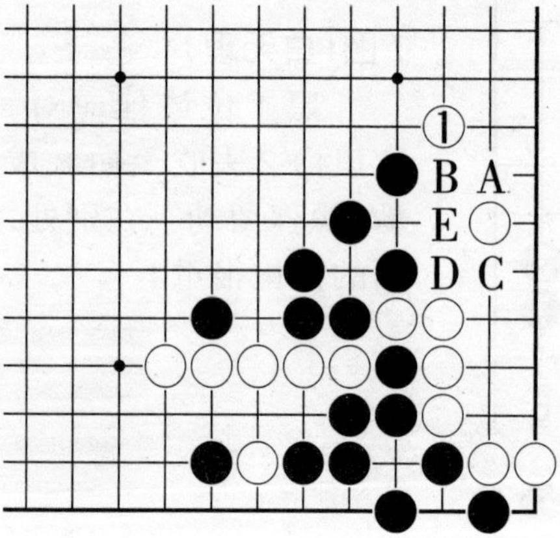

10图(劫的负担)

之后，白1是想下的地方，但从黑A至E有成劫的余味。白无理。

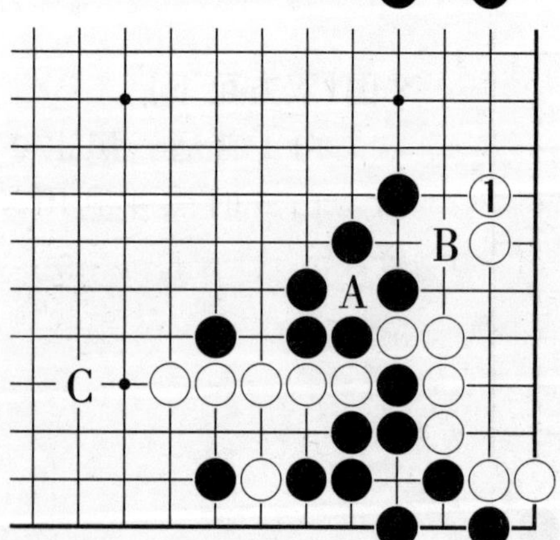

11图(黑厚实)

白下的话，白1，黑则A有眼，B则几乎成活。因此，白1之后，形成黑C的强烈的进攻。

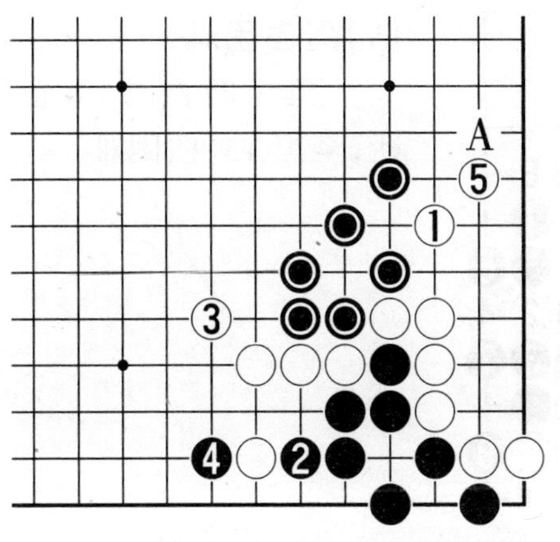

12 图(白的研究)

白为了防备黑的进攻下出了白 1 的手段。白 3 也是防备攻击的一手。至白 5 的进行,黑◎虽显得变弱了些，但黑 A 时可封锁白。

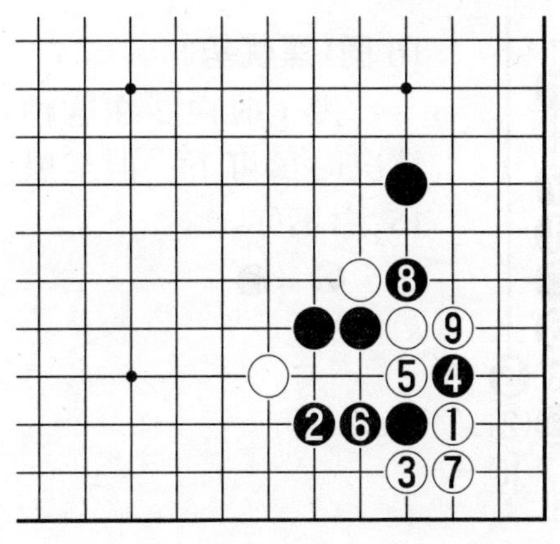

13 图(定式)

白 1 时黑 2 至白 9 是定式,在前文“新型 7”已有说明。这里,代替黑 8 出现了棘手的手段。

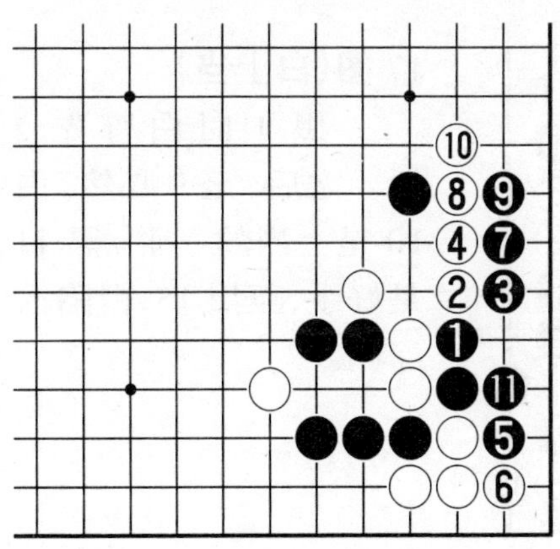

14 图(白难受)

黑 1 是意外棘手的手段，自己求解不容易。至黑 11 则白失败。

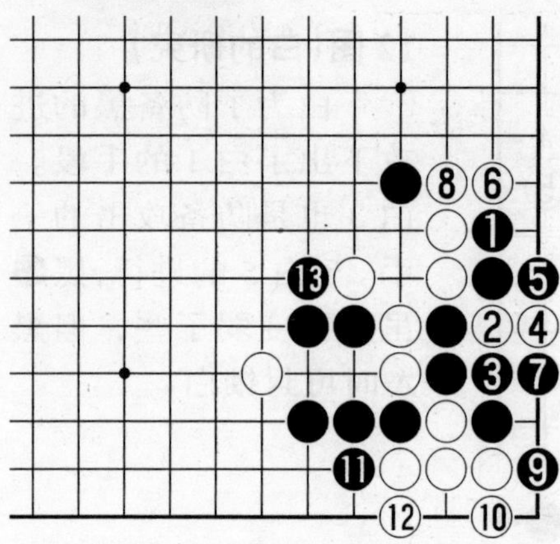

15 图(白困难)

黑 1 时白 2、4 的话,至黑 13,白困难。

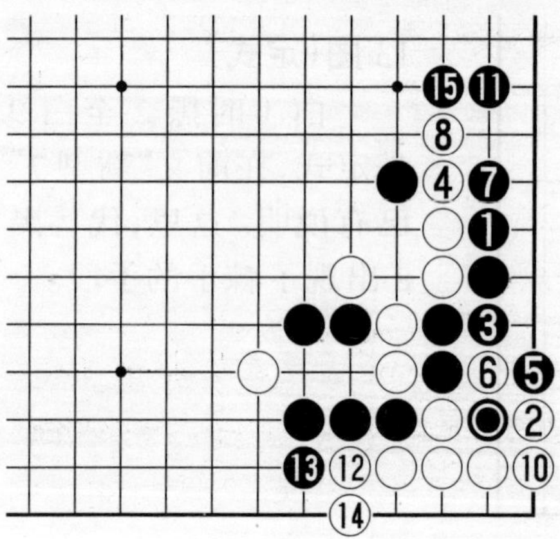

16 图(黑优势)

黑 1 时白 2 在这种情况时虽可下，但至黑 15,白不好。

❾=◉

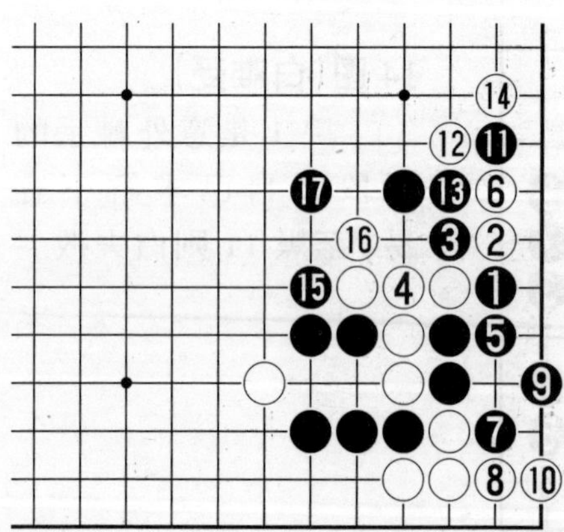

17 图(白上当)

黑 1 时白首先 2 扳。之后,至 9 必然,白 10 是上当的一手。黑 11 是好手,至黑 15,白陷入深渊。

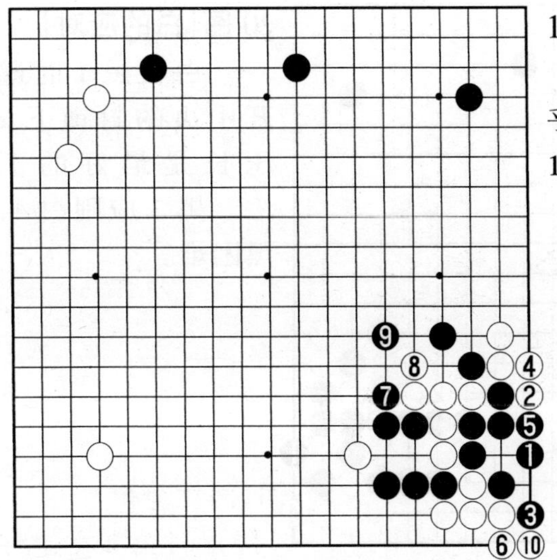

18 图(白困难)

黑 1 时白 2 几乎相似。黑 9 时白 10 需做劫。

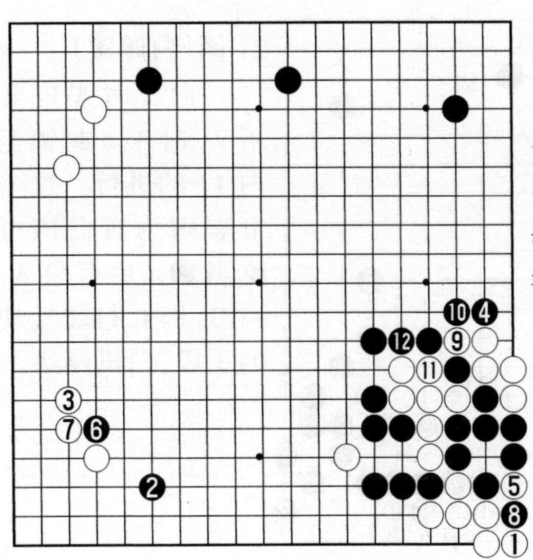

19 图(深渊)

白 1 之后,黑不马上打劫,下黑 2 则白陷入深渊。如是至黑 12 则是最坏的结果。

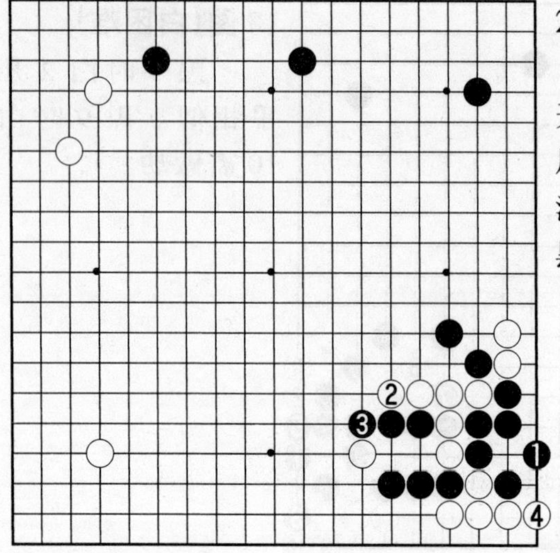

20 图（白的应对）

白在黑 1 时避开中央的封锁下 2 压长是最好的下法。黑 3 应则白 4，黑困难。

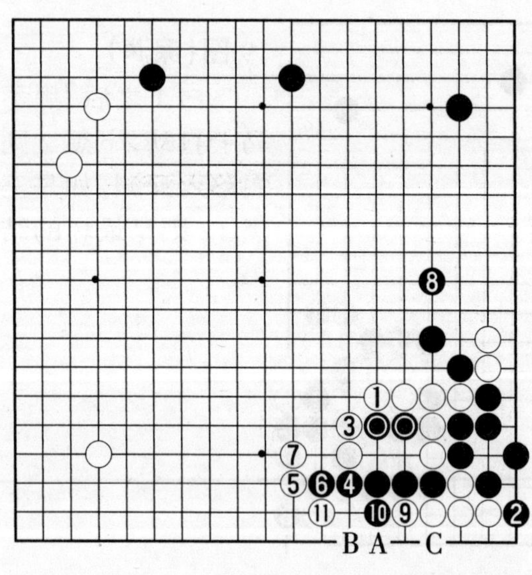

21 图（白厚实）

白 1 时黑也要下 2，白 3、5 封锁至白 11 的进行。这个形态因为有白棋可吃黑◎，也有黑 A，白 B，黑 C 打缓气劫的手段，白棋厚实。

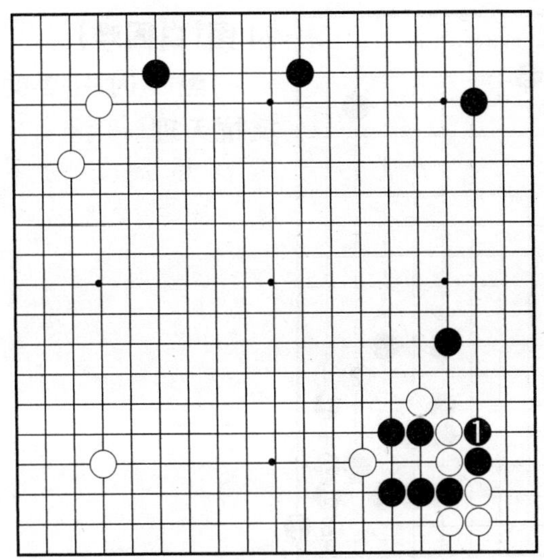

22 图（骗着）

黑 1 时如果不知应对方法则会吃大亏，是骗着。

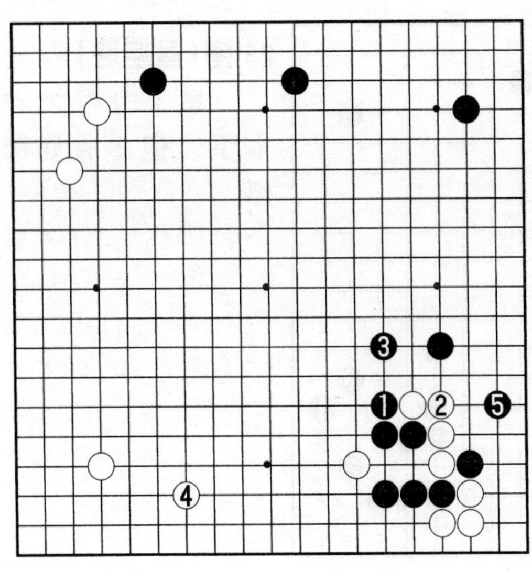

23 图（新手）

黑 1 是新研究的手段。白 2 则黑 3，瞄着黑 5 的手段。

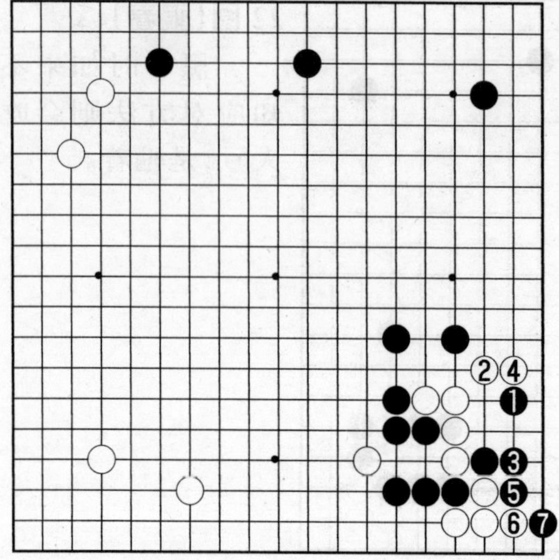

24 图（白困难）

黑 1 时白 2 的反抗无理。

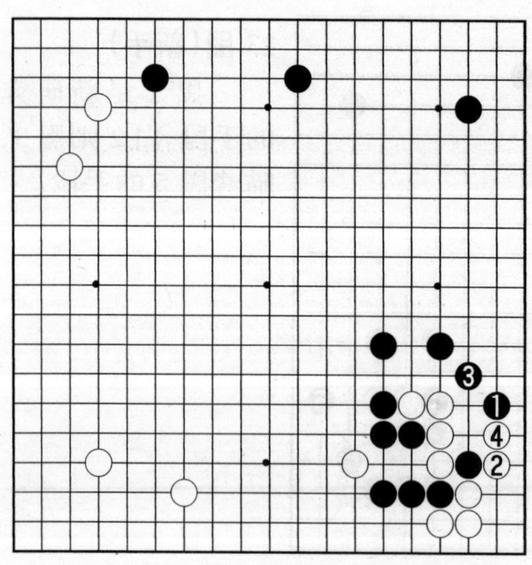

25 图（白屈服）

黑 1 时白 2、4 本手，但多有屈服感。

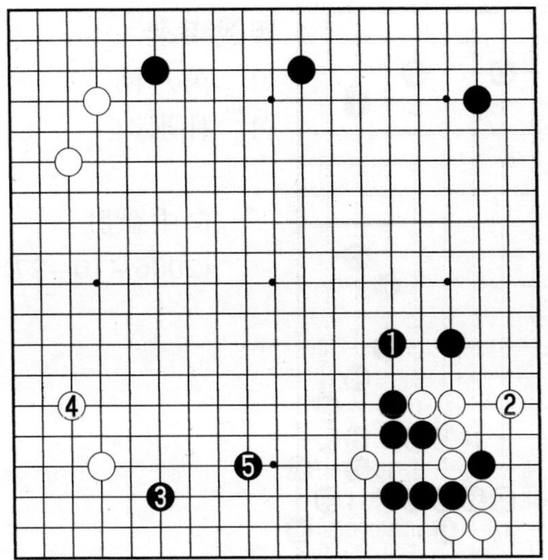

26 图(黑优势)

黑 1 时白 2 的守大，但是黑下 3、5,黑的形状好。

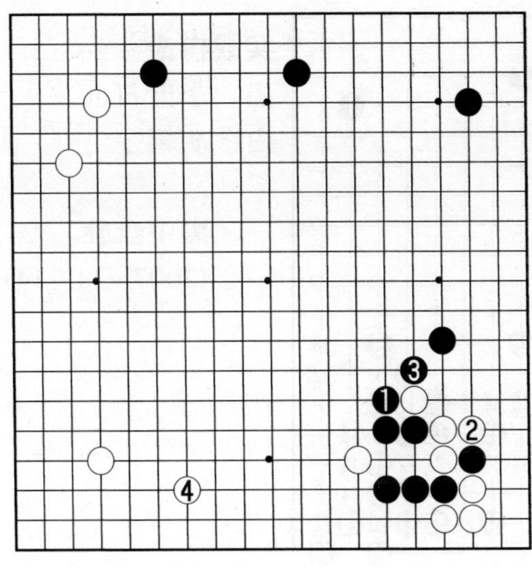

27 图(白的应对)

黑 1 时,白 2 黑 3 之后白 4 快速占他处普通。

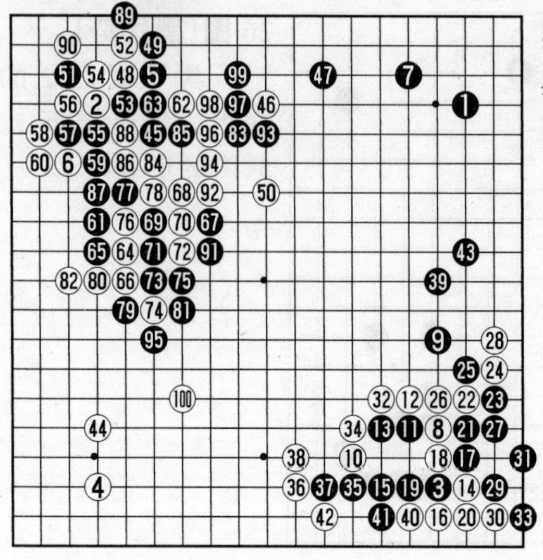

实战棋谱

黑　芮乃伟

白　朴永训

白中盘胜。

(2006－10－27)

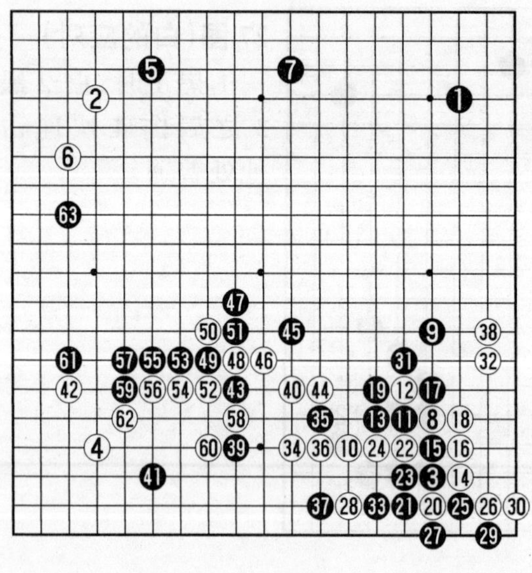

实战棋谱

黑　李世石

白　胡耀宇

黑中盘胜。

(2007－11－14)

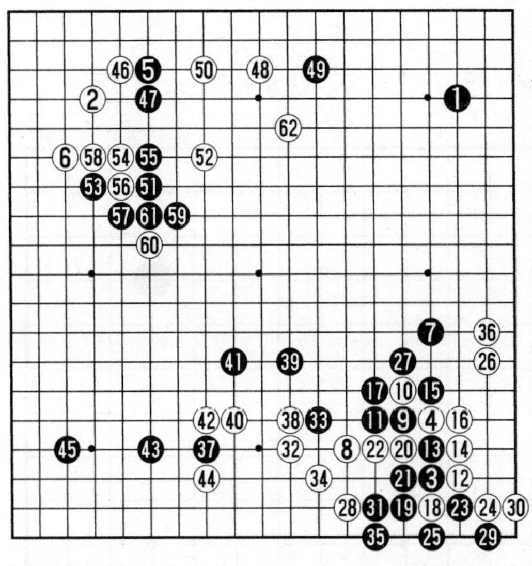

实战棋谱

黑　李廷宇

白　崔哲瀚

黑中盘胜。

(2007－11－16)

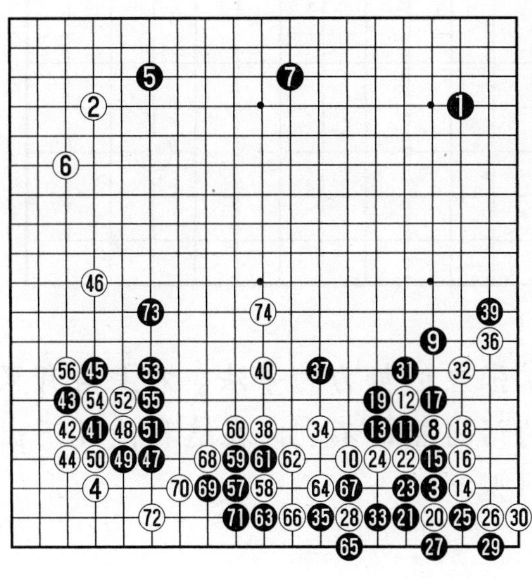

实战棋谱

黑　洪性志

白　许映皓

白 3. 5 目胜。

(2007－12－20)

新型 22　拒绝对方意图的三三托靠

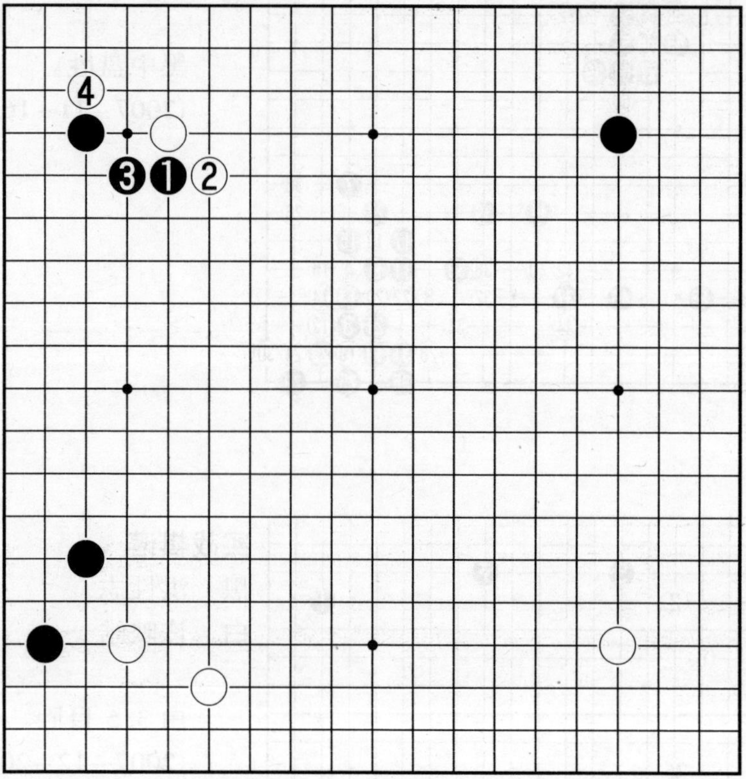

黑 1、3 是欲扩张左边势力的手法。右上角有黑子按黑的意图下的话当然白不利。在这种情况下出现的白 4 结果如何呢？

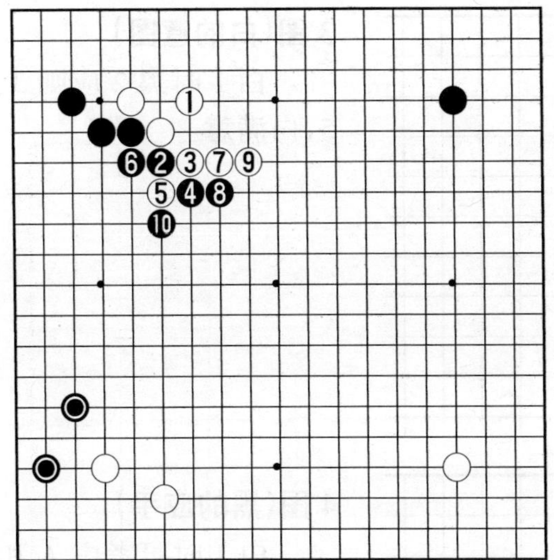

1图(黑的意图)

黑棋希望白1应,至黑10,与黑◉相呼应,好形。

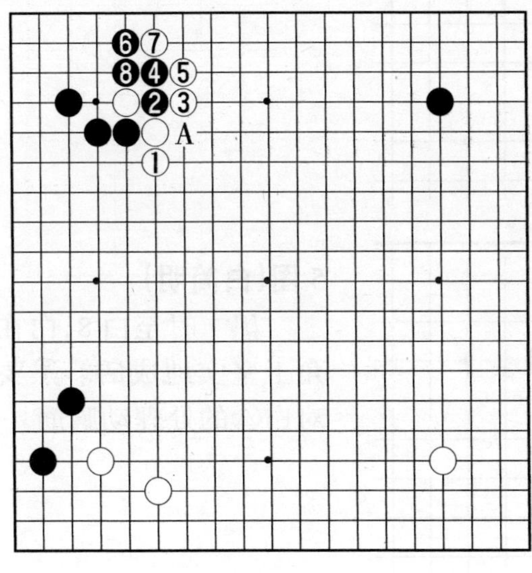

2图(黑有利)

白1时黑2断至8黑的实利很大。白的形状有A的缺点,如不是特殊的情况不怎么下。

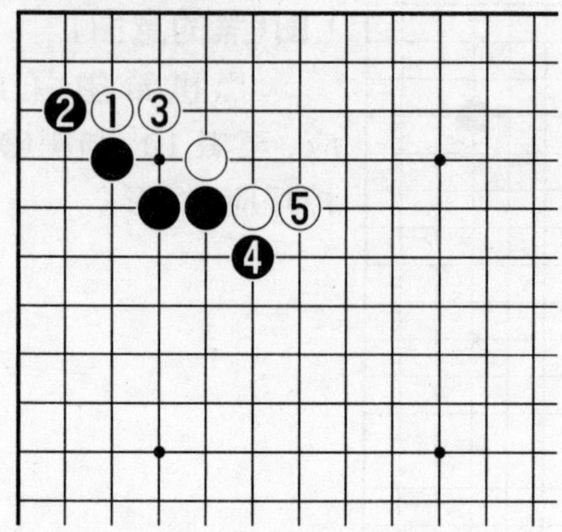

3 图(白的意图)

白 1 时黑 2 应则 3、5,白满意。

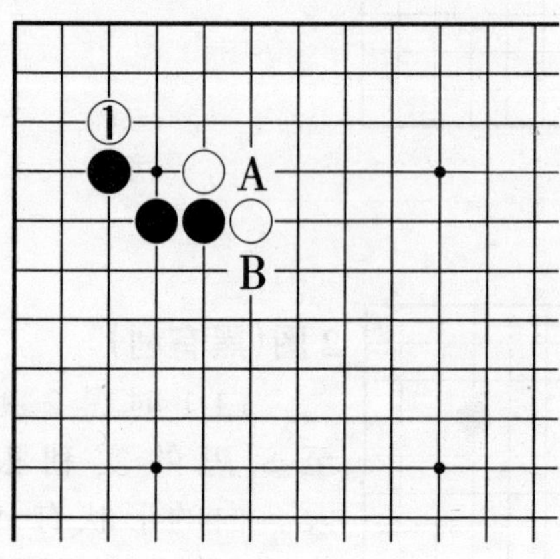

4 图(黑的应手)

白 1 时可考虑 A 和 B 的手段。

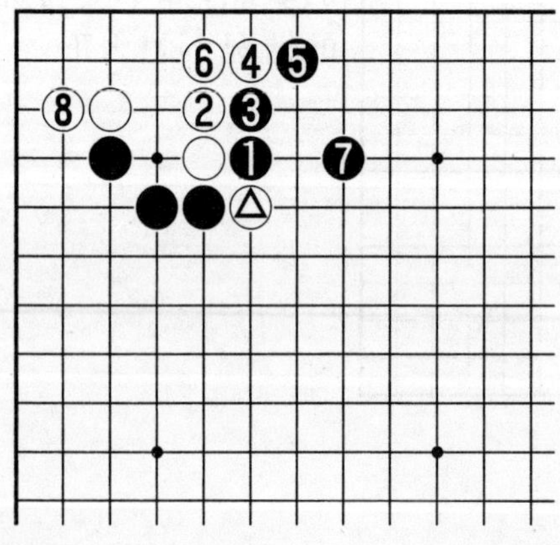

5 图(白简明)

黑 1 时至白 8,白在角上坚实地成活。黑要对白△的处理动脑筋。

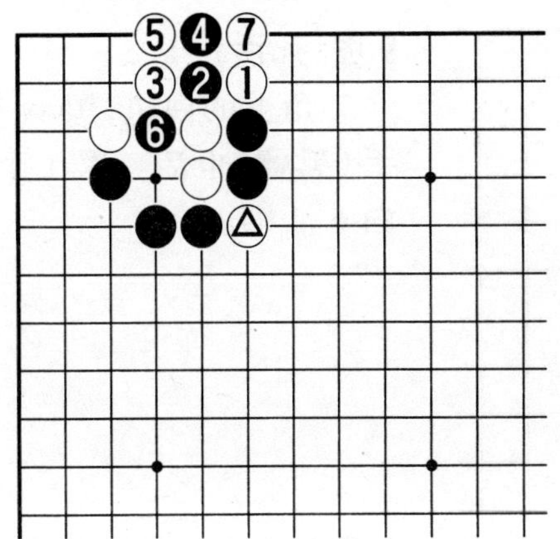

6 图(黑的研究)

黑在白 1 时可考虑 2、4 的手段。

❽ = ❷

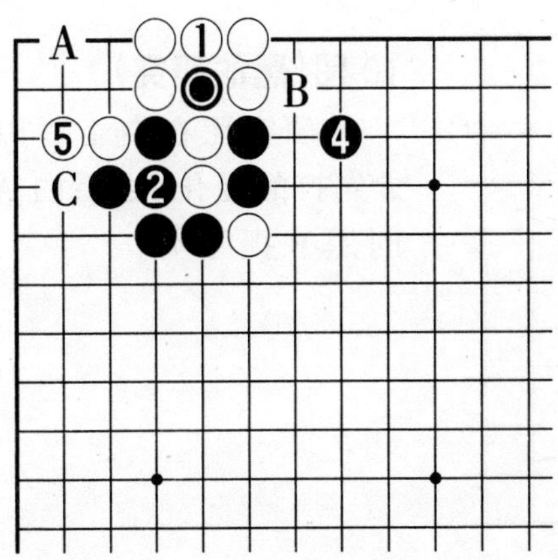

7 图(白无着)

至白 5,则黑好。之后黑 A 点后可得 B 的先手或 C 挡。

③ = ●

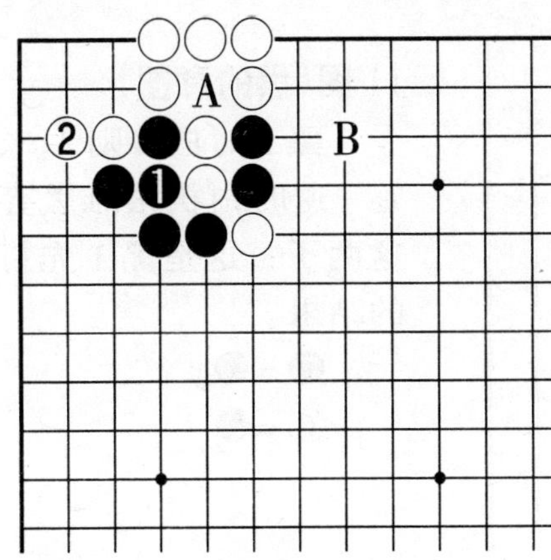

8 图(白的应对)

白在黑 1 时白 2 直接立下好。黑 A 则白 B。

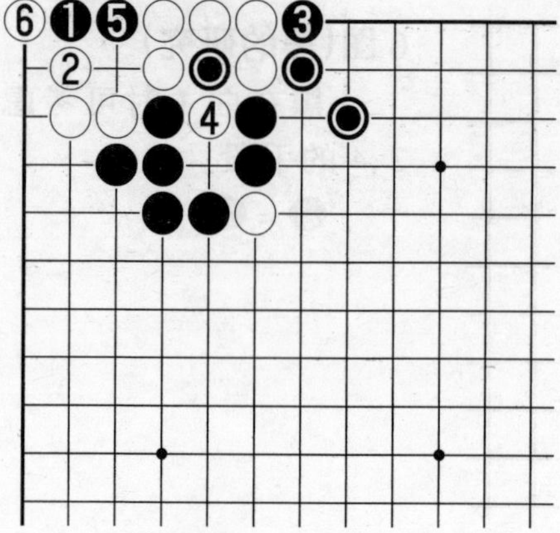

9 图(死活)

角上的白棋,黑下 3 手(黑◎)也活。黑 1 至白 6 活棋。

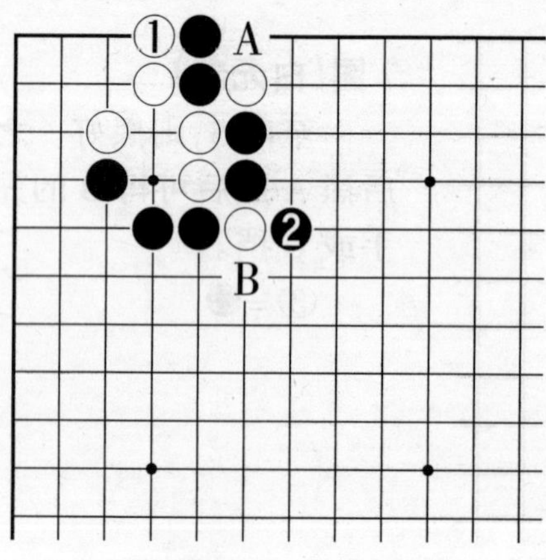

10 图(黑的研究)

研究黑在白 1 时黑 2 先打的变化。之后白 A 时黑 B 提厚实。

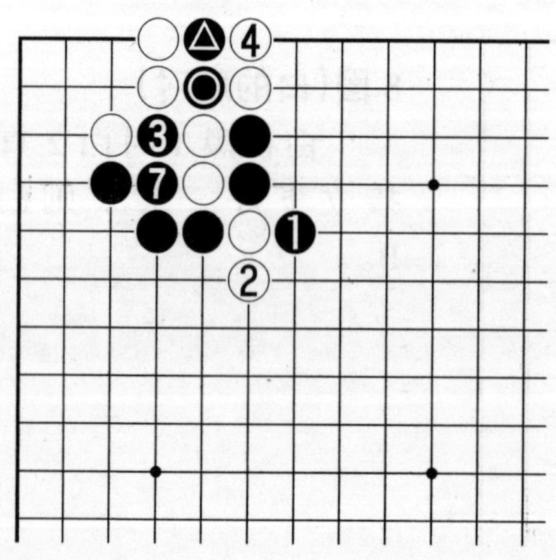

11 图(黑的意图)

黑 1 时白 2 则 3、5、7。这时白棋很难丢弃这两子。这是黑 1 先打的结果。

❺ = ◎

⑥ = ▲

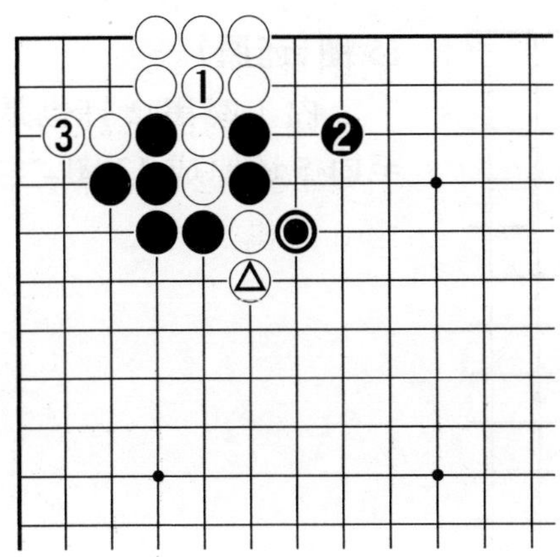

12 图(中腹战)

白 1 连，变成黑 2，白 3。黑虽做成与 7 图相似的形状，黑◎和白△的交换是恶手。白 3 之后形成中腹战。

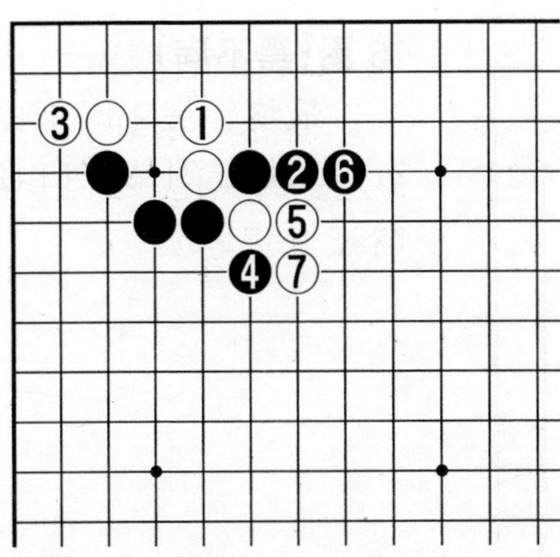

13 图(中腹战)

白 1 时黑 2 至白 7 形成中腹战，角上的实利大,白充分。

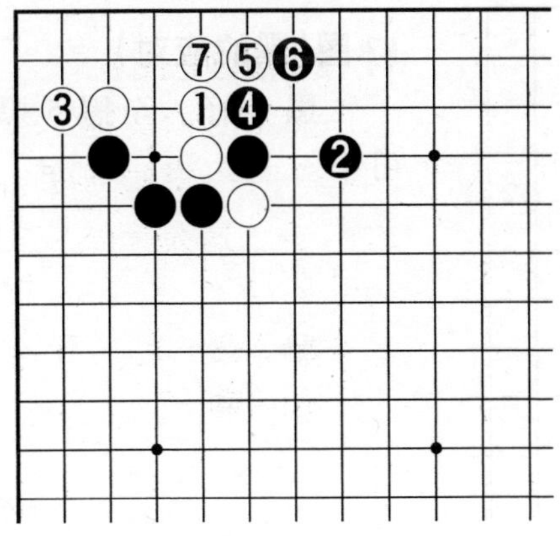

14 图(还原)

白 1 时黑 2 跳则白 3 可还原成 5 图。

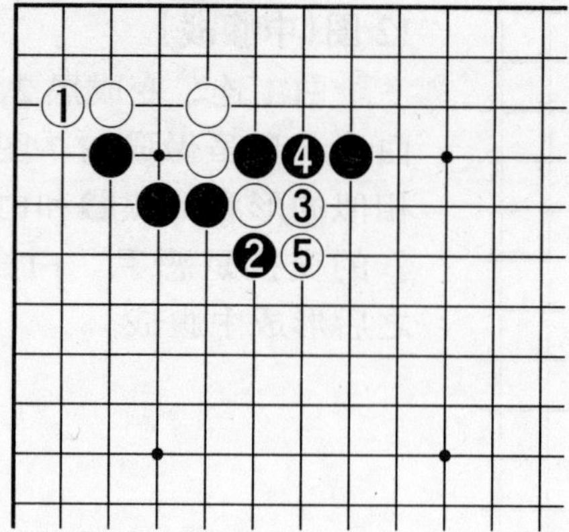

15 图(还原)

白 1 时黑 2 打也是至白 5 还原成 13 图。

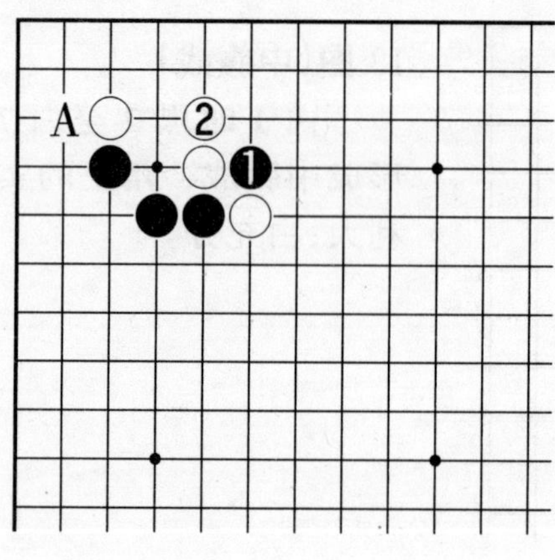

16 图(黑不满)

最终，黑 1 时下白 2，白能占到 A，白轻松。

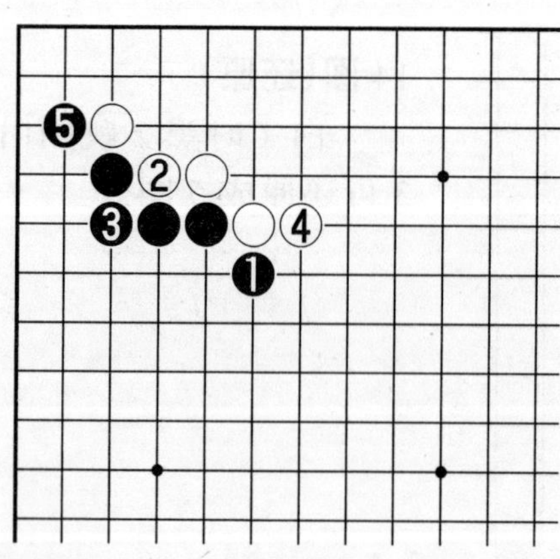

17 图(黑的应对)

黑 1 好。至黑 5 黑可下。

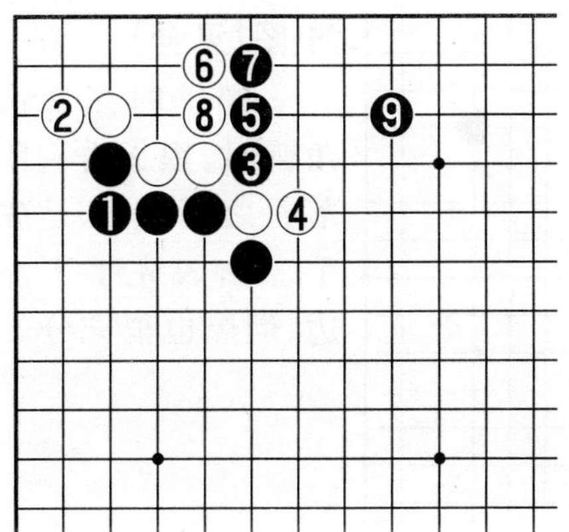

18 图（白苦战）

黑 1 时白 2 占角，被黑 3 断不好。

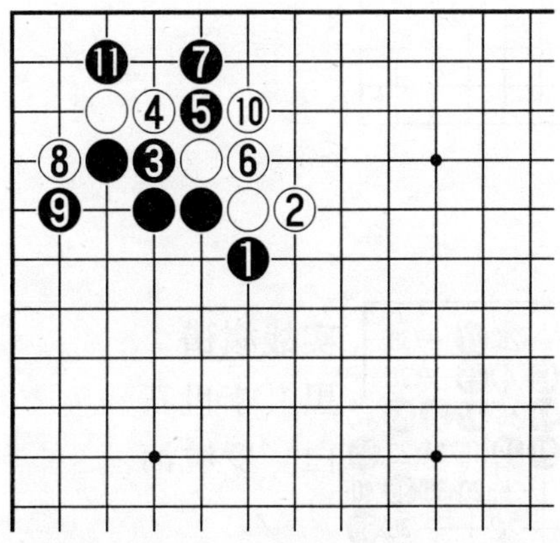

19 图（白失败）

黑 1 时单纯白 2 则黑 3、5 有手段，至黑 11 白气不够。

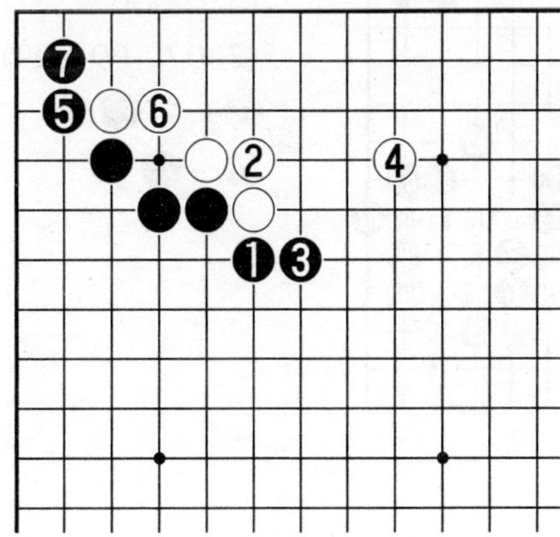

20 图（白的正手）

黑 1 时白 2 的连是正手，黑 3 之后白 4 至黑 7 角被掏。黑多一手，但黑 1、3 的姿态好，黑充分。

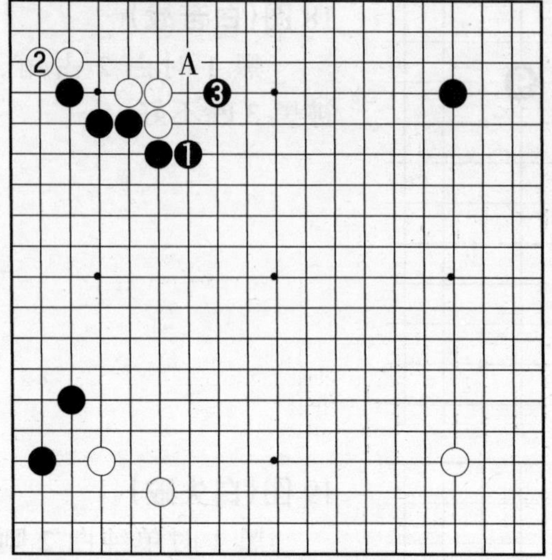

21图(见合)

黑1时白2占角普通。黑3告一段落，之后黑A是先手。白成先手下左边,但黑也很充分。

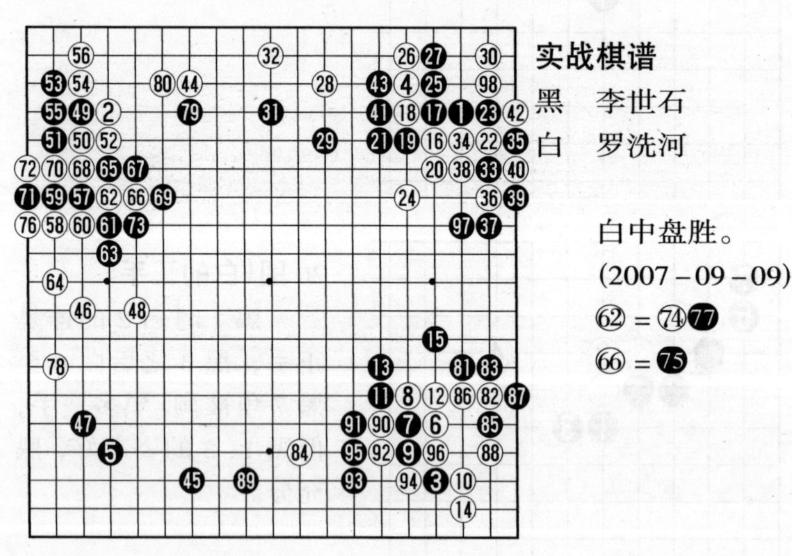

实战棋谱

黑　李世石

白　罗洗河

白中盘胜。

(2007－09－09)

⑥②＝⑦④❼❼

⑥⑥＝❼❺

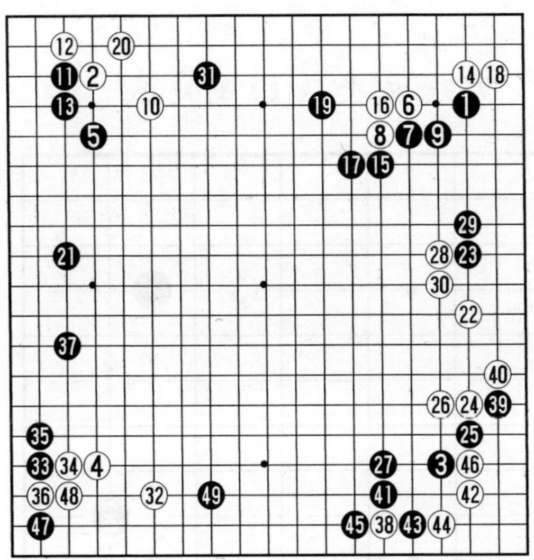

实战棋谱

黑　白洪淅

白　睦镇硕

白中盘胜。

(2008－06－14)

新型23 夹攻反夹攻的星定式

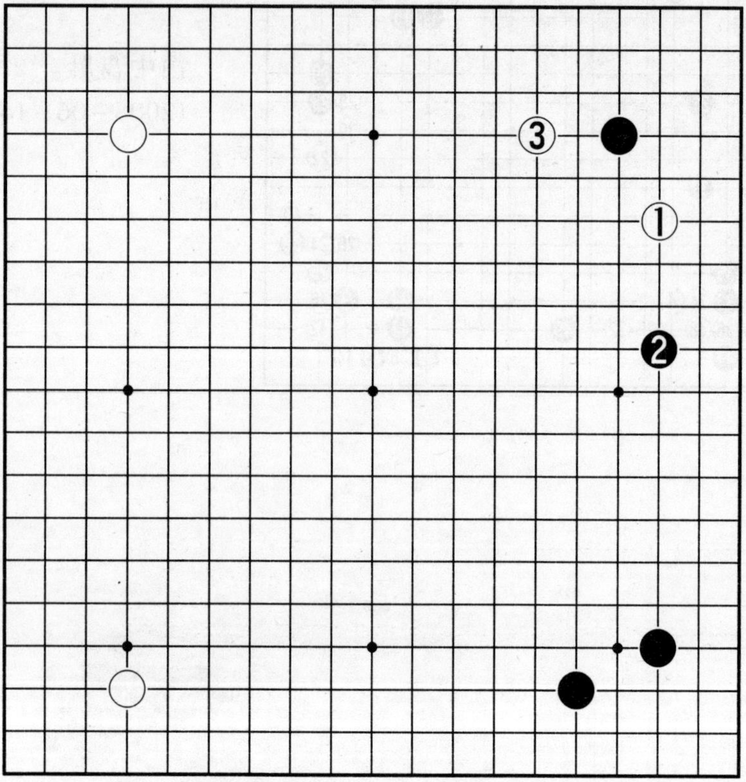

白1挂时黑2是常下的夹攻。白3的反夹攻形成了新的定式。

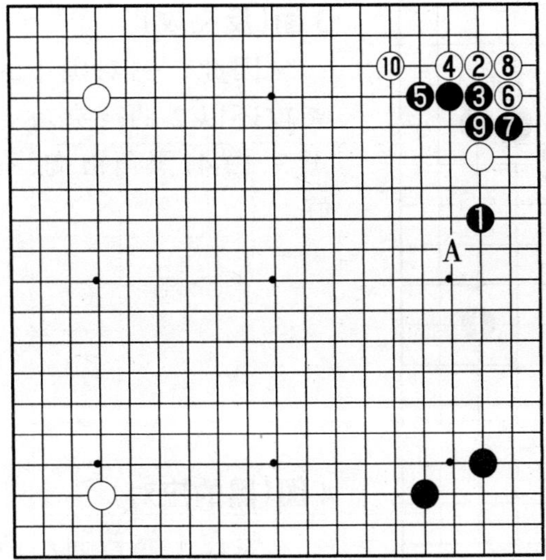

1 图(普通定式)

黑 1 是最常下的夹攻，至白 10 是定式。这个定式以后有白 A 削的手段，对于右下角黑的排列形成绝好点，是黑的苦恼。

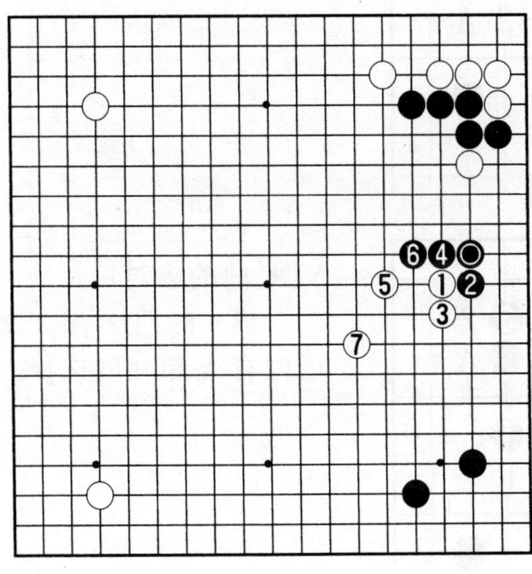

2 图(利益)

如果是场面图的夹攻(黑◉)，白 1 的削至白 7 普通，黑的实利大。

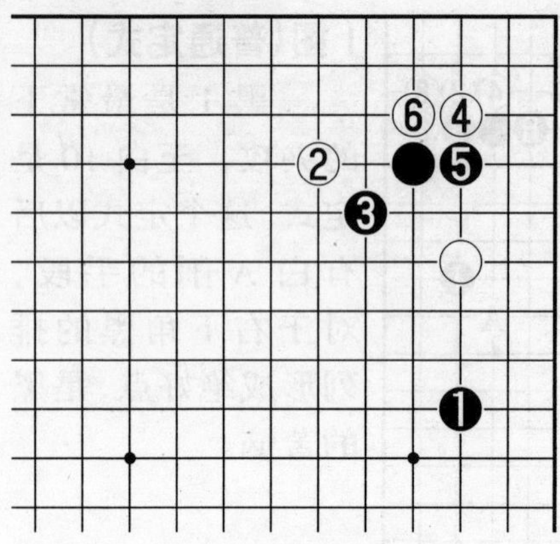

3 图(反夹攻)

因此，白对黑 1 的夹攻还以 2 的反夹攻。黑 3，白 4，黑角被掏，不好。

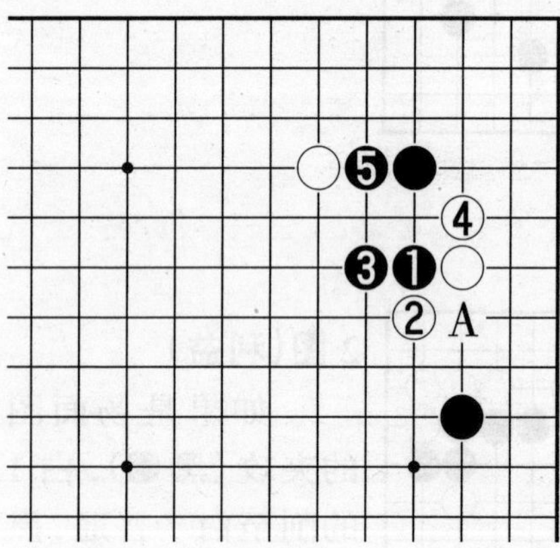

4 图(黑的应对)

黑在 1 靠普通。白 2、4，之后 A 的弱点不好补。

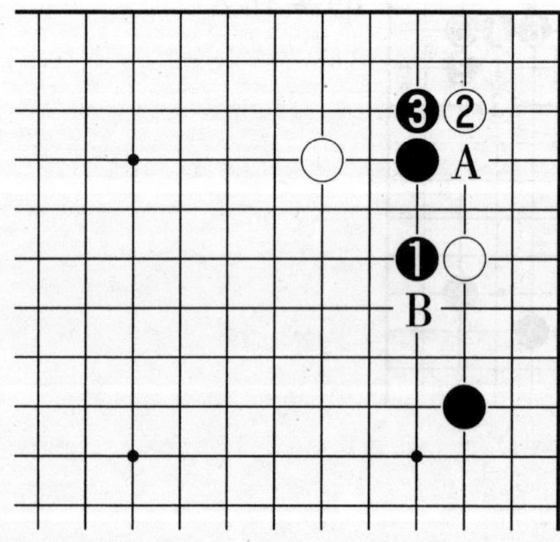

5 图(白的应对)

黑 1 时白 2，黑 3 之后白有 A 和 B 的选择。

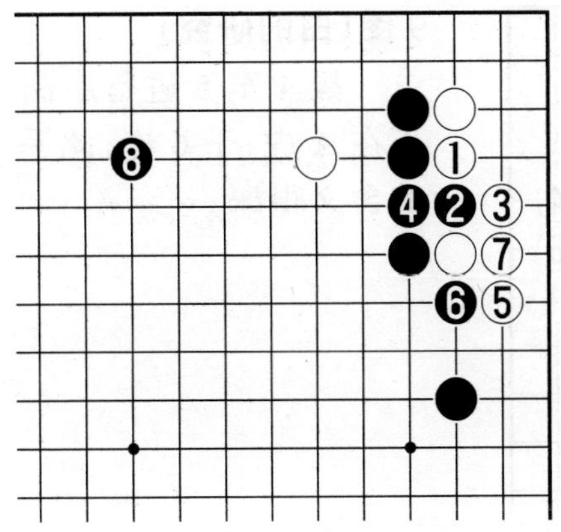

6 图（两分）

白 1 后至黑 8 则是两分。

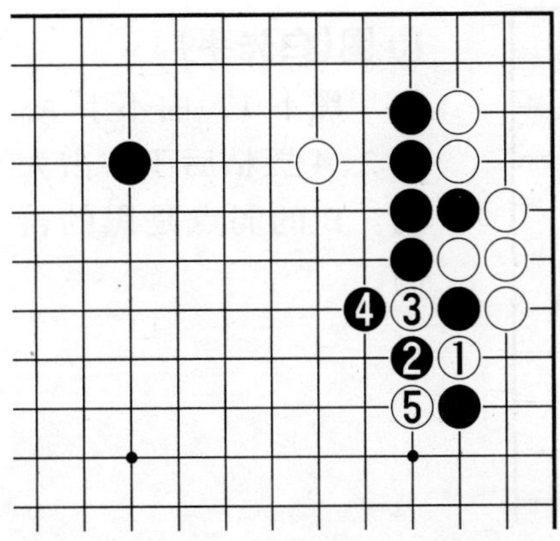

7 图（劫）

6 图的形状有白 1 至 5 形成劫。是天下大劫，白在有大劫材时才可开劫。

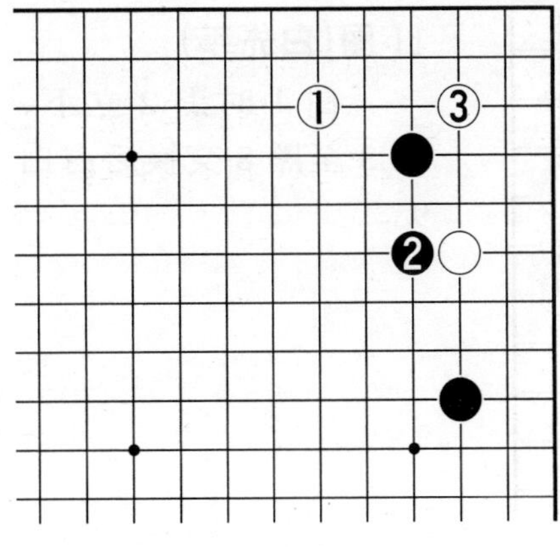

8 图（发展型）

研究白 1 低位夹攻的手段。黑 2，白 3 依旧。

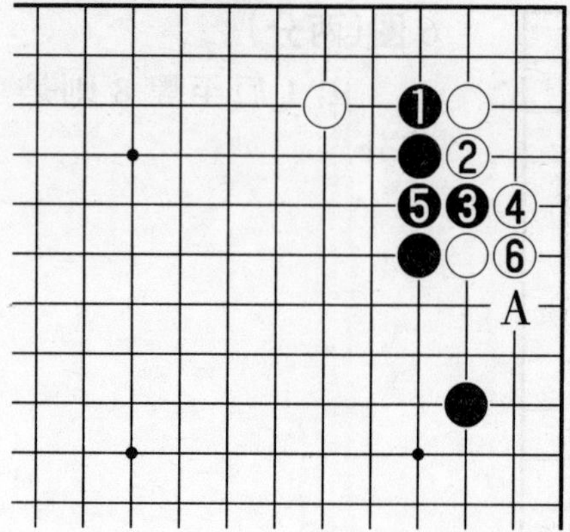

9图(白的研究)

黑 1 至 5 进行后白不在 A 虎，于 6 连，此手的含义很深。

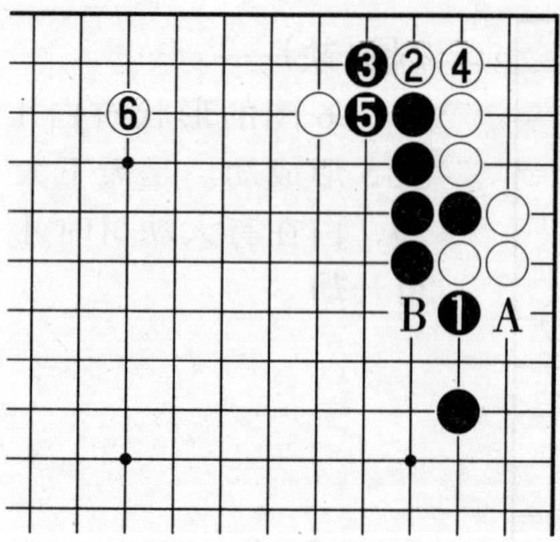

10图(白先手)

黑下 1，白不下 A，而 2、4 扳粘后于 6 占大场。B 的弱点是黑的苦恼。

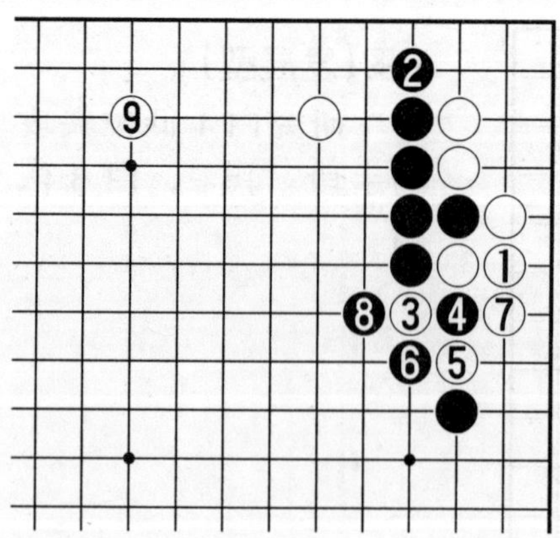

11图(白先手)

白 1 时黑 2 立下，白 3 至黑 8 交换后占白 9。

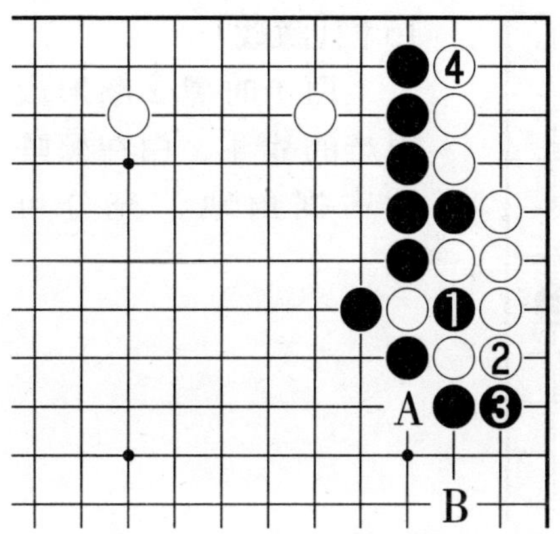

12 图（黑的应对）

黑构筑下边形状时可 1、3 取先手。白 A 则黑 B 战斗。黑要选择好实施 1、3 的时机。

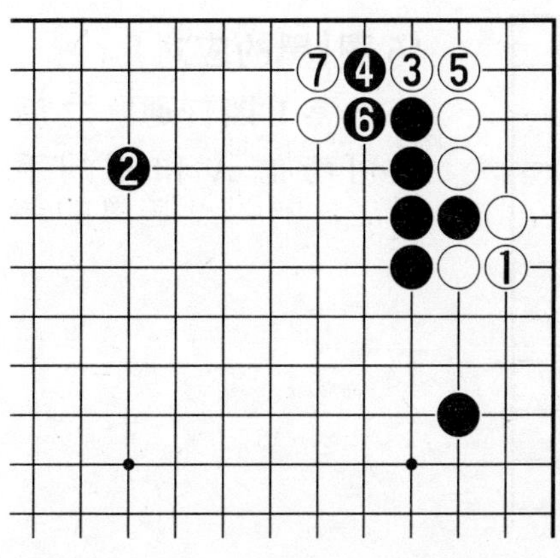

13 图（黑不利）

白 1 时黑 2，在白 3、5 之后 7 动出时没有适当的攻击手段。

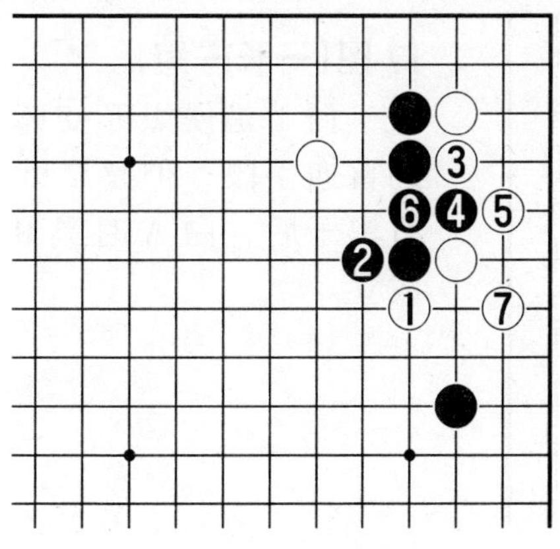

14 图（黑不好）

白也有 1 扳的手段。这里黑 2、4 至白 7，黑不好。

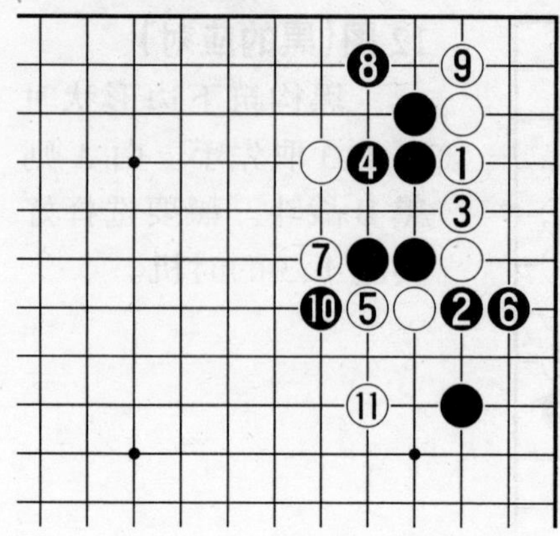

15图(激战)

白1时黑2断形成艰难的战斗，白在黑阵中占据角地，充分可战。

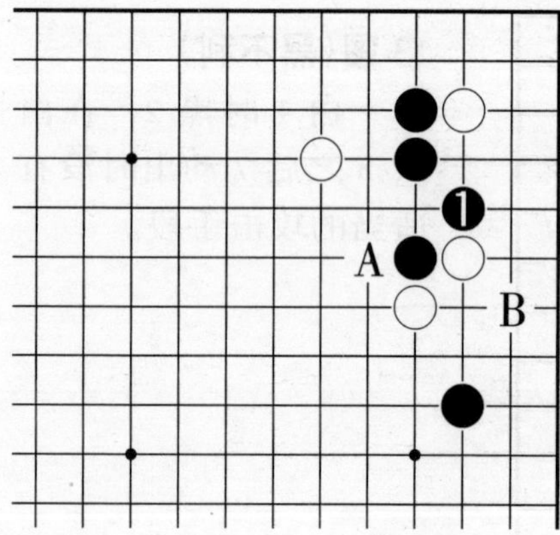

16图(黑的应对)

黑1挡普通。之后白可考虑A和B的手段。

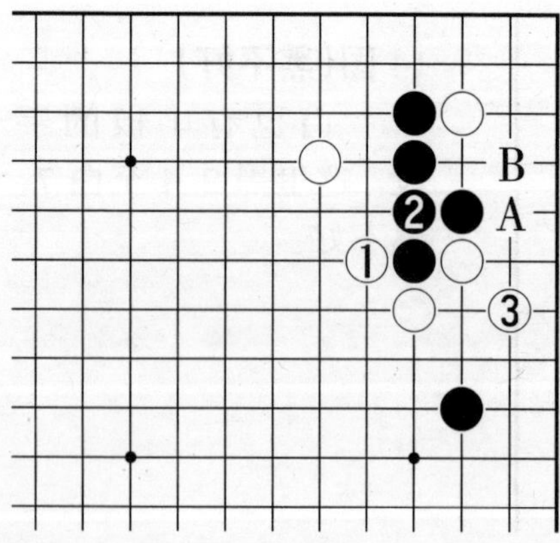

17图(一长一短)

白1是使黑形变坏的普通手段，但是2处有黑子后，白A时黑B成立。

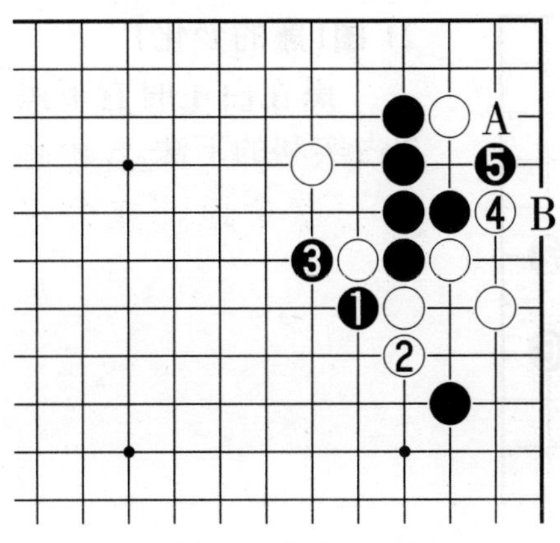

18图(黑的应对)

之后，黑1、3向中央挺进。白4虽为先手，黑5之后，白A则黑B硬撑,白也要有劫材。

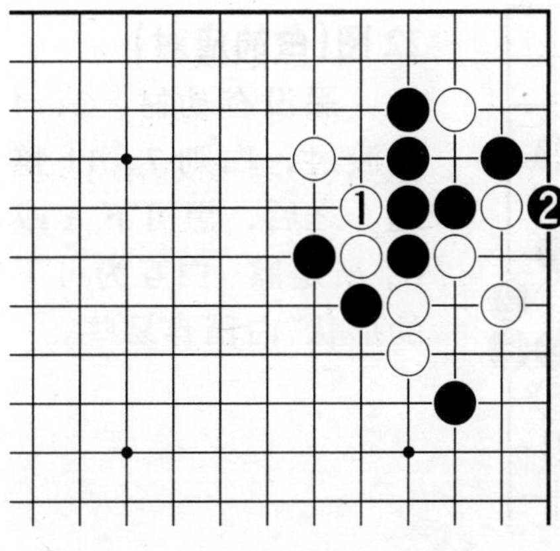

19图(白无理)

白1无理，黑有多种应对，但简单地黑2下也不坏。

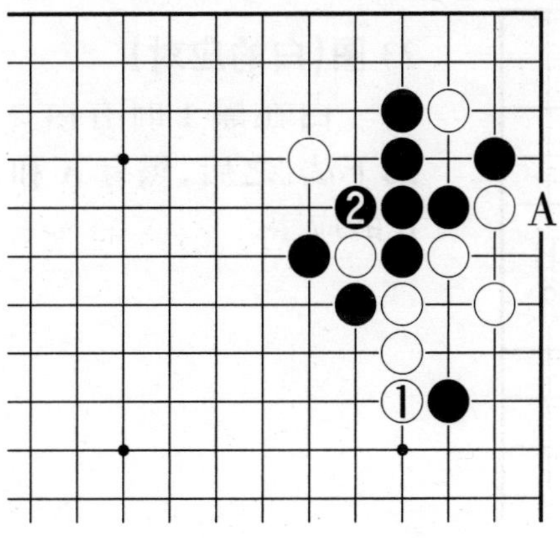

20图(两分)

结果，白下1，黑提一子。之后，黑A是大场。

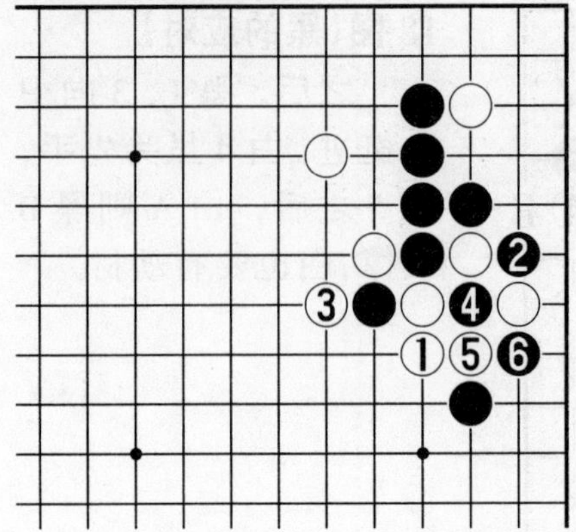

21 图(黑的变化)

黑在白 1 时有下黑 2 占实利的下法。

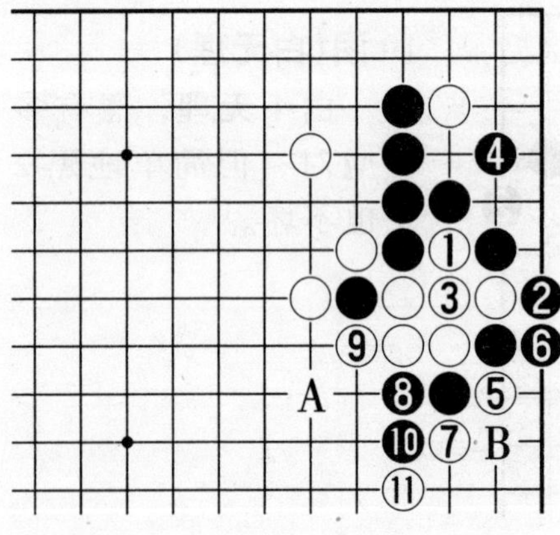

22 图(白的应对)

黑没有劫材，2、4 位渡过，白则 7、11 整理。之后，黑可下 A 或 B，虽是黑、白互为可下的形状，白稍容易些。

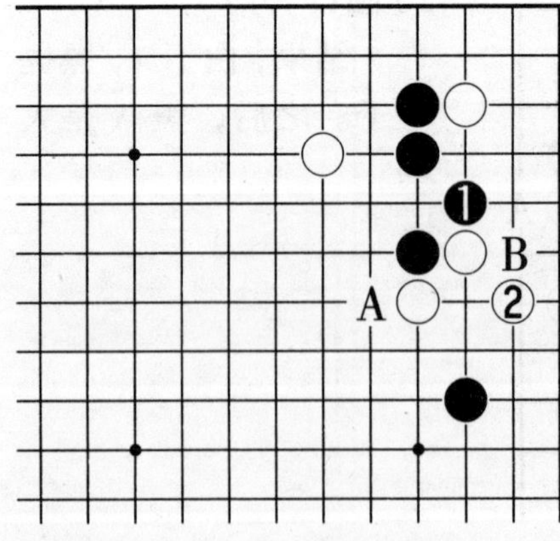

23 图(白的应对)

白在黑 1 时有白 2 的下法。之后，黑有 A 和 B 的应手。

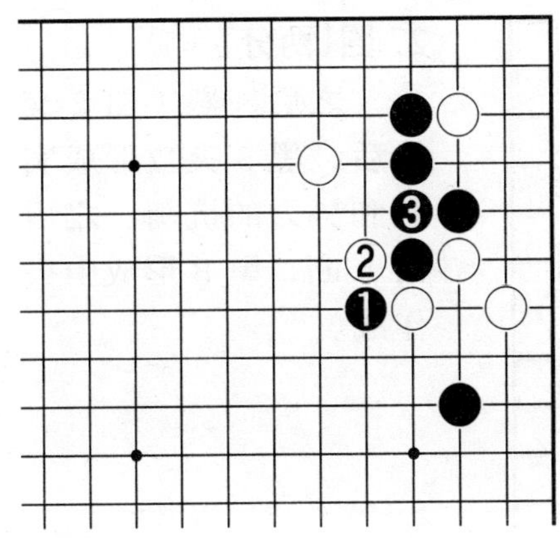

24 图(还原)

黑 1 是让白 2 打的意思。黑 3 连还原成前面的形状。

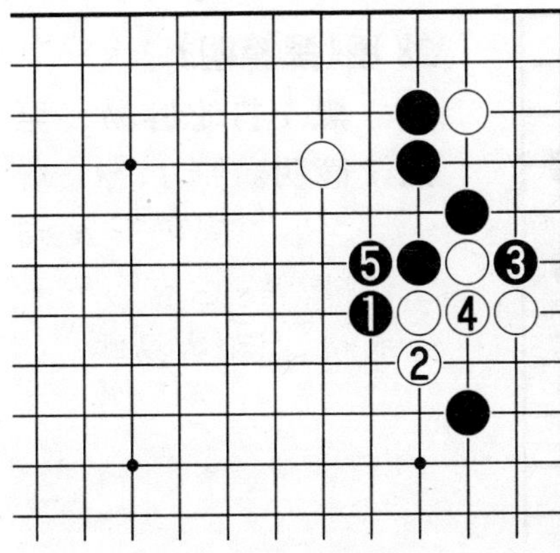

25 图(白愚形)

不过，黑 1 时白 2 至黑 5,由于白 2 成愚形三角,不想下。

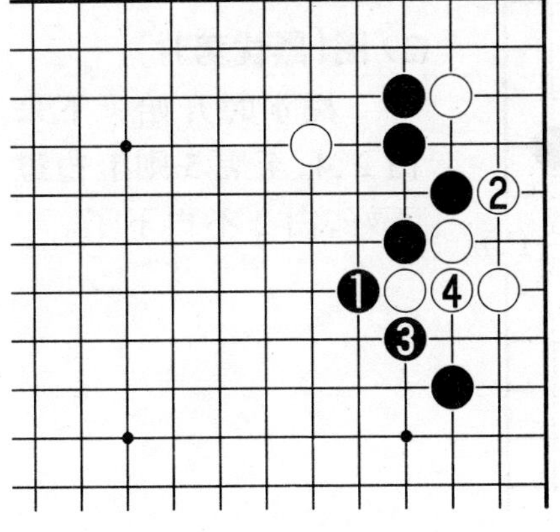

26 图(实利)

黑 1 时白 2 渡过占实利。黑 3 时白 4 心甘情愿。

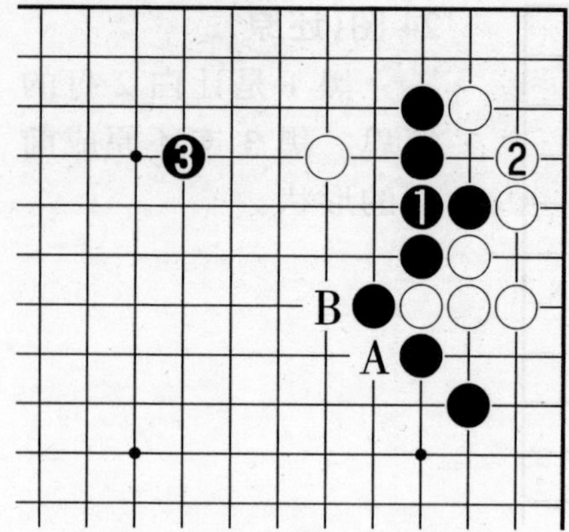

27 图(两分)

之后，黑 1 白 2 交换后，黑 3 夹攻形成实利和势力的抗衡。之后白 A 断，黑 B 形成中央作战。

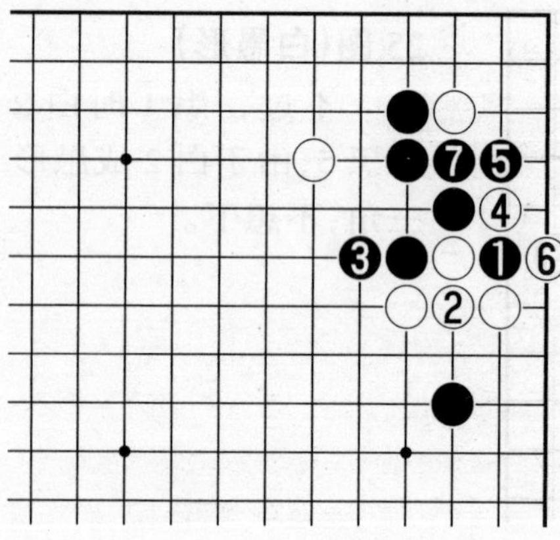

28 图(黑简明)

黑 1 打吃容易，至黑 7 简明。

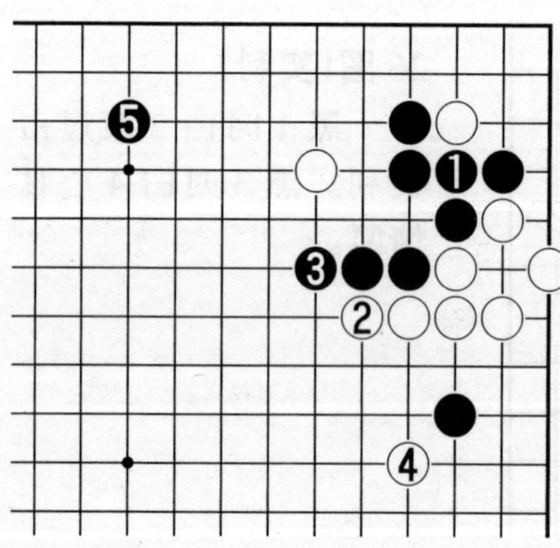

29 图(黑优势)

黑 1 时开始，下来白 2、4，至黑 5 则上边过于好，白 2 不再下了。

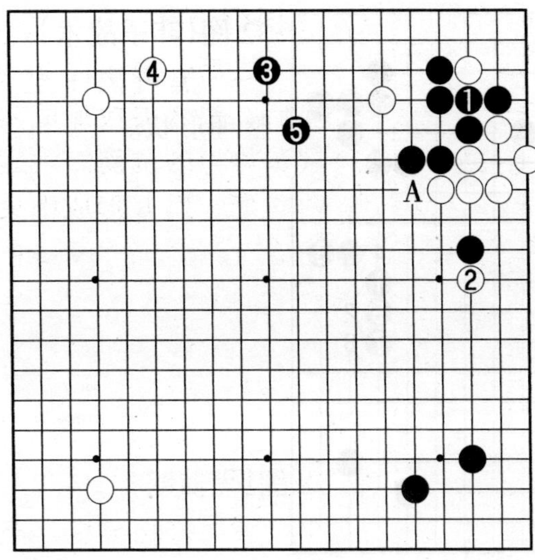

30 图(见合)

黑 1 时直接白 2 靠,保留 A。之后,黑 3、5 的进行,见合,是黑容易的布局。

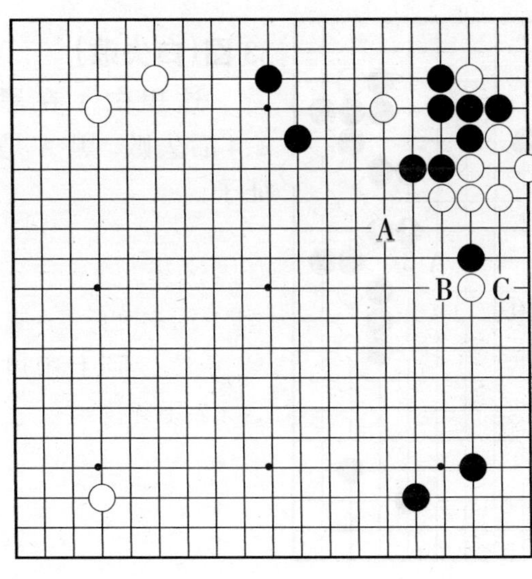

31 图(下一手)

之后,黑棋 A 是好位置,有 B 或 C 决定形状的手段。

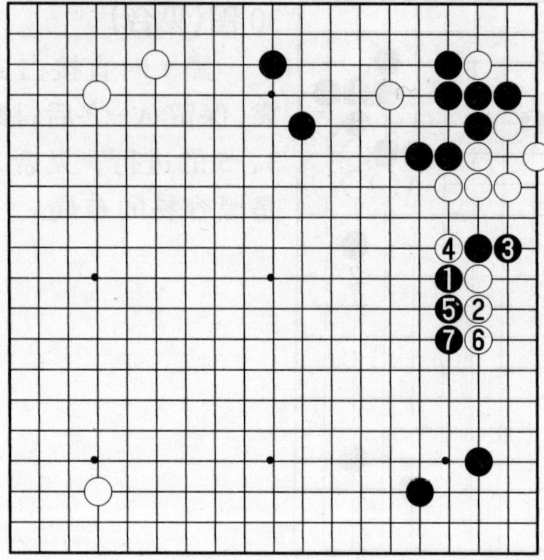

32 图（弃子战术）

黑可黑 1 至 7 整理形状。

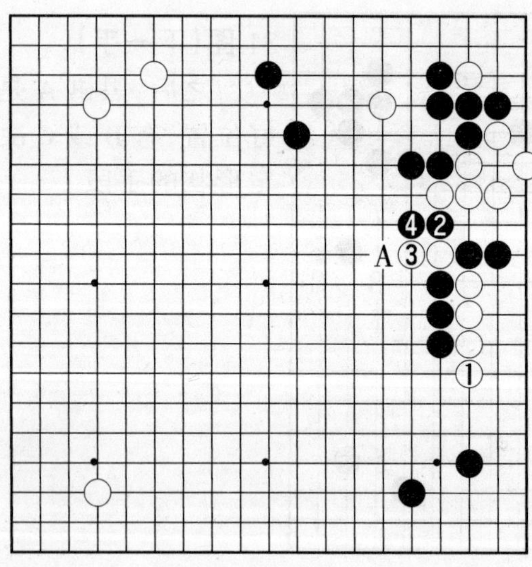

33 图（白失败）

这里白 1 在黑 2、4 后失败。黑 A 是征子。

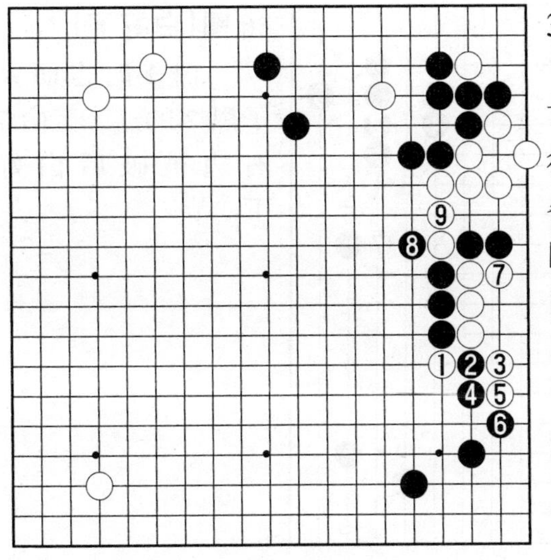

34 图（先手封锁）

白为了防征子，下白 1，至白 9 的进行。黑的形状虽不完备，但可控制中央，因此要记住这些。

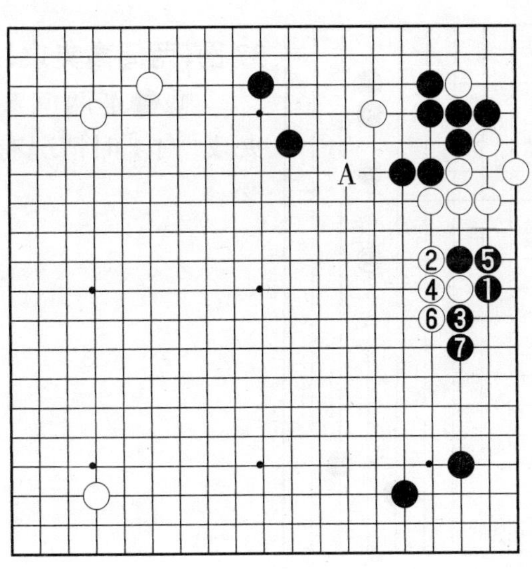

35 图（黑薄）

黑 1 是实利的一手，进行至黑 7，虽取了实利，但 A 处味道不好。

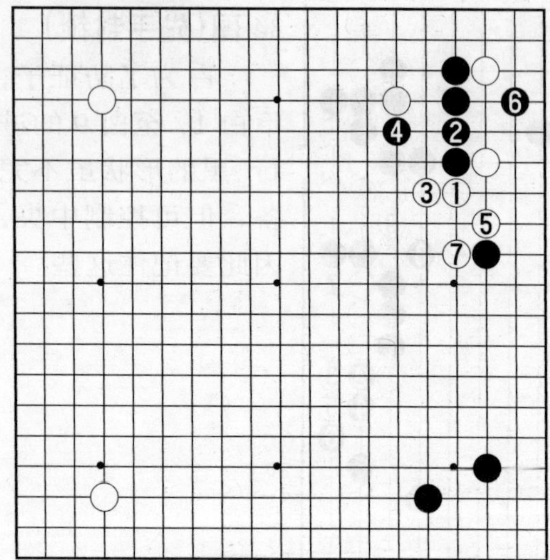

36图(白好下)

白1时也研究了黑2的连，至白7右边被破后白好下。

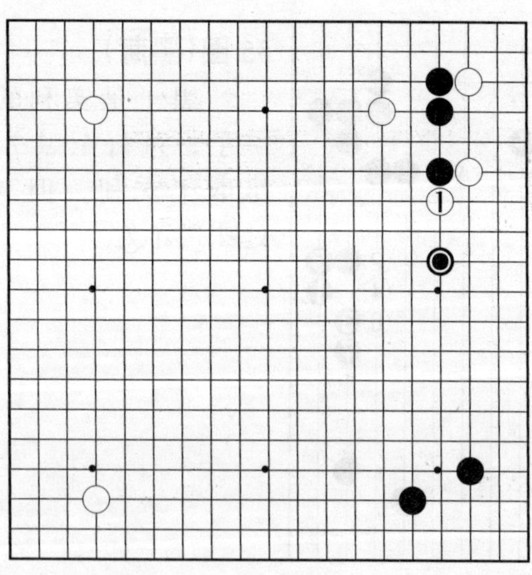

37图(两间高夹攻)

黑◎是两间高夹攻，白1时情况有变。

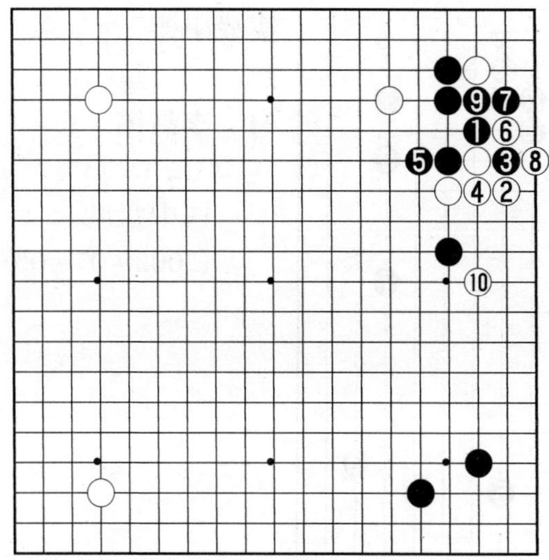

38 图(白得利)

黑 1 挡至白 10,与 30 图相比白好。

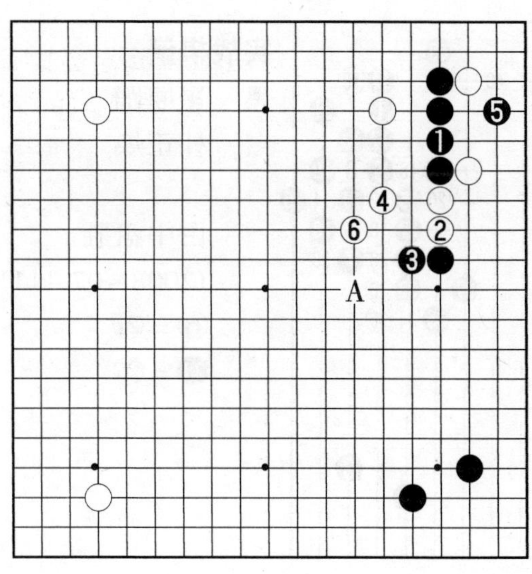

39 图(白好下)

因此,黑 1 连至白 6 的进行,认为白好下。之后 A 是要处。

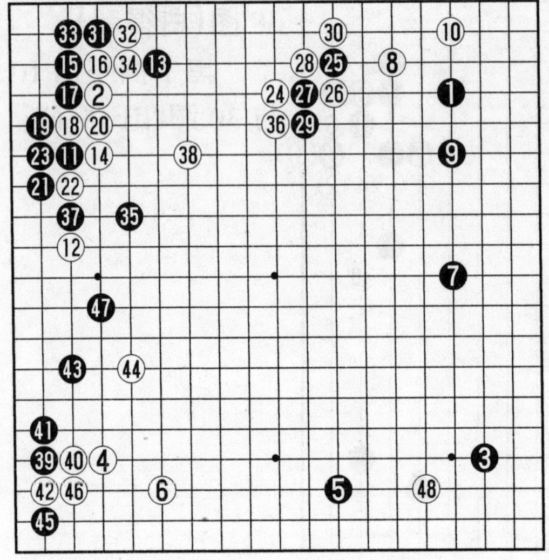

实战棋谱

黑　刘　星

白　李昌镐

白中盘胜。

(2008－07－05)

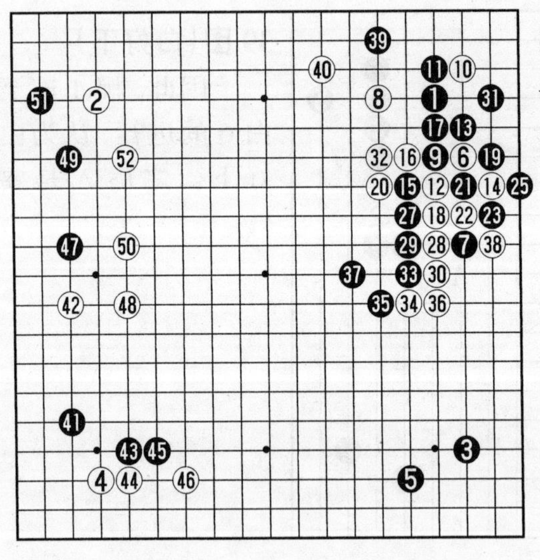

实战棋谱

黑　崔原踊

白　朴正焕

白中盘胜。

(2008－07－11)

⑥＝㉔

㉑＝㉖

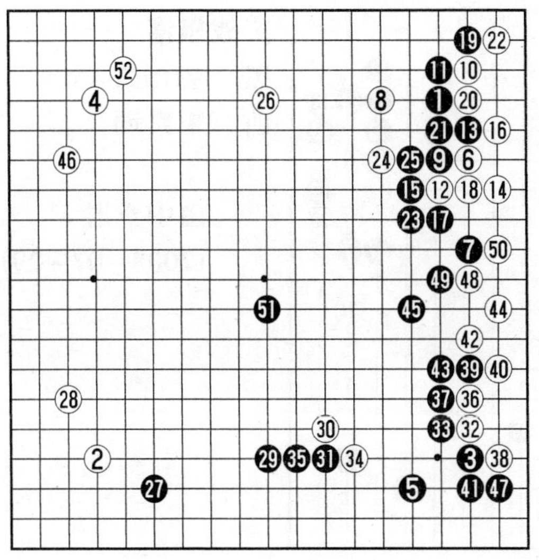

实战棋谱

黑　姜东润

白　洪性志

白中盘胜。

(2008－07－23)

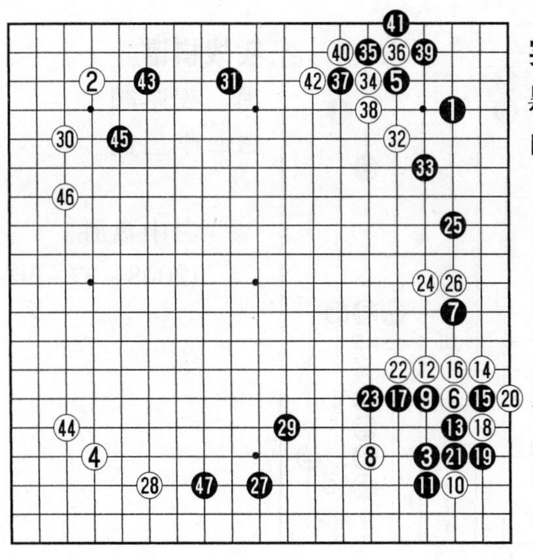

实战棋谱

黑　李昌镐

白　姜东润

白中盘胜。

(2008－07－25)

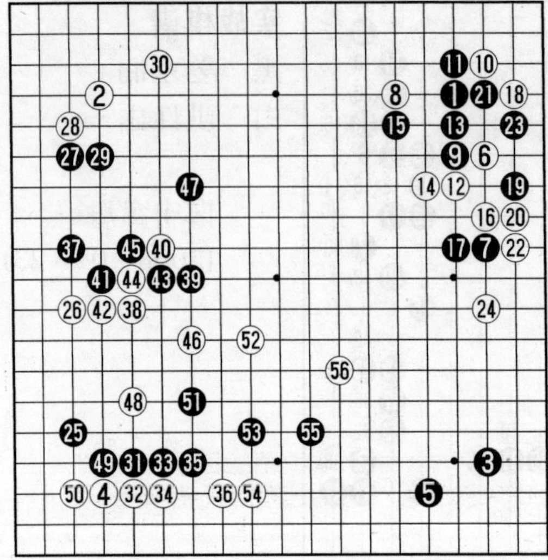

实战棋谱

黑　ZIRUYAMA

白　宋泰坤

白中盘胜。

(2008－07－29)

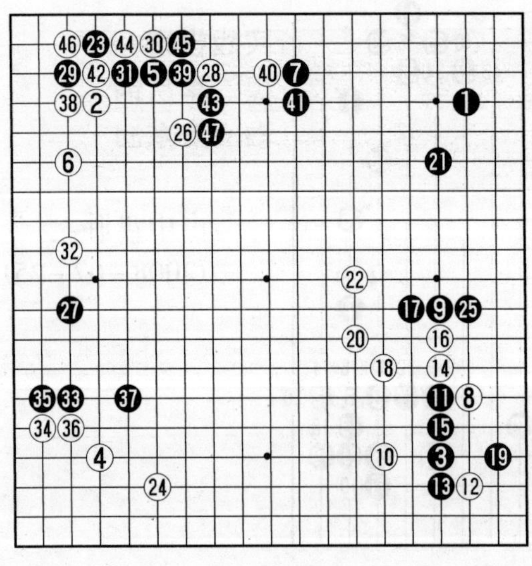

实战棋谱

黑　姜东润

白　李昌镐

白中盘胜。

(2008－07－30)

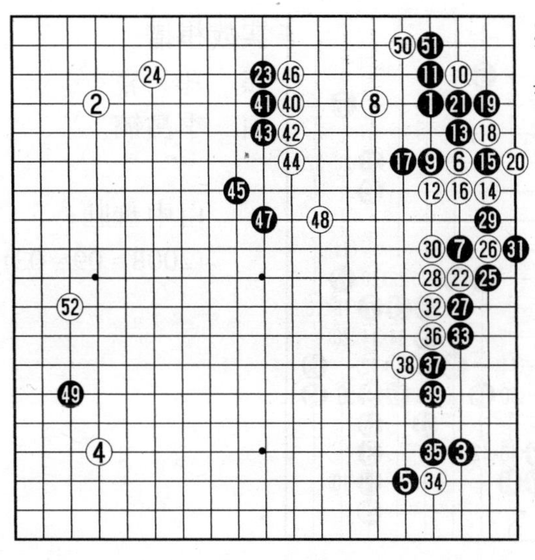

实战棋谱

黑　李昌镐

白　金起用

黑 7.5 目胜。

(2008－08－01)

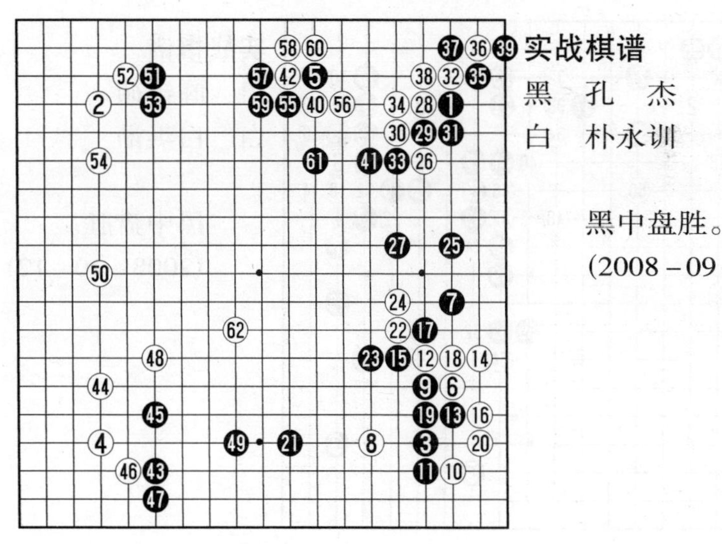

实战棋谱

黑　孔　杰

白　朴永训

黑中盘胜。

(2008－09－03)

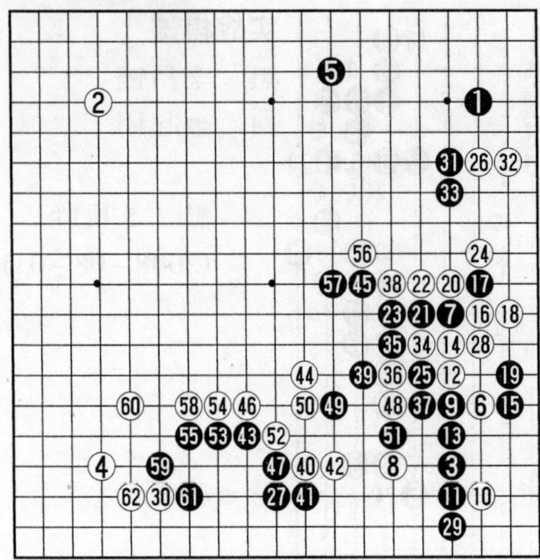

实战棋谱

黑　郑　岩

白　李昌镐

白中盘胜。

(2008－09－03)

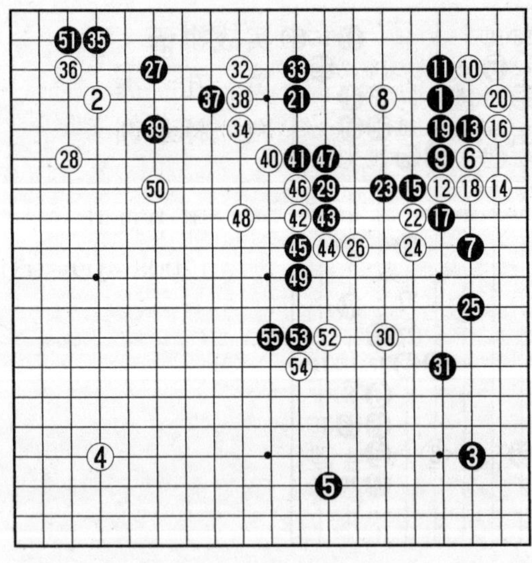

实战棋谱

黑　睦镇硕

白　白洪淅

黑中盘胜。

(2008－10－12)

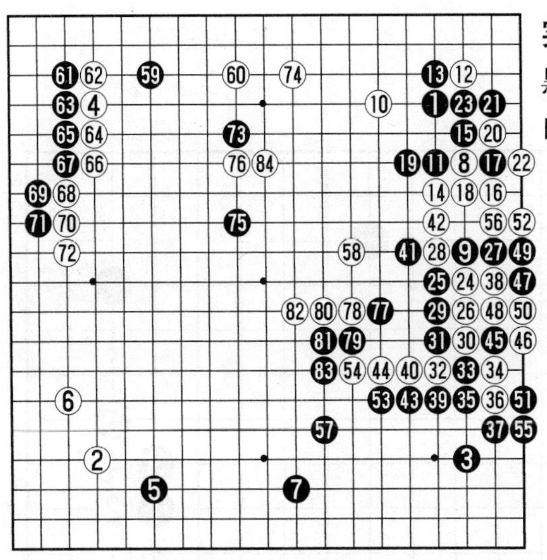

实战棋谱

黑　睦镇硕

白　李昌镐

黑中盘胜。

(2008－10－14)

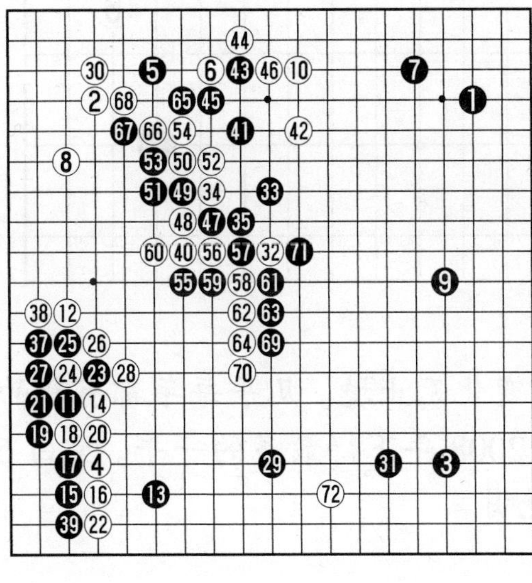

实战棋谱

黑　金志锡

白　李元道

黑 5. 5 目胜。

(2008－11－04)

㉔＝㊱

新型 24－A　迷你中国流布局的时代

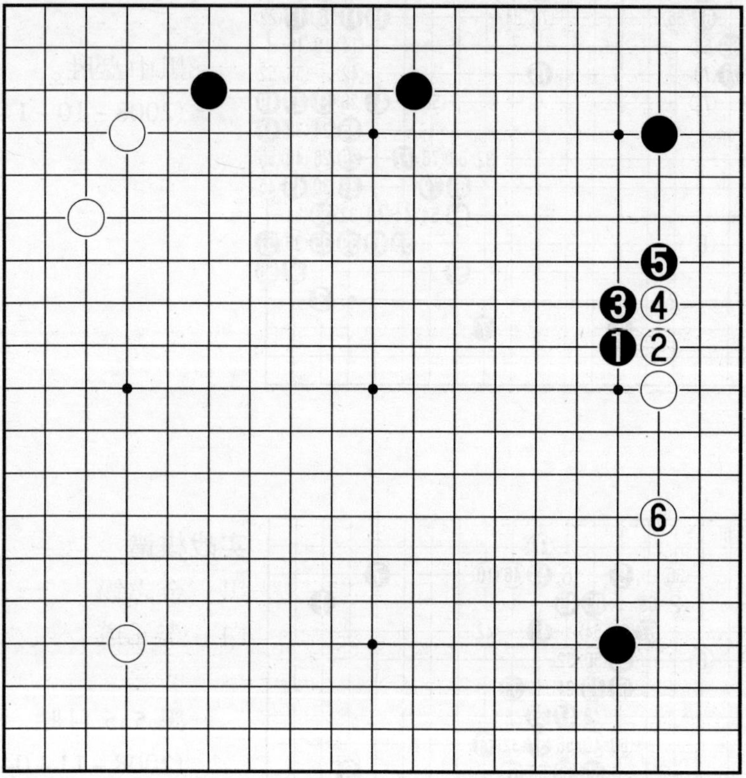

迷你中国流的变化无止境。几乎每年都有新的形态涌出。黑 1 是 2008 年下得最多的一手。至白 6“新型 13”已有些说明。

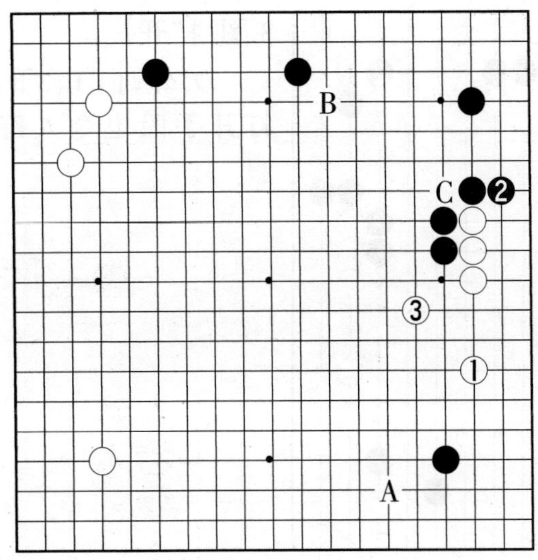

1图(实利)

白1时黑2是重实利的一手,白下3,于A和削减(B普通)可任择其一。也有C直接断的手段。

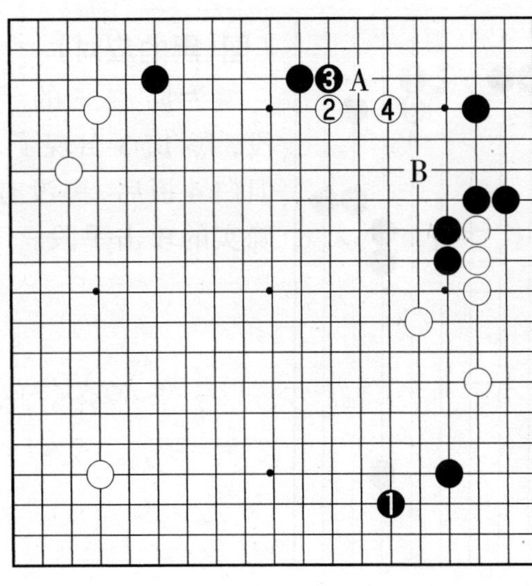

2图(白的意图)

白2作为黑模样的削减手段最常下,黑3,白4之后,黑A时白B的靓好。

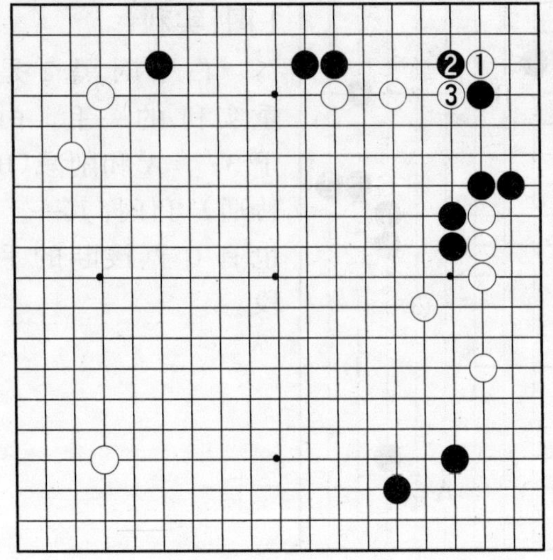

3图（打开）

另外，白1、3的打开手段也令人舒服。

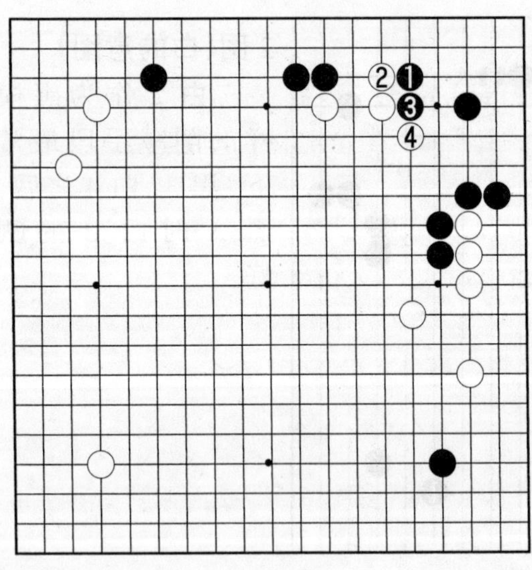

4图（黑的应对）

为防三三的手段，黑1、3出现了，但白4扳后，黑没有确实的攻击手段。

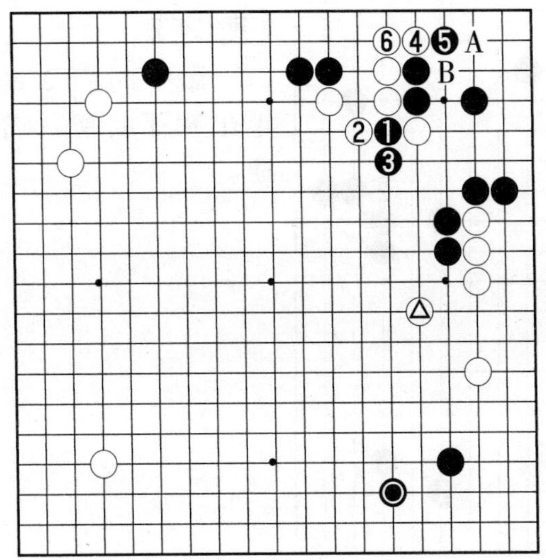

5 图(黑不好)

即使黑 1 断,至白 6,A 或 B 的断有味道,黑无实惠。此时会产生白◬和黑◉交换有无必要的疑问。

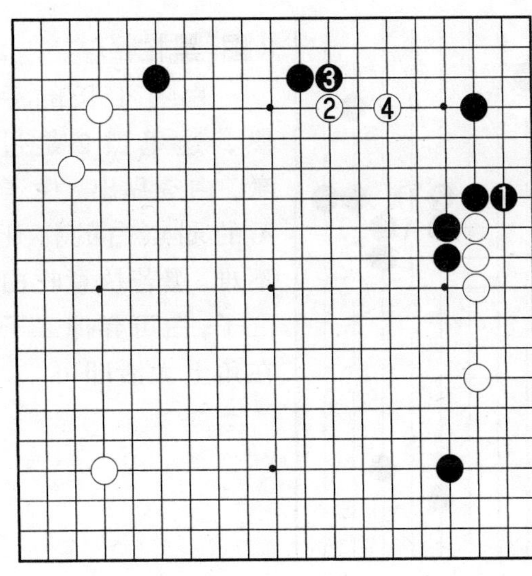

6 图(白的变化)

因此,黑 1 时白 2、4 直接削黑也可考虑。

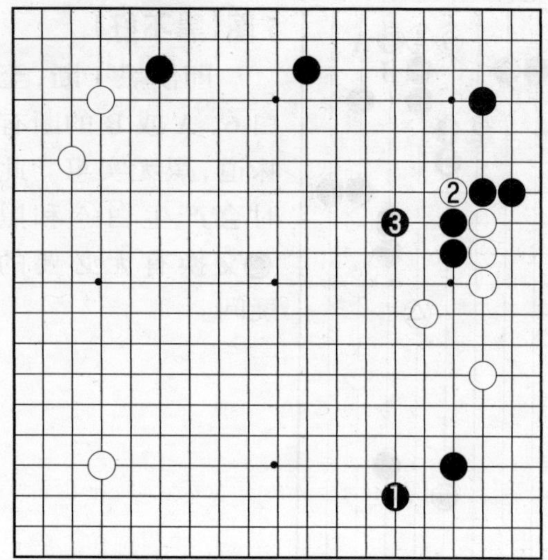

7图(断)

黑1时白2断也出现了。黑3普通。

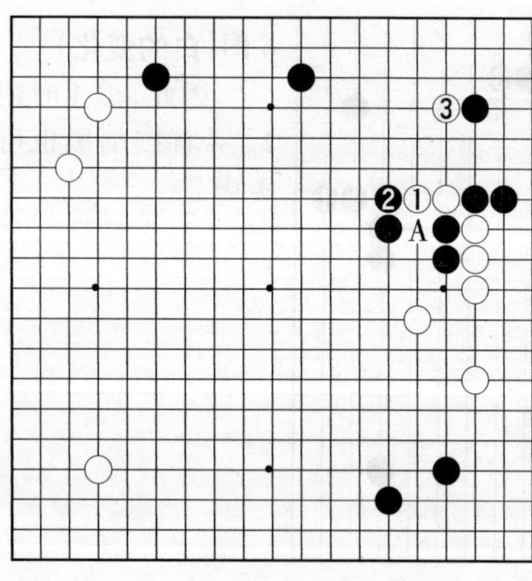

8图(黑忙)

白有1长的手段，这里黑2是过激，白3靠出，由于A的弱点白的打开不难。黑若执意吃白二子，白可弃掉二子在角上大活即可。

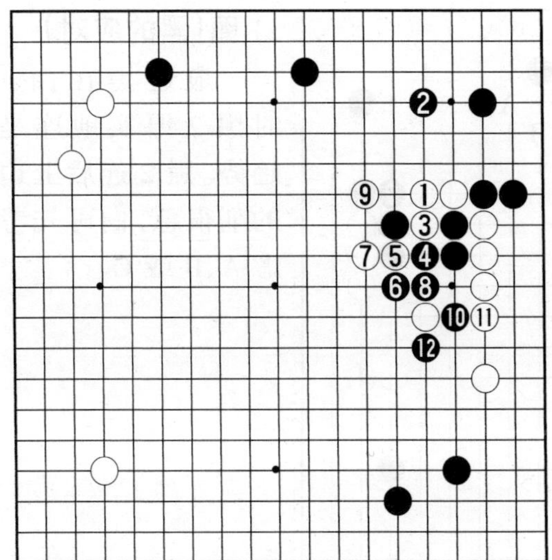

9图(实战1)

白1时黑2是简单的应对，至黑12。

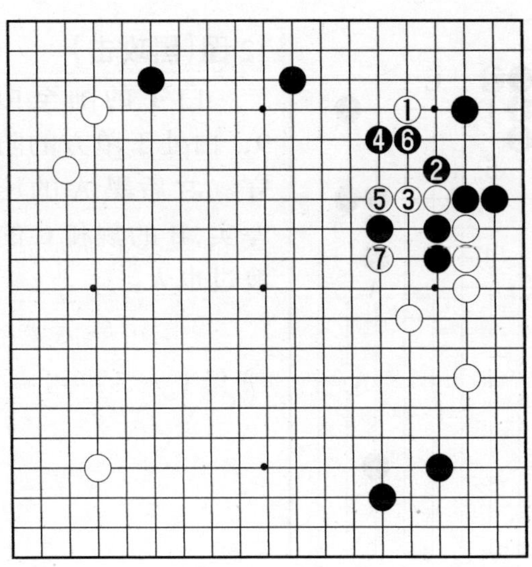

10图(实战2)

白1的下法也有。至白7，黑稍好。

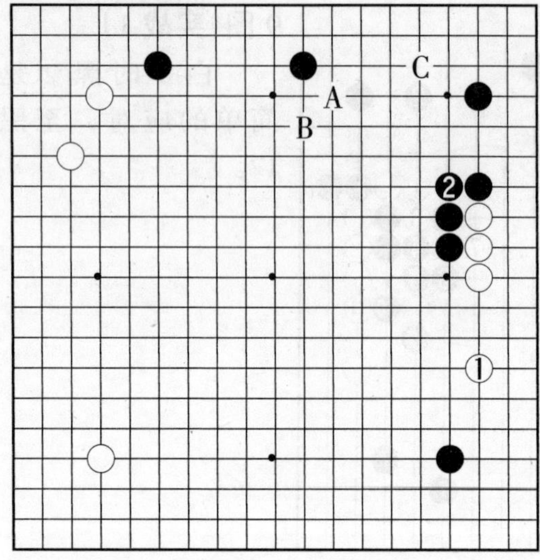

11图(黑的应对)

最近黑在白1时黑2厚实地连是趋势。黑2连后上边的削很急,白可先考虑A、B或C。

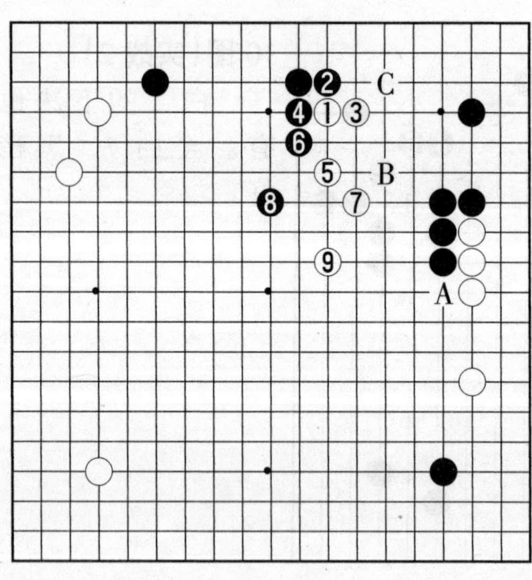

12图(黑攻击)

白1的削至白9,白处于单方的防守。之后黑A的压厚实,B的觑和C的渡过也大。

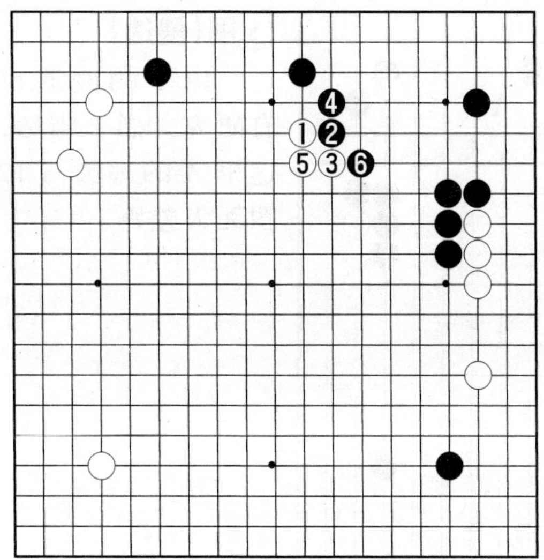

13 图(实利)

白 1 削时黑 2、4、6 直接围空占实利。

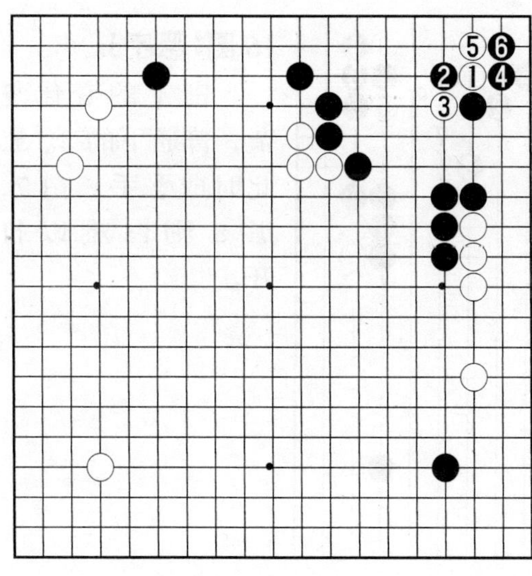

14 图(味道)

白 1 托靠时黑 2、4 应,因中央被封马上不会有棋。

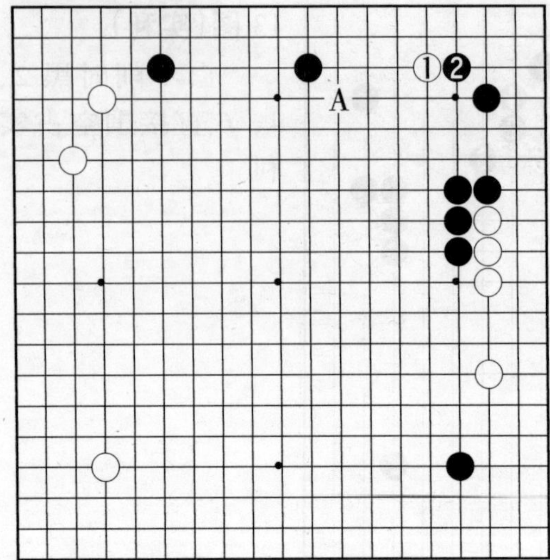

15 图（侵透）

白 1 的侵透也有研究。黑 2 当然，这里 A 的逃脱与 12 图无大差别。

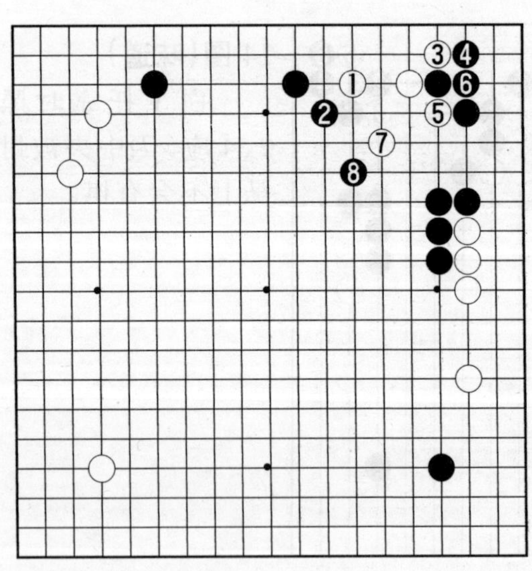

16 图（恶手）

白 1 的变化复杂，普通下的 3、5，此时成恶手。白 7，黑 8 则白难以打开。

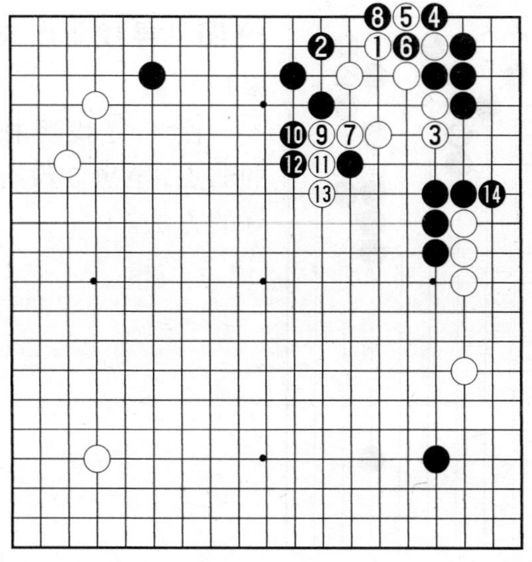

17 图(黑优势)

白 1 后 5 打劫，劫材只有白 7，至黑 14 黑成功。

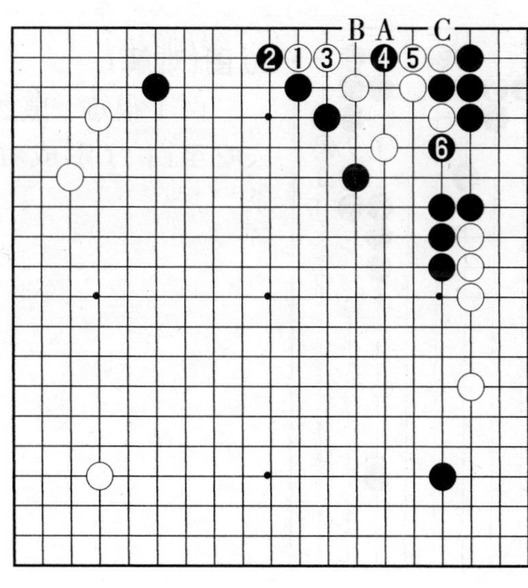

18 图(死活)

白 1、3，则黑 4、6，白死活有问题。白 A，黑 B，白 C 虽可形成劫，但过于无方，此处不再提及。

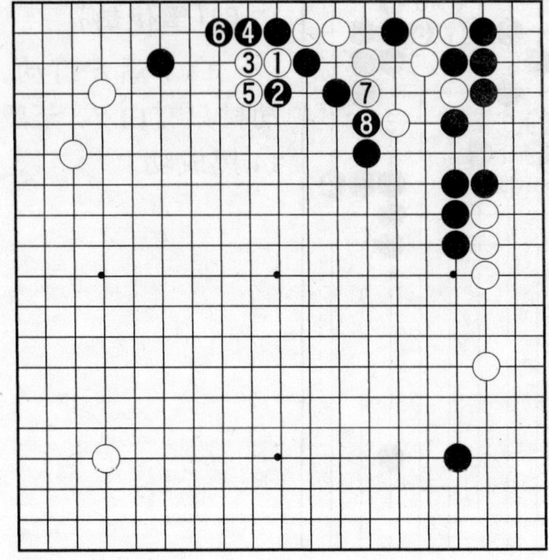

19图（寻找弱点未果）

白1寻找黑棋的弱点，至黑8没有好的方法。

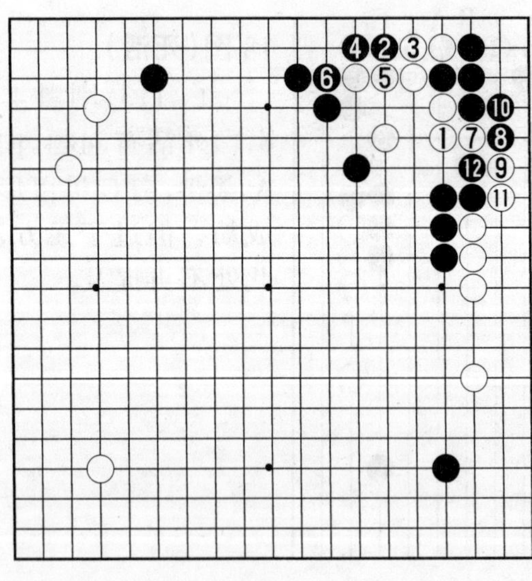

20图（难解）

白1很难，黑2去吃至白11形成对杀。

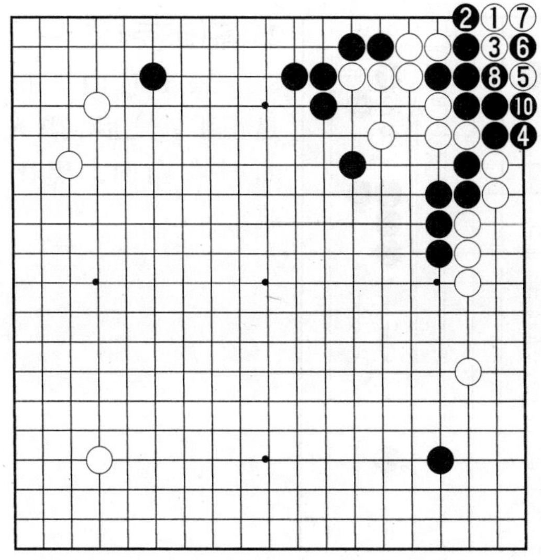

21 图(对杀)

白 1 是对杀的急所,至白 9 虽是刀把五,但在角部不能长多少气。

⑨ = ❻

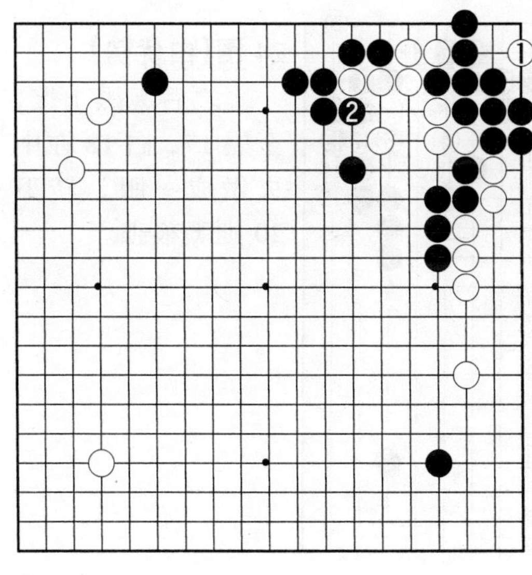

22 图(黑胜)

白 1 点时黑 2 收气,则白的气也不多,对杀黑胜。

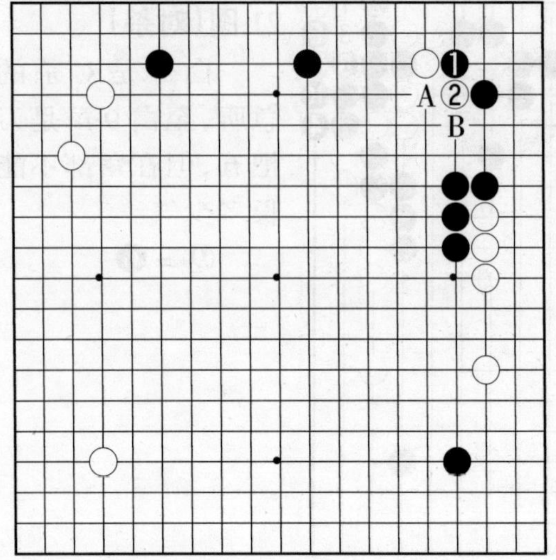

23 图（正手）

黑 1 时白 2 挤是正手。之后，黑 A 断时有白 B，黑困难。

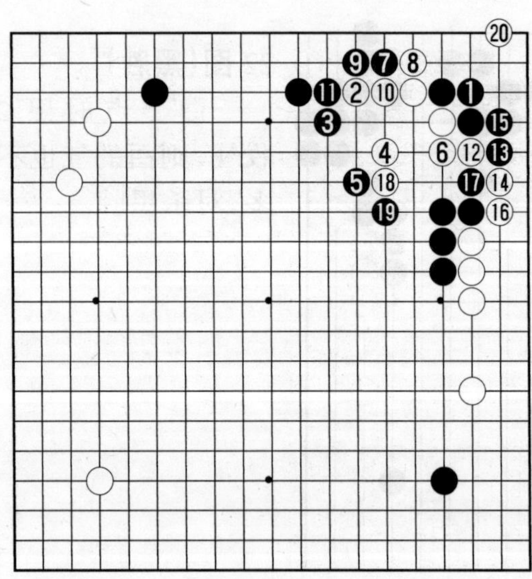

24 图（白优势）

之后，黑 1 接，至黑 17，白 18 在中央做成一眼，转下 20 则黑狼狈。

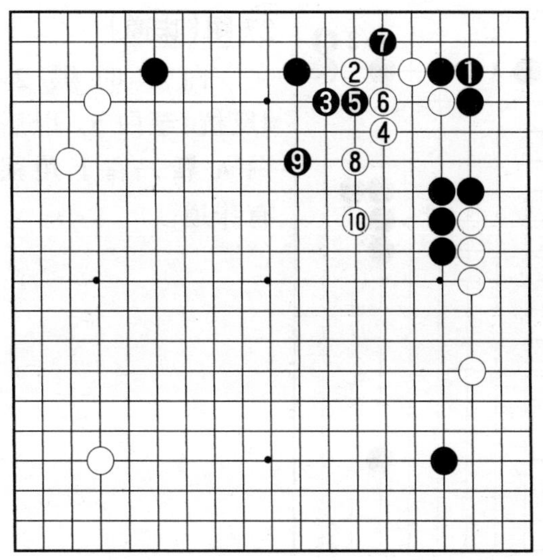

25 图(两分)

白 2、4 时成黑 7、9 攻击白的局面，白也破黑空跳出，可以说双方可下。

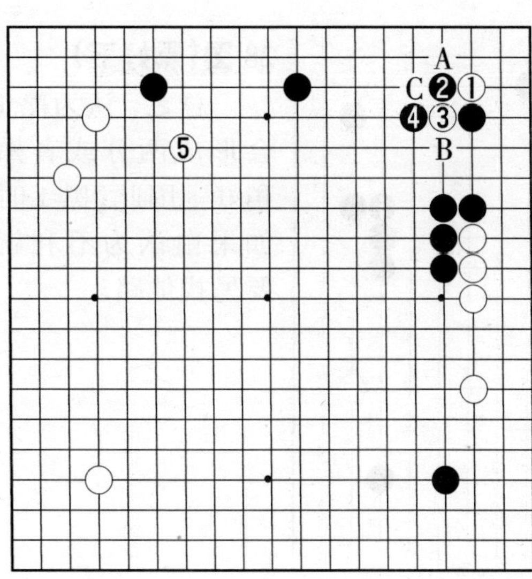

26 图(白的研究)

白为了避开变薄的局面进行了新的研究，即白 1。黑 4 时白 5 悠悠行之。右上角还留有白 A，黑 B，白 C 的手段。

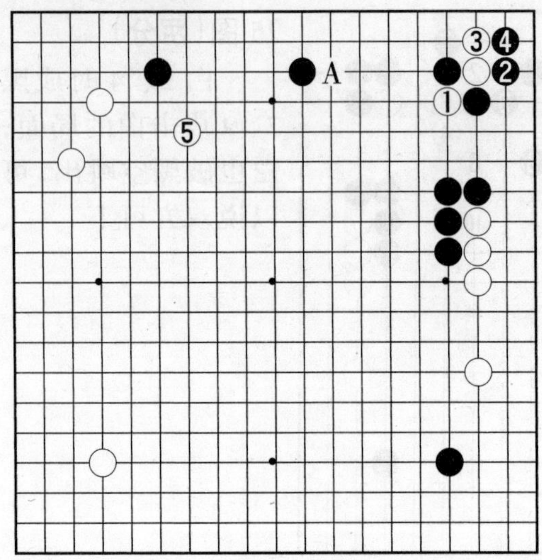

27图(味道)

白1时黑2、4反抗,至白5。以后白A靠,右上角留有味道。

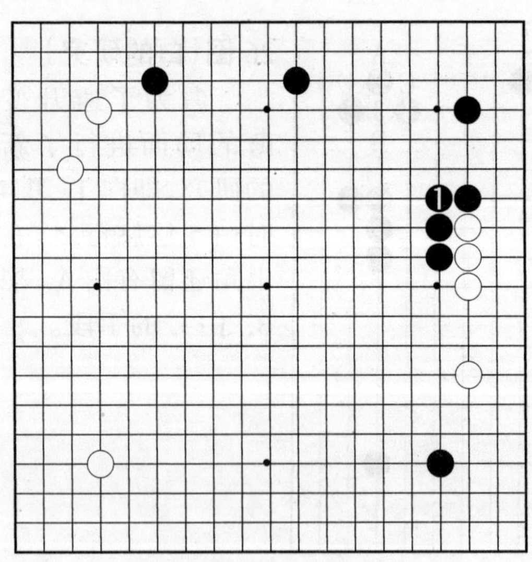

28图(黑好下)

总之,认为黑1会形成两分或者黑稍好。因此,黑1时如果白认为不利就要另找他路。

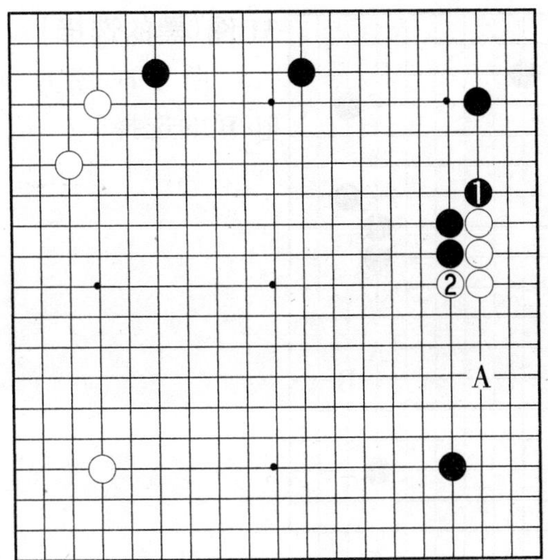

29 图（白的应对）

白在黑 1 时，代替 A，下 2 的手段成为研究的问题。

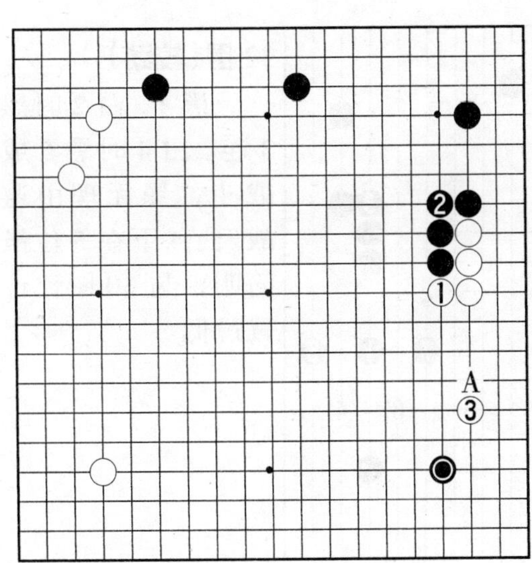

30 图（白的意图）

白 1 时黑 2，则白 3 是立二拆三好位置。还有白 3 与 A 相比，对黑◎更具压力。因此，白 1 时黑不下 2 为普通。

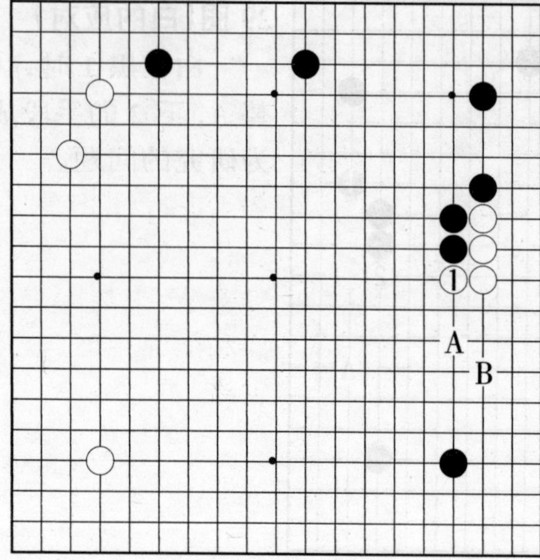

31 图（黑的选择）

白 1 时黑有 A 和 B 的选择。

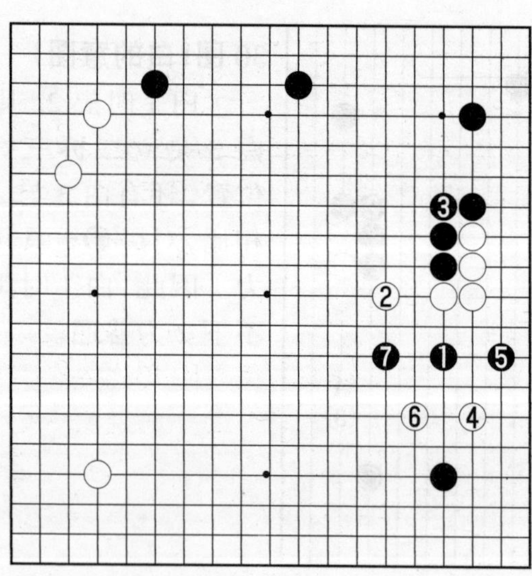

32 图（较劲）

黑 1，白 2 时黑 3 连。白 4 时黑 5 成战斗，黑无理由避战。白 4 下在 5 位虽简明，与 30 图比位置过低。

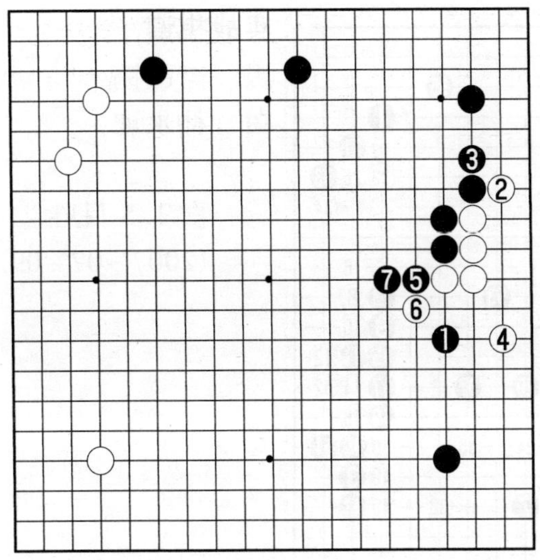

33 图（简明）

黑 1 时白 2、4 安定简明。黑也 5、7 继续扩展势力是气势。与 28 图相比，在黑模样中留下破绽是安慰。上边削黑模样和前面相似，这里省略。

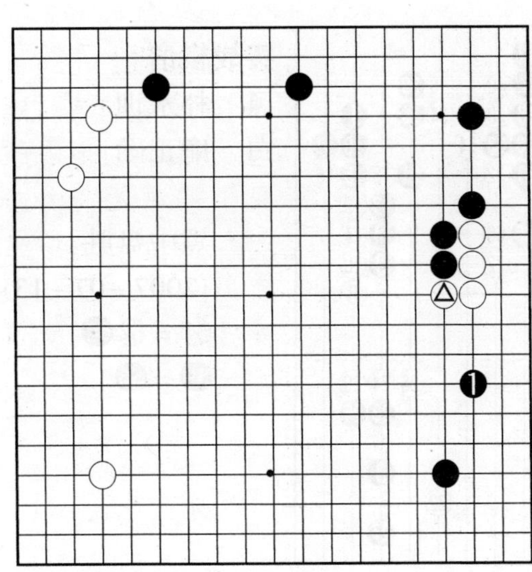

34 图（2007 年型）

黑有 1 的下法，此手段变化 2007 年有过大流行。有些定论后下得频率虽减少了，但白△挡出时黑 1 的变化不可避免。因变化复杂，在下章详细说明。

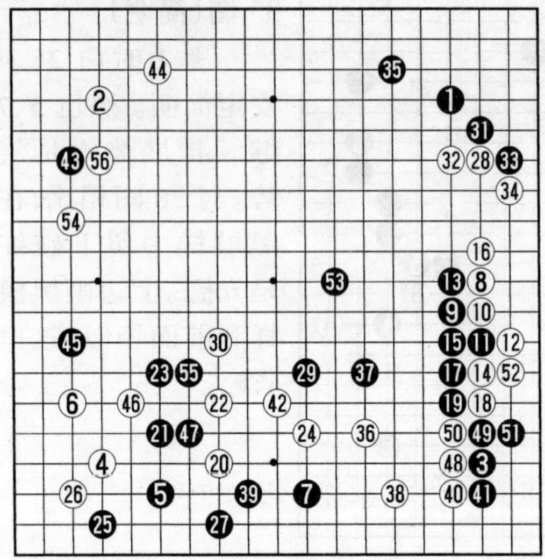

实战棋谱

黑　李昌镐

白　朴永训

白1.5目胜。

(2007－07－09)

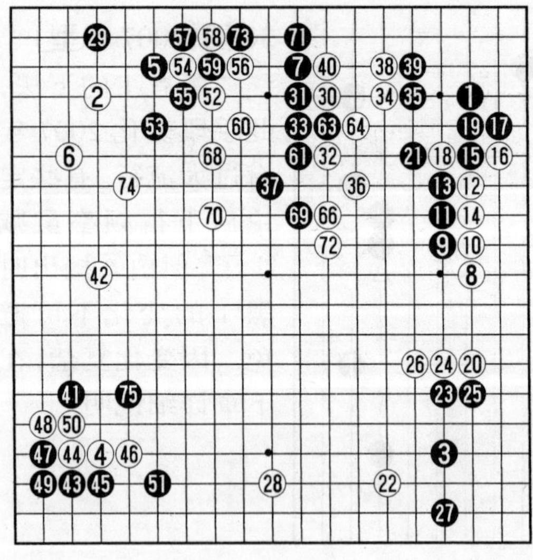

实战棋谱

黑　朴永训

白　廉正勋

黑中盘胜。

(2007－07－13)

54 = 62 67

59 = 65

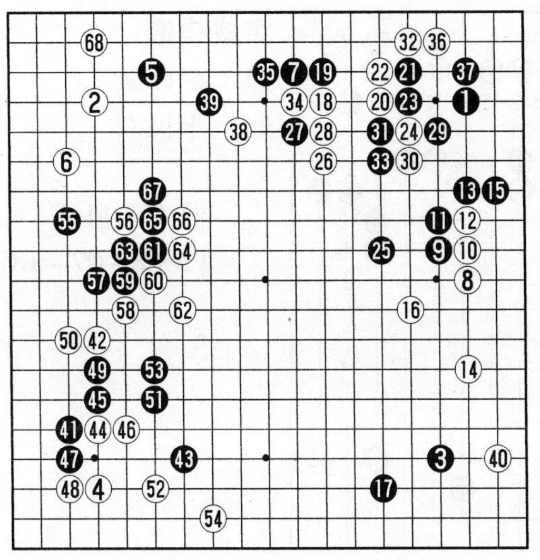

实战棋谱

黑　睦镇硕

白　朴正祥

白中盘胜。

(2008－04－29)

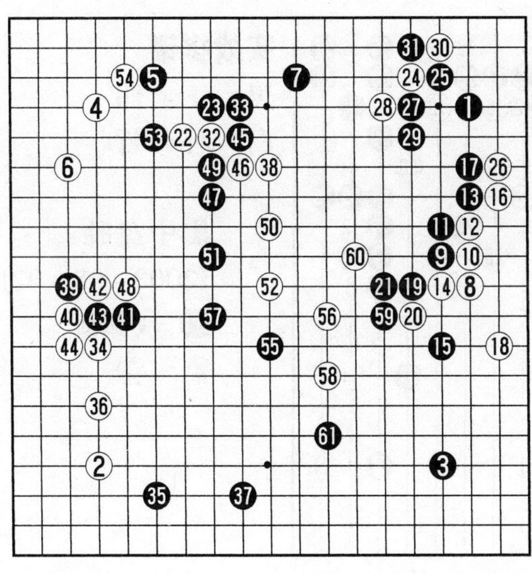

实战棋谱

黑　崔原踊

白　李元道

黑中盘胜。

(2008－06－01)

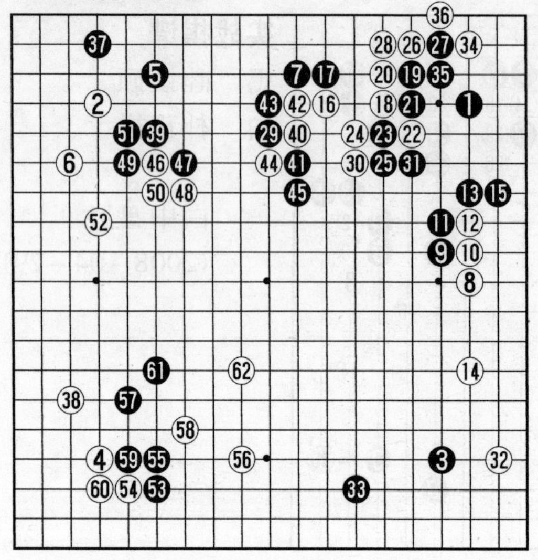

实战棋谱

黑 崔原踊

白 李世石

白中盘胜。

(2008－07－18)

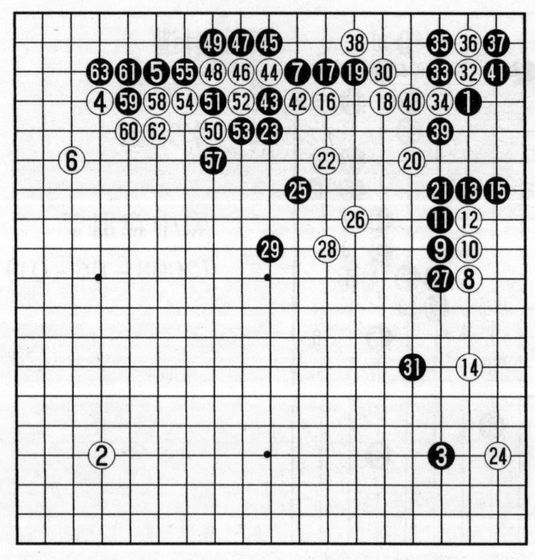

实战棋谱

黑 丁 伟

白 朴升哲

黑中盘胜。

(2008－08－02)

51＝56

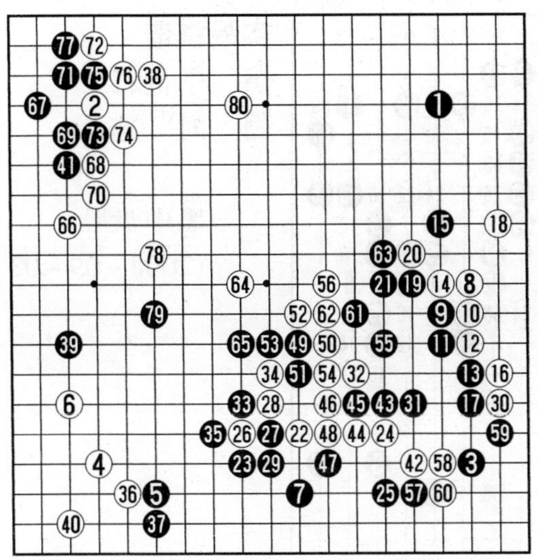

实战棋谱

黑　崔哲瀚

白　白洪淅

黑中盘胜。

(2008－08－15)

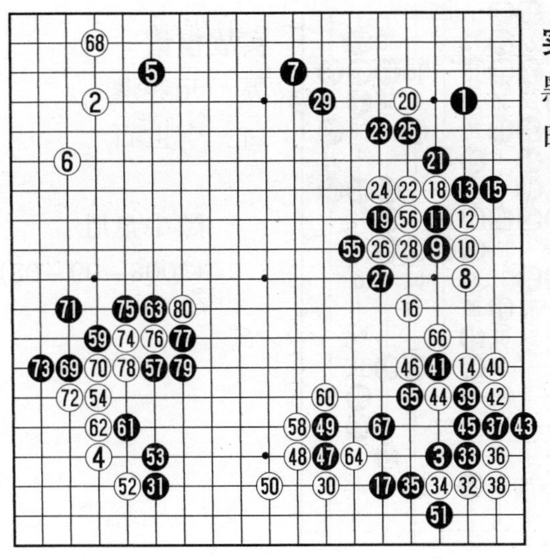

实战棋谱

黑　朴永训

白　古　力

白中盘胜。

(2008－08－25)

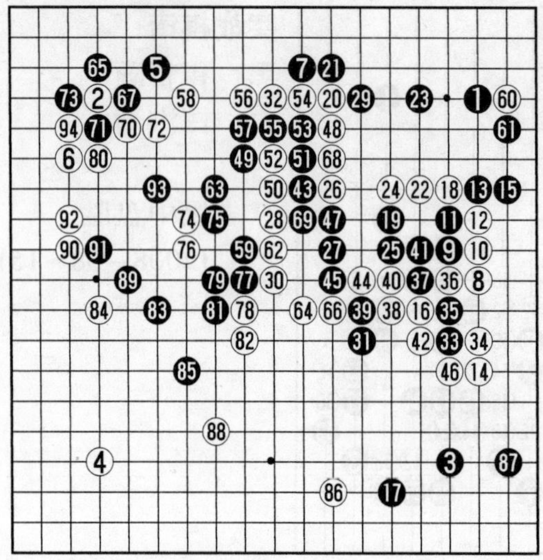

实战棋谱

黑　李世石

白　时　越

黑中盘胜。

(2008－09－03)

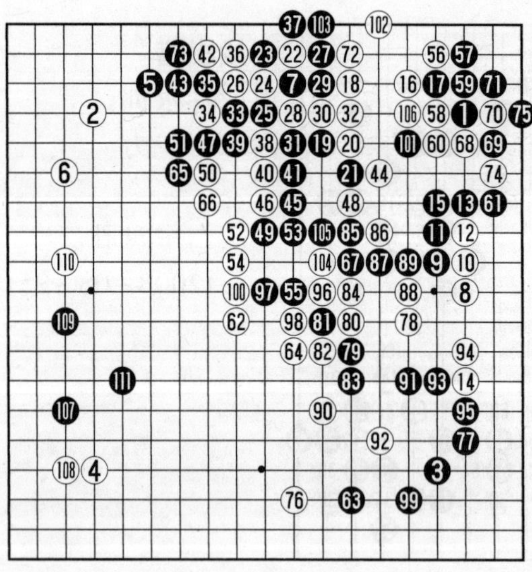

实战棋谱

黑　元晟溱

白　李世石

黑中盘胜。

(2008－09－08)

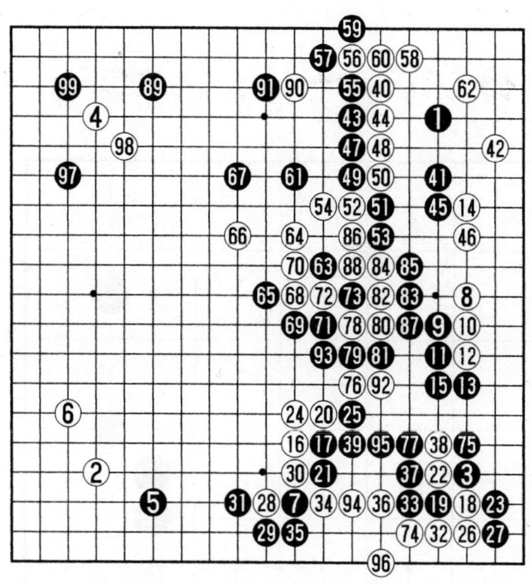

实战棋谱

黑　朴正祥

白　李世石

黑中盘胜。

(2008－10－20)

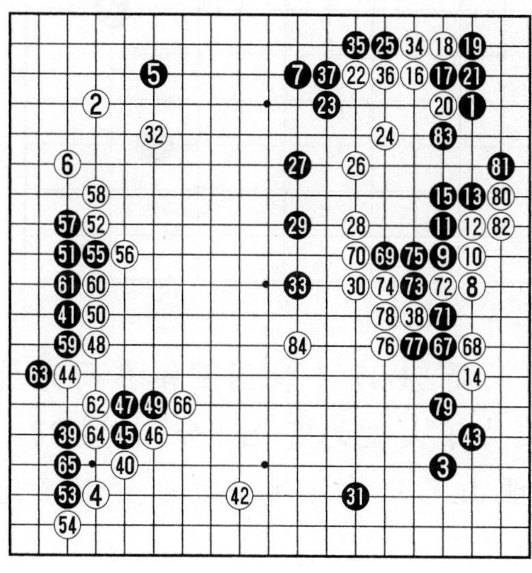

实战棋谱

黑　崔原踊

白　朴正祥

白半目胜。

(2008－10－27)

新型 24 – B　绝妙的研究和长长的手顺

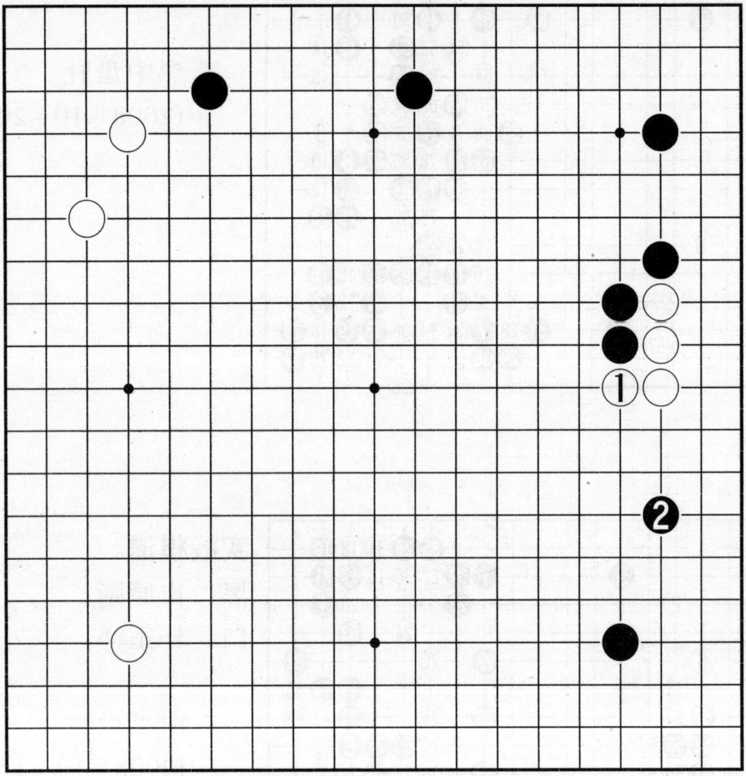

白 1 黑 2 的场面是 2007 年韩国围棋界研究最活跃的型。因此,诞生了大型的变化。如“新型 24 – A”说明的白 1 的理由充分的话此型将来会继续出现。

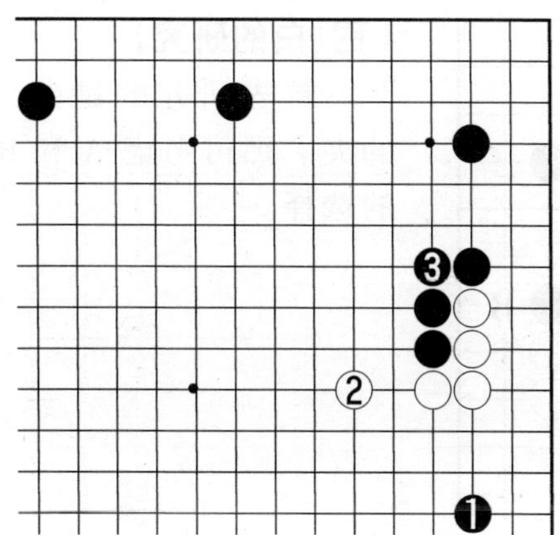

1 图(黑满足)

黑 1，白 2 时黑 3。两处都下到，黑满意。

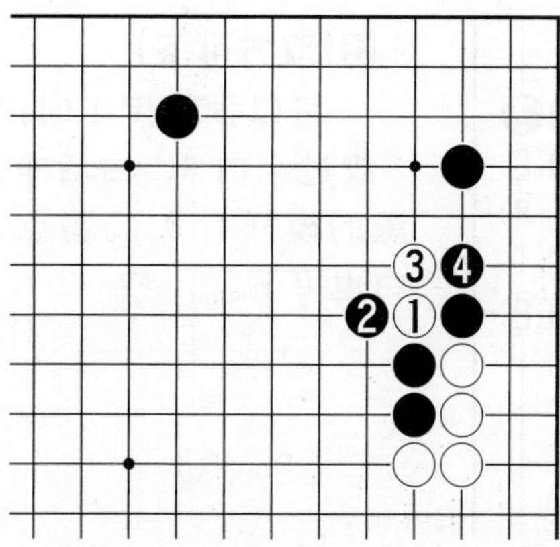

2 图(白苦战)

白 1 马上断，白苦战。

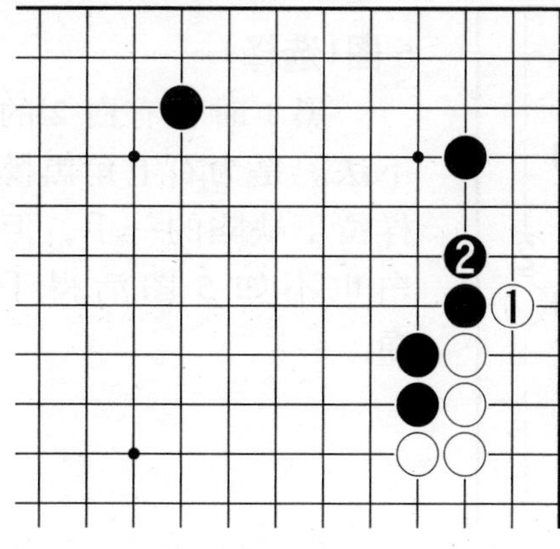

3 图(懦弱)

白 1 是懦弱的想法。

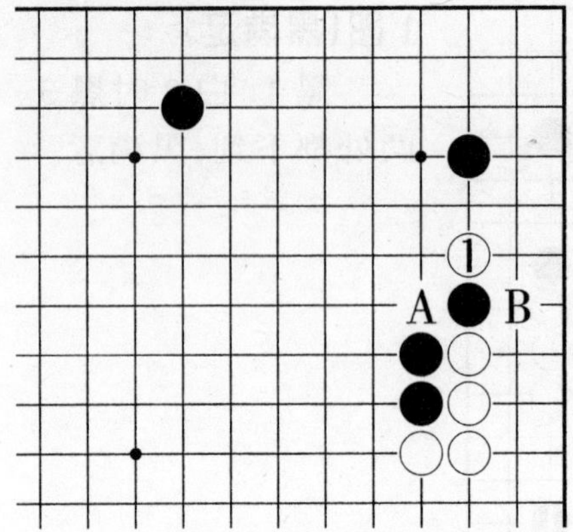

4 图(白的研究)

首先研究的是白 1 的夹。黑可考虑 A 和 B 的选择。

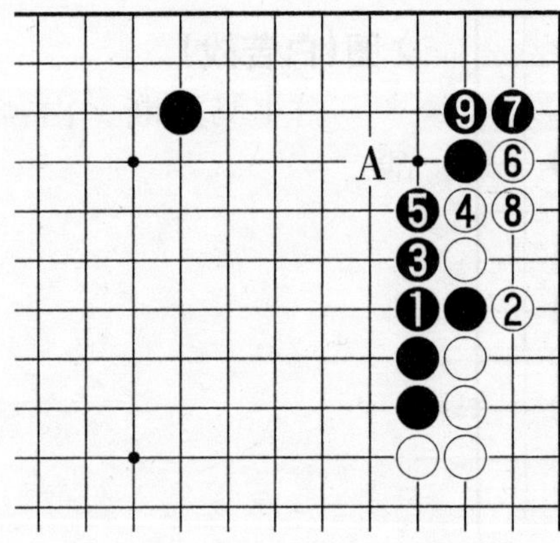

5 图(双方可下)

可以预想黑 1 时白 2 渡过至白 8，白活净，黑的模样有 A 的弱点，白也可下。

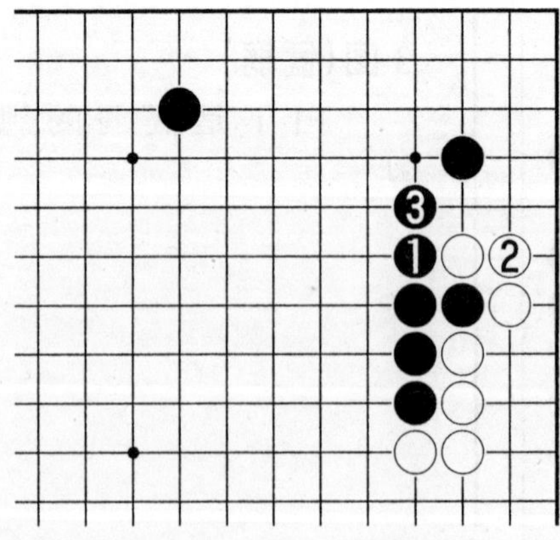

6 图(选择)

黑 1 时也有白 2 的下法。是为右上角黑模样留下缺陷的一手，但白也不如 5 图活得干净。

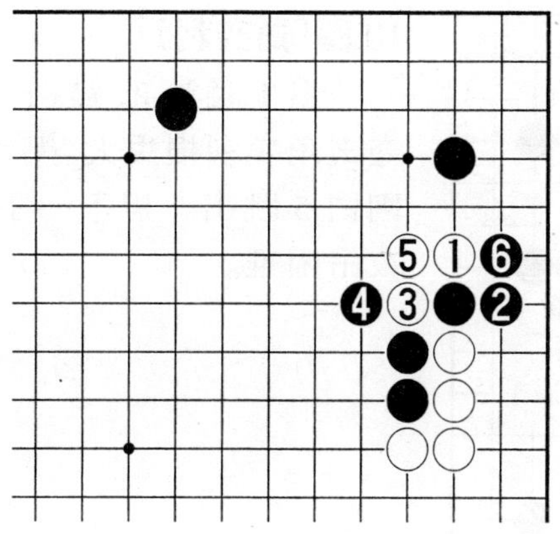

7 图(黑的选择)

黑在白 1 时黑 2 下立战斗也不坏。白 3 断时黑 4、6 对抗。

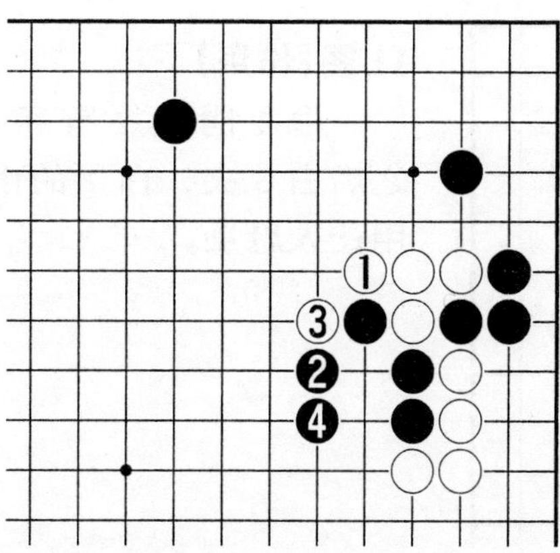

8 图(白苦战)

白 1 贴长则黑 2、4 守,白两头受困。

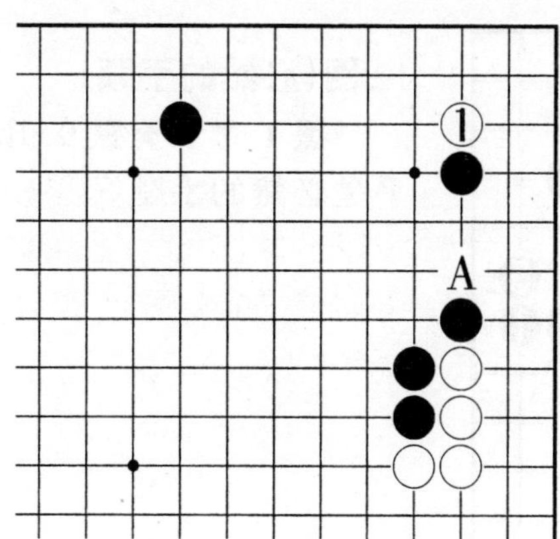

9 图(苦思的一手)

在左右为难的过程中白发现绝妙的一手,即白 1。白 1 和 A 相关联。

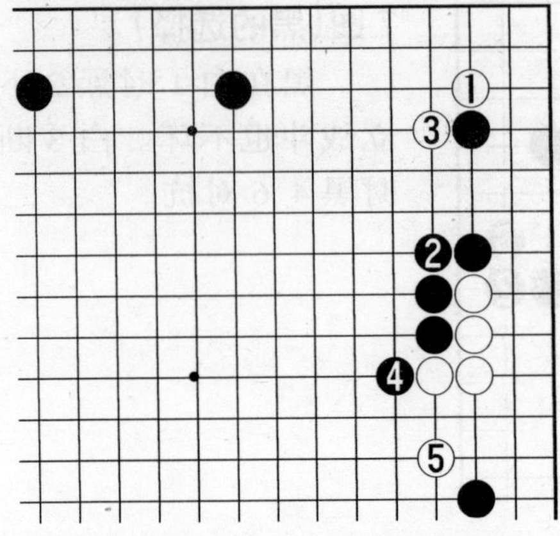

10图(白实利)

白1时黑2,被白3夺走角实利损失大。黑4则白5跳出，黑下一手攻击困难。

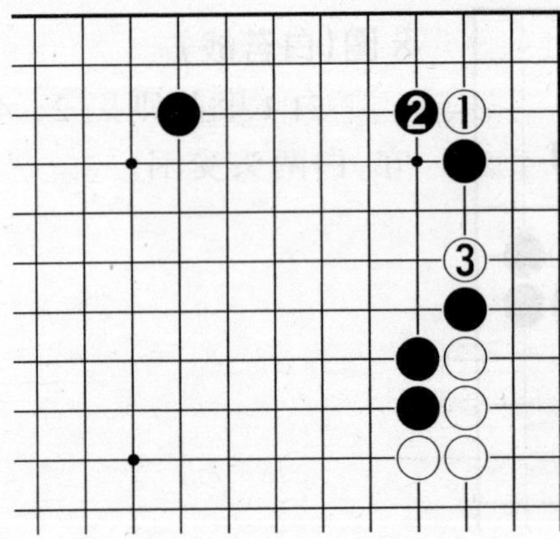

11图(作用)

白1时黑2普通，之后白3夹，白1的作用让人思量。

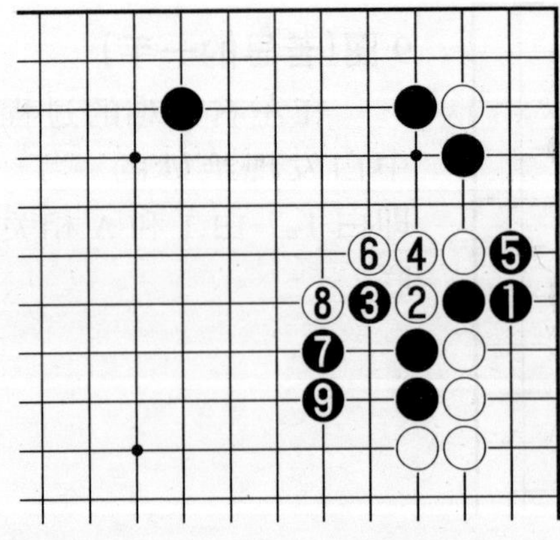

12图(必然的手顺)

黑1立下至黑9,几乎是必然的手顺。

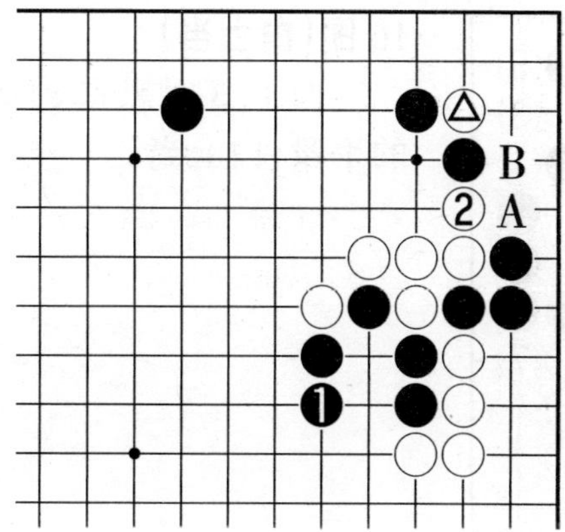

13 图(白◎的作用)

黑 1 时白 2 使白◎发挥作用。黑可考虑 A 和 B。

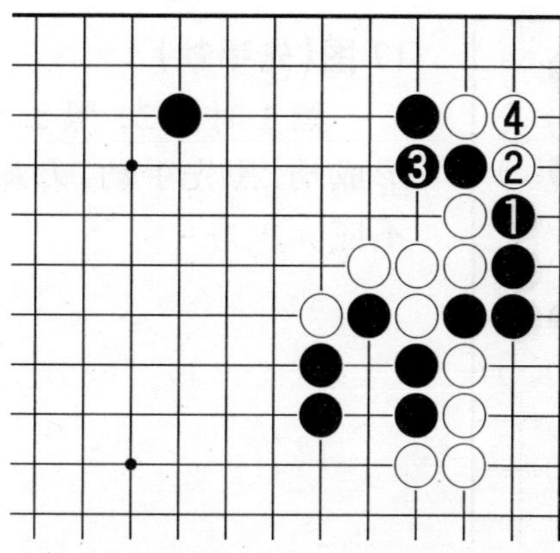

14 图(黑失败)

黑 1 时白 2、4 形成对杀,黑困难。

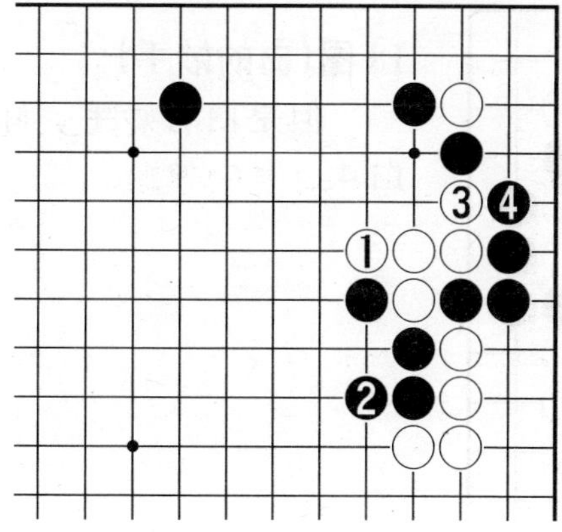

15 图(黑的研究)

黑为 4 挡研究了形状并不好的黑 2 的下法。

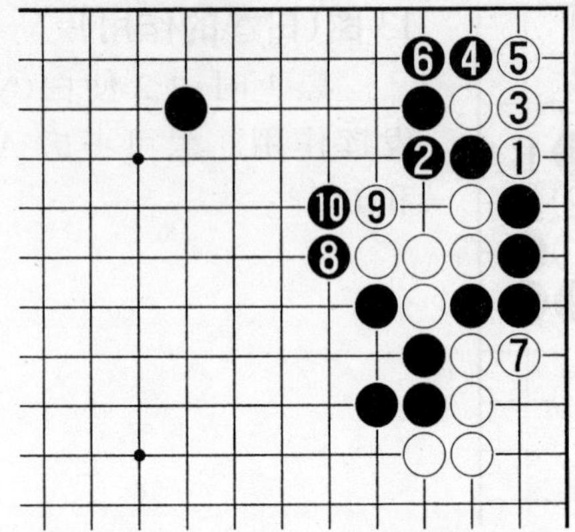

16 图（白上当）

白 1、3 时黑有 8 扳的手段，白上当。

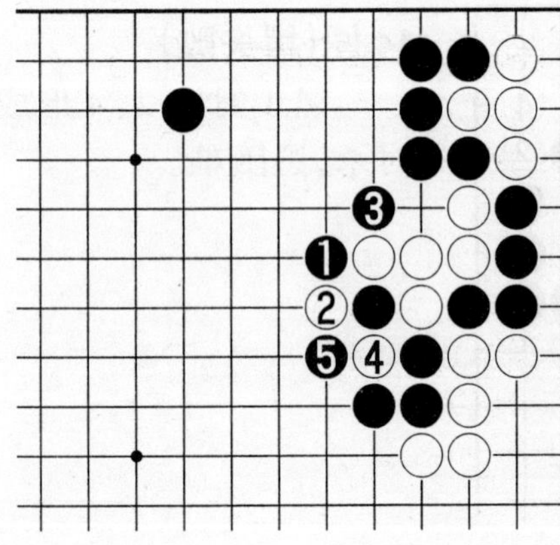

17 图（先手劫）

黑 1 时白 2，黑 3、5 形成劫，黑先手劫，万劫不应。

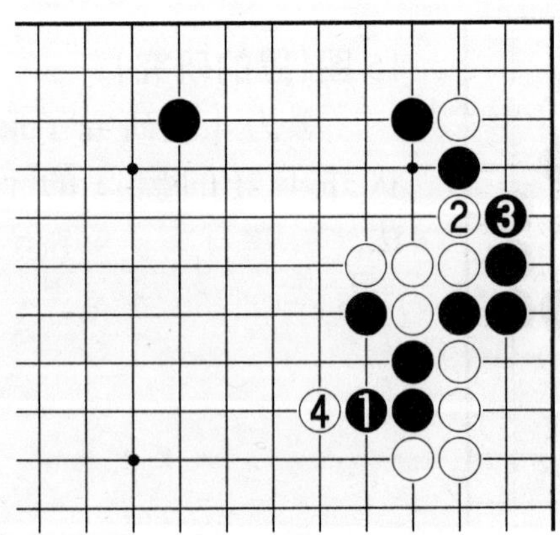

18 图（白的妙手）

但是白有妙手，即白 4。

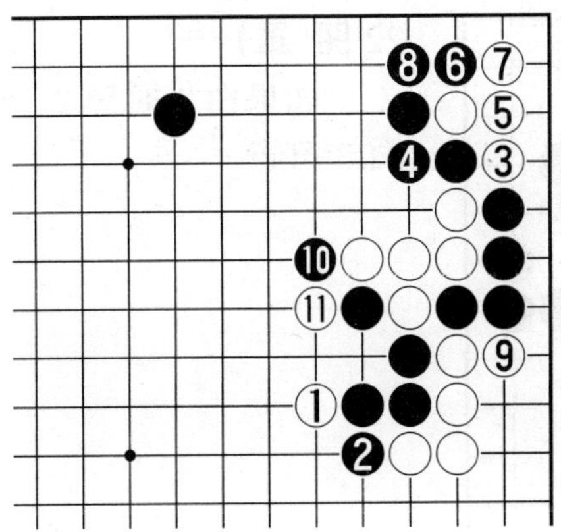

19 图（黑困难）

白 1 时黑 2 不得已，至黑 10 时，白 11 的打可知白 1 的作用。

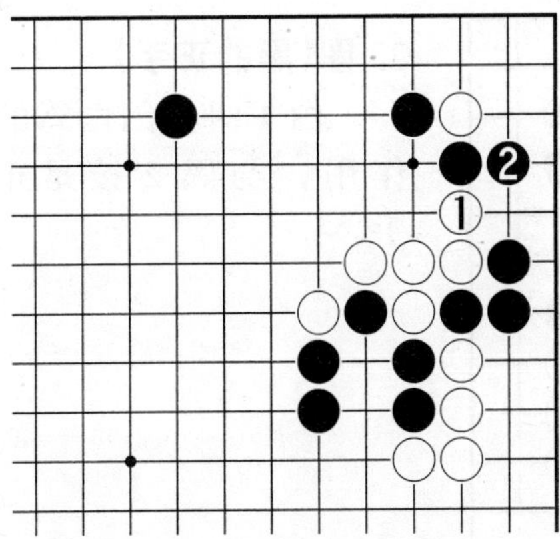

20 图（另外的变化）

白 1 时也可考虑黑 2 的变化。

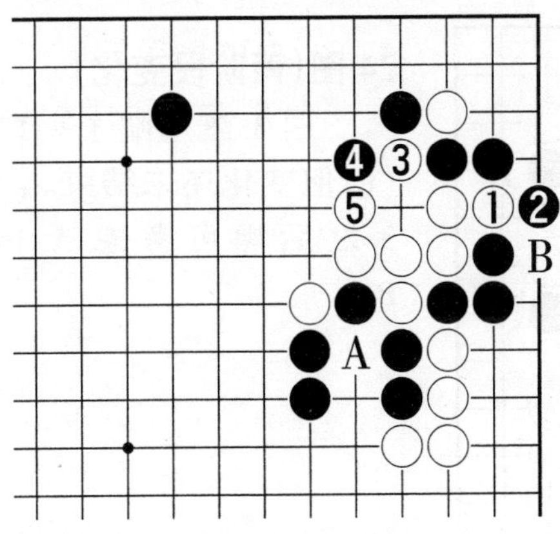

21 图（劫）

要下白 1、3，在黑 4 时白 5 做劫，黑困难。白从自身劫材 A、B 开始产生的劫材很多。

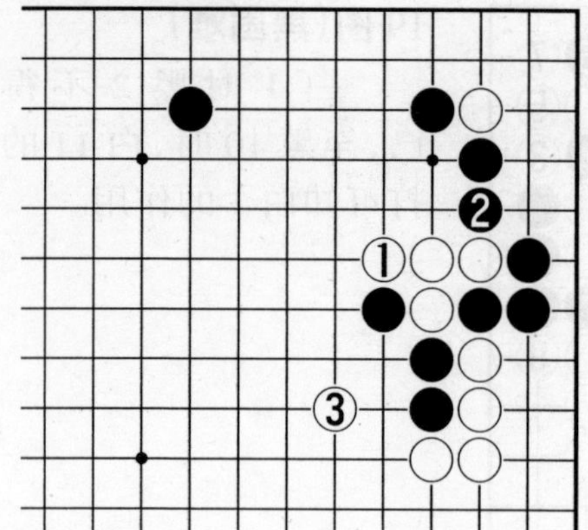

22 图(罩)

如果白 1 时黑 2,则白 3 可罩。

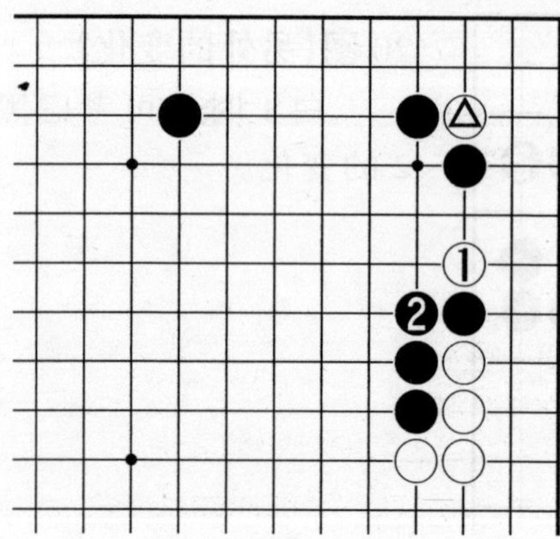

23 图(黑的正手)

白 1 时黑因白◬的作用,与黑 2 接是正手。

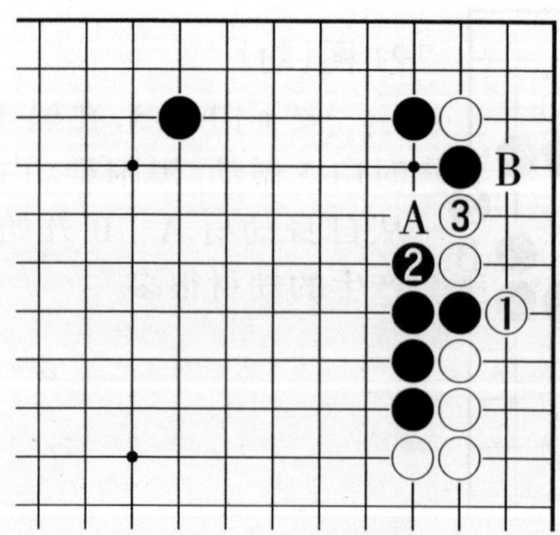

24 图(两阶段变化)

白 1 渡过喘了一口气,但变化还未结束。白 3 之后黑可考虑 A 和 B。

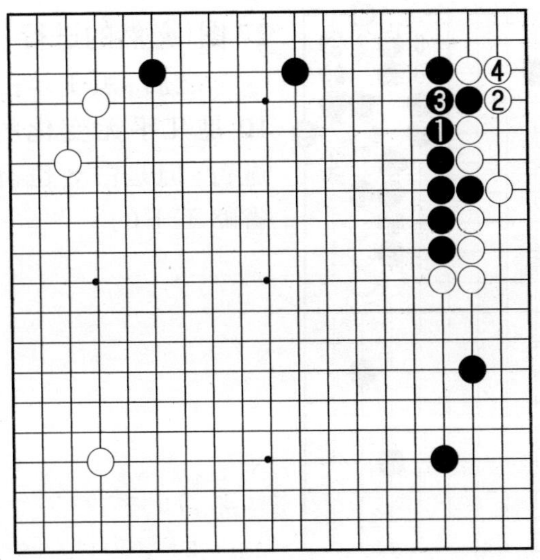

25 图（白实利）

黑 1 可行至白 4，先占实利的白棋好下。

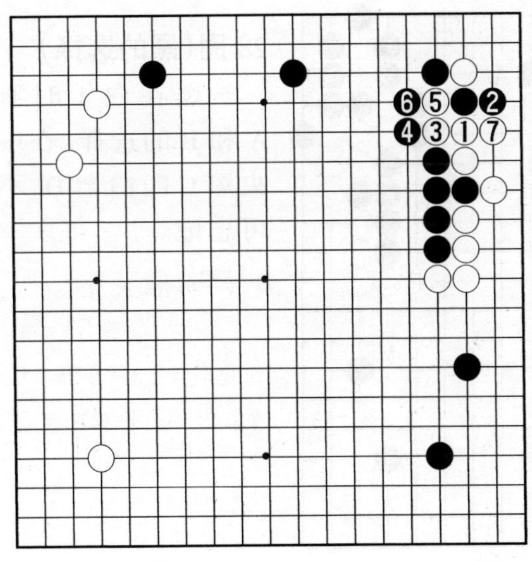

26 图（黑的应对）

黑棋白 1 时黑 2 是取实地的手法，至白 7 是必然。

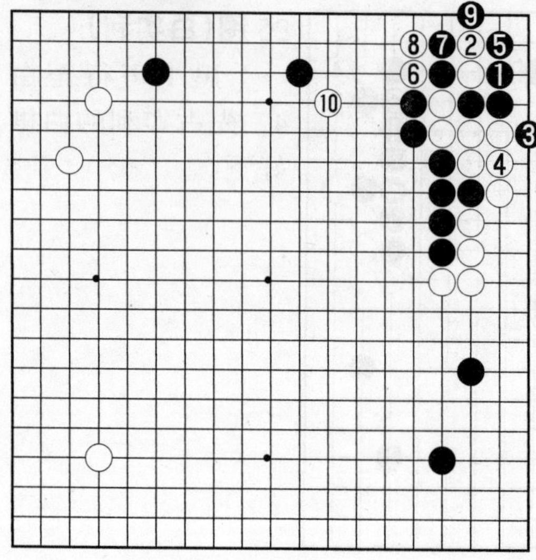

27 图(必然的进行)

之后,黑 1 至白 10 是几乎无变化的进行。但是白 8 也有省略不下的。

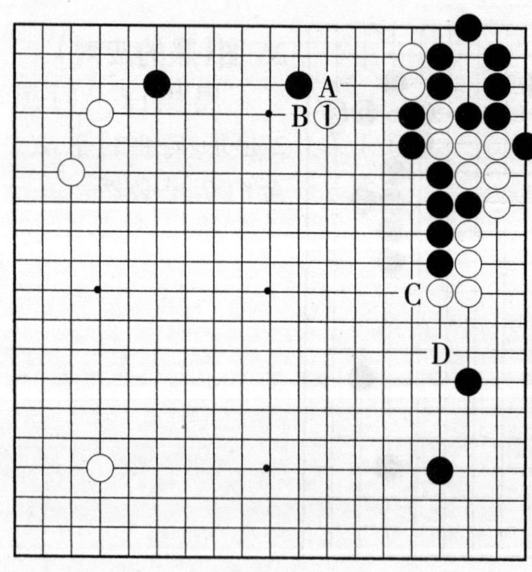

28 图(黑的选择)

黑在白 1 时有 A 和 B 的选择。在中央黑 C 时白会 D,不可忘记。

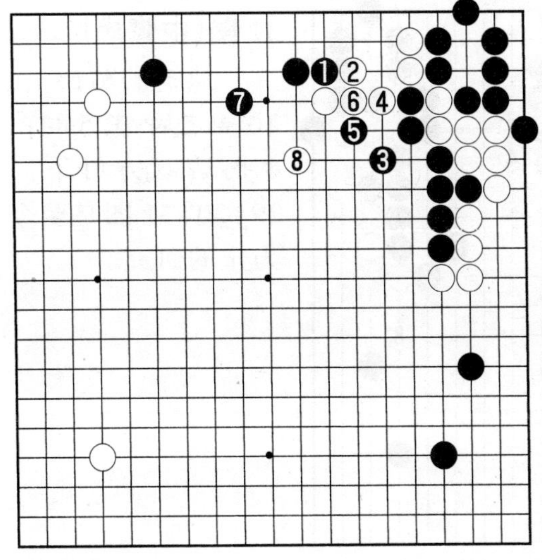

29 图(双方可下)

黑 1 时白 2 至白 8 双方可下。

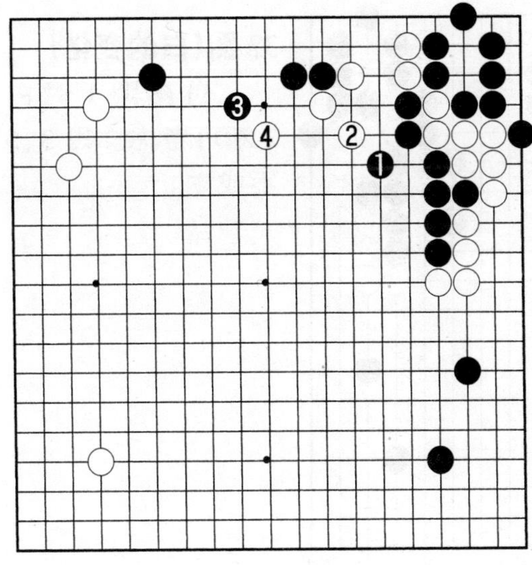

30 图(双方可下)

黑 1 时白 2 的虎口也可下。至白 4 互相可下。

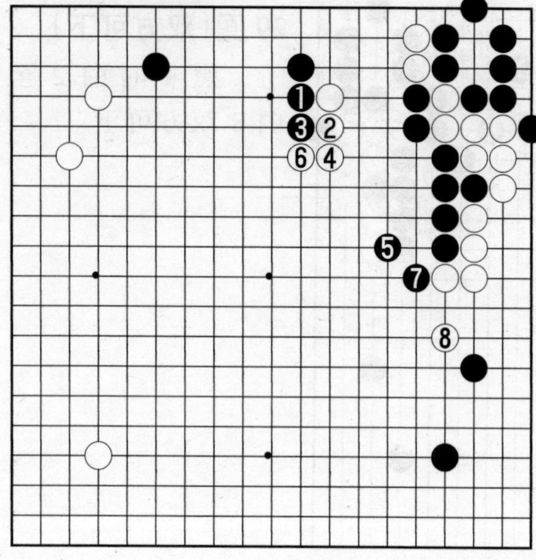

31 图（中腹战）

黑 1 的贴长，白 2、4 之后 黑 5 时白 6 拐后双方可下。29、30、31 图是至今为止的研究。

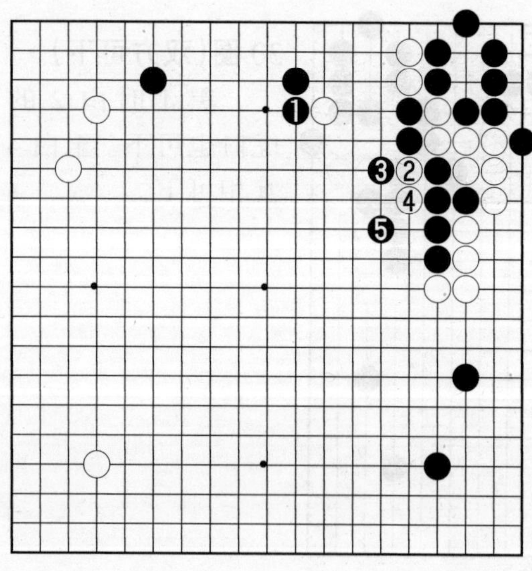

32 图（白的变化）

白在黑 1 时白 2 断可考虑。黑 3、5 不成立。

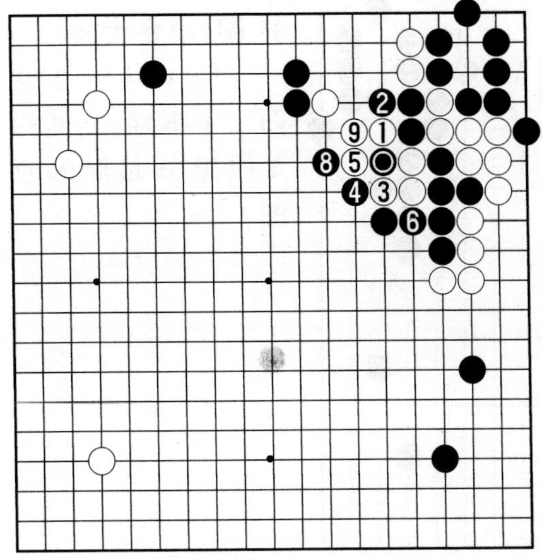

33 图(黑无理)

白 1、3 时黑 4、6 征子不成立，因此黑困难。

⑦ =◉

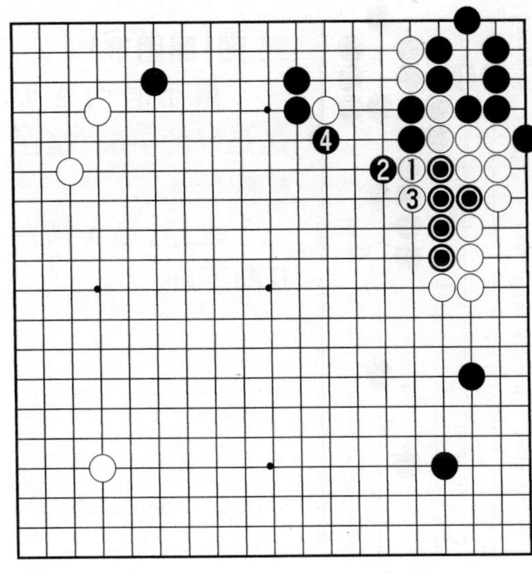

34 图(黑的应对)

黑在白 1 时看轻黑◉，下 2、4 可轻松应对。

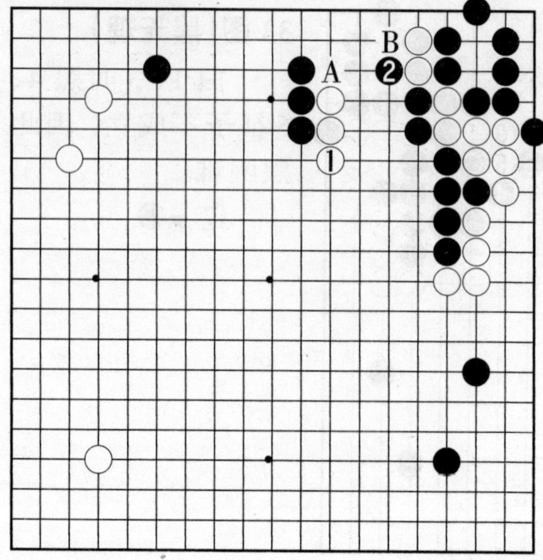

35图(小贪大失)

白1时黑2吃白二子不好。当然白A时黑B是黑的意图。

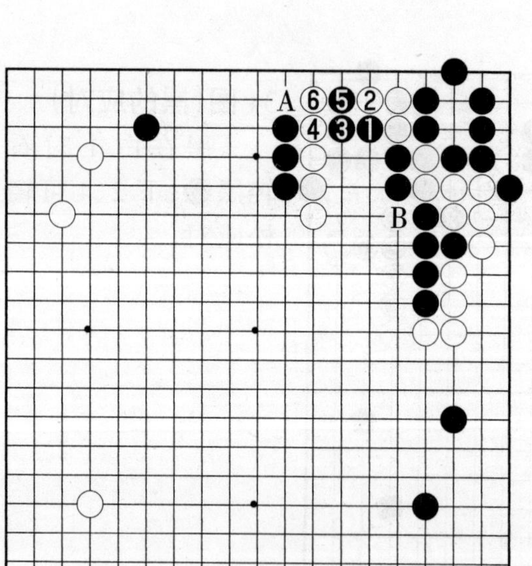

36图(黑困难)

黑1时白2大送是好的手顺。至白6黑上当。

之后,黑A被白B断不好。

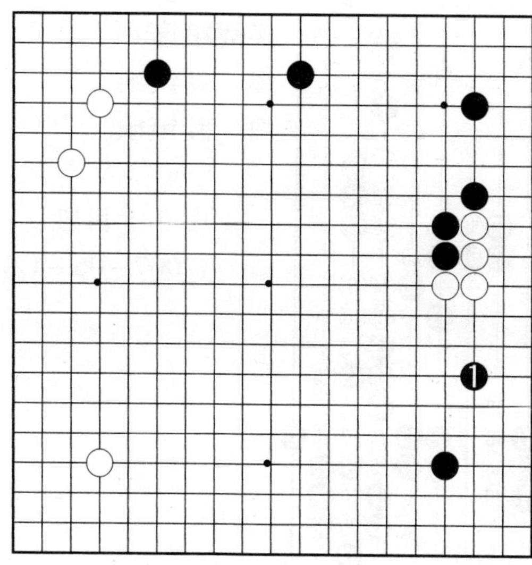

37 图(结论)

黑 1 时至结论形成长长的进行,这之后继续形成中腹战。在漫长的过程中没有多少其他的变化也是罕见的事情。如果喜欢攻击,黑 1 会是趣向。

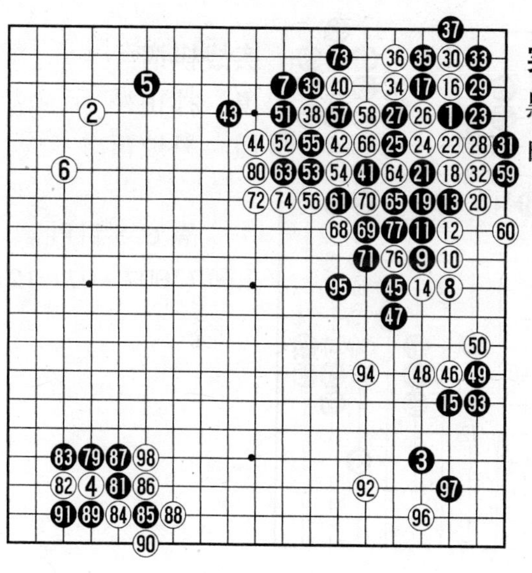

实战棋谱

黑　李世石

白　睦镇硕

白中盘胜。

(2007－05－08)

㊳＝62 78

64＝67

57＝75

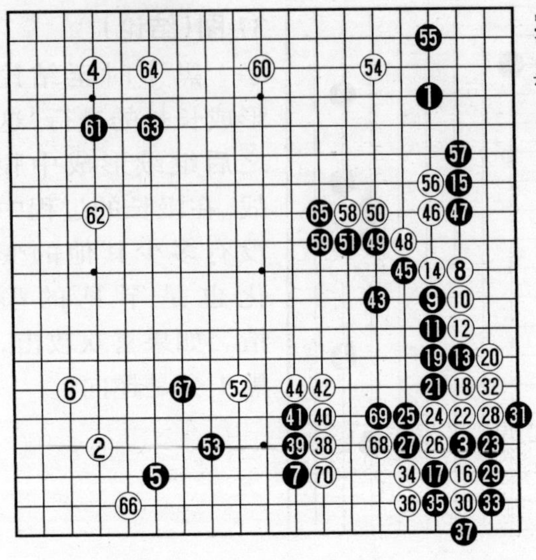

实战棋谱

黑　赵汉乘

白　睦镇硕

白 3.5 目胜。

(2007－06－12)

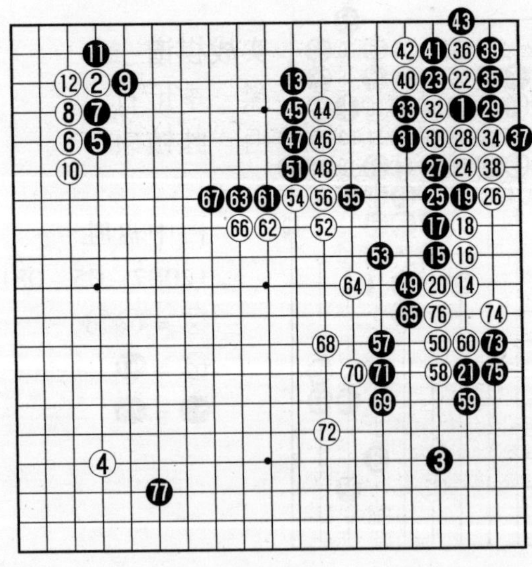

实战棋谱

黑　朴正祥

白　尹炫哲

黑 6.5 目胜。

(2007－07－12)

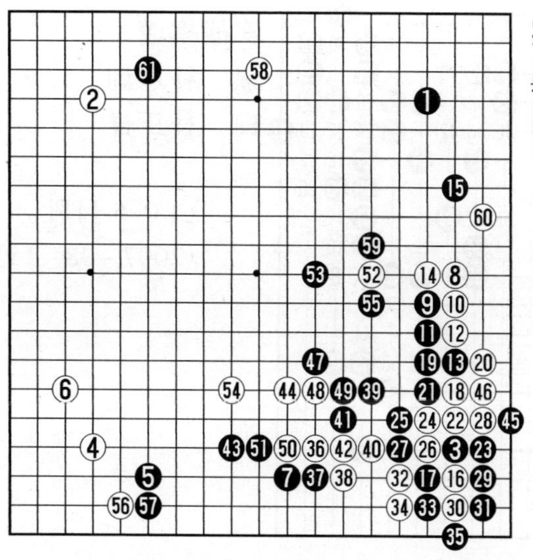

实战棋谱

黑　芮乃伟

白　洪性志

白 5.5 目胜。

(2007－08－08)

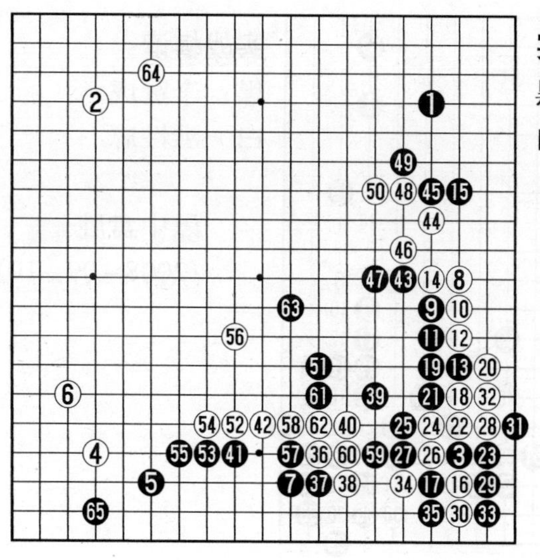

实战棋谱

黑　朴永训

白　崔哲瀚

黑 1.5 目胜。

(2007－08－02)

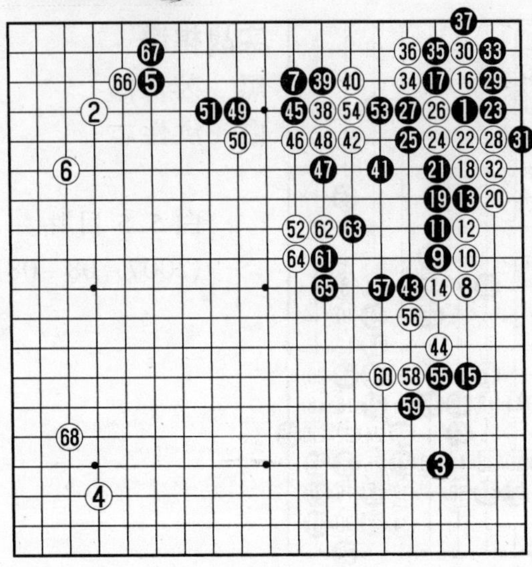

实战棋谱

黑　朴永训

白　朴正祥

白 0.5 目胜。

(2007-08-15)

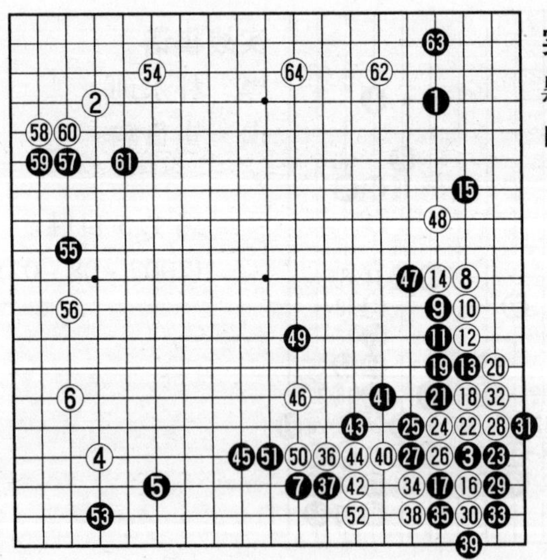

实战棋谱

黑　李贤虎

白　洪性志

黑中盘胜。

(2008-09-10)

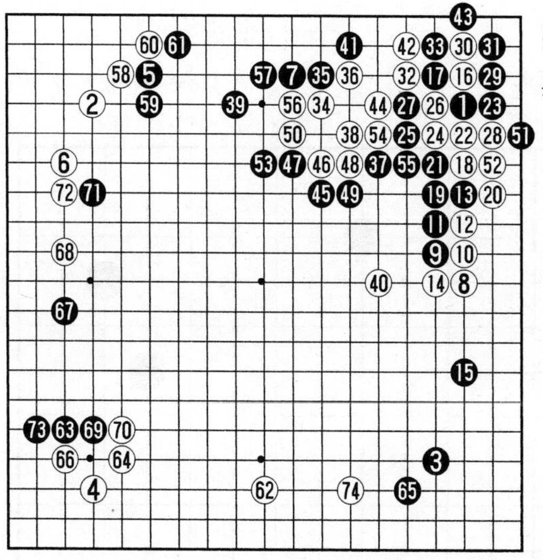

实战棋谱

黑　刘昌赫

白　李世石

白中盘胜。

(2008－10－22)

新型 24－C　迷你中国流的变形和新的变化

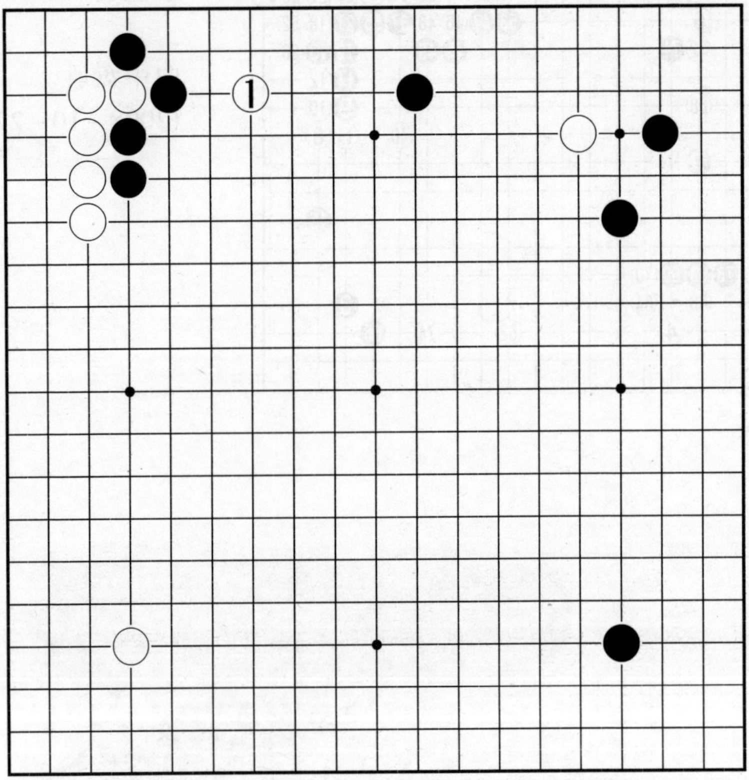

黑的布局和迷你中国流相似，但左下角黑的形状不同。白有了1位侵入的理由之后新的研究开始了。

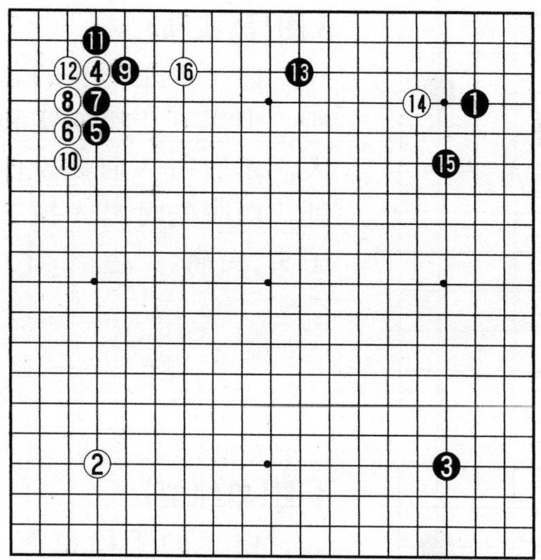

1 图（手顺）

这是场面图的手顺。

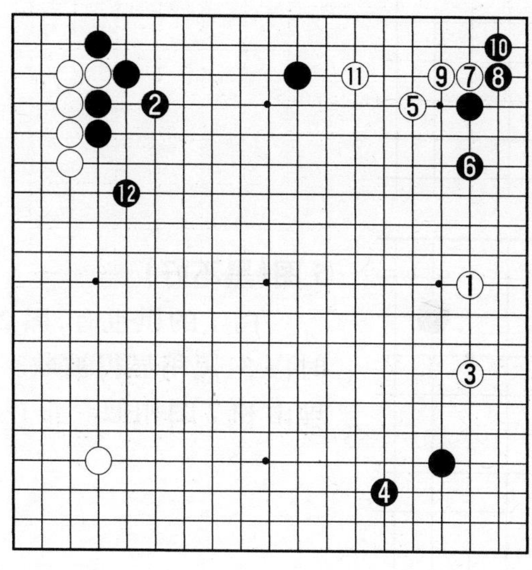

2 图（黑容易）

白 1 分投在迷你中国流中常下，但现在黑 2 守好，至黑 12 活泼。相反，白从 7 至 11 显得较窄。

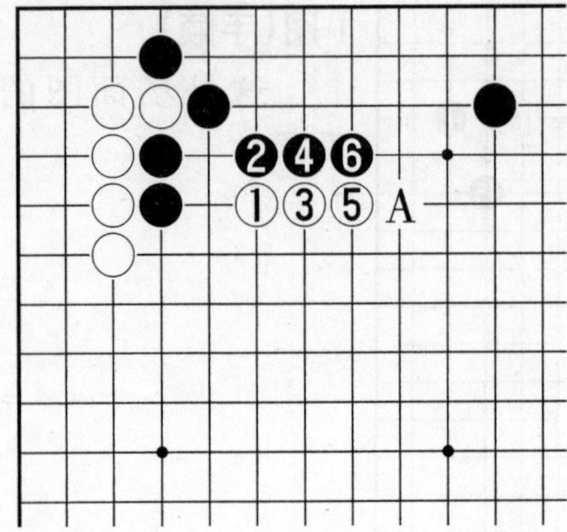

3图(黑实利)

白1也是形状的急所，但黑6止黑的实利大。之后白A时黑投他处，白脱先时黑A扳三子头,白痛。

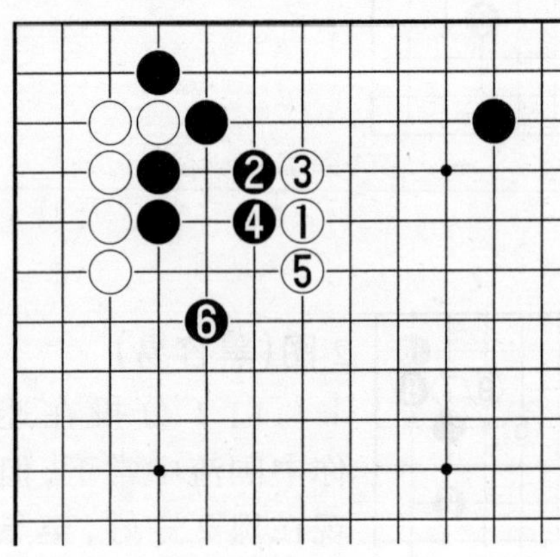

4图(单纯型)

白1的手段也有，至黑6的进行。

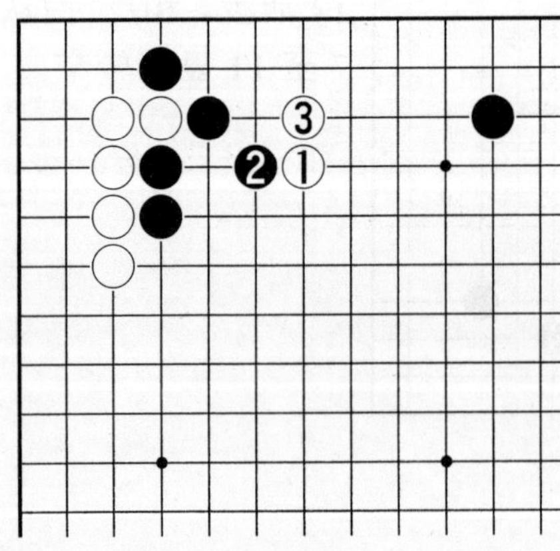

5图(黑不好)

白1的棋也有,黑2时白3,黑稍显得被欺。理由和7图相似。

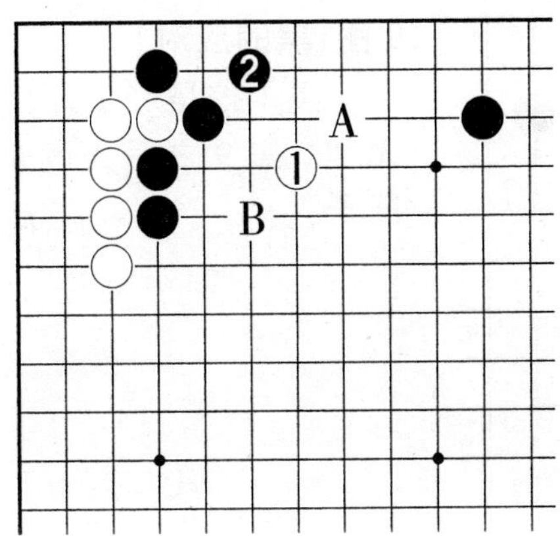

6 图(黑的变化)

黑在白 1 时黑 2 有弹力。之后 A 和 B 见合。

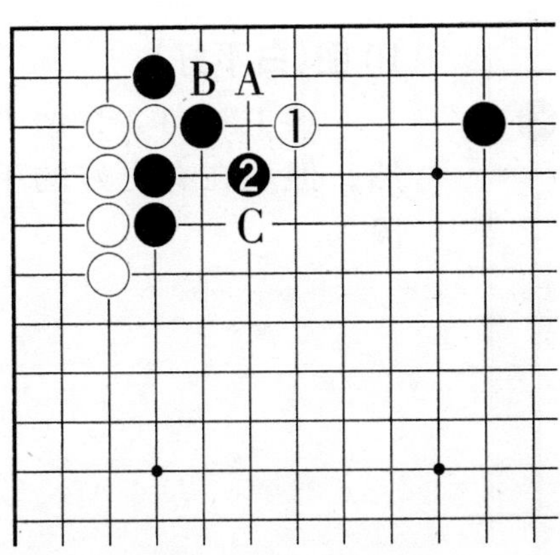

7 图(压迫)

白 1 是压迫黑棋的适当的手段。黑 2 的守,如果白 A、黑 B 交换时,C 的位置更好。

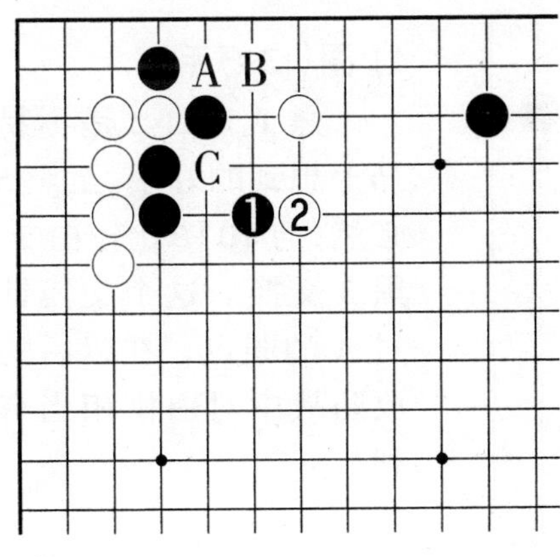

8 图(瞄)

黑 1 时白 2 贴,瞄着 A 断的手段。黑 B 吃时,白 C 断。

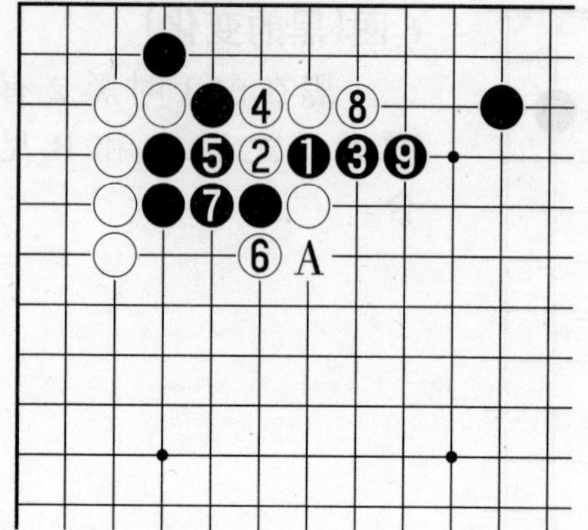

9 图(黑的应对)

黑 1 挖是好手,白 2 无理。黑 9 之后 A 断是征子。

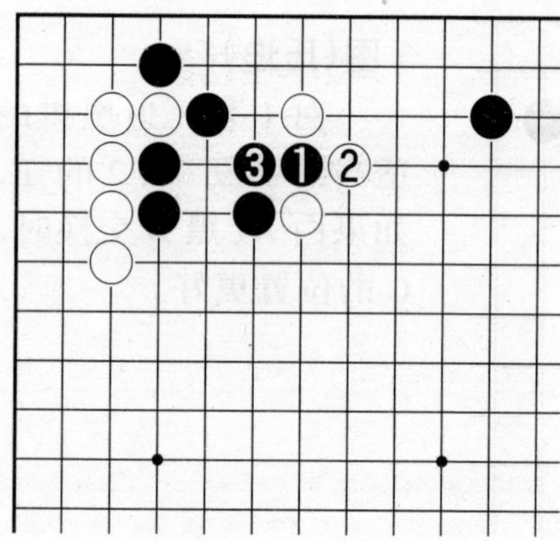

10 图(白不好)

黑 1 时白 2 看似当然，但现在有更好的手段。

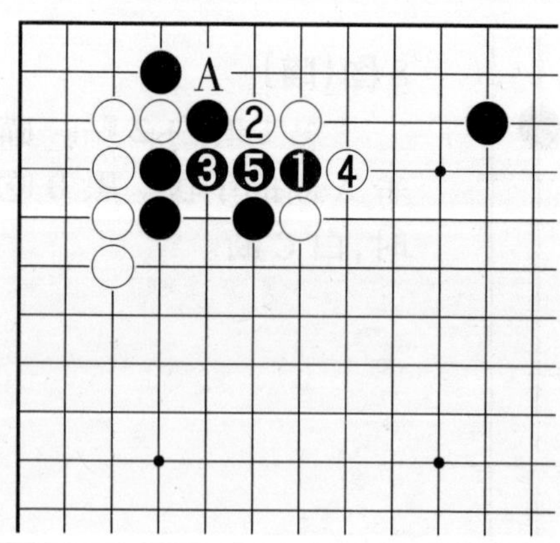

11 图(白好手)

黑 1 时白 2 是不易马上想到的好手。至黑 5 必然,与 10 图比较白 2、黑 3 交换。这个交换针对 A 的弱点，在以后的攻防战中对白棋相当有利。

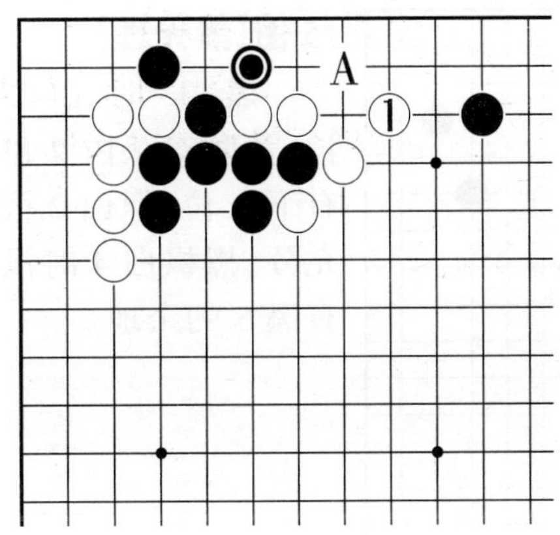

12 图(守)

刚出来这个形状的时候白 1 下了虎口。但是有黑圈◎以后，黑 A 成好手，白 1 就不下了。

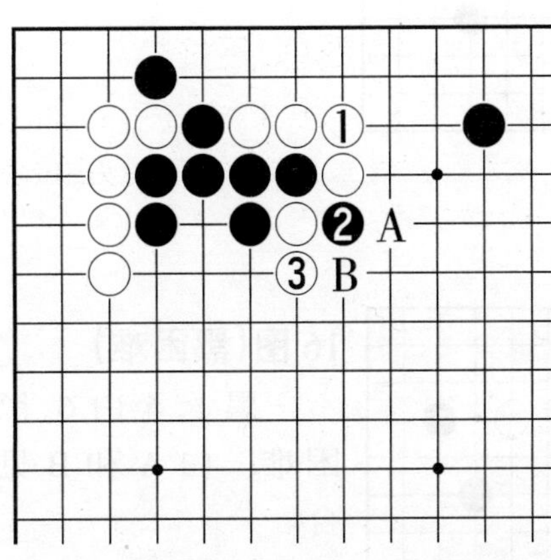

13 图(断)

白 1 是正手，黑 2 是否成立成为下一个问题。提一子黑可下,所以白 3 长出去。之后黑可考虑 A 和 B。

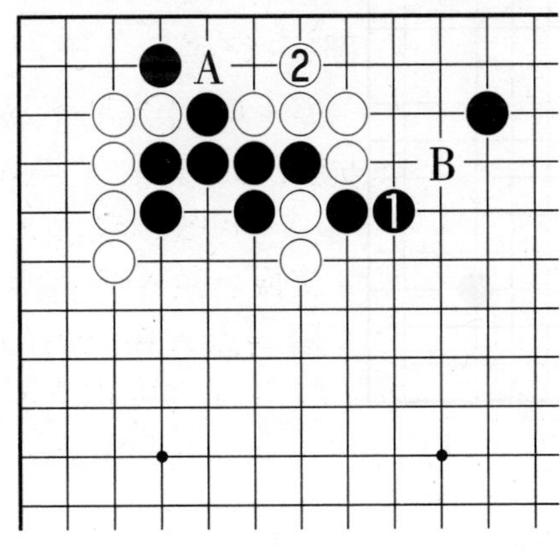

14 图(白好)

黑 1 时白 2 是好手。A 和 B 见合。

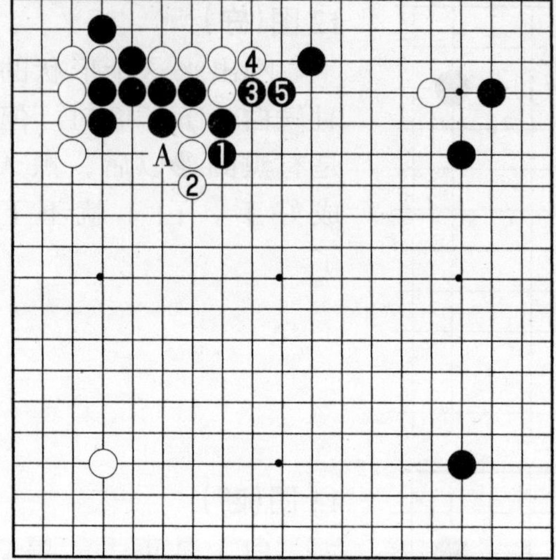

15 图(黑无理)

黑 1 时白 2 长。为防对杀白 2 也有下 A 位,但白 2 很充分。黑棋白 4 时没有黑 5 的余地。

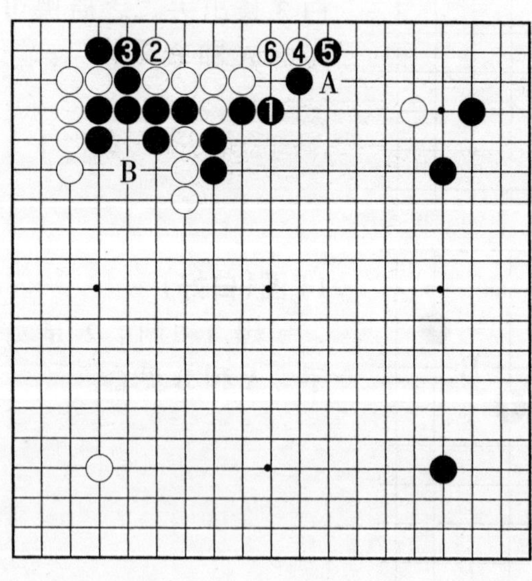

16 图(黑困难)

黑 1,至白 6,黑困难。白 A 和 B 见合。

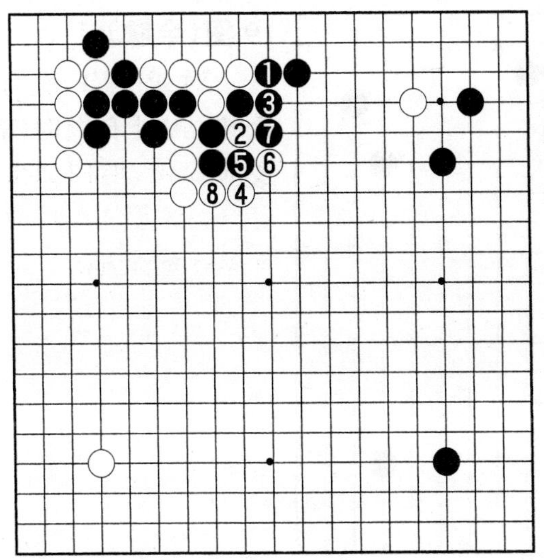

17 图（愚形）

黑 1 不得已，至白 8 白得很多实利。

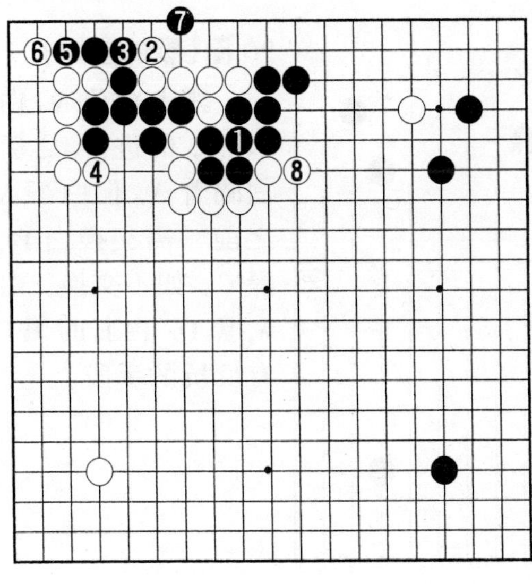

18 图（白充分）

对杀黑 7 好手，黑虽有利，但白下 8 也很充分。

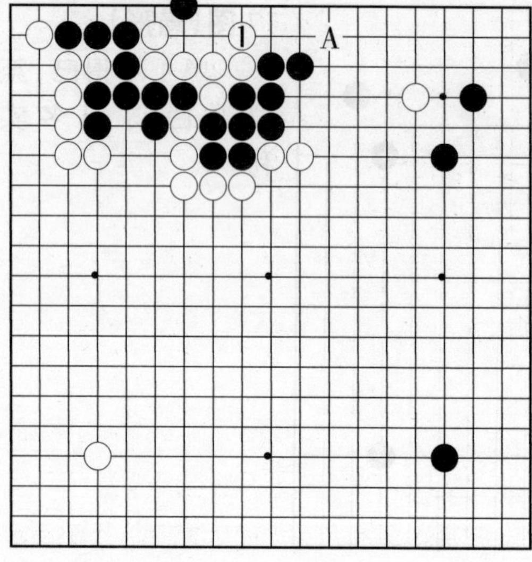

19图（余味）

对杀白1稍有余味，A处有白时需要应。

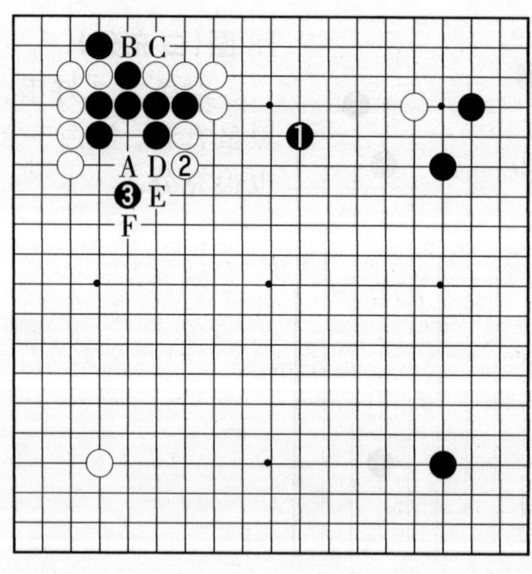

20图（黑的应对）

黑1跳普通，白2、黑3的进行。之后白瞄着A。但白下A之前，需交换白B、黑C，如不交换，白A，黑D，白E时黑F有反抗的手段。

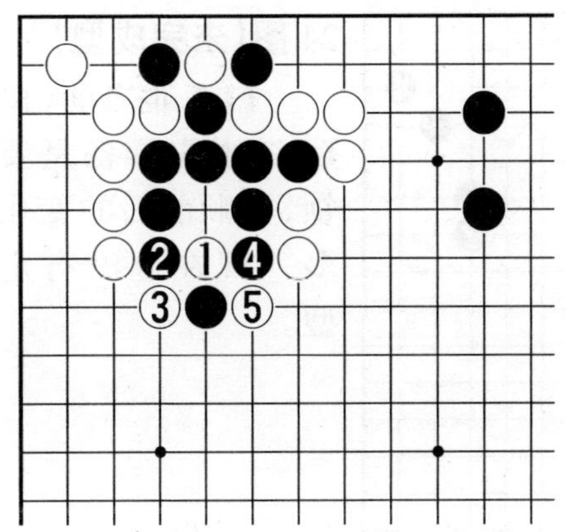

21 图（黑失败）

白 1 时黑 2 错误，黑大失败。

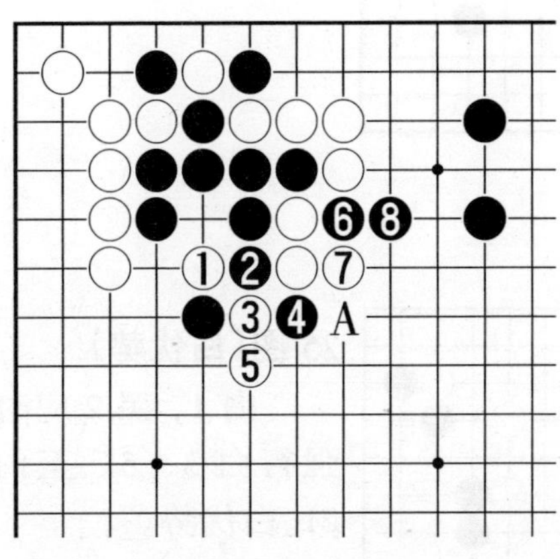

22 图（白困难）

白 1 时黑 2 是正确的应对至黑 8，白困难。黑 A 是征子。

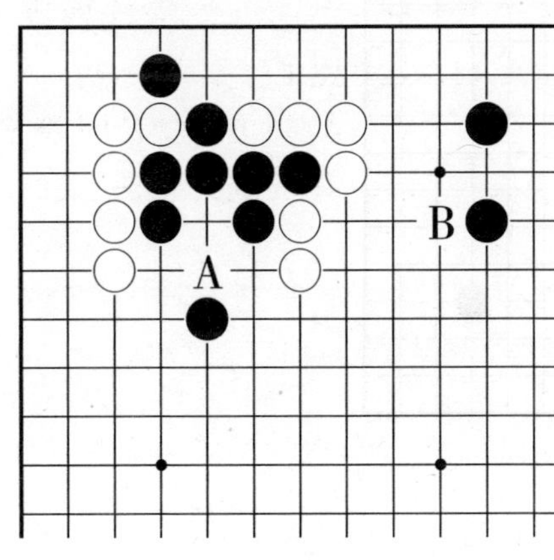

23 图（白的研究）

因此，白 A 马上跨不成立，但瞄着这个研究了 B 靠的变化。

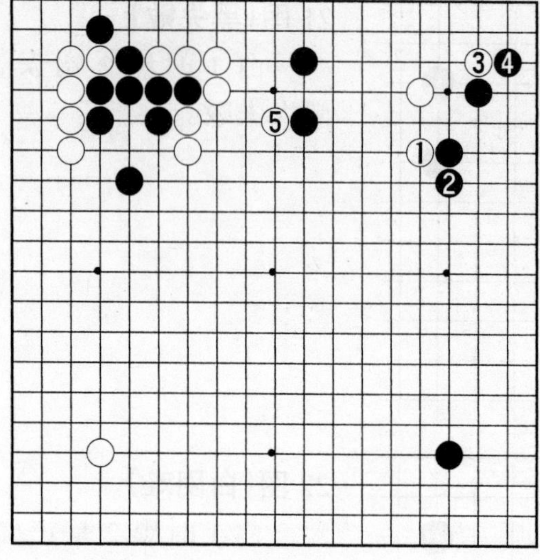

24图（未完成型）

白5靠之前，白1、3事先准备是要领，手顺前后的变化多，现在也没有定型。

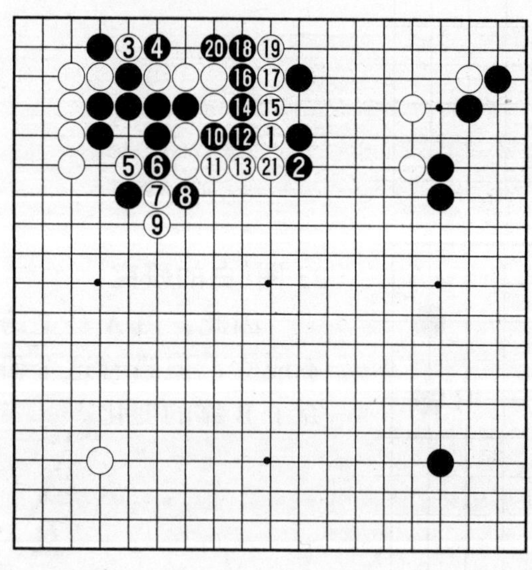

25图（白优势）

白1，黑2应时强行白3、5。至白21，白优势。

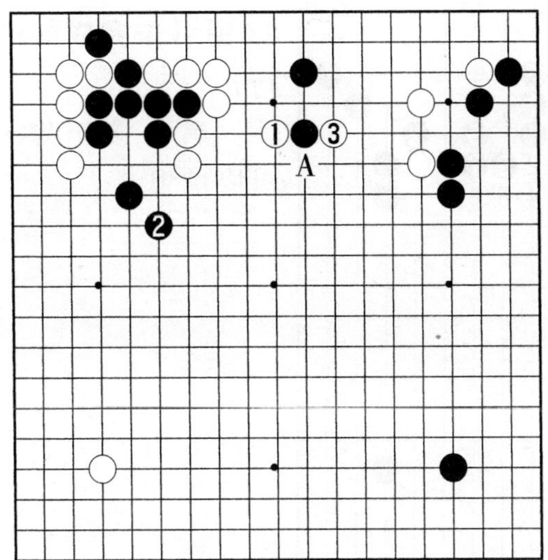

26 图(手筋)

白 1 时黑 2 尖普通,之后白 3 夹是手筋,比白 A 更有效率。

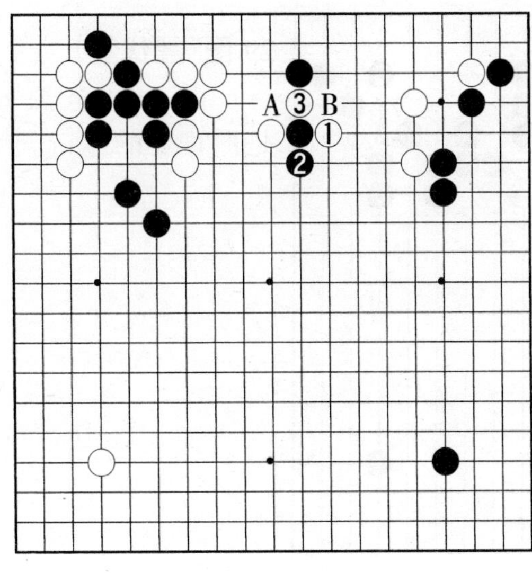

27 图(白可下)

白 1,黑 2 则白 3 挖,黑无论 A 或 B 打断,白可下。

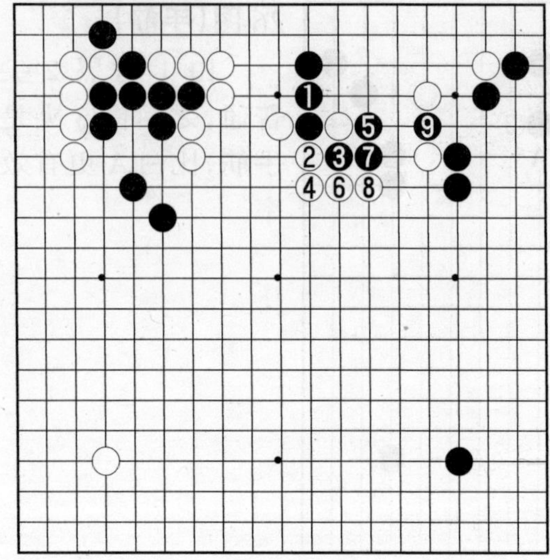

28 图（未完成的进行）

黑 1 接至黑 9 可以预想。

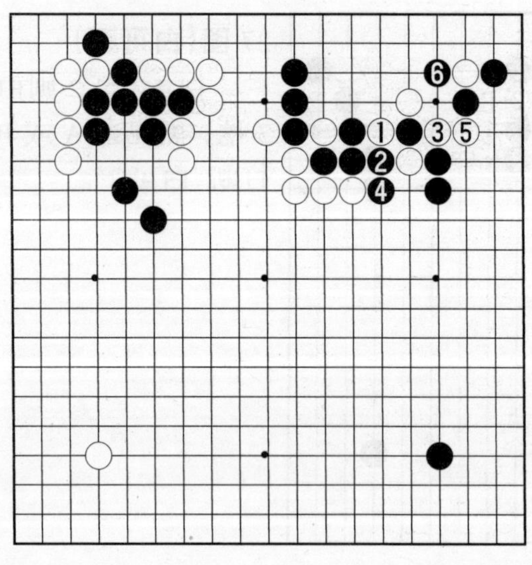

29 图（黑优势）

白 1 时至黑 6 是白难受的进行。

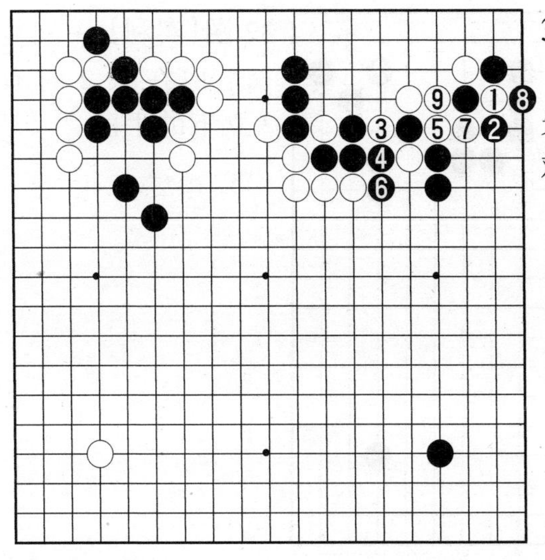

30 图(白的应对)

这里研究白 1 先断,至白 9 形成困难的对杀。

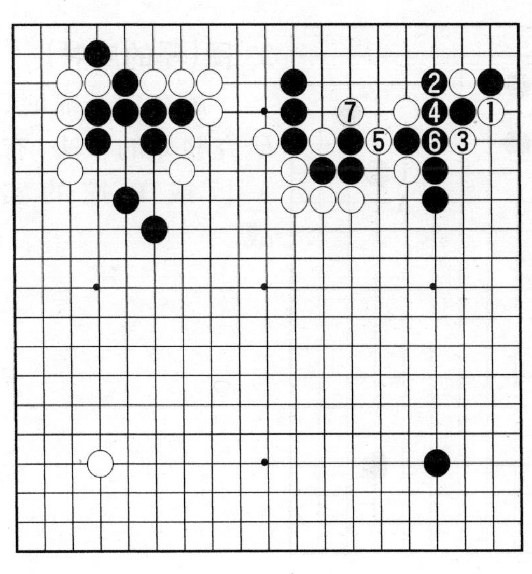

31 图(厚实)

白 1 时黑 2 至白 7,白活泼。

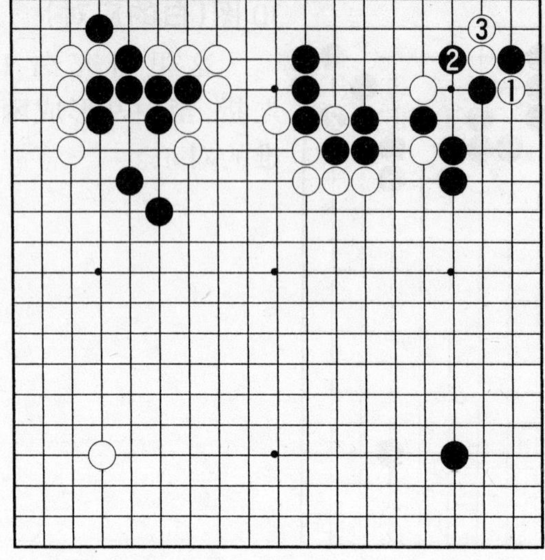

32 图(实利)

白在黑 2 时有 3 立下的手段。

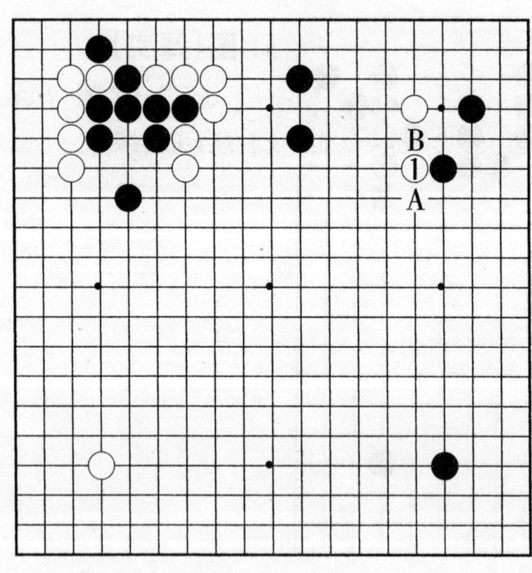

33 图(黑的应对)

黑在白 1 靠时，研究脱先的下法，有 A 扳或 B 挖的实战。

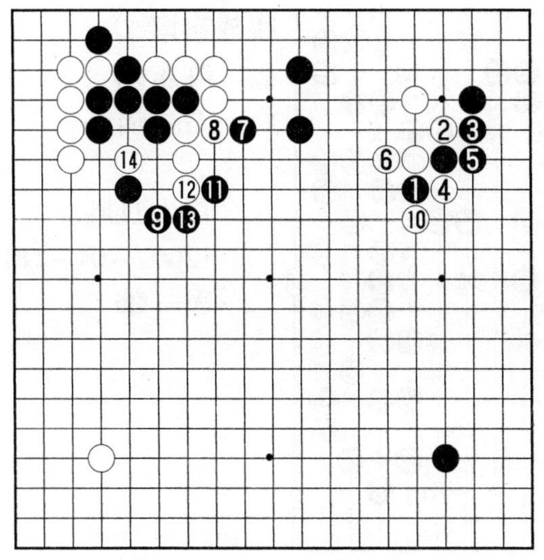

34 图(注意)

此图应注意的是白 6 黑 7 之后黑 11 是不成立的。白有 12、14 的手段。

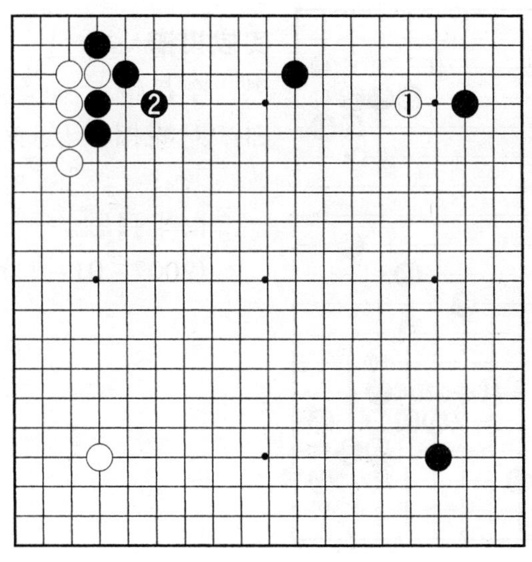

35 图(黑简明策略)

一开始,白 1 时黑 2 的守也可以。

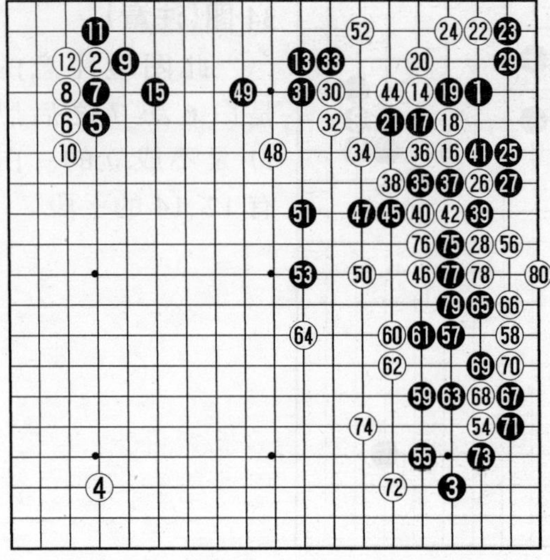

实战棋谱

黑　陈东奎

白　金主镐

白中盘胜。

(2007－01－18)

㉖＝❹❸

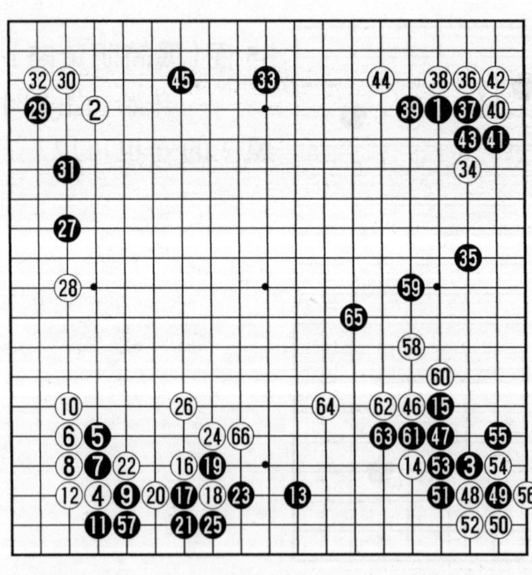

实战棋谱

黑　李昌镐

白　尹峻相

白半目胜。

(2007－01－31)

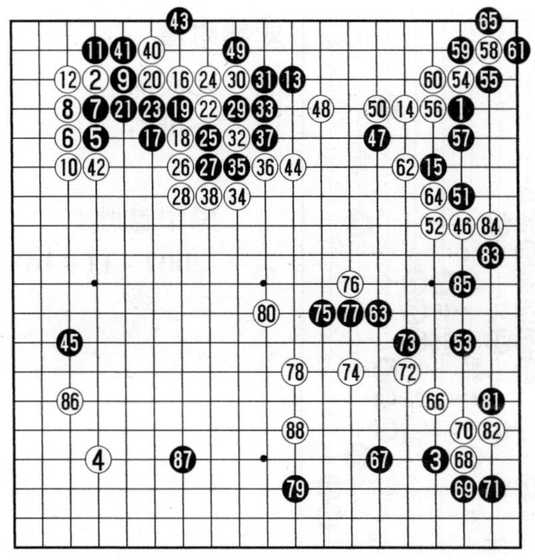

实战棋谱

黑　崔原踊

白　朴永训

黑半目胜。

(2007－04－18)

㉜＝❸❾

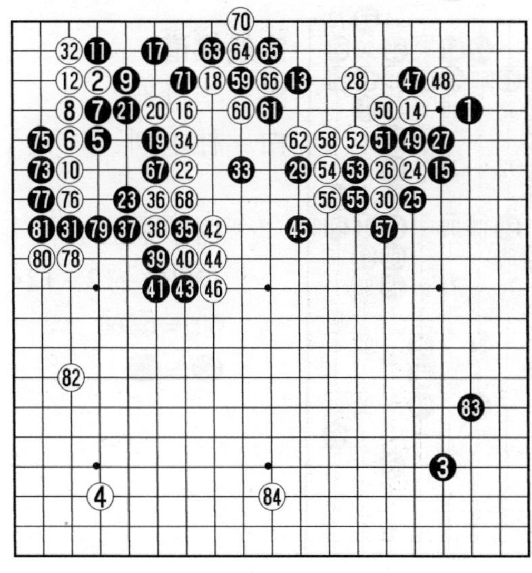

实战棋谱

黑　白洪淅

白　元晟溱

黑中盘胜。

(2007－04－19)

❺❾＝❻❾⑦④

⑥⑥＝⑦②

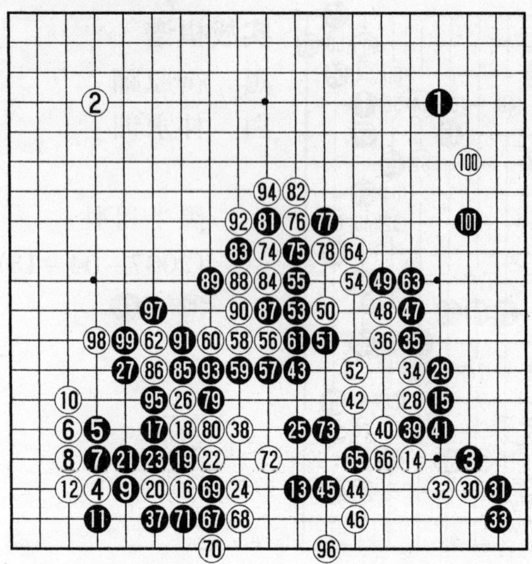

实战棋谱

黑　元晟溱

白　李世石

黑中盘胜。

(2007－11－16)

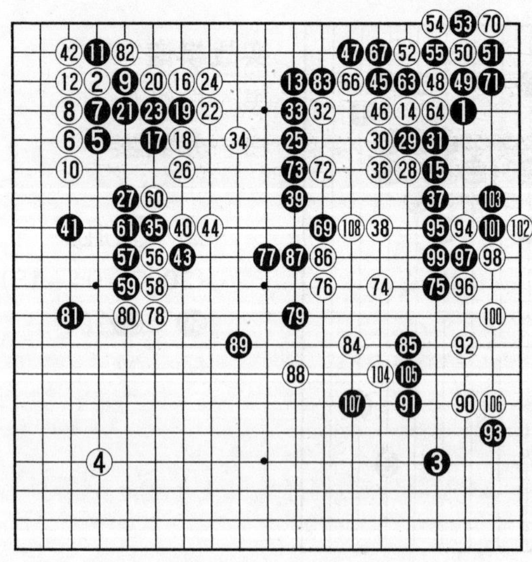

实战棋谱

黑　李世石

白　朴永训

白中盘胜。

(2007－12－12)

㊿＝62 68

55＝65

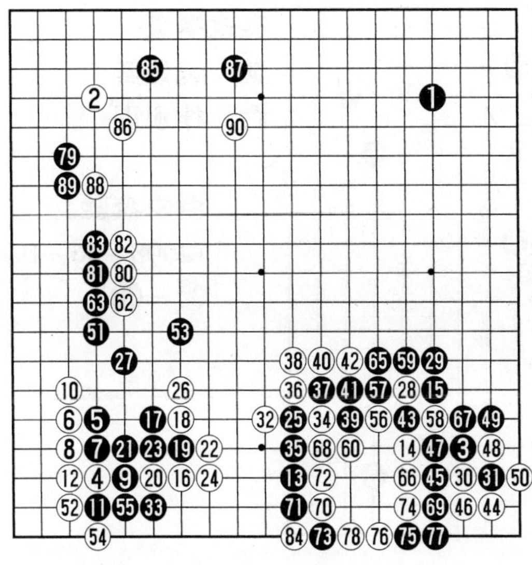

实战棋谱

黑　谢　赫
白　王　檄

黑中盘胜。
(2008－03－17)
❹❸＝❻❶
㉘＝64

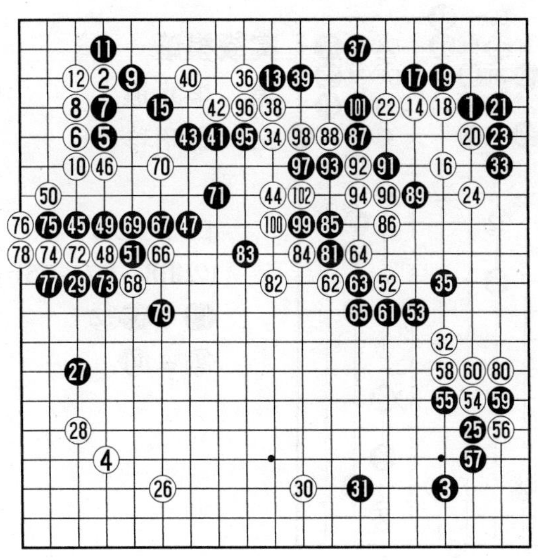

实战棋谱

黑　曹薰铉
白　睦镇硕

白中盘胜。
(2008－06－03)

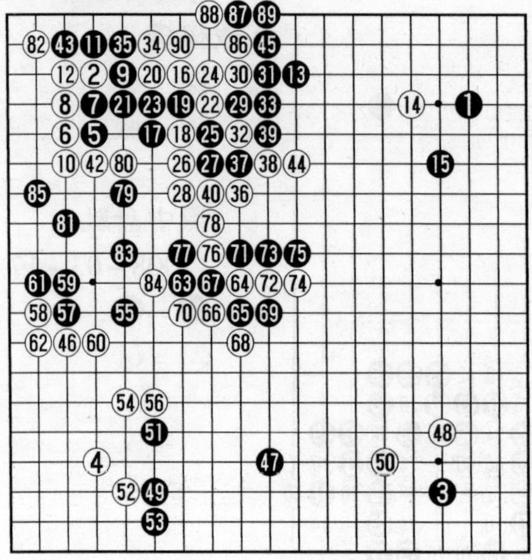

实战棋谱

黑　裴俊熙

白　朴永训

白中盘胜。

(2008－06－19)

㉜＝❹❶

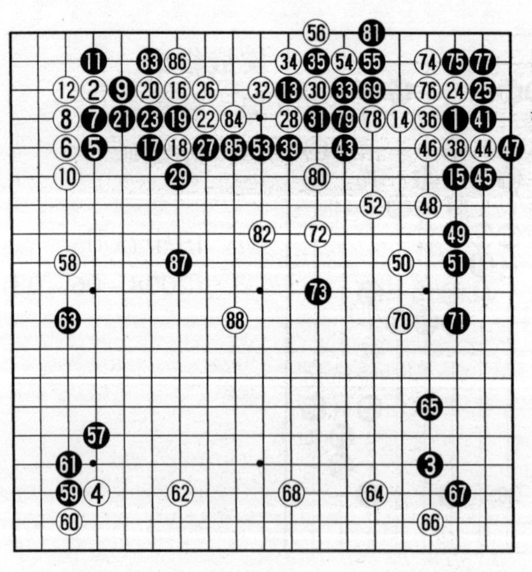

实战棋谱

黑　李元道

白　温昭珍

白中盘胜。

(2008－07－05)

⓭＝❸❼㊷

㉚＝㊵

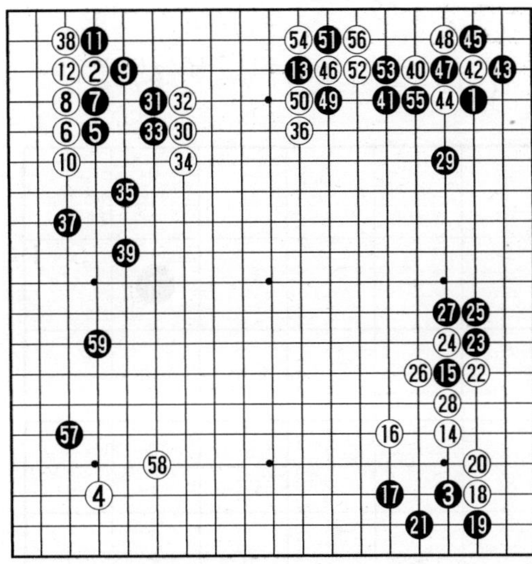

实战棋谱

黑　尹盛铉

白　洪旼杓

黑半目胜。

(2008－07－23)

新型25－A　小目三间夹攻以后的变化

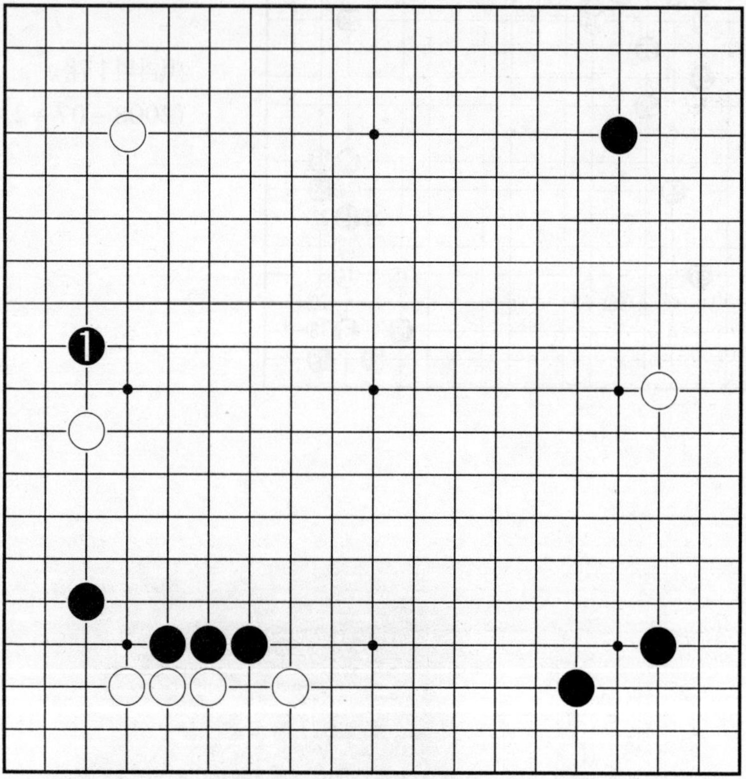

黑1夹攻为止的过程在“新型3”中有说明。之后的变化通过很多研究一定程度上有了定型。一直很难的变化现在可一目了然了。

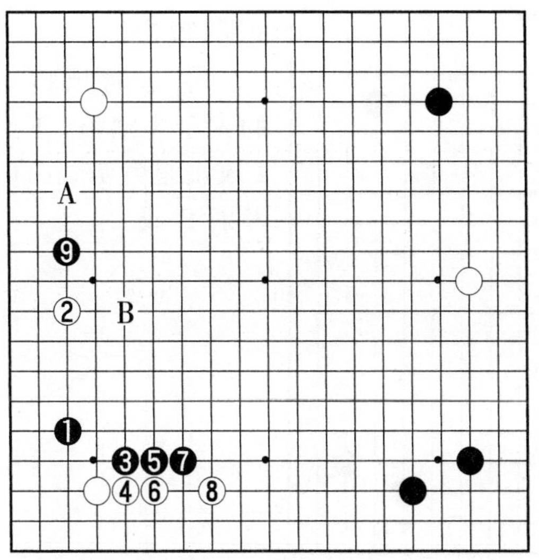

1 图（手顺）

黑 1 时白 2 的三间夹攻以后，是黑 9 逆夹攻的局面。白有 A 和 B 的选择。

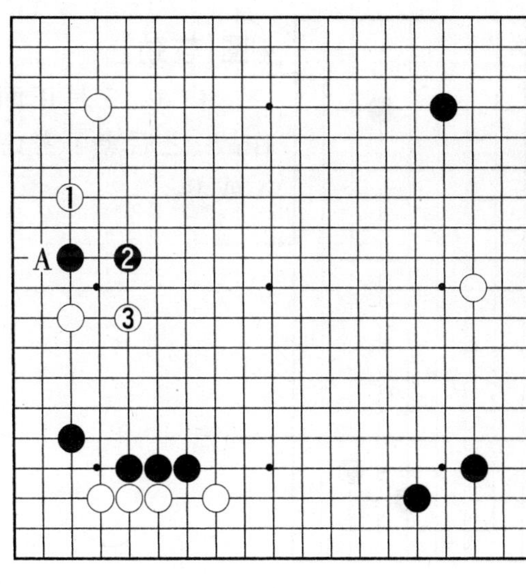

2 图（黑无策）

白 1 是重视实利的一手，这里黑 2 时白 3，黑下一手困难。白也有 A 托过的非常手段。

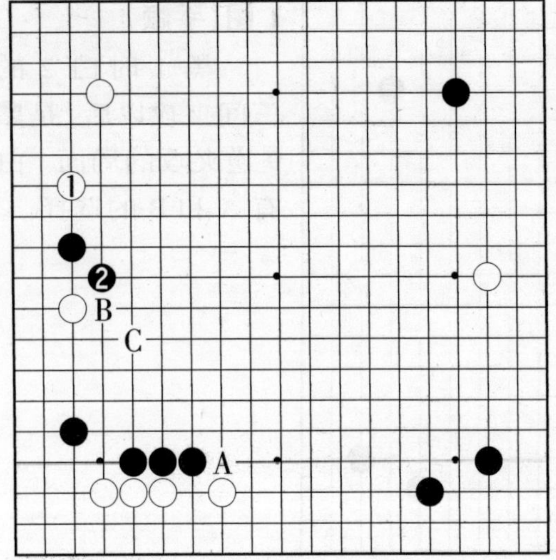

3图(攻击)

白1时黑以A的先手为踏板，于黑2攻击是气势，白可考虑B或C。

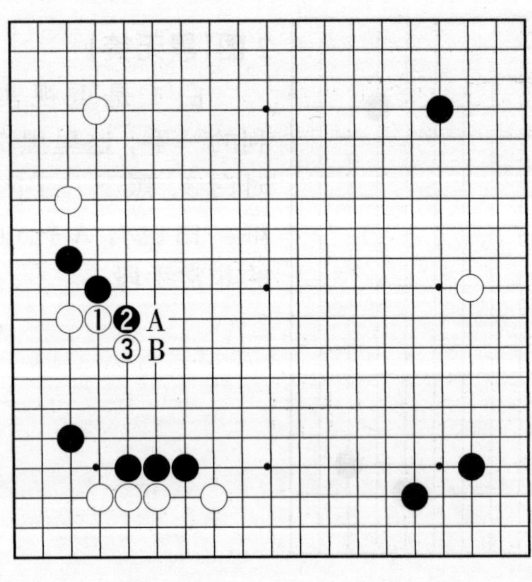

4图(较劲)

白1、3是正面作战，之后黑可考虑A或B。

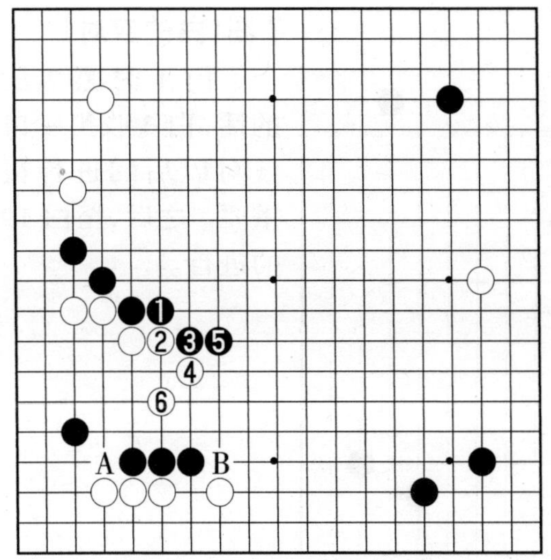

5图(黑的弱点)

黑1时白2、4贴出,白6虎口后黑产生A断的弱点。还有何时走B也是困难的。

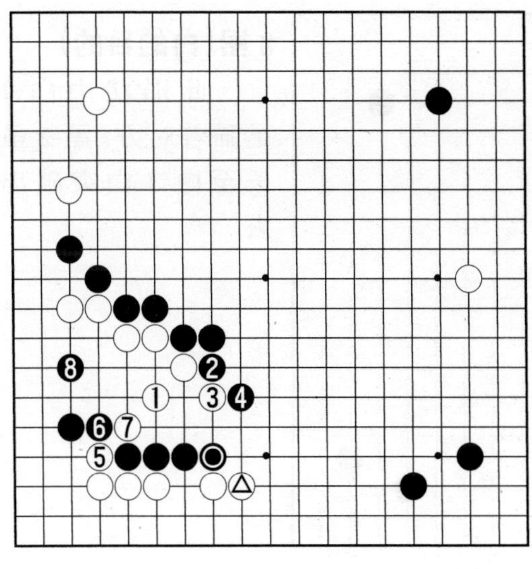

6图(白困难)

黑◉和白△已交换时黑可白1时黑2、4挡封。白5、7即使断,黑8可对白棋发难。

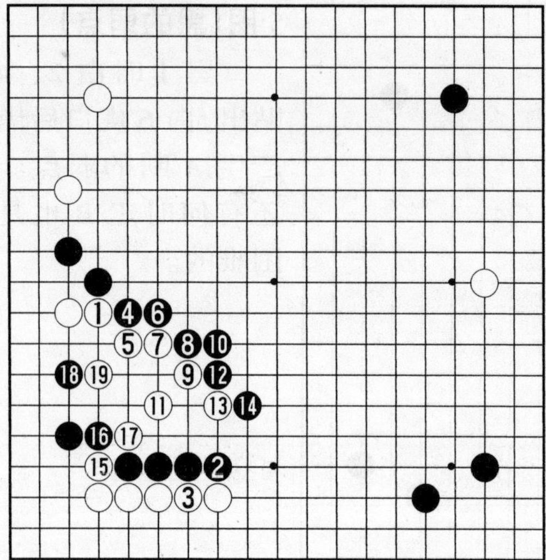

7 图(白的应对)

白 1 时黑 2 压的话,白 3 收黑一口气对以后的进行很重要。之后,至白 19 的进行。

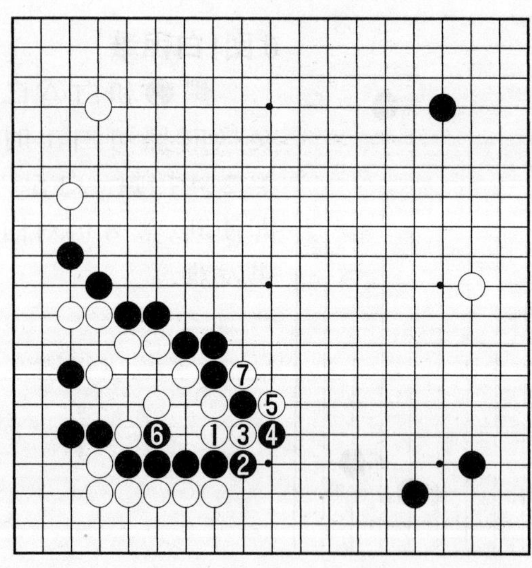

8 图(白的目的)

此形状中白 1 是瞄着对方。黑 2 虽长至白 7 白突破出去。

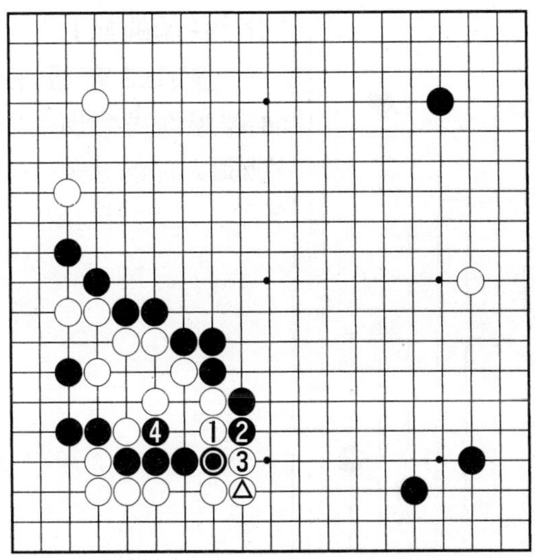

9图(白无理)

如果黑◎时白△长的话,白1可黑2挡。白3时黑4即可。

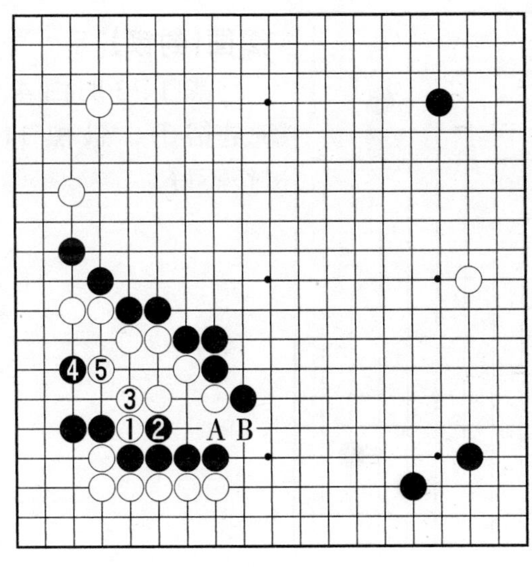

10图(黑无理)

白1断时,为防白A可交换黑2、白3,但白B扳成立。结果,如果对杀,黑棋仍需在中央补强,否则不能期待好的结果。(参考实战棋谱)

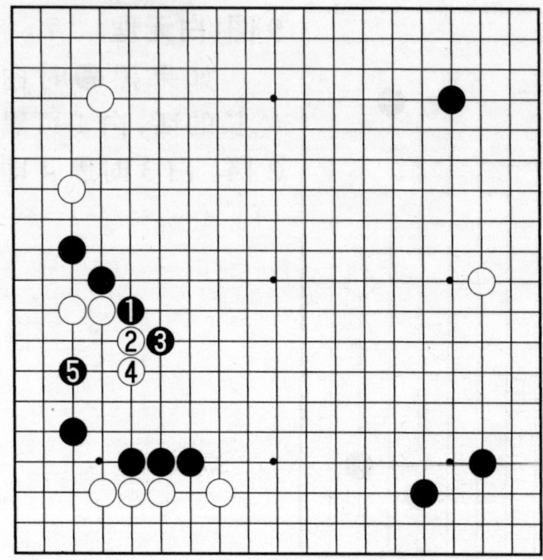

11 图(黑的应对)

黑 1、3 普通,白 4 被黑 5 占急所,白难受。

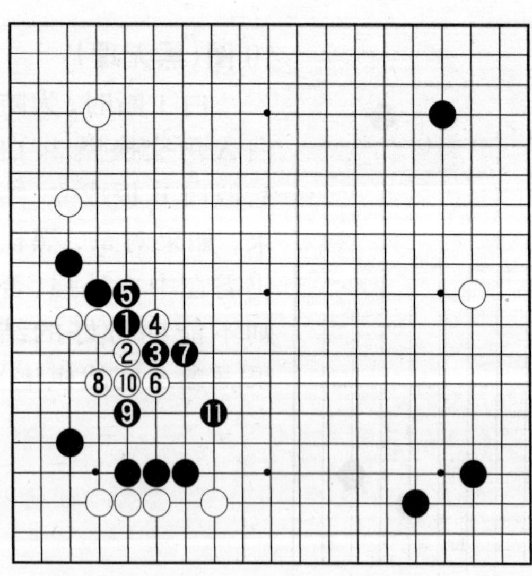

12 图(封锁)

黑 1、3 时白 4、6 是俗手,被黑 11 封,不好。

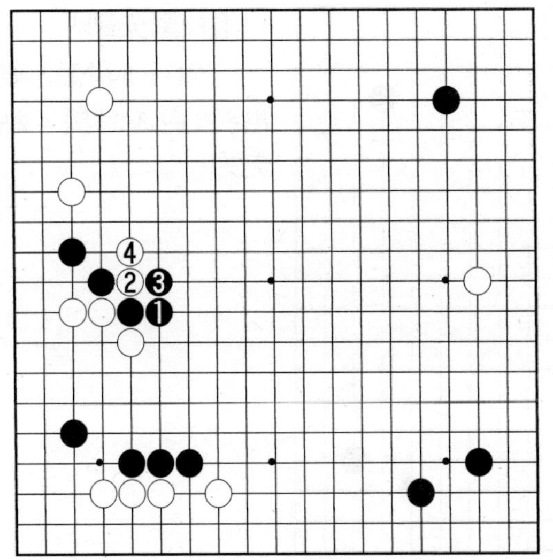

13 图（白的应对）

白 2、4 是正手。

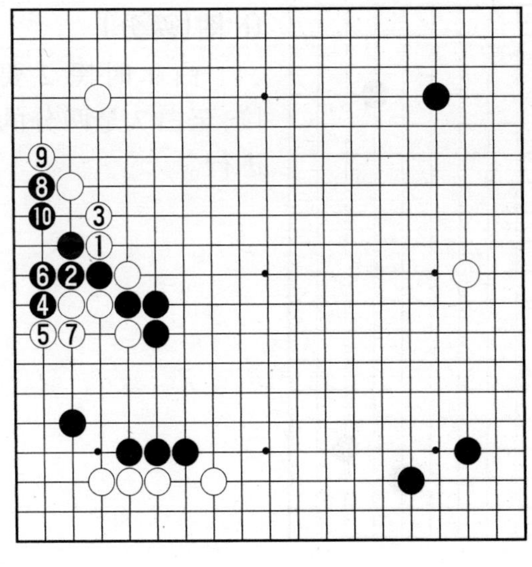

14 图（白无理）

白 1、3 看似更强有力，但至黑 10 必然，白困难。

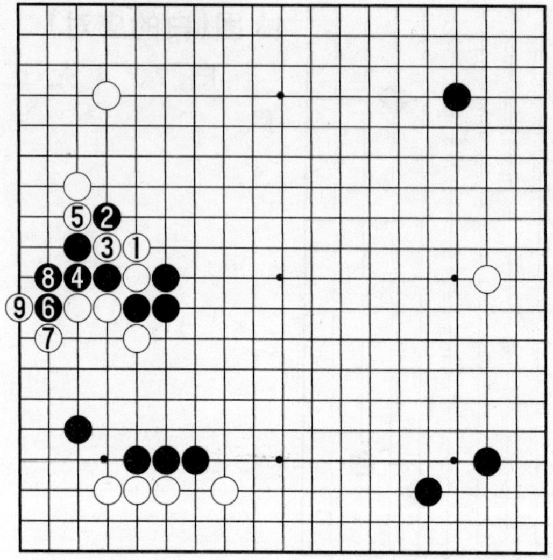

15 图(黑无理)

白 1 时黑 2 要出头,白 3 时黑 4 粘无理。

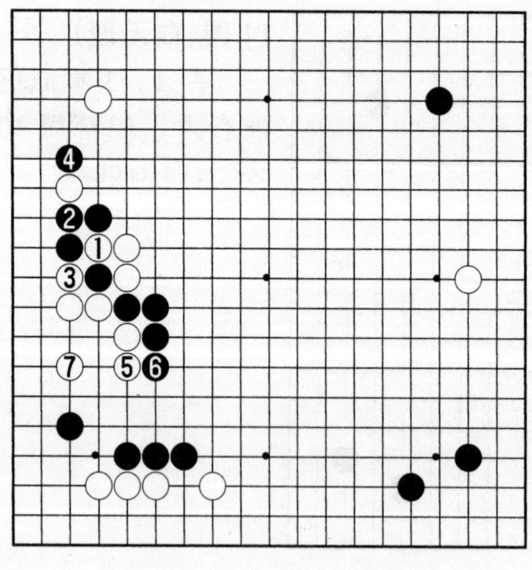

16 图(两分)

白 1 时黑 2 要接,至白 7 是两分的进行。

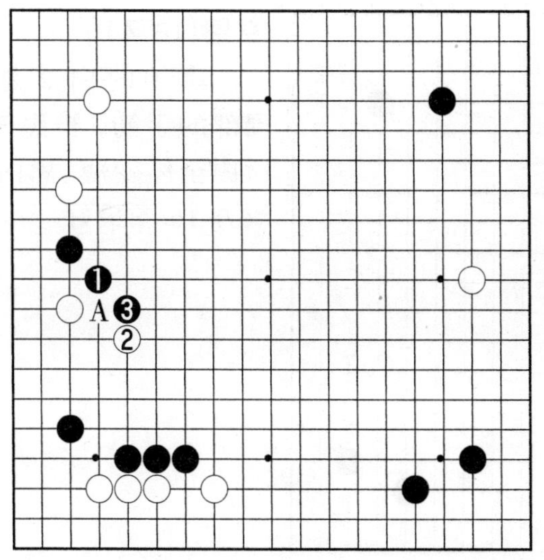

17 图(黑的强手)

黑 1 时白 2 的手段是普通的进行,黑以 3 的强手应对。这里白 A 时还原成前面的形状。

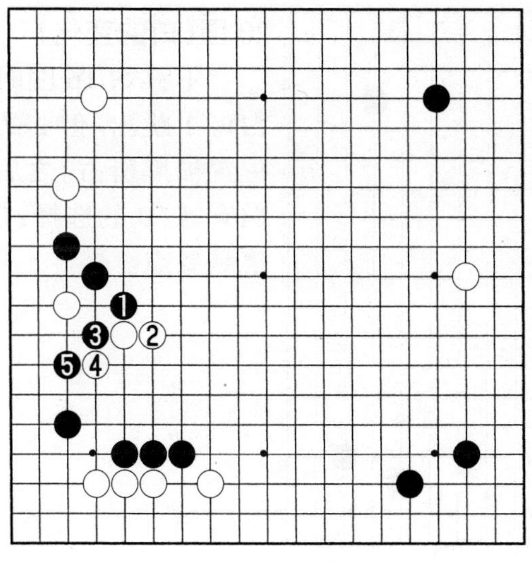

18 图(黑的意图)

黑等白 2 后黑 3、5 欲渡过。

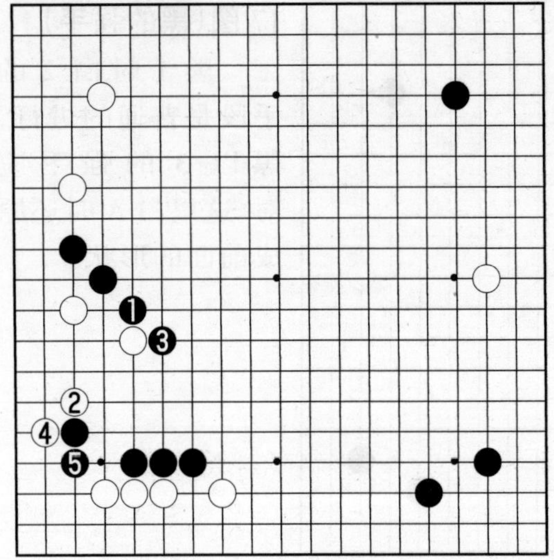

19 图（白薄）

黑 1 时白 2 是局部的手筋，被黑 3 后白全体变薄。黑白双方 16 图最好。

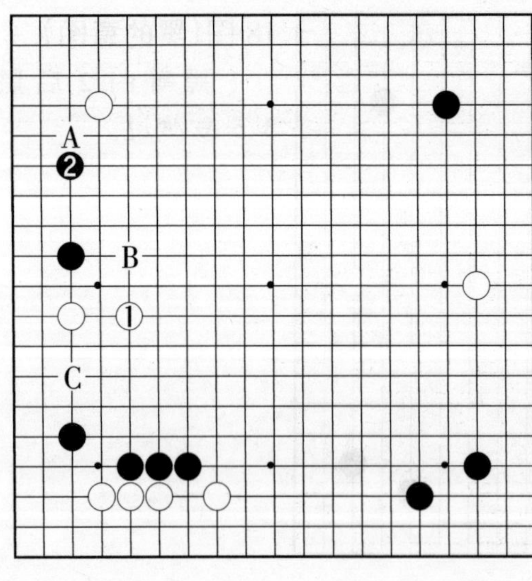

20 图（白的变化）

不喜欢 16 图时白可 1 跳出。但 2 的位置被黑所占。之后白有 A、B 的选择，C 也是要点。

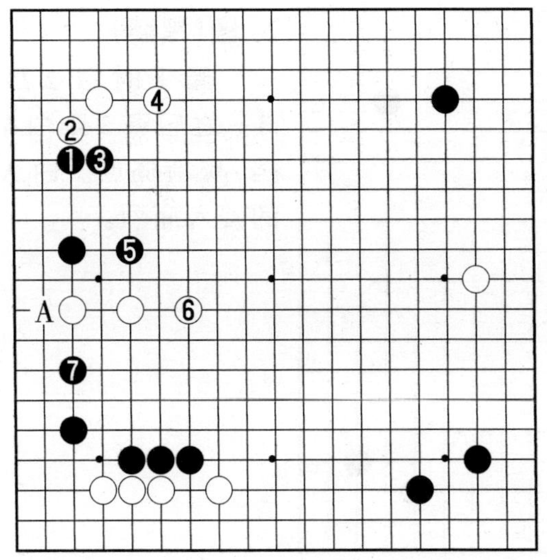

21 图(双方可下)

白 2 时至黑 7 几乎是必然。黑有 A 渡过的手段,也有人认为黑好下。

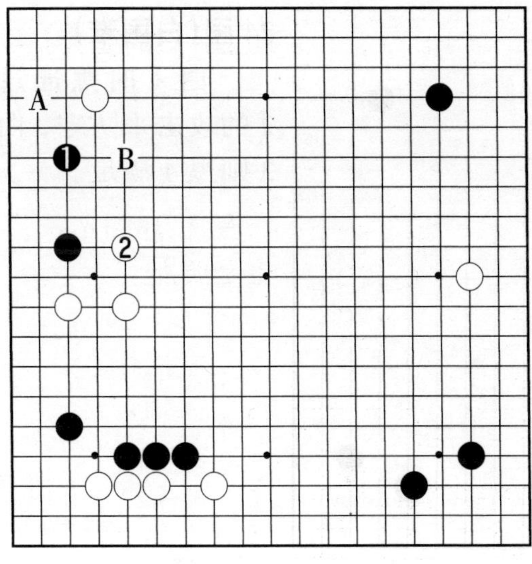

22 图(白的选择)

白可选择 2 的攻击手段。黑有 A 和 B 的选择。

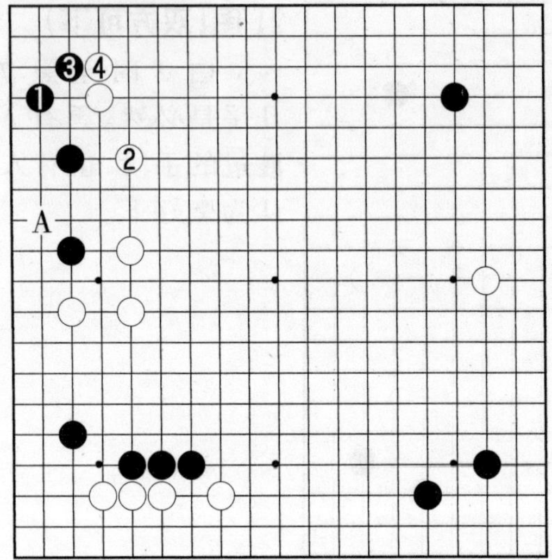

23 图(黑薄)

黑 1 时白 2 战斗，之后黑 3 则白 4 挡，黑有弱点。白 A 的侵入痛烈。

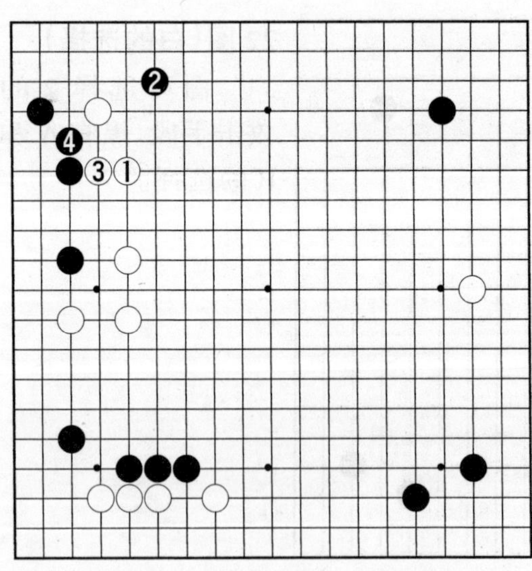

24 图(白困难)

白 1 时黑通过 2 的攻击来防守，白 3 则黑 4 满足。

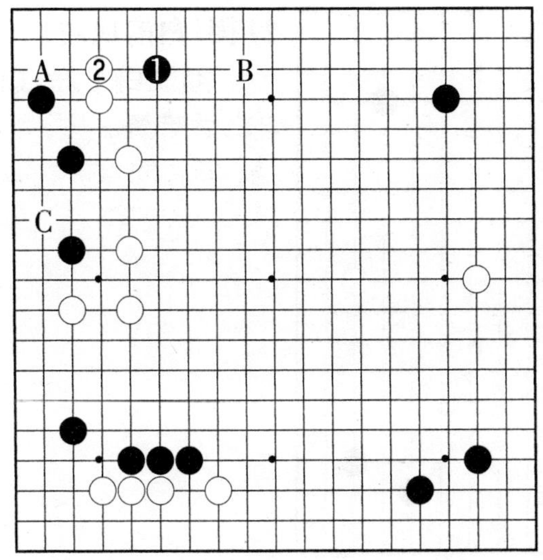

25 图（白的应对）

白在黑 1 时下白 2 好。是要 A 和 B 择其一。黑被白 C 后难受。

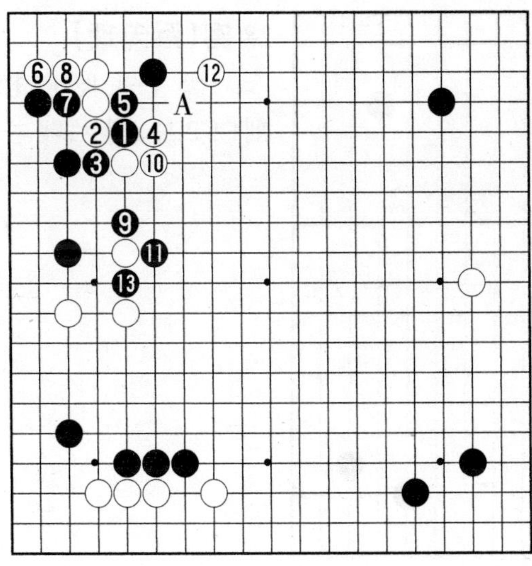

26 图（黑的强手）

黑要 1、3 断白棋寻找手段。白 4 时至黑 13 形成转换，但黑厚实。黑 A 尖出味道不好。

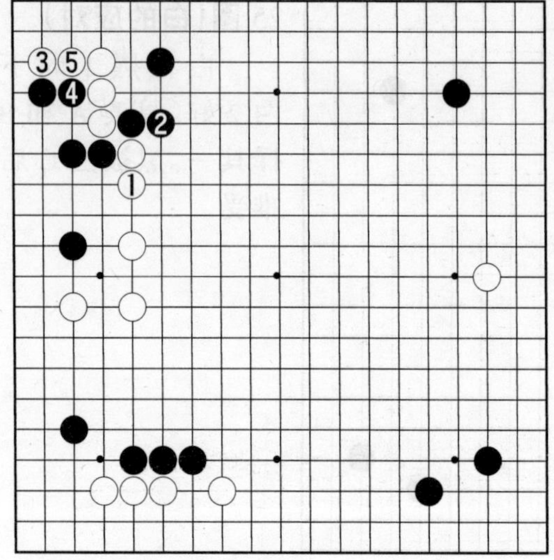

27 图（白的应对）

如能白 1 好。白 5 之后难解。

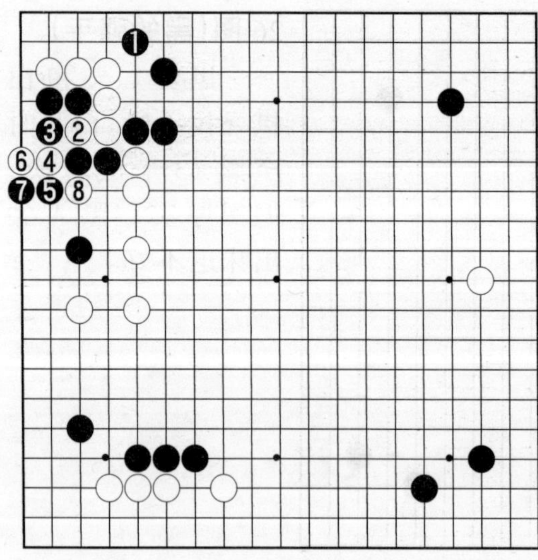

28 图（黑无理）

黑 1 去吃白棋则白 2、4，黑无理。

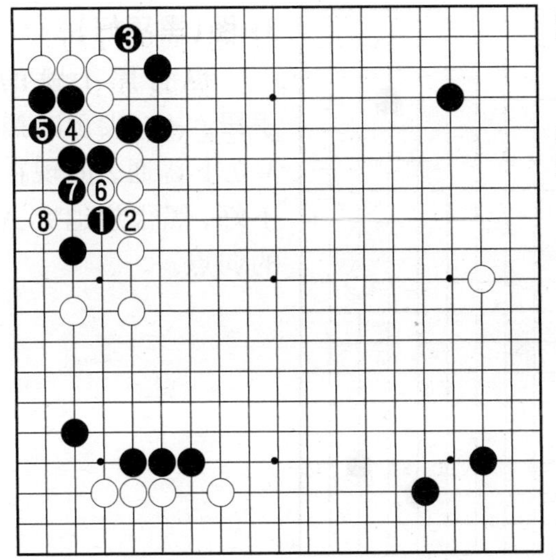

29 图(黑无理)

即使先手黑 1 后 黑 3 依然是无理。

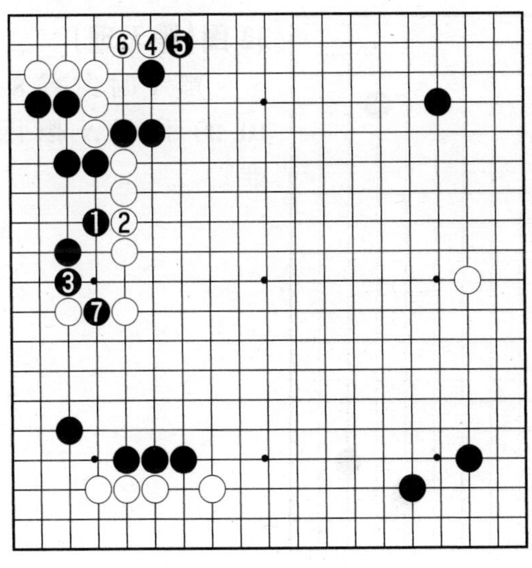

30 图(互相活)

结果，黑至 7，白 4、6 活棋。以后的进行未完成。

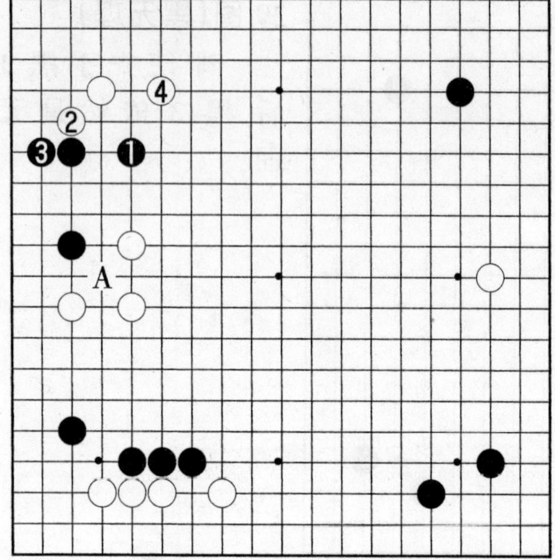

31 图(黑不好)

也有黑 1 跳的手段。白 2 尖顶时黑 3 立下普通，但现在不好，黑很想追究 A 的弱点。

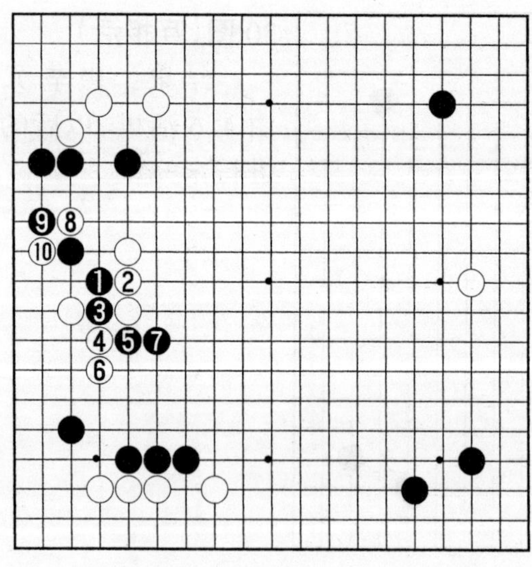

32 图(黑无理)

黑 1 时白有 8、10 的手顺，黑困难。

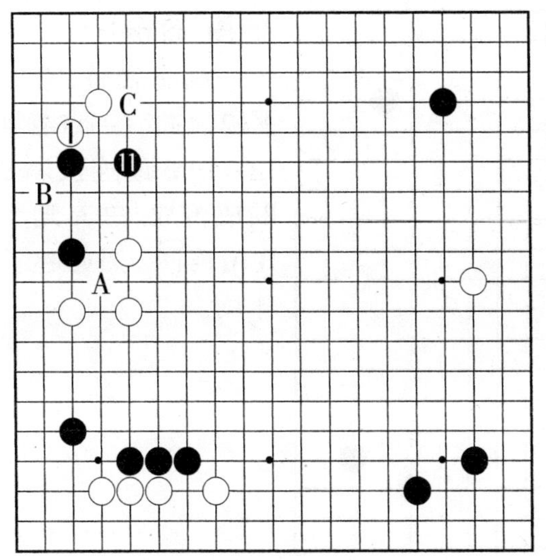

33 图(黑的选择)

白 1 时黑为追究 A 的弱点,可考虑 B 或 C 的靠。

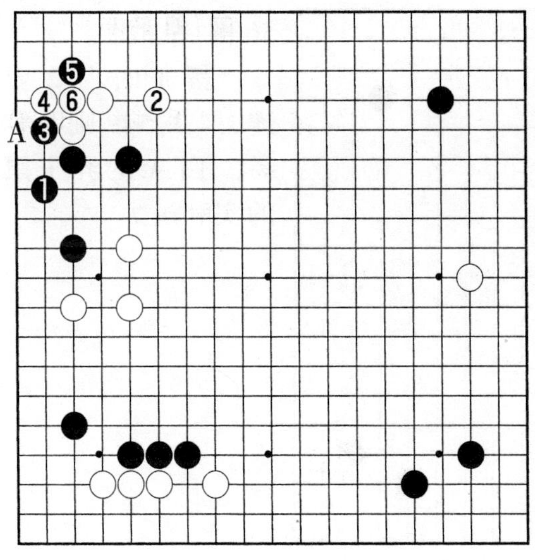

34 图(利用)

黑 1 可 3、5 争先手。白 6 下 A 则 6 的位置被黑断无理。

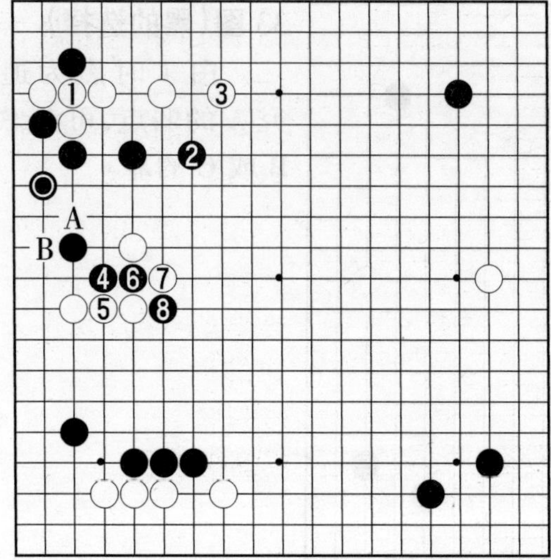

35图(攻击)

白1之后,交换黑2,白3,瞄着4位。白5的连被黑8断成苦战。白A则黑B可连回。黑◎起了作用。

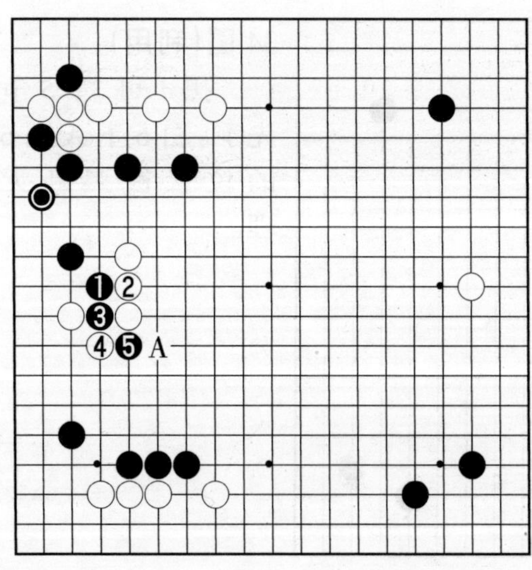

36图(乱战)

黑1时白2要连,黑3,5断则不容易。白A的弃子黑的实利过大。

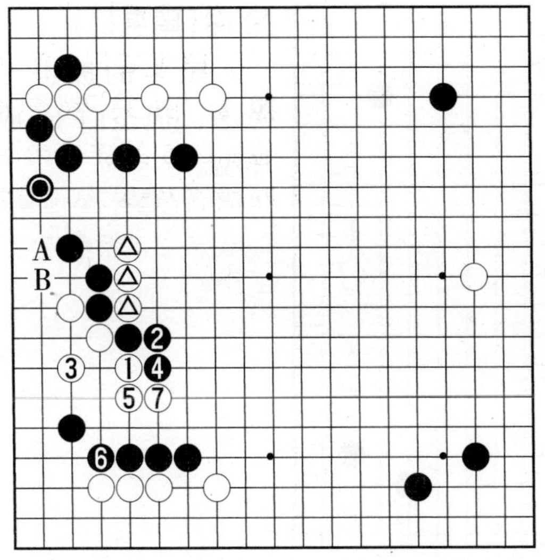

37 图（未完成的形状）

白的抵抗是 1、3，此处白因 A 或 B 是先手，活棋不成问题。白 7 之后围绕白◬形成攻防，是未完成的形状。（参考实战棋谱）

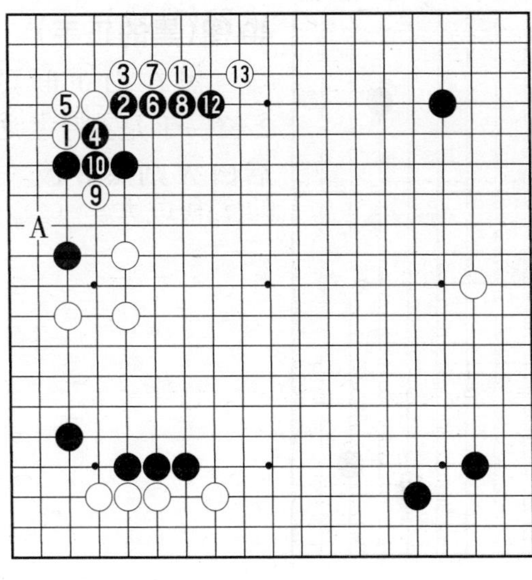

38 图（白优势）

白 1 时也有黑 2 靠的下法。但黑 4、6 是俗手至白 13 白实利大。左边白也有 A 的手段，不是大受攻击的棋。

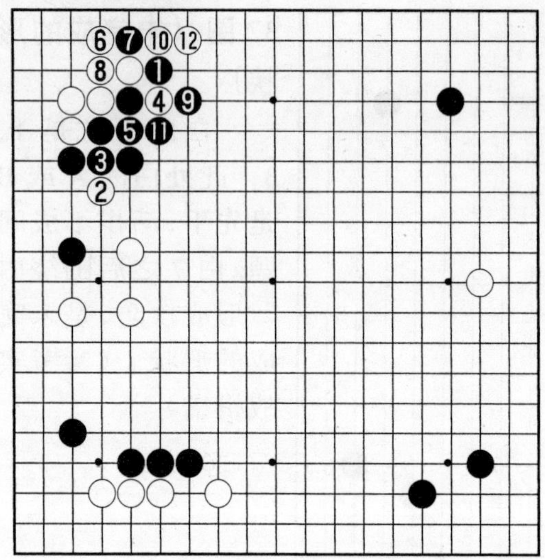

39 图（黑愚形）

黑 1 的扳也可考虑，但至白 12 成坏型。

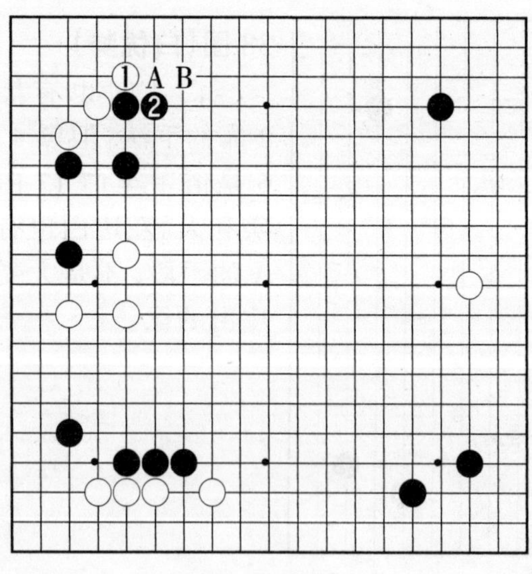

40 图（黑的正手）

黑在白 1 时黑 2 长一手是正手。之后白 A 则黑 B 扳。

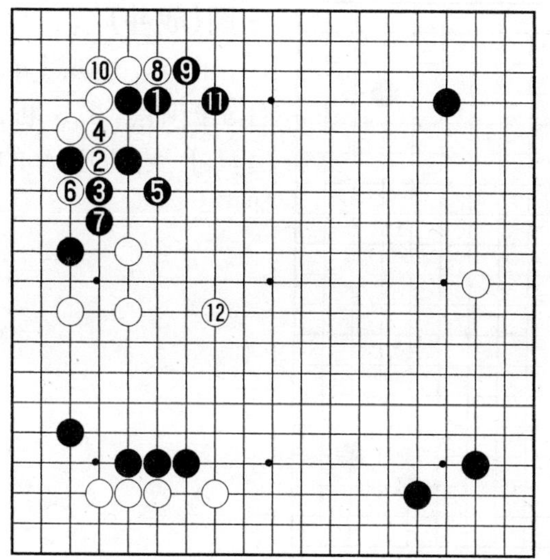

41 图(两分)

白 2、4 后,6 得利,行至白 12,黑也是厚实的形状,可以认为是两分。

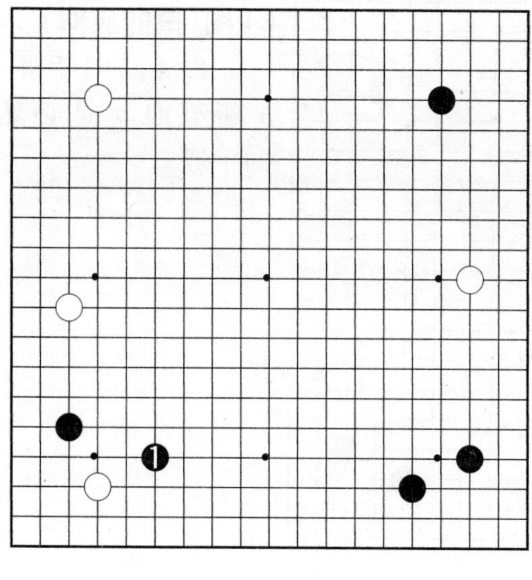

42 图(变形)

黑 1 的夹攻手段是前面说明的内容的应用,在 实战中出现。

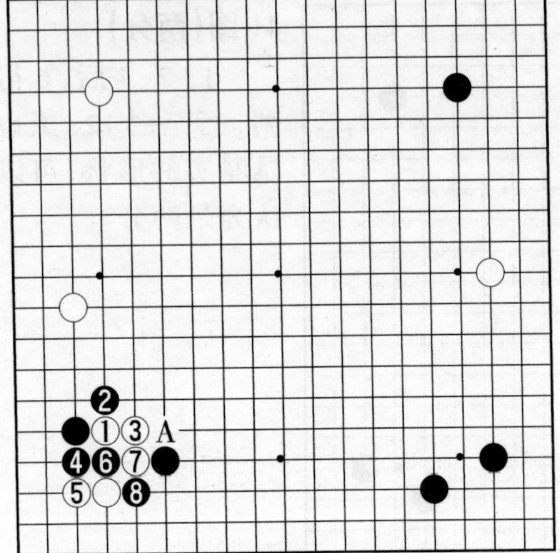

43 图（战斗）

白 1、3 则黑 4，白 5 挡则黑 6、8 断，白马上要避开 A 的征子。

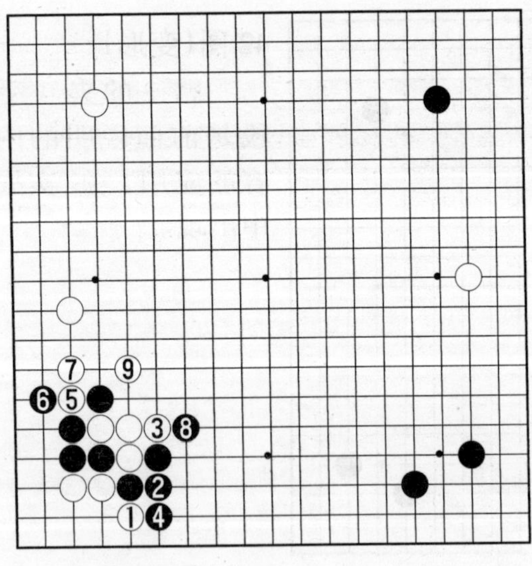

44 图（白的应对）

白 1、3 是手顺，5 断至白 9 是必然的手顺。

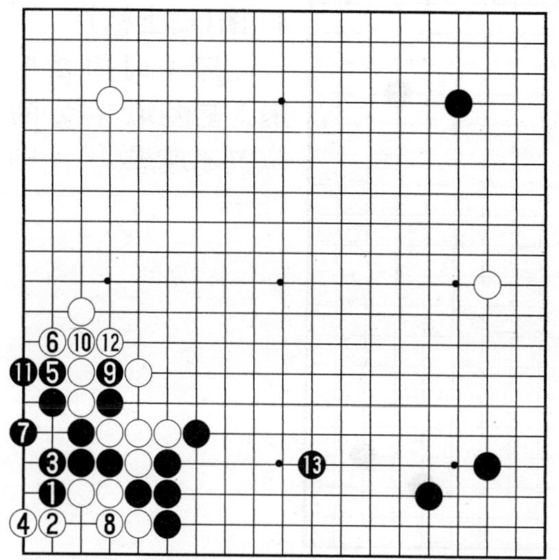

45 图(两分)

之后,黑 1、3 扳粘至黑 13 是无大变化的进行。是两分。

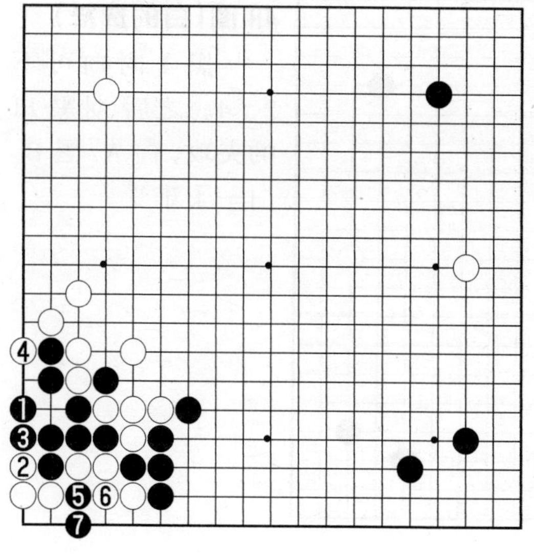

46 图(白无理)

45 图手顺中黑 1 时白 2 欲杀棋,因有黑 5、7 手段,白无理。

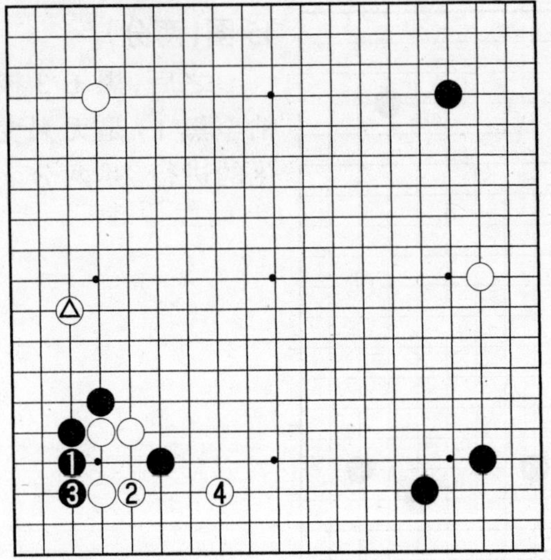

47 图(白上档)

黑 1 时白 2 后退，至白 4，白◎的位置不理想。

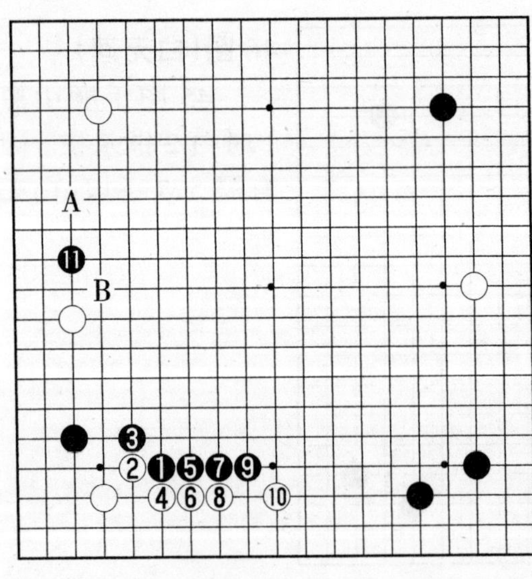

48 图(白的选择)

黑 1 时白可下 2、4。之后 对黑 11 的夹攻，白 A，黑 B，白一子难受。

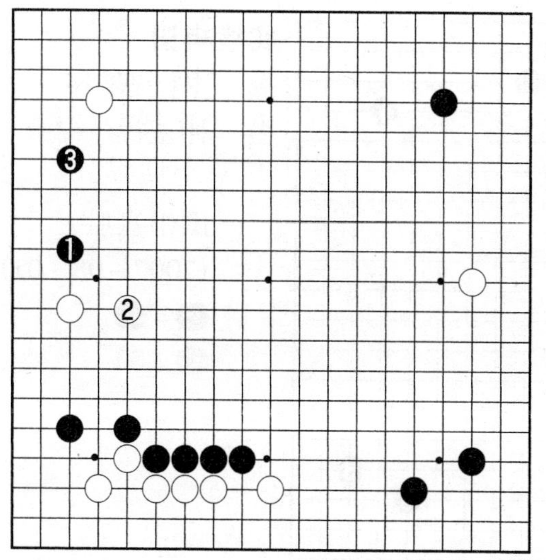

49图(类似型)

黑1时白则2，黑3进行时下面的形状虽不同，但整体的趋向相似。

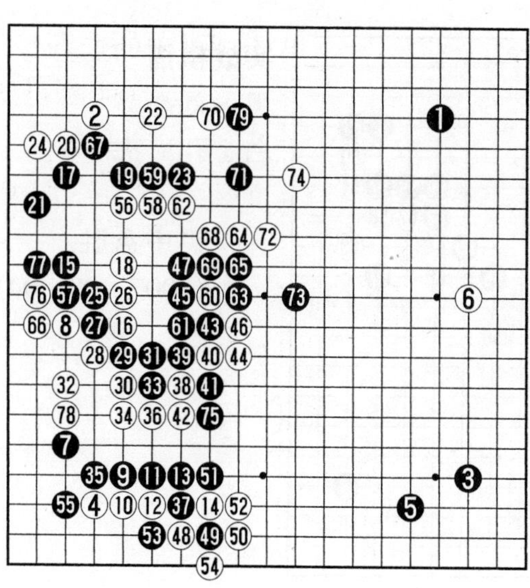

实战棋谱

黑 朴永训

白 韩尚勋

白中盘胜。

(2007－05－08)

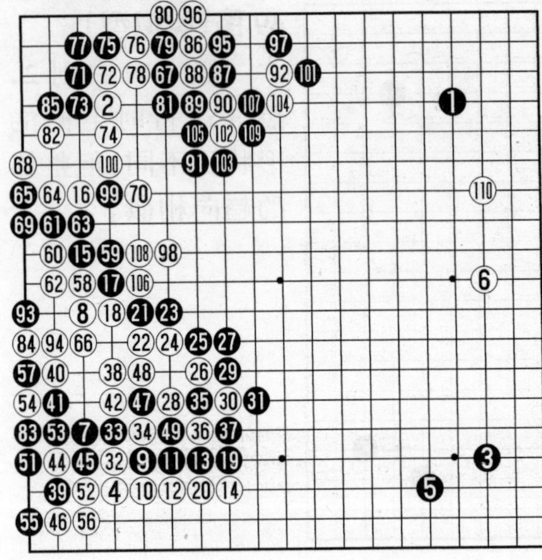

实战棋谱

黑　李世石

白　朴正祥

黑中盘胜。

(2007－08－01)

❸❺＝❹❸

❹❼＝㊿

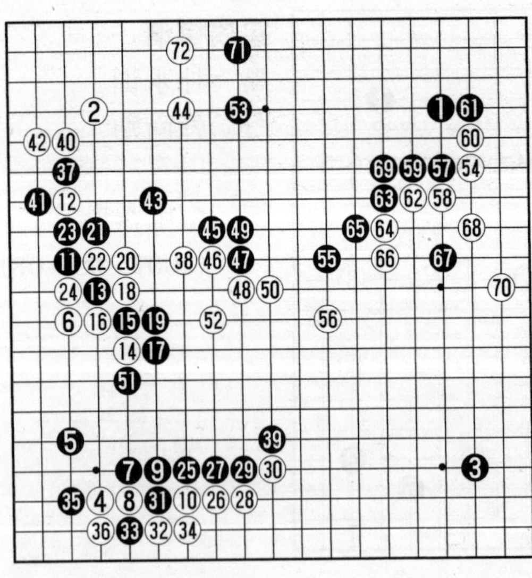

实战棋谱

黑　刘昌赫

白　孔　杰

黑中盘胜。

(2007－09－04)

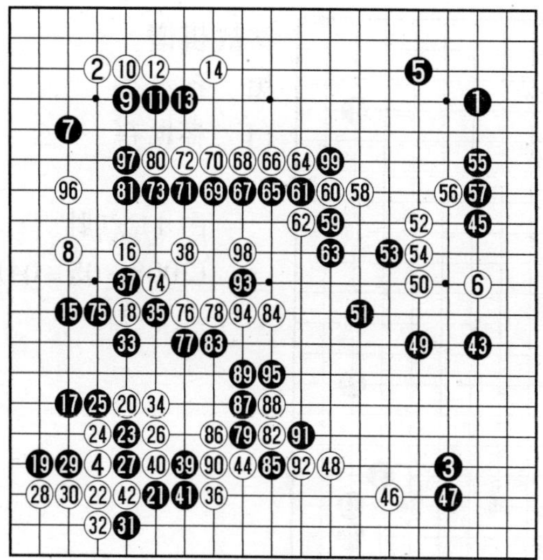

实战棋谱

黑　李世石

白　金志锡

黑中盘胜。

(2007－09－11)

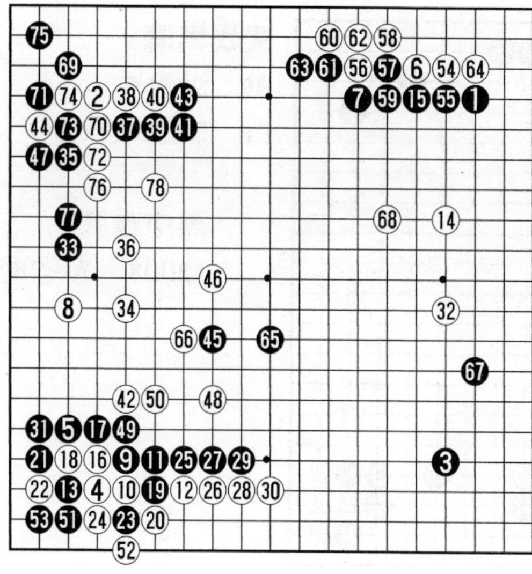

实战棋谱

黑　刘昌赫

白　元晟溱

白中盘胜。

(2008－02－29)

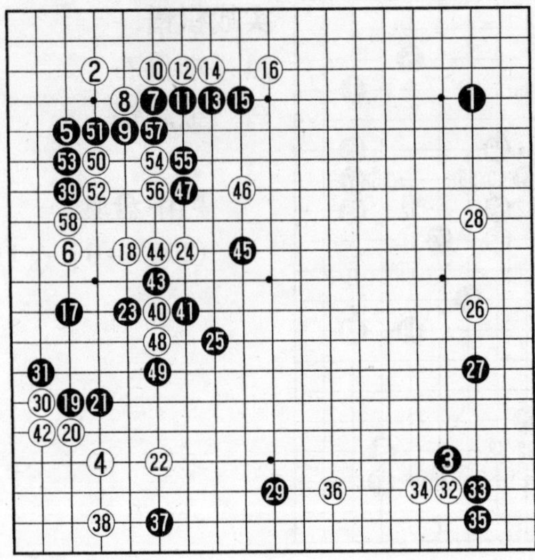

实战棋谱

黑　孔　杰

白　李世石

白 11 点胜。

(2008－05－04)

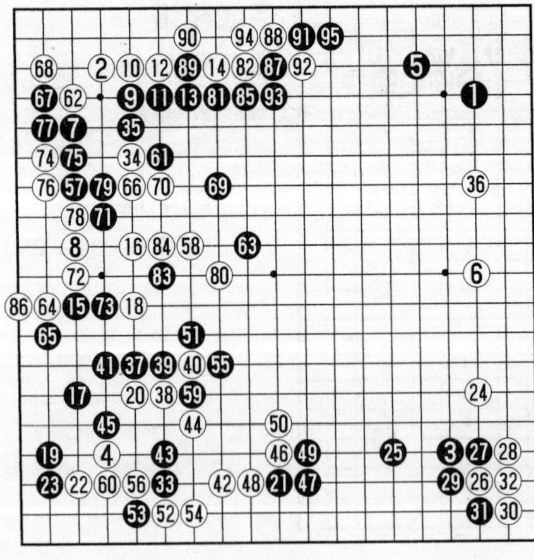

实战棋谱

黑　洪性志

白　DAJILIYUTO

黑中盘胜。

（2008－7－28）

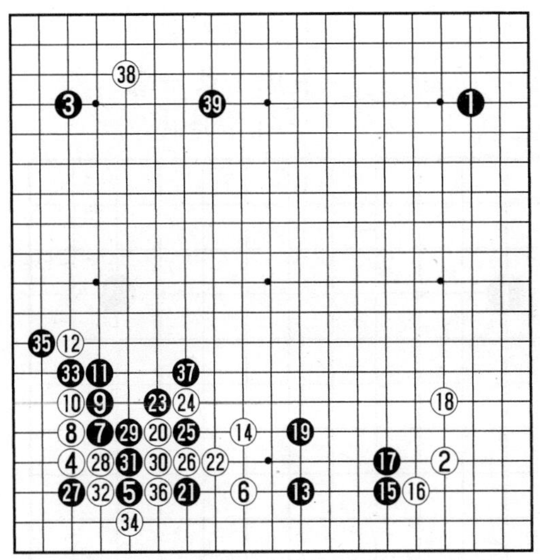

实战棋谱

黑　李昌镐

白　睦镇硕

黑中盘胜。

(2008－08－05)

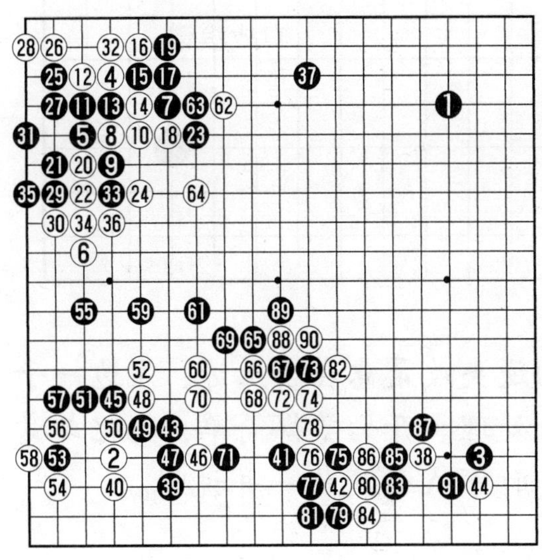

实战棋谱

黑　尹灿熙

白　韩相勋

黑中盘胜。

(2008－09－10)

新型25－B　小目三间夹攻的逆夹攻

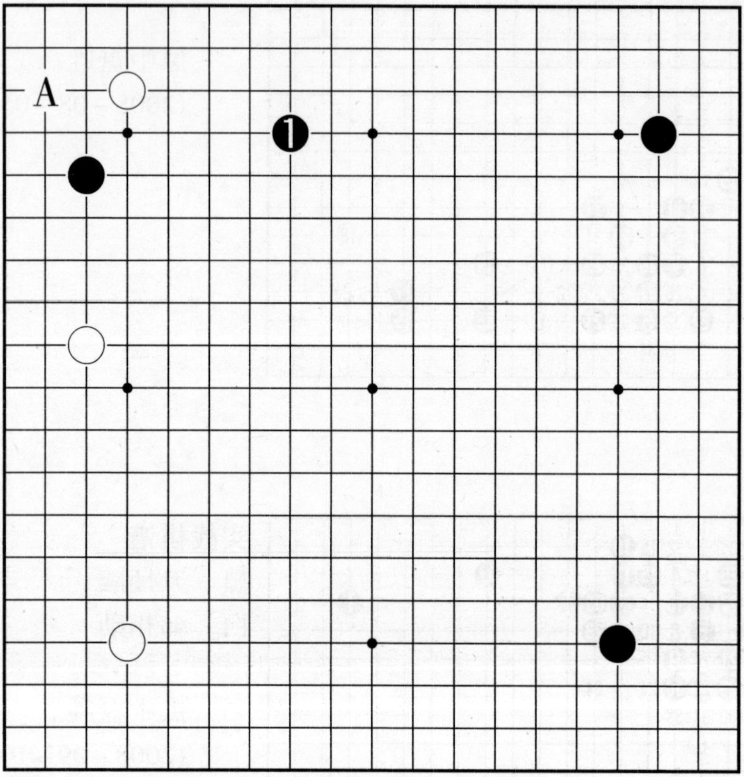

黑1的松散的逆夹攻是意在占上边，左边一子根据对方的应对来处理。开始觉得简单，变化却意外得多。这里黑1时下A的变化一并说明。

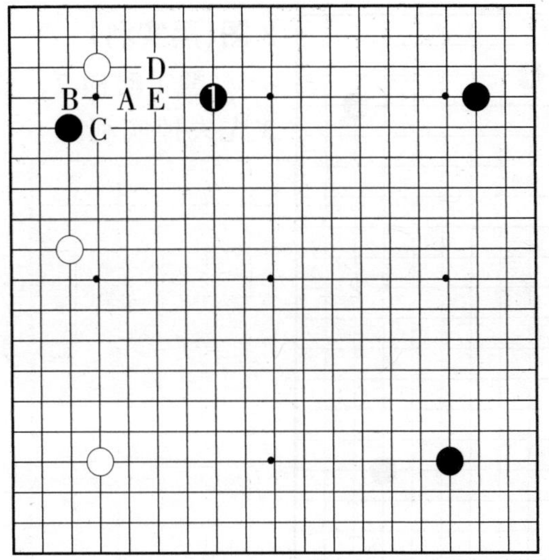

1 图（白的应对）

黑 1 时白棋可考虑 A 至 E 的多样的应法。

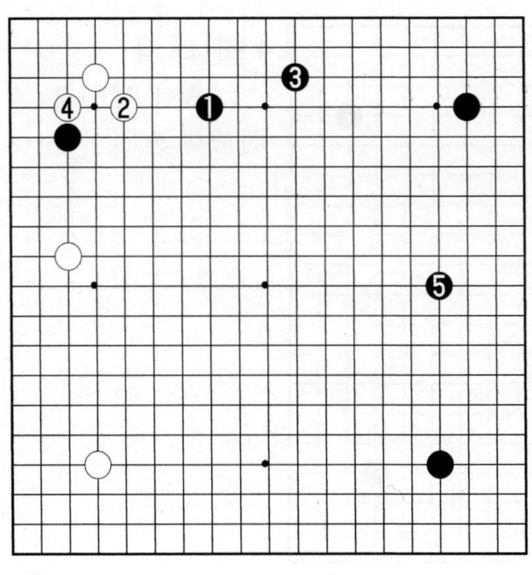

2 图（简明）

白 2 是简明的应法，至黑 5 白棋是慢调子，黑棋则是快速的进行。

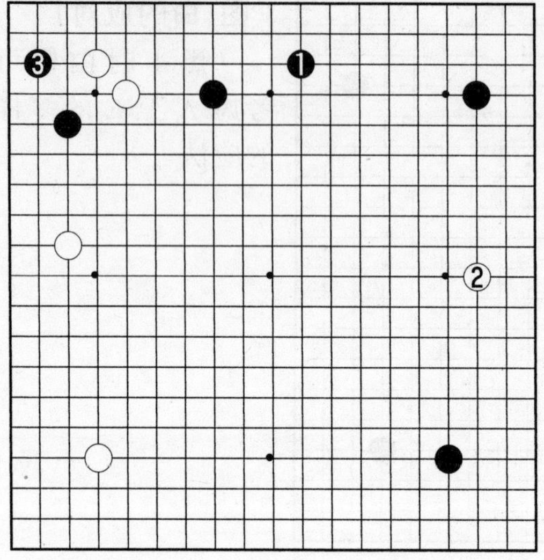

3 图(黑实利)

黑 1 时白 2，黑 3 先失掉实利。

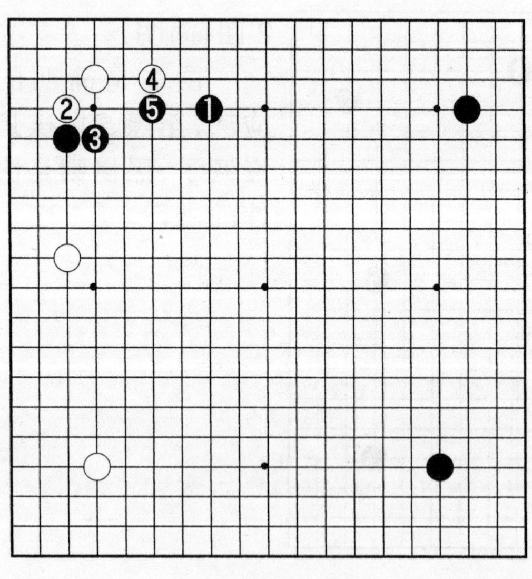

4 图(压迫)

黑 1 时白 2、4，则被黑 5 压。

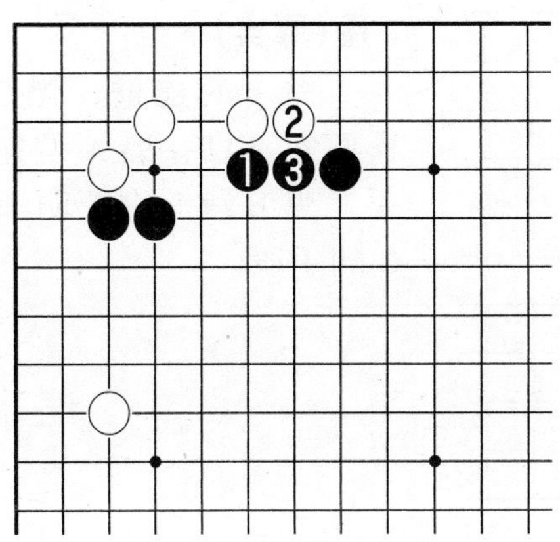

5 图(厚实)

黑 1,白 2 时黑 3 连厚实。

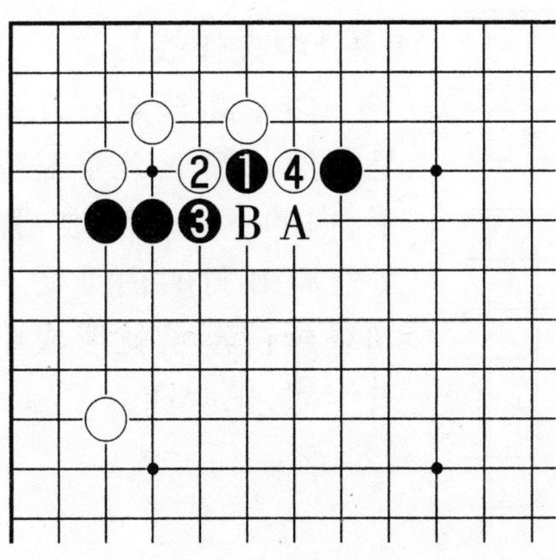

6 图(反抗)

黑 1 时白可想白 2、4 的反抗。黑有 A 和 B。

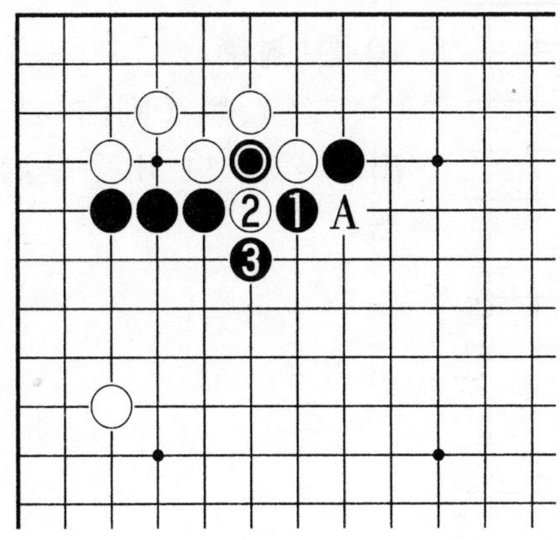

7 图(封锁)

黑 1 时进行至 3,白可考虑◎位的连或 A 的断。

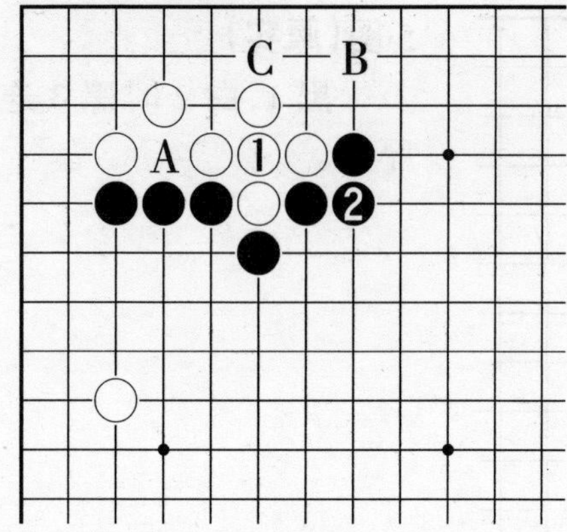

8 图(厚实)

白 1 的连重，黑 2 连厚实。以后，黑 A 是先手，黑 B 跳时白要防黑 C 的手段。

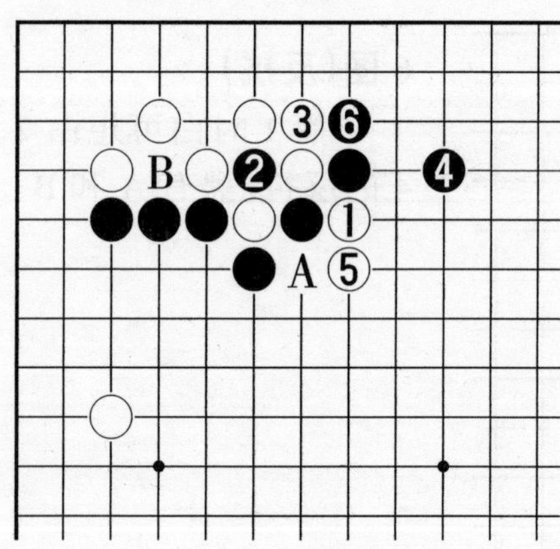

9 图(中央作战)

白 1 断至黑 6 几乎是必然，黑 A 几乎是先手，白的下一手困难。黑 A 之后 B 打时白难受。如果封锁不了就形成中央作战，黑厚实。

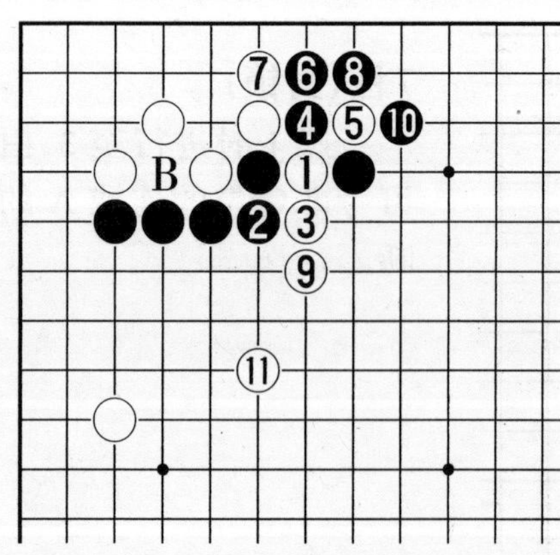

10 图(封锁)

白 1，黑 2 则白 3 长出，至白 11 几乎是必然。

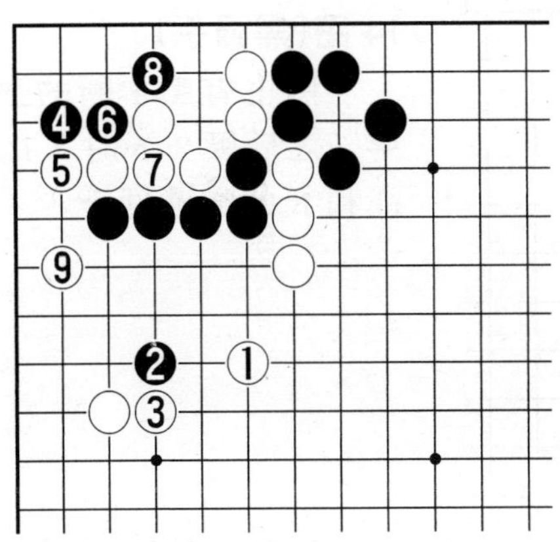

11 图（角上的手段）

白 1 时黑 2 交换，有黑 4 点的手段。至黑 8 必然，白只有 9 位逃。

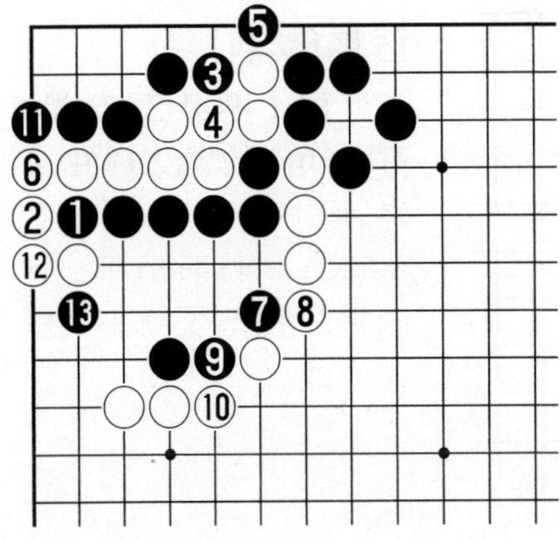

12 图（白失败）

之后，黑 1 至 13 白被擒。

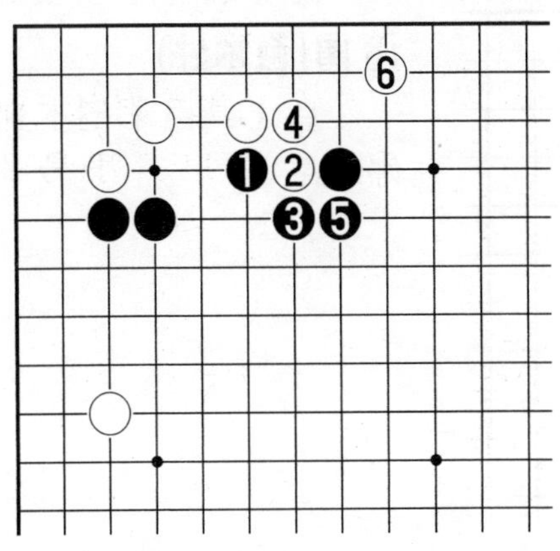

13 图（挖）

白在黑 1 时可考虑白 2 挖。至白 6 是实利和厚势的对抗。

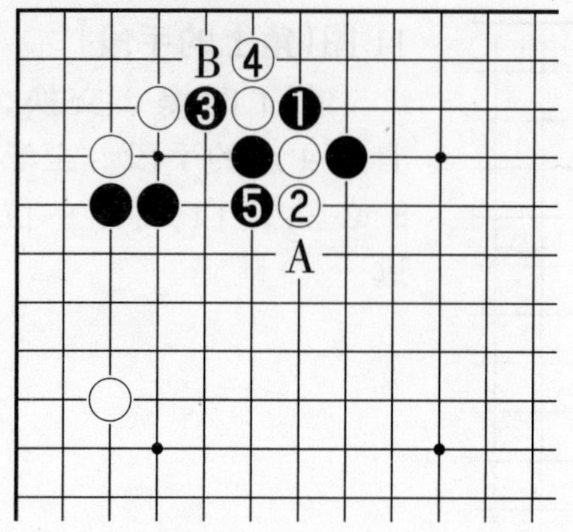

14 图（黑强手）

黑也有黑 1 断的强手。之后黑 3、5 时 A 的征和 B 的突破见合。

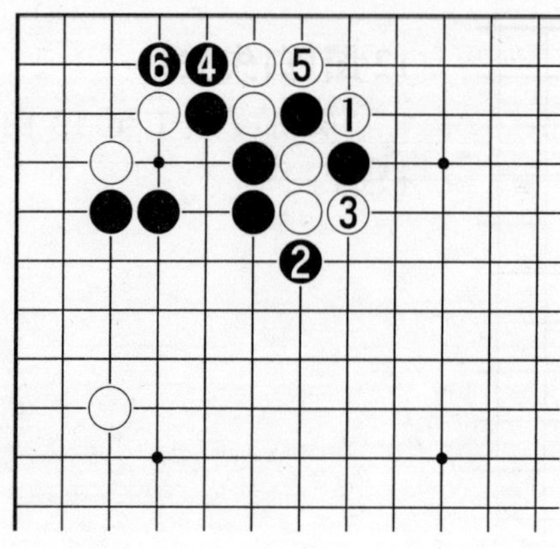

15 图（实利）

白 1 不得已，至黑 6 可占角，黑没理由不好。

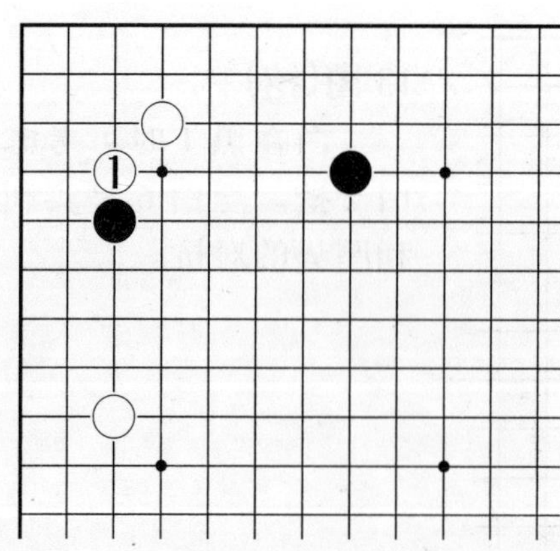

16 图（白不好）

总之，白 1 得不到好结果。

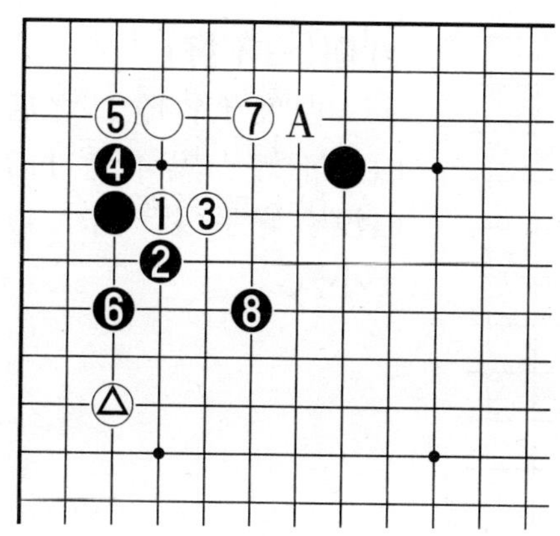

17 图(白不好)

白 1 靠的手段至黑 8，白△位置不好，也有黑 A 挡，白忌讳。

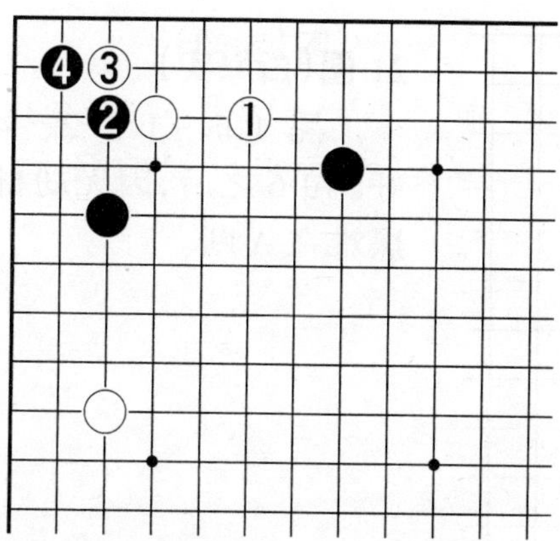

18 图(黑的研究)

白 1，黑研究了 2、4 扳的手段。

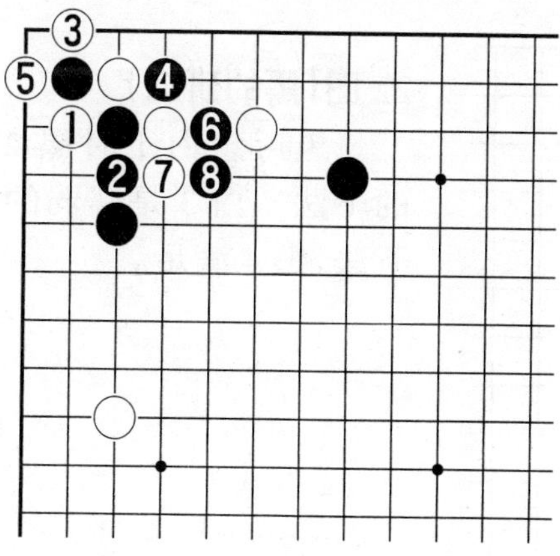

19 图(征子)

白 1、3，至黑 8 是征子。

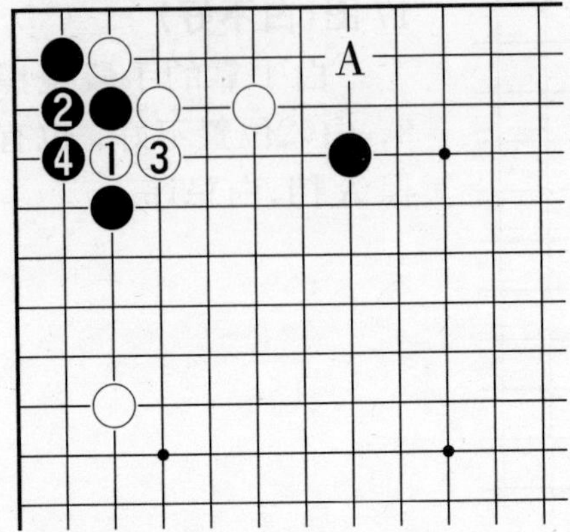

20 图(白不好)

白要 1 打吃，之后白 3 不好。黑 4 渡过后白没有好手段。白 A 过于小气。

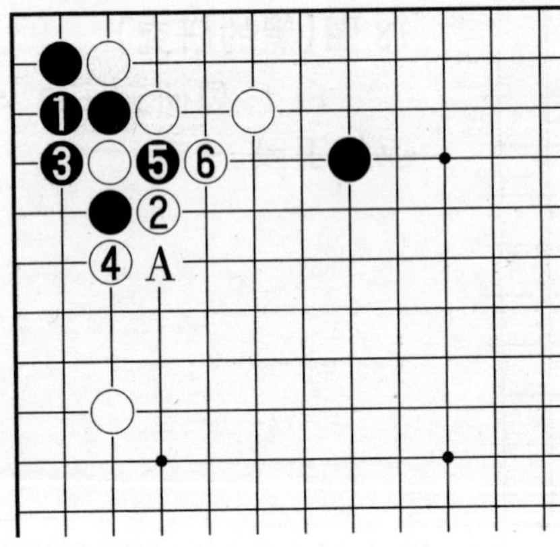

21 图(白厚实)

黑 1 时白下 2、4 好。白 6 之后,因无劫材黑难在 A 断。

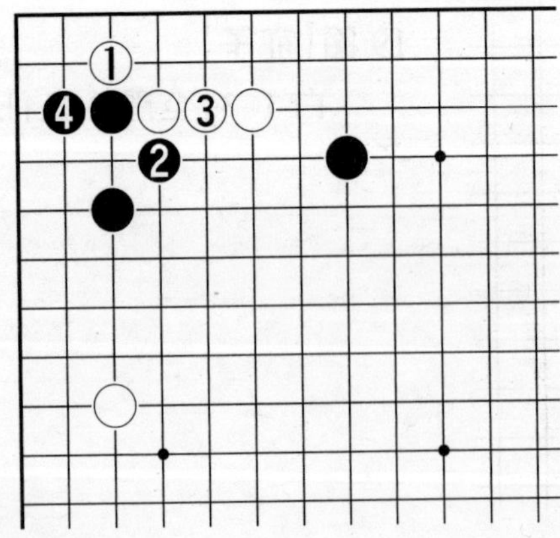

22 图(黑的研究)

黑可想白 1 时黑 2 的下法。白 3 是懦弱的下法,黑 4 满足。

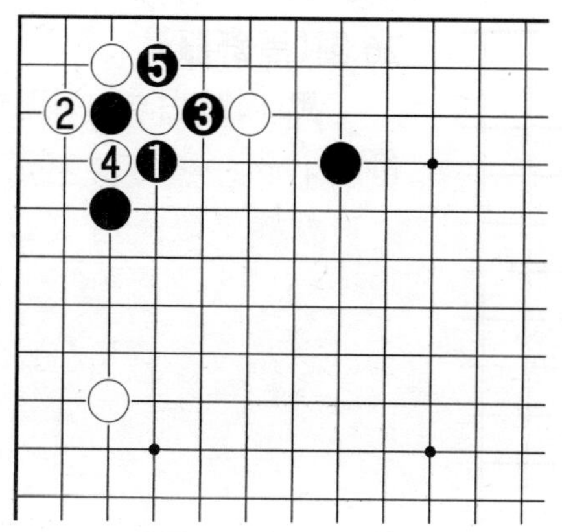

23 图(反抗)

白在黑 1 时 2、4 的反抗是气势。

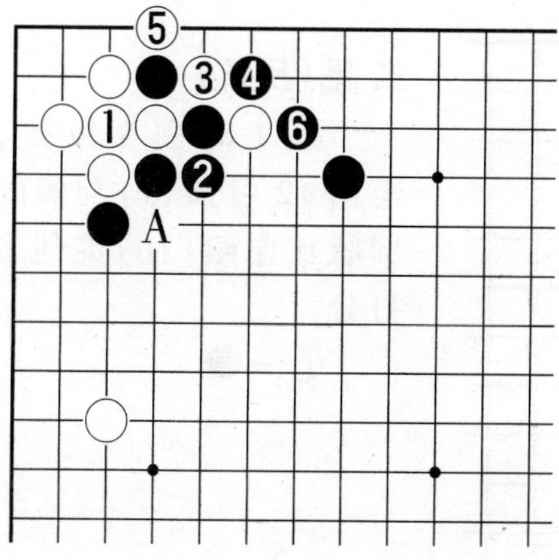

24 图(两分)

白无劫材，要 1 位连,至黑 6 的进行。可视为两分。A 的断是以后的大棋。

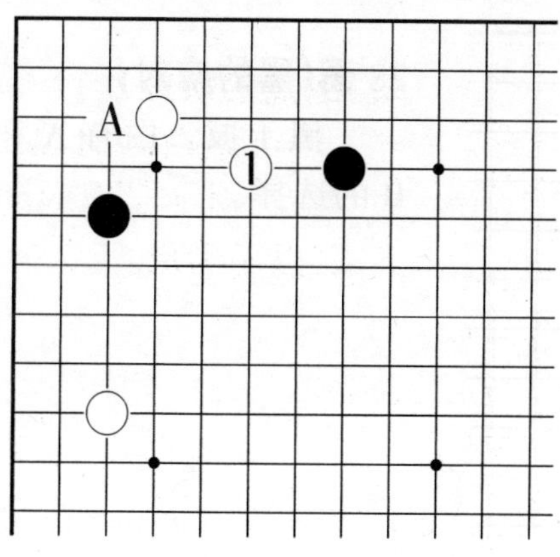

25 图(变化)

白 1 黑 A 靠时产生新的变化。

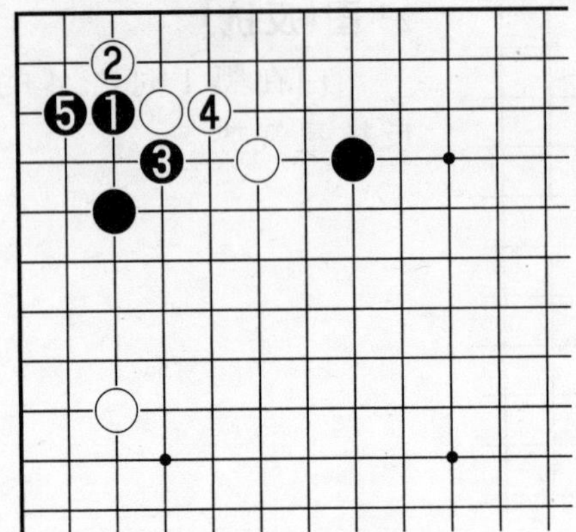

26 图（黑舒服）

黑 1、3，白应 4，黑 5 舒服。

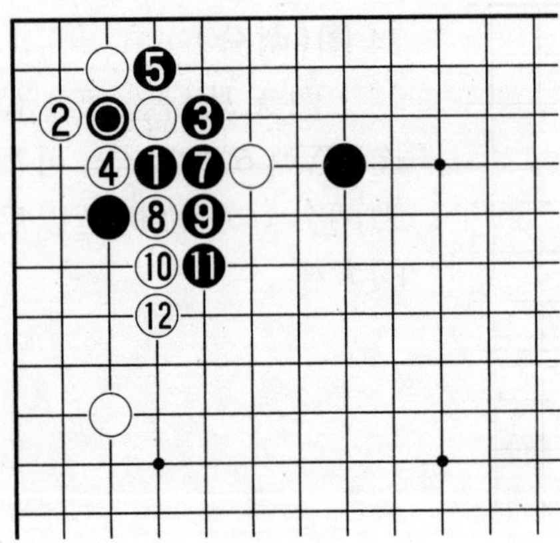

27 图（反抗）

黑 1 时白 2 反抗，至白 12 可预想。与黑的形状比愿给白的实利多打分。

⑥ = ◙

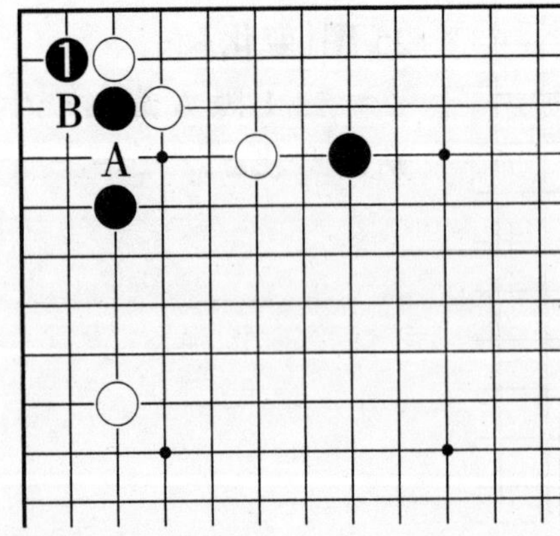

28 图（黑的应对）

黑 1 扳。白有 A 和 B 的选择。

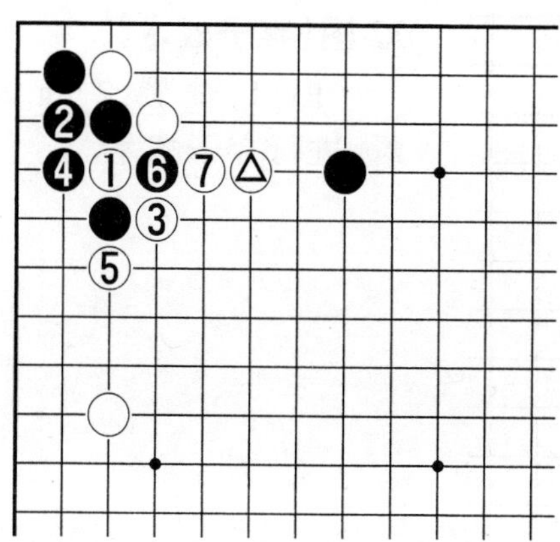

29 图(白不好)

前面学的白 1、3 在这里不好。白 7 时白◎的位置不好。

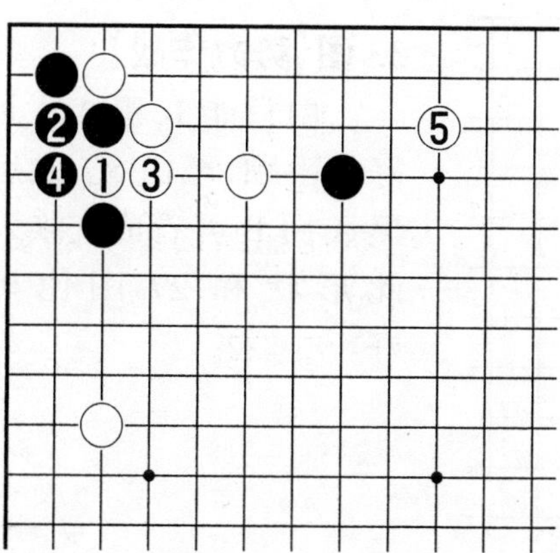

30 图(夹攻)

白 1、3 简单处理后,白 5 夹攻的局面。

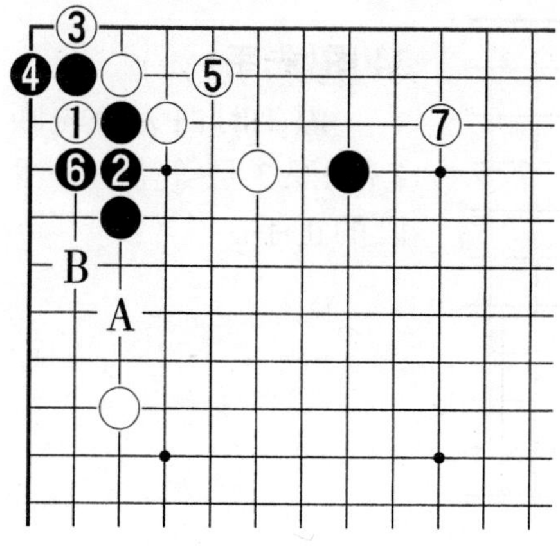

31 图(黑萎缩)

白有 1、3 的手段,这里黑 4 至 6 是萎缩的形状。白可下 A 让黑应 B,根据上边的进行,也可直接下 B。

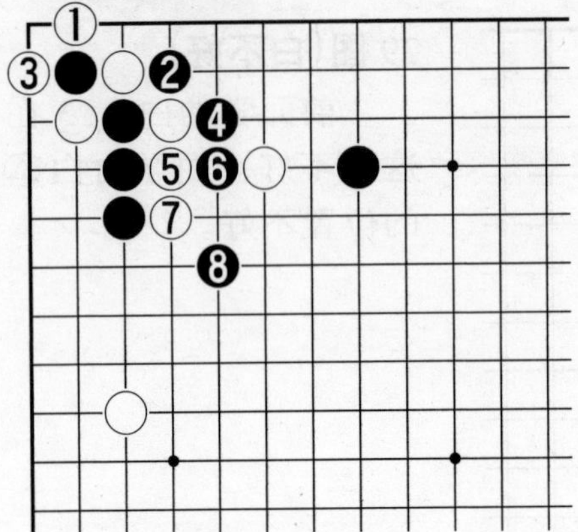

32 图（弃子战术）

白 1 时黑 2 断 8 罩，进行弃子战术。

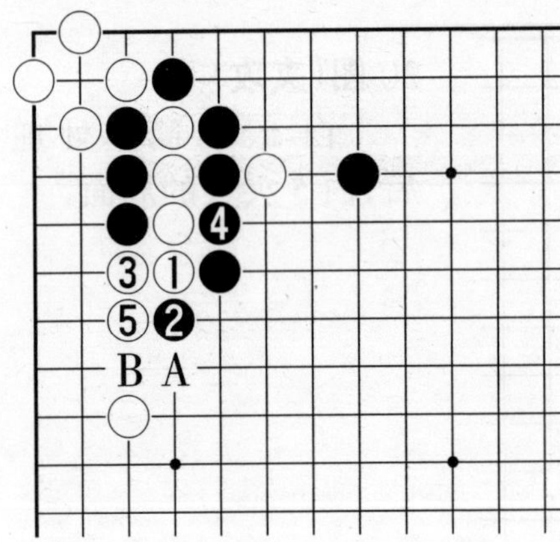

33 图（势力作战）

白只能 1，黑 2、4 是好的手顺，至白 5。之后黑 A 白 B 可看成交换。此形状和 27 图比黑好。

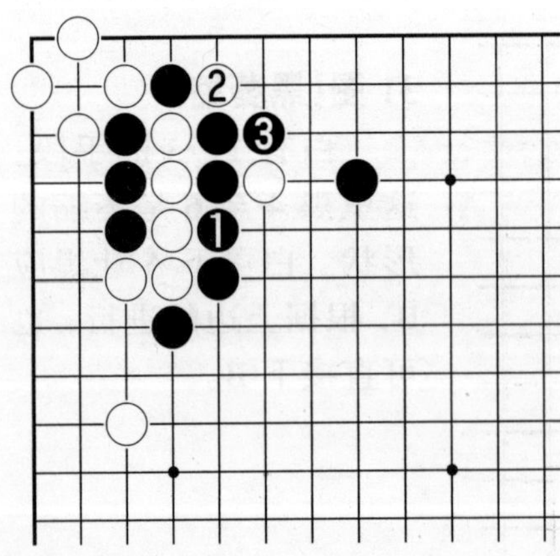

34 图（先手）

黑 1 时白为争先断 2 位。黑 3 是等待下一手段的正手。

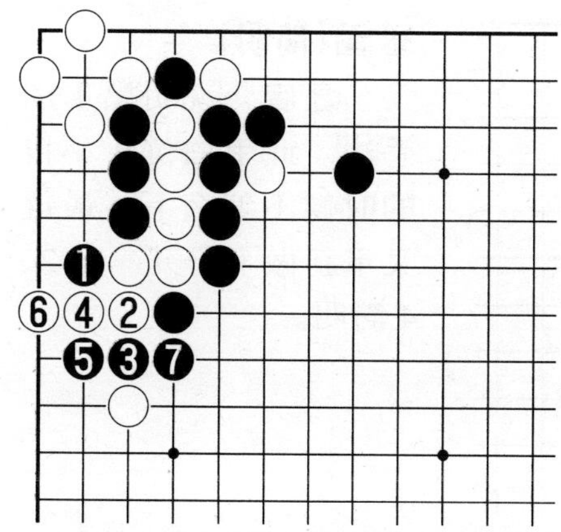

35 图（后续手段）

黑 1 至 7 突破的手段很大。

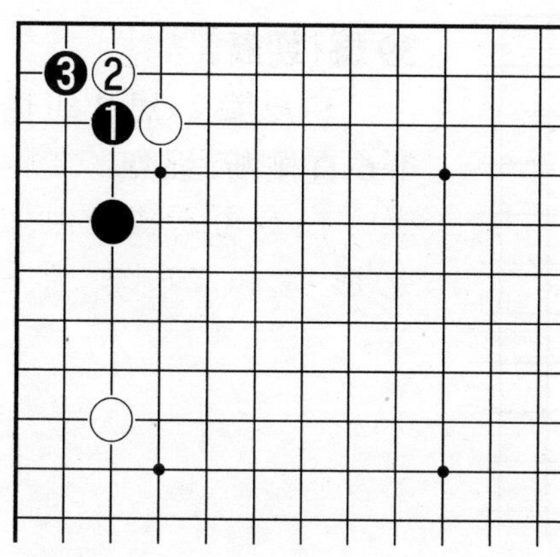

36 图（变化）

黑 1、3 时白怎么下？请应用前面学过的内容。

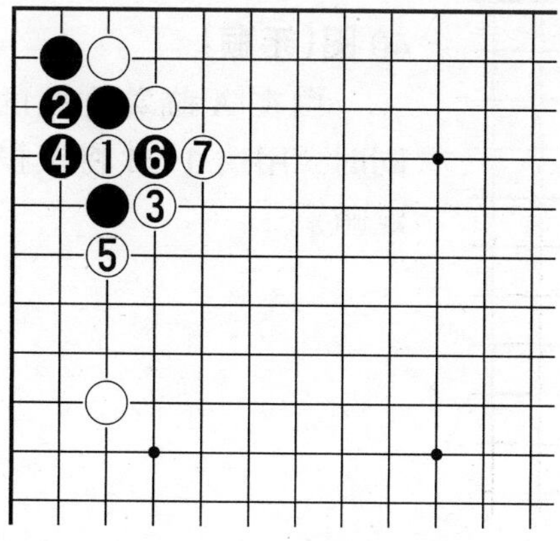

37 图（厚实）

白 1 打吃后，要记住 3、5 的手顺。

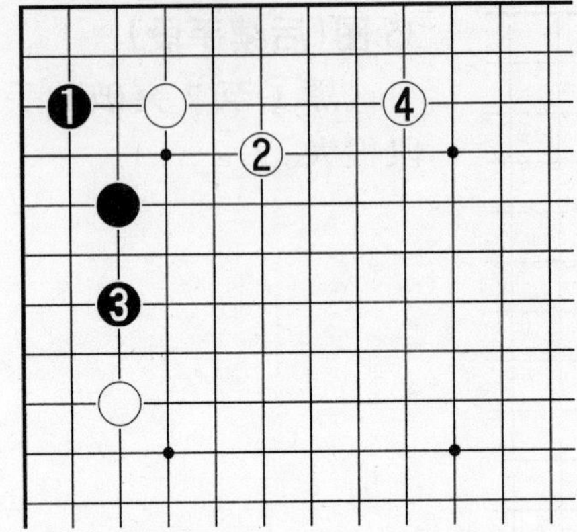

38 图（简明）

之后，说明黑 1 的手法。此手白位于小目的时候不怎么下。最近又重新做了研究。白 2、4 简明。

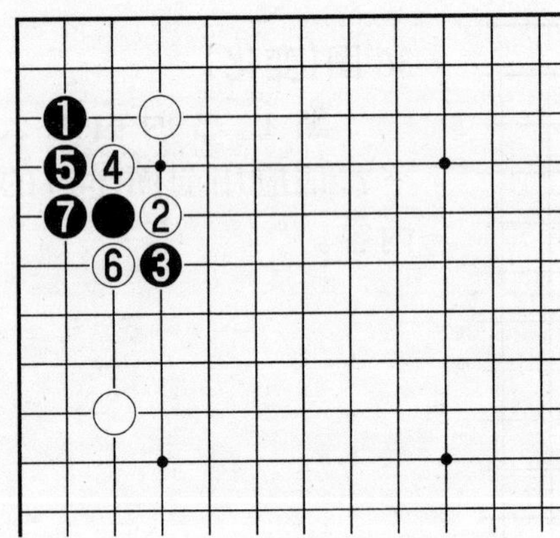

39 图（切断）

白 2 靠，黑 3 时白 4、6 直接断，强烈。

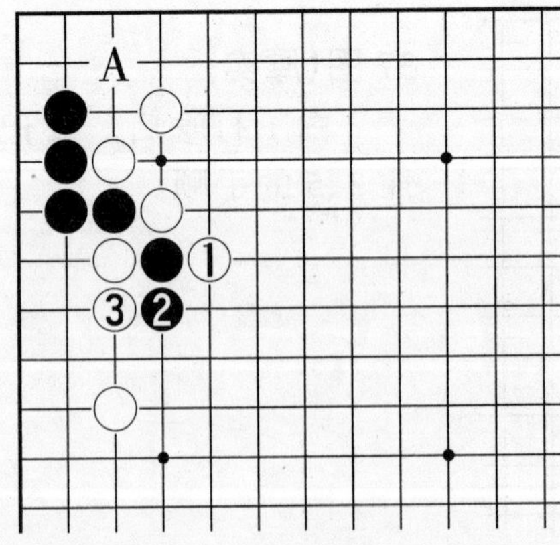

40 图（手顺）

白在 A 瞄着吃黑的同时，用白 1、3 将黑棋走重。

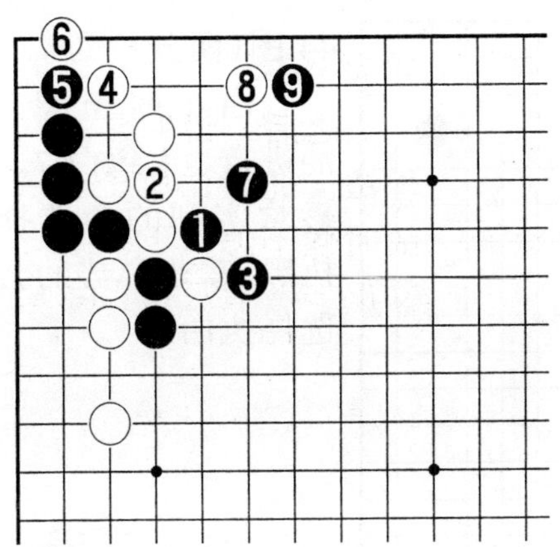

41 图(小贪大失)

黑 1、3 是好的手顺,此时白 4 吃黑,但吃了黑棋后反而不利。

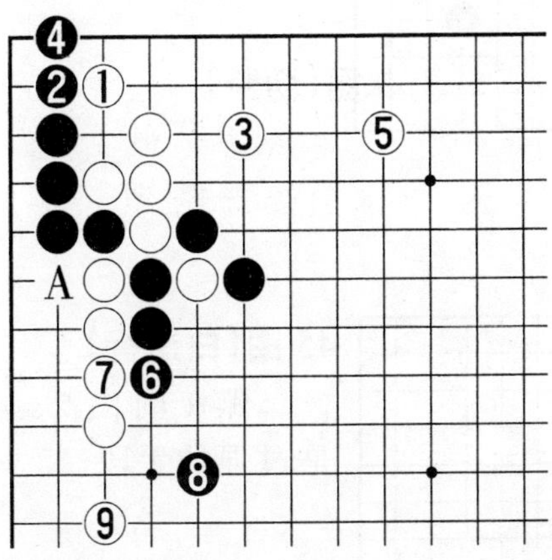

42 图(双方可下)

白在黑 2 时白 3、5 好。白 A 是先手,至白 9 双方可下, 但想多给白打分。

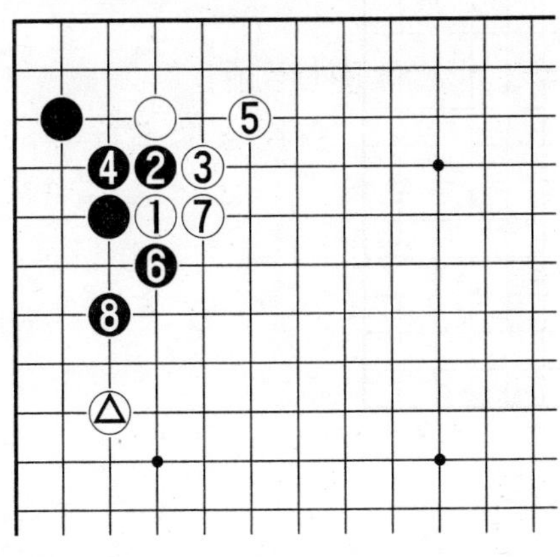

43 图(黑的变化)

黑在白 1 时有黑 2 挖的手段。至黑 8,白㊀作用减弱,黑容易。

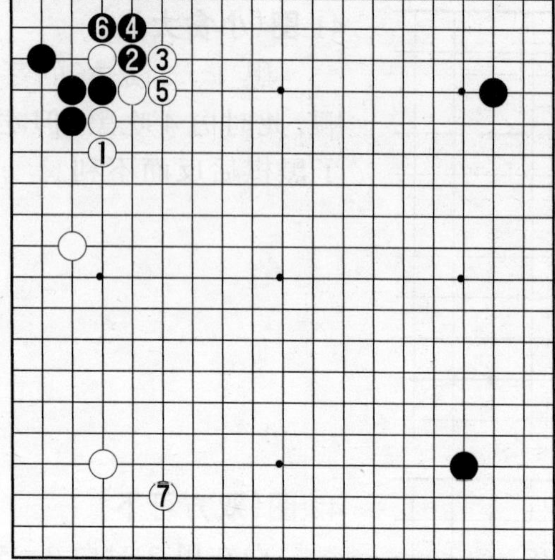

44图(两分)

白1时至黑6的进行，大致白7。喜欢实利的会选择执黑，喜欢厚势的会选择执白。

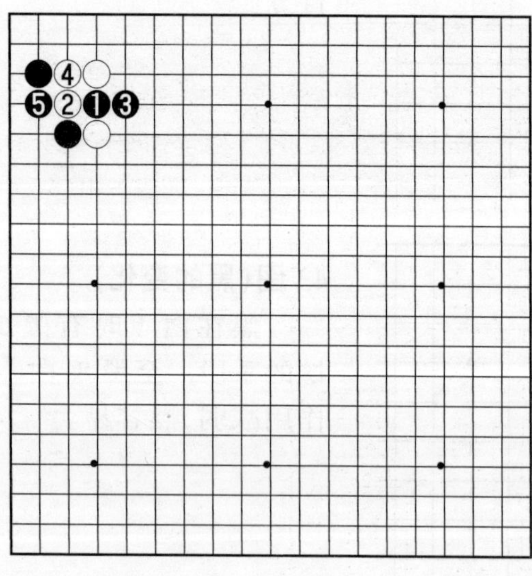

45图(白逆行)

黑1时白2、4是过强的手段。

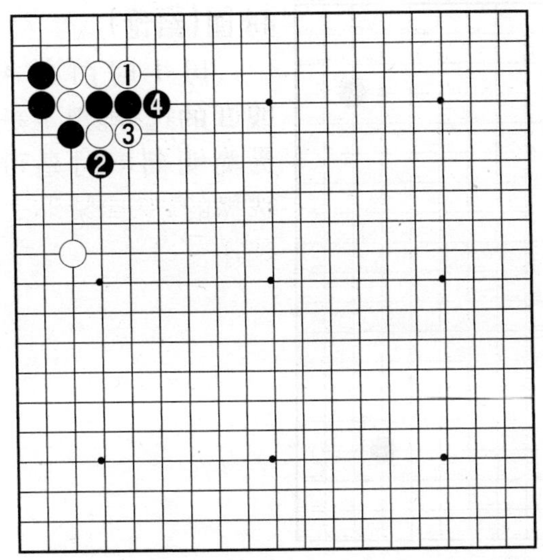

46 图（白困难）

白 1 时黑 2、4，白没有后续手段。

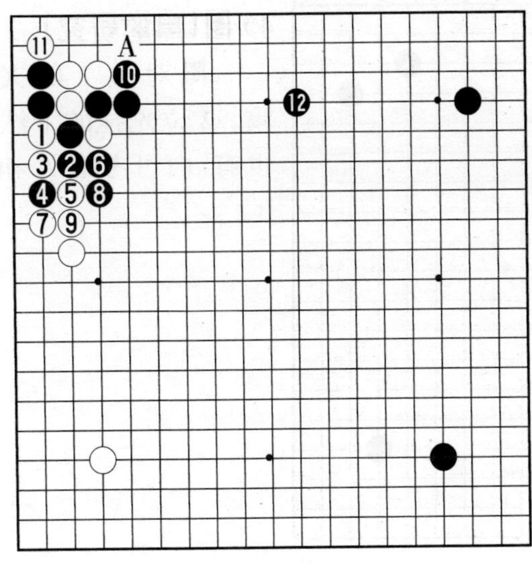

47 图（势力）

白 1 断，至黑 10 处理后下黑 12，黑好。黑 A 的先手是值得称道的。

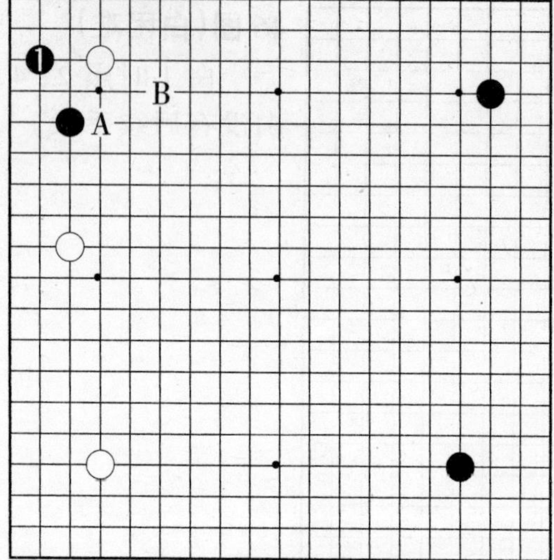

48 图(结论)

黑 1 时白有 A 或 B 的选择。黑 1 是为简明而下时是可选择的。

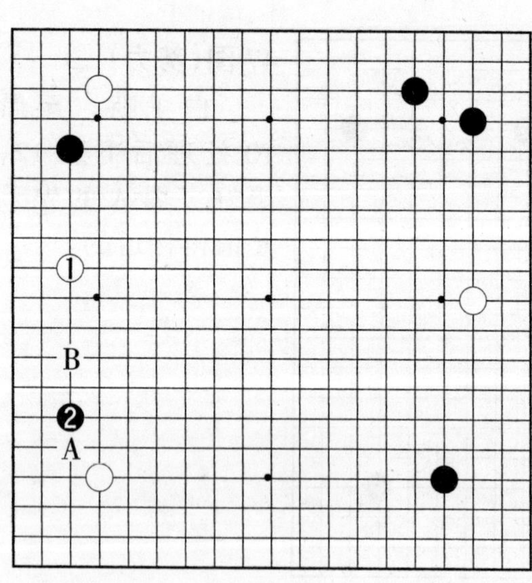

49 图(黑的研究)

黑对白 1 的夹攻,2 位先挂的下法也有。白可考虑 A 和 B。

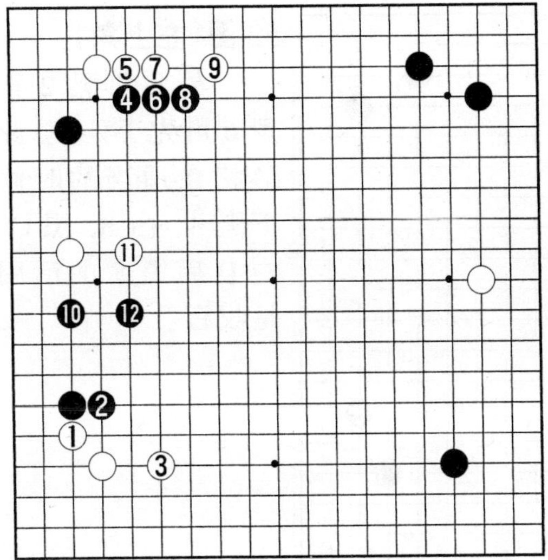

50 页(黑的意图 1)

白 1、3 应的话，黑 4，至黑 12 的进行是黑棋的意图。此进行认为黑厚实的见解也有。

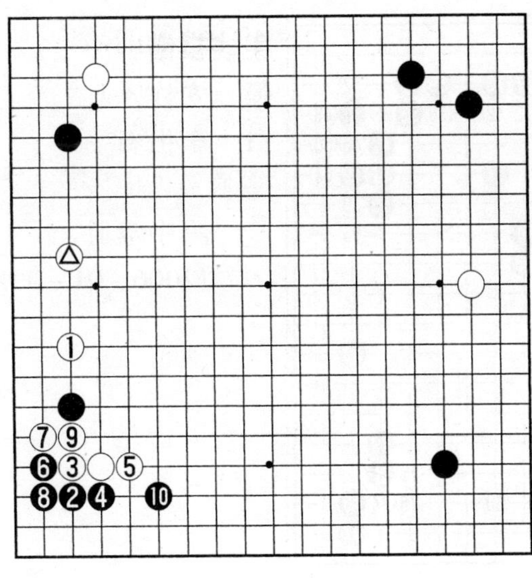

51 图(黑的意图 2)

白 1 夹攻时黑 2 占实利。有认为白△的位置略微松散。

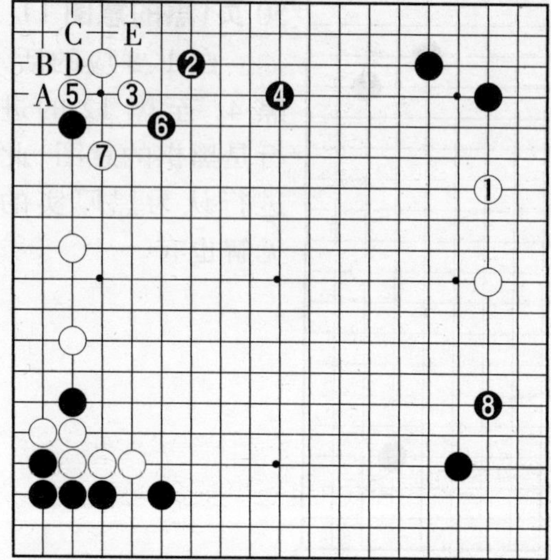

52图(左上角)

左上角黑2至黑6可先手处理。此形状在适当的时候下黑A，白B，黑C，白D后黑E的活用是收官。

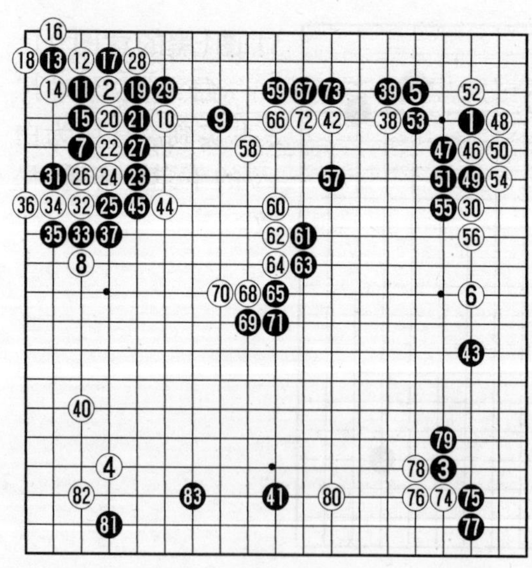

实战棋谱

黑　安祚永

白　李世石

黑中盘胜。

(2006-01-09)

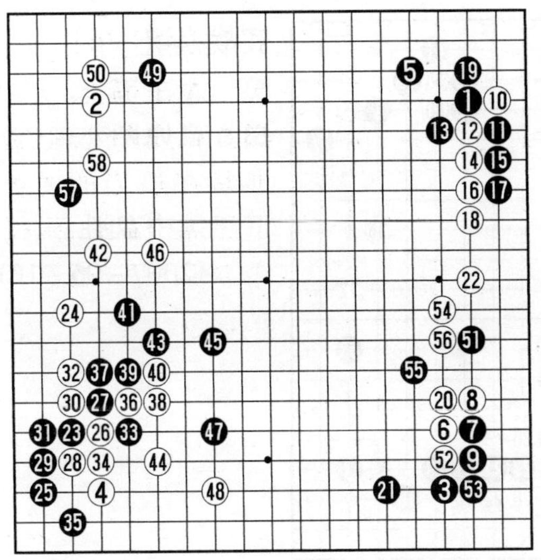

实战棋谱

黑　崔哲瀚

白　常　昊

白3.5目胜。

(2006－11－08)

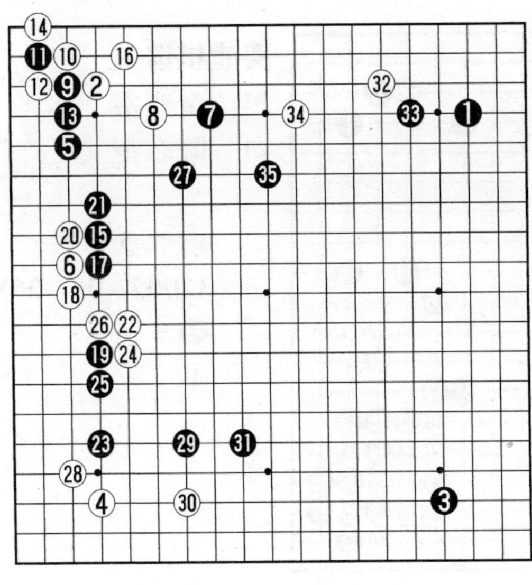

实战棋谱

黑　崔哲瀚

白　李映九

黑中盘胜。

(2007－05－13)

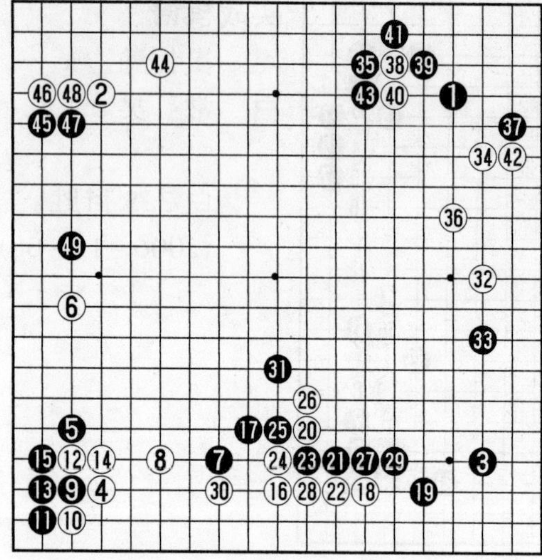

实战棋谱

黑　金主镐

白　崔原踊

黑中盘胜。

(2007－05－13)

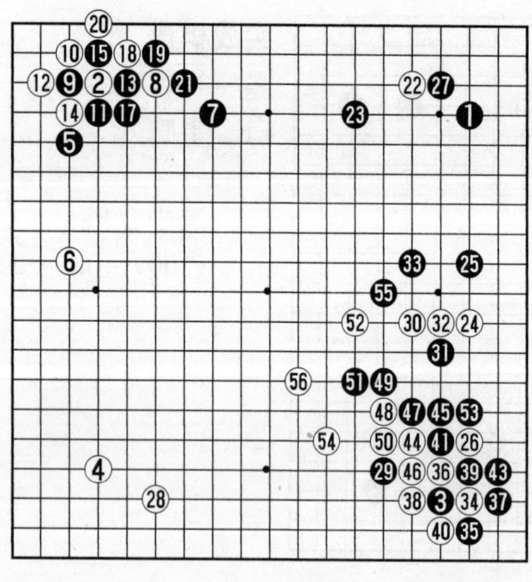

实战棋谱

黑　金升宰

白　陈东奎

白 5.5 目胜。

(2007－07－25)

❾ = ⑯

㉞ = ㊷

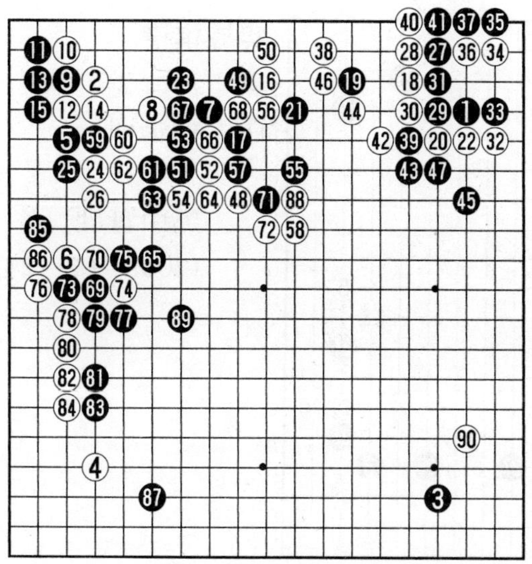

实战棋谱

黑　金　镇

白　金志锡

白中盘胜。

(2007－11－13)

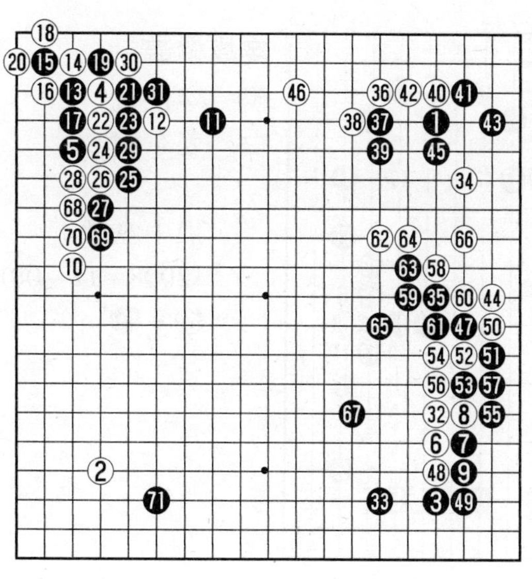

实战棋谱

黑　洪旼杓

白　尹灿熙

黑中盘胜。

(2007－12－21)

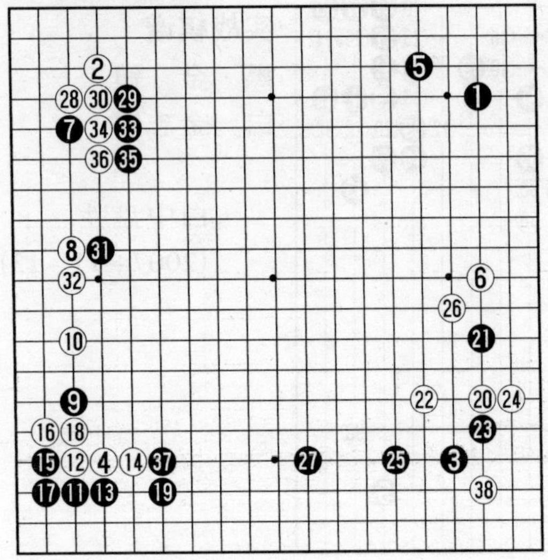

实战棋谱

黑　常　昊

白　朴永训

黑中盘胜。

(2008－02－21)

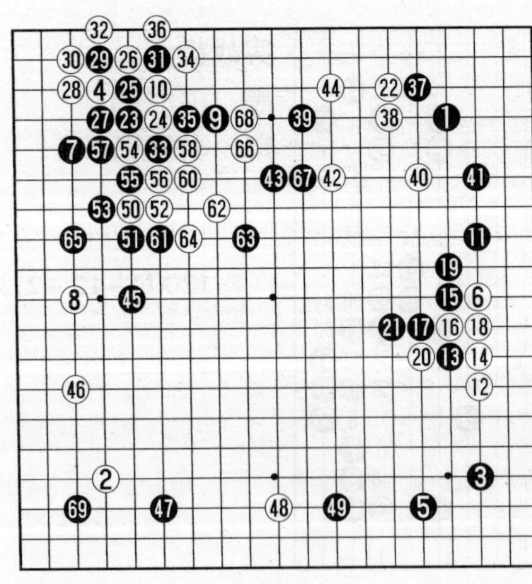

实战棋谱

黑　李世石

白　姜东润

黑中盘胜。

(2008－12－08)

54 = 59

新型25－C　从三间夹攻变形的四间夹攻(？)的登场

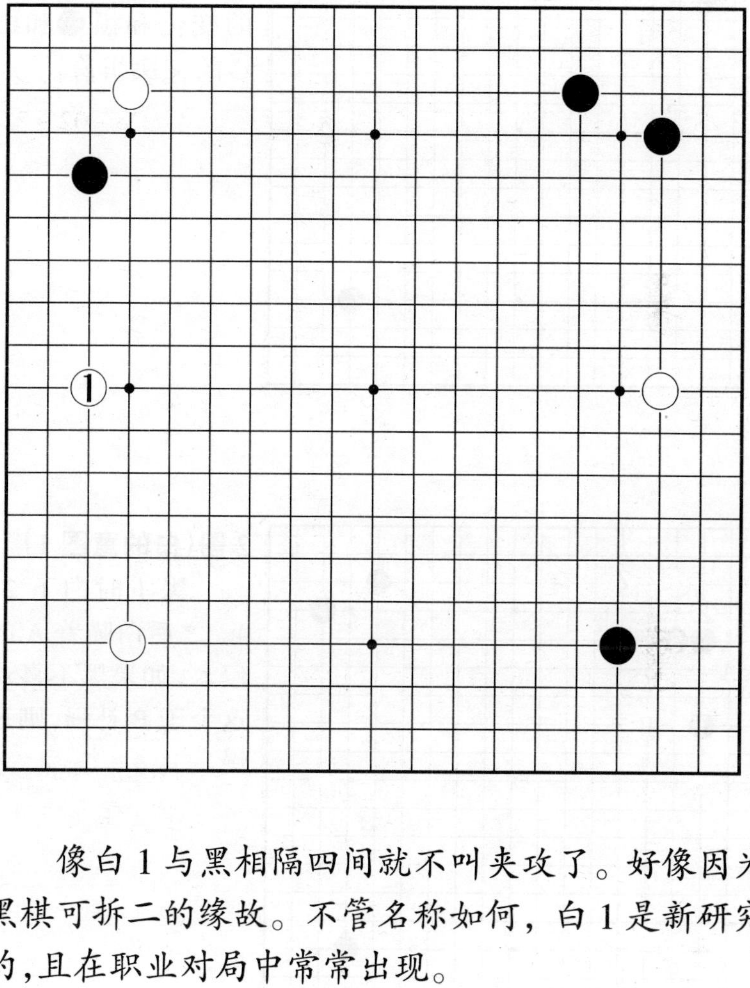

像白1与黑相隔四间就不叫夹攻了。好像因为黑棋可拆二的缘故。不管名称如何，白1是新研究的，且在职业对局中常常出现。

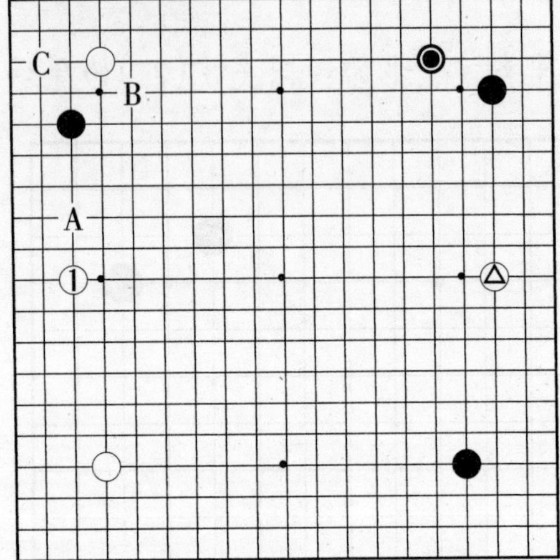

1图(黑的选择)

白1时黑可想A、B、C的手段。黑C的变化和黑◉和白△的交换相关。

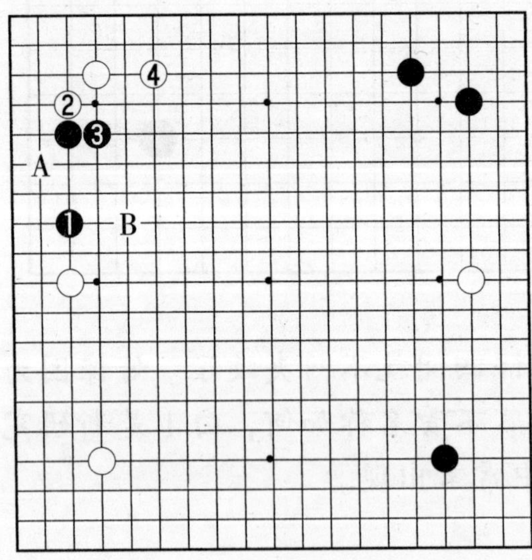

2图(白的意图1)

黑1时白下2、4。之后白瞄着A的侵入,如果黑不喜欢这个于B补强,则过慢。

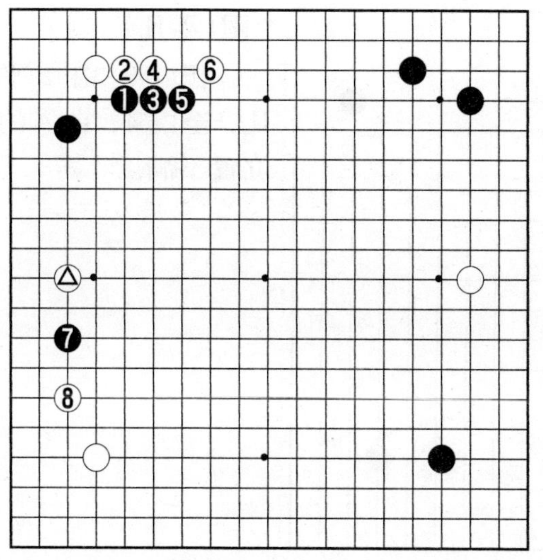

3图(白的意图2)

黑1至5因白△过远不好。黑7则白8,不知谁攻谁。

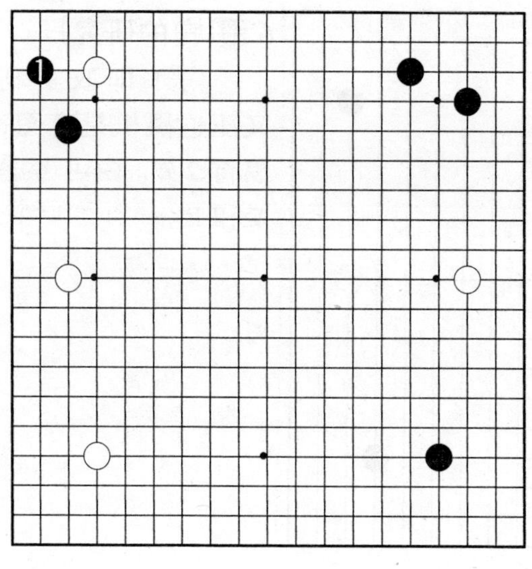

4图(黑的选择)

黑研究了下1,从此产生了新的变化。

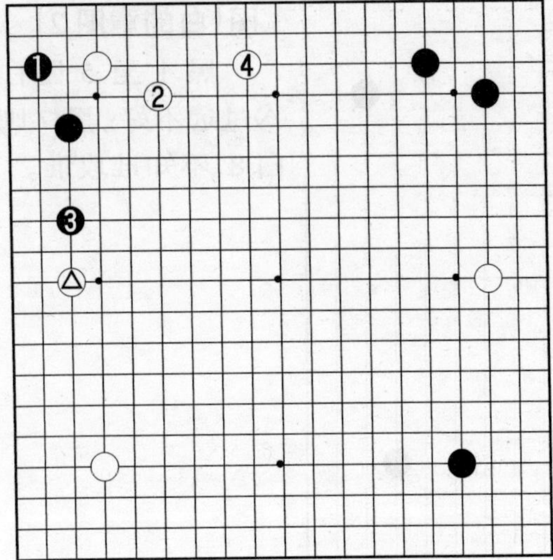

5图(平凡)

黑1时白2平凡，至白4，白◬的位置不满。

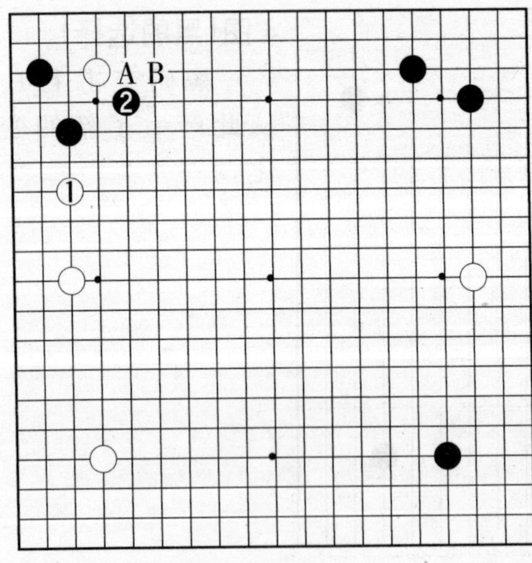

6图(白的研究)

白1即取实利又压迫黑棋是意图，黑将2罩。白可考虑A和B。

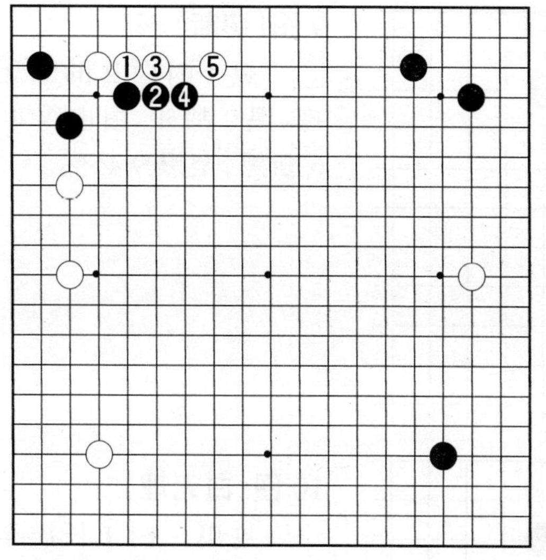

7 图(黑不好)

白 1 时黑 2、4 普通，白 5 后，白下到两侧。

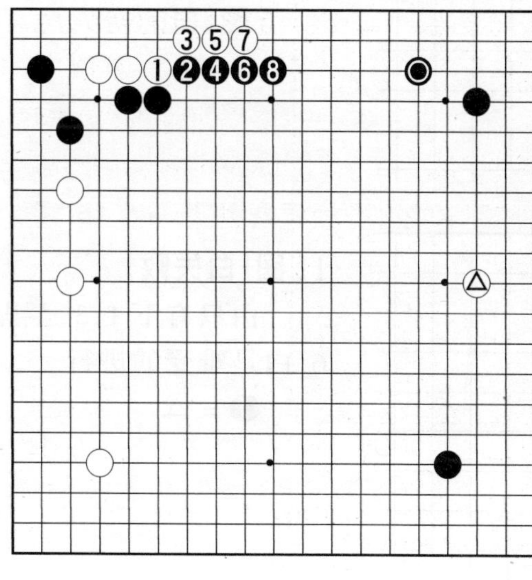

8 图(黑的强手)

黑在白 1 时黑 2 的扳好。至黑 8 白位置低。此时黑◉和白△未交换对黑好。

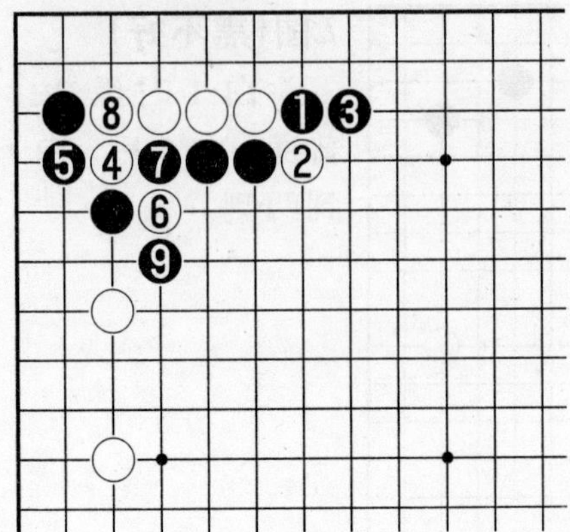

9 图(切断)

黑 1 时白 2 的断无理,黑 3 战斗。白也以 4、6 断黑,至黑 9 必然。

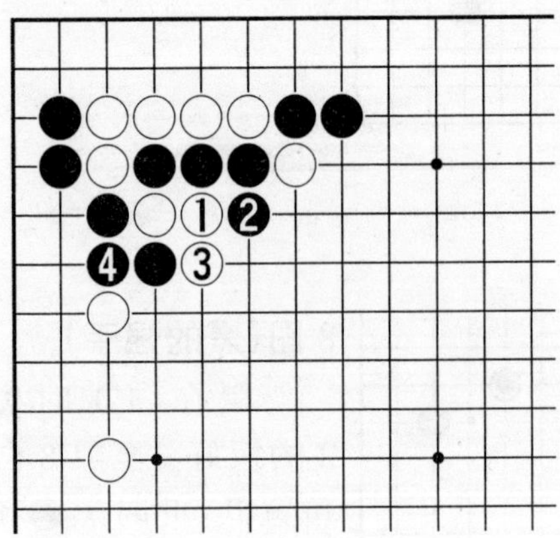

10 图(白无理)

这里，白 1 长出至黑 4,白困难。

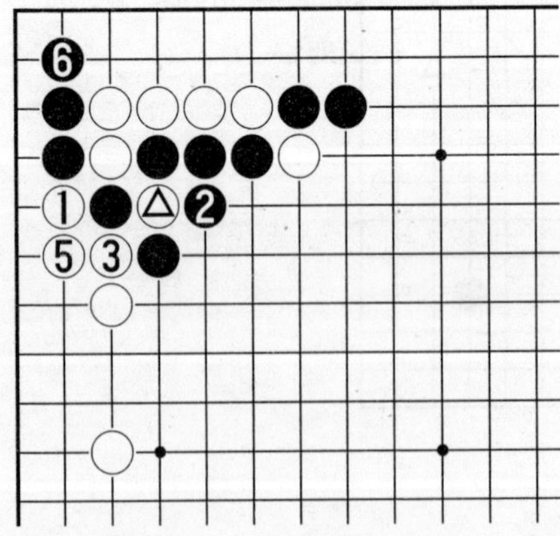

11 图(白失败)

白只有下 1、3,至黑 6,白是难受的进行。

❹ = △

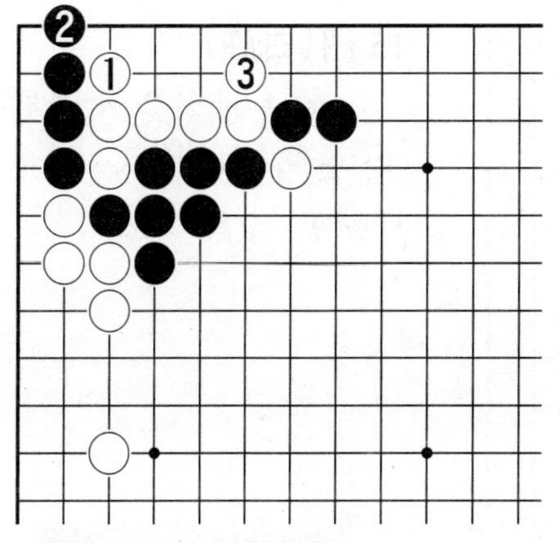

12 图(白抵抗)

白 1,黑 2,之后白 3 是抵抗的手段,是最佳应对。

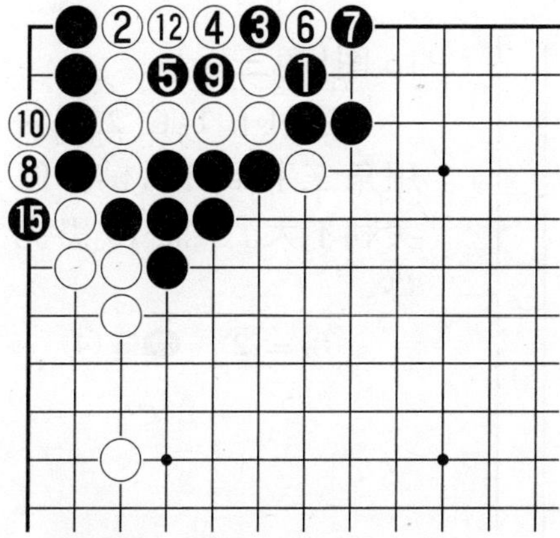

13 图(劫)

黑 1 挡成单劫,黑有 15 的劫材,黑优势。

⓫ = ❸　⓭ = ❺

⑭ = ⑥

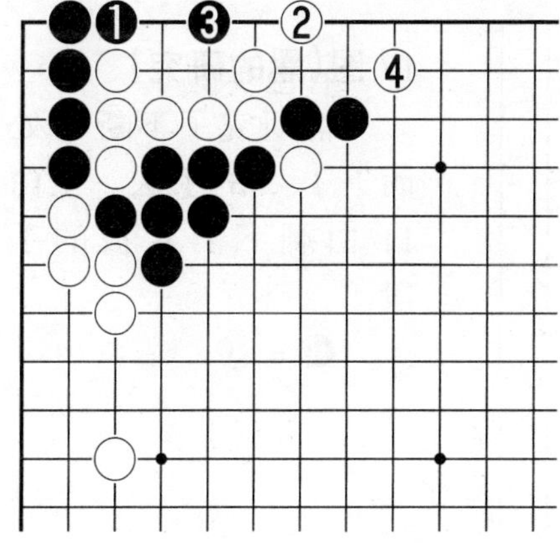

14 图(逃脱)

黑 1 时被白走 2 的妙手,黑狼狈。黑 3 时白 4 逃脱成为可能。

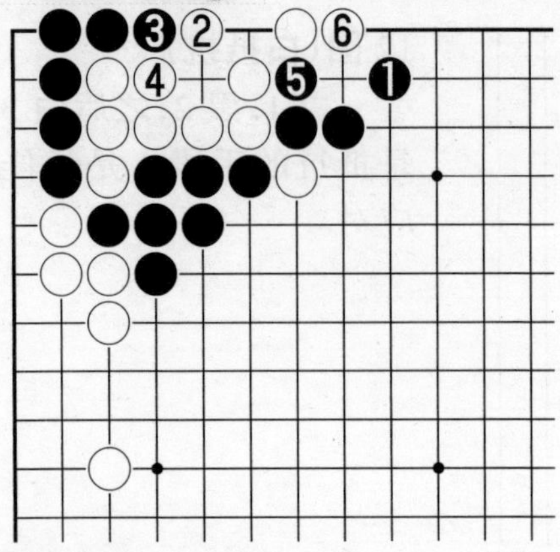

15 图（白胜）

黑 1 时白 2、4 之后下 6，瞬间白长气，对杀白胜。

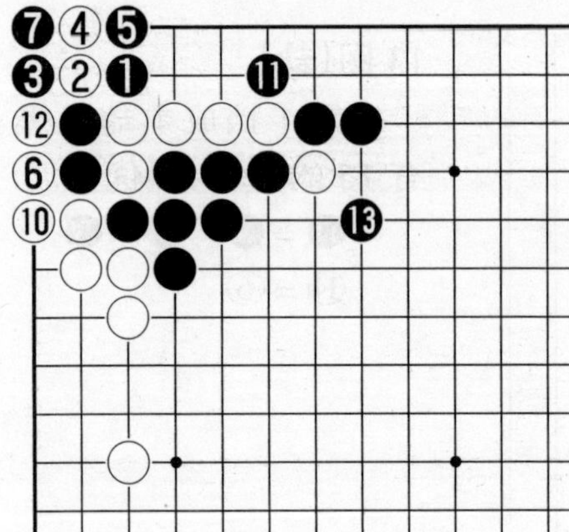

16 图（角三手）

黑可下 1。白 2 断利用角三手虽可活棋，但实利不大。至黑 13 黑优势。

⑧＝②　❾＝④

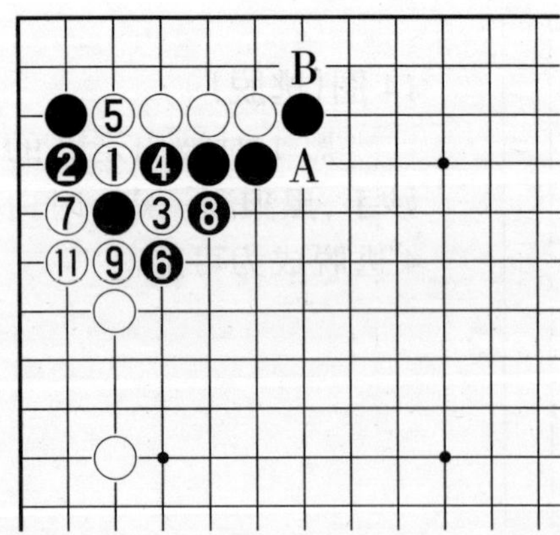

17 图（黑的研究）

黑研究了不断 A 处而下 1、3 的手法。至白 11 白剩下了 B 扳的手段。

❿＝③

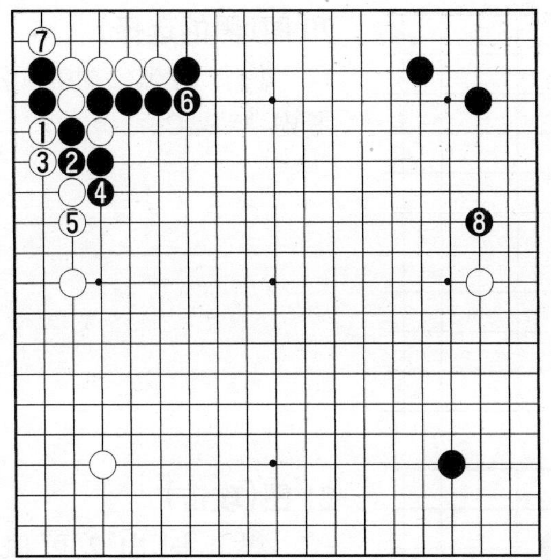

18 图(黑的应对)

黑在白 1 时 2、4 处理，6 粘得先手。黑 8 后黑的形状可观。

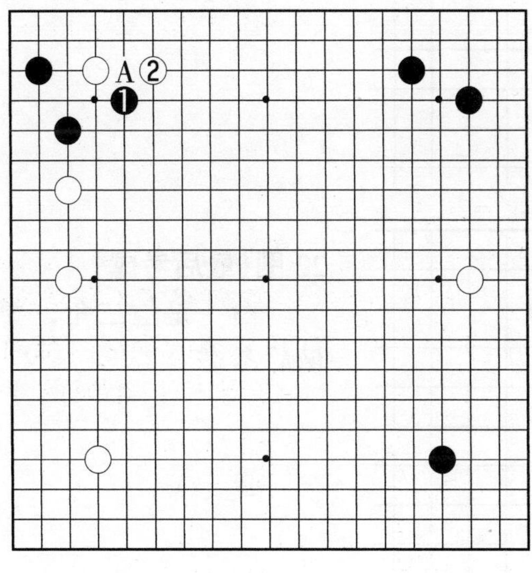

19 图(白的选择)

白 A 长不好，因此多下 2 的跳。

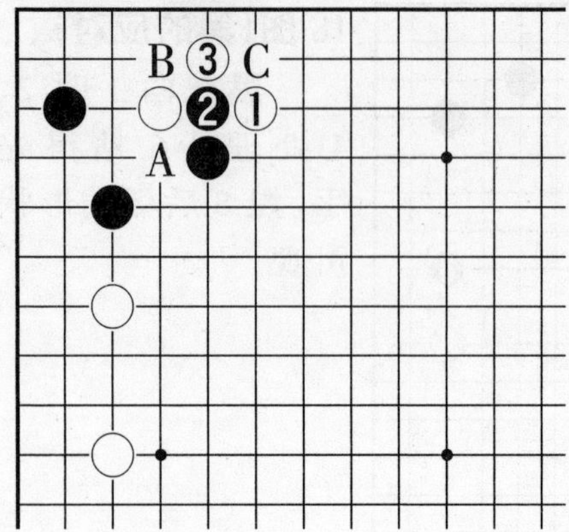

20 图（黑的选择）

白 1 时黑 2 冲后可考虑 A、B、C。

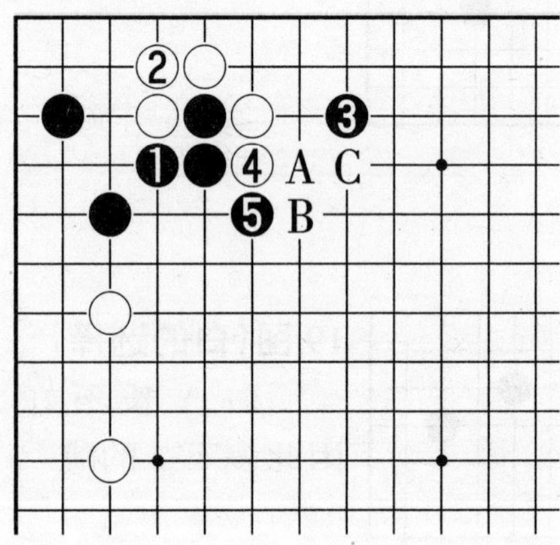

21 图（攻击）

黑 1 时白 2 可脱手，但白 2 的粘普通。黑 3 是当然的攻击，黑 5 之后白可考虑 A、B、C。

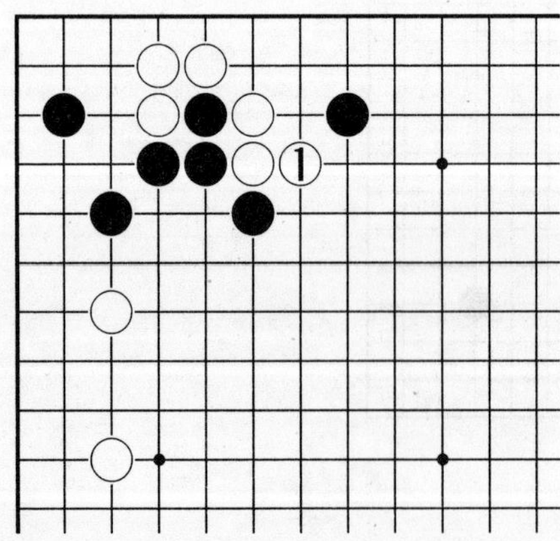

22 图（最后考虑）

白 1 是空三角，要最后考虑。

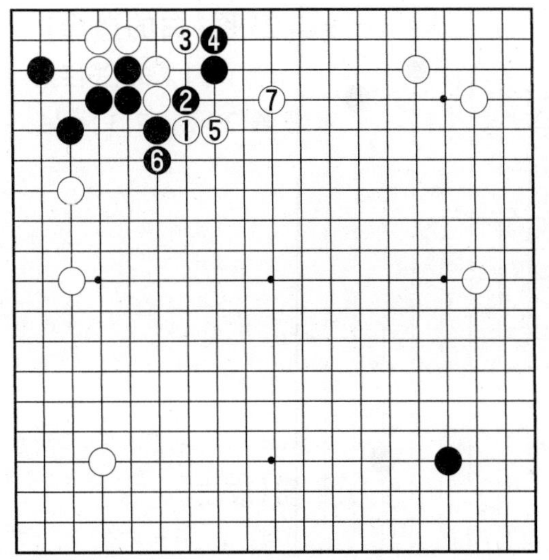

23图（艰难的战斗）

白1要对黑2的断有准备，至黑6成艰难的战斗，白7的成立与否很重要。

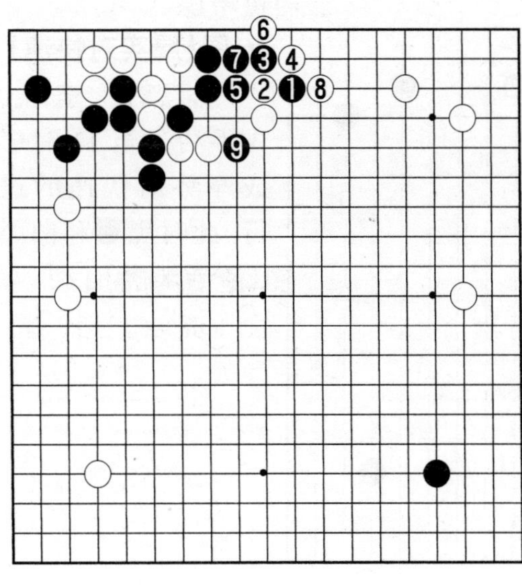

24图（黑逃出）

虽有多种变化，简单的黑1至黑9可逃出。

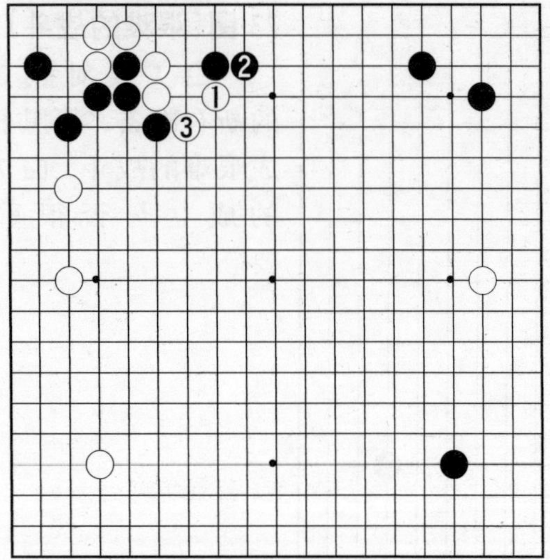

25图(白的选择)

白1的搭容易。黑2应,白3满足。

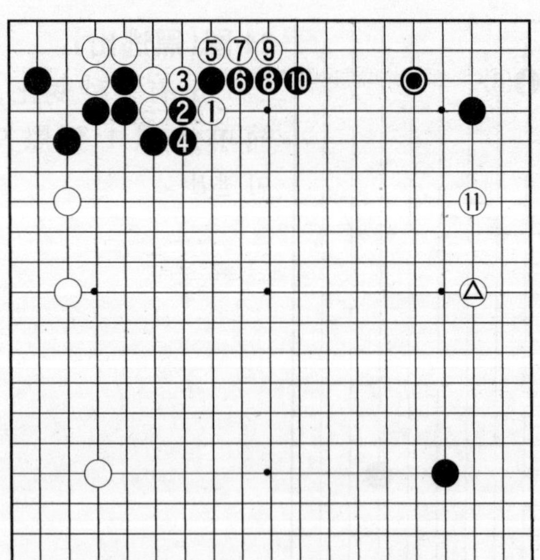

26图(厚实对快速)

对黑2, 至白9先手活,至11时形成厚势对快速的进行。此时黑◉和白△已交换对黑有利。

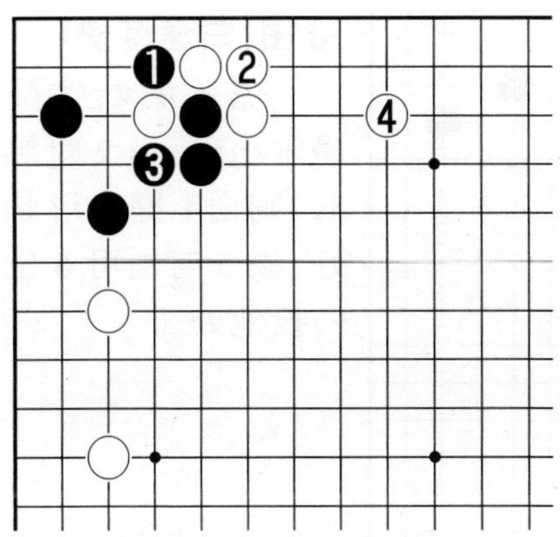

27 图(黑满足)

黑可考虑黑 1 断。白 2 粘，黑 3 先手活满足。

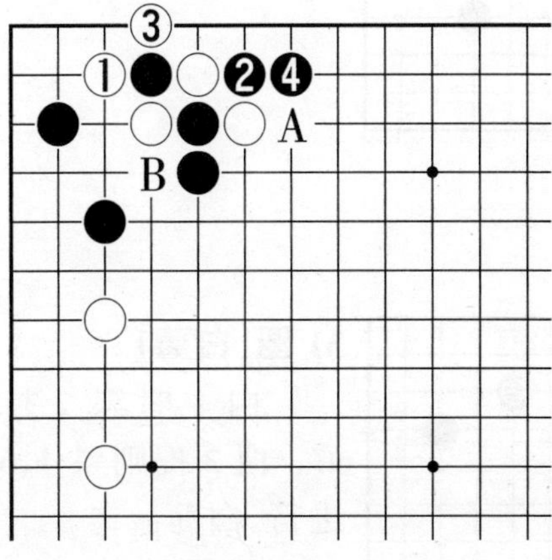

28 图(黑的弱点)

白 1 打吃好。黑需 2、4。黑 4 如下 A 白 B 时困难。

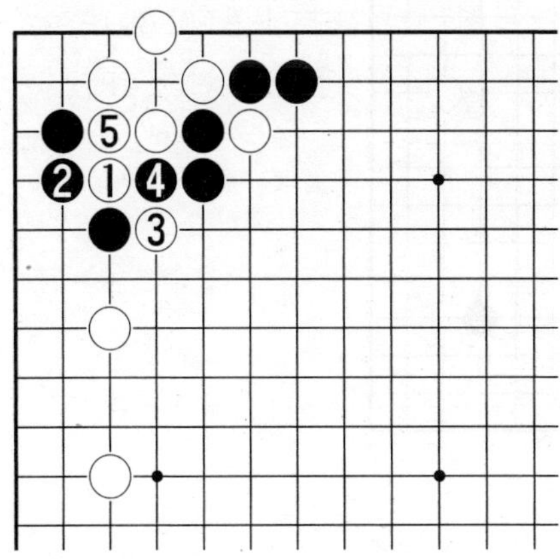

29 图(黑困难)

之后，白 1、3 有断黑的手段，黑困难。

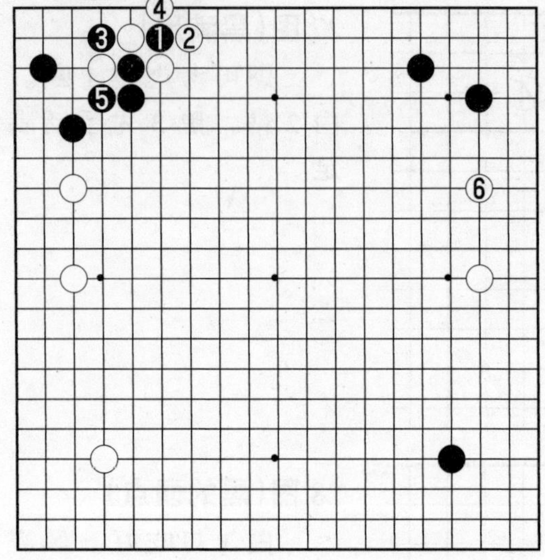

30 图(白速度快)

黑 1 的断实战最常出现。白 2 时黑 3，则白4 提，形状好，黑 5 时白可 6 位转投他处。

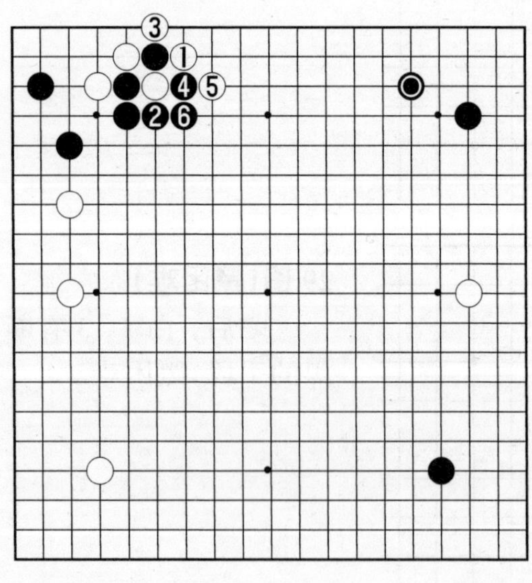

31 图(白薄)

白 1 时黑 2 打好。白 3 提则黑 4、6 进行，白薄。

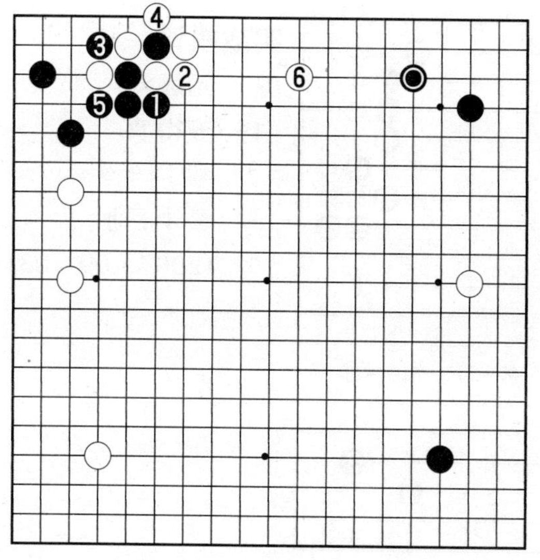

32 图（双方可下）

黑 1 时白 2 粘是正手。至白 6 是现在研究的决定版，是双方可下。

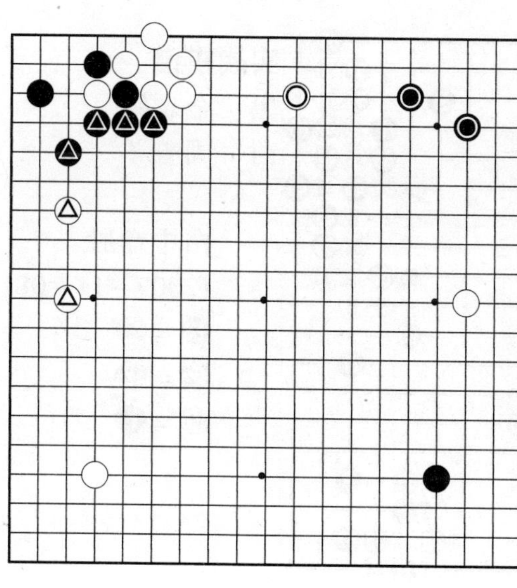

33 图（异见）

但是，黑▲的发展性由白△，黑◉的发展性是由白◎来牵制，因此，也有多给白打分的意见。

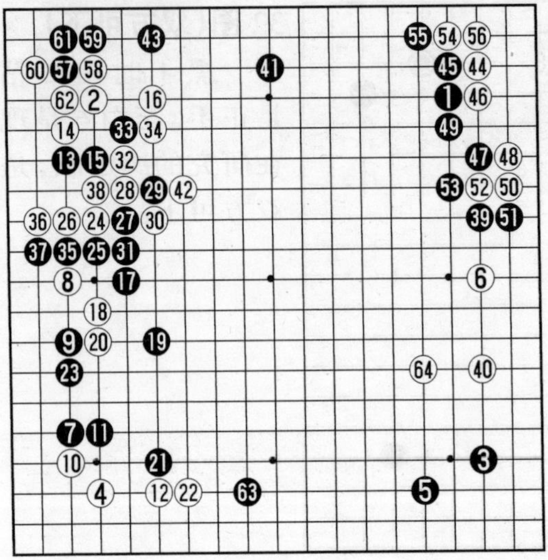

实战棋谱

黑　元晟溱

白　玉得真

黑半目胜。

(2007－09－03)

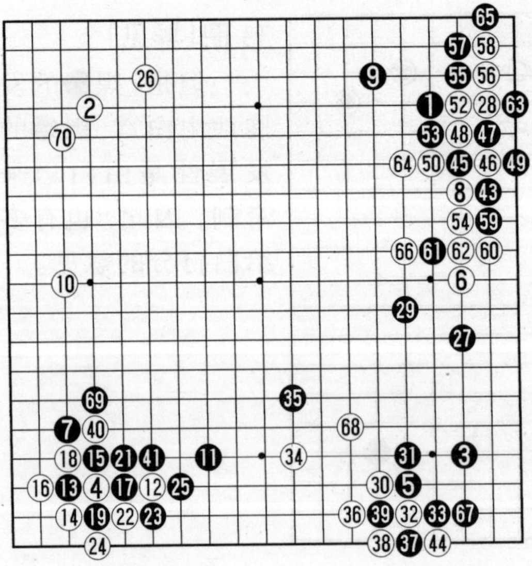

实战棋谱

黑　金志锡

白　周睿羊

白中盘胜。

(2007－11－08)

⑬＝⑳

㉜＝㊷

㊻＝(51)

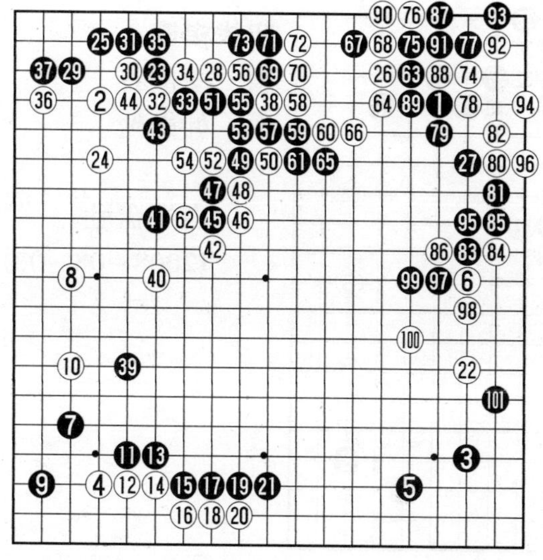

实战棋谱

黑　元晟溱

白　金升宰

黑中盘胜。

(2008－04－20)

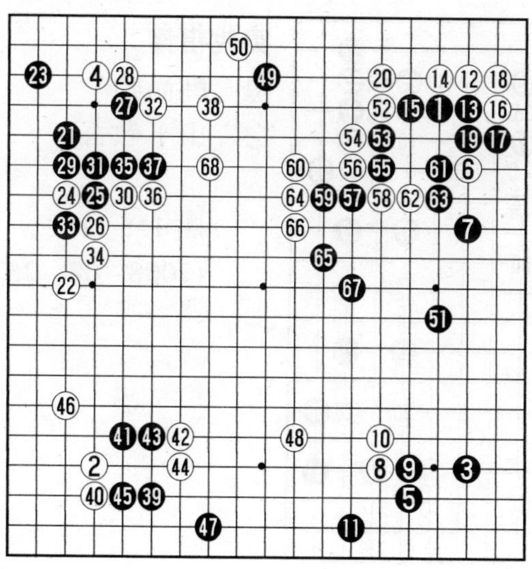

实战棋谱

黑　朴正祥

白　睦镇硕

黑中盘胜。

(2008－06－23)

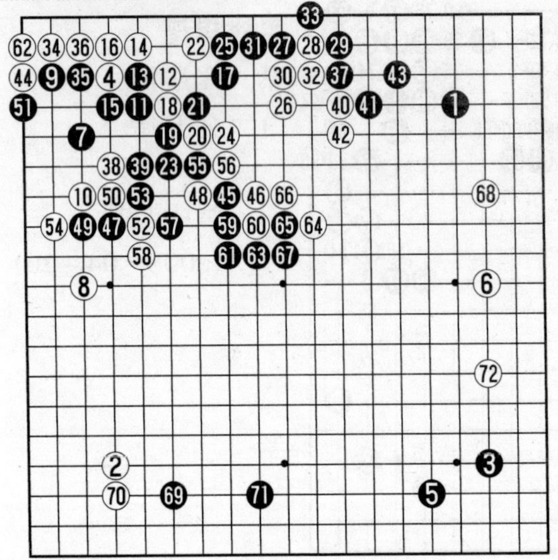

实战棋谱

黑　李世石

白　韩尚勋

白中盘胜。

(2008-08-03)

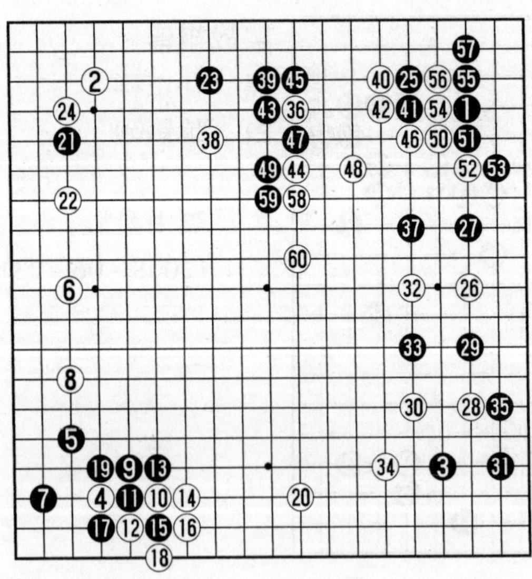

实战棋谱

黑　韩尚勋

白　山下敬吾

黑 1.5 目胜。

(2008-08-23)

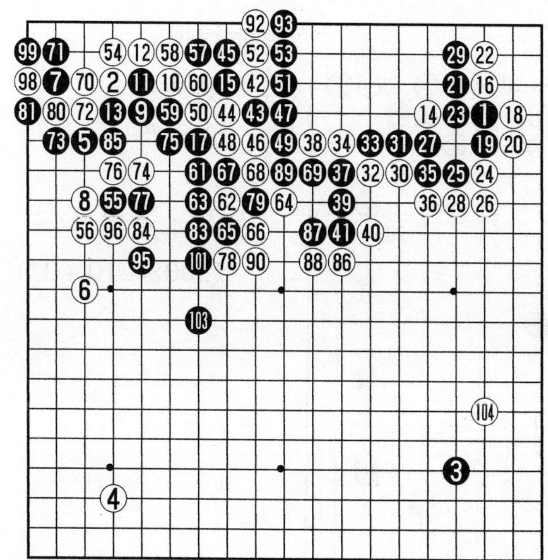

实战棋谱

黑　尹峻相
白　周睿羊

白中盘胜。
(2008－09－03)
⑥②＝⑧②⑨④⑩⓪
❼❾＝❾❶❾❼⑩②

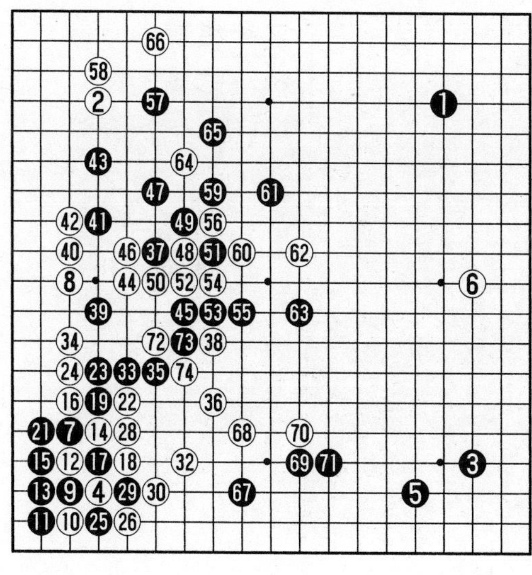

实战棋谱

黑　安祚永
白　崔原踊

白 4.5 目胜。
(2008－09－27)
⑫＝⑳
⓱＝㉗
④＝㉛

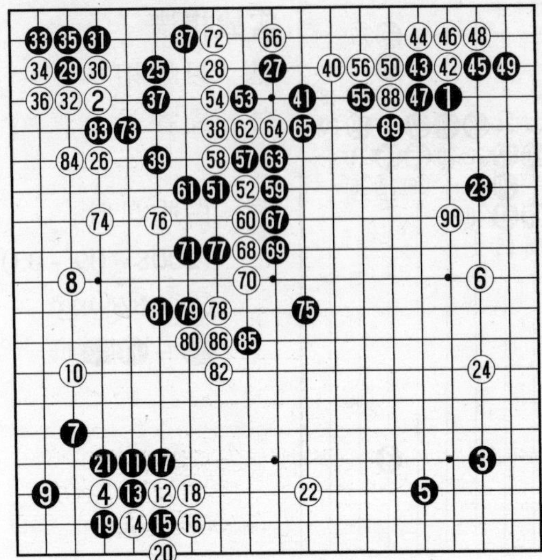

实战棋谱

黑　洪旼杓

白　金承俊

白4.5目胜。

(2008-10-02)

新型 26　引征定式和布局的相遇 II

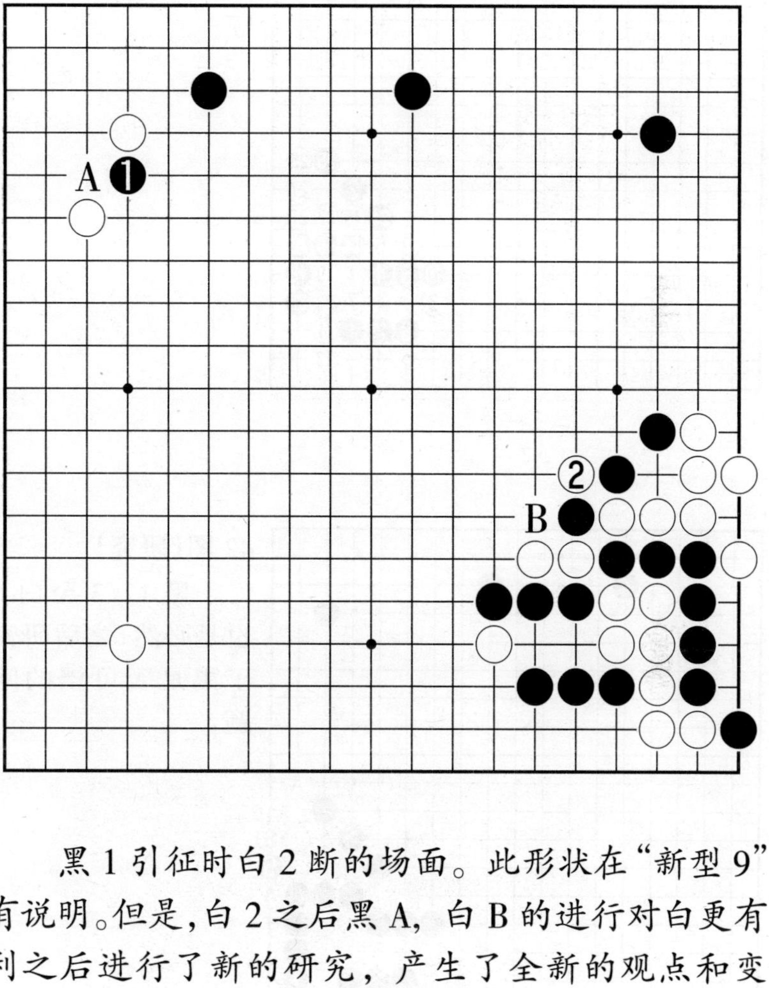

黑 1 引征时白 2 断的场面。此形状在“新型 9”有说明。但是，白 2 之后黑 A，白 B 的进行对白更有利之后进行了新的研究，产生了全新的观点和变化。

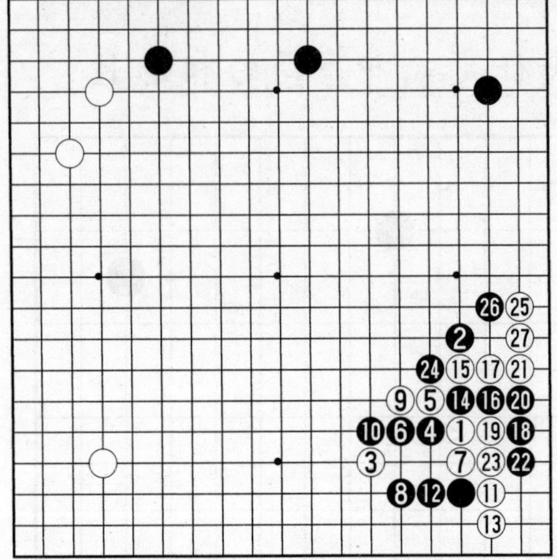

1图(手顺)

白 1 至 27 虽长，但是必然的手顺。

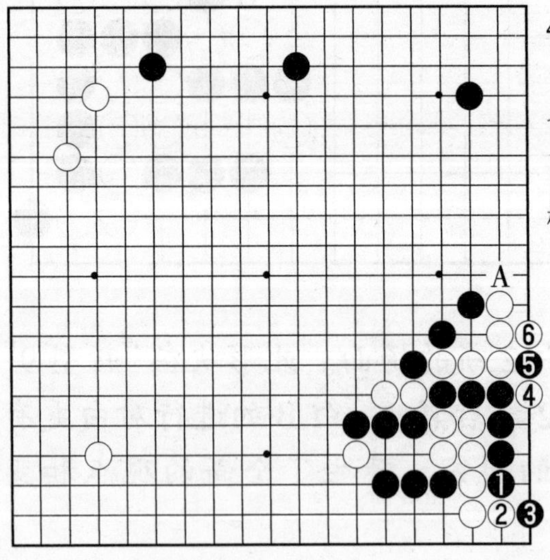

42图(研究)

黑 1、3 至白 6 也是必然，之后研究了黑是否可挡的问题。

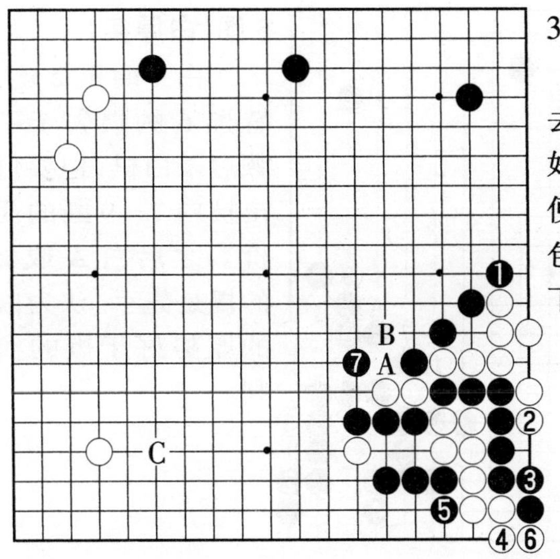

3 图(黑的意图)

黑 1 时白 2、4 去吃，至黑 7，黑好。黑得到 1、5、7 的便宜。白 A 时黑 B 包打之后 C 位发展下边。

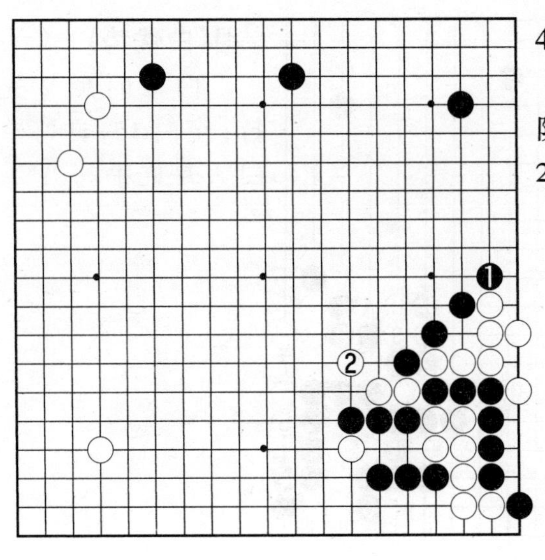

4 图(白的研究)

白在黑 1 时为防止封锁研究了白 2。

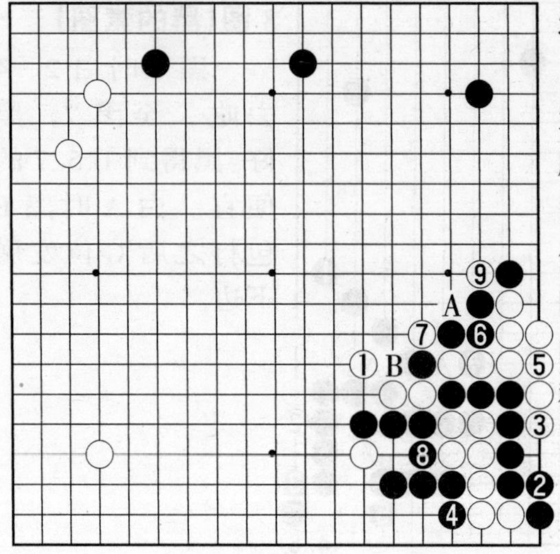

5图(白厚实)

白1时黑2连,置黑6的损失于不顾可杀白棋,但要付出被白7、9断的代价。之后白A或B的提是先手。认为白的厚势好于黑的实利。

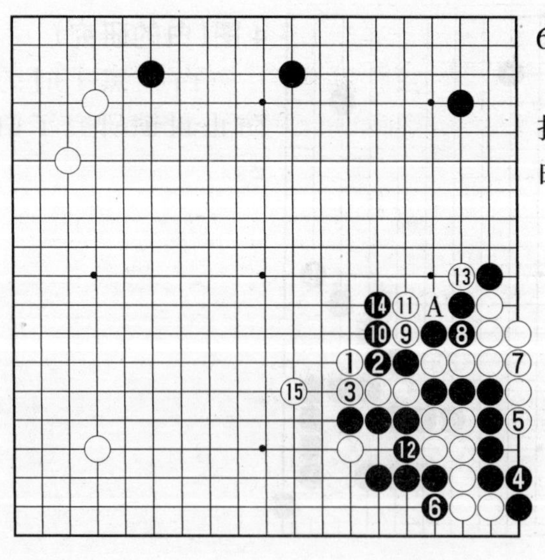

6图(白优势)

白1时黑2先打,至白15,白好。白A是先手。

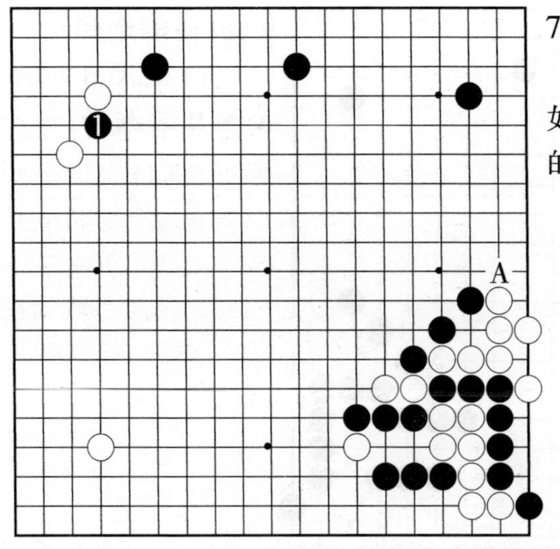

7 图（黑的研究）

黑在 A 挡不能如意，于是利用黑 1 的引征。

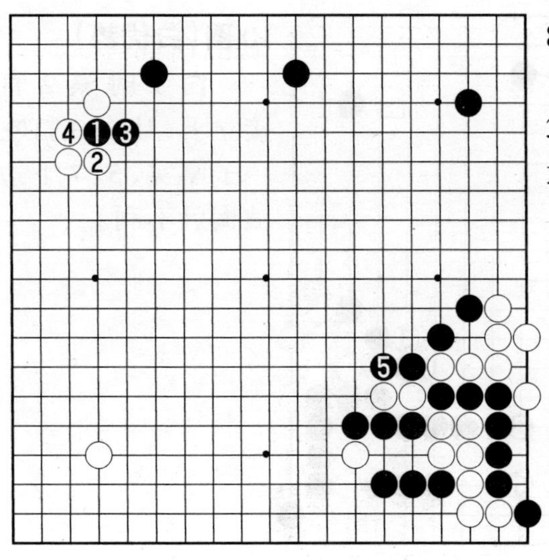

8 图（征子）

黑 1 时白 2，黑 3、5 征子成立，要注意。

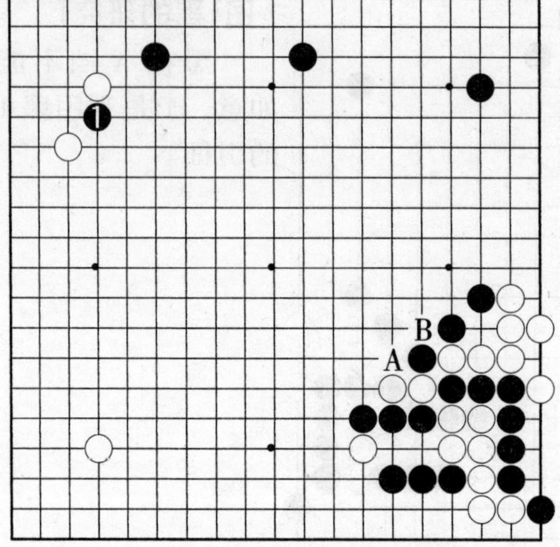

9 图(白的选择)

白在黑 1 时有 A 和 B 的选择。

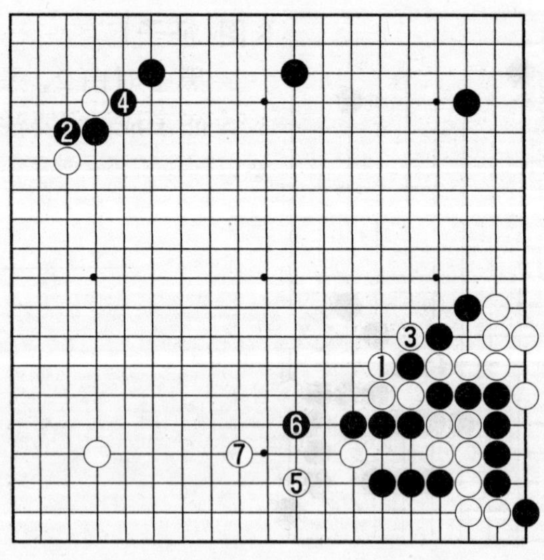

10 图(白优势)

白 1 时黑 2 直接立下,让白 3 打吃一子厚实,5、7 下边被掏黑不利。

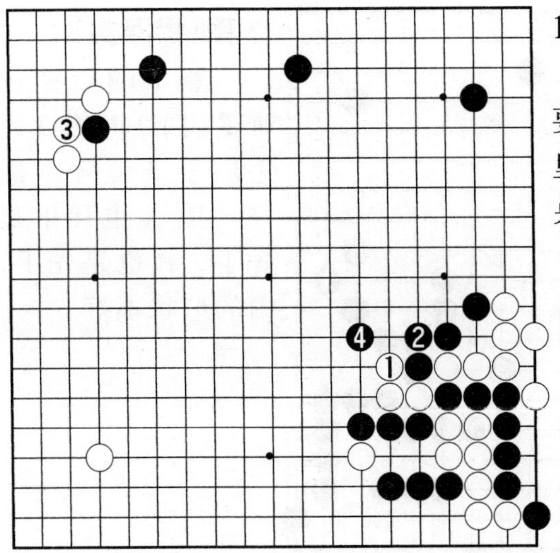

11 图(封锁)

白1时黑2接，要避免被提子。这里，白3，则黑4，中央封锁厚实。

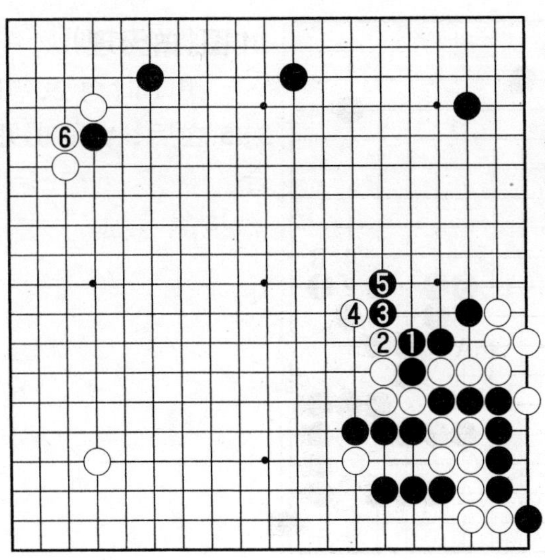

12 图(白性急)

黑1时白2、4贴扳，先要避开中央的封锁。之后可考虑白6，但结果不好。

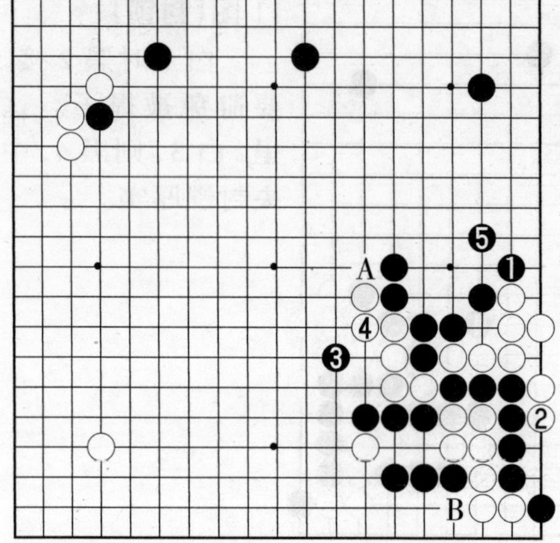

13 图(黑厚实)

黑 1 的扳挡白难受。白 2 时黑 3 先手后于 5 位守，黑好。黑 A 也几乎是先手，B 也是先手，白的形状不好。

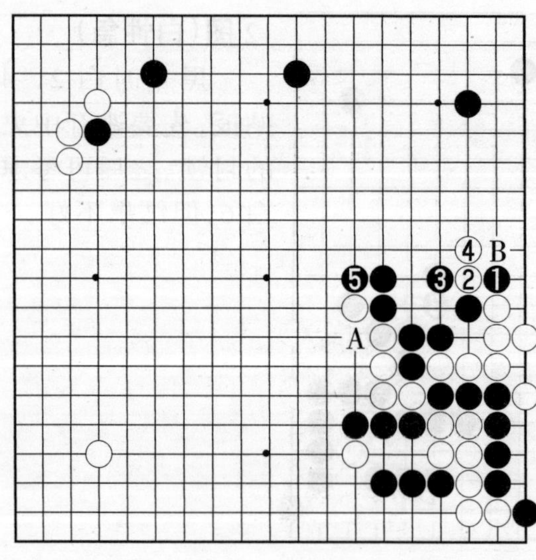

14 图(白无理)

黑 1 时白 2，黑 3、5 之后，A 和 B 见合。

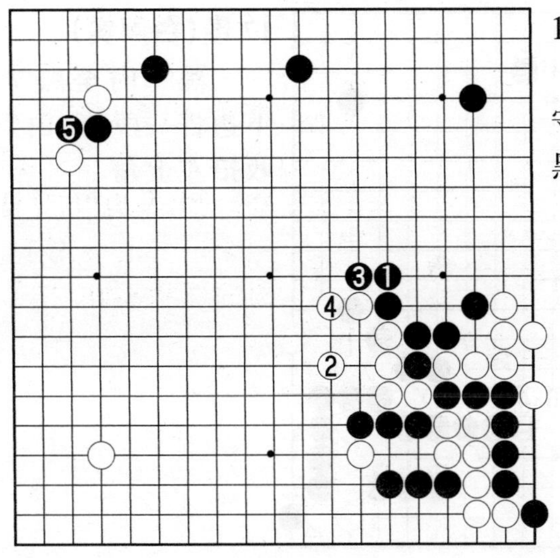

15 图(黑优势)

黑 1 时白 2 的守是正手。黑 5 冲后黑好。

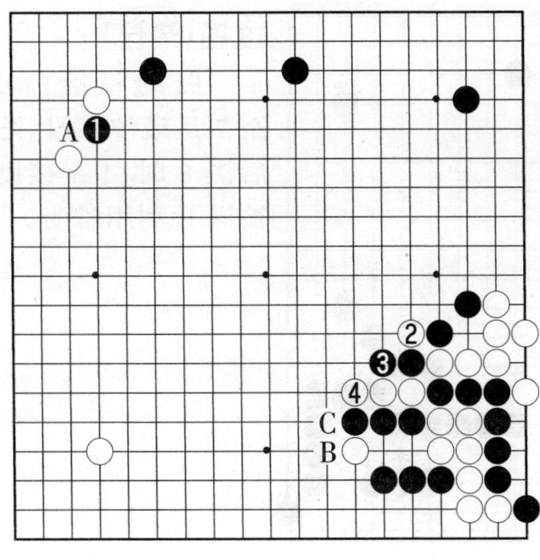

16 图(黑的选择)

白在黑 1 时研究了白 2 的手段。黑 3，白 4 之后黑可考虑 A、B 和 C。

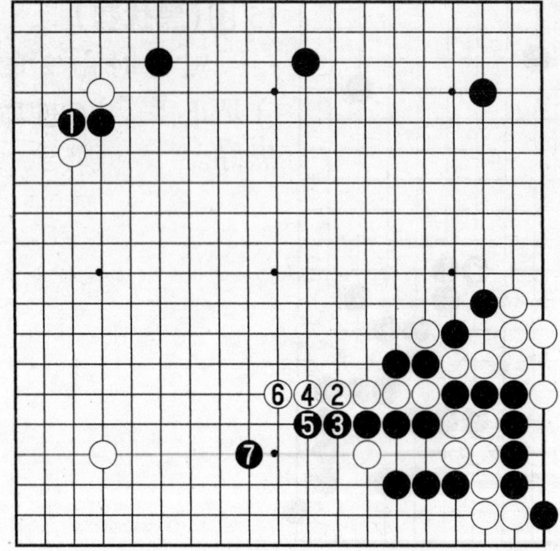

17 图(白厚实)

黑 1 时至黑 7，下边告一段落，白要收拾左上角。

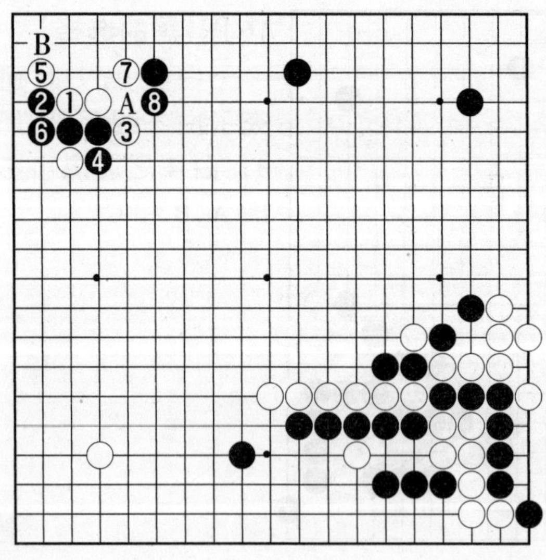

18 图(最佳)

白的收拾白 1 至 7 是最佳手段。之后黑 8 时白 A 接则被黑 B 利用难受。

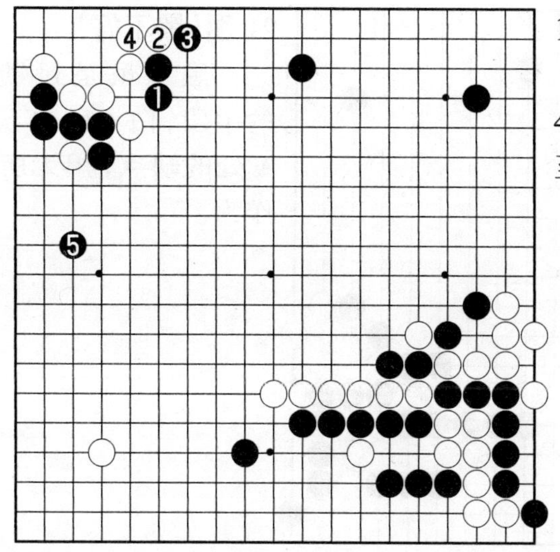

19 图（白安定）

白在黑 1 时 2、4 活棋是最佳手法，至黑 5 告一段落。

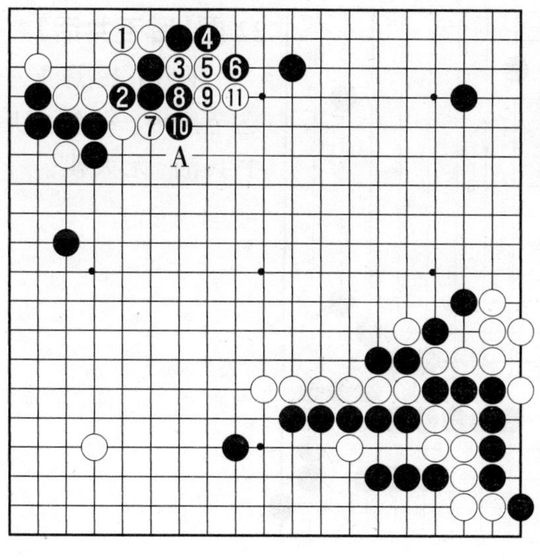

20 图（黑无理）

白 1 时黑 2 直接断至白 11，黑无理。白 A 征子成立。

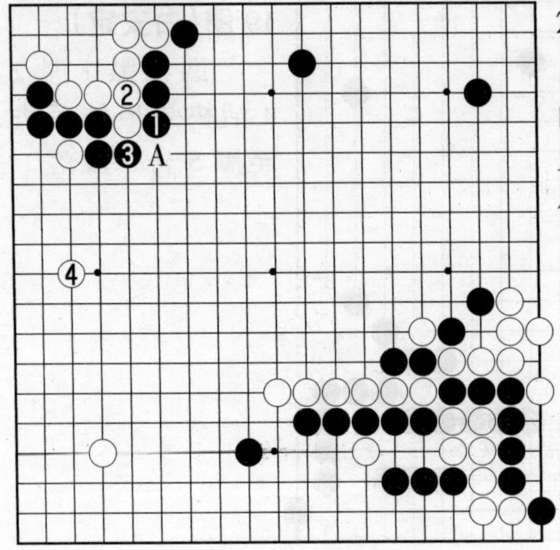

21图(黑不好)

黑1虽是封锁的手段,白4后留下A处的缺点,黑无所作为。

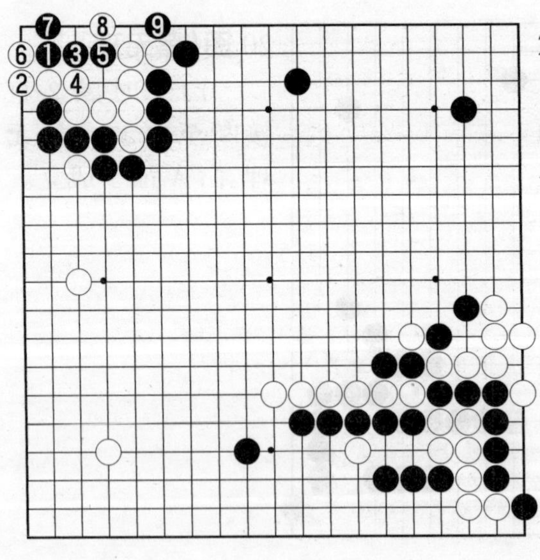

22图(后手共活)

在角上黑1去吃至黑9,结果成后手共活,无大棋。

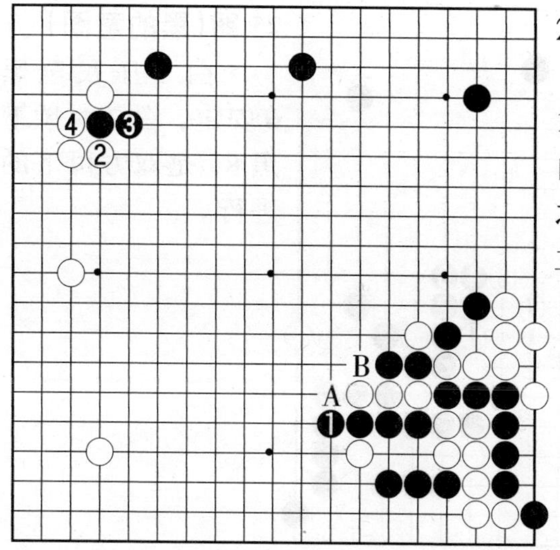

23 图（黑不好）

避开白 A 于黑 1 长也可考虑，但是白有 2 的手段。白 4 之后黑 B 征子不成立。

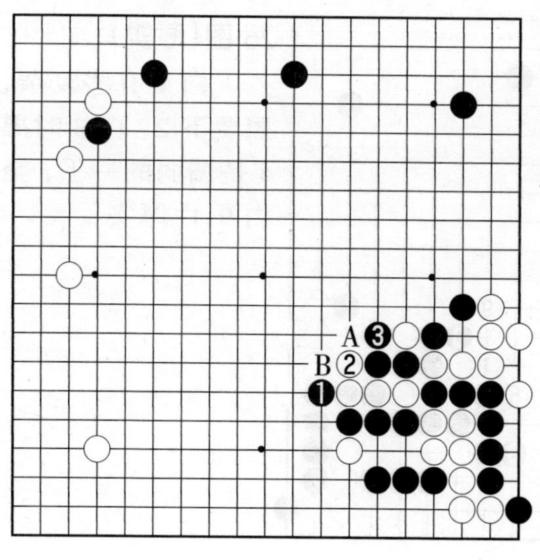

24 图（黑的研究）

黑 1、3 是不让白棋成厚势。白可考虑 A 和 B。

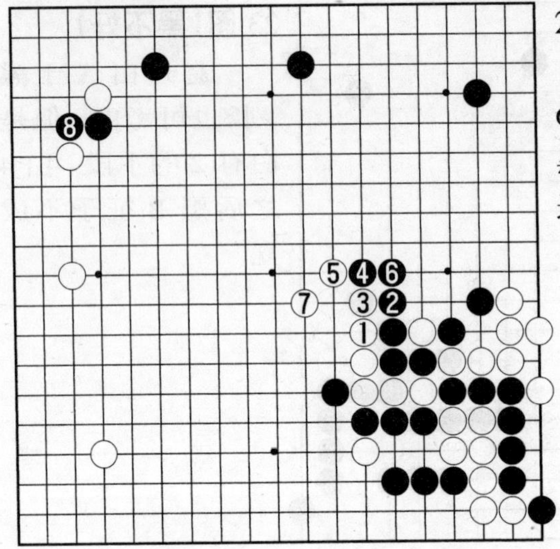

25 图（黑的意图）

白 1 压长至黑 6 安定，白 7 时欲下黑 8，是双方可下的进行。

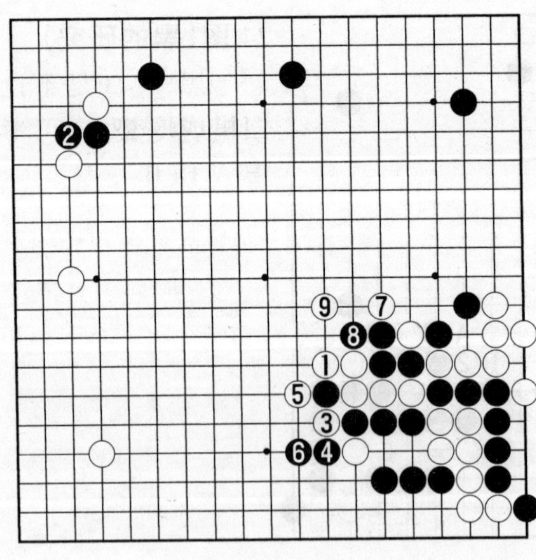

26 图（厚实）

白 1 有些复杂，黑要下 2，白 3 时黑 4 是懦弱的一手，至白 9，白厚实 。

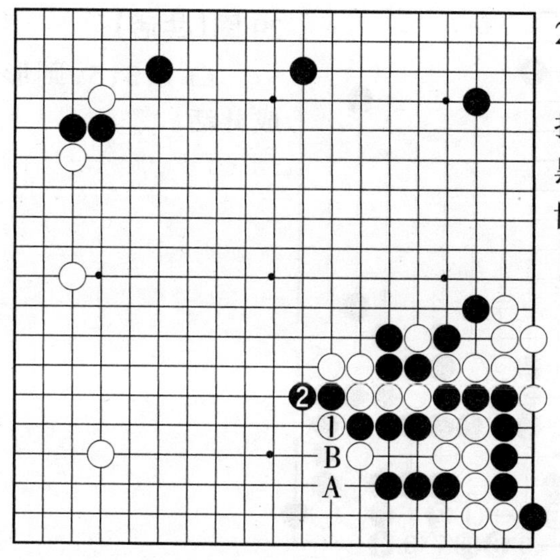

27 图(乱战)

白 1 时黑 2 长抵抗。白有 A 去吃黑的手段和 B 位妥协的手段可考虑。

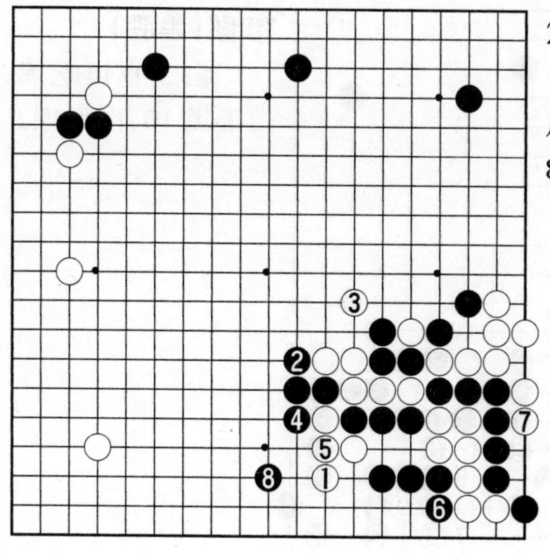

28 图(对杀)

白 1 是强手,之后至黑 6 先手后黑 8 罩,对杀复杂。

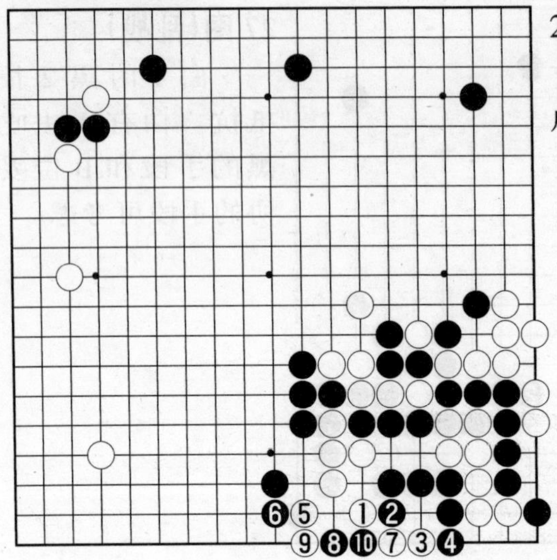

29 图(共活)

白 1、3、5,则形成共活。

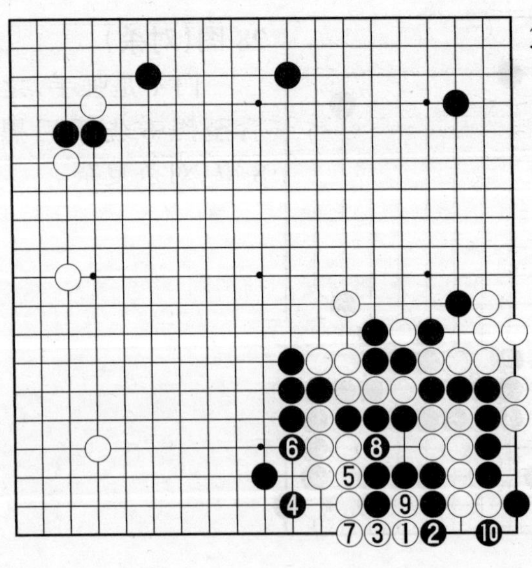

30 图(黑胜)

白 3 直接吃黑,由于黑 10,白无理。

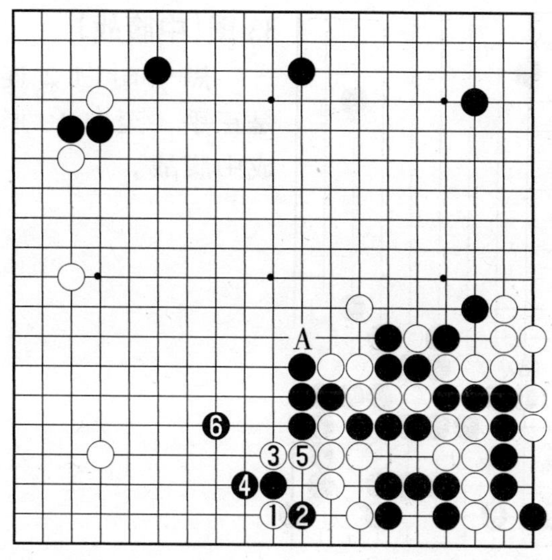

31 图(白逃脱失败)

白 1 由于有黑 2 的反抗，至黑 6 不能逃脱。黑 A 是先手。

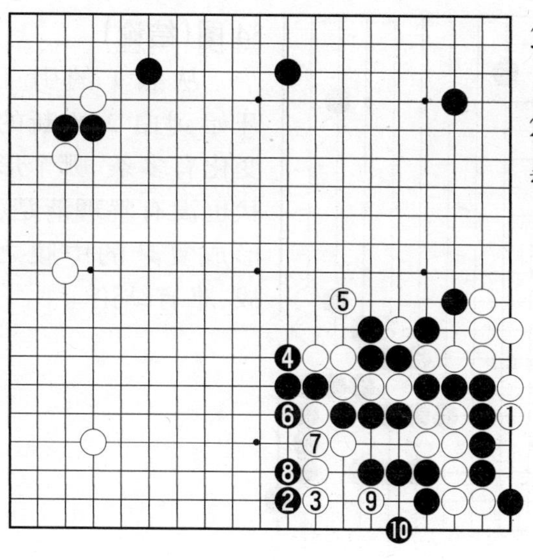

32 图(手筋)

黑有白 1 时黑 2 的好手筋。白 3,至黑 10,白无理。

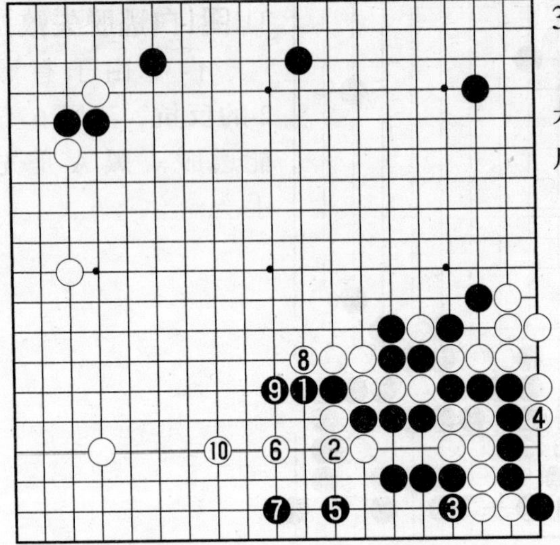

33 图(中腹战)

黑 1 时白 2 连是正手，至白 10 形成中腹战。

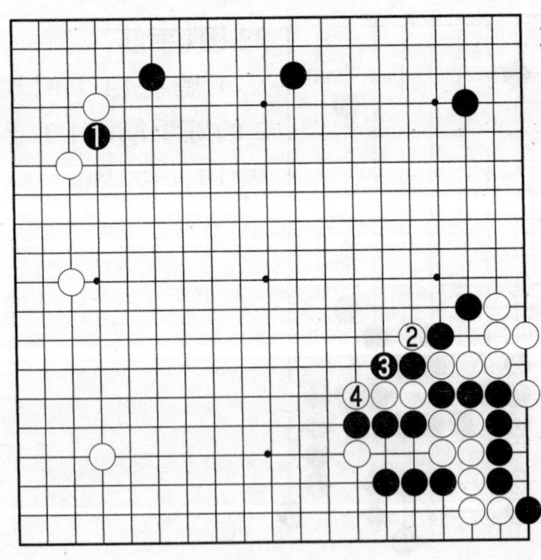

34 图(结论)

从黑 1 的引征开始到白 2 的断的变化有多条。哪个形状也没有整理清楚，形成复杂的中腹之战，难有结论 。

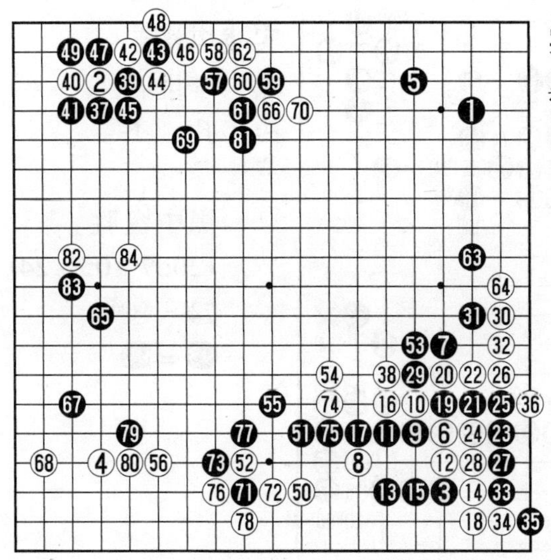

实战棋谱

黑　李世石

白　李昌镐

白中盘胜。

(2004－08－04)

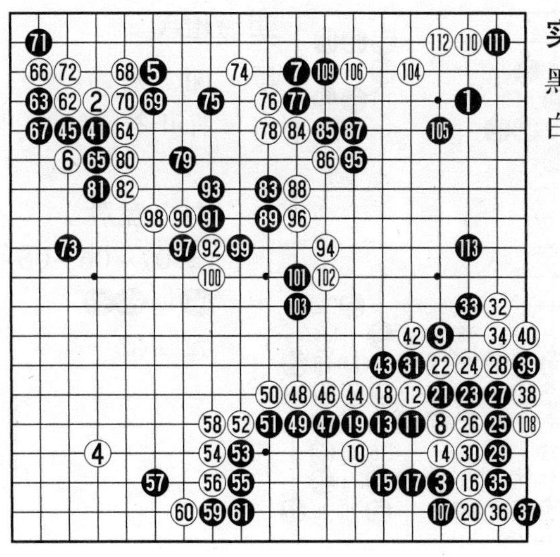

实战棋谱

黑　李世石

白　姜东润

黑中盘胜。

(2007－05－21)

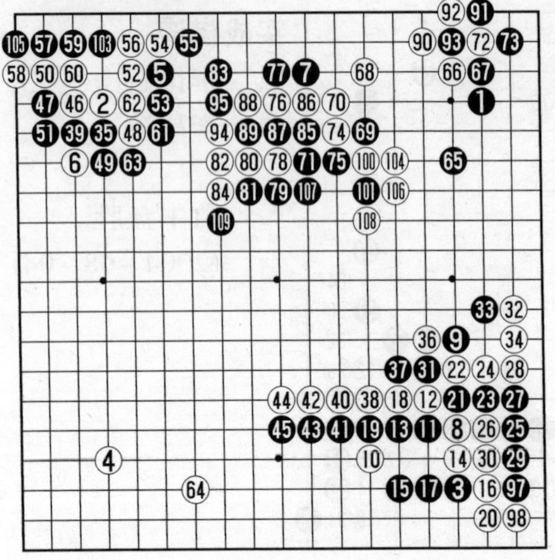

实战棋谱

黑 李世石
白 孔 杰

黑中盘胜。
(2007－05－24)
⑫＝96⑩102
93＝99

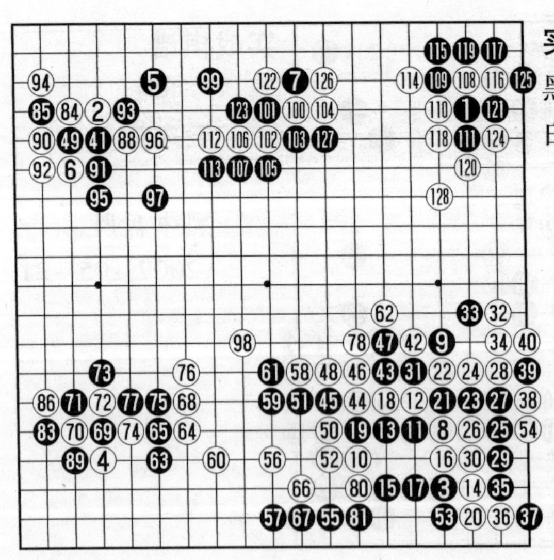

实战棋谱

黑 谢 赫
白 朴正祥

白中盘胜。
(2007－06－06)
69＝79 87
72＝82

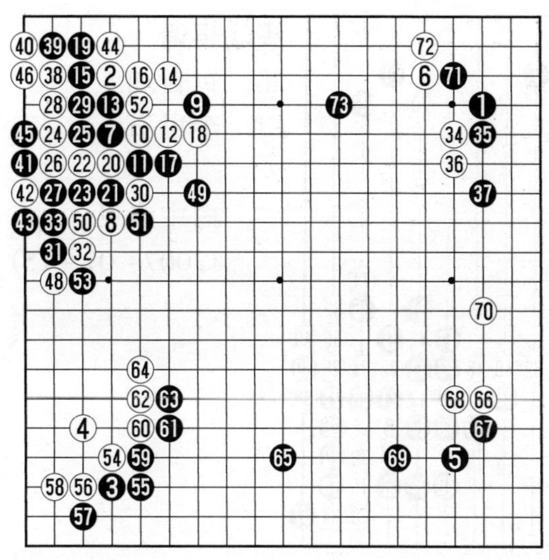

实战棋谱

黑　姜东润

白　金炯佑

黑中盘胜。

(2007－06－08)

㊷＝⓱

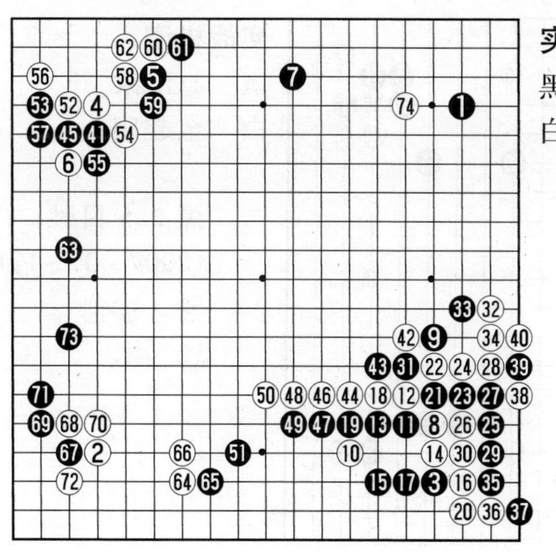

实战棋谱

黑　李昌镐

白　元晟溱

白中盘胜。

(2007－07－13)

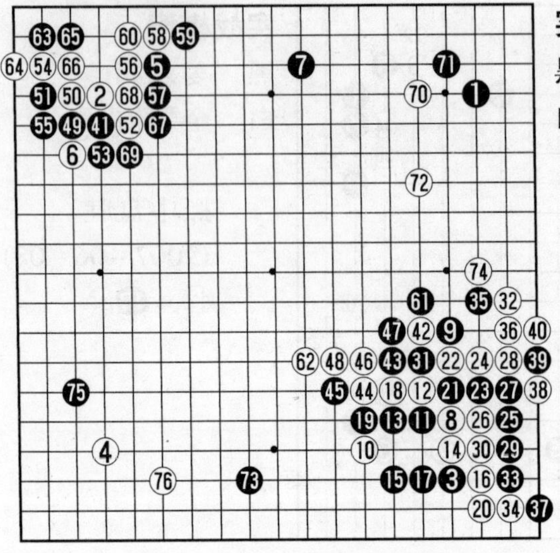

实战棋谱

黑　崔哲瀚

白　李世石

白中盘胜。

(2007－07－15)

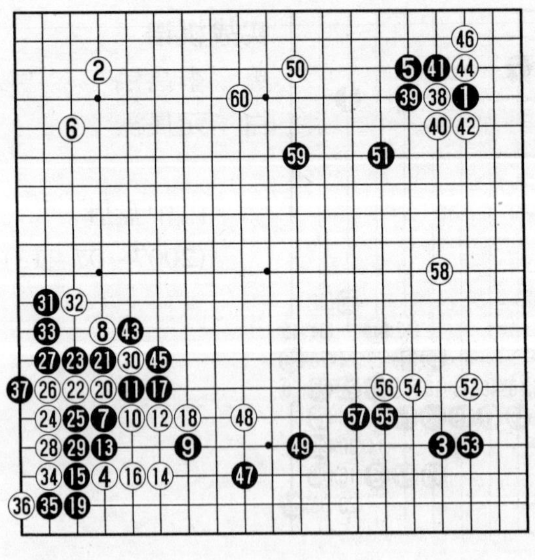

实战棋谱

黑　赵汉乘

白　金起用

黑 2. 5 目胜。

(2007－07－17)

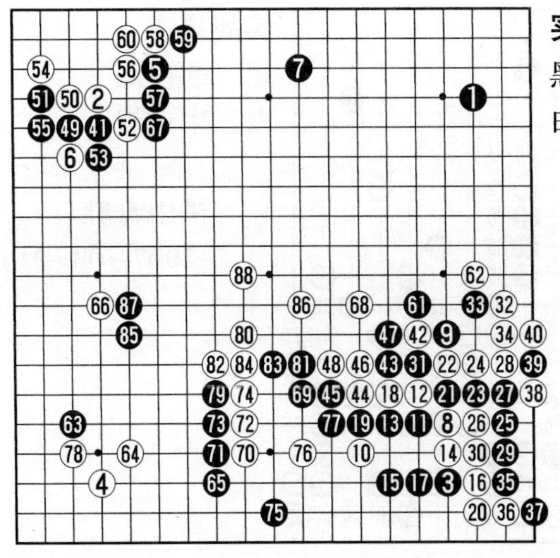

实战棋谱

黑　朴正祥

白　尹灿熙

白中盘胜。

(2007－07－22)

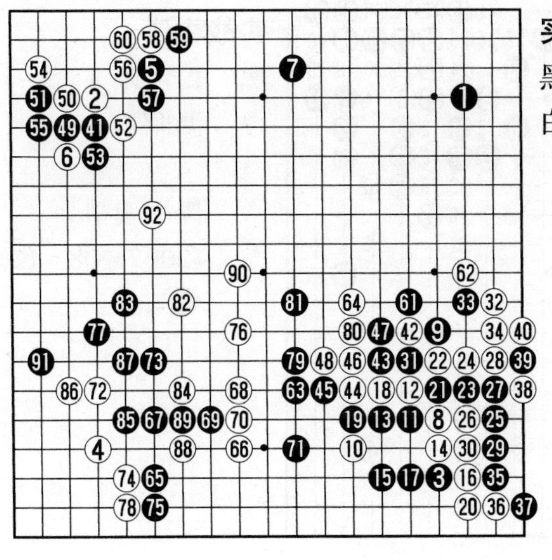

实战棋谱

黑　金起用

白　李世石

白中盘胜。

(2007－07－24)

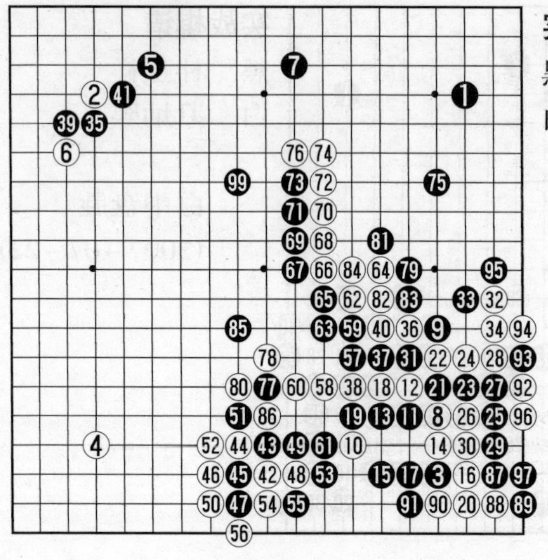

实战棋谱

黑　裴俊熙

白　朱亨煜

黑中盘胜。

(2007－08－10)

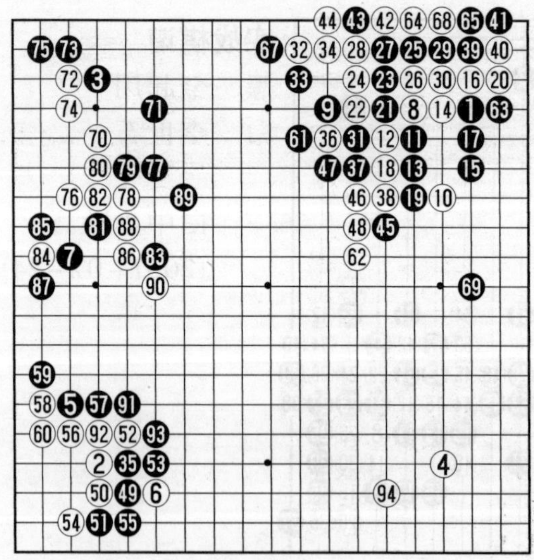

实战棋谱

黑　白洪淅

白　温昭珍

黑中盘胜。

(2007－08－12)

43＝66

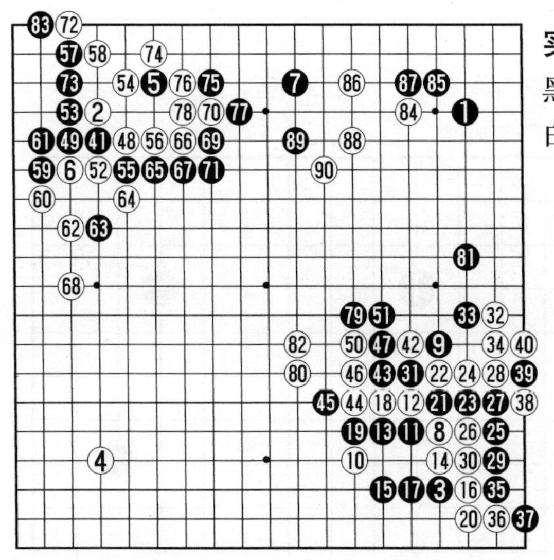

实战棋谱

黑　朴正祥

白　金起用

黑半目胜。

(2007－08－23)

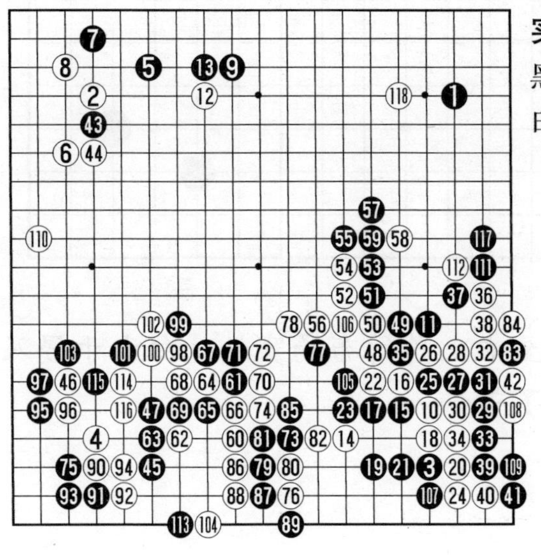

实战棋谱

黑　金志锡

白　罗洗河

黑 5.5 目胜。

(2008－04－24)

83＝110

新型27　等待侵入取得厚势的布局

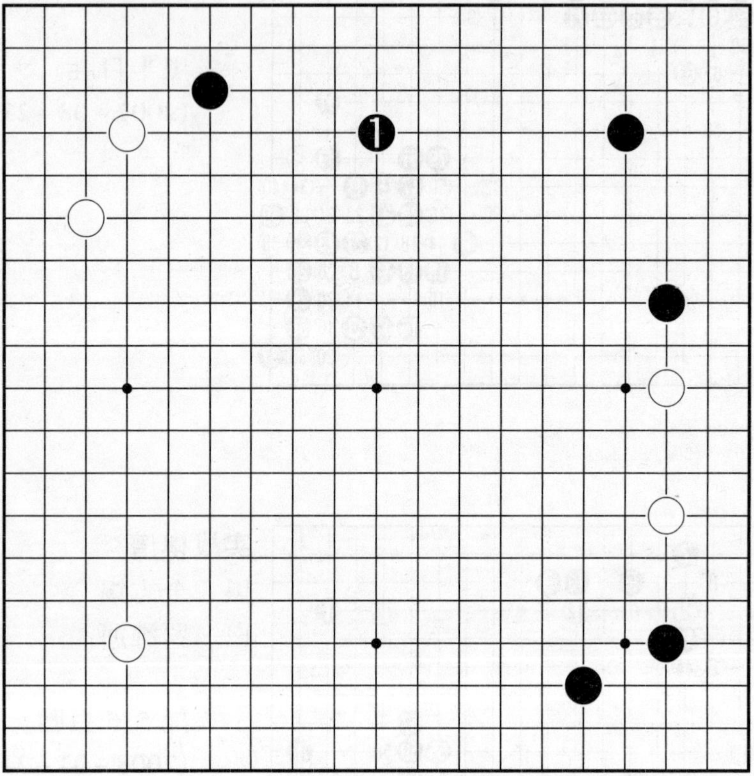

黑1在上边至右上角的布局宽松。白由于侵入的地方多反而有了苦恼。

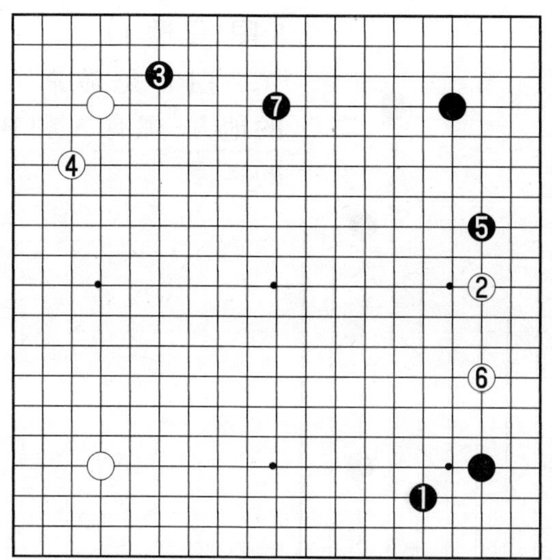

1 图(手顺)

黑 1 至 7 是手顺。

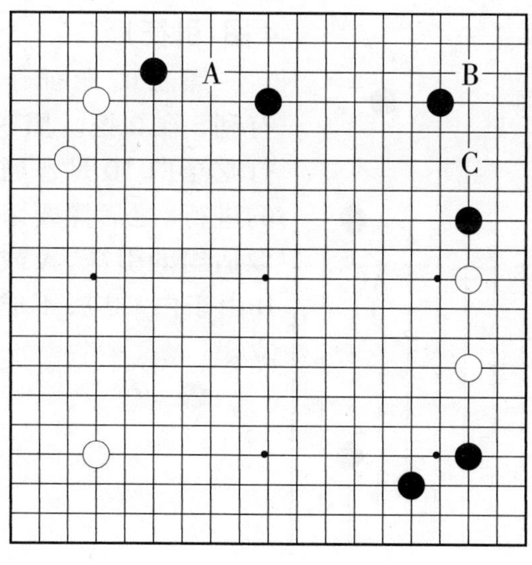

2 图(侵透)

白有 A、B、C 的打入一眼可见。

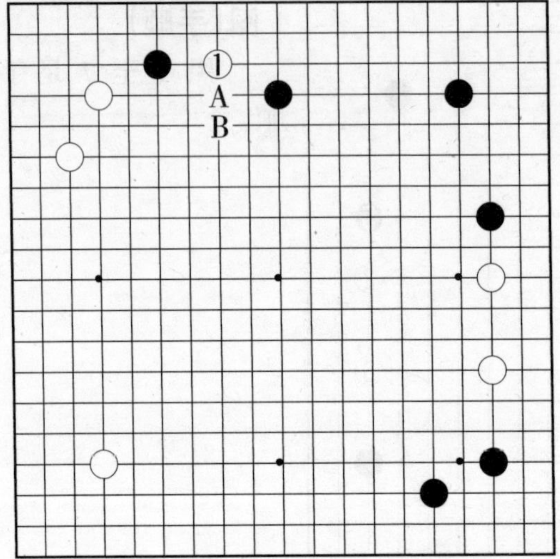

3图（侵透1）

白1是最常下的地方，黑有A和B的考虑。

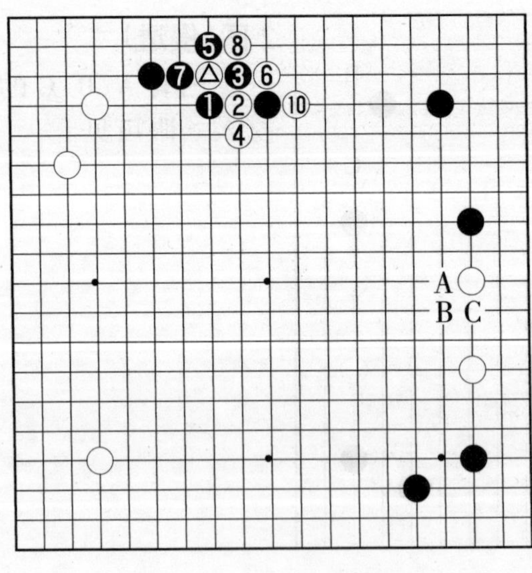

4图（引征）

黑1时白征子有利，在2挖。黑3打吃至白10是普通的进行。之后黑要采取适当的引征，A或B由于白C应，不成立。

❾=ⓐ

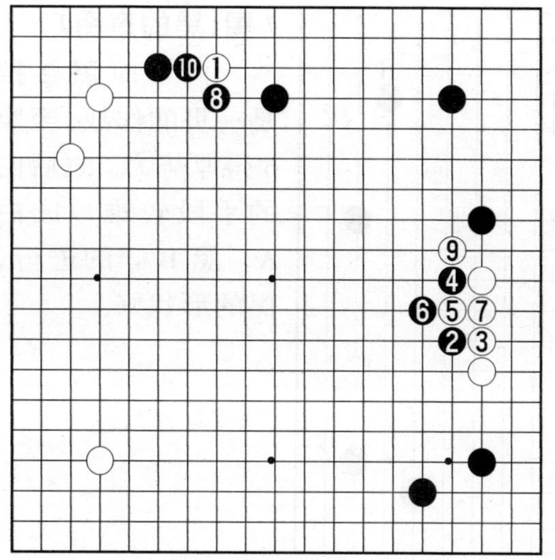

5图(黑的研究)

白1时黑2始至6交换引征，8位压可考虑，但白9后成厚实的形，白也充分。

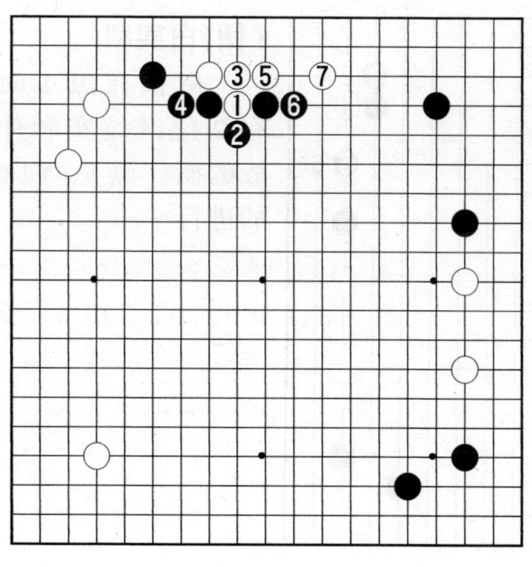

6图(黑不好)

白1时黑2、4，至白7，黑无实惠。

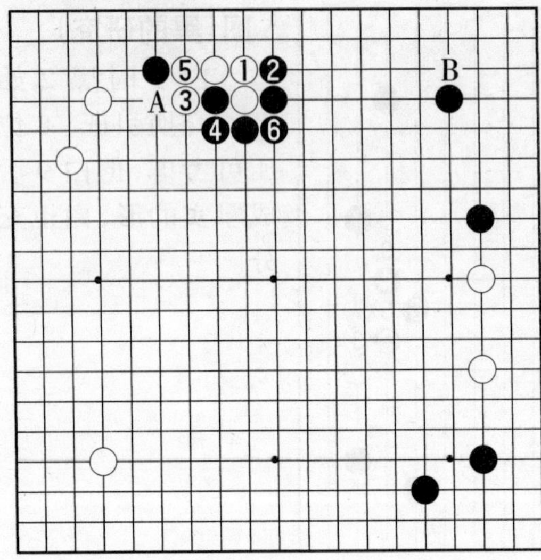

7图(黑的意图)

白1时黑2挡是一贯的作战。至黑6得厚势力。之后白的手段较难，成白A，黑B守的进行，黑的形状好。

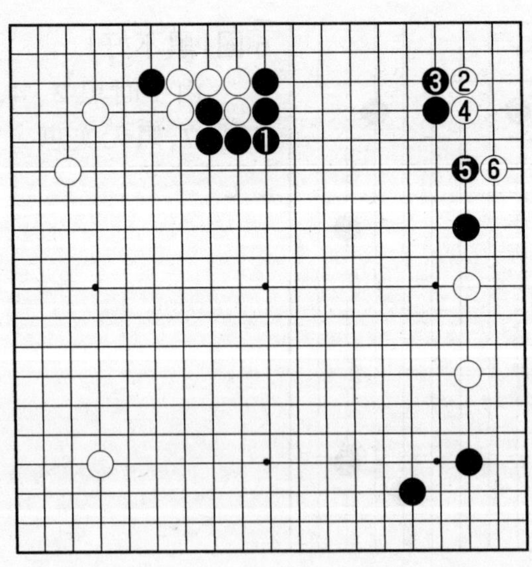

8图(白实利)

白棋在黑1时有2位继续实利作战的棋。黑5，白6的进行——

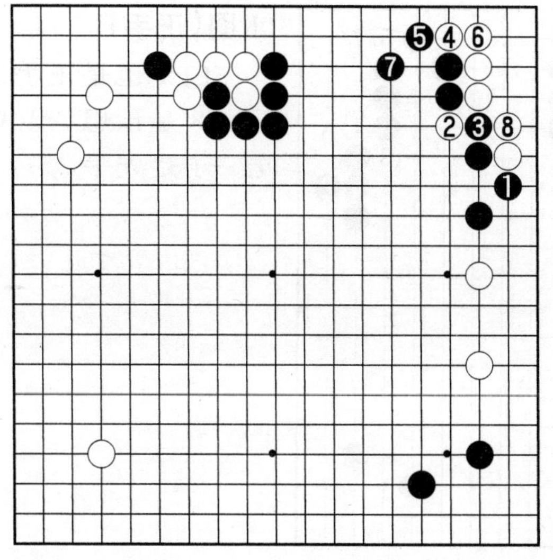

9 图（缺点）

黑 1，白有 2、4 的手段，黑形状有弱点。

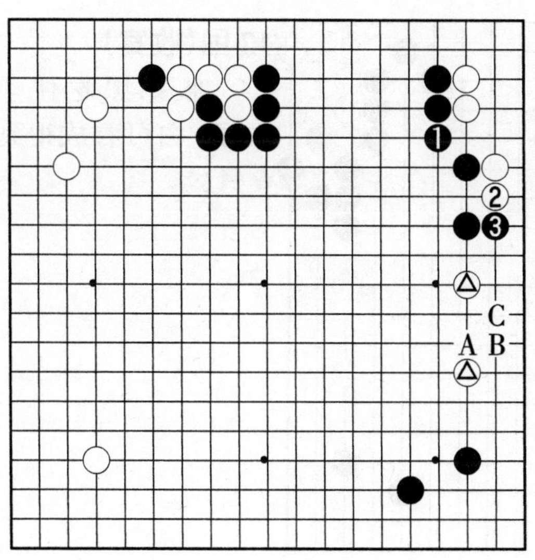

10 图（正手）

黑 1 是正手，白 2 长时被黑 3 挡，下面的白◬变弱。有黑 A，白 B，黑 C 的手段。

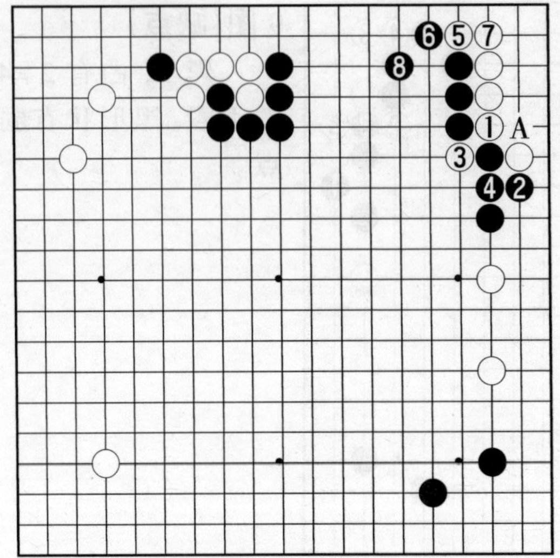

11图（正手）

白1也是正手，至黑8是预想。黑A吃一子是先手。

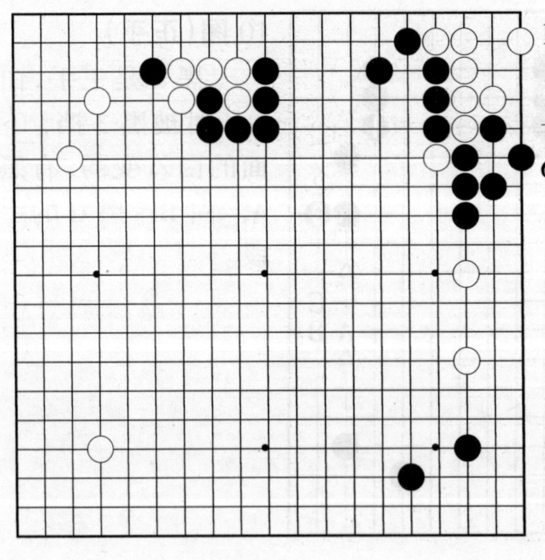

12图（收官）

假如黑吃住了一子，白可看成得到6目。

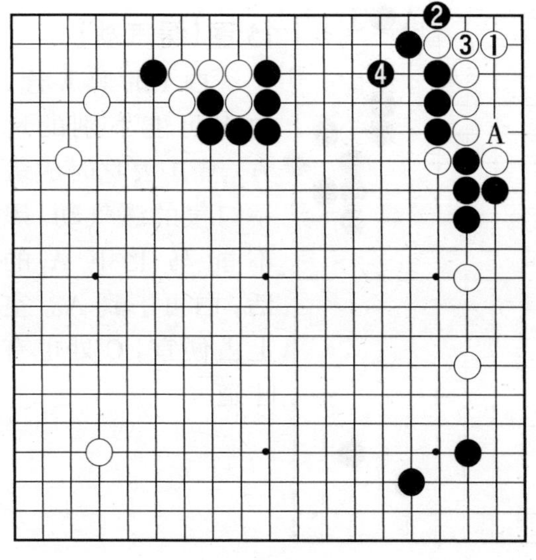

13 图(得利)

研究了白不要在 3 位接,要 1 位虎口的问题,结论是空有利。黑 A 依然是先手。

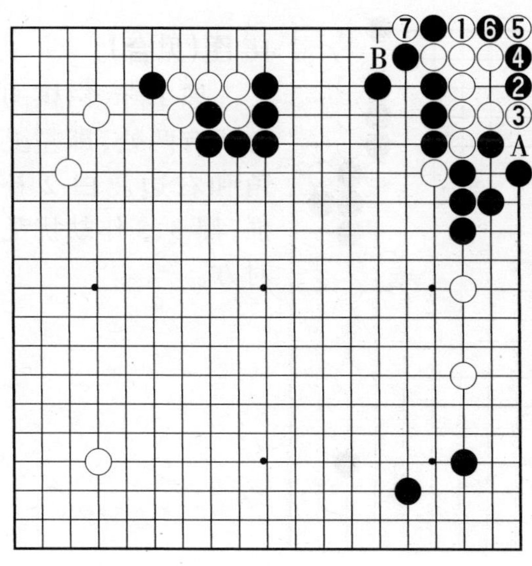

14 图(白的意图)

白在黑先手吃子时下 1 位。这里,黑 2 杀白时白 7 提,黑困难。黑继续杀白棋时要填 A 位,白 B 出来,黑的损失很大。

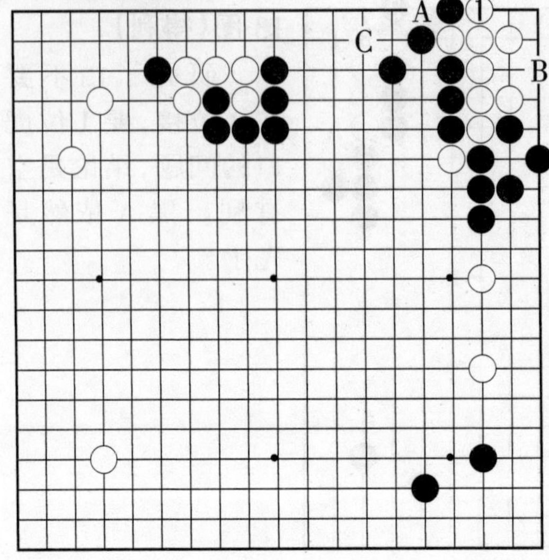

15图(缓气劫)

白1时黑A连,白很可能下别的地方。黑B去吃时成多一口气的缓气劫。黑不能马上下A的话,白可下到A。空上占便宜,C处也有味道。

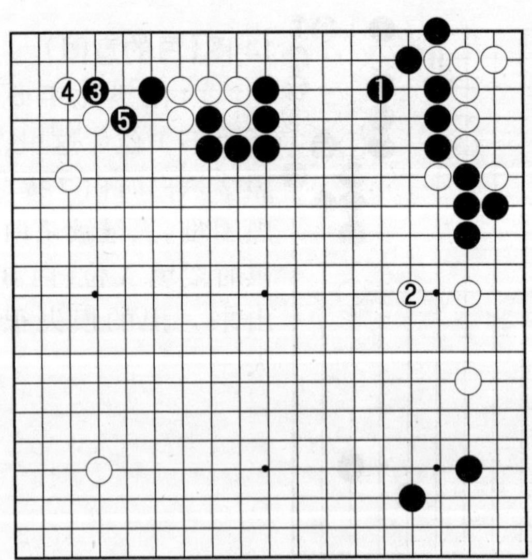

16图(见合)

黑1守,白棋的急所有两处,即左上角和右边。白2补强,黑3、5作劫扰乱对方。

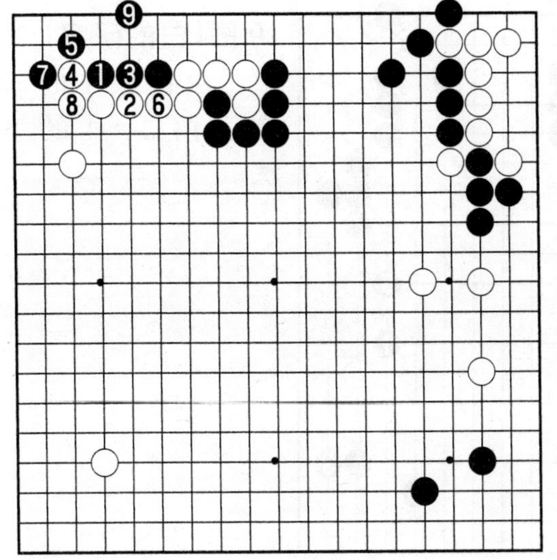

17图(妥协)

黑1时白2送角的下法也有。

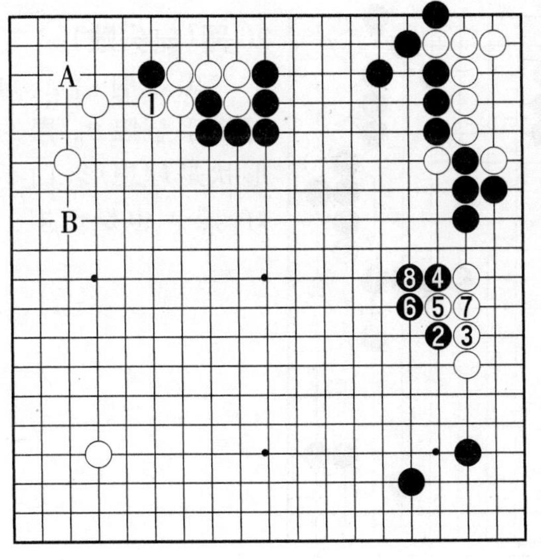

18图(厚势)

白1时黑2、4封锁白棋。左上角B处有黑时,A会有味道。

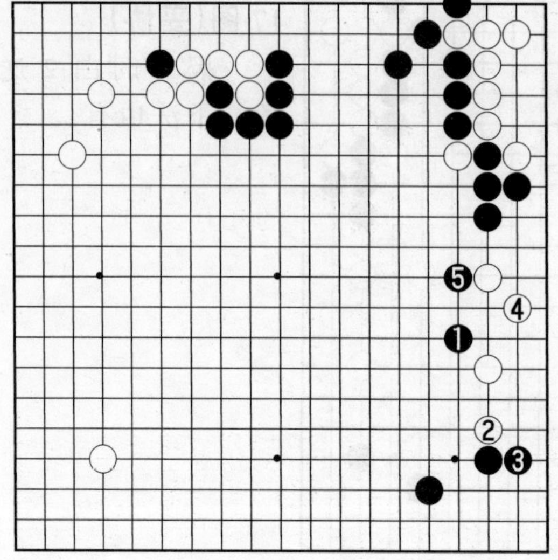

19图(白的研究)

白在黑1时研究了白2、4的下法。

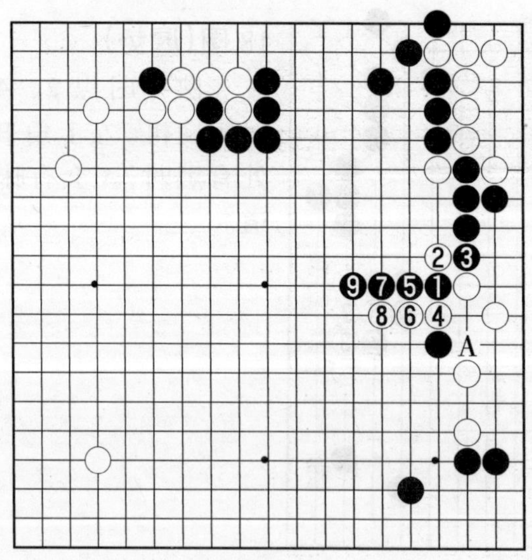

20图(白失败)

黑1时白2、4是俗手至黑9,黑的形状是理想形,白不好。黑A也是负担。

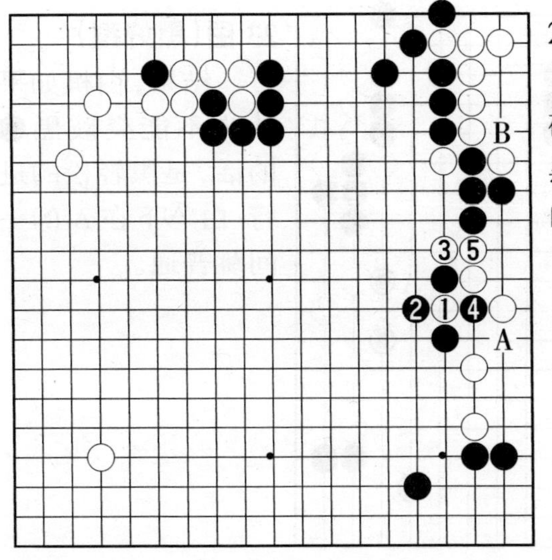

21 图(劫)

白 1 先挖，3 突破的研究。白 5 之后黑 A 成劫，白不理 B 的劫材，万劫不应。

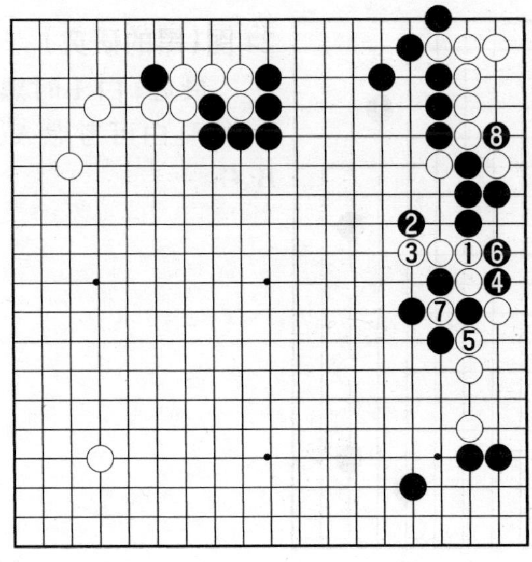

22 图(黑的应对)

黑在白 1 时 2 位利用后于 4 位断，最大限度地减少劫的损失是好手。至黑 8，黑优势。

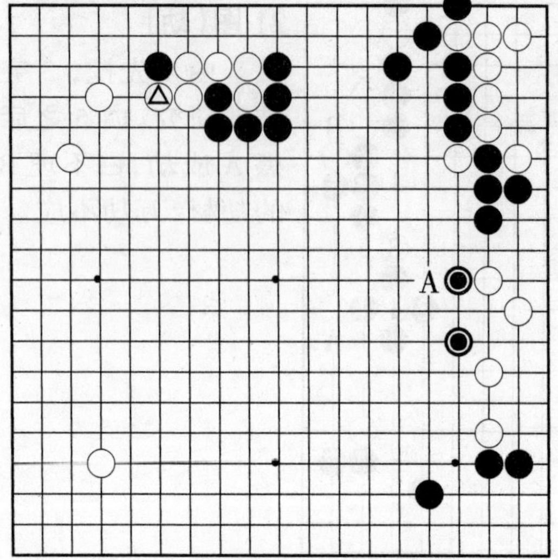

23 图（黑好型）

结果，白棋如果认为不能突破黑◎的话，是黑轻松的进行。白△下在 A 的一间跳普通。

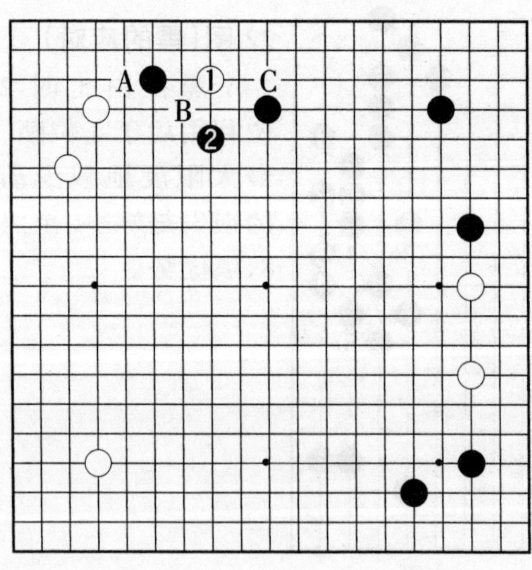

24 图（黑的研究）

最近，白 1 时黑 2 常下。白可考虑 A、B、C。

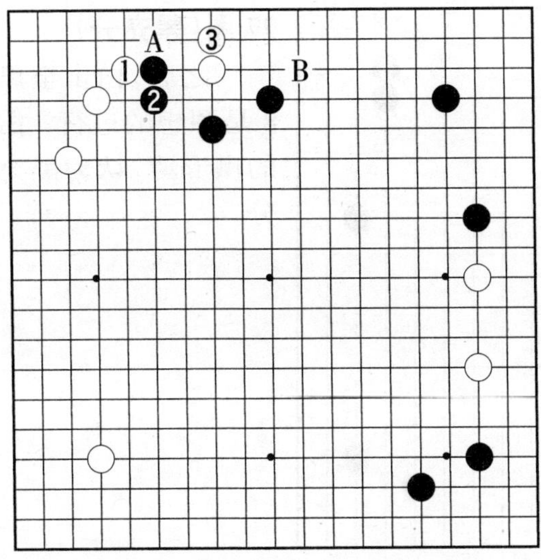

25图（李昌镐的手法）

白1是为下3的手法，A和B择其一。是李昌镐九段下的棋，根据最近的研究，认为白不好的人多了。

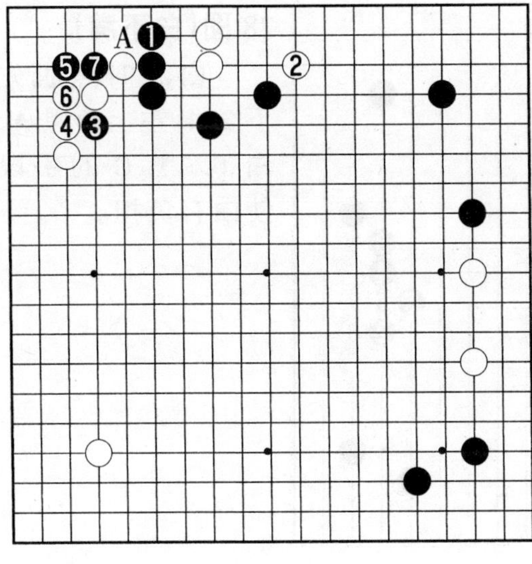

26图（黑的应对）

黑1之后，黑3、5占角，无不满。黑3直接下5，会招来白A的反击。

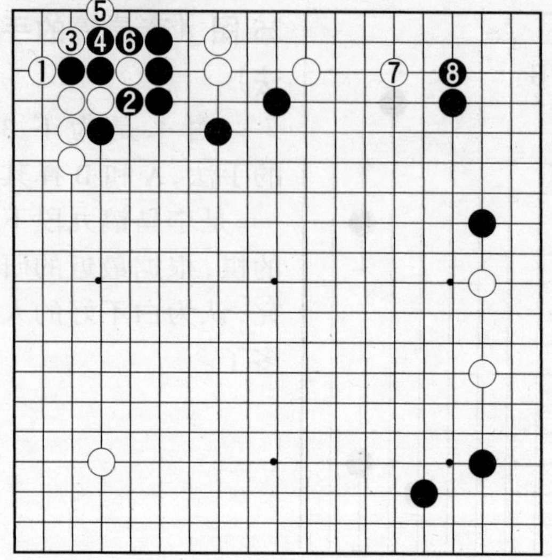

27 图(黑充分)

之后,白 1 至黑 8 是预想的进行,白的棋形薄,认为黑充分。

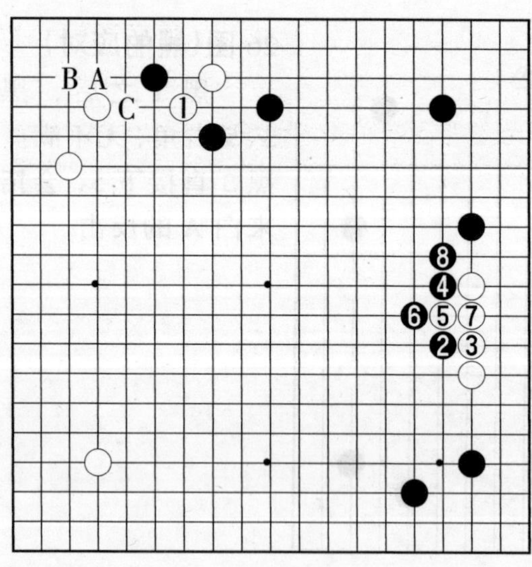

28 图(白不满)

白 1 时黑脱先下2、4。左上角黑 A,白 B, 黑 C 的手段使白有负担。

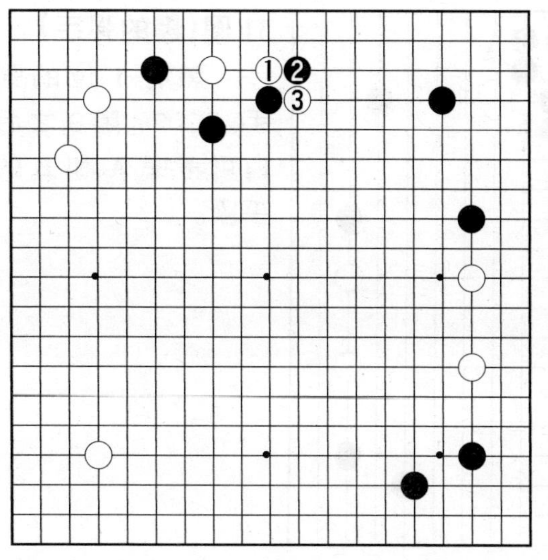

29 图（难解）

白 1 托，3 断的下法难解。由于变化多是个未完成的形。

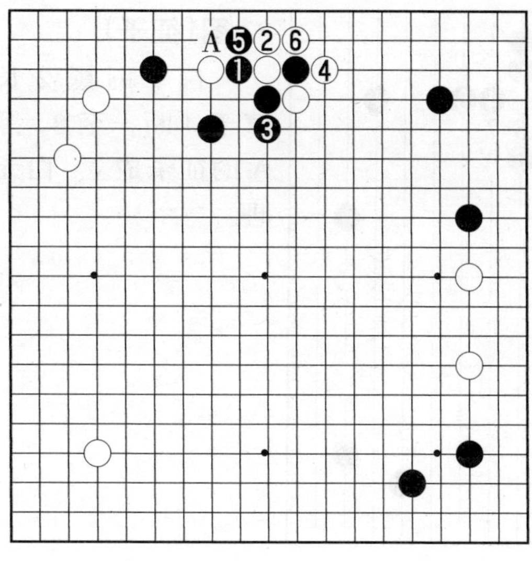

30 图（黑不满）

黑 1、3 时白 4 妥协，白的提子舒服。相反，黑的空有白 A 的恶味。

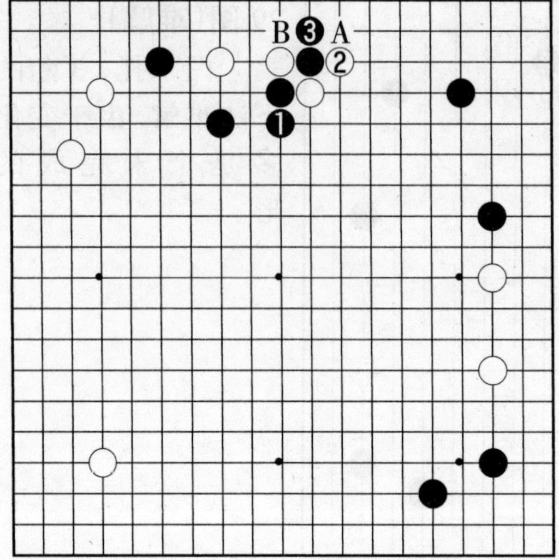

31图(黑的强手)

黑有1位的强手。白2，黑3之后白可考虑A和B的手段。

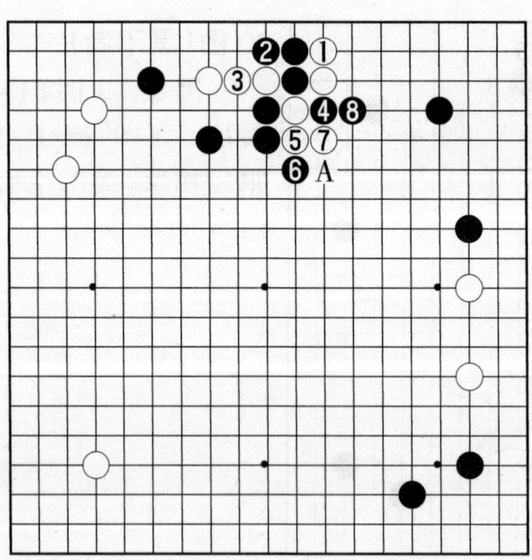

32图(征子)

白1时黑2长气于4断，至8，黑A的征子成立，白无理。

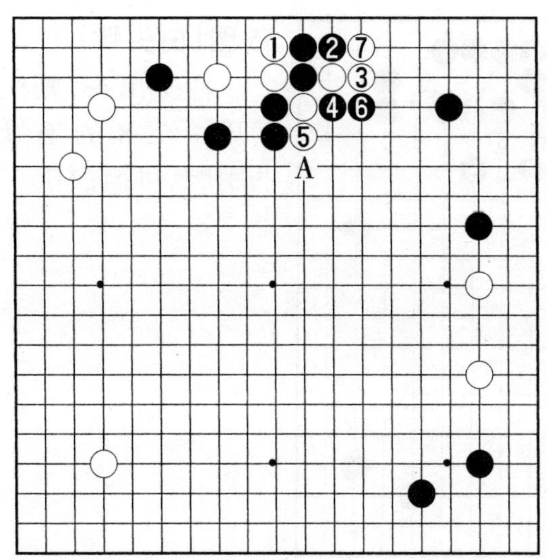

33 图（征子关系）

白 1、3 很难，黑 4、6，因 A 的征子不成立，无理。

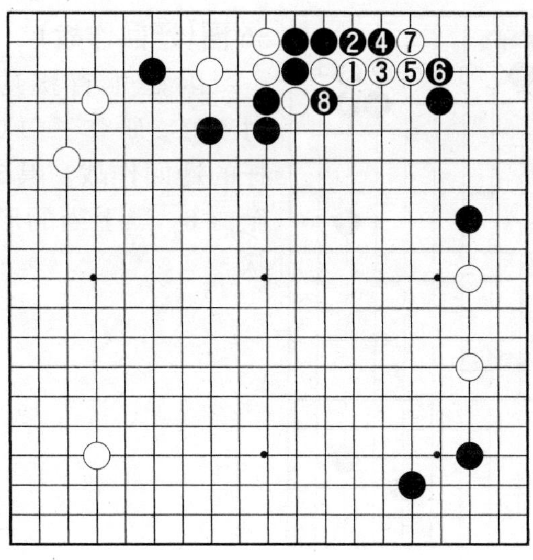

34 图（黑的应对）

黑在白 1 时，至 4 压后 6 挡，8 断。

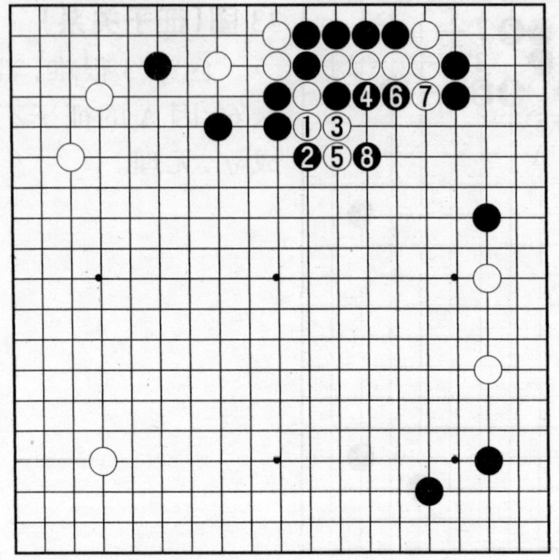

35图（白失败）

白1出头，则黑2开始至8的绝妙的手顺，可擒白棋。

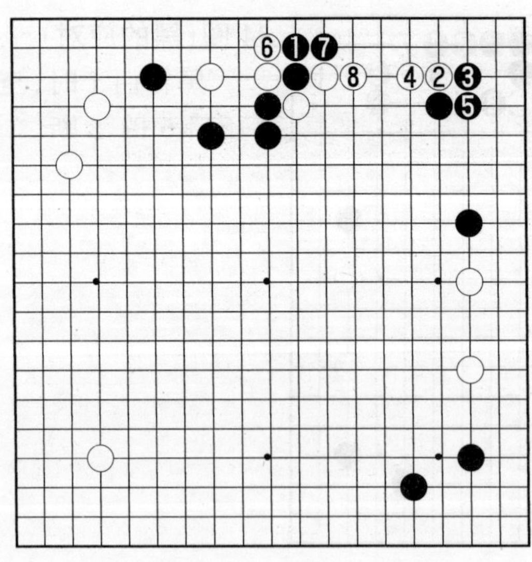

36图（迂回作战）

因黑1直接应对不好，研究了白2托的迂回作战。黑3至白8，黑上当的形状。

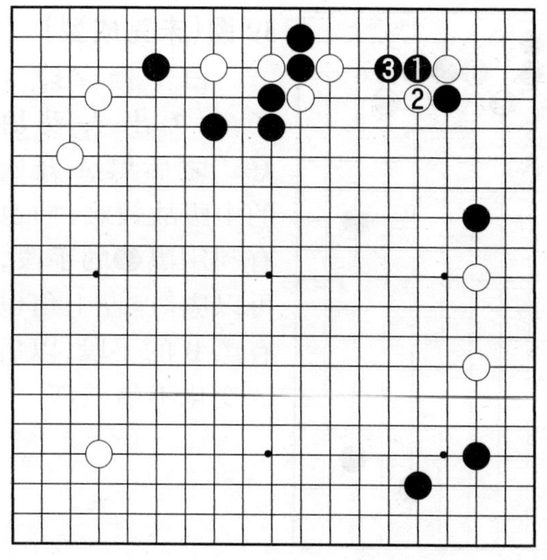

37 图(黑的应对)

黑 1、3 是适当的应对。

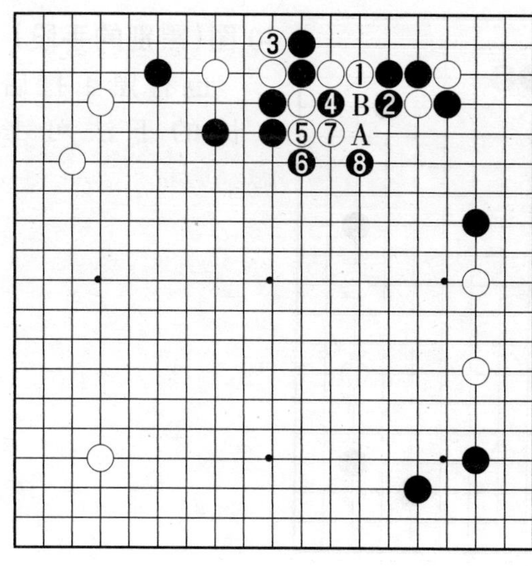

38 图(白失败)

这里,白 1、3 虽可吃黑二子,因被黑 6、8 封锁,成失败的形状。黑 8 之后白 A,因有黑 B,白成恶手。

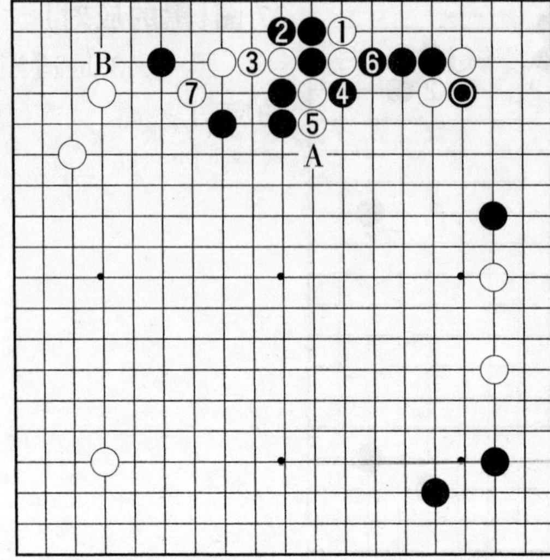

39图(未完成型)

白1挡弃掉二子于7出头妥协好。之后黑A开始的中腹战较难，白也有利用黑◉的手段，可以应对。左上角也有黑B的手段，以后的变化不易整理。

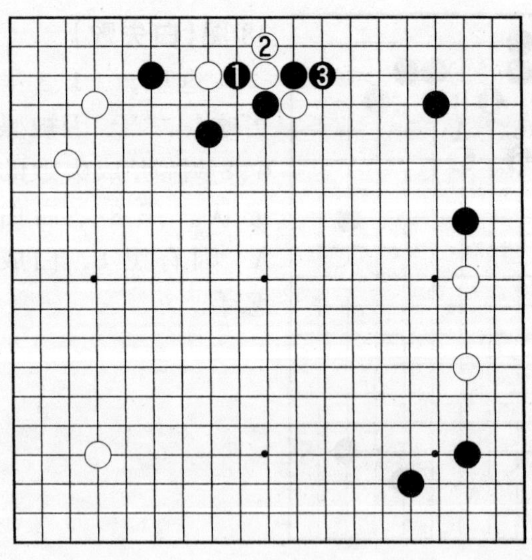

40图(黑别的手段)

也有黑1打后3长的下法可考虑。

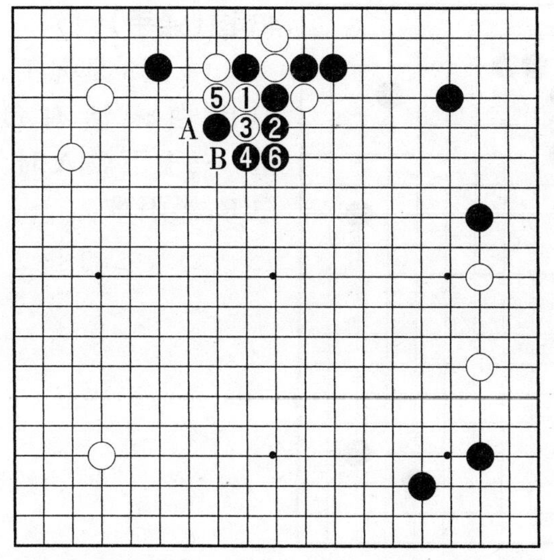

41 图(必然)

白首先要下 1，至黑 6 必然，之后白可考虑 A 和 B。

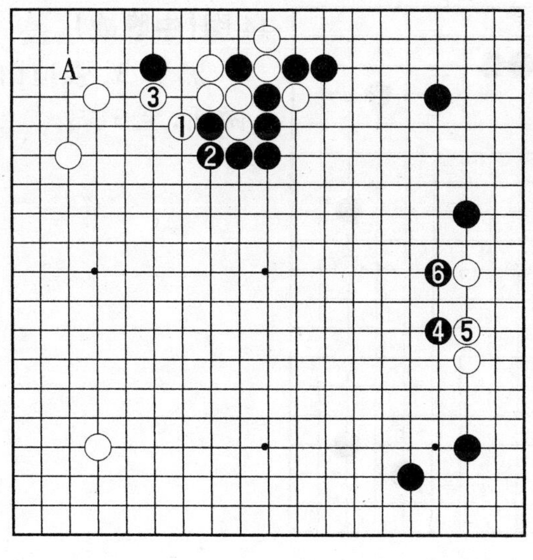

42 图(黑优势)

白 1、3 时白应以 4、6，因有 A 三三的打入手段，黑好。

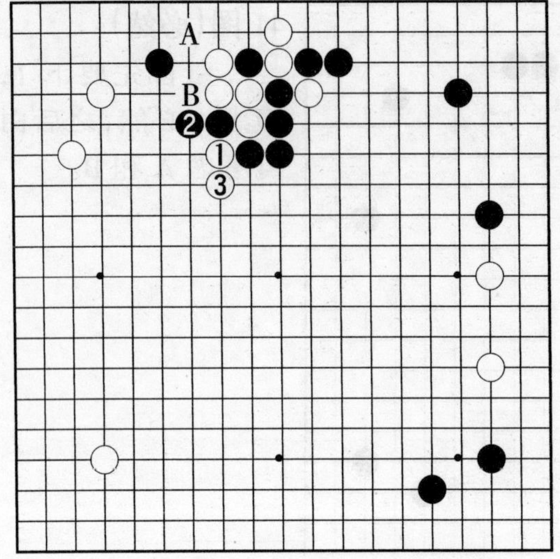

43 图（强手）

白 1、3 是强手，但因白未活有负担。马上下黑 A 时，白 B，黑困难。

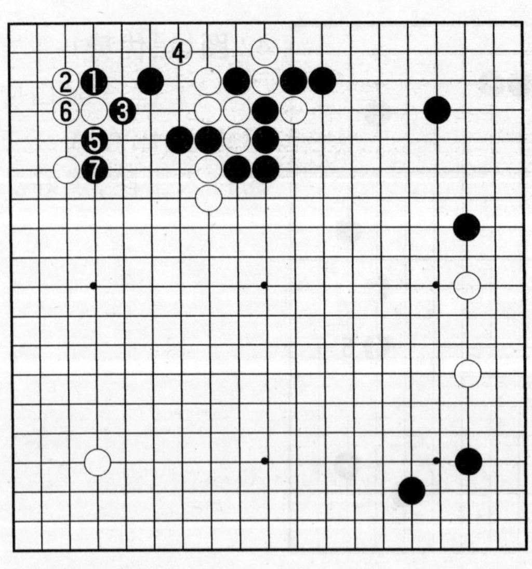

44 图（中腹战）

黑 1、3，强迫白 4 做活，至 5、7。

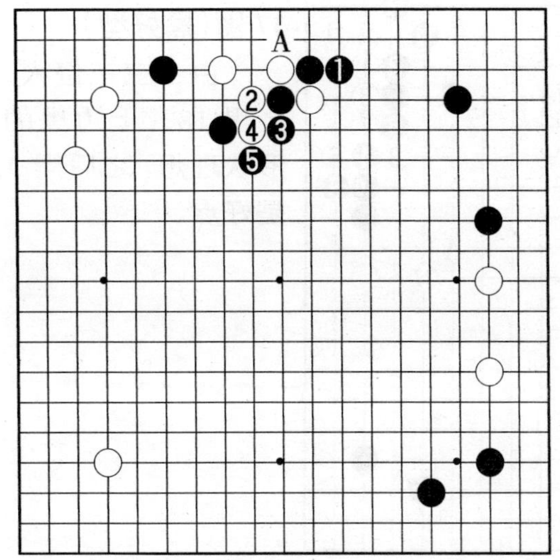

45图（黑的研究）

黑也有下1的。白2是俗手，被黑棋A打的手顺，没有好结果。

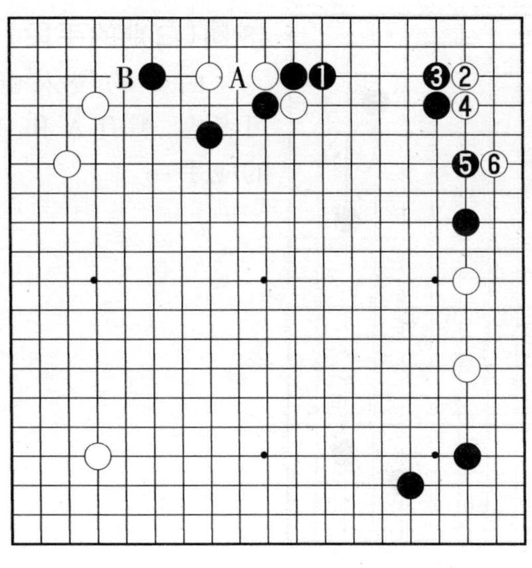

46图（白的应对）

黑1时，白转下2位好。黑A吃则白B。

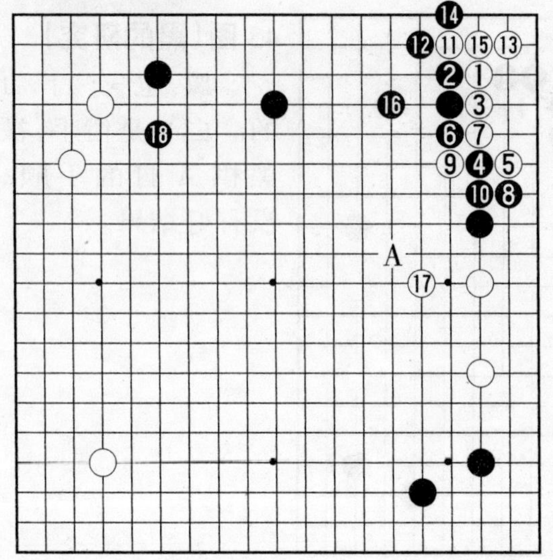

47图(黑好型)

白1三三侵入，至黑18，上边黑的形状理想。之后黑A是好点。

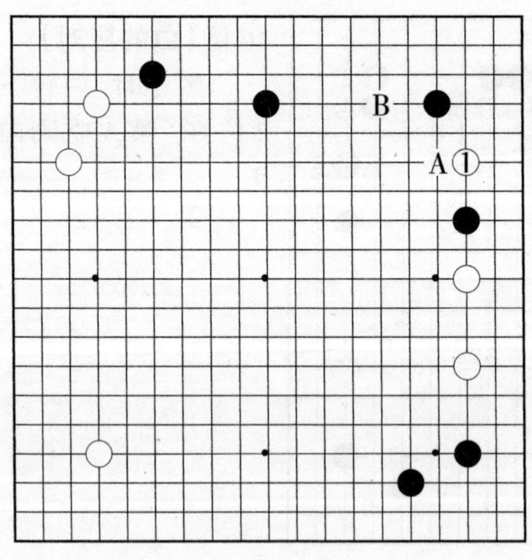

48图(白别的手段)

白1的侵入也可考虑。黑有A和B的应手。

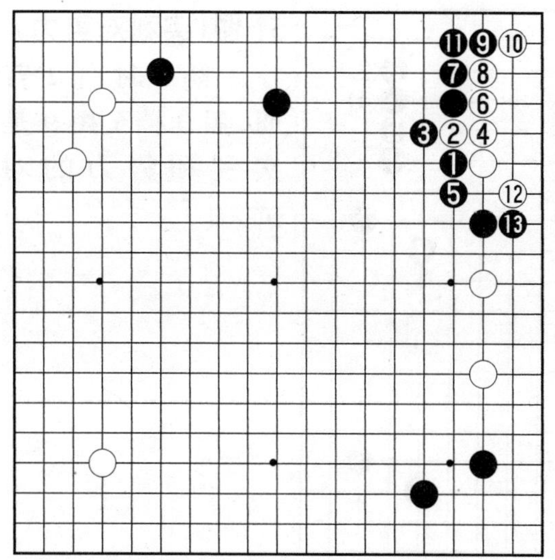

49 图(白薄)

黑 1 贴时白 2 利用征子有利可挖。至黑 13 是普通的进行。白薄。

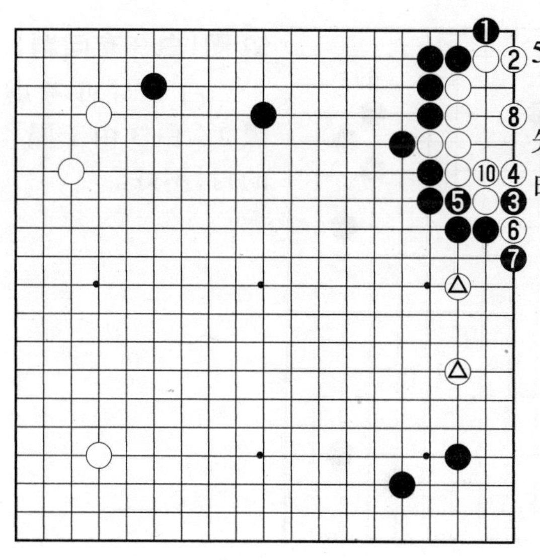

50 图(黑的手段)

黑有 1 至 9 的先手处理,可强烈攻白△。

❾ = ❸

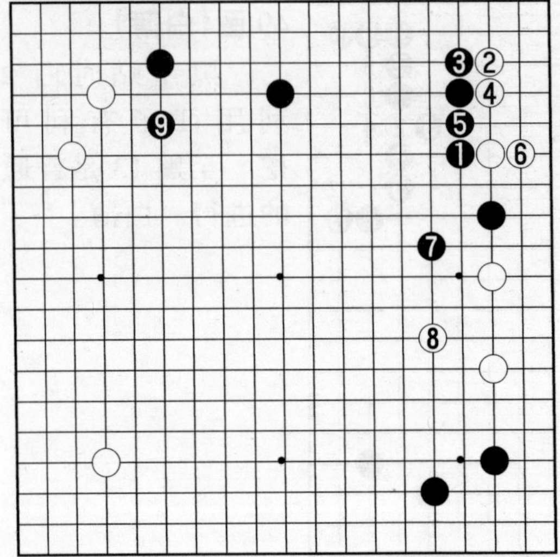

51 图(实利对势力)

黑 1 时白 2 普通,黑 3 挡至黑 9 是实利和势力的对抗。

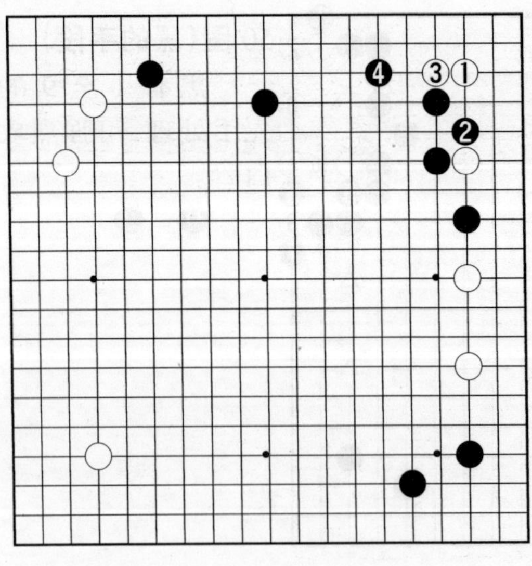

52 图(白 3 有问题)

白 1 时可考虑黑 2。白 3 由于黑 4 的封,不好。

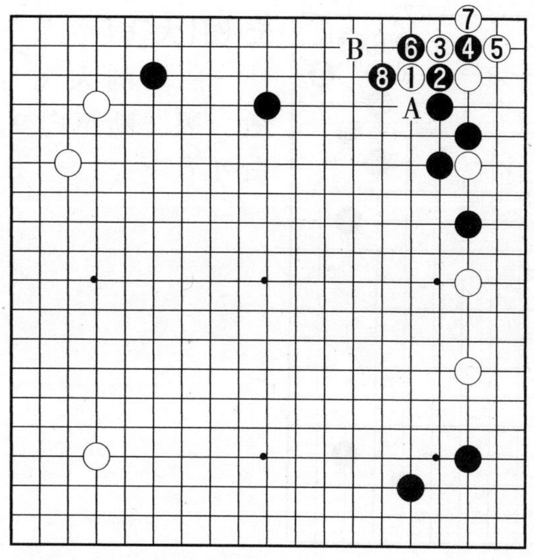

53 图(黑厚实)

白 1 至黑 8，白无为。之后，白 A 时黑应以 B。

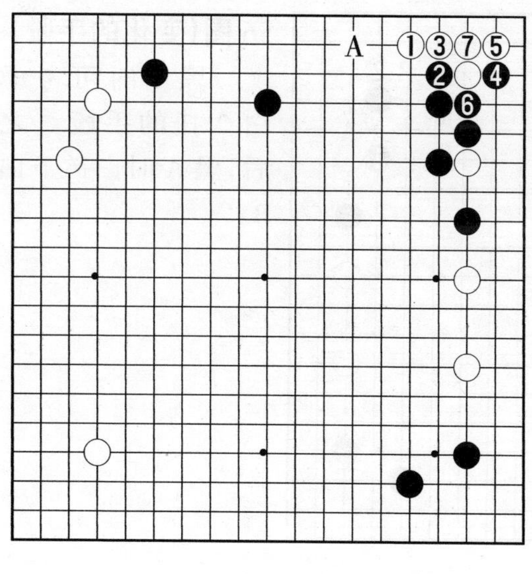

54 图(白低位)

白 1 的小飞至白 7 成被压之形，黑 A 几乎是先手，白不好。

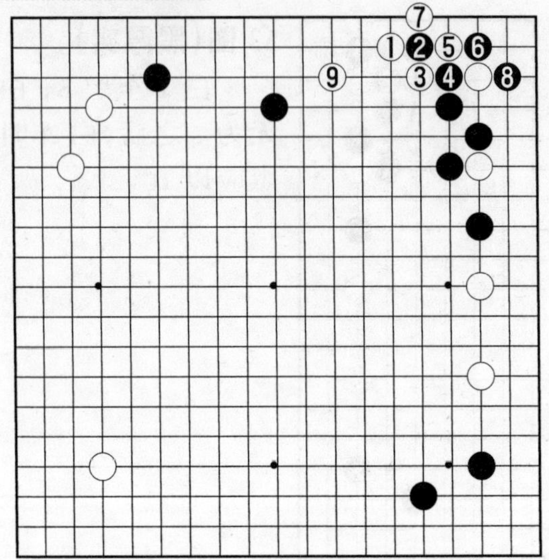

55图(大飞)

白1的大飞合适。黑2断至白9,白可下。

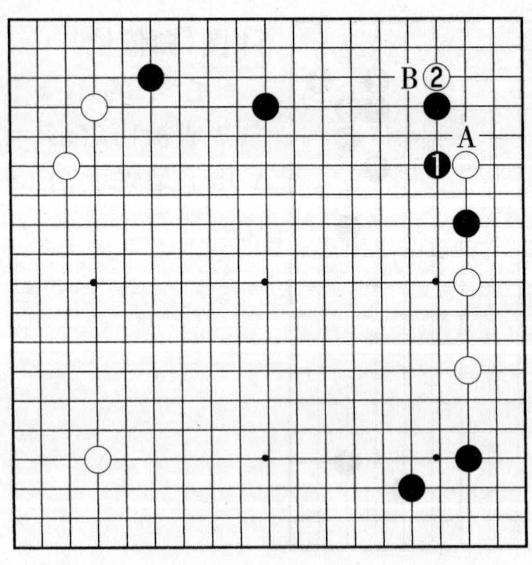

56图(变化的手段)

黑1时可考虑白2托的手段。之后,黑A时白欲下白B。

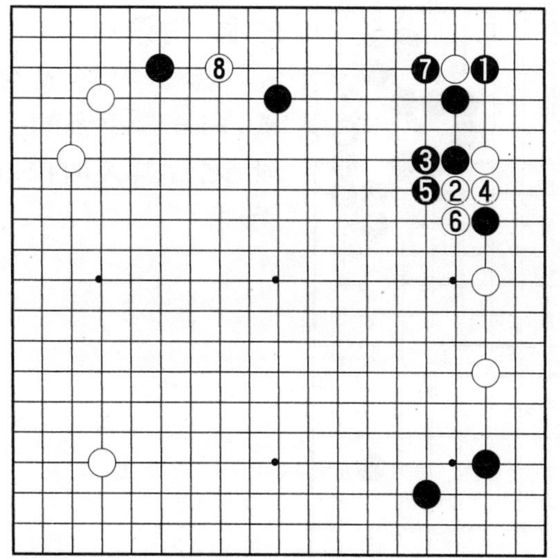

57 图(白的意图)

黑 1 时白 2 先手安定右边后,欲白 8 打入。黑也 7 打吃棋形很厚,无不满。

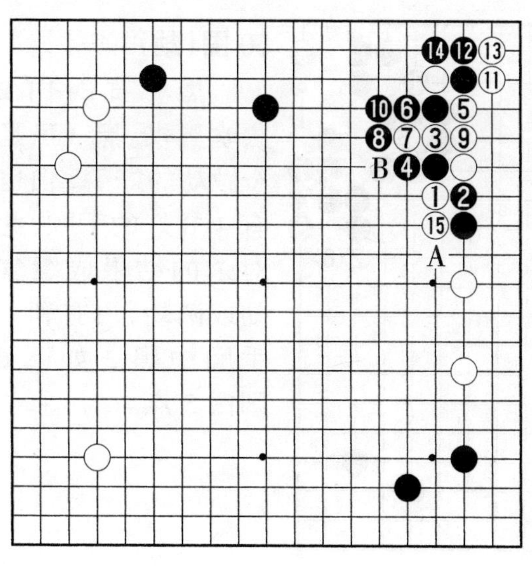

58 图(变化)

白 1 时黑 2 断至白 15 只此变化。之后白 A 时有 B 断的征吃,是先手。

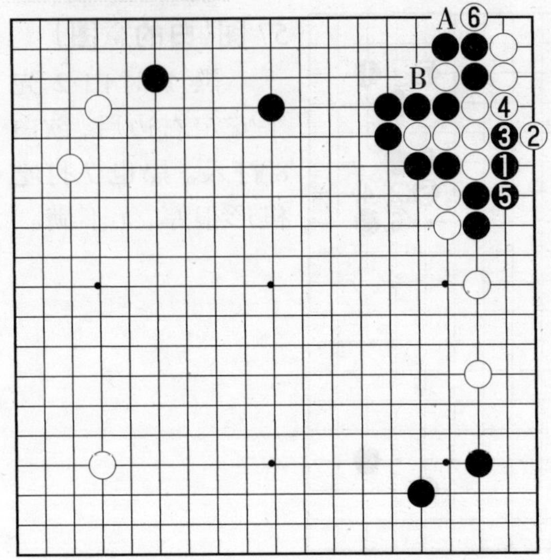

59图(对杀)

黑1扳形成对杀,白6是重要的手段,之后黑A时白B无理。

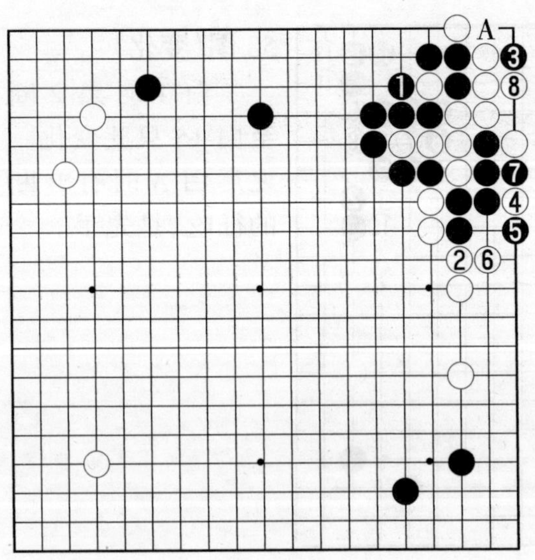

60图(劫)

黑1提时白2去吃黑棋。黑3虽是A做劫的好手,白也有4、8好的手顺,此对杀的结果成缓气劫或两劫,白有利。手顺中黑3如下6则白5点。

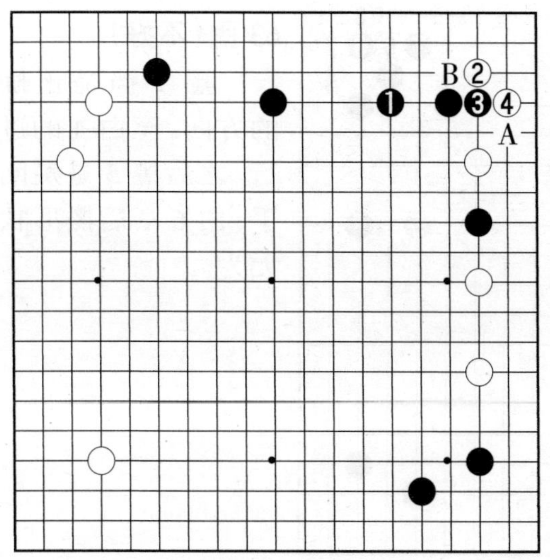

61 图(黑的研究)

黑 1 也常常在实战中出现。白 2、4 之后黑可考虑 A 和 B。

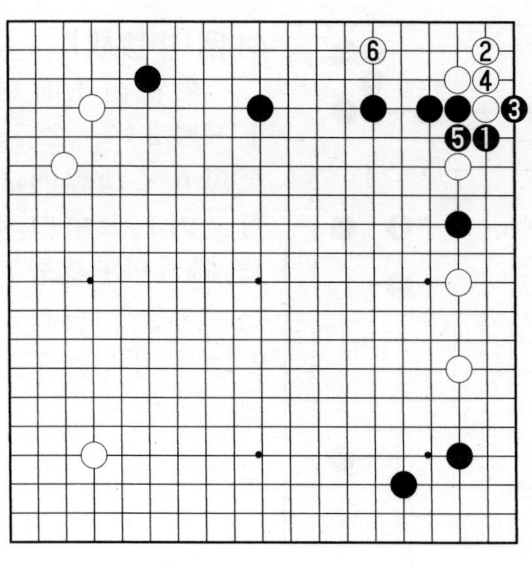

62 图(白满足)

黑 1 则白 2，至白 6 在角上大活，白满意。

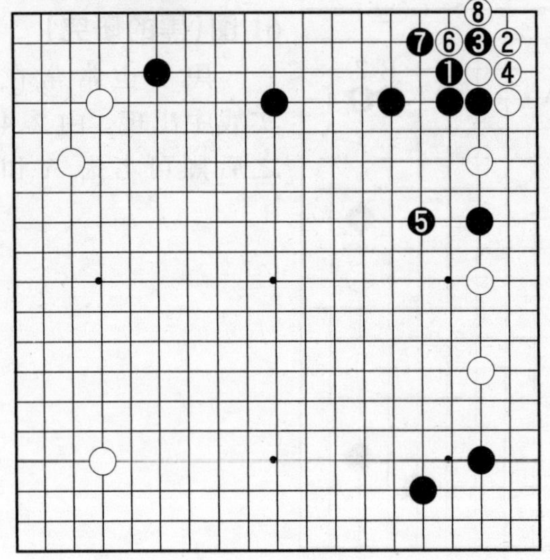

63图(不好)

黑1挡是正确的方向,至白4的进行。之后黑5是疑问手,白6活后黑形状无为。

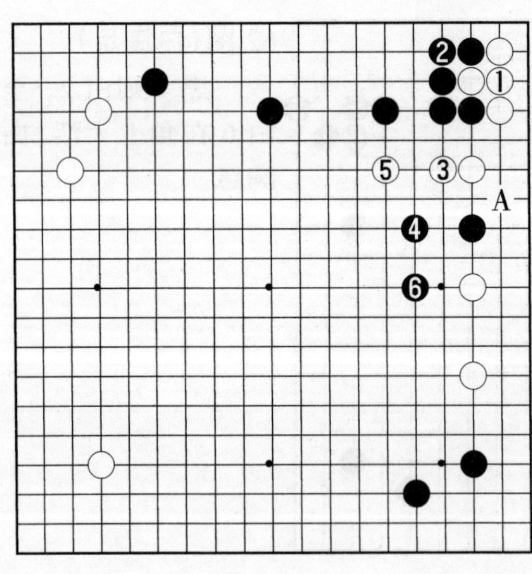

64图(中腹战)

黑在白1时马上下黑2好。之后,至黑6是预想的进行。因右上角白未活,黑A可取攻势。

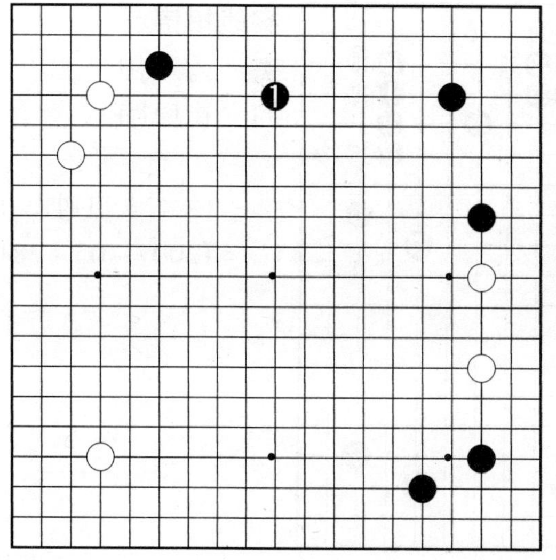

65图(结论)

黑1蕴含着很多变化,作为都是压迫白棋的方面,对喜欢攻击的棋风来讲是很适合的布局。

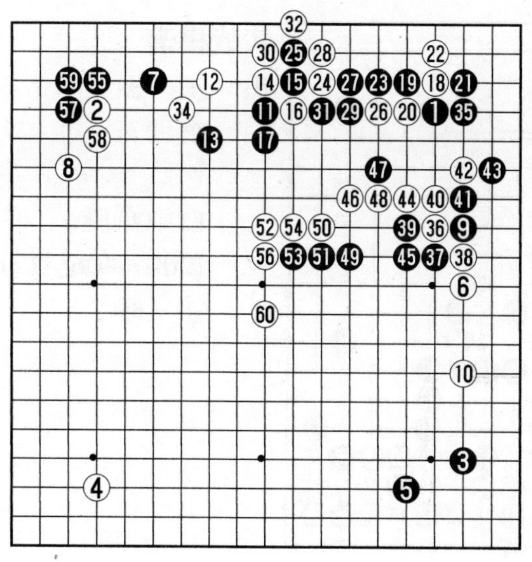

实战棋谱

黑　金志锡
白　朴永训

黑半目胜。
(2007-04-27)
❶❺=❸❸

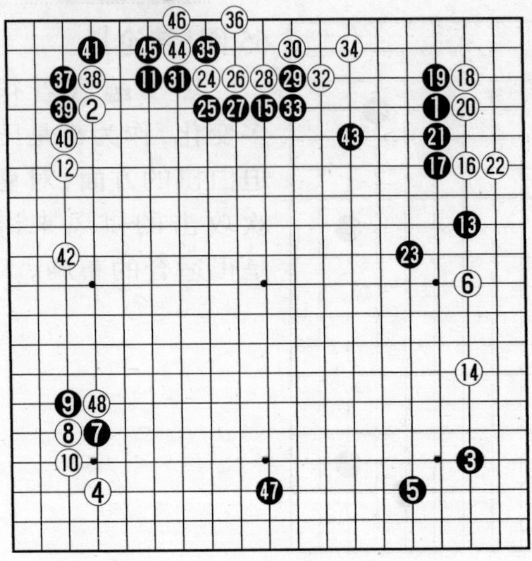

实战棋谱

黑　芮乃伟

白　崔原踊

白 4.5 目胜。

(2007 – 05 – 28)

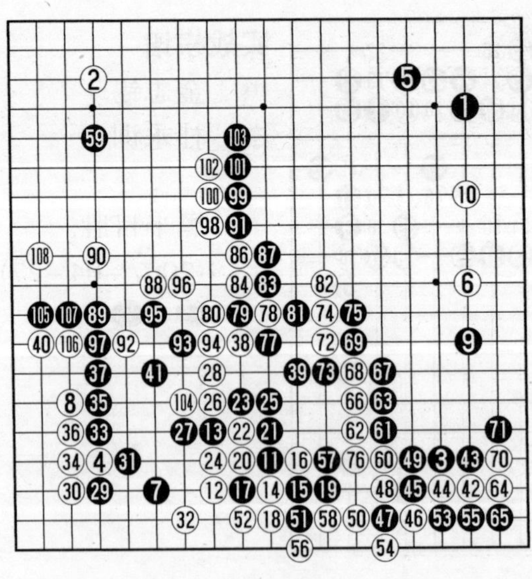

实战棋谱

黑　王　檄

白　李世石

白中盘胜。

(2007 – 06 – 12)

⑦⑧ = ❽❺

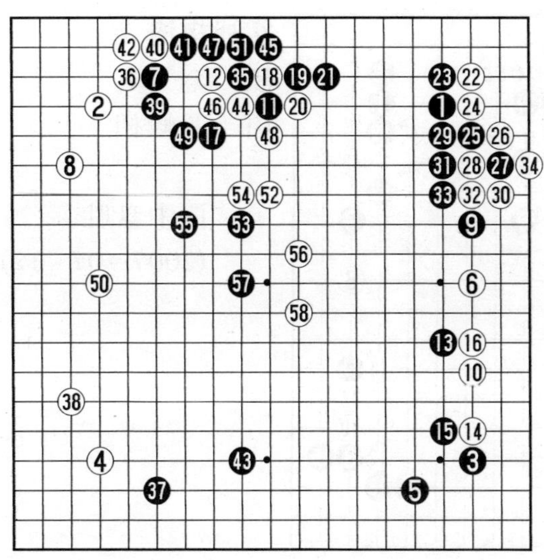

实战棋谱

黑　芮乃伟
白　安达勋

白中盘胜。
(2007－06－17)
⑱＝㊿

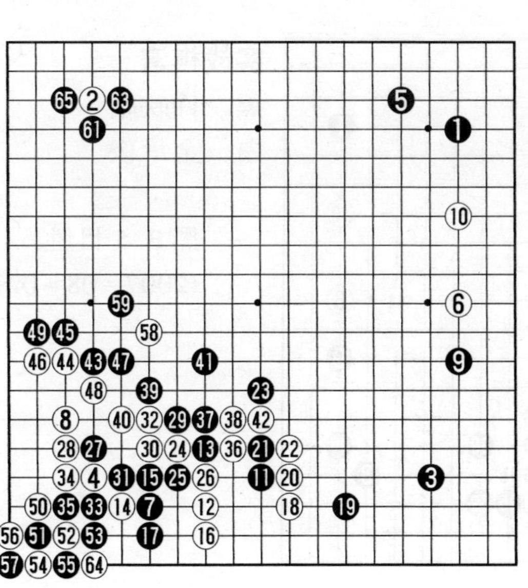

实战棋谱

黑　李世石
白　崔原踊

黑中盘胜。
(2007－07－07)
54＝60
52＝62

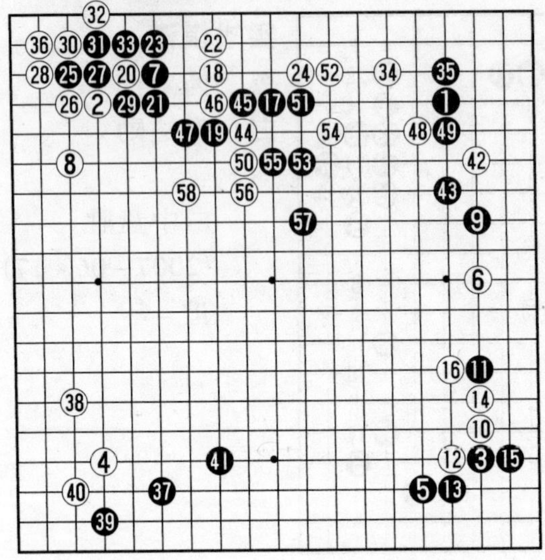

实战棋谱

黑　金秀真

白　尹峻相

白中盘胜。

(2007－07－12)

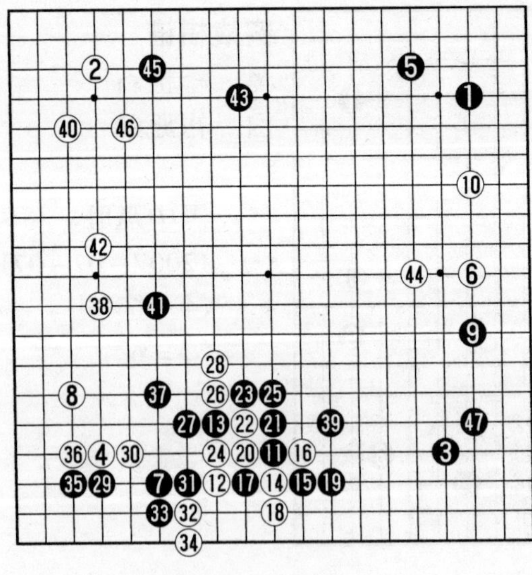

实战棋谱

黑　许映皓

白　金承俊

黑 3. 5 目胜。

(2007－08－02)

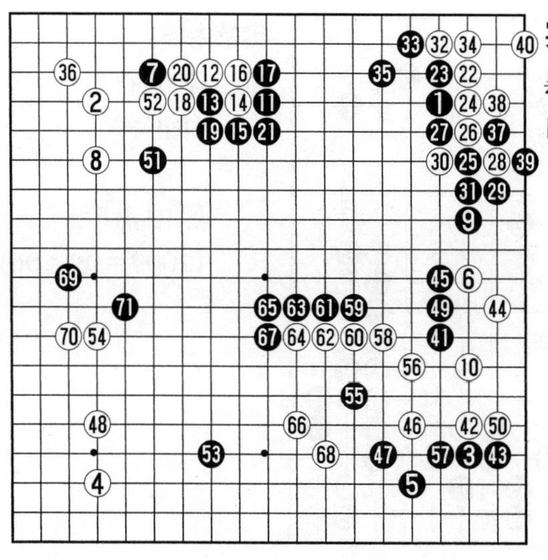

实战棋谱

黑 李昌镐

白 张 栩

黑中盘胜。

(2007－08－12)

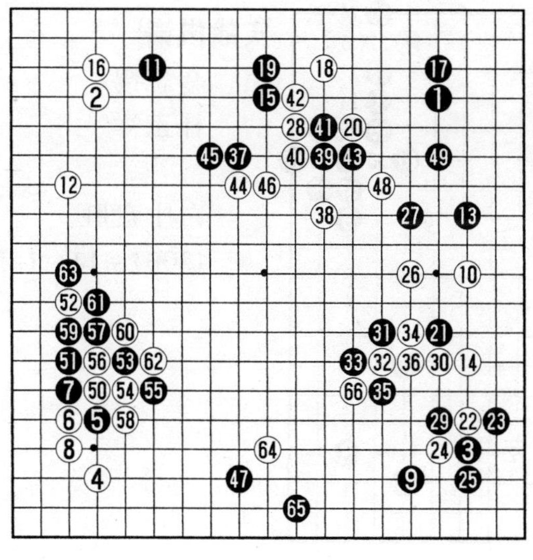

实战棋谱

黑 马晓春

白 韩尚勋

白半目胜。

(2007－09－04)

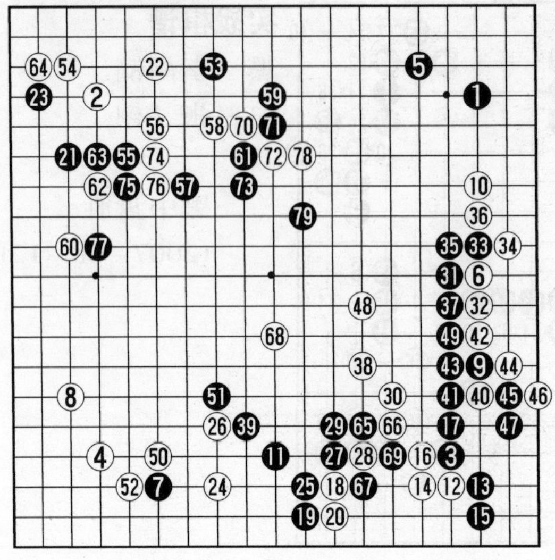

实战棋谱

黑　李世石

白　朴正祥

黑中盘胜。

(2007－09－06)

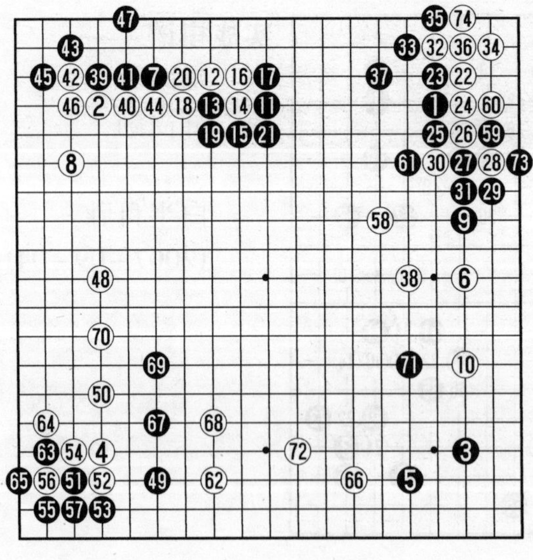

实战棋谱

黑　金志锡

白　朴正祥

白中盘胜。

(2007－11－15)

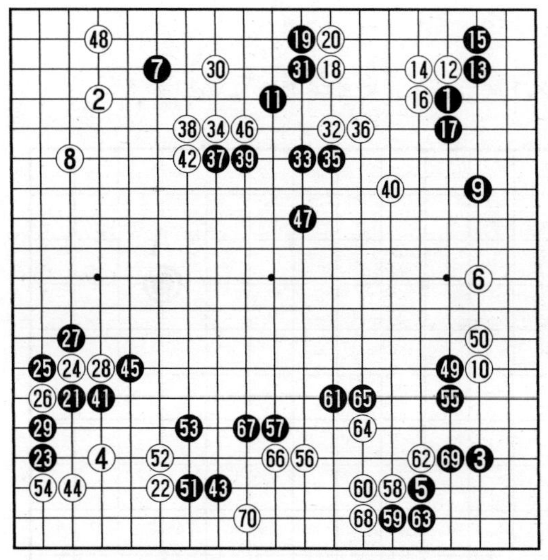

实战棋谱

黑　芮乃伟

白　高野绅二

白中盘胜。

(2008－09－03)

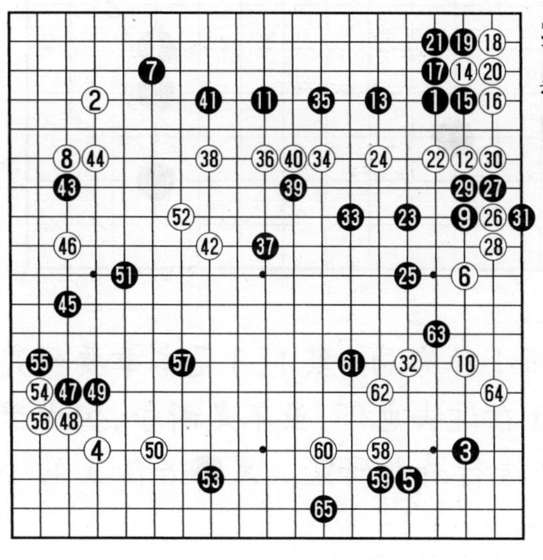

实战棋谱

黑　李世石

白　张　力

黑中盘胜。

(2008－09－05)

新型 28　小飞，大飞挂的大型变化

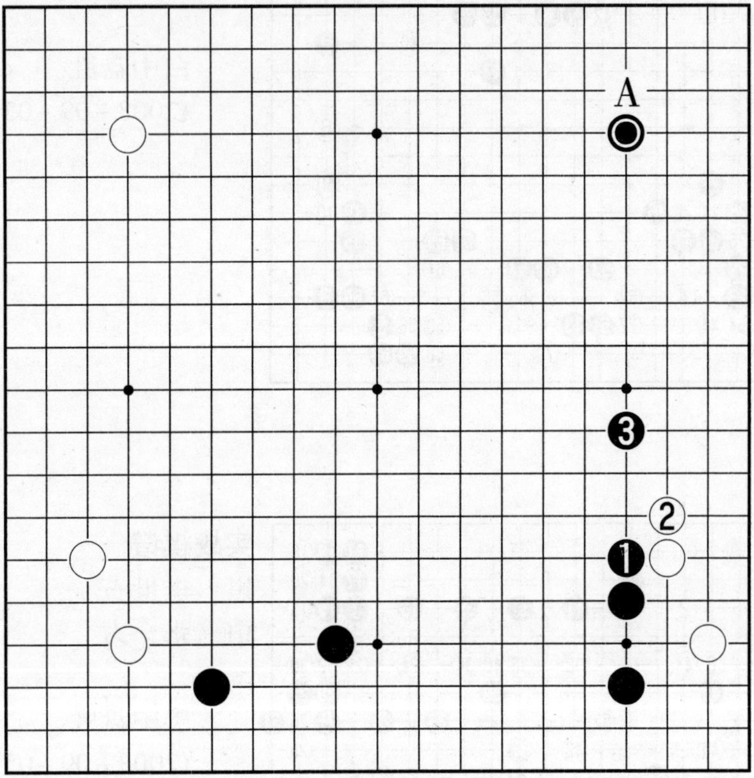

黑的布置也叫小林布局，黑1、3是本章要研究的出发点。黑1、3在过去也下，虽不是新手，但由于各种变化不断，在进行着新研究。黑◎若在A的小目，显得更舒服。

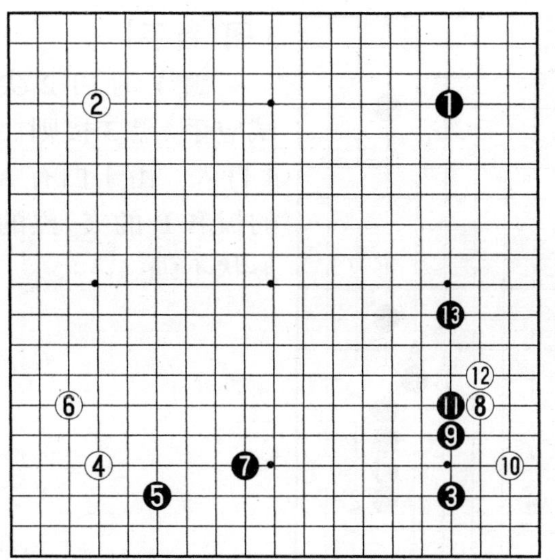

1 图(手顺)

从开始到场面图的手顺。

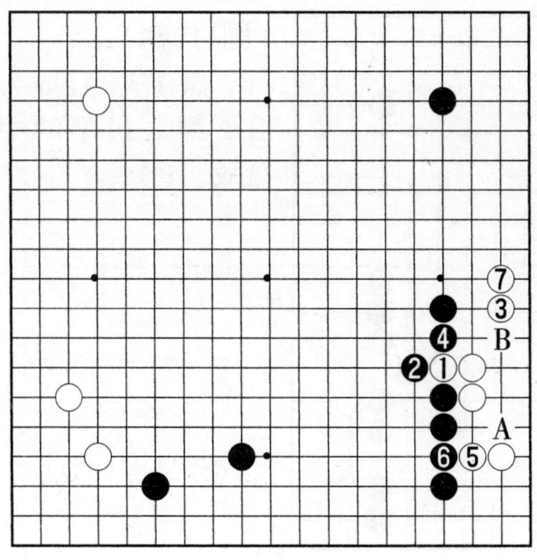

2 图(白低位)

白 1、3 是极端取实利的趣向。黑 4 时,为防 A 的靠要下白 5,防 B 的靠要下白 7。

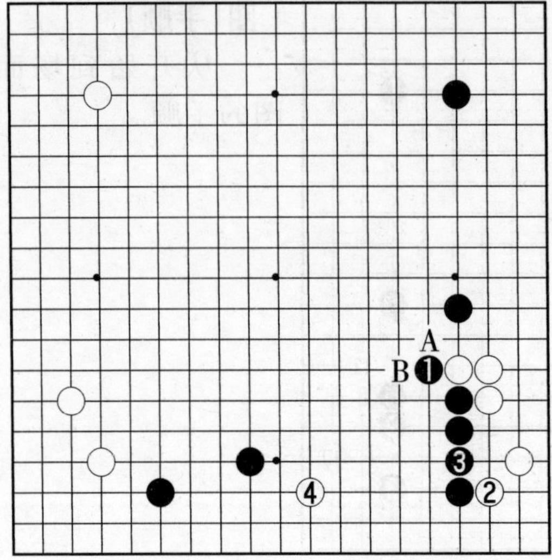

3 图(新手)

黑 1 时白 2 尖试应手。黑 3 接则白 4 打入。由于白有 A 的扳和 B 的夹,黑的形状不强。

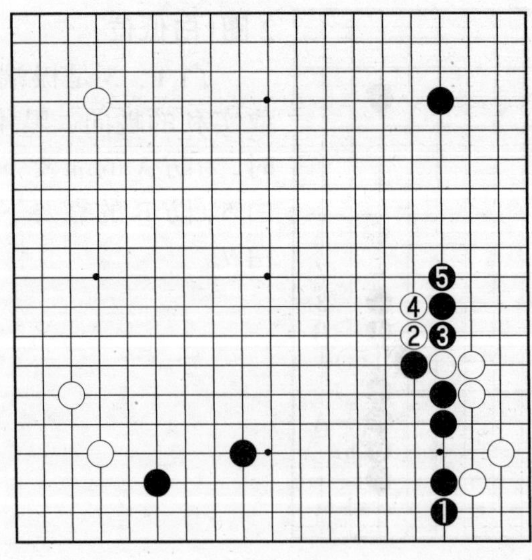

4 图(抗衡)

黑 1 普通。成为白 2 黑 3 过早的中盘战。

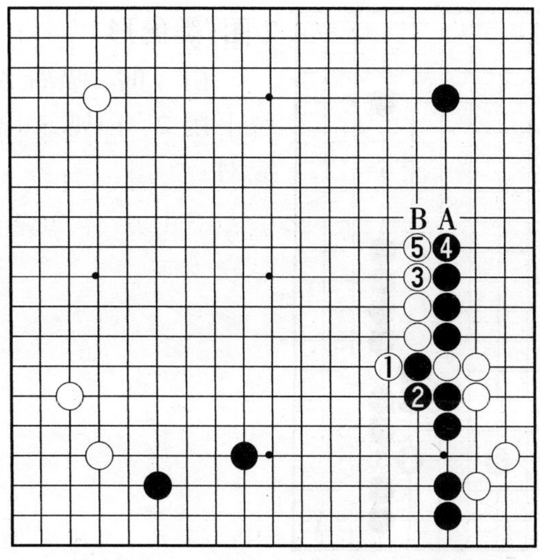

5图(安定)

白在1打吃,至白5要在中央安定。此棋安定后可打入右上角三三。白5之后,黑可考虑A和B。

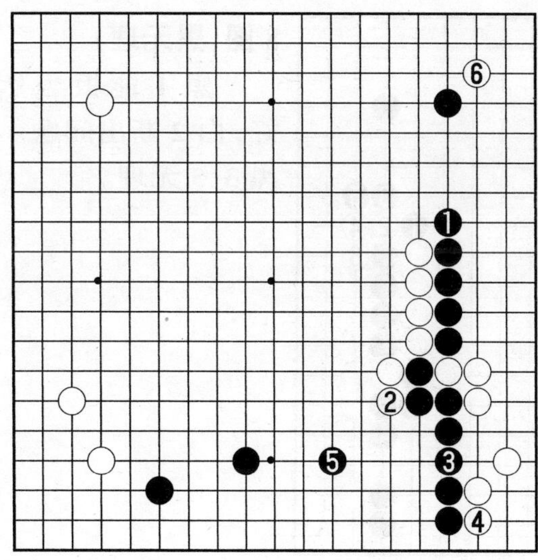

6图(绝好点)

单纯下黑1,白2和黑3交换后白4活棋。之后黑5需守,但白6在适当的时候侵入三三,整体上白活泼。

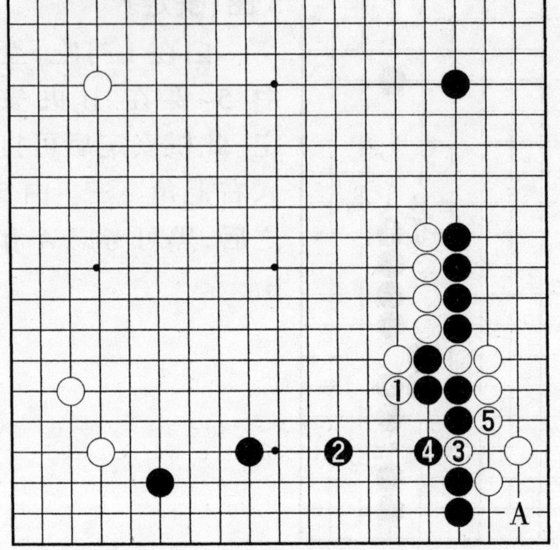

7图（黑愚形）

白1时，瞄着A位下黑2，白则3、5应对。

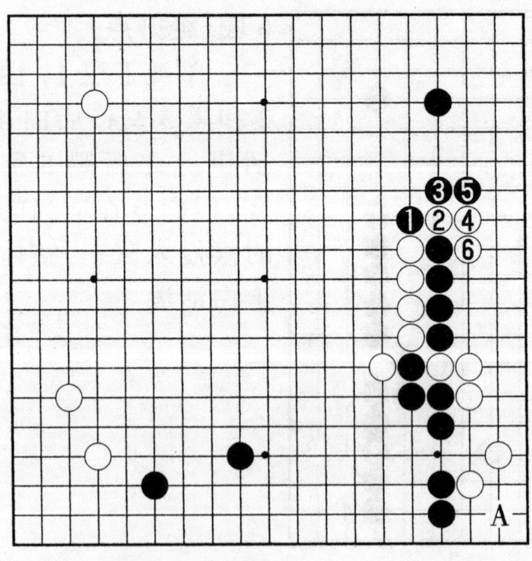

8图（黑无理）

黑1能扳当然好，白2断出问题。黑3、5无理。

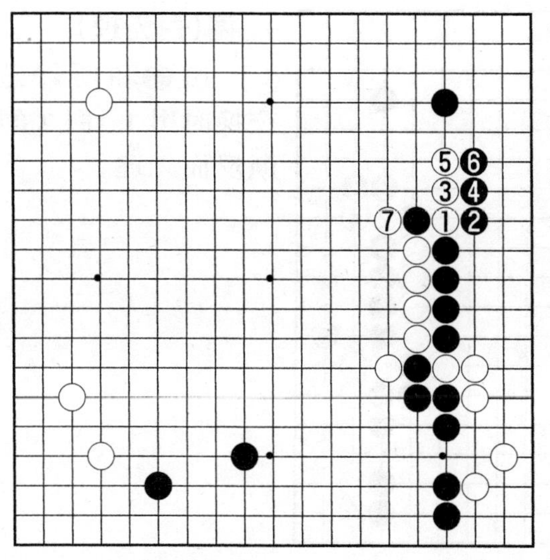

9图(厚实)

白1时黑要从2开始下,至白7,白形状厚实。黑6在7位长作战,被白在6位挡,黑无理。

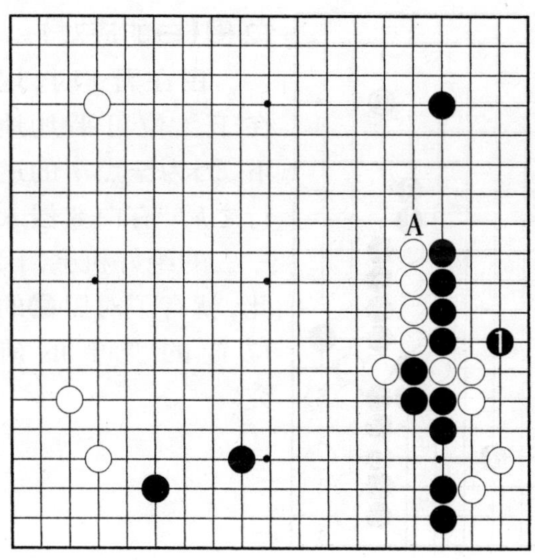

10图(黑的研究)

黑可想1先利用。有黑1则A的扳成为可能。

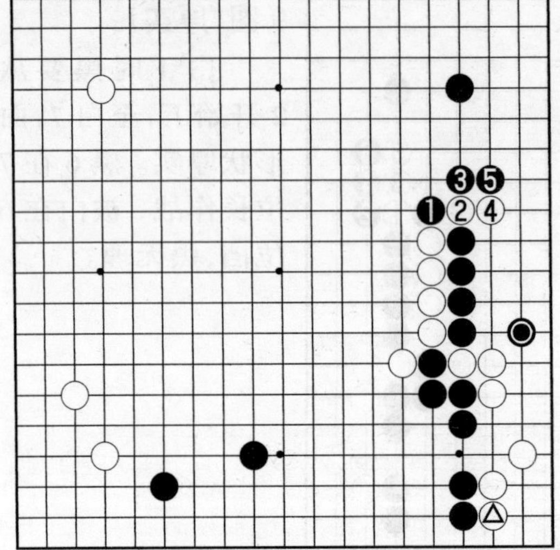

11图(白无理)

黑◉和白△已交换时黑1、白2的断反而无理。

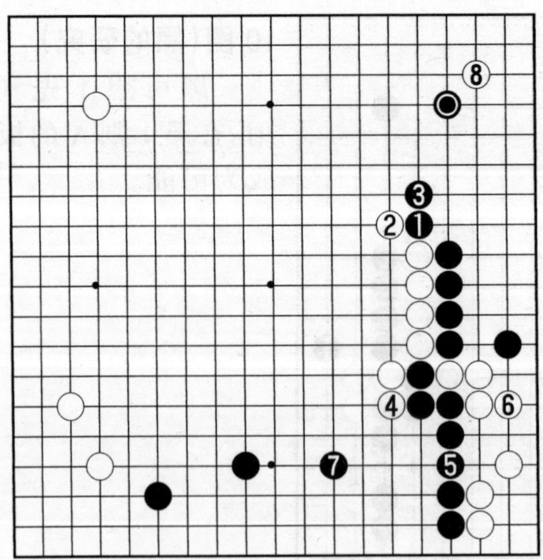

12图(白的应对)

白在黑1时,现在于2位可平凡地下,因为至黑7的进行之后,有白8侵入三三的绝好机会。因此,就有了对黑◉的位置的变更的研究。

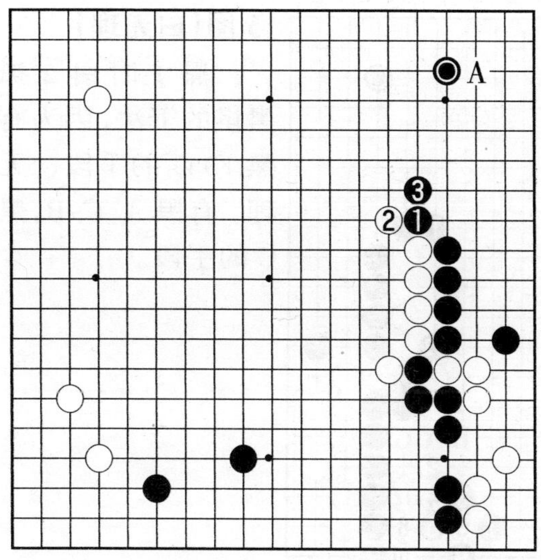

13图(小目)

黑◎在小目时白也难下2位,因右上角几乎变成地。在黑看来,白A靠的味道虽然存在,比起星位被白点三三好多了。

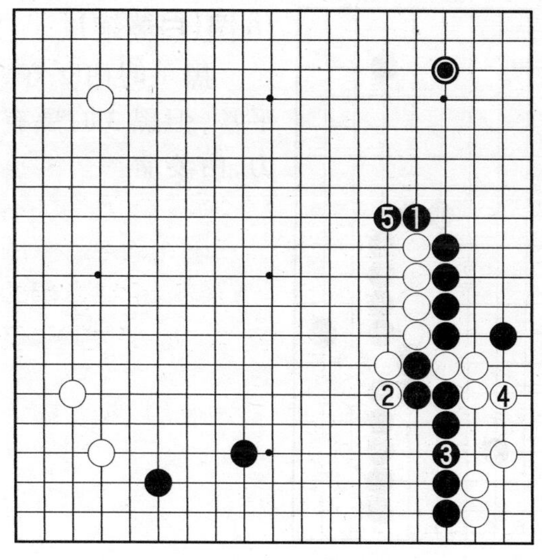

14图(强手)

黑1时白2转换方向,至白4黑不守下边,有黑5反击的强硬手段。

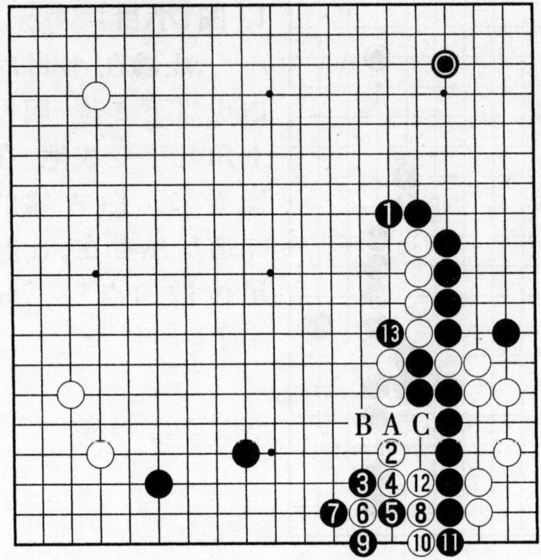

15图(白无理)

黑1时白2抓黑棋的下法,因为有黑13断的手段,无理。有黑A,白B,黑C的手段。

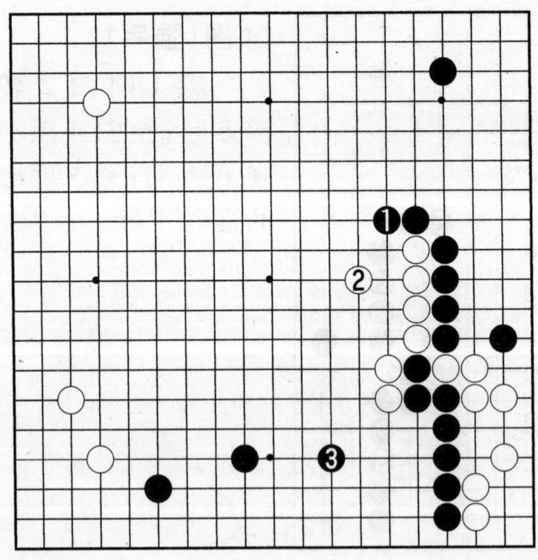

16图(白萎缩)

黑1时白2守,平常,但黑3时黑有力,白萎缩。

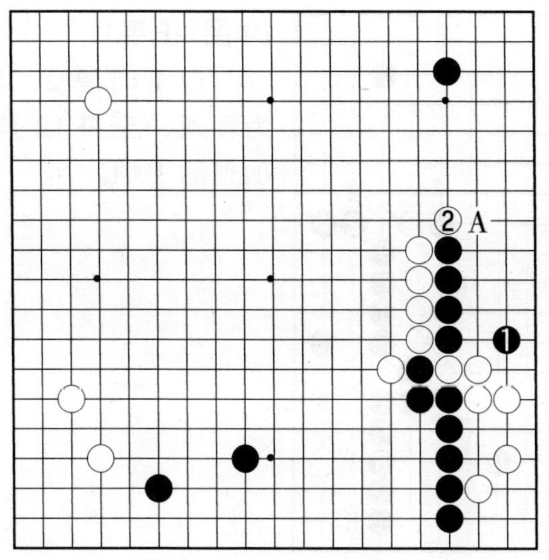

17 图(白的研究)

白研究了黑 1 时白 2 先扳的手法。黑不能去抓角上的白棋时就要 A 位应。

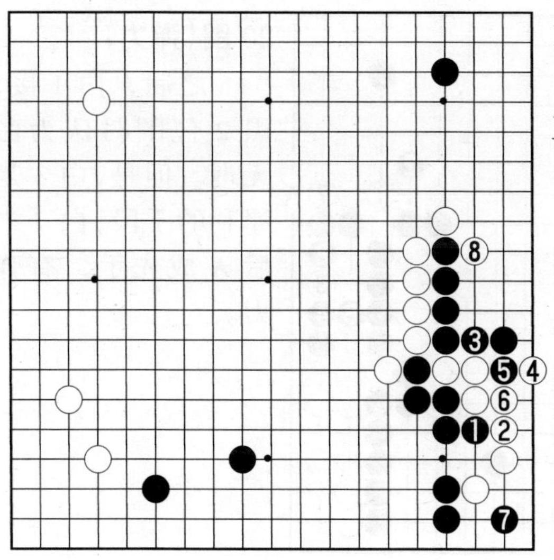

18 图(黑无理)

黑 1 去吃白棋,至白 8 无理。

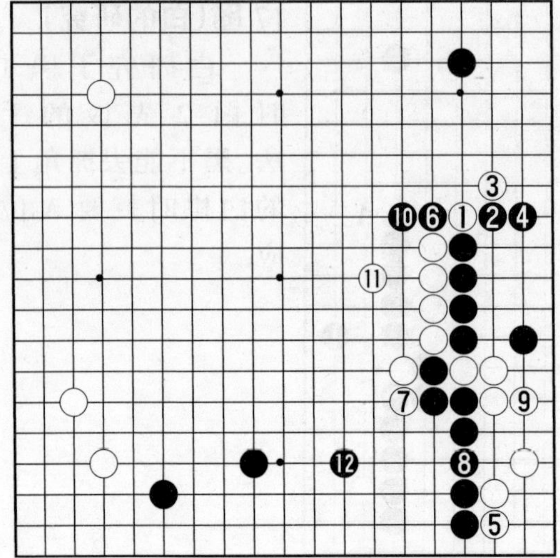

19 图（正手）

白 1 时黑 2、4 为普通，至黑 12 是预想的手顺。

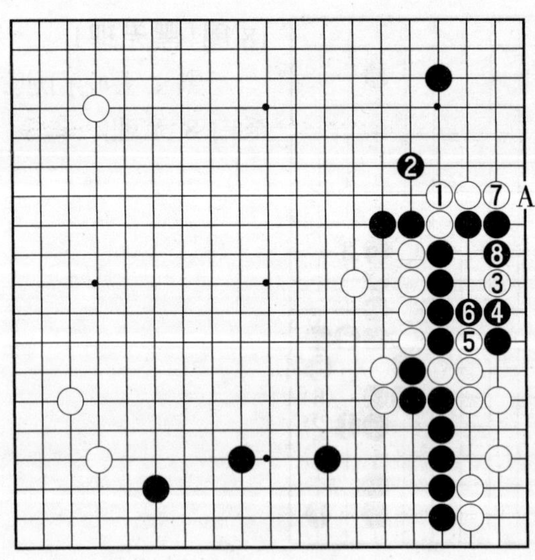

20 图（弹力）

之后，白 1 接，黑 2 包围时认为白无理。但是，白 3 是犀利的手段，白 7 之后 A 成先手，有弹力。

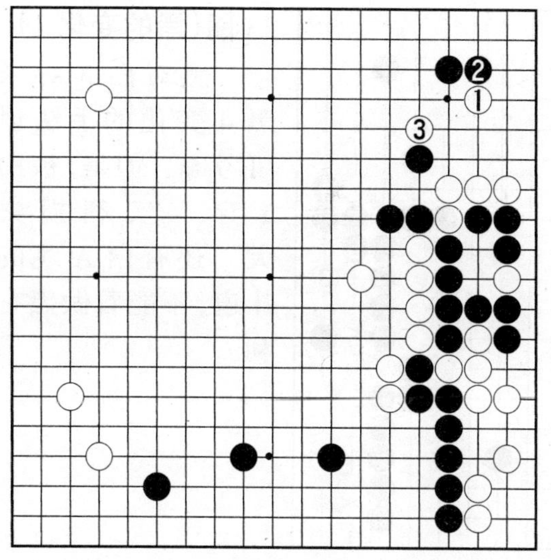

21 图（打开 1）

之后，白 1、3，可逃脱。

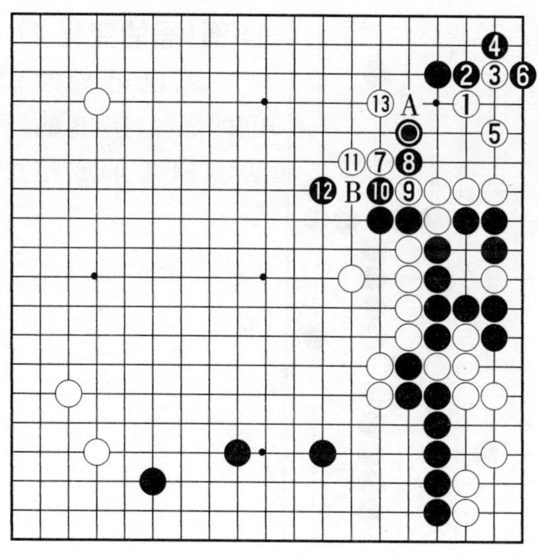

22 图（打开 2）

当初，假如黑◉封锁了白棋，白也可打开局面。至白 13 是预想图，之后 A 和 B 见合。

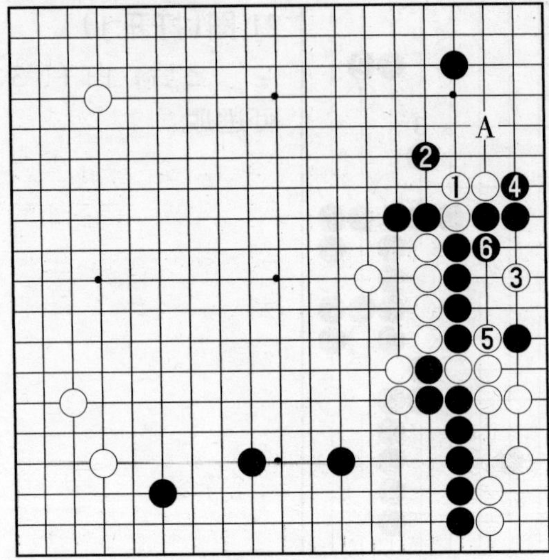

23 图(黑的变化 1)

黑对白 3 寻求黑 4 变化的手法也可考虑。但是,被白 5 穿入实利损失大。还有白 A 跳的味道,不能看做黑有利。

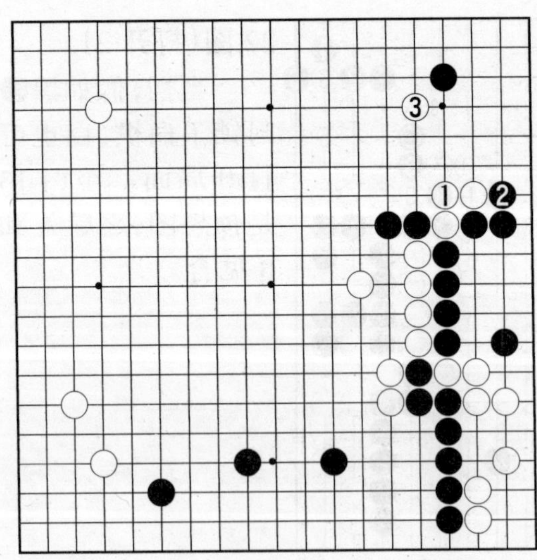

24 图(黑的变化 2)

黑也可考虑白 1 时黑 2 拐出的下法,白 3 形成空中战。

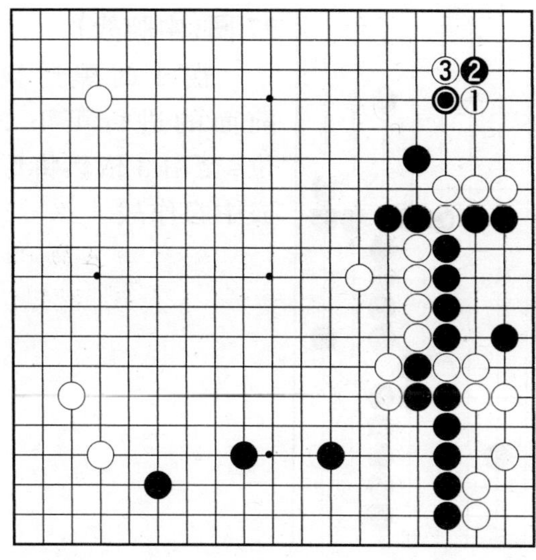

25 图（打开）

星位有黑（◉）的时候白的腾挪也是可能的。白有多种手段，白 1、3 强烈的手段也可腾挪。白放弃四子在角上得到报偿即可。

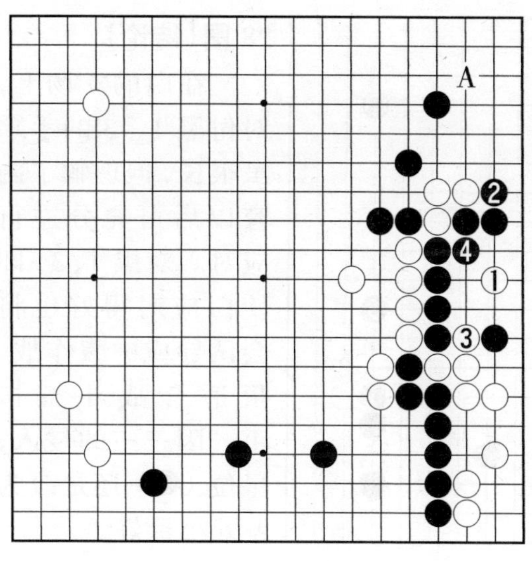

26 图（变化）

白 1 时黑 2 吃白三子也可考虑。但是被白 3 先手，在这里吃亏，还留有白 A 的味道讨厌。

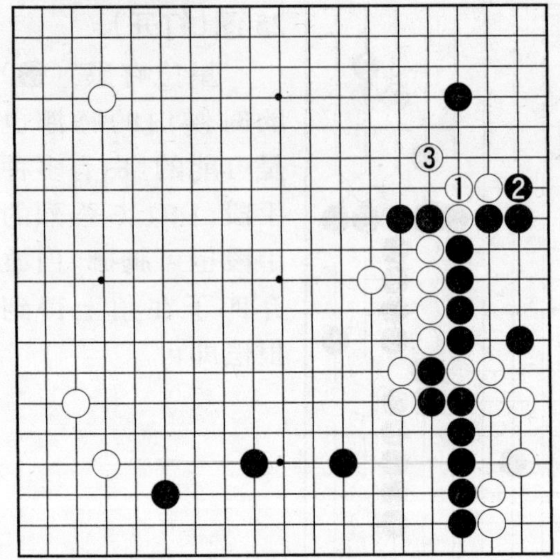

27图（中腹战）

白1时黑讨厌前面的进行可下2位，至白3依然将形成中腹作战。

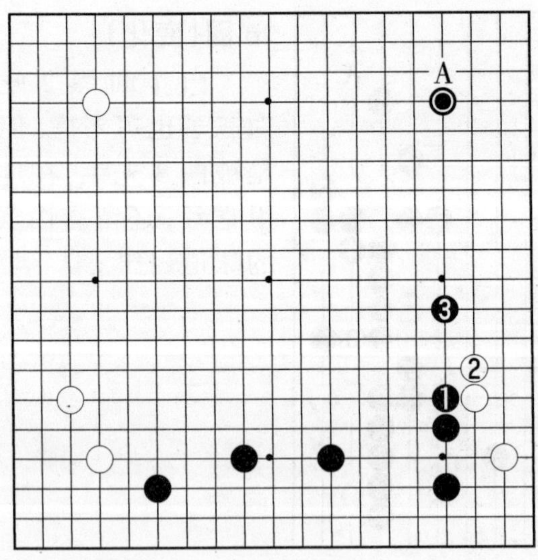

28图（结论）

在白的立场上，对付黑1、3的手顺虽很长，但理解了内容以后可充分进行应对。对黑1、3，即使白应对得好也将会诱导成中腹作战，很适合战斗型棋手。因三三的侵入，星位（◉）还是改为A处小目好。

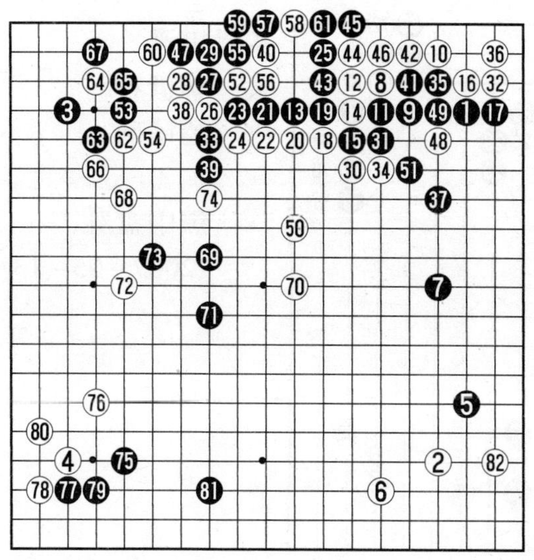

实战棋谱

黑　元晟溱

白　安达勋

白 5. 5 目胜。

(2004－07－13)

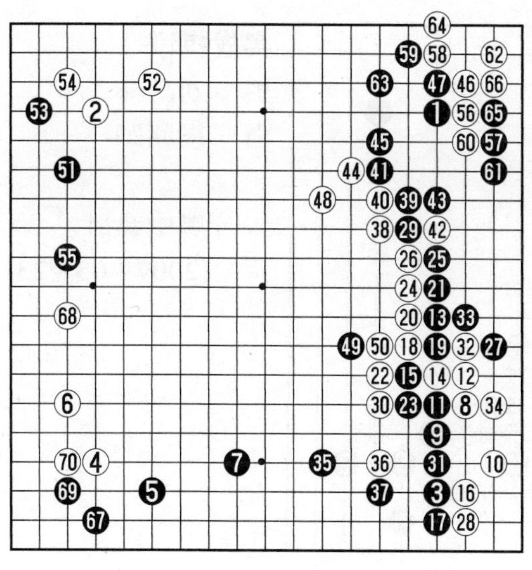

实战棋谱

黑　张　璇

白　朴知恩

白 4. 5 目胜。

(2005－01－19)

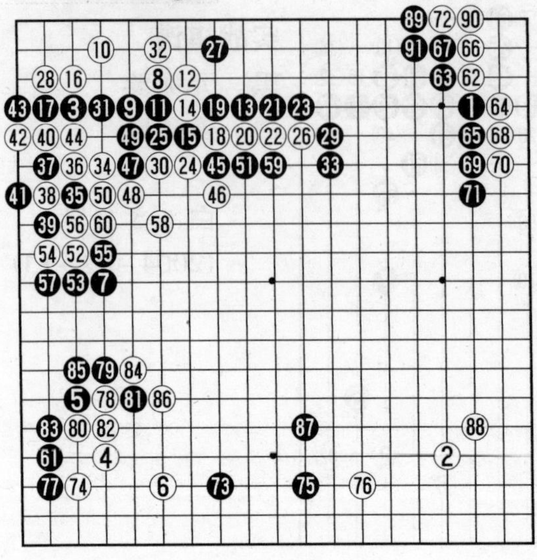

实战棋谱

黑　李世石

白　睦镇硕

黑中盘胜。

(2007－05－13)

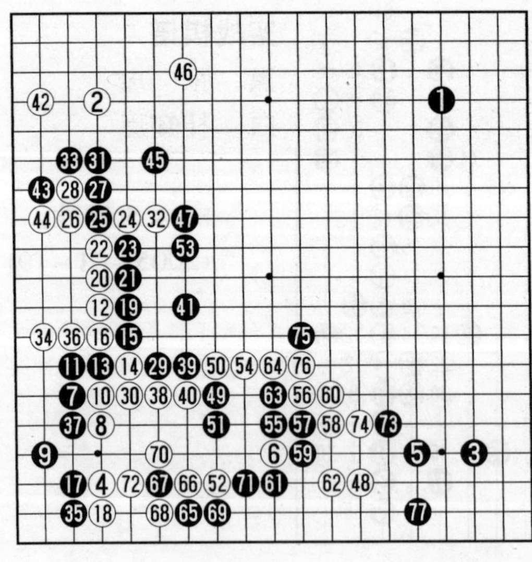

实战棋谱

黑　刘昌赫

白　崔原踊

黑中盘胜。

(2007－05－23)

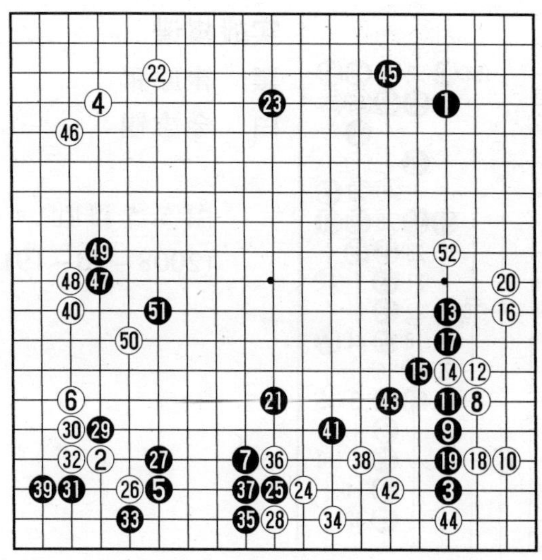

实战棋谱

黑　温昭珍

白　李映九

白中盘胜。

(2008－02－11)

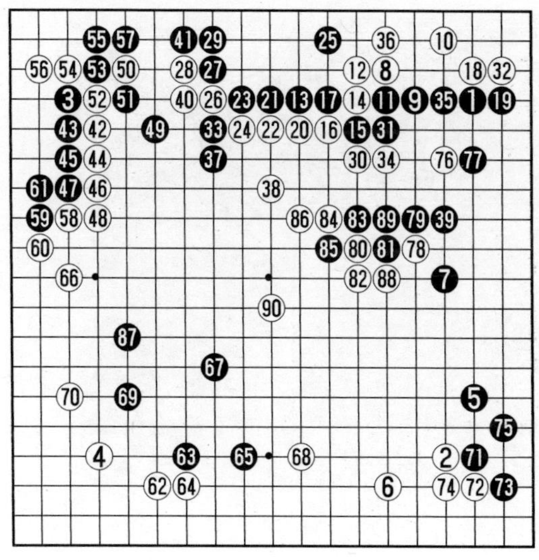

实战棋谱

黑　李贤虎

白　高根太

白 5. 5 目胜。

(2008－07－25)

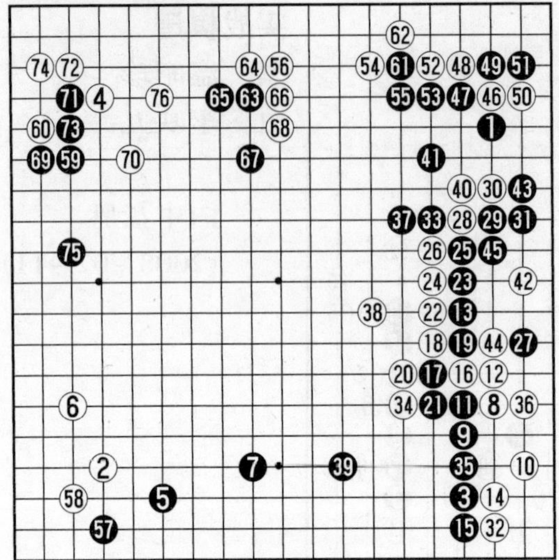

实战棋谱

黑　崔原踊

白　金志锡

白 5.5 目胜。

(2008 – 10 – 19)

新型29　开始就压迫

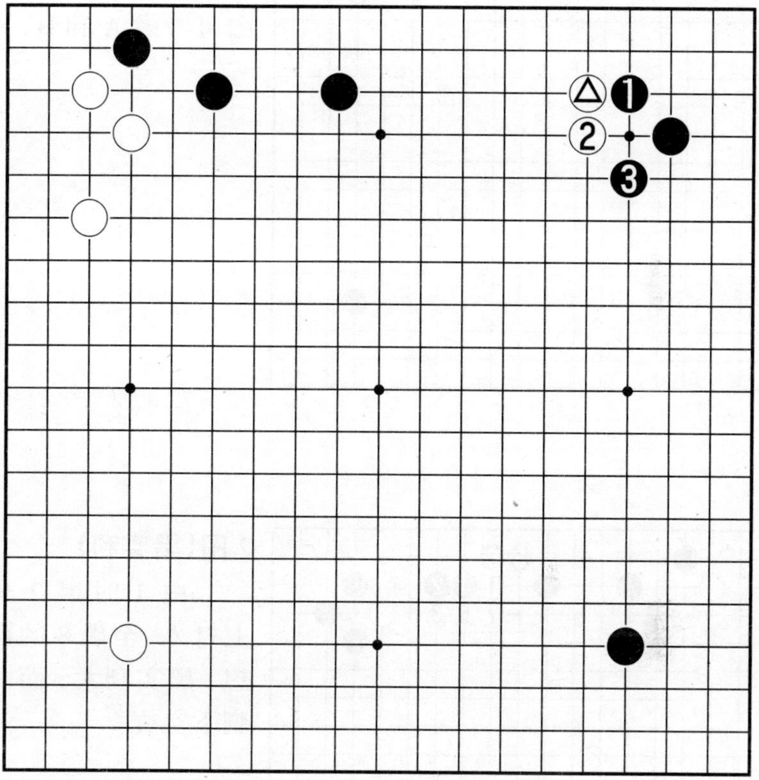

对小目挂的白△，黑1、3是普遍的攻击手段。在初盘10手左右白的苦恼已经开始了。白△的一手不对吗？

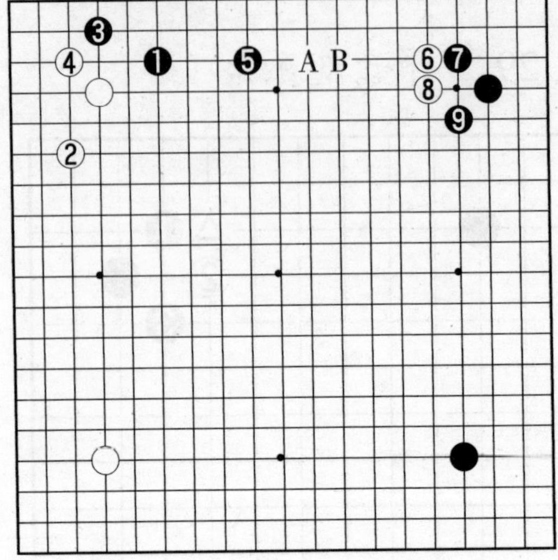

1图(手顺)

至黑9是场面图的手顺。黑9之后白可考虑A和B。

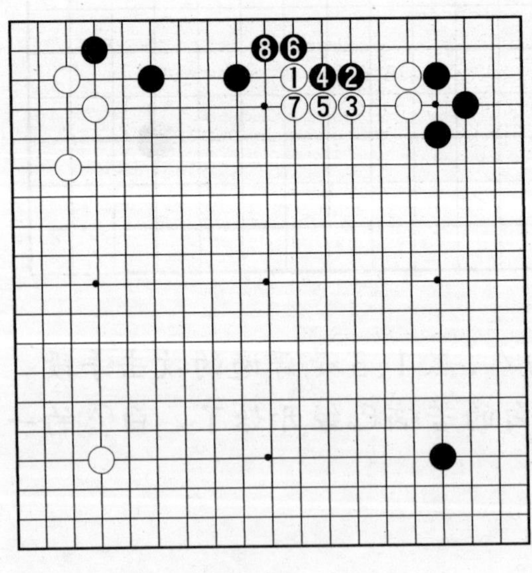

2图(黑实利)

白1时黑2马上打入。至黑8的预想，黑实利大，而白剩下空壳。

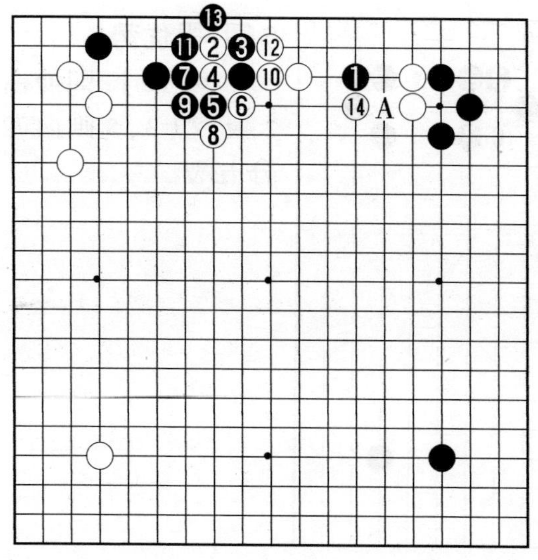

3 图(变化)

白在黑 1 时可对着干,黑 3 挡则至白 14。之后,黑虽有黑 A 挖的一手,白也可下。

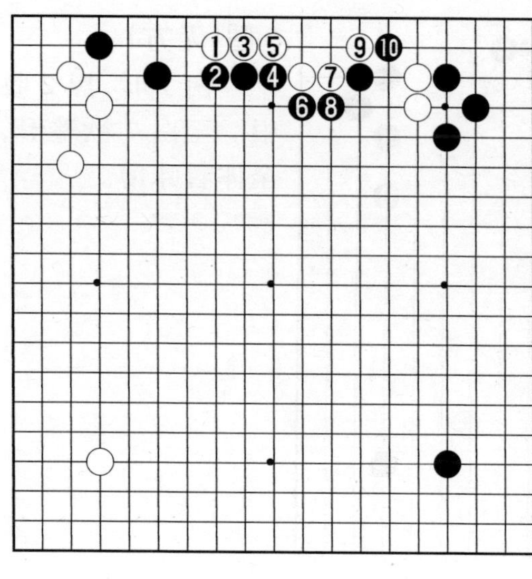

4 图(白困难)

白 1 时黑 2、4 强烈。黑 6 时白 7 则黑 10 连扳的手段成立,白困难。

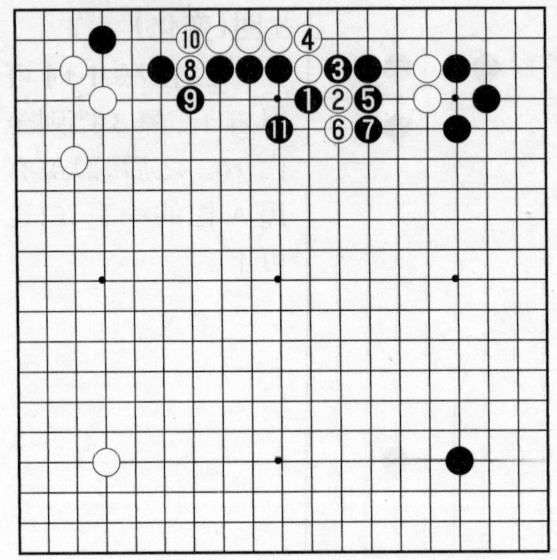

5图(黑优势)

黑1时,即使白2扳,黑3、5则白四分五裂。

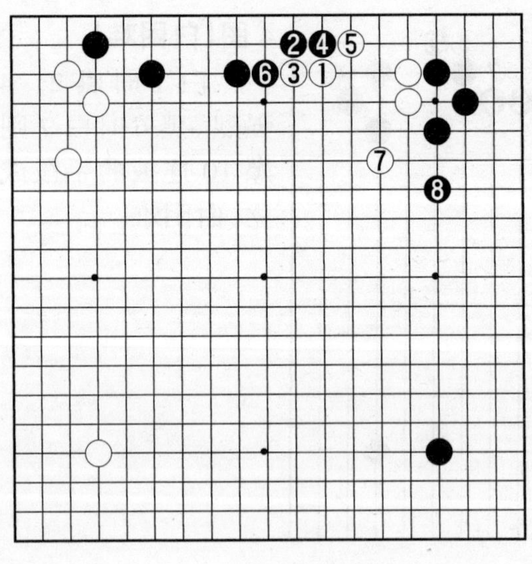

6图(无方)

白1时,黑2收根。至白7欲整形,全体看味薄。

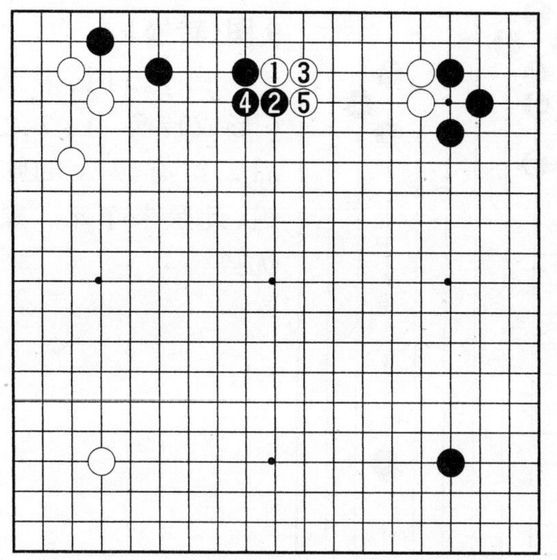

7 图(白的研究)

白考虑 1 碰的手段。黑 2、4 时白 5 可满意。

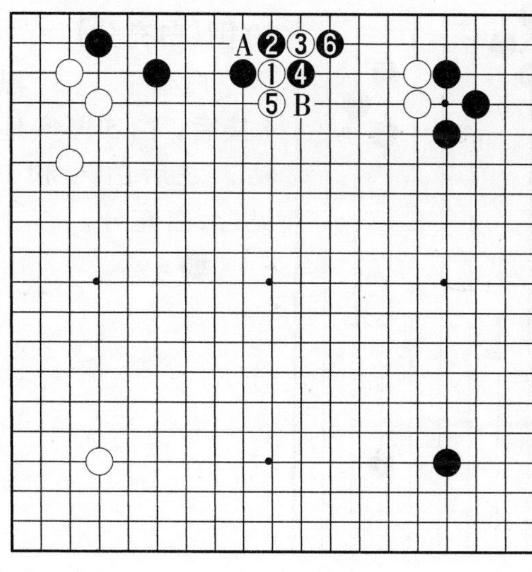

8 图(反抗)

白 1 时黑 2 反抗。白 3 扳则黑 4、6 吃一子。之后白可考虑 A 和 B。

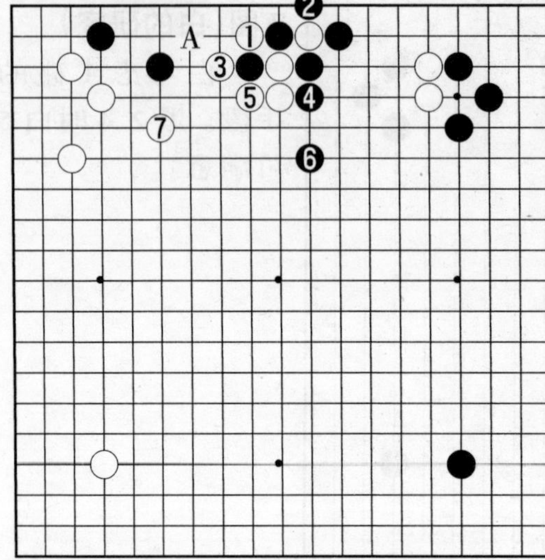

9图(转换)

白1、3时,黑至6形成转换。白7之后,留有黑A的味道,此黑未净死。黑优势。

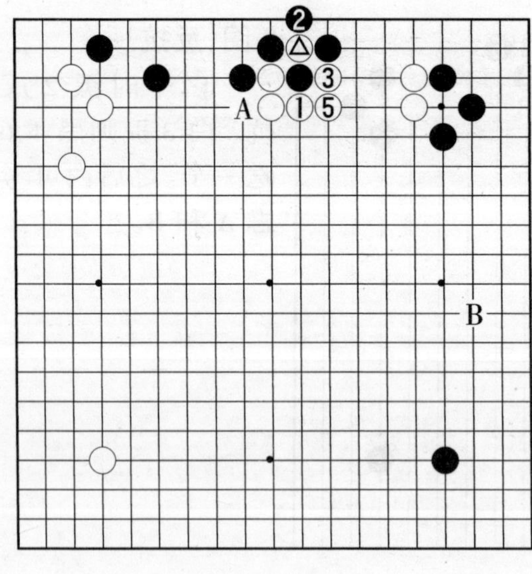

10图(白充分)

白要下1、3,黑4接后,白5厚实地粘,之后白A和B见合,白充分。

❹=△

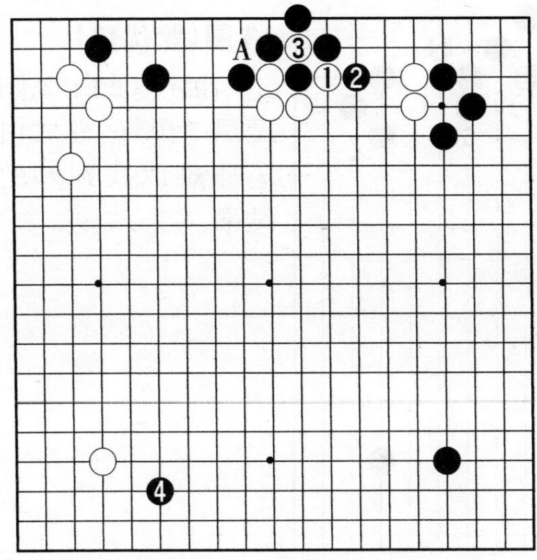

11 图(劫)

白 1 时黑 2 打劫好。白 3 时黑 4 悠闲地寻劫。之后白 A 则黑万劫不应。

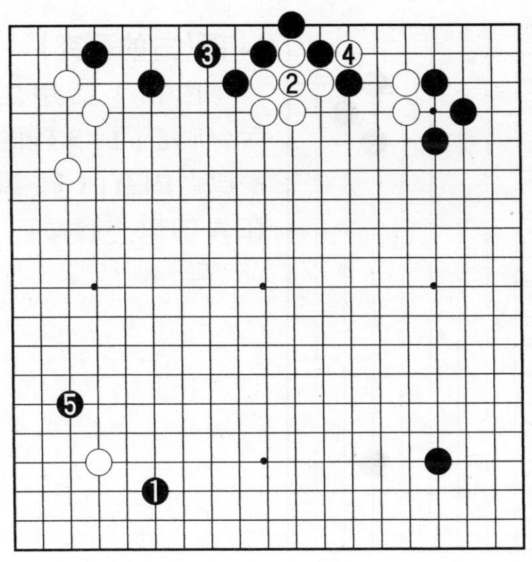

12 图(黑快速)

黑 1,白 2、4 则黑下 5, 白成凝形,相反黑棋速度快。

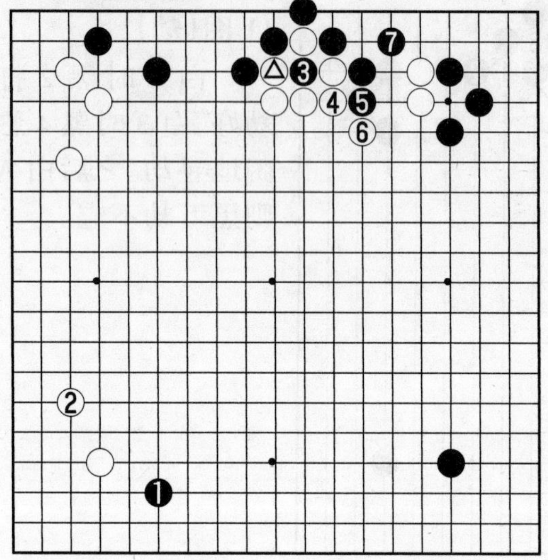

13图(黑优势)

黑1时白2则至黑7黑好。总之白△碰难以找到好的结果。

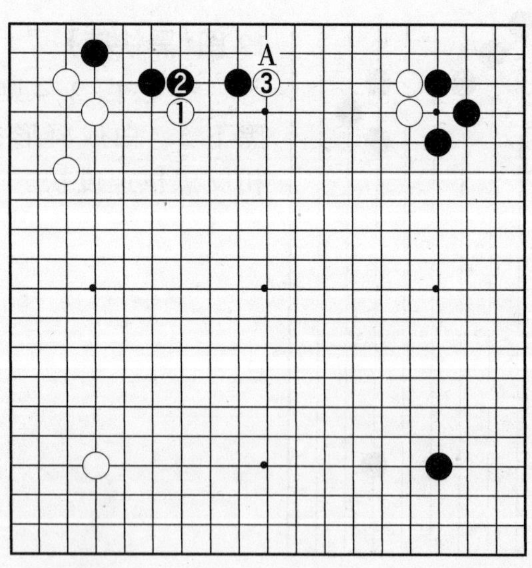

14图(白的研究)

白在1活用之后,研究了白3碰的手段。因有白1,黑在A的扳不容易。

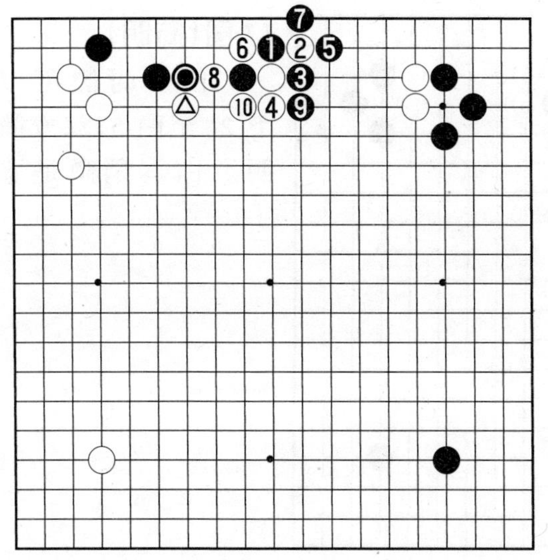

15 图(白充分)

黑 1 扳至白 10 形成前面说明的手顺,黑◉和白△的交换成了大恶手。

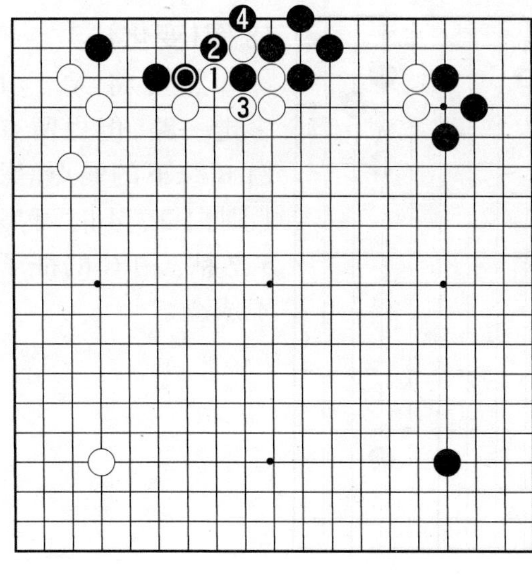

16 图(变化)

相比,黑◉有子后白 1 时黑 2、4 可渡过。双方可下。

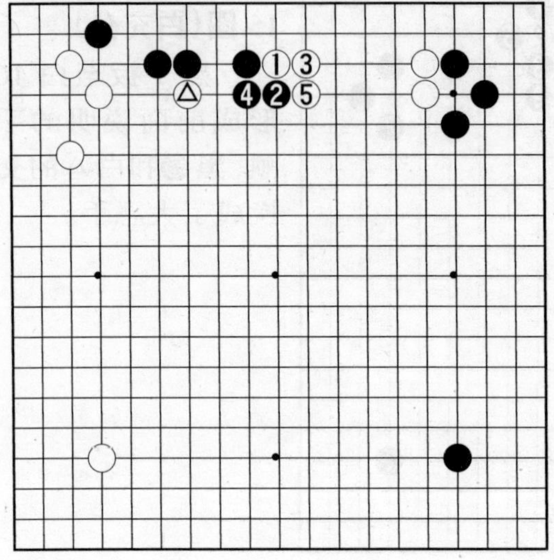

17 图(简明)

白 1 时黑可以下 2。至白 5,双方简明。白△稍微是恶手。

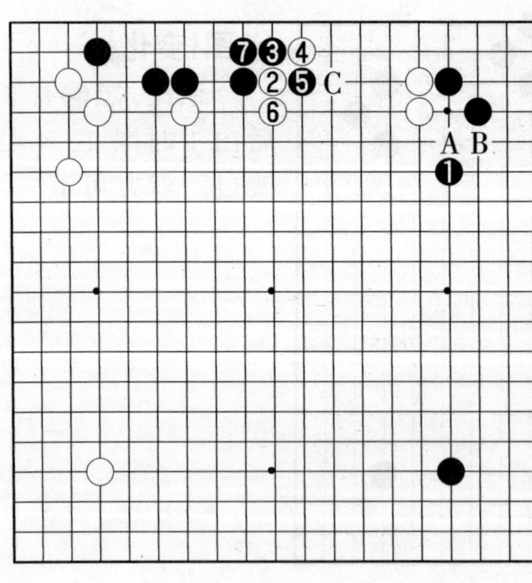

18 图(变化)

黑可将 A 于 1 多走一路,但也留有白 B 跨下的弱点。黑 1 则白 2、4 时可黑 5、7 粘。白 C 的征子不成立。

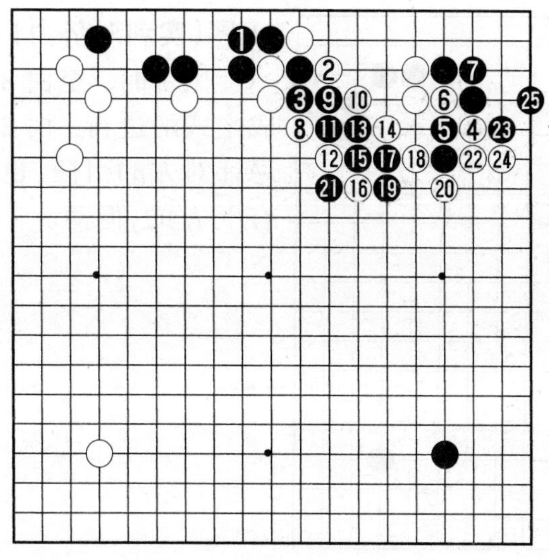

19 图(大变化)

黑 1 时白利用 4、6 的手顺至 20 征子的手段。可预想至黑 25，是双方可下的局面。

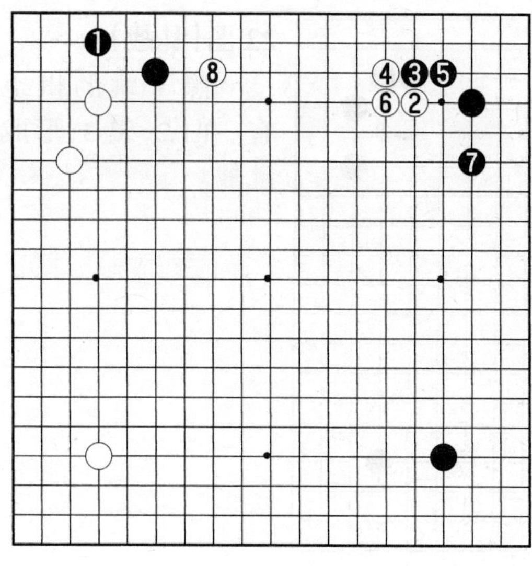

20 图(白的变化)

最近，黑 1 时白 2 先挂的下法很多。黑 3 至 7 选择定式，白 8 紧逼黑棋。

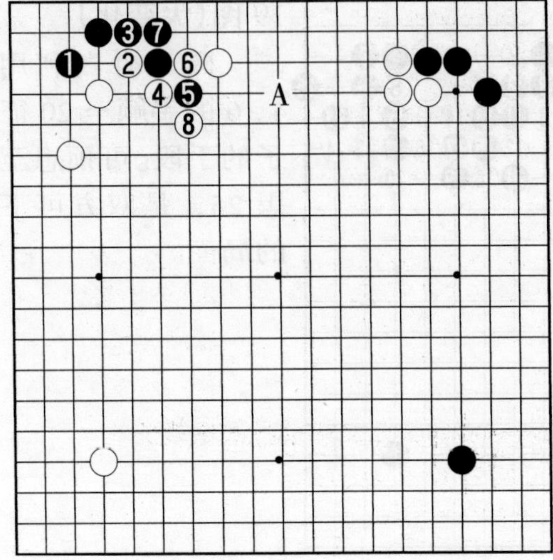

21图(实利对势力)

黑1时，至白8成定式的进行。白8忌讳对方的引征,也有下A的,但薄。

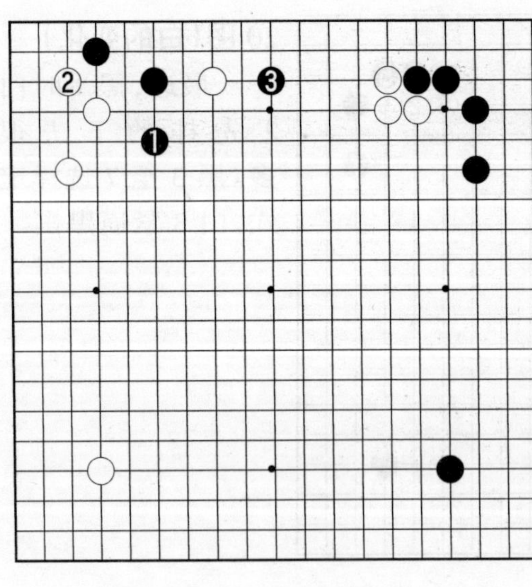

22图(乱战)

黑1跳的棋也有。白2,黑3,形成乱战。

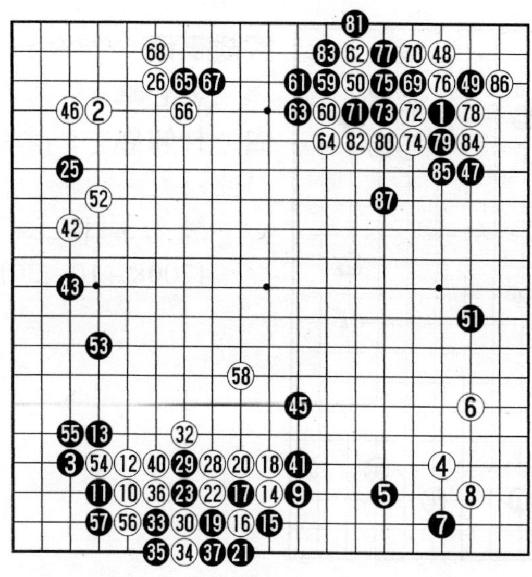

实战棋谱

黑　睦镇硕

白　李昌镐

黑中盘胜。

(2002－01－04)

⑯＝㉔❸❶

❶❼＝❷❼

㉚＝㊳㊹

㉞＝❸❾

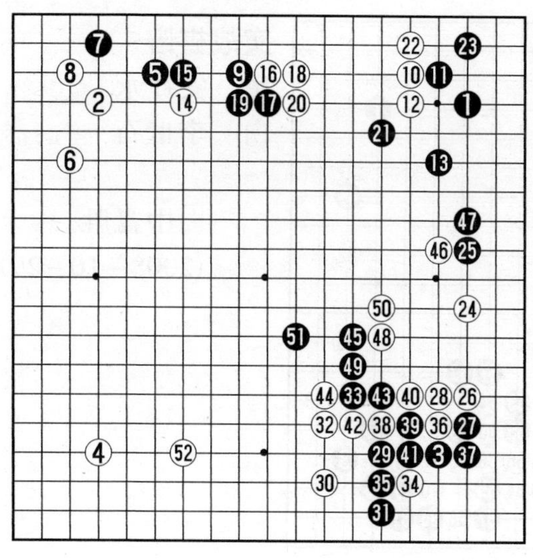

实战棋谱

黑　Pan Weijin

白　朴知恩

白中盘胜。

(2007－08－01)

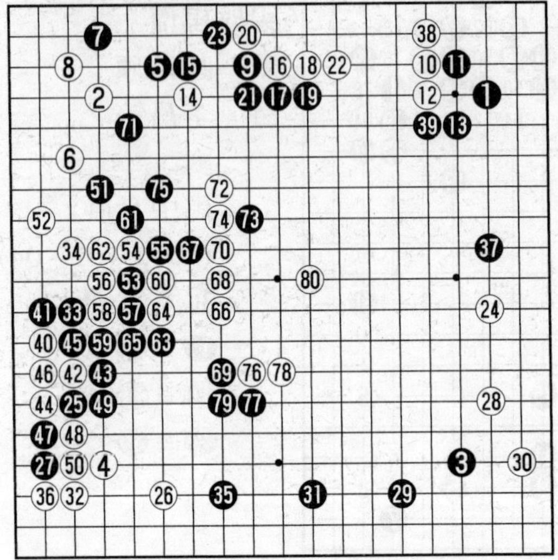

实战棋谱

黑　金仑映

白　朴知恩

黑 2.5 目胜。

(2008－10－30)

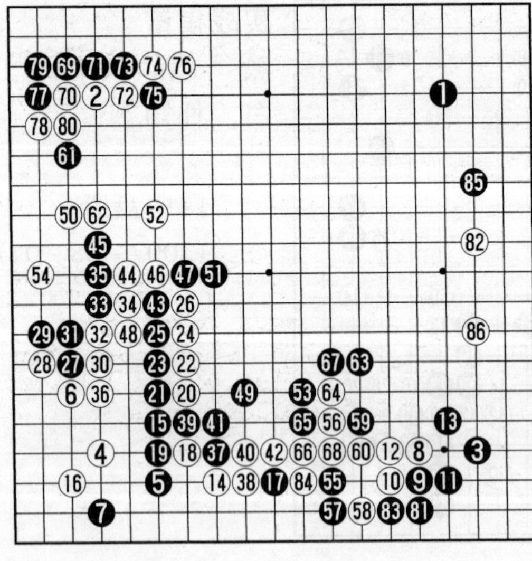

实战棋谱

黑　安祚永

白　李世石

白中盘胜。

(2008－10－29)

新型 30　从二线的托开始的难解的中腹战

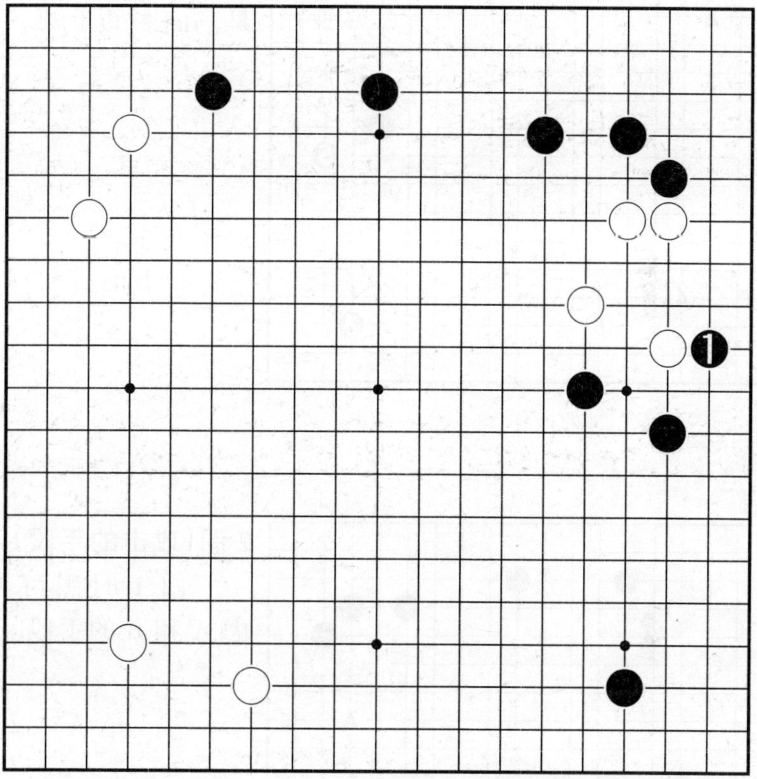

黑 1 是使白重复、黑棋变厚的手段，白反抗之后形成了难解的中腹战。是从中国流布局中产生的场面，看一下这个变化。

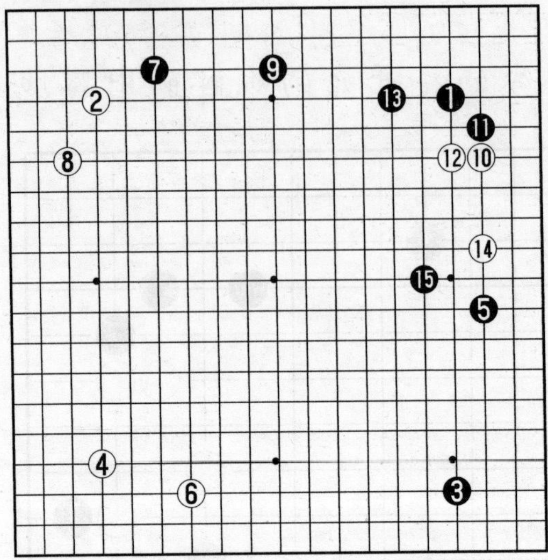

1图(手顺)

黑1、3、5是中国流布局，至黑15是场面图的手顺。

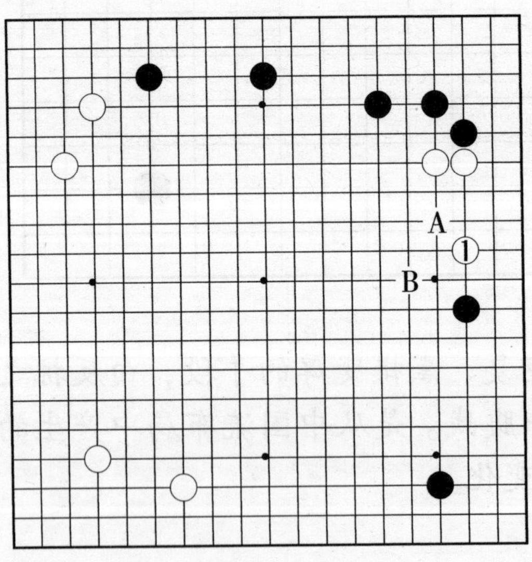

2图(攻击的手段)

白1时黑可考虑A和B的手段。

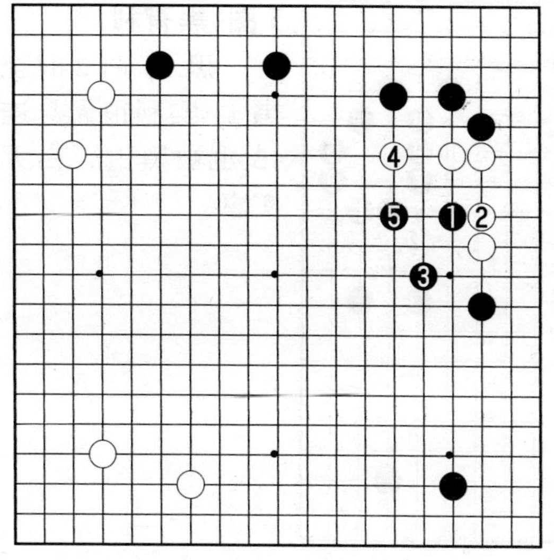

3 图(黑活泼)

黑 1 时白 2 是懦弱的下法，黑 3、5 之后白难受。

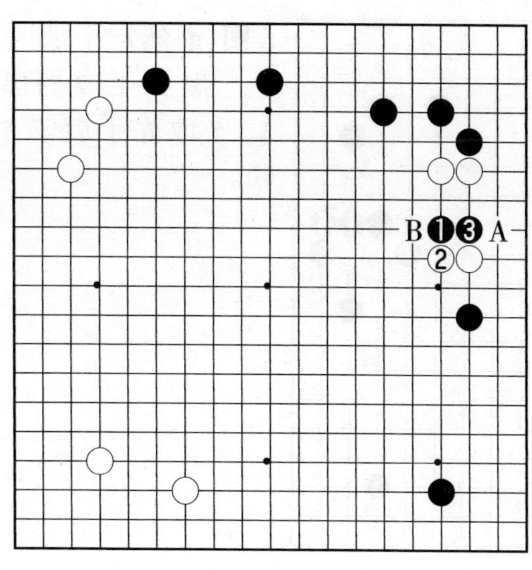

34 图(强手)

黑 1 时白 2 是气势，黑 3 是强手。白可考虑 A 和 B 的手段。

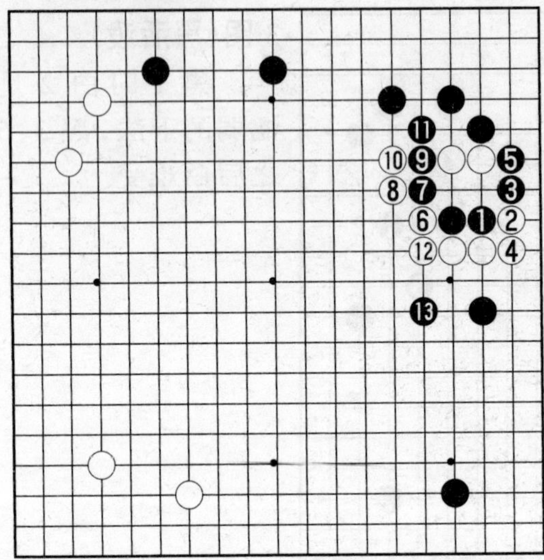

5图（黑有利）

黑1，白2时至黑11实利很大。连13也被黑占，白无实惠。

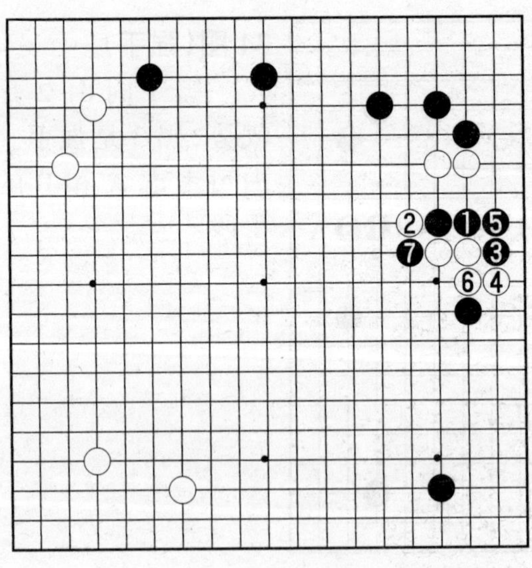

6图（必然）

黑1，白2时黑3、5取先手后于7断。

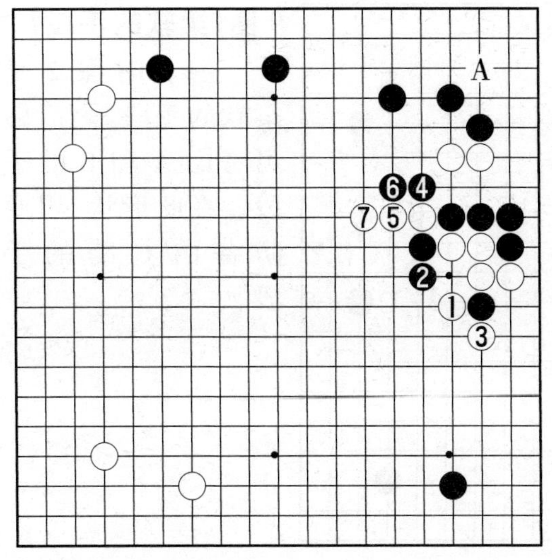

7图(黑不好)

白老实地下1是正手,黑2、4是疑问手。白7之后留有A的侵入手段。

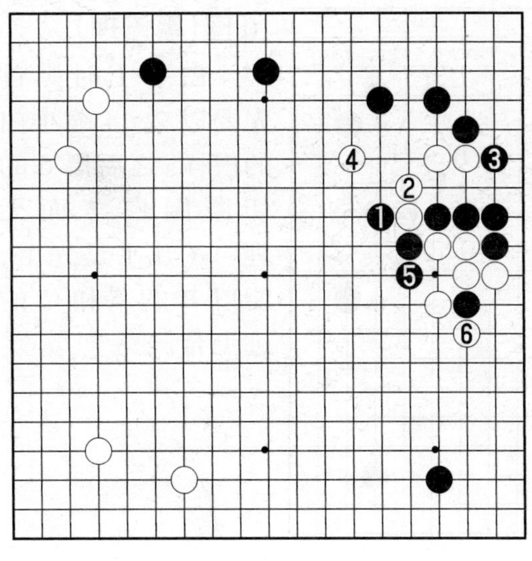

8图(中腹战)

黑要下1、3,白也4出头形成中腹战。白看似危险但欲擒之,还是不容易的。

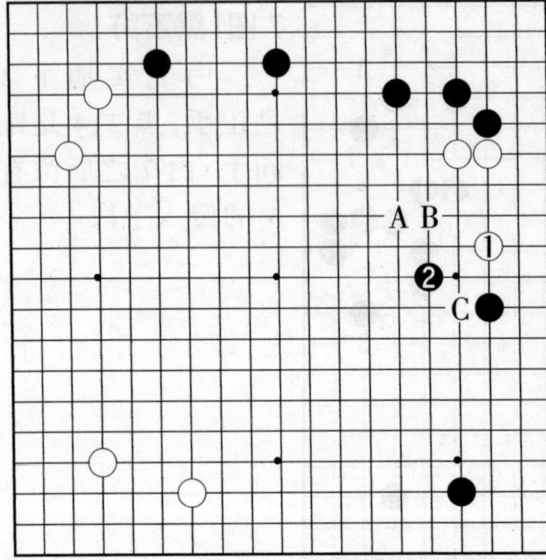

9图(柔软的手段)

白1时黑2是柔软的手段。之后白可考虑A和B的手段。在此形状,黑要防备白C跨的手段。

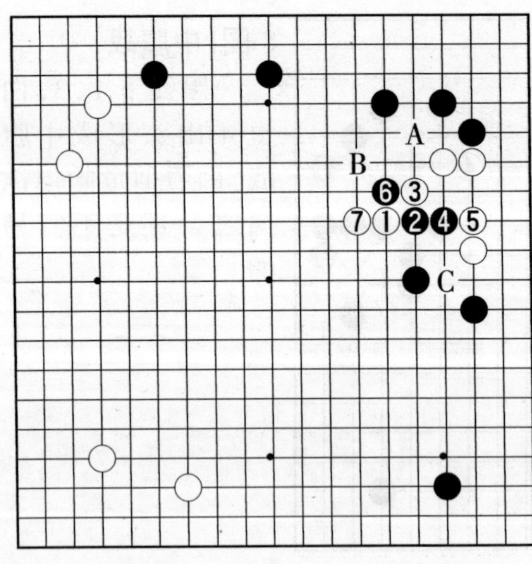

10图(黑无理)

白下1时黑首先要以2、4缩小白的模样。之后黑6的切断因白7而无理。A几乎是先手,所以B的罩和C的逃见合。

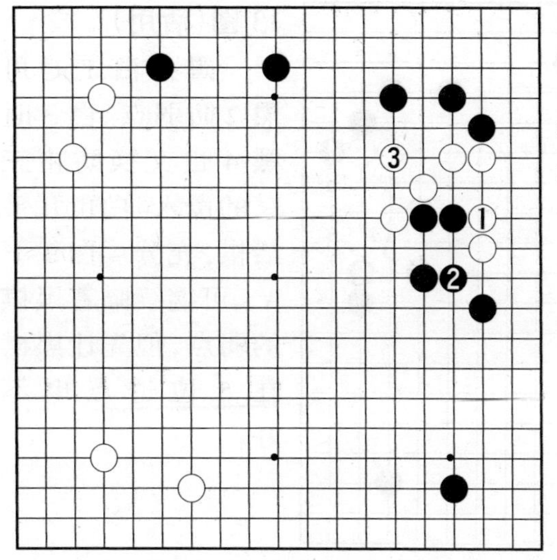

11 图(正手)

白 1 时黑 2 守是正手,白也 3 位连是普通的进行。

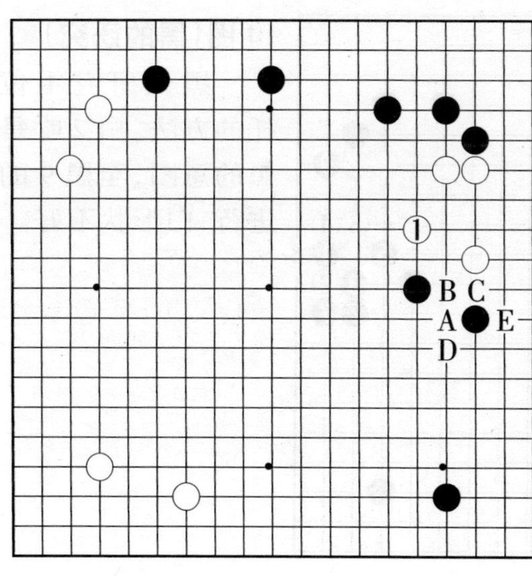

12 图(弱点)

白下 1 后可瞄着 A 跨的手段。现在征子成立,但也会出现白 A,黑 B,白 C,黑 D,白 E 的情况。

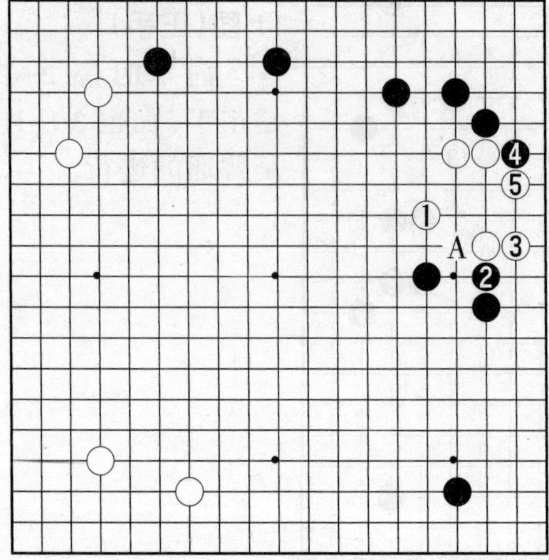

13图(活用)

黑在白1时可黑2防弱点。白3时黑4也交换防止三三的侵入。白也几乎活棋,充分。白3下A,可继续瞄着黑棋的弱点,但先让黑棋在5位透点也不好。

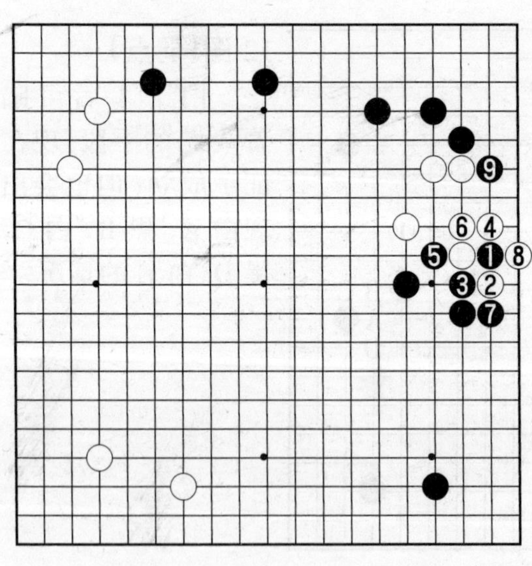

14图(黑的研究)

黑先研究1位托的方法。白2吃是黑的意图,至黑9的进行,白形状不好。

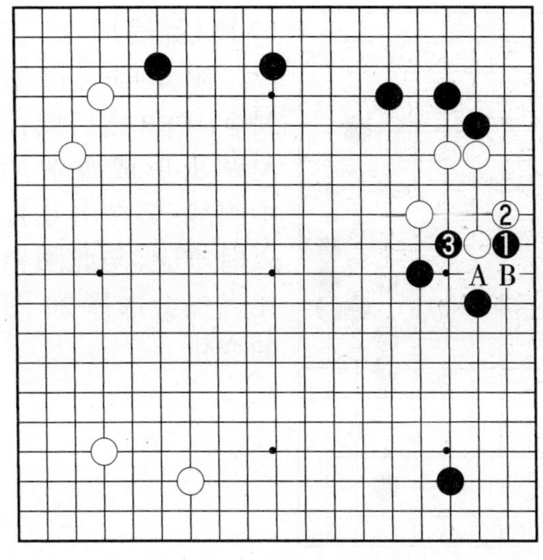

15 图(大同小异)

黑 1 时白 2 应，黑 3 是好手，与 14 图的模样相似。黑 3 之后白 A 则黑 B 应,白不好。

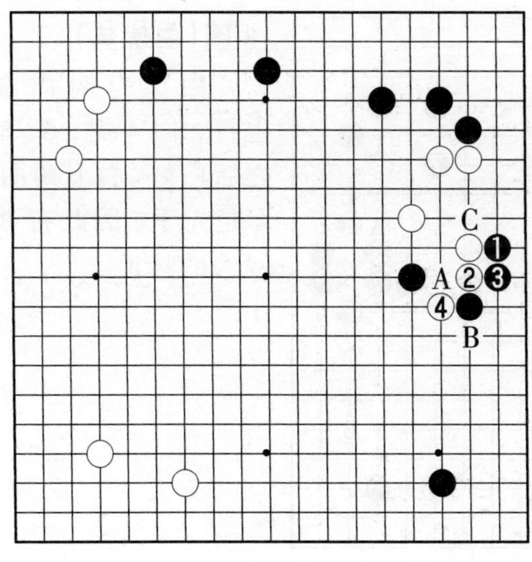

16 图(白的研究)

白在黑 1 时研究 2、4 反抗的手段。之后黑的应手可考虑 A、B、C。

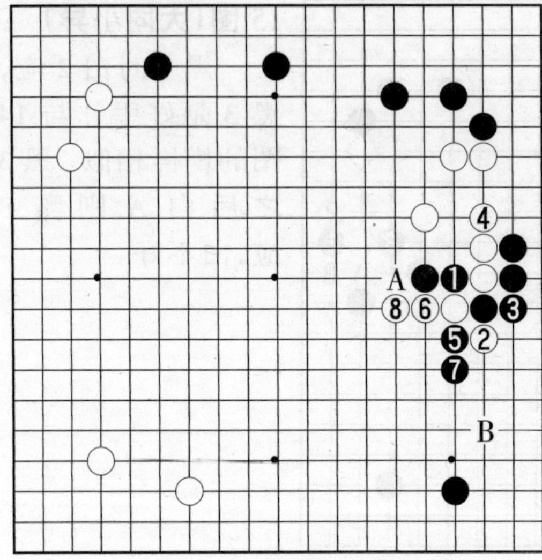

17 图(乱战)

黑 1 断时白下 2，4，白 8 之后黑在 A 贴出形成难解的中腹战。黑在白 B 打入时难应，与此图相比，黑会选择 20 图的变化。

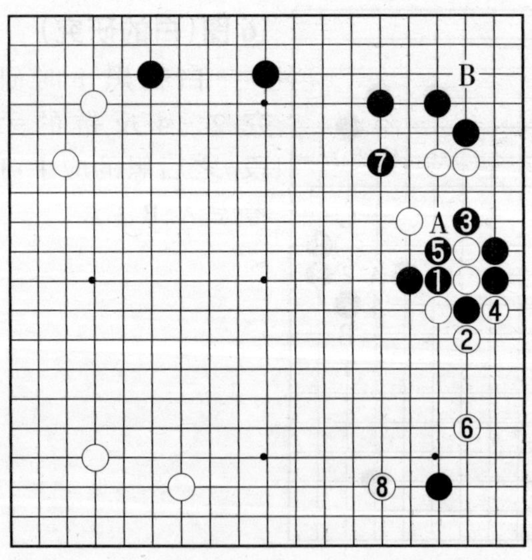

18 图(白优势)

白 2 打时黑 3 也打，白 4 提，6、8 之后白好。右上角白 A 是先手，因此有 B 侵入的味道。

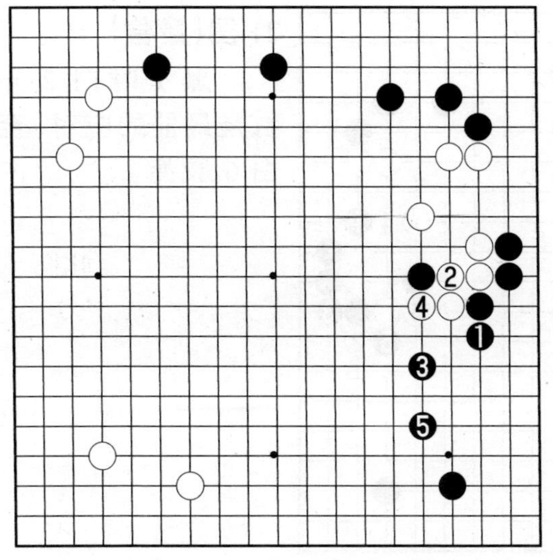

19 图(简明之策)

黑 1 长之后 3、5 守虽简明，但白也厚实，无不满。

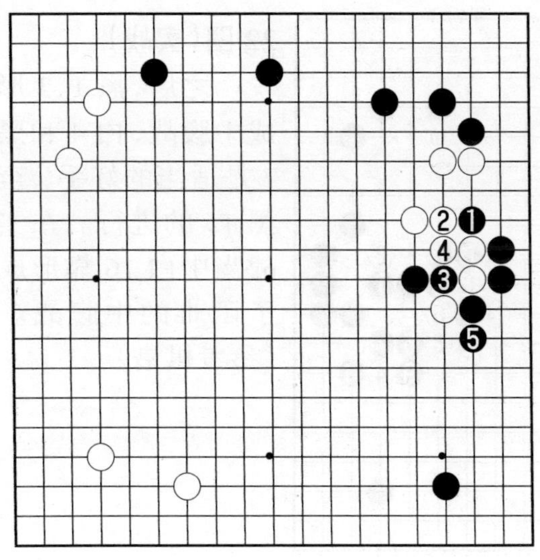

20 图(黑的研究)

黑 1 扳有妙味。白 2 时黑 3、5，白不好。

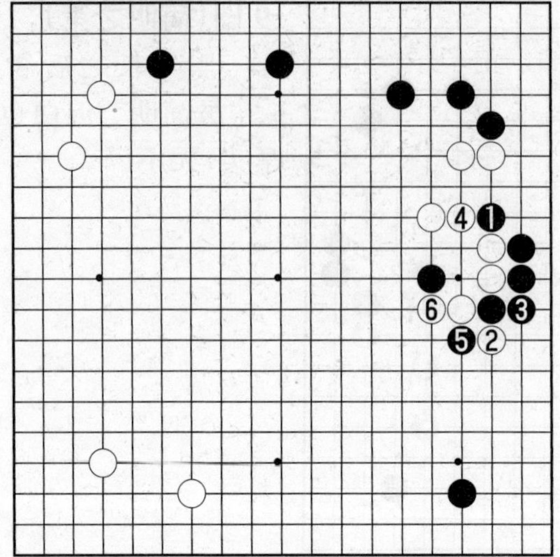

21图（最善）

黑1时白2先打是最佳的应对，至白6最善。

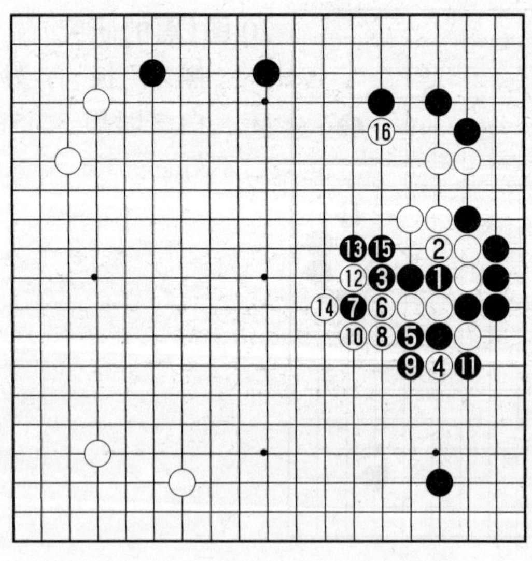

22图（实战）

之后，黑1、3形成中腹战，白4和黑7是适当的好手，至黑15的进行。在实战当中白16靠形成了困难的中腹战。（参考棋谱）

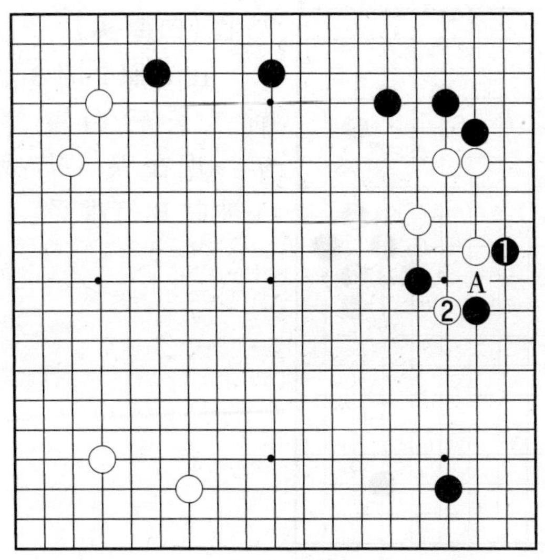

23 图（白的研究）

白在黑 1 时省略 A，研究了直接 2 靠的下法。

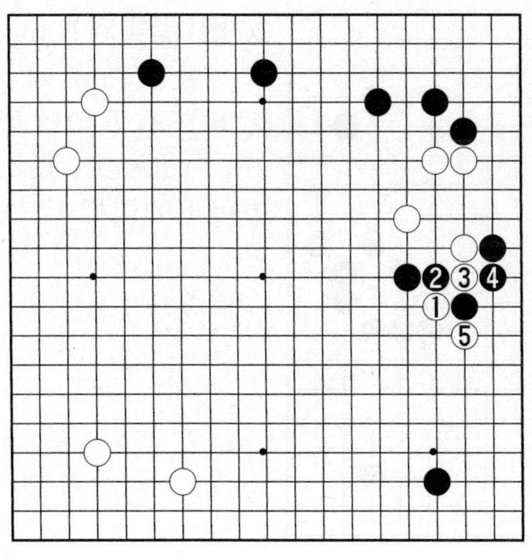

24 图（白的意图）

白 1，黑 2 时 3 之后有 5 先打的手顺。

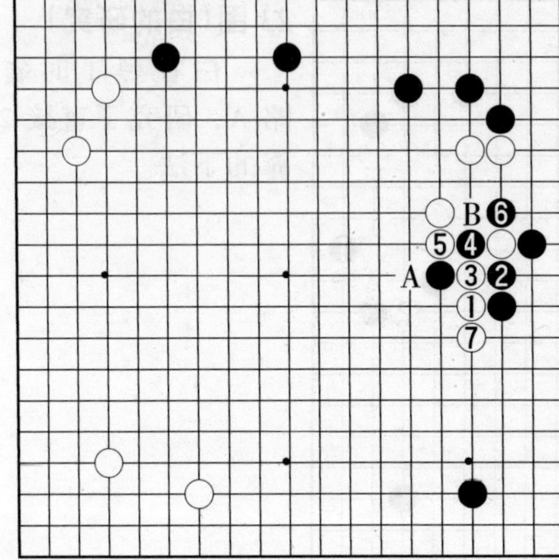

25图(白厚实)

白1黑2时3、5断7长后白变厚实。现在黑A若战斗被白B打难受。

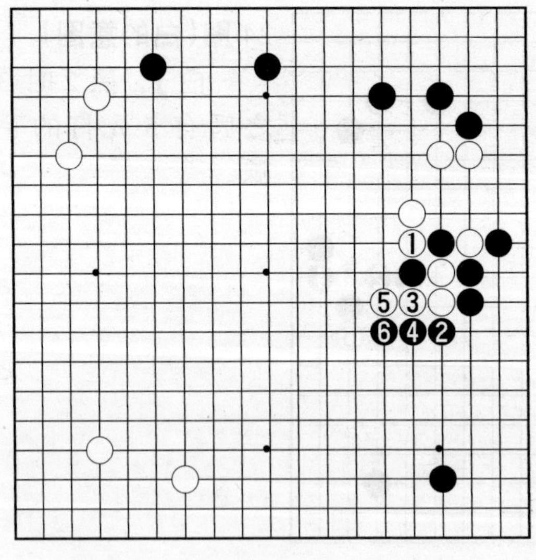

26图(黑实利)

黑在白1时2至6在右下角扩展好，白也厚实，是双方可下的模样。

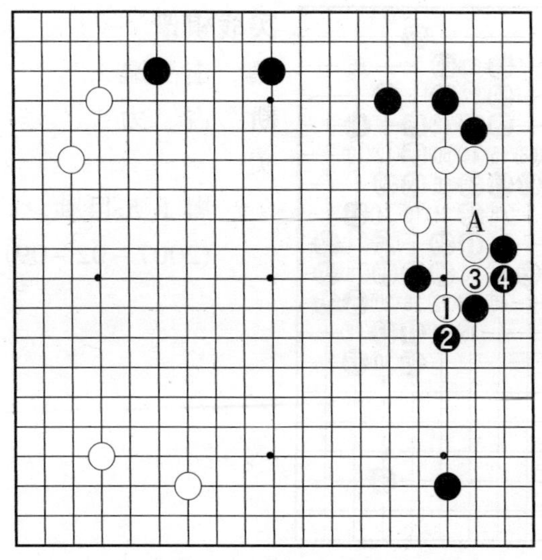

27 图(黑不好)

白 1 时黑 2 则白 3、黑 4 交换的话,结果是本应下在 A(20 图 黑 1),棋却下在了 2 位。

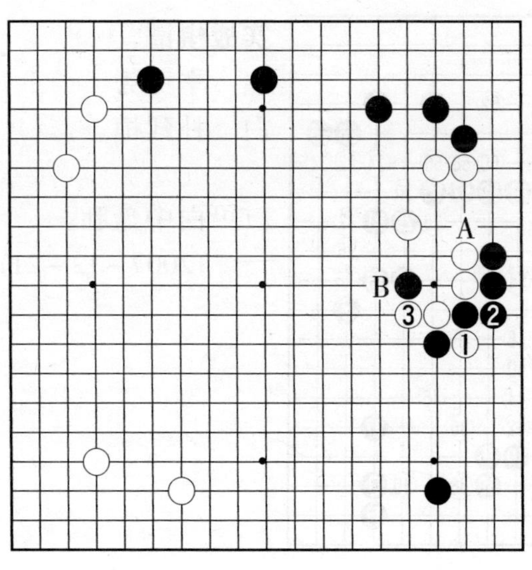

28 图(白活泼)

白 1 打, 3 长可满足, 之后, 黑 A 则白 B,中央厚实。

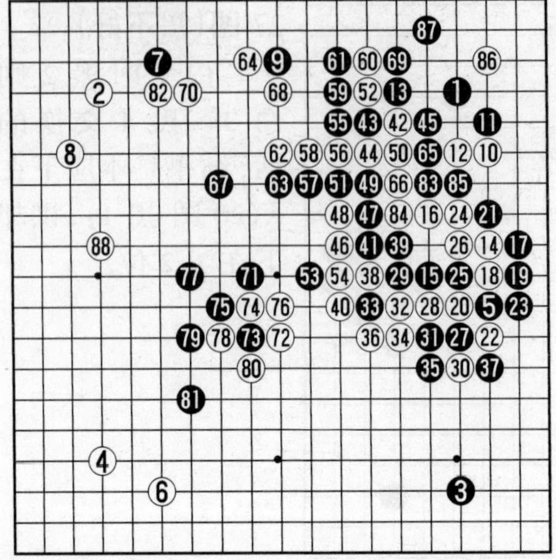

实战棋谱

黑　李昌镐

白　古　力

黑 1. 5 目胜。

(2007－02－09)

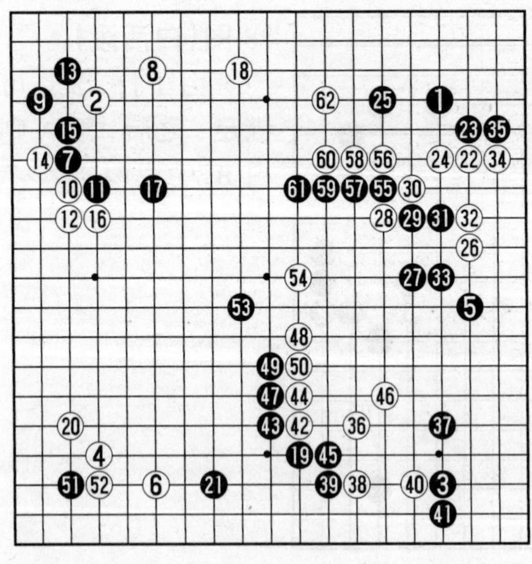

实战棋谱

黑　李勇秀

白　朴廷桓

白中盘胜。

(2007－12－21)

新型31　迷你中国流的小结论

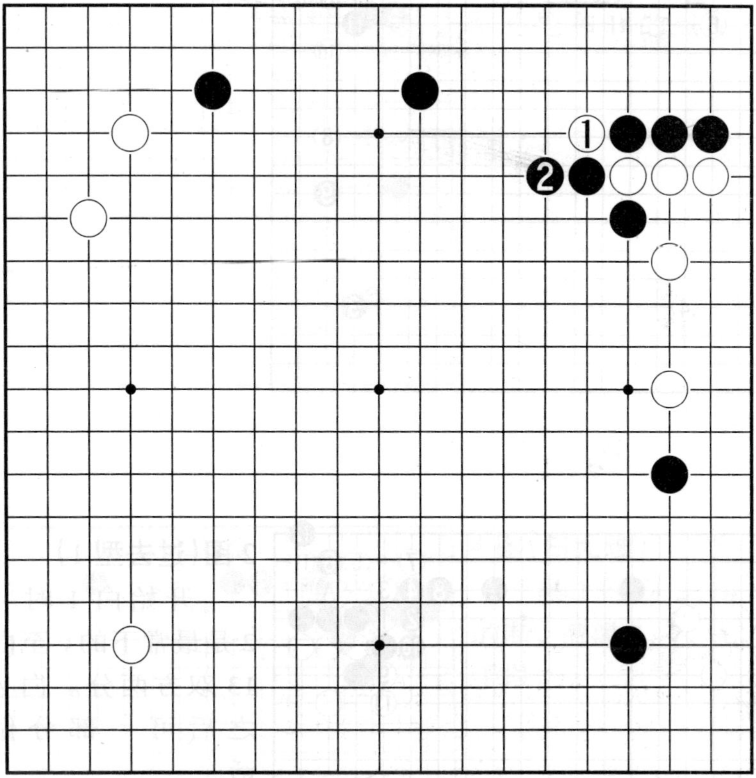

白1断，黑2的手段登场，把这个内容简要介绍一下。

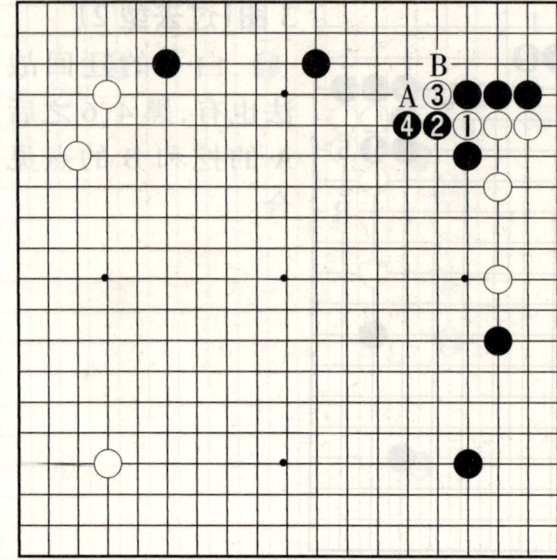

5图(强手)

黑在白3时也有4的更强的抵抗手段。白可想A和B。

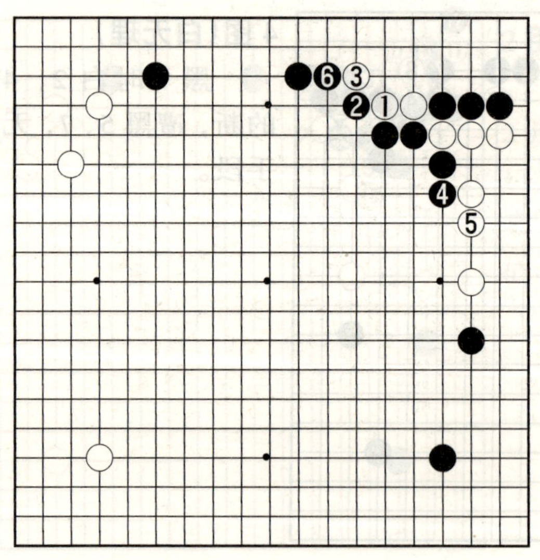

6图(白被擒)

白1时黑4是先手,6的挡成立。白被擒。

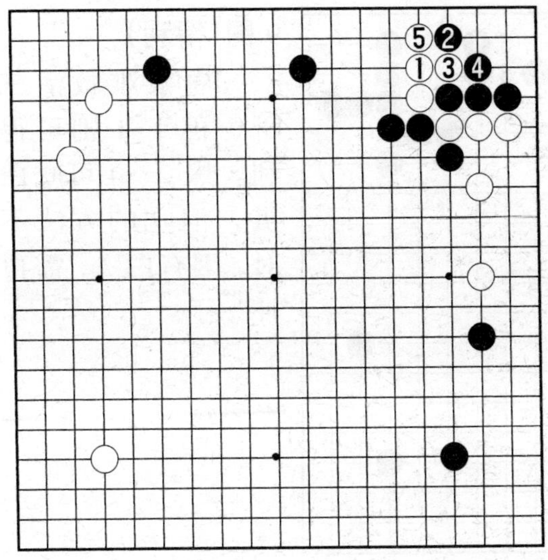

7 图(黑不好)

白要 1 长，这里黑 2，白 3、5 时黑角未活，不好。

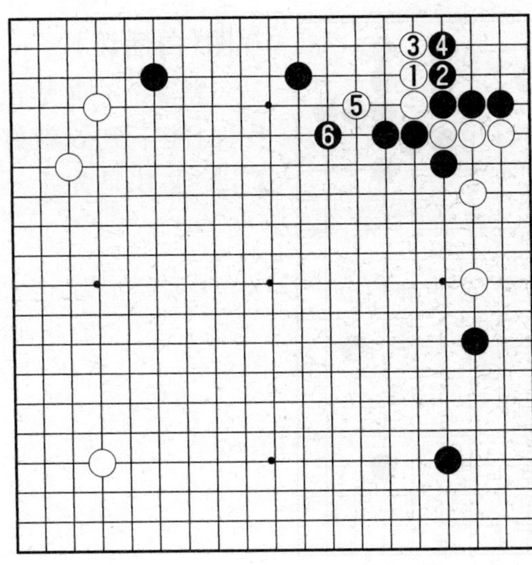

8 图(白困难)

黑在白 1 时 2、4 挡是正手，这里白 5 则黑 6，白不能期待好的结果。

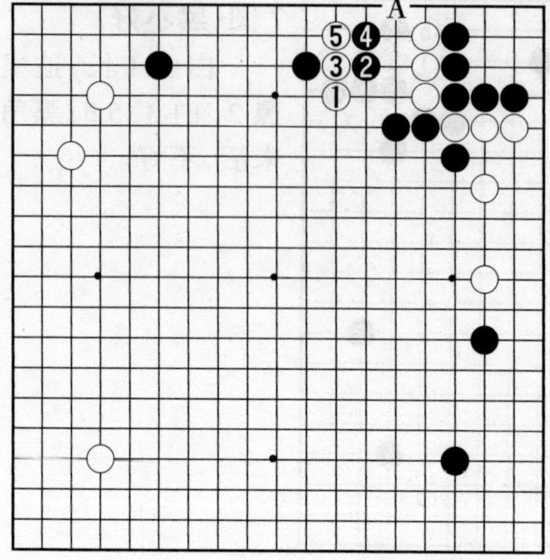

9 图（得利）

白很难救活三子，但下 1 则可得利。黑 2、4 可吃白棋，但吃的方法不对，因有白 A，需再补一手。

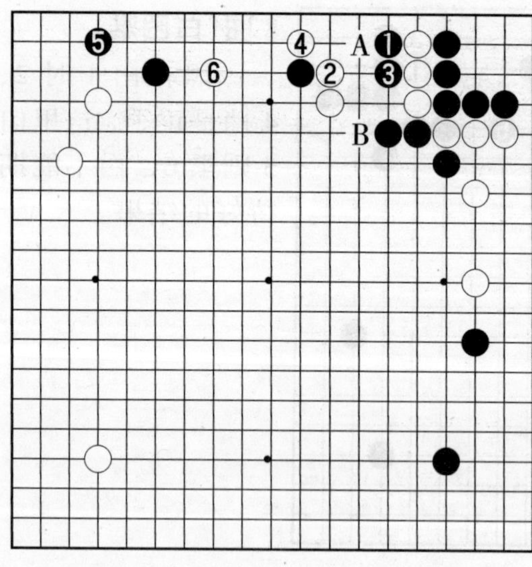

10 图（白活泼）

黑 1、3 吃是正手。白能下到 6 就好了。A 或 B 是先手。

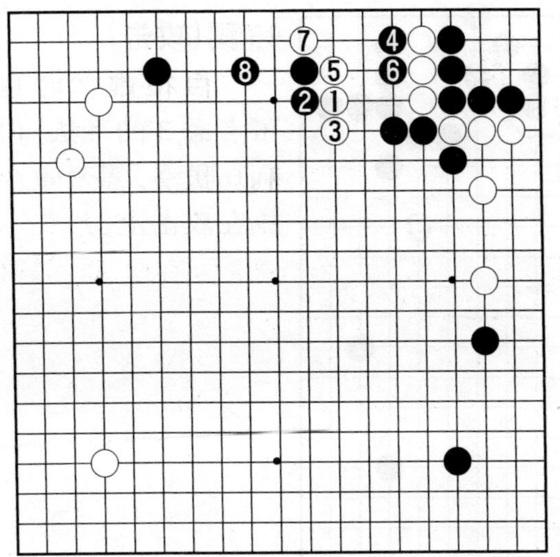

11图(变化)

黑在白1时2位长也可考虑。至黑8可收拾局面。

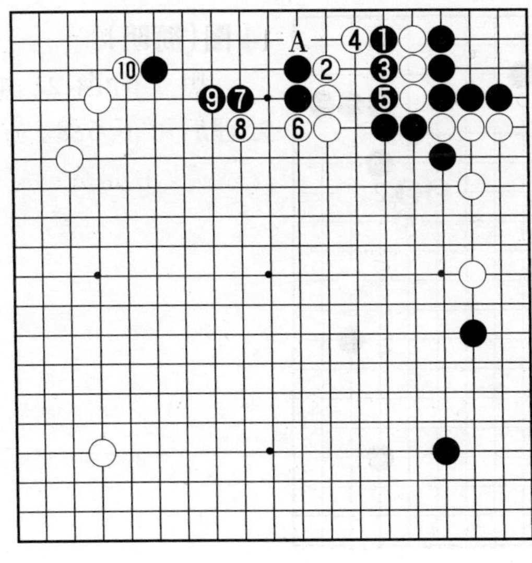

12图(白的应对)

白在黑1、3时白4先手利用后6、8压更好。以后A扳可折磨黑棋。

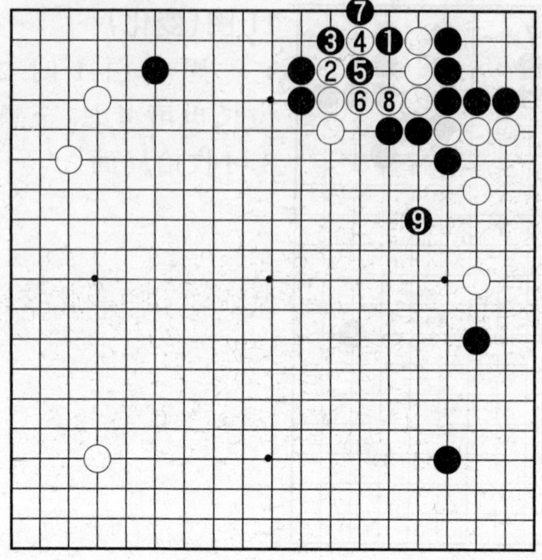

13 图（攻击）

黑在白 2 时也可考虑 3 的下法。白 4、6 联络，黑 9 重点放在攻击上。

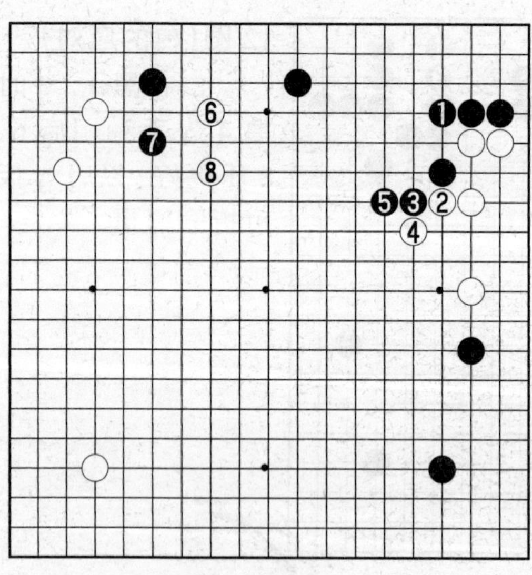

14 图（简明）

黑 1 时白 2、4 处理后可下 6、8。

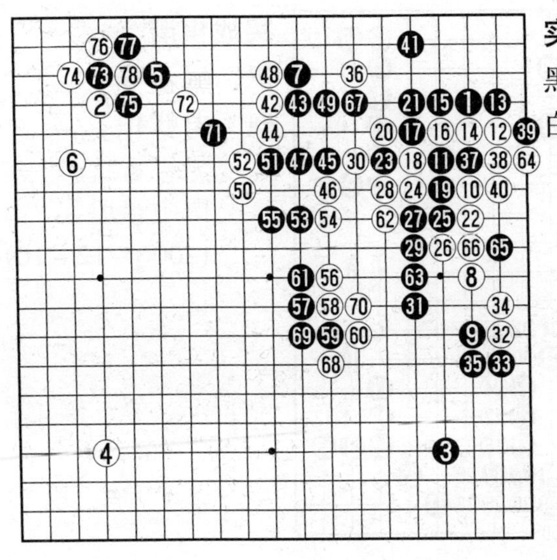

实战棋谱

黑　朴知恩

白　张　璇

黑中盘胜。

(2006－11－26)

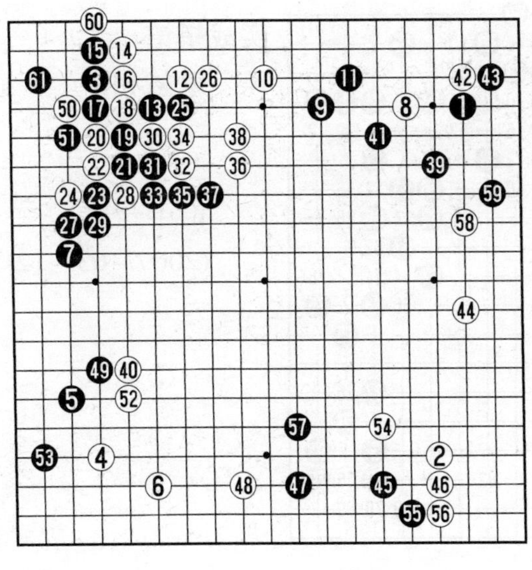

实战棋谱

黑　白洪淅

白　赵惠连

黑中盘胜。

(2006－11－28)

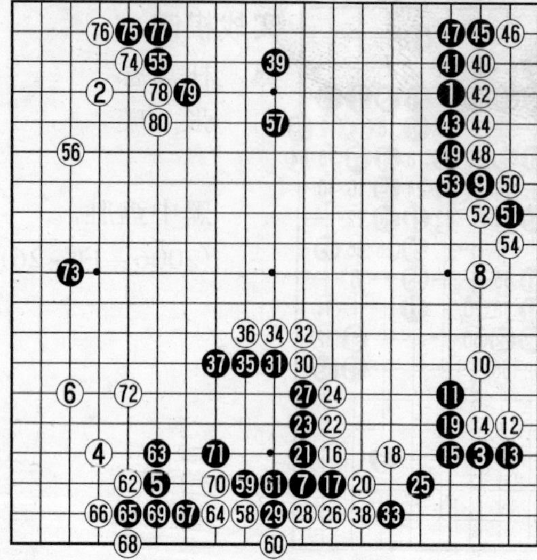

实战棋谱

黑　温昭珍

白　尹峻相

白中盘胜。

(2006－12－10)

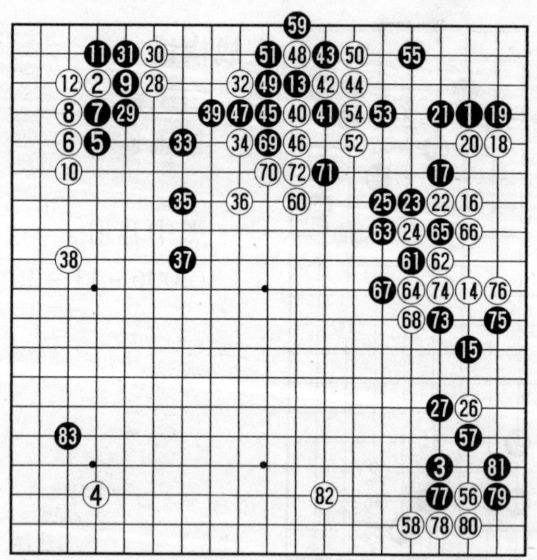

实战棋谱

黑　尹峻相

白　李昌镐

白中盘胜。

(2007－03－12)